D1920610

Gerold Prauss – Die Welt und wir

Gerold Prauss

Die Welt und wir

Erster Band

Zweiter Teil: Raum – Substanz – Kausalität

Verlag J. B. Metzler
Stuttgart · Weimar

Die Deutsche Bibliothek – CIP-Einheitsaufnahme

Prauss, Gerold:
Die Welt und wir / Gerold Prauss. – Stuttgart ; Weimar : Metzler.
ISBN 3-476-00697-2
Bd. 1.
Teil 2, Raum – Substanz – Kausalität. – 1993
ISBN 3-476-00699-9

Gedruckt auf chlorfrei gebleichtem,
säurefreiem und alterungsbeständigem Papier

ISBN 3 476 00699 9 (Band I, 2)
ISBN 3 476 00697 2 (Gesamtwerk)

Dieses Werk einschließlich aller seiner Teile ist urheberrechtlich geschützt. Jede Verwertung außerhalb der engen Grenzen des Urheberrechtsgesetzes ist ohne Zustimmung des Verlages unzulässig und strafbar. Das gilt insbesondere für Vervielfältigungen, Übersetzungen, Mikroverfilmungen und die Einspeicherung und Verarbeitung in elektronischen Systemen.

© 1993 J. B. Metzlersche Verlagsbuchhandlung
und Carl Ernst Poeschel Verlag GmbH in Stuttgart
Einbandgestaltung: Willy Löffelhardt
Satz: Typobauer Filmsatz GmbH, Scharnhausen
Druck: Gulde-Druck GmbH, Tübingen
Printed in Germany

Verlag J.B. Metzler Stuttgart · Weimar

EIN VERLAG DER SPEKTRUM FACHVERLAGE GMBH

... Diese Arbeit ist schwer und erfordert einen entschlossenen Leser, sich nach und nach in ein System hinein zu denken, was noch nichts als gegeben zum Grunde legt außer die Vernunft selbst ...

Kant 1783

... und, was die Verwirrung betrifft, so ist eine solche Kritik nicht abgefaßt, um den Einfältigen, sondern den subtilsten Vernünftlern vorgetragen zu werden, welche sich keine Sache zu hoch zu sein meinten ...

Kant 1791

2. Herleitung von Raum und seines Grundes als den zweiten beiden Formen

a) Die deutbare Anschauung

§ 17. Der Raum als zweite Stufe sich verwirklichenden Intendierens

Was dem Wesen und dem Ursprung nach die Zeit ist, haben wir uns klargemacht, verehrte Leserin, verehrter Leser, haben wir uns aber weiterhin auch klarzuhalten, wollen wir uns noch verdeutlichen, welch eine Fülle aufschlußreicher Konsequenzen sich daraus ergibt, und zwar zuallererst für eine Antwort auf die Frage, was dem Wesen und dem Ursprung nach der Raum sei.

Beider Schwierigkeit, so haben Sie gesehen, geht darauf zurück, daß Raum als solcher ebenso wie Zeit als solche selbst nichts Gegenständliches sind, sondern das, in Form wovon erst etwas – und dann eben auch nur etwas Anderes als sie – Gegenstand werden kann: etwas Empirisches als Außenwelt für äußere Erfahrung als empirische Erkenntnis. Beide sind daher allein als etwas Nichtempirisches für nichtempirische Erkenntnis der Philosophie als Reflexion zugänglich, und auch nur, sofern es ihr gelingt, für die Ungegenstände Zeit und Raum sich Gegenstände dahingehend zuzurichten, daß durch diese als die Stellvertreter für sie Zeit und Raum zu Gegenständen werden können. Und so hatten wir uns jenes Ziehen einer Linie, die wegen angeblicher Eindimensionalität der Zeit bis heute noch als ideale Stellvertreterin für sie gilt, sogar bis zum Äußersten des noch soeben Vorstellbaren rückgängig zu machen, um das Überbleibsel als Modell für Zeit zu finden, das der Reflexion auf sie gerade die ihr wesentliche und auch ursprüngliche Nulldimensionalität ergab.

Um nun dem Wesen und dem Ursprung nach auch Raum noch sachgemäß thematisieren zu können, werden wir uns ebenfalls zunächst nach einem angemessenen Stellvertreter für ihn umzusehen haben, weil auch Raum als solcher selbst nicht Gegenstand ist und darum für Reflexion nicht ohne weiteres zugänglich wird. Ja in gewisser Hinsicht läßt die Pflicht zu einer angemessenen Stellvertretung für den Raum sich noch viel schwieriger als für die Zeit erfüllen, insofern für beides nur etwas schon Gegenständliches und damit etwas Räumliches in Frage kommen kann. Im Fall der Zeit als dem grundsätzlich Anderen zu Raum war damit nämlich durch sie selbst schon vorgeschrieben, daß auf irgendeine Weise wir von diesem Räumlichen grundsätzlich würden abzusehen haben. In des Raumes Fall jedoch besteht gerade keine solche Vorschrift und darum von Anbeginn auch die Gefahr, durch dieses Räumliche den Raum als solchen schon vorauszusetzen statt erst herzuleiten.

Worauf es für uns ankommt, ist demnach, daß uns zunächst einmal erhelle, was wir auch an diesem Räumlichen vernachlässigen müssen, um es in der Tat zum Stellvertreter für den Raum als solchen zu gewinnen und so auch zum Mittel seiner Herleitung. So wird es beispielsweise, um den Raum als dreidimensionalen nicht von vornherein vorauszusetzen, sondern eben herzuleiten, für uns nötig werden, ihn zunächst einmal als eindimensionalen oder zweidimensionalen zu erwägen. Dafür aber drängen sich – wie Sie erinnern werden – Linie, Fläche oder Körper als der jeweilige Stellvertreter förmlich auf, wie wir denn auch im vorigen bereits zur Stellvertretung für angeblich eindimensionale Zeit die eindimensionale Linie heranzuziehen hatten. Deshalb werden wir in jedem Fall des Räumlichen von Linie, Fläche oder Körper überlegen müssen, was von ihnen wir zur Stellvertretung des entsprechend eindimensionalen, zweidimensionalen oder dreidimensionalen Raumes selbst benutzen können und was nicht.

Vorkehrungen dagegen, mittels Linie, Fläche oder Körper nicht auch Raum als solchen, nämlich ein-, zwei- oder dreidimensionalen schon vorauszusetzen, statt erst herzuleiten, dürften sich als um so nötiger erweisen, weil inzwischen alles dafür spricht: Dem Ursprung und dem Wesen nach kann Raum gleich Zeit nur wirklich oder wirksam sein, indem Subjekte ihn aus sich heraus erzeugen, nämlich ihre Sinnlichkeit als rezeptives Ausdehnungsvermögen allererst zu Raum verwirklichen, und zwar als weitere Art der Selbstverwirklichung ihres Verstandes als spontanen Einfachheitsvermögens. Danach aber wäre nicht nur jeweiliger Raum als solcher, sondern auch das Räumliche von Linie, Fläche oder Körper, das den Gegenstand des Geometers bildet, immer wieder ursprünglich und wesentlich erst durch Subjekte zu erzeugen, – um so unentbehrlicher dann aber auch die Vorkehrung dagegen, letzteres nicht einfach schon für ersteren zu nehmen.

Von welcher Wichtigkeit dies in der Tat ist, sei Ihnen an einem alten Lehrstück aufgewiesen, welches auf den ersten Blick dasselbe scheint wie das zur Bildung des Modells für Zeit herangezogene: das von der punktartigen Ausdehnung der Linie als Ausdehnung von Punkt. So spricht zum Beispiel Aristoteles von einem offenbar in der Antike vor ihm schon bekannten Lehrstück, nämlich davon, daß »sie sagen«, ein bewegter Punkt erzeuge eine Linie, eine bewegte Linie erzeuge eine Fläche[1], und eine bewegte Fläche, wie dann zu ergänzen wäre, einen Körper. Doch so oft dies Lehrstück auch noch später wiederholt wird[2], scheint nicht aufzufallen, daß es einer grundsätzlichen Fragwürdigkeit ausgesetzt bleibt, die nicht zufälligerweise Hegel wieder auszunutzen trachtet, so wie jene Rätselhaftigkeit der Zeit: Es sei »die Unruhe des Etwas, in seiner Grenze, in der es immanent ist, der Widerspruch zu sein, der es über sich selbst hinausschickt. So ist der Punkt diese Dialektik seiner selbst, zur Linie zu werden, die Linie die Dialektik, zur Fläche, die Fläche die, zum totalen Raum zu werden«[3].

Fragwürdig bleibt dieses Lehrstück nämlich auch noch dann, wenn Sie berücksichtigen, daß man sich dabei ursprünglich wohl am Zeichnen einer Linie orientiert hat, das auch jenem Ziehen einer Linie bei Kant zugrunde liegen dürfte. Denn was soll es eigentlich bedeuten, im Zusammenhang mit solchem Zeichnen oder Ziehen einer Linie – ob nun auf dem Papier oder in bloßer Vorstellung vollzogen – von einem bewegten Punkt zu sprechen? Und sobald Sie diese Frage stellen, wird Ihnen ersichtlich, daß Sie unter diesem Punkt nur zweierlei verstehen könnten. *Entweder* den Ausgangspunkt, von dem aus eine Linie gezogen wird – doch der bewegt sich dabei keineswegs,

1 Vgl. *De anima*, 409 a 4–5.

2 So etwa kurz vor Kant von C. A. Crusius noch im *Entwurf der notwendigen Vernunftwahrheiten*, 2. Aufl. Leipzig 1753, § 115; ja sogar auch noch bei H. von Helmholtz, *Über den Ursprung und die Bedeutung der geometrischen Axiome*, in: *Schriften zur Erkenntnistheorie*, hg. P. Hertz/M. Schlick, Berlin 1921, S. 3.

3 *Wissenschaft der Logik* (hg. Lasson), Bd. 1, S. 115.

sondern verbleibt auf immer, wo er ist. *Oder* einen Punkt, wie er als materieller etwa eine Bleistiftspitze bildet, oder als entsprechend vorgestellten idealen – dieser aber kann nun zwar bewegt oder als ein bewegter vorgestellt werden, doch ohne daß er lediglich auf Grund seiner Bewegung auch schon eine Linie erzeugen müßte, sondern einfach so, wie auch der Punkt der Bleistiftspitze anstatt *auf* Papier sich vielmehr *über* ihm bewegen kann, und somit ohne eine Linie auf ihm zu hinterlassen.

Was Sie sich durch Ihre Frage hier als erstes deutlich machen, ist mithin: Genau genommen bleibt dies Lehrstück außerstande, zu erklären, was es zu erklären vorgibt, nämlich wie ein Räumliches, zum Beispiel eine Linie, ursprünglich erzeugt wird, weil es vielmehr eben dieses Räumliche bereits voraussetzt. Die angeblich durch Bewegung eines Punktes erst erzeugte Linie ist vielmehr lediglich der Weg, den der bewegte Punkt im schon vorausgesetzten Raum durchläuft, und somit keineswegs etwas, das dieser Punkt durch die Bewegung des Durchlaufens etwa allererst erzeugte, so als bliebe, nur weil dieser ihn durchläuft, sein Weg in jenem Raum als Linie zurück, was aber keineswegs der Fall ist[4]. Doch vor allem wird der Punkt auch selbst dabei bereits von vornherein als *Raum*punkt angesetzt: als Punkt im schon vorausgesetzten Raum. Und das genau Entsprechende gilt auch für die angebliche Erzeugung einer Fläche durch Bewegung einer Linie, oder eines Körpers durch Bewegung einer Fläche.

Fragwürdig bleibt dieses Lehrstück aber nicht nur dadurch, daß es solches Räumliche sowohl wie Raum bereits voraussetzt, statt seine Erzeugung zu erklären und auf diese Weise beides herzuleiten. Wenn Sie die Voraussetzung von beidem vorerst gelten lassen, werden Sie des weiteren entdecken: Im Zusammenhang mit ihr bleibt auch noch anderes und wesentlicheres an diesem Lehrstück unverständlich. Denn Sie brauchen nur darauf zu achten, worin Hegel es verändert, um zu sehen, was an ihm genausowenig haltbar ist. Auch Hegel nämlich setzt dabei den Raum und so den Punkt als Raumpunkt schon voraus[5], indem er lediglich versucht, von der entsprechenden

4 Zur Erzeugung einer Linie in diesem Sinn, nämlich im schon vorausgesetzten Raum, bedarf es vielmehr der Erfüllung einer weiteren Bedingung, die noch zu erörtern sein wird. Vgl. § 21, S. 632ff.

5 Vgl. a.a.O., S. 116.

Bewegungsart des Punktes, nämlich seiner bloßen Ortsbewegung loszukommen, welche er »als etwas Zufälliges«[6] kritisiert, demgegenüber es ihm selbst um etwas Notwendiges geht. Er spricht darum auch nicht mehr vom bewegten Punkt, der mittels solcherart Bewegung eine Linie erzeuge, sondern davon, »der Punkt« selbst sei »diese Dialektik seiner selbst, zur Linie zu werden«.

Woraus Hegel, wie Sie sehen, abermals zugunsten seiner Dialektik Kapital zu schlagen sucht, ist hier die unlösbare Rätselhaftigkeit: Wie könnte lediglich durch die Bewegung eines Punktes im vorausgesetzten Raum, die grundsätzlich nur seine Ortsbewegung in ihm wäre, so etwas wie eine Linie entspringen? Deshalb soll nach Hegel nicht durch solche Art Bewegung eines Punktes in ihm und mithin auch nicht im Raum als etwas Anderem zu diesem Punkt die Linie entspringen, sondern dadurch, daß auf Grund der notwendigen »Dialektik«, die er *selbst* sei, dieser Punkt auch *selbst* zur Linie *werde*, und entsprechend auch die Linie *selbst* zur Fläche und die Fläche *selbst* zum Körper. Nur nimmt diese »Dialektik« als die Lösung dieser Rätselhaftigkeit, da Hegel dafür ebenfalls den Raum und damit auch den Punkt als Raumpunkt schon voraussetzt, hier geradezu die Züge eines deutschen Märchens der Romantik an, welches wie folgt zu karikieren ist: »Es war einmal ein Punkt, der zog aus in die Welt. Da er aber seine Heimat liebte, so vermochte er sich nicht von ihr zu trennen. Darum blieb er vielmehr auch zu Hause und zog mithin nicht einfach nur aus, sondern sich aus und ward zur Linie. Und wenn er nicht gestorben ist, wird er zu ihr auch heute noch.«

Die eigentliche Schwierigkeit, die Hegel hier durch »Dialektik« zu bewältigen versucht, doch nicht vermag, ist somit keine andere als die der Ausdehnung von Punkt zur Linie als seiner Selbstausdehnung, die auch wir bereits zum Zweck jener Erstellung unseres Modells für Zeit herangezogen haben, aber gleichfalls noch begründen müssen. Dabei haben wir den Raum jedoch allein für jene Linie vorausgesetzt, die jenen Punkt als bloßes Aufbaustück von sich besitzt, der als ein solches denn auch überhaupt kein aktualer ist. Und diese Linie haben wir dabei auch nur benutzt, um aus ihr das Modell für *Zeit* zu bilden: dahingehend nämlich, daß wir diese Linie als räumliches Zugleich und damit auch den bloß für sie vorausgesetzten Raum noch auf bestimmte Art wieder *zurückgenommen* haben.

6 A.a.O.

Die Bewegung jenes Punktes jedenfalls, die wir dadurch als das Modell für Zeit gewonnen haben, ist durchaus nicht etwa *äußere* Bewegung, nämlich nicht etwa Bewegung *gegen* irgendeinen *Raum*, von dem sie dann auch abhinge, ist vielmehr *reine innere* Bewegung. Und auch überhaupt erst dadurch, sprich, erst in Gestalt von Zeit als Nacheinander haben wir dann aktualen Punkt gewonnen, der als solcher vollends unabhängig ist von Raum. Denn auch bei jener Ausdehnung von Punkt zu Linie als seiner Selbstausdehnung, die wir noch erklären müssen, haben wir den Raum nicht etwa so herangezogen, daß wir diese Linie als Weg der Ortsbewegung eines aktualen Punktes in ihm angesehen hätten und so diesen Punkt als einen Raumpunkt.[7]

Bloß durch den dafür bereits vorausgesetzten Raum muß denn auch jenes Lehrstück als Erklärung der ursprünglichen Erzeugung einer Linie unverständlich bleiben, weil für einen Punkt als Raumpunkt nicht verständlich werden kann, wer oder was hier wie bewege, so daß dies ursprünglich eine Linie ergebe, oder gar, wie es ein Punkt als Raumpunkt überhaupt vermöge, *sich selbst* auszudehnen, um *als solcher selbst* zur Linie *zu werden.* Und entsprechend muß dies auch noch für Bewegung oder Selbstausdehnung einer Linie unverständlich bleiben, die angeblich zum ursprünglichen Entstehen einer Fläche führe, sowie für Bewegung oder Selbstausdehnung einer Fläche als den angeblichen Ursprung der Entstehung eines Körpers, wenn auch dafür schon der Raum vorausgesetzt und damit unter Linie oder Fläche schon eine im Raum verstanden wird. Als solche Gegenstände der Geometrie nämlich vertreten sie auch alle letztlich nichts als jene Außenweltobjekte, die zu solcher ursprünglicher, autonomer Selbstbewegung oder Selbstausdehnung eben allenfalls in Märchen in der Lage sind.

Genau an dieser grundsätzlichen Schwierigkeit, die sich im Rahmen dieses Lehrstücks selber gar nicht lösen läßt, tritt denn auch klar für Sie hervor, wovon an Linie, Fläche oder Körper wir von vornherein und durchwegs abzusehen haben, um sie stellvertretend für den ein-, zwei- oder dreidimensionalen Raum als solchen selbst thematisieren zu können: davon nämlich, daß als Gegenstände von Geometrie sie stets nur *etwas in* dem jeweiligen Raum darstellen und ihn somit auch stets schon voraussetzen. Nur dann sind wir berechtigt,

7 Vgl. dazu weiter unten § 30, S. 913ff.

Linie, Fläche oder Körper mit dem ein-, zwei- oder dreidimensionalen Raum als solchem gleichzusetzen, wenn es uns gelingt, ihre Erzeugung zu erklären, *ohne* diesen jeweiligen Raum als solchen selbst dafür bereits vorauszusetzen, nämlich wenn wir in der Lage sind, ihre Erzeugung als *ursprüngliche* und damit eben auch den *Ursprung* eindimensionalen, zweidimensionalen oder dreidimensionalen Raumes selber herzuleiten.

Beschränken wir uns vorerst auf die Linie, so heißt das aber nichts geringeres für uns als folgendes: Die Möglichkeit ursprünglicher Erzeugung einer Linie als Ausdehnung von Punkt ohne Voraussetzung von Raum als solchem, die wir vorhin ohne jegliche Begründung nur benutzten, um uns erst einmal ein angemessenes Modell für Zeit zu bilden, haben wir jetzt zu begründen, und im Anschluß daran auch noch die ursprüngliche Erzeugung einer Fläche als der Ausdehnung von Linie und eines Körpers als der Ausdehnung von Fläche. Dann jedoch heißt dies all dem bereits vorweg für uns zuallererst: Auch für den Punkt, als dessen Ausdehnung ursprüngliche Erzeugung einer Linie erfolgen soll, muß jegliche Voraussetzung von Raum als solchem unterbleiben, so daß er auch keinesfalls bereits als Punkt im Raum oder als Raumpunkt gelten kann, ob nun in eindimensionalem, zweidimensionalem oder dreidimensionalem.

Auf diese Weise aber führt uns dadurch, daß wir sie nicht übergehen, eine Schwierigkeit der Sache selbst – in diesem Fall des Raumes – wieder einmal bis zu dem Systemort hin, an dem sich ihre Lösung wie von selbst ergibt. Denn was wohl läßt sich unter einem Punkt verstehen, der nicht nur noch kein Raumpunkt oder Punkt in schon vorausgesetztem Raum sein soll, der vielmehr umgekehrt sogar erst aus sich selber so etwas wie Raum erzeugen, also dessen Ursprung bilden soll? Doch unlösbar bleibt diese Schwierigkeit allein für den, der ausschließlich objektgerichtet und mithin subjektunkundig einen Punkt sich überhaupt nicht anders denn als Raumpunkt vorzustellen vermag; und dies trotz besseren Wissens, daß es ihn dort allenfalls als nichtempirischen, nämlich als geometrisch-idealen geben könnte, aber keineswegs auch als empirisches Objekt von absoluter Einheit oder Einfachheit.

Lösbar aber wird sie Ihnen, wenn Sie unser voriges Ergebnis noch vor Augen haben: Als ein Punkt von absoluter Einheit oder Einfachheit tritt kein empirisches Objekt auf, wohl aber ein nichtempirisches Subjekt, und zwar zunächst als jenes aktualen Punktes Nacheinander

Zeit. Infolgedessen läßt sich unter einem Punkt, der noch kein Raumpunkt oder Punkt in schon vorausgesetztem Raum ist, auch sehr wohl etwas verstehen, nämlich dieses Subjekt als der Punkt der Zeit im vorgenannten Sinn: Als eines Punktes ursprüngliche Ausdehnung zu Räumlichem ließ jene Linie im vorigen auf jenes aktualen Punktes Nacheinander Zeit nur deshalb sich zurückführen, weil er ihr als dieser Räumlichen auch in der Tat als dieser Zeitliche zugrunde liegt und liegen muß: gewissermaßen quer zu ihr, nämlich zur Linie als einer Weise von Zugleich des Raumes gleichsam quer als Nacheinander Zeit, aus der als Nacheinander aktualen *Punktes* eben das Zugleich der *Linie* entspringe.

Am Systemort dieses Zeitpunkts oder Subjekts aber löst sich jene Schwierigkeit tatsächlich wie von selbst. Denn zu ursprünglicher Erzeugung einer Linie als Ausdehnung des Punktes auch zu Raum noch liegt hier nicht nur eine Möglichkeit, sondern tatsächlich sogar eine Notwendigkeit. Daß es nicht nur Zeit, sondern *auch* Raum in unserer Welt gibt, »dieses Auch bekämpft die Philosophie«[8] – nur eben nicht durch »Dialektik«, sondern mittels Argumentation, daß es aus Gründen dieses Subjekts selbst als jener absoluten Einheit oder Einfachheit des Punktes beides geben muß: Nicht lediglich zu Zeit, sondern auch noch zu Raum hat ein Subjekt aus sich heraus sich zu verwirklichen, um sich in Form von ihnen, nämlich durch sie als Verwirklichung von sich gleichsam hindurch Verwirklichung von Anderem als sich noch zu ermöglichen.

Denn bei allem, was sich uns im vorigen bereits ergeben hat, sind wir doch längst noch nicht an unserem Ziel. Sie täten darum gut daran, sich klarzumachen, welchen Weg wir dorthin noch zurückzulegen haben, nämlich zum bereits Erzielten vorerst eine Art von Gegenrechnung aufzumachen, um zunächst zu klären, was genau denn damit schon erreicht ist, und mithin auch, was noch nicht.

Die Zeit als Nacheinander aktualen Punktes konnten wir uns als die Weise deutlich machen, wie ein Subjekt als zum Fremd- werdendes Selbstverhältnis oder zur Intentionalität werdende Spontaneität ursprünglich wirklich oder wirksam, nämlich als ein schlechthin Inneres selbst noch zum Sich-Äußern dieses Inneren wird. Als das Spontanprinzip für absolute Einheit oder Einfachheit seines Verstan-

8 Vgl. Hegel, *Sämtliche Werke* (hg. Glockner), Bd. 9, S. 79 (*Enzyklopädie* § 257).

des hat es sich auf Grund von seiner Sinnlichkeit als Rezeptivprinzip für Ausdehnung selbst auszudehnen, muß ein Subjekt ebenso in sich verbleibend wie aus sich heraustretend sich selbst noch anders werden, um der Notwendigkeit nachzukommen, sich allein aus sich heraus ein Anderes als sich noch »vorzustellen« oder zu »entwerfen«. Aber so gewiß es ihr durch seine ursprüngliche Ausdehnung zum Nacheinander Zeit auch Rechnung trägt, hat ein Subjekt dieser Notwendigkeit dadurch doch nicht auch schon genügt, sie keineswegs schon vollständig erfüllt.

Denn wie Sie wissen, bildet es als Nacheinander Zeit zwar ein Außereinander, doch als eines aktualen *Punktes* Nacheinander Zeit ein solches, worin durchwegs dieser Punkt nur außer *sich*, doch niemals außer einem *Andern* ist. Und dies so prinzipiell, daß er es innerhalb des bloßen Nacheinander Zeit zu letzterem auch gar nicht bringen kann: Wird dieses Subjekt als Verstand auf Grund von Sinnlichkeit zum Nacheinander Zeit auch erstmals wirklich oder wirksam, nämlich als der aktuale Punkt aus sich heraus sich äußerlich oder sich anders, so doch keineswegs bereits bis dahingehend, daß es schon allein in Form des bloßen Nacheinander Zeit sich gegenüber etwas Anderes als sich gewinnen könnte.

Was in dessen Form auch immer auftritt – und das gilt für jegliche »Empfindungen« als Sinnesdaten ebenso wie für »Gefühle« –, kann infolgedessen stets nur etwas innerhalb von diesem Subjekt selbst sein und mithin kein Anderes als es selbst. Im Rahmen seines Selbstbewußtseins kann es ihm darum wie Zeit als Nacheinander selber nur »gegeben«, doch nicht auch schon gegenständlich sein, und zwar wie solche Zeit auch nur »unmittelbar gegeben«[9], nämlich als ein Aufbaustück von sich. Und deshalb kann an hiesiger Systemstelle auch nicht in Frage stehen, wie ein Subjekt es vermöge, sich unmittelbar Gegebenes »empirisch zuzuschreiben«, eine Frage, welche cartesianisch-falsch gestellt und deshalb unbeantwortbar ist, weil ein Subjekt dies »empirisch« überhaupt nicht, sondern wenn, dann stets nur nichtempirisch, nämlich nur in Form von Reflexion vermag. In Frage muß hier vielmehr stehen, wie es aus sich selbst als bloßem Nacheinander Zeit *und* als in dessen Form unmittelbar gegebenem Sinnesdatum überhaupt heraus und ursprünglich hinaus zu einem Andern seiner selbst gelangen könne.

9 Vgl. z.B. A 109.

Die Antwort darauf aber, werden Sie vielleicht vermeinen, dürfte nicht mehr schwer zu geben sein, nachdem Sie über Zeit schon Klarheit haben. Denn aus dieser Gegenrechnung geht für Sie zumindest negativ hervor: Soll Subjektivität als Fremd- werdendes Selbstverhältnis oder als Intentionalität werdende Spontaneität vollständig wirklich oder wirksam werden, so kann es bei ihrer Selbstverwirklichung zum Nacheinander Zeit *nicht* bleiben, eben weil in Form von ihm ein Subjekt stets nur außer sich oder sich äußerlich ist.

Für dies Negative das entsprechend Positive einzusetzen aber könnte Ihnen leicht erscheinen: Soll ein Subjekt nicht nur außer *sich* oder *sich* äußerlich sein, sondern außer oder äußerlich auch einem *Anderen* und dieses somit umgekehrt auch außer ihm oder ihm äußerlich und damit Anderes als es sein, dann hat ein Subjekt auf Grund von Sinnlichkeit und durch Verstand vielmehr auch noch ein weiteres, vom Nacheinander Zeit verschiedenes Außereinander zu erzeugen. Als grundsätzliches Vermögen zu Außereinander aber muß ein Subjekt auch zu diesem, das nur das Zugleich des Raumes sein kann, noch des weiteren vermögend sein.

Und in der Tat, so könnte Ihnen ferner scheinen, tritt auch erst als das Zugleich des Raumes ein Außereinander auf, in Form von dem dann umgekehrt etwas gerade nicht mehr außer *sich* oder *sich* äußerlich sein kann, sondern ausschließlich einem *Anderen.* Zumal auch jene zirkelfreie Zeitdefinition, das Nacheinander Zeit sei das Außereinander, worin etwas zu sich selber steht, noch weiter führt, nämlich zu einer zirkelfreien Raumdefinition. Zugleich von Raum als »räumliches« Außereinander definieren, was allein für uns bislang erreichbar war, ist nämlich gleichfalls zirkelhaft. Es handelt sich bei Raumzugleich vielmehr um das Außereinander, worin jegliches zu einem Andern steht, indem es außer einem Andern oder einem Andern äußerlich ist: Was auch immer Sie zum Beispiel auf der Linie als räumlichem Zugleich – hier jetzt in keiner Weise mehr als Stellvertreterin für Zeit gedacht – darstellen wollten, ob nun bloß durch einen Punkt oder durch eine abgegrenzte Strecke auf ihr, jedes davon kann dabei allein für etwas stehen, das außer sich nur etwas Anderes als sich hat und dem äußerlich nur etwas Anderes ist als es selber. Eben darin bildet Raum den Gegensatz zu Zeit, daß innerhalb von Zeit als dem Außereinander jenes Nacheinander etwas *immer* außer *sich* ist, innerhalb von Raum als dem dieses Zugleich dagegen etwas *niemals* außer *sich* ist, sondern *immer* außer einem *Anderen.*

Gerade weil das alles zutrifft aber haben Sie sich vorzusehen, daß Ihnen dieses Richtige nicht unversehens in ein Falsches umschlägt. So gewiß nämlich in Form von Raumzugleich etwas stets außer einem Andern oder einem Andern äußerlich ist, wie bereits an diesem Linienbeispiel klar wird, so gewiß tritt alles unter dieser Form als *Gegenstand* im Unterschied zu einem anderen *Gegenstand* auf oder als *Objekt* im Unterschied zu einem anderen *Objekt*, wofür das Raumzugleich als diese Form, in der sie auftreten, bereits vorausgesetzt ist. Aber bei Objekten oder Gegenständen sind wir hier noch längst nicht, wie gesagt. Nicht darum geht es hier, wie unter schon vorausgesetztem Raumzugleich etwas zum *Gegenstand* oder *Objekt* wird, was im übrigen, wie Sie noch sehen werden, auch nur unter einer weiteren Voraussetzung der Fall ist, sondern um die Frage: Wie kann ein Subjekt, das selbst gerade niemals wie ein Objekt oder Gegenstand in Form des Raumes, sondern ausschließlich in Form der Zeit auftritt, aus sich heraus sich überhaupt diese Voraussetzung dafür erfüllen, daß ihm als dem Nacheinander Zeit, als das es sich gerade niemals Gegenstand oder Objekt ist, etwas ursprünglich als Anderes seiner selbst zum Gegenstand oder zum Objekt werde? Nicht um jene Frage also geht es, wie Objekte anderen Objekten oder Gegenstände anderen Gegenständen gegenüberstehen, sondern wie ein *Subjekt* etwas Anderes seiner selbst ursprünglich zum Objekt oder zum Gegenstand für sich gewinnen könne, so daß umgekehrt es selbst natürlich ebenfalls ein Anderes zu diesem Gegenstand oder zu diesem Objekt wäre, nur gerade nicht auch selbst ein anderes Objekt unter Objekten, sondern ihnen gegenüber eben Anderes im Sinne von Subjekt.

Nur sofern Sie dies beachten, wird Ihnen verständlich werden, was dann eigentlich noch aussteht, wenn zu gelten hat: Als Fremd- werdendes Selbstverhältnis oder als Intentionalität werdende Spontaneität wird ein Subjekt, indem es als ein solches selbst zur Zeit sich ausdehnt, zwar schon wirklich oder wirksam, doch nicht soweit, daß es unter ihrer Form als Nacheinander auch bereits vermöchte, etwas Anderes seiner selbst und somit einen Gegenstand oder ein Objekt für sich zu gewinnen. Was noch fehlt, ist also nicht einfach nur, daß ein Subjekt als Verstand auf Grund von Sinnlichkeit auch noch ein weiteres, zu dem der Zeit als Nacheinander unterschiedliches Außereinander zu erzeugen hätte. Was noch klarzuwerden hat, ist vielmehr, daß es als das Subjekt selbst, als das es sich zu zeitlichem Außereinander ausdehnt, sich ineinem damit auch zu *nicht*zeitlichem noch selbst auszudehnen habe, also nicht allein zu Nacheinander, sondern über es hinaus auch zu *Nicht*nacheinander noch. Und dieses bildet denn auch den allein von Zeit her, nämlich den als Gegensatz zu ihr auch nur durch Negation von ihr zu kennzeichnenden negativen Sinn des Raumes als Zugleich, wie Sie erinnern werden[10].

Dies im vorigen nur Festgestellte läßt erst hier, das heißt an dem Systemort, wo seine Notwendigkeit hervortritt, sich begründen: Nicht allein zu Zeit, sondern auch noch zu Raum hat ein Subjekt sich dann genau in dem Sinn selber auszudehnen, daß es sich nicht nur zum Nacheinander als der Form von sich, sondern ineinem damit je und je auch zu Nichtnacheinander als dem Gegensatz dazu und somit als der Form von Anderem als sich noch selbst verwirklichen muß. Und dies eben um durch die Eröffnung eines solchen ursprünglichen Gegensatzes aus sich selbst heraus über sich selbst hinaus insoweit zu gelangen, als in Form dieses Nichtnacheinander Raum oder Zugleich im Gegensatz zu ihm als Nacheinander Zeit gerade nicht es selbst auftreten kann, sondern nur Anderes als es selbst.

Auch Raum ist somit, wie Sie sehen, nichts als eine Weise, wie ein Subjekt sich als Inneres selbst äußern muß: Aus sich heraus muß es sich anders werden, und das heißt, es muß als absolute Einheit oder Einfachheit in sich komplex wie als Identität auch in sich different, kurz, als Verstand und Sinnlichkeit ineinem wirklich oder wirksam werden, um sich als zum Fremd- werdendes Selbstverhältnis oder zur Intentionalität werdende Spontaneität auch selber zu verwirklichen. Nur daß ein Subjekt sich zu diesem Raum allein auf Grund von seiner Ausdehnung zu jener Zeit ausdehnen kann, zu ihm als Gegensatz zu ihr nämlich allein durch Negation von ihr und damit ständig nur einhergehend mit ihr, weil auch allein unter Voraussetzung von ihr.

Doch sollten Sie von dieser Negation sich nicht dazu verführen lassen, unsere Herleitung von Subjektivität mit andern Theorien derselben zu verwechseln, welche Subjektivität als ursprüngliche »Negativität« verstehen möchten, wonach sie als »Negation« von irgendetwas ihren Ursprung habe, wie bei Hegel oder Sartre. Die Verleitung dazu könnte darin liegen, daß wir sagten: Dieser Ur-

10 Vgl. *Teil 1*, § 7.

sprung kann nur jener Vorstoß sein, Verwirklichung gerade *nicht* heteronom als Fremdverwirklichung durch Anderes bloß hinzunehmen, sondern autonom auch durch sich selbst und so als Selbstverwirklichung noch vorzunehmen[11].

Dieses »nicht« war dort jedoch nur Ausdruck nachträglicher Reflexion *auf* diesen Ursprung und nicht etwa das, was ihn herbeiführt. Denn allein, weil Reflexion als nachträgliche auch von der Natur, aus welcher Subjektivität entspringt, schon weiß, vermag sie diese, kurz gesagt, als *Nicht*-Natur zu *charakterisieren.* Keineswegs jedoch kann Subjektivität, die von Natur, weil sie aus ihr ja allererst entspringt, dabei gerade nicht schon wissen kann, sich selbst schon *als* oder *durch* solche Negation *konstituieren.* Denn die Minimalbedingung dafür, daß mit Negation sich auch nur der geringste Sinn verbinden läßt, ist, daß dabei das zu Negierende, und sei es auch allein im Rahmen jenes *Selbst*bewußtseins, schon *bewußt* ist: einem *Subjekt* also, das als Negation mithin grundsätzlich nicht entspringen kann, weil solche Negation es als Bewußtsein immer schon voraussetzt. Aus Natur entspringen kann ein Subjekt darum keineswegs durch abgeleitet-mittelbare *Negation* von *ihr*, sondern allein durch ursprünglich-unmittelbare *Position* von *sich*: anstatt als *Nein* zu *anderem* vielmehr allein als *Ja* zu *sich*, so daß ein Subjekt eben dadurch jeweils auch zum Apriori wird und alles Andere ihm gegenüber zum Aposteriori.

Demgemäß ergibt sich hier denn auch noch weiter, daß ein Subjekt vielmehr allererst durch Negation von Zeit, als die es selber immer schon hervortritt und als die es sich auch selber immer schon bewußt ist, sich zu Raum als Form für Anderes verwirklicht: ganz von *sich* her also ursprünglich *auf* Anderes *hin* und keineswegs etwa *von* Anderem *her.* Sich selbst als Zeit muß es sich selbst als Raum mithin gerade so entgegensetzen, daß es *an* sich selbst als Zeit sich durchwegs bruchlos auch als Raum noch anschließt, *an* sich selbst als Nacheinander fugenlos sich selbst auch als Nichtnacheinander oder als Zugleich noch, um sich durch sich als den selbsterzeugten Gegensatz zu sich ursprüngliche Gewinnung eines Anderen als sich noch zu ermöglichen.

Das heißt: Allein durch sich als ein Subjekt, das *selbst* auf diese Weise gegensätzlich und mithin auch *selbst* zumindest doppelt diffe-

11 Vgl. *Teil 1*, § 11.

rent oder komplex wird, kann es sich als zur Intentionalität werdende Spontaneität verwirklichen, weil es auch erst als solche Doppelform in sich in ein Verhältnis tritt, worin es ebenso in sich verbleibend wie aus sich heraustretend sich etwas Anderes zu sich als Gegenstand für sich ursprünglich zu »entwerfen« oder »vorzustellen« vermag. Allein indem ein Subjekt sich zumindest zweifach äußert oder anders wird, will sagen, sich als dem bereits Sich-Äußerlichen äußerlich bzw. sich als dem bereits Sich-Andern anders wird, verwirklicht es sich zu der Form für Anderes als sich: Wie Nacheinander Zeit ist auch Nichtnacheinander Raum oder Zugleich grundsätzliches Außereinander, wozu ein Subjekt sich selber auszudehnen hat, um sich als Fremd- werdendes Selbstverhältnis soweit fortzubilden, daß es als Identität sowohl wie Differenz dieses Verhältnisses, das heißt, als absolute Einheit oder Einfachheit sowohl wie Komplexion desselben sich nunmehr entscheidend ausgestaltet.

Denn zum Raum als Gegensatz zur Zeit muß ein Subjekt sich dergestalt ausdehnen, daß *in* Raum gerade nicht mehr wie *in* Zeit es selbst ist, sondern eben Anderes als es selbst, obwohl dies Subjekt selbst es ist, was sich zum Raum als Form für dieses Andere auszudehnen hat. Das muß es nämlich so bewerkstelligen, daß, indem es solche Form *für* Anderes selbst *ist*, es dieses Andere gerade *nicht* selbst *ist*, sondern *in* dieser Form bloß *hat*, eben zu seinem *Gegenstand*, doch als ein Anderes, das wohlgemerkt *es selbst hat*, nämlich als *Subjekt* zum Gegenstand *für sich*, das es so haben aber auch nur *kann*, indem es dieses Andere *in* einer *Form* hat, die sehr wohl *es selbst ist.*

Diese hier entspringende Differenzierung müßte Ihnen jetzt verständlich machen, daß als Äußerung von Innerem auch noch zu Raum sich dieses Subjekt somit dahingehend weiterbildet, zwar auch diese Form noch selbst zu sein, doch ohne auch noch selbst *in* dieser Form zu sein. Denn ist es selbst allein *in* Zeit, dann eben deshalb nicht auch noch *im* Gegensatz zu ihr, das heißt, nicht ebenfalls *in* Raum, *in* dem vielmehr, wenn überhaupt etwas, dann eben nur noch etwas Anderes als dieses Subjekt selbst sein kann. Allein *in* Zeit ist letzteres ja nur im Sinne jener Formel »das *continens* ist zugleich *contentum*«, die denn auch allein für das Verhältnis von Subjekt zu Zeit gilt, sprich, gerade nicht auch noch für dasjenige von Subjekt zu Raum. Denn so gewiß es dieses Subjekt selbst ist, was sich auch zum Raum noch selbst verwirklicht, nämlich als ein Inneres sich auch zum

Raum noch selber äußert, so gewiß erreicht es mit dem Raum als Gegensatz zu sich als Zeit gerade solche Äußerung von sich, daß dieses Subjekt in Bezug auf diesen Raum dann weder das *continens* noch auch das *contentum* sein kann.

Und Sie sehen in der Tat: Von dem als Gegensatz zur Zeit erzeugten Raum kann weder gelten, daß er in der Zeit, noch daß die Zeit in ihm »enthalten« ist; von solchem Raum muß vielmehr gelten, daß er unbeschadet seines unauflöslichen Zusammenhangs mit ihr als abstandlosen Anschlusses an sie grundsätzlich außerhalb von ihr ist, eben über Zeit hinaus. Was Raum trotz seiner, ja gerade wegen seiner Gegensätzlichkeit zu ihr mit Zeit verbindet, ist, daß beiden eben eine und dieselbe Subjektivität zugrunde liegt, indem sie sich zu beiden, auch zum Raum als Gegensatz zur Zeit noch, selbst verwirklicht. Nur vollbringt sie das gerade nicht, indem sie etwa immer schon als Wirkliches dahinter läge, so daß Zeit und Raum als Wirkliches, wenn auch nicht in *einander*, so doch jedenfalls in solcher *Subjektivität* jeweils »enthalten« wären. Sie vollzieht das vielmehr nur, indem *zu* Zeit sowie *zu* Raum *sie selbst* sich überhaupt erst zu verwirklichen vermag.

Und in der Tat: Erst als das nicht allein zu jener Zeit, sondern in fugenlosem Anschluß an sie auch zu diesem Raum noch Sich-Verwirklichende ist ein Subjekt überhaupt die Form, in der es etwas *haben* kann, nämlich als *Anderes* seiner selbst zu seinem *Gegenstand*; erst so nämlich kommt ein Subjekt als Fremd- werdendes Selbstverhältnis oder als Intentionalität werdende Spontaneität einen entscheidenden Schritt weiter. So gewiß es letzteres auch schon im ersten Schritt seiner Verwirklichung zur Zeit ist, so gewiß bleibt ein Subjekt mit ihm auch wieder in dem Sinn davor zurück, daß es als bloße Zeit zunächst die bloße Form von sich ist: folglich die, *in* der es etwas immer nur *selbst sein*, doch niemals auch *selbst haben* kann. Denn allererst von etwas *Anderem* als ihm kann »etwas *haben*« einen Sinn besitzen[12]. Erst als der an Zeit sich anschließende Raum ist ein Subjekt auch noch die Form von Anderem als sich im Sinn von

12 Auf diese Weise tritt für Sie hervor, wie schwierig die Entscheidung werden wird (vgl. § 33), als was denn eigentlich das »Seelische«, das im Subjekt als ursprünglicher Zeit auftritt, in dieser Hinsicht aufzufassen sei: als etwas, das es hat (vgl. *Teil I*, S. 263), oder als etwas, das es ist (vgl. *Teil I*, S. 401).

Gegenstand für sich und damit als zum Fremd- werdendes Selbstverhältnis oder zur Intentionalität werdende Spontaneität dann soweitgehend ausgebildet, daß es so etwas wie Außenweltobjekte für sich selbst als Außenweltwahrnehmung überhaupt gewinnen kann.

Die Vollberücksichtigung des ursprünglichen Verhältnisses von Raum zu Zeit ist es mithin, was uns, wie Sie beachten sollten, hier bereits, sprich, schon von vornherein vor dem bekannten »Solipsismus« sichert: Etwas Wirkliches ist dadurch, daß es Wirkliches im *Raum* und darin *Gegenstand* ist *für* ein Subjekt, keineswegs auch *im* Subjekt[13]. Denn Raum ist weder seinerseits *in* Zeit, noch auch sind Raum und Zeit gar ihrerseits *in* einem Subjekt, so als wäre letzteres als etwas »über« oder »hinter« ihnen stets vorweg schon wirklich oder wirksam, so daß Zeit und Raum als Wirklich- oder Wirksamkeit auch stets allein *in* derjenigen dieses Subjekts wären. Vielmehr wird, indem sie wirklich oder wirksam werden, je und je auch dieses Subjekt selbst als Zeit und Raum erst wirklich oder wirksam, und zwar so, daß *in* der Zeit gerade nur dies Subjekt selbst ist, das zu Raum als Gegensatz zu Zeit sich über sich als Zeit eben hinaus verwirklicht und im ganzen somit *sich* zur Form für *Anderes* als sich[14].

Doch umgekehrt bedeutet dies dann auch: Gerade weil es selbst sie ist und sein muß, um durch sich als diese in sich gegensätzliche, doch einheitliche und auch unlösbare Doppelform von Zeit und Raum ursprünglich Anderes als sich zum Gegenstand oder Objekt für sich zu haben, kann ein Subjekt sich als Zeit und Raum ursprünglich prinzipiell nicht selber gegenständlich werden. Daß sowohl die Zeit als solche wie der Raum als solcher nicht genauso ursprünglich auch selbst zu Gegenständen werden können wie *in Form* von Zeit

13 Mangels zureichender Reflexion auf Raum als *Gegensatz* zu Zeit sagt Kant dagegen stellenweise, daß der Raum sehr wohl »in uns« sei (vgl. z.B. A 370, A 373), wonach alles, was »in ihm« ist, ebenfalls »in uns« sein müßte. Unnötigerweise spricht er damit irreführend so, als wäre seine neue Systematik »solipsistisch«, wovon aber keine Rede sein kann.

14 Dies aber hat, wie Sie jetzt sehen müßten, etwas Interessantes zum Ergebnis, über das man sich jedoch, soweit ich sehen kann, bis heute nicht im klaren ist. Daß ein Objekt der Außenwelt als etwas Wirkliches in Raum ist, daraus folgt noch überhaupt nicht, daß es damit auch schon etwas Wirkliches in Zeit ist. Dies kann vielmehr nur auf Grund noch weiterer durch dieses Subjekt zu erfüllender Bedingungen und so auch erst an späterer Systemstelle verständlich werden. Vgl. §§ 28–30.

und Raum empirische Objekte, werden Sie sich jetzt erklären können: Nicht nur ursprüngliche Zeit, sondern auch ursprünglicher Raum ist etwas, wozu ein Subjekt *sich selbst* verwirklicht und auch immer schon verwirklichen muß, um mit Hilfe solcher *Selbst*verwirklichung die *Fremd*verwirklichung von Anderem seiner selbst als Gegenstand oder Objekt sich zu ermöglichen.

Von solcher Zeit und solchem Raum jedoch kann dies Subjekt dann auch nur Selbstbewußtsein als das solcher Selbst*verwirklichung* besitzen, aber nicht auch schon als das von Selbst*vergegenständlichung* bzw. Selbst*erkenntnis*: Können doch Erkenntnis wie Vergegenständlichung dabei ursprünglich überhaupt erst als Bewußtsein dieses *Anderen* als Gegenstandes *für* ein Subjekt *selbst* zustandekommen, sprich, allein *auf Grund* des Selbstbewußtseins seiner Selbstverwirklichung zu Zeit und Raum; als diese aber richtet ein Subjekt sich eben ausschließlich auf Fremdverwirklichung von solchem Anderen als sich, das es deswegen auch zunächst einmal zum Gegenstand für sich gewinnen und sich selber mithin zur Erkenntnis von ihm bilden muß. Zum Gegenstand einer Erkenntnis kann es daher auch ursprünglich nur *in Form* von Zeit und Raum etwas *Empirisches* als ein Objekt der *Außenwelt* gewinnen, während Zeit und Raum als solche, sprich, als Fall von Selbstbewußtsein seiner Selbstverwirklichung sich jeglicher Vergegenständlichung oder Erkenntnis dabei prinzipiell entziehen müssen. Vielmehr können sie als solche prinzipiell nur nachträglich zu immer schon vollzogener empirischer Erkenntnis von empirischen Objekten Thema werden, nämlich stets nur rückläufig von dort durch Reflexion auf Zeit und Raum als die »Bedingungen der Möglichkeit für« solche Empirie und damit durch Philosophie als nichtempirische Erkenntnis nichtempirischer Subjekte von sich selbst.

Dies alles werden Sie im folgenden sich auch im einzelnen noch klarer machen können. Dazu aber müssen Sie zunächst sich voll verdeutlichen, daß die Verwirklichung von Sinnlichkeit zu Zeit und Raum ineinem sich tatsächlich, wenn auch vorerst nur im allgemeinen, als die Selbstverwirklichung eines Subjekts erklären läßt, will sagen: seiner selbst als Sinnlichkeit und als Verstand zusammen. Je für sich als Möglichkeit oder Vermögen nämlich bleiben beide, wie Sie sich erinnern werden, in der Tat nur etwas Allgemeines und Abstraktes: der Verstand als Fremd- werdendes Selbstverhältnis oder als Intentionalität werdende Spontaneität und so als das Prinzip in sich komplex werdender absoluter Einheit oder Einfachheit bzw. in sich different werdender Identität ebensosehr wie die Sinnlichkeit als das zu ihm komplementäre einer Ausdehnung bzw. von Außereinander. Denn etwas Konkret-Besonderes und damit als ein Subjekt Wirklich- oder Wirksames werden sie beide erst als Einheit miteinander, nämlich erst, indem auf Grund von Sinnlichkeit als solcher der Verstand als solcher sich selbst ausdehnt und mithin als absolute Einheit oder Einfachheit oder Identität tatsächlich in sich selbst komplex und different wird, nämlich zu Außereinander. Dazu aber wird er nicht allein, indem er Zeit wird, sondern auch, indem er Raum wird, also nicht nur einmal, sondern mindest zweimal. Und dies eben deshalb, weil er beides auch notwendig werden muß, um sich als Fremd- werdendes Selbstverhältnis oder als Intentionalität werdende Spontaneität tatsächlich vollständig verwirklichen zu können.

Worauf Sie dabei schon von vornherein, nämlich bereits im allgemeinen achten sollten, ist infolgedessen: Nicht nur jenes erste, nein auch dieses zweite Mal einer Verwirklichung von Sinnlichkeit als generellem zu speziellem Außereinander, nämlich nicht nur die Verwirklichung zu Nacheinander Zeit, nein auch die zu Nichtnacheinander als Zugleich von Raum ist Selbstverwirklichung des Subjekts selber, nämlich nichts als Selbstausdehnung seiner absoluten Einheit als Verstand auf Grund von seiner Sinnlichkeit. So aber bildet Selbstverwirklichung als Selbstversinnlichung sich um einen entscheidenden Schritt weiter und komplexer denn als bloße Selbstverzeitlichung, wie sie im vorigen hervortrat, nämlich mit ihr gleichursprünglich ferner noch als Selbstverräumlichung, so daß sich das Subjekt nicht nur zu Zeit, sondern mit ihr ineinem auch zu Raum noch selbst verwirklicht. Dies jedoch genau in dem zuletzt genannten Sinne: Über Zeit hinaus zu Raum wird es allein als Form, worin gerade Anderes seiner selbst als etwas Räumliches auftritt. Infolgedessen wird das Subjekt dadurch keineswegs etwa auch selbst zu etwas Räumlichem oder im Raum, weil es als solches, und das heißt, auch als zum Raum Werdendes selbst ausschließlich etwas Zeitliches und in der Zeit ist, wie Sie noch genauer sehen werden.

Als erstes haben wir uns demnach zu verdeutlichen: Aus evolutionärer Perspektive konnte phylo- und kann auch ontogenetisch so etwas wie ein Subjekt nur dort auftreten, wo Naturstruktur soweit komplex ist, daß sie Sinnlichkeit als ein Vermögen zu Außereinander bildet, welches nicht allein zu zeitlichem, sondern auch noch zu räumlichem vermögend ist, sprich, insgesamt zu in sich gegensätzlichem Außereinander. Den Verstand als jenen Vorstoß autonomer Selbstverwirklichung des Von sich auf sich-Ausgehens vorausgesetzt, ist nämlich aus der Perspektive von Evolution die Möglichkeit nicht auszuschließen, daß die Sinnlichkeit als das zu ihm Komplementäre zwar bestand oder besteht, jedoch als das Vermögen lediglich zu zeitlichem und nicht auch räumlichem Außereinander. Dafür aber müßte gelten, daß in allen solchen Fällen so etwas wie ein Subjekt infolgedessen nicht entspringen konnte oder kann, weil es, wenn überhaupt, allein als Fremd- werdendes Selbstverhältnis oder als Intentionalität werdende Spontaneität entspringt, zu welcher oder welchem ein Subjekt sich eben nur entfalten kann, sofern es sich nicht bloß zur Zeit, sondern im Anschluß an sie auch zum Raum noch selbst verwirklicht.

So erweisen sich Verstand und Sinnlichkeit für uns indessen nur noch deutlicher als die genauen Komplemente zueinander, so daß immer weniger sich für uns denken läßt, bei dem Verstand, den wir nun einmal haben, könnten wir auch eine gänzlich andere Sinnlichkeit besitzen, oder bei der Sinnlichkeit auch einen gänzlich anderen Verstand. Denn da sich Raum oder Zugleich nur als Nichtnacheinander und mithin nur negativ als Gegensatz zum Nacheinander Zeit begreifen läßt, kann die Erwägung jener Möglichkeit auch noch als umgekehrter schon von vornherein gar nicht mehr sinnvoll sein: Es könnte Sinnlichkeit als ein Vermögen zwar zu räumlichem Außereinander, doch nicht auch zu zeitlichem bestehen oder bestanden haben, ist danach bereits undenkbar, weil die Möglichkeit für dieses räumliche die Möglichkeit für jenes zeitliche bereits voraussetzt. Als genauer Gegensatz zu Zeit hängt Raum vielmehr auf diese Weise nicht allein mit ihr, sondern durch sie vermittelt auch noch unlösbar zusammen mit dem Punkt als absoluter Einheit oder Einfachheit jenes Verstandes, ein Zusammenhang, den es für uns noch aufzudecken gilt.

Jedenfalls vermag ein Subjekt als zum Fremd- werdendes Selbstverhältnis oder zur Intentionalität werdende Spontaneität sich selbst nur zu verwirklichen, wenn es vermag, als dieses Von sich auf sich-Ausgehen, das als solches selber zum Von sich auf Anderes für sich-Ausgehen wird, auch bei sich anzukommen: wenn es für sich selbst als derart different oder komplex werdende absolute Einheit oder Einfachheit oder Identität seines Verstandes mittels seiner Sinnlichkeit auch derart different oder komplex empfänglich ist, daß es als eben diese Art von Einheit auch entsprechend sich selbst ausdehnen und anders werden kann.

Denn Sie wissen schon: Bei aller Absolutheit seiner Einheit als der Einfachheit oder Identität von Fremd- werdendem Selbstverhältnis oder von Intentionalität werdender Spontaneität ist deren innere Komplexität und Differenz ihm doch so wesentlich, daß ein Subjekt erfolgreich oder auch erfolglos immer nur als Fremdverhältnis sein kann, in Bezug auf Anderes zu sich, doch nicht als Selbstverhältnis zu sich selbst: Allein als Fremdverwirklichung von Anderem zu sich, von Intendiertem, kann ein Subjekt zu Erfolg bzw. Mißerfolg gelangen, nicht jedoch als Selbstverwirklichung von sich als Intendieren. Denn auch immer nur die Wirklichkeit von diesem Anderen zu sich vermag als ein Erfolg sich einzustellen oder als ein Mißerfolg auch auszubleiben, aber niemals die von sich. Es setzen nämlich beide diese Möglichkeiten vielmehr diese Wirklichkeit des Subjekts immer schon voraus, weil von Erfolg bzw. Mißerfolg auch immer nur bezüglich seiner Selbstverwirklichung zum Intendieren sinnvoll überhaupt die Rede sein kann.

Doch Sie sehen jetzt: Erst in Gestalt von weiterer Verwirklichung der Sinnlichkeit durch den Verstand zur Einheit jener Gegensätzlichkeit von Zeit *und* Raum wird auch dieser Verstand als jene absolute Einheit oder Einfachheit oder Identität soweit komplex und different in sich, daß er als Fremd- werdendes Selbstverhältnis oder als Intentionalität werdende Spontaneität auch selbst noch weiter wirklich oder wirksam wird und damit weiter zum Subjekt. Denn erst durch seine Selbstverwirklichung als Selbstversinnlichung der Selbstverzeitlichung und Selbstverräumlichung *ineinem* kommt ein Subjekt als die Selbigkeit sowohl wie Unterschiedlichkeit von Selbst- und Fremdverhältnis soweit zur Entfaltung, daß es als die *Einheit* beider auch zum ersten Mal zu beiden *auseinandertritt.* Als Gegensätze zueinander bilden Zeit und Raum im Rahmen ihrer unlösbaren Einheit miteinander nämlich klare Unterschiede voneinander, die im Fall der bloßen Zeit, wie sich für Sie erweisen wird, noch nicht bestehen. Und erst dadurch bildet ein Subjekt sich selbst entscheidend weiter aus, nämlich zum Intendieren hin, als das ein Subjekt a priori, sprich, ausschließlich aus sich selbst heraus zu »Vorstellung« oder »Entwurf« von Anderem zu werden hat, weil es ein Anderes auch nur als ein durch sich als solches Intendieren Intendiertes zu verwirklichen vermag, das heißt, nur als Erfolg davon erzielen oder auch als Mißerfolg davon verfehlen kann.

Erst dadurch nämlich, daß es nicht nur Zeit, sondern in Einheit mit ihr auch noch Raum als Gegensatz zu ihr wird, bildet ein Subjekt als letzterer sich über erstere hinaus zur Form für Anderes als sich. Denn unter ihm als dieser Form kann es, wenn überhaupt etwas, nur etwas Anderes als sich zum Gegenstand für sich gewinnen, aber keineswegs sich selbst, weil nach wie vor es selbst vielmehr allein in Form der Zeit auftritt, in der es sich gerade niemals Gegenstand wird. *Ursprünglich* kann ein Subjekt infolgedessen *grundsätzlich* nur *Anderes* als sich zum *Gegenstand* für sich gewinnen, so daß ursprünglich auch Andersheit für es und Gegenständlichkeit für es zusammenfallen müssen und es selbst mithin als ursprünglicher Gegenstand für sich von vornherein und prinzipiell entfallen muß. Entsprechend kann es unter Raum als dieser Form, wenn überhaupt etwas, dann auch nur etwas Anderes zu sich als Gegenstand für sich *verwirklichen*, oder auch nicht, doch keineswegs sich selbst, weil es für diese *Fremd*erwirklichung des *Intendierten*, mag sie nun gelingen oder auch mißlingen, als die *Selbst*verwirklichung des *Intendierens* immer schon zugrunde liegen muß.

Was Sie dabei des weiteren beachten sollten, ist, daß Zeit und Raum demnach nichts anderes als zwei *verschiedene*, ja zueinander *gegensätzliche* Ergebnisse einer Verwirklichung *Desselben* sind, jenes Verstandes nämlich, der in jedem dieser Fälle schlechterdings nichts anderes als immer wieder nur zum Fremd- werdendes Selbstverhältnis oder zur Intentionalität werdende Spontaneität ist. Als auf solche Art in sich komplex und different werdende absolute Einheit oder Einfachheit oder Identität verwirklicht sich dabei Verstand jeweils auf Grund von Sinnlichkeit zum intendierenden Subjekt gerade so, daß er sich selbst als eben dieses schlechthin Innere auch äußert. Und das heißt: Indem er zu jeweiligem Außereinander sich selbst ausdehnt, wird Verstand sich selbst auch jeweils anders, nämlich ebenso in sich verbleibend wie aus sich heraustretend auch selbst zu »Vorstellung« oder »Entwurf« von Anderem als sich.

Was Sie daran aber im besonderen beachten sollten, ist dann folgendes: Gerade unter dem Gesichtspunkt solchen Intendierens eines Anderen als sich kann diese letztlich zweimalige Selbstverwirklichung Desselben, eben des Verstandes, sehr leicht mißverständlich für Sie werden. Denn von Anfang an bereits von Grund auf mißverstanden hätten Sie ihr Zweimaliges, faßten Sie es dahin auf, als intendiere der Verstand ein Anderes zu sich dabei zunächst einmal durch seine Selbstverwirklichung zum Nacheinander Zeit; und weil er damit nicht erfolgreich werden könne, da in Form von bloßer Zeit sich gar kein Anderes zum Gegenstand für ihn gewinnen lasse, intendiere der Verstand dies dann durch seine Selbstverwirklichung auch zum Nichtnacheinander als Zugleich von Raum noch einmal, womit er am Ende doch noch zum Erfolg gelangen könne. Freilich wäre ein Verständnis dieser Art nicht ohne Anlaß, insofern tatsächlich auch schon des Verstandes Selbstverwirklichung zum Nacheinander Zeit sich nur verstehen läßt als eine Weise, wie er als zum Fremd- werdendes Selbstverhältnis oder zur Intentionalität werdende Spontaneität sich ausdehnt und sich anders wird, und so dann seine Selbstverwirklichung auch zum Zugleich oder Nichtnacheinander Raum noch einmal.

Trotzdem wäre dies ein Mißverständnis, und zwar schon allein insofern, als es am Systemort dieser ursprünglichen Zeit- und Raumerzeugung auch noch gar nicht sinnvoll sein kann, zwischen beidem eine Zeitabfolge anzusetzen, weil es hier nicht etwa um den Sinn von Zeit und Raum je für sich selbst geht, sondern auf den einheitlichen Sinn ihres Zusammenhanges als Gesamtsinn ankommt. Lediglich an dessen Kompliziertheit liegt es, daß er sich durch unsere Reflexion auf ihn nur nach und nach entfalten läßt, so wie auch eine komplizierte Formel beispielsweise der formalen Logik ihren Sinn dem Lesen und Verstehen stets erst nach und nach ergibt. Gleichwohl baut ihr Gesamtsinn als ein ganz bestimmter sich nur dadurch auf, daß alle seine einzelnen Sinn-Elemente *trotz*, ja eigentlich gerade *in* ihrer bestimmten Abfolge – vertreten durch die Reihenfolge ihrer Zeichen in der Formel – miteinander gleichursprünglich sind. Mit ihm vergleichbar bildet der Gesamtsinn jener Gleichursprünglichkeit von Zeit und Raum sich gleichfalls so, daß ihr Zusammenhang gerade der einer bestimmten Abfolge von Raum auf Zeit ist, nämlich der von Raum als Negation von Zeit: Entspringen kann er durch Negierung von ihr eben immer wieder nur, indem er auch von vornherein und durchwegs mit ihr als dem zu Negierenden einhergeht und sonach in unlösbarer Einheit steht. Bei grundsätzlicher Gleichursprünglichkeit mit Zeit ist Raum insofern ebenso grundsätzlich abgeleitet und mithin auch abhängig von Zeit, woraus Sie sich noch Weiteres an Wesentlichem für den Raum werden erklären können.

Ein Mißverständnis aber wäre dies auch dadurch noch erst recht, daß von Erfolg bzw. Mißerfolg, wie wir uns einzuschärfen haben, sinnvoll nur bezüglich eines in sich selbst schon vollständigen Intendierens überhaupt die Rede sein kann. Dazu also müßte dieses auch bereits als des Verstandes Selbstverwirklichung zu Zeit allein vorliegen, was jedoch gerade nicht der Fall ist, wie Sie schon gesehen haben. Denn in Form von Zeit allein läßt sich ein Anderes als Gegenstand noch nicht gewinnen, sondern erst in Form von zusätzlichem Raum, der damit als ein weiteres und notwendiges Aufbaustück des Intendierens selbst ermittelt ist. Doch wohlgemerkt: desgleichen nur als ein notwendiges, und das heißt abermals: noch längst nicht als das hinreichende.

Denn als Intendieren eines Andern seiner selbst geht ein Subjekt ja nicht etwa auf Raum als solchen aus, geschweige denn auf Zeit als solche, sondern lediglich vermittels *von* Raum auf ein Räum*liches* als etwas *im* Raum. Also nicht nur nicht die Zeit als solche, sondern auch noch nicht der Raum als solcher ist bereits das Intendierte, weil auch nicht bereits ein solches Andere. Er ist vielmehr noch ganz das Intendieren und mithin das Subjekt selbst, nämlich die Art und Weise, wie es sich im Anschluß an die Zeit zwar weiter aufbaut, doch auch dadurch sich noch nicht etwa vollendet. Erst als ein in diesem Sinne vollständiges aber kann es Intendieren sein, bezüglich dessen sich auch sinnvoll von Erfolg bzw. Mißerfolg desselben sprechen läßt, doch nicht auch schon bezüglich seiner bloßen Selbstverzeitlichung als solcher, ja noch nicht einmal bezüglich seiner an sie anschließenden Selbstverräumlichung: Auch als Bewußtsein ursprünglicher Zeit *und* ursprünglichen Raumes hat sich Subjektivität als Selbstbewußtsein ihrer Selbstverwirklichung zum Intendieren nicht schon soweit selbst verwirklicht, daß sie damit auch bereits ein Intendiertes hätte, um als solche Selbstverwirklichung von *sich* auch noch zur Fremdverwirklichung von *ihm* als dem Erfolg davon werden zu können. Sie erfüllt vielmehr auch dadurch, auch durch ihre Selbstverräumlichung mit ihrer Selbstverzeitlichung ineinem, vorerst nur notwendige Bedingungen dafür und keineswegs bereits die hinreichende.

Um so klarer aber zeichnet sich auf diese Weise für Sie ab: In beiden Fällen handelt es sich deshalb bloß um zueinander unselbständige, weil miteinander auch zusammenhängende und überdies nur unvollständige Bestandstücke derselben Subjektivität, die als Verstand zum Fremd- werdenden Selbstverhältnis oder zur Intentionalität werdenden Spontaneität auf Grund von Rezeptivität der Sinnlichkeit sich weiter selbst verwirklicht, doch noch nicht vollendet. Daß der Raum durch Negation von Zeit zwar abgeleitet und mithin auch abhängig ist, daß er aber trotzdem, ja gerade deshalb gleichursprünglich und in unlösbarer Einheit mit ihr auftritt, macht im Zug der Selbstausbildung dieser Subjektivität daher nur einen einzigen Zusammenhang als notwendige Vorbedingung für sie als Intentionalität aus.

Vollends müßten Sie dies dann verstehen, wenn Sie folgendes noch mitbeachten. Wie die Zeit ist danach auch der Raum nichts anderes als Selbstausdehnung des Verstandes als Prinzip für absolute Einheit oder Einfachheit auf Grund von Sinnlichkeit als dem für Ausdehnung oder Außereinander. Nur besitzt »auf Grund von Sinnlichkeit« nunmehr noch einen zusätzlichen und im ganzen mithin auch komplexen Sinn. Wie jene erstmalige als die Selbstausdehnung des Subjekts zu Zeit, erfolgt auch diese zweitmalige Selbstverwirklichung als die zu Raum »auf Grund von Sinnlichkeit« im Sinne von *Vermögen* oder *Möglichkeit* für Ausdehnung oder Außereinander generell. Denn das Zugleich oder Nichtnacheinander dieses Raumes ist ja gleichfalls ein Außereinander. Doch im Unterschied zu ersterer und über sie hinaus erfolgt die letztere »auf Grund von Sinnlichkeit« des weiteren im Sinne von bereits *verwirklichtem* Vermögen als in Wirklichkeit schon *überführter* Möglichkeit, nämlich »auf Grund von Zeit«. Denn eine »abgeleitete« ist sie ja ausschließlich als die durch Negation von dieser Zeit her abgeleitete, weil diese Selbstverwirklichung bzw. Selbstausdehnung zum Zugleich als dem *Nicht*nacheinander dieses Raumes auch im Gegensatz zum Nacheinander Zeit auftritt.

Aus umgekehrter Perspektive werden Sie sich das noch einsichtiger machen können: Nur sich selbst als dem zum Nacheinander Zeit sich selbst Verwirklichenden und mithin grundsätzlich Wirklich- oder Wirksamen kann ein Subjekt sich so entgegensetzen, daß es sich auch zum Nichtnacheinander oder zum Zugleich von Raum noch selbst verwirkliche, damit es unter dieser Form als der zu jener gegensätzlichen Verwirklichung von sich gerade Anderes als sich gewinnen könne. Erst als jenes aktualen Punktes Nacheinander Zeit ist nämlich ein Subjekt als absolute Einheit oder Einfachheit von Fremd- werdendem Selbstverhältnis oder von Intentionalität werdender Spontaneität zum ersten Mal so wirklich oder wirksam, daß es auch erst durch Entgegensetzung gegen sich als jenes aktualen Punktes Nacheinander Zeit sich selbst auch zum Zugleich oder Nichtnacheinander Raum noch zu verwirklichen vermag: zu dem Außereinander, worin es tatsächlich Anderes als Punkt, sprich, Anderes als sich gewinnen kann.

Als zum Fremd- werdendes Selbstverhältnis oder zur Intentionalität werdende Spontaneität vermag ein Subjekt sich mithin nur zu verwirklichen, indem es sich nicht einfach ausdehnt, sich nicht einfach anders wird, sondern sich zweifach ausdehnt, zweifach anders wird. Und über jene Ausdehnung zu Zeit hinaus noch einmal sich selbst auszudehnen, sprich, sich auch noch anders anders denn als Zeit zu werden, nämlich auch als Raum noch, heißt, sich derart ausdehnen und anders werden, daß in Form von solchem doppelten Sich-Äußern eines Inneren als Selbst- sowohl wie Fremdverhältnis *für* es selbst gerade *Anderes* als es selbst auftreten kann. Infolgedessen ist es nichts geringeres als jene apriorische Komplexität und Differenz der absoluten Einheit oder Einfachheit seines Verstandes selbst, sprich, seines Fremd- werdenden Selbstverhältnisses als der Intentionalität werdenden Spontaneität, was diese weitere Komplexität und Differenz erzwingt: daß nämlich ein Subjekt als solches wirklich oder wirksam nur in diesen Stufen unterschiedlicher Verwirklichung von Sinnlichkeit und von Verstand ineinem werden kann, von denen selbst der Raum als zweite Stufe sich verwirklichenden Intendierens noch nicht dessen letzte ist.

Erst dadurch also, daß Verstand und Sinnlichkeit zusammen sich zunächst zu Zeit und dann zu Raum verwirklichen und folglich mehrfach sowie unterschiedlich, kann auch von Verstand als einer Mehrheit sowie Unterschiedlichkeit die Rede sein, sprich, von »Kategorien« als mehreren verschiedenen und unter sich bestimmten, deren zweite nunmehr deduziert ist: Nicht bereits Verstand *als solcher*, der vielmehr stets nur dasselbe Fremd- werdende Selbstverhältnis als Intentionaliät werdende Spontaneität ist, sondern erst Verstand, *so wie* er sich als solcher mittels Sinnlichkeit *verwirklicht* und durch sie auch zu je *Unterschiedlichem* verwirklicht, kann von letzterem her rückläufig dann als bestimmte »Kategorie« gegenüber anderen bestimmten »Kategorien« gelten. Und *so wie* er sich zu Zeit verwirklicht, konnte er im vorigen allein als diejenige deduziert sein, die mit Kant Kategorie der »Qualität« zu nennen wäre. Und *so wie* Verstand mit seiner Selbstverwirklichung zu Zeit ineinem auch zu

Raum noch sich verwirklicht, kann er nunmehr auch allein als diejenige deduziert sein, die mit Kant Kategorie der »Quantität« zu nennen wäre.

Erst verspätet nämlich, wie Sie wissen, nähert Kant sich wenigstens der Einsicht, daß nur im Zusammenhang mit Raum sich von einer Kategorie der »Quantität« oder der »Größe« sinnvoll reden lasse. Denn es kann »die Möglichkeit der Dinge als Größen, und also die objektive Realität der Kategorie der Größe, auch nur in der äußeren Anschauung ... dargelegt« werden, nämlich erst »im Raume«[15], und das heißt: gerade nicht schon in der Zeit allein, die ja dem Raum der Synthesis nach schon vorausgeht und zugrundeliegt. Zwar gilt für ihn dasselbe wie für sie, denn »Raum ist selbst eine Synthesis a priori«[16]. Doch im Unterschied zur Zeit ist erst der Raum diejenige, in deren Form sich etwas überhaupt als etwas Anderes für ein Subjekt zum Gegenstand gewinnen und entsprechend auch erst seiner »Größe« nach bestimmen, nämlich zählen oder messen läßt, wogegen dies in Form von jener ursprünglichen Zeit allein gerade noch nicht möglich ist. Nur scheint sich Kant dieses Verhältnis einer notwendigen Abfolge der Synthesis von Raum auf die von Zeit und so auch derjenigen der Kategorie der »Quantität« auf die der »Qualität« nie völlig klargemacht zu haben.

Sie werden daher nun erst recht jene Kritik von Hegel teilen, »ohne weiteren Grund« werde von Kant die »Quantität vor der Qualität aufgeführt«, wogegen diese Abfolge gerade umzukehren sei[17]. Denn jetzt vermögen Sie auch die Begründung dafür mitzuliefern, die bei Hegel noch viel dunkler als bei Kant bleibt. Den Zusammenhang dieser Kategorien mit Raum und Zeit, den Kant nur unklar läßt, beachtet Hegel nämlich überhaupt nicht mehr. Genau wie Synthesis von Zeit derjenigen von Raum vorauszugehen hat, weil letztere die erstere auch in der Tat voraussetzt, so desgleichen die mit ihnen unlösbar verbundenen Kategorien der »Qualität« und »Quantität«, die nur die beiden Weisen bilden, wie Verstand auf Grund von Sinnlichkeit zu Zeit und Raum ineinem sich verwirklicht: Was auch immer jenem allgemeinsten Sinn von »Qualität« entsprechend an Gehalt durch Affektion der Subjektivität gegeben werden möge,

15 B 293.
16 Bd. 18, S. 375 (R 5876).
17 *Wissenschaft der Logik* (hg. Lasson), Bd. 1, S. 64f.

kann allein in sie als Selbstverwirklichung zu jenes aktualen Punktes Nacheinander Zeit eingehen; und was davon der Subjektivität auch zu ursprünglicher Verwirklichung von Anderem ihrer selbst als Gegenstand für sie noch taugen soll, der dann in diesem allgemeinsten Sinn auch »Quantität« zu sein vermag, muß nicht allein in sie als Selbstverwirklichung zu jener Zeit, sondern ineinem damit auch noch darüber hinaus in sie als Selbstverwirklichung zu diesem Raum eingehen[18]. Und dazu stimmt genau, daß in der Zeit als bloßem Nacheinander aktualen Punktes jene »Qualität« eines Gehaltes noch in keinem Sinne »Quantität« als Meßbar- oder Zählbares sein kann, auch dann nicht, wenn sie über Zeit hinaus noch in die Form des Raumes eingeht. Denn *von* einer Form des Raumes kann genauso wie *von* einer »Quantität« und »Qualität« dann immer erst der Gegenstand als wirklich-anderes Objekt sein, niemals aber etwa auch schon das Subjekt als solches, wie Sie sich im folgenden noch werden deutlich machen können.

Vorerst aber geht für Sie des weiteren daraus hervor: Auch mit der anderen Kritik, daß »Qualität« und »Quantität« bei Kant nur »Titel für«, in Wahrheit aber selbst Kategorien sind, »nur allgemeinere«, hat Hegel Recht, jedoch gleich soweit, wie es ihm gar nicht willkommen sein kann. Damit nämlich meint er, zusätzlich zu den von Kant nur so betitelten noch weitere Kategorien zu gewinnen. Doch in Wahrheit kann es sich dabei gerade umgekehrt nur um die beiden eigentlichen und mithin auch einzigen von den Kategorien handeln, welche Kant zusammen als die »mathematischen« bezeichnet. Denn Sie brauchen sich nur weiterhin jene Begründung ihrer umgekehrten Reihenfolge gegenüber der bei Kant vor Augen halten, und Sie sehen, daß sie auch noch diese ihre Einzigkeit und Eigentlichkeit mitbegründet. Daran nämlich, daß in jenem allgemeinsten Sinne »Qualität« für Subjektivität nur als die grundsätzliche Selbstverwirklichung zu Zeit auftreten kann, vermögen Modifikationen dieser »Qualität« im Sinne von »Realität« oder von »Negation« oder von »Limitation« nichts

18 Wie Kant ebenfalls erst sehr verspätet einsieht, ist ursprünglich nicht nur Zeit, sondern auch Raum nichts anderes als ein Ergebnis von ursprünglich reiner Selbstaffektion (vgl. z.B. R 6313, Bd. 18, S. 613, Z. 26–31), jener autonomen Selbstbestimmung also des Subjekts als Selbstverwirklichung seines Verstandes auf Grund seiner Sinnlichkeit, zumal ja Zeit und Raum als solche selbst auch nichts als oberste und allgemeinste »Schemata« (vgl. z.B. A 156 B 195) sind.

mehr zu modifizieren und daher auch keine eigenen und somit weiteren »Kategorien« des Verstandes auszubilden. Und auch daran, daß in jenem allgemeinsten Sinne »Quantität« für Subjektivität als Selbstverwirklichung nur dann auftreten kann, wenn sie sich nicht allein zu Zeit, sondern ineinem mit ihr über sie hinaus auch noch zu Raum erzeugt, vermögen Modifikationen dieser »Quantität« als »Einheit« oder »Vielheit« oder »Allheit« nichts mehr zu modifizieren und daher auch keine eigenen und somit weiteren »Kategorien« des Verstandes auszubilden.

Und dies um so weniger, als solche Modifikationen beidenfalls, bei »Qualität« sowohl wie »Quantität«, auch gar nicht Angelegenheit der *Apriorität* von *Intendieren* eines Anderen sein können, sondern stets erst der *Aposteriorität* des letzteren als des *Erfolgs* bzw. *Mißerfolgs* davon und mithin nur der *Empirie*. Denn wie auch könnte schon der Intention nach und mithin bereits aus Apriorität heraus entschieden sein, als ein Erfolg werde sich etwas in der Außenwelt bezüglich »Qualität« gerade als »Realität« oder als »Negation« oder als »Limitation« einstellen und bezüglich »Quantität« als »Einheit« oder »Vielheit« oder »Allheit«?[19] Wo doch solche »mathematischen Kategorien« nach Kant nicht etwa bloß »regulativ«, sondern »konstitutiv« sein sollen, was nur für »Qualität« und »Quantität« als solche sich verstehen läßt.

Was wir uns einstweilen nur in einem ersten Durchgang und auch bloß im allgemeinen zu verdeutlichen vermochten, läuft mithin darauf hinaus, daß wir im einzelnen uns folgendes noch weiter werden klarzumachen haben. Mindestens genauso streng wie schon im vorigen gilt es für uns als erstes, zwischen dem Verstand als solchem selbst und seiner Weise, sich als solcher selbst auch zu verwirklichen, zu unterscheiden; denn inzwischen ist noch klarer als im vorigen auch Raum als eine Weise seiner Selbstverwirklichung hervorgetreten, so daß wir es nun sogar mit zwei verschiedenen zu tun bekommen, deren zweite zudem in der ersten gründet. Den Verstand als solchen selbst betreffend, kann das nämlich nur bedeuten, daß er als Kategorie der »Quantität« bereits auf der Kategorie der »Qualität« und damit letztlich auf sich selbst beruhen muß: Als jenes Selbige von Fremd- werdendem Selbstverhältnis oder von Intentionalität

19 So gehören alle solchen Unterschiede auch nach Frege nur zum *Inhalt* eines Urteils, nicht zur *Form* desselben. Vgl. dazu unten § 23, S. 698ff.

werdender Spontaneität bezieht er sich mithin beim zweiten Mal der Selbstverwirklichung bereits aufs erste Mal zurück und damit letztlich auf sich selbst, in einer Art und Weise, die wir noch genauer werden klären müssen.

Doch wird uns diese Klärung erst auf Grund bereits erzielter Klarheit über eine weitere der Konsequenzen aus dem Vorigen gelingen können: Wenn gleich Zeit auch Raum nur eine Weise darstellt, wie Verstand auf Grund von Sinnlichkeit sich selbst verwirklicht, kann das nur bedeuten, daß gleich Zeit auch Raum verständlich werden muß als eine Weise, wie Verstand als in sich selbst komplex und different werdende absolute Einheit oder Einfachheit oder Identität *sich* ausdehnt und *sich* anders wird, indem er als dies Innere auch dazu noch *sich* äußert. Dies jedoch heißt nichts geringeres, als daß wir uns begreiflich machen müssen: Auch der Raum kann ursprünglich nichts anderes als eine Weise sein, wie solche absolute Einheit oder Einfachheit oder Identität als Punkt sich ausdehnt und mithin als Diskretion aus sich heraus Kontinuum wird, was jedoch zunächst einmal von unlösbarer Schwierigkeit zu sein scheint.

Denn im Fall der Zeit vermochten wir das zu verstehen, insofern sie zwar Kontinuum ist, doch gerade das von Punkt, nämlich von ihm als abstandlos, ununterbrochen und mithin kontinuierlich anderem, und darin eben Nacheinander jenes so auch überhaupt erst aktualen Punktes. In Gestalt von Zeit ist demgemäß im strengsten Sinn Kontinuum selbst Punkt wie auch Punkt selbst Kontinuum, so daß als Selbstausdehnung seiner Einfachheit oder als Selbstkontinuierung seiner Diskretion die Zeit auch ohne weiteres verständlich wird: Tatsächlich ist in ihrem Falle Kontinuität selbst Diskretion und Diskretion selbst Kontinuität, so daß ihr Nacheinander als die Weise, wie Punkt ständig dadurch aktual wird, daß er ständig sich selbst anders wird, begreiflich ist.

Im Fall des Raumes aber muß uns das anscheinend unverständlich bleiben. Denn der Gegensatz zu Zeit ist Raum vielmehr genau in dem Sinn, daß er nicht wie Zeit auch selber Punkt ist, sondern ihr bzw. ihm entgegen schlechthin Anderes als Punkt. So wie die Zeit ist auch der Raum zwar Ausdehnung oder Kontinuum, doch anders als die Zeit nicht Ausdehnung *in Einheit mit*, sondern *in Gegensatz zu* Einfachem, und nicht Kontinuum *in Einheit mit*, sondern *in Gegensatz zu* Punkt. Und dementsprechend fallen in genauem Gegenteil zur Zeit auch erst beim Raum Kontinuum und Diskretion nicht mehr zusammen, sondern erstmals und mithin ursprünglich auseinander, wie im Fall von Linie gegen Punkt oder von Fläche gegen Linie oder Körper gegen Fläche.

Zu fragen bleibt für uns mithin: Wie ließe sich verstehen, daß trotzdem, ja gerade deshalb, auch der Raum nichts anderes als weiteres Ergebnis jener Selbstausdehnung absoluter Einheit oder Einfachheit oder Identität von Punkt sein kann, weil Punkt es auch nur so vermag, aus sich heraus sich anders und mithin komplex und different zu werden, oder, weil Verstand es auch nur so vermag, als Fremd- werdendes Selbstverhältnis oder als Intentionalität werdende Spontaneität mit Sinnlichkeit ineinem wirklich oder wirksam, nämlich zum Subjekt zu werden?

Die Antwort darauf wird sich uns ergeben, wenn wir einmal näher darauf eingehen, was genau denn eigentlich gemeint sein muß mit unserer bisher bloß vorläufigen Formulierung, daß Zugleich oder Nichtnacheinander Raum als Gegensatz zum Nacheinander Zeit nur das Ergebnis einer »Negation der Zeit« sein kann.

§ 18. Euklidisch-dreidimensionaler Raum als a priori notwendige Form ursprünglich-anschaulicher Gegenstände

α) *Vorüberlegungen*

Den Sinn von Raum als »Negation der Zeit« erschließen Sie, verehrte Leserin, verehrter Leser, sich am ehesten, indem Sie vorerst Schritt für Schritt sich deutlich machen, was damit gerade nicht gemeint sein kann.

Wie Sie schon wissen, ist die Vorbedingung dafür, daß mit »Negation« sich überhaupt ein Sinn verbinden lasse, die, daß dabei das Negierte auch bewußt ist: mindestens für jenes Selbstbewußtsein, das noch kein Bewußtsein der *Erkenntnis* oder der *Vergegenständlichung* von sich sein kann. Deswegen kommt im Rahmen solchen Selbstbewußtseins erst die Zeit als das Negierte in Betracht und nicht etwa schon die Natur, aus der ein solches Selbstbewußtsein vielmehr immer erst hervorgeht.

Daraus aber folgt dann auch noch umgekehrt für »Negation« von Zeit zu Raum, daß sie nicht im Normalsinn dieses Worts gemeint sein kann. Mit solcher »Negation« wie etwa von »Es regnet« zu »Es regnet nicht« geht nämlich immer schon Erkenntnis und Vergegenständlichung von etwas mit einher, wovon im Rahmen dieses Selbstbewußtseins aber überhaupt noch nicht die Rede sein kann. Was auch immer »Negation« dabei bedeuten mag, so kann das doch von vornherein gewiß nicht heißen, jene über Zeit hinaus auch noch zu Raum sich selbst verwirklichende Subjektivität vollziehe diese Selbstverwirklichung zu ihnen so, daß sie als Selbstbewußtsein mittels »Negation« von Zeit zu Raum etwa auch als *Erkenntnis* oder als *Vergegenständlichung* von Zeit und Raum, mithin als *Selbst*erkenntnis oder *Selbst*vergegenständlichung aufträte. Beides kann vielmehr im Rahmen ihres bloßen Selbstbewußtseins weder für die Zeit noch für den Raum bereits der Fall sein. Ja zum *Gegenstand* einer *Erkenntnis* hat zu ihnen allererst sich selbst verwirklichende Subjektivität sie noch so wenig, daß vielmehr allein in Form von ihr als Zeit und Raum erst etwas Anderes für sie zum Gegenstand empirischer Erkenntnis wird.

So wenig jedenfalls weiß Subjektivität dabei von Zeit als solcher und von Raum als solchem, daß bis heute nicht einmal die strenge Gegensätzlichkeit und damit die Gemeinsamkeit sowohl wie Unterschiedlichkeit, geschweige denn der gleichwohl unauflösliche Zusammenhang der beiden ihr bekannt ist. Überhaupt gehört das Grundlegende dieser inneren Struktur von Zeit und Raum bis heute noch zum Unbekanntesten, wie Ihnen die noch immer ungelösten Grundlagenprobleme von Mathematik, Geometrie oder Naturwissenschaft zeigen. Von all dem kann Subjektivität nämlich erst wissen, wenn sie nicht nur in empirischer Erkenntnis selbst begriffen ist, sondern aus ihr heraus sich auch noch zusätzlich zur Reflexion auf sie erhebt und so zu nichtempirischer Erkenntnis von empirischer, indem sie auch noch Selbsterkenntnis als Philosophie betreibt. Ausschließlich diese ist es denn auch, welche das, was jene Subjektivität in Empirie ganz reflexionslos nur vollzieht, noch reflektiert, begreift und charakterisiert, mithin auch erst als »Negation«. Und nur Philosophie ist es sonach, die zum Ergebnis ihrer bloßen Reflexion gewinnt, daß jene Selbstverwirklichung von Subjektivität auch über Zeit hinaus zu Raum noch sich bei Reflexion darauf allein als Negation von Zeit zu Raum verstehen lasse, keineswegs jedoch auch jene Subjektivität als solche selbst, indem sie dies etwa nicht nur vollzöge, sondern so auch schon verstünde und begriffe.

Dann jedoch wird Ihnen ferner deutlich, daß in einer weiteren Beziehung dabei nicht von »Negation« die Rede sein kann. Im Normalsinn dieses Wortes nämlich sind es immer Aussagen oder Behauptungen, kurz Wahres oder Falsches, was negiert wird oder werden kann; so wie auch das, wozu etwas von dieser Art negiert wird, sprich, was Negation von etwas dieser Art ergibt, entsprechend immer wieder eine wahre oder falsche Aussage oder Behauptung ist. Doch weder Zeit noch Raum kann auch nur im entferntesten als eine Aussage oder Behauptung, nämlich als ein Wahres oder Falsches gelten. Im Normalsinn solcher Negation kann mithin weder Zeit als dasjenige, *was* negiert wird, noch auch Raum als das, *wozu* negiert wird, irgendwie in Frage kommen.

Wie Sie wissen, ist jedoch dieser Normalsinn keineswegs der einzige, in welchem »nicht« als Zeichen einer Negation verwendet wird. Zu klar und jedermann verständlich pflegen Sie bereits im Alltag mittels Umgangssprache beispielsweise von den »Nichtrauchern« oder den »Nichtschwimmern« zu sprechen, als daß Ihnen fremd wäre, wie selbstverständlich Sie dies »nicht« auch im Zusammenhang eines Begriffs zur Kennzeichnung von etwas gegenüber etwas ganz bestimmtem Anderen verwenden. Nur daß Sie bei solcher Kennzeichnung als negativer eben offen lassen, wie eine entsprechend positive lauten könnte. Denn bloß darum geht es Ihnen mit ihr, festzulegen, daß es sich dabei um etwas Anderes als dasjenige handelt, was Sie durch den jedem solchen negativen notwendig zugrunde liegenden Begriff als positiven zu bezeichnen pflegen: nicht um Raucher, sondern eben Nichtraucher, und nicht um Schwimmer, sondern eben Nichtschwimmer. Und völlig frei sind Sie darin, sich jedes anderen vergleichbaren Begriffes, je nach Redezweck, zur Bildung des entsprechend negativen zu bedienen, mag der letztere auch noch so ungebräuchlich sein. So bildet beispielsweise Stegmüller sich ohne weiteres und rechtens den Begriff der »Nichtaussagen«, um darunter alle andern Sinngebilde zu befassen als die Aussagen[1].

Von dieser Möglichkeit machen auch wir bereits des längeren Gebrauch, nämlich seitdem wir gegenüber Zeit als Nacheinander

1 Vgl. *Probleme und Resultate der Wissenschaftstheorie und Analytischen Philosophie*, Bd. 2, Berlin 1970, S. 185; vor ihm schon R. Carnap beispielsweise »Nichthunde« und »Nichttiere«, vgl. *Einführung in die Philosophie der Naturwissenschaft*, München 1969, S. 178.

Raum gerade als Nichtnacheinander kennzeichnen, um dadurch den bloß negativen Sinn desselben als Zugleich hervorzuheben. Nur bekommt die Bildung des Begriffs »Nichtnacheinander« mittels »nicht« aus »Nacheinander« eben einen weiteren und wesentlichen Sinn, sobald für unsere Reflexion erhellt: Es handelt sich bei so zu kennzeichnendem Raum gerade anders als bei Nichtrauchern und Nichtschwimmern um etwas, das zu etwas Wirklich- oder Wirksamem für Empirie erst zu erzeugen ist, und zwar aus etwas, das auch selbst einer Erzeugung dazu allererst bedarf. Denn wie der Bildung des Begriffs »Nichtnacheinander« die von »Nacheinander« schon zugrunde liegen muß, so muß auch die Erzeugung dieses Nacheinander selbst der von Nichtnacheinander schon zugrunde liegen, deren letztere mithin für Reflexion auf sie nur als Erzeugung mittels Negation der ersteren verständlich werden kann.

Auf solche Weise aber werden Zeit- und Raumerzeugung nicht allein mit dieser Bildung von Begriffen, sondern auch mit jener von Behauptungen und Aussagen durchaus vergleichbar. Zwar gilt nach wie vor, daß Zeit und Raum im Unterschied zu diesen selbst nichts Wahres oder Falsches sind; doch das gilt gleichfalls für Begriffe, wo es dennoch Sinn hat, von der Negation des einen als Erzeugung eines anderen zu reden, so wie von der Negation einer Behauptung oder Aussage als der Erzeugung einer anderen. Diese Vergleichbarkeit jedoch beruht darauf, daß all dies eben überhaupt nichts anderes als Aufbaustücke innerhalb der Selbstverwirklichung von Subjektivität sind, wie Sie noch genauer sehen werden. Und das heißt: Sie sind gerade nichts, was als ein Wirkliches etwa in irgendeinem Sinne platonistisch immer schon bestehen würde, sondern etwas, das im Zuge ihrer Selbstverwirklichung Subjekte eben immer erst erzeugen müssen. Schließlich gilt das nicht allein für die Erzeugung negativer Aussagen, Behauptungen oder Begriffe durch die Negation von positiven, sondern auch bereits für alle diese positiven selbst; und dem vergleichbar gilt das denn auch nicht allein für die Erzeugung von Nichtnacheinander Raum durch Negation von Nacheinander Zeit, sondern bereits für die von Nacheinander Zeit als Positivem selbst.

Auf diese Art bestätigt sich für Sie noch weiter, was im vorigen bereits hervortrat, daß erst die Erzeugung von Nichtnacheinander Raum die Sache einer Negation sein kann, nicht aber auch schon die von Nacheinander Zeit. Noch immer nämlich könnte Ihnen das nur um so zweifelhafter sein, als doch auch letztere bereits ein Fall von

Selbstausdehnung als Sich *anders*-Werden jenes Punktes sein soll, also eine Art Selbst-*Negation* desselben, wie es Ihnen scheinen könnte. Doch ergibt sich Ihnen vielmehr dem entgegen jetzt erneut, daß die Erzeugung jenes Nacheinander Zeit als solche selbst ein schlechthin Positives und Unmittelbares bilden muß und so gerade umgekehrt den Gegensatz zu einem Negativen, das als solches immer nur ein Mittelbares oder ein Vermitteltes darstellt, und zwar ein durch genau dies Positiv-Unmittelbare selbst Vermitteltes: durch dessen Negation. Und so gewiß ein gleichsam freischwebendes Negationszeichen wie »nicht« noch kein Begriff und keine Aussage oder Behauptung sein kann, so bleibt auch in diesem Falle unerfindlich, wie durch »nicht« Vermittelt-Negatives ohne Positiv-Unmittelbares wirklich werden könnte.

Als dies Positiv-Unmittelbare aber ist das Nacheinander auch nichts anderes als erstes Wirklichwerden jenes gleichfalls Positiv-Unmittelbaren von Intentionalität werdender Spontaneität als Fremd- werdendem Selbstverhältnis. Zeit ist demgemäß genau die Art, wie jene Unmittelbarkeit des Umschlagens von Selbst- zu Fremdverhältnis oder Spontaneität zu Intentionalität, als welche so etwas wie Selbstverhältnis oder Spontaneität auch überhaupt erst wirklich werden kann, tatsächlich erstmals wirklich wird. Erst als sich selber ständig ausdehnender, nämlich abstandlos, ununterbrochen und mithin unmittelbar-kontinuierlich anders werdender, wird so etwas wie Punkt zum ersten Mal auch wirklich, nämlich als in sich komplex und different werdende absolute Einheit oder Einfachheit oder Identität eines unmittelbar zum Fremd- werdenden Selbstverhältnisses bzw. einer unmittelbar zur Intentionalität werdenden Spontaneität. Und Nacheinander Zeit ist demnach nichts als Punkt, wie er gerade dadurch aktual wird, daß Verstand und Sinnlichkeit – sprich Einfachheit und Ausdehnung bzw. absolute Einheit und Außereinander oder Diskretion und Kontinuität – zu ihm als Positiv-Unmittelbarem des Subjekts sich ursprünglich vereinigen.

Nur wenn Sie sich das weiterhin vor Augen halten, werden Sie entdecken, was es eigentlich bedeutet, daß sich Subjektivität ursprünglich nicht allein zum Positiv-Unmittelbaren dieses Nacheinander Zeit verwirklichen muß, sondern gleichursprünglich mit ihm auch durch Negation von ihm noch zum Vermittelt-Negativen des Zugleich oder Nichtnacheinander Raum, um so notwendige Bedingungen für ihre Selbstverwirklichung zum Intendieren eines Andern ihrer selbst als eines Intendierten zu erfüllen. Denn erst dann wird Ihnen deutlich werden, welche Problematik sich darin verbirgt, daß die Erzeugung dieses Raumzugleich nur als Negierung jenes Nacheinander Zeit sich fassen läßt. Dann werden Sie sich nämlich fragen müssen, was genau denn eigentlich an letzterem dabei negiert wird.

Daß die Antwort darauf alles andere als selbstverständlich ist, wird Ihnen aufgehen, wenn Sie noch einmal an Hand von Beispielen wie Raucher oder Nichtraucher erwägen, was es überhaupt bedeuten könnte, auch noch Nacheinander zum Nichtnacheinander zu negieren. Das an Rauchern zu Negierende ist nämlich ebenso wie das gerade nicht an ihnen zu Negierende für Sie leicht einzusehen. Denn selbstverständlich kann damit auf keinen Fall gemeint sein, daß es sich bei Nichtrauchern im Unterschied zu Rauchern etwa nicht um Menschen handeln würde, sondern nur, daß es sich dabei auch um Menschen, aber eben ausschließlich um diejenigen handelt, die nicht rauchen. Fast schon lächerlicher Unsinn nämlich wäre es, etwa die Tiere oder gar die Pflanzen, Sträucher oder Bäume, nur weil sie nicht rauchen, im Normalsinn dieses Wortes noch mit zu den Nichtrauchern zu zählen.

Doch so klar dies hier auch sei, so unklar bleibt es doch im Fall des Nacheinander Zeit. Nur scheinbar nämlich ist von diesem Beispiel her auch dabei schon gewiß, am Nacheinander zu negieren sei auf keinen Fall jenes Außereinander. Schließlich sei doch auch Zugleich oder Nichtnacheinander grundsätzlich Außereinander. Dementsprechend könne dieser Gegensatz von Raum zu Zeit nicht darin liegen, daß er als Nicht*nacheinander* auch sogleich schon Nicht*außereinander* wäre, weil Außereinander vielmehr nach wie vor gerade das Gemeinsame von beiden bilde. Dies Ergebnis aber ist nicht nur ein vorläufiges, weil bloß negatives; seine Klarheit ist auch vorerst nichts als Schein.

Schon allein mit dem Versuch, für dieses Negative das entsprechend Positive einzusetzen, sehen Sie sich nämlich einer Problematik gegenüber, die nicht ohne weiteres zu lösen, weil noch nicht einmal als solche selbst sogleich verständlich ist. Denn was liegt näher, als nach Einsicht in die Unmöglichkeit dieser Antwort fortzufahren: Selbstverständlich könne es nicht das Außereinander sein, was es am Nacheinander zu negieren gelte, sondern nur das ganz spezifisch Zeitliche daran? Dies aber ist dann in der Tat so selbstverständlich, daß es sogar tautologisch ist. Denn ein spezifisch zeitliches ist dies

Außereinander ja gerade darin, daß es Nacheinander ist, und damit käme dies tatsächlich der Tautologie gleich, daß am Nacheinander Nacheinander zu negieren sei.

Doch auch mit der Einsicht, daß dies lediglich von jener unzureichenden, weil zirkelhaften Kennzeichnung herrühre, Nacheinander Zeit sei zeitliches Außereinander, kommen Sie noch nicht viel weiter. Zwar verhilft sie Ihnen dazu, daß Sie weiterhin vom eigentlich Spezifischen der Zeit ausgehen, sprich: von ihr als *dem* Außereinander, worin etwas stets nur außer *sich* sei oder nur *sich* äußerlich und anders werde, kurz: von Zeit als dem Außereinander jenes stets nur einen *Punktes.* Damit aber führt Sie diese Einsicht nur in neue Schwierigkeiten, weil das nunmehr für Sie heißen müßte, nicht jenes Außereinander, sondern dieser Punkt sei das am Nacheinander zu Negierende.

Denn unter diesem Punkt können Sie keineswegs etwa jenen Verstand als solchen selbst verstehen: nicht jenes Selbstverhältnis, das nur als zum Fremdverhältnis werdendes, nicht jene Spontaneität, die nur als zur Intentionalität werdende wirklich oder wirksam werden kann. In diesem Sinn gilt nämlich für den Punkt genau dasselbe wie für das Außereinander: Jene Negation kann weder die Verwirklichung von Nichtaußereinander als dem generell Anderen zu Außereinander bilden, denn das hieße letztlich: die von etwas Anderem als Sinnlichkeit; noch kann sie etwa die Verwirklichung von Nichtpunkt als dem generell Anderen gegenüber Punkt bedeuten, denn das hieße letztlich: die von etwas Anderem als Verstand. Vielmehr kann jene Negation nur die Erzeugung eines speziell andern *Falls von* Sinnlichkeit als solcher *und* Verstand als solchem darstellen. Ja an letzterem wird dies sogar noch klarer als an ersterer, sofern Verstand als solcher nicht nur nicht das sein kann, was dabei negiert wird, sondern umgekehrt sogar das sein muß, was dabei negiert. Denn jeder Vorstoß einer Selbstverwirklichung kann nur auf ihn als Fremdwerdendes Selbstverhältnis oder als Intentionalität werdende Spontaneität zurückgehen, nicht nur der zur Zeit als Positiv-Unmittelbarem, sondern auch der gleichursprüngliche zum Raum als Negativ-Vermitteltem.

Das heißt dann aber weiter: Unter jenem Punkt, der gegenüber dem Außereinander als das einzige am Nacheinander zu Negierende in Frage kommen kann, können Sie den Verstand anstatt als solchen vielmehr ausschließlich als den verstehen, wie er als solcher sich zum

Punkt bereits verwirklicht, was jedoch nur heißen kann: wie er als der sich ständig abstandlos, ununterbrochen und mithin unmittelbar-kontinuierlich anders werdende Punkt wirklich, eben jenes aktualen Punktes Nacheinander Zeit wird. Denn das letztere ist nun einmal als einziges die Weise, wie zum ersten Mal Verstand, sprich Punkt, als solcher selbst auch wirklich werden kann, will sagen: wie er es vermag, sich selbst auch anders, und gleichwohl, ja eigentlich gerade so erst überhaupt er selbst zu werden. Damit aber sind Sie dann nicht einen einzigen Schritt weiter, sondern umgekehrt vielmehr dort wieder angelangt, von wo Sie wegzukommen trachteten, nämlich es sei am Nacheinander Nacheinander zu negieren.

Diese offenbare Schwierigkeit jedoch, sich klar zu machen, was genau es eigentlich bedeute, Zeit als Nacheinander zu negieren, schärft den Blick dafür, wie schwierig es tatsächlich ist, sich klar zu halten, was genau denn Nacheinander selbst bedeute oder worin das Spezifische der Zeit nun eigentlich bestehe. Wäre dies voll klar, so wäre damit nämlich gleichermaßen klar, was daran zu negieren sei. Die Aufgabe, auch den genauen Sinn der Negation davon noch zu ermitteln, ist darum geeignet, die im vorigen darüber grundsätzlich bereits erzielte Klarheit wieder herzustellen und noch weiter zu befestigen.

Wenn sich zuletzt für Sie ergeben hat, es könne das am Nacheinander zu Negierende nicht das Außereinander noch der Punkt sein, so bedeutet dies, daß auch in keinem davon das Spezifische der Zeit bestehen kann. Und in der Tat verbergen sich dahinter lediglich Verstand und Sinnlichkeit, die sich als solche selbst ja nicht allein zum Nacheinander Zeit verbinden und dadurch verwirklichen, sondern desgleichen zum Nichtnacheinander Raum, so daß sie je für sich auch weder das Spezifische der Zeit noch das des Raumes bilden, sondern nur das Generelle beider. Dann jedoch kann das Spezifische des Nacheinander Zeit und damit auch das an ihm zu Negierende ausschließlich in der Weise liegen, *wie* Verstand und Sinnlichkeit, will sagen, *wie* Punkt und Außereinander sich zum Nacheinander Zeit verbinden und dadurch verwirklichen: Allein die *Art von Einheit*, die sie miteinander eingehen und zum Nacheinander Zeit ausbilden, kann das sein, was zu negieren ist, um die zu ihr genau entgegengesetzte *Art von Einheit* zu erzeugen, die sie dann desgleichen miteinander eingehen müssen und auch zum Zugleich oder Nichtnacheinander Raum noch auszubilden haben.

Die Weise, *wie* Verstand und Sinnlichkeit, will sagen, *wie* Punkt und Außereinander sich speziell zum Nacheinander Zeit vereinigen, geht aber klar aus unserem Modell für letztere hervor, das Sie mithin zur Vollentfaltung der Struktur nicht bloß von Zeit, sondern auch noch von Raum und seines unauflöslichen Zusammenhangs mit ihr benötigen. Aus ihm erhellt nämlich in aller Deutlichkeit: Es ist das Nacheinander Zeit genau die Weise, wie Verstand und Sinnlichkeit, will sagen, wie Punkt und Außereinander sich *unmittelbar* vereinigen und so unmittelbar *ineinem* wirklich oder wirksam werden, so daß auch ein jedes davon, wie es in Gestalt von Nacheinander wirklich oder wirksam wird, *unmittelbar* das andere ist, das erstere *unmittelbar* das letztere wie umgekehrt das letztere *unmittelbar* das erstere. Auf diese Weise tritt des aktualen Punktes Nacheinander Zeit genau als das auf, worin absolute Einheit selber Ausdehnung und Ausdehnung auch selber absolute Einheit bildet, worin Einfachheit selbst Komplexion und Komplexion selbst Einfachheit, worin Identität selbst Differenz wie Differenz auch selbst Identität und Diskretion selbst Kontinuität so wie auch Kontinuität selbst Diskretion ist. Und tatsächlich hatten wir das Nacheinander vorhin schon als das ermittelt, was seine Identität, als Zeit, *unmittelbar* in seiner Differenz hat, und zwar ohne Widerspruch und Dialektik. Als zusammenfallend in ihm unterscheidbar wird dies alles darum auch allein für Reflexion an Hand jenes Modells und damit für Philosophie.

Diese Klarheit über Nacheinander Zeit, die Ihnen das Modell dafür verschafft, verhilft Ihnen jedoch auch noch zur Klärung des Nichtnacheinander Raum. Wenn das Spezifische des Nacheinander Zeit nichts anderes als diese ganz besondere Art von Einheit ist, in der all dies zuletzt zusammenfällt, so kann auch Negation des Nacheinander Zeit nur solche Einheit selbst betreffen und mithin auch nur Erzeugung einer anderen spezifischen, zu dieser Art von Einheit gegensätzlichen bedeuten: also abermals durchaus Erzeugung einer Einheit, aber einer solchen eben, in der all dies nicht zusammen-, sondern innerhalb von der es vielmehr auseinanderfällt.

Wie mit einem Schlag folgt daraus aber sogleich mehreres auf einmal, das Sie sich für alles weitere, sofern es Ihnen voll verständlich werden soll, vor Augen halten müssen.

So beginnt sich damit die Begründung dafür abzuzeichnen, was Kant immer nur behauptet und auch ich Ihnen bisher nur für die Zeit begründen, für den Raum dagegen gleichfalls nur behaupten konnte:

Auch die Synthesis des Raumes bildet nichts als die Verwirklichung von Sinnlichkeit *und* von Verstand zu einer Einheit, die auch nichts als Weiterbildung, nämlich weitere interne Komplizierung und Differenzierung jener Einheit Subjektivität bedeutet. Denn als Synthesis durch Negation von Nacheinander zu Nichtnacheinander hat sie nicht nur bruchlos an dies Nacheinander anzuschließen. Als Erzeugung einer neuen Einheit, in der Punkt und Außereinander auch in neuem, von dem vorigen verschiedenen Verhältnis zueinander stehen, muß sie auch von neuem zur Verwirklichung nicht nur von Außereinander führen, sondern auch von Punkt, nicht nur von Sinnlichkeit, sondern auch von Verstand.

Infolgedessen handelt es sich, wie Sie nunmehr sehen müßten, nicht allein bei Zeiterzeugung, sondern insbesondere auch bei Raumerzeugung keineswegs etwa ausschließlich um Verwirklichung von Außereinander oder Ausdehnung oder Kontinuum, sondern in beiden Fällen um Verwirklichung von Außereinander *und* von Punkt oder von Ausdehnung *und* Einfachheit oder von Kontinuität *und* Diskretion, doch in Bezug auf jeweils letzteres leicht übersehbar. Nur verwirklicht beides sich im Fall von Zeit eben *ineinem* oder *ungesondert*, doch im Fall von Raum durch Negation davon gerade *nicht* ineinem, sondern eben je *gesondert*, wenn auch innerhalb von einer neuen unlösbaren Einheit. Demzufolge bildet das Zugleich oder Nichtnacheinander Raum als abermalige Verwirklichung von Außereinander oder Ausdehnung oder Kontinuum auch nur das eine Aufbaustück im Rahmen dieser neuen Einheit, welches mit dem anderen, das notwendig zu ihr dazu gehört, nämlich mit abermaliger Verwirklichung von Diskretion oder von Einfachheit oder von Punkt zusammenhängt und somit unselbständig bleibt.

In ihrer neuen Weise eines in sich selber differenten und komplexen Aufbaus aber bildet, wie Sie ferner sehen werden, diese neue Einheit ihrerseits mit jener alten eine unlösbare Einheit, weil von jener alten Weise eines in sich selber differenten und komplexen Aufbaus diese neue auch im ganzen abhängig und damit unselbständig bleibt. Erfolgt nämlich Erzeugung dieser neuen Einheit in der Weise einer Negation von jener alten, so bedeutet sie tatsächlich die Verwirklichung von zweierlei auf einmal. Einerseits ergeht sie als die abermalige Verwirklichung von Punkt und Einfachheit und Diskretion, nur eben jetzt nicht mehr *ineinem mit*, sondern im Gegenteil vielmehr *gesondert von* Verwirklichung von Kontinuität und Ausdehnung und Außereinander. Anderseits jedoch ergeht sie umgekehrt auch als die abermalige Verwirklichung von Kontinuität und Ausdehnung und Außereinander, nur eben jetzt nicht mehr *ineinem mit*, sondern im Gegenteil vielmehr *gesondert von* Verwirklichung von Punkt und Einfachheit und Diskretion.

Durch Negation von jener alten abhängig und damit unselbständig bleibt indessen diese neue Einheit ferner, weil auf solche Weise auch ein jedes dieser Aufbaustücke innerhalb der letzteren von dem entsprechenden im Rahmen jener ersteren noch abhängig und damit unselbständig bleibt, was Sie des weiteren beachten sollten.

Zu negieren nämlich kann hier nicht nur nicht bedeuten, rückwärts sozusagen jene alte Einheit von Kontinuum und Diskretion etwa zu tilgen, rückgängig zu machen oder zu beseitigen; es kann vor allem auch nicht heißen, vorwärts etwa einfach neben jener alten diese neue zu erzeugen. Denn das könnte nur besagen, zusätzlich zu Kontinuität und Diskretion, wie sie in jener alten Einheit miteinander stehen, bloß noch einmal Kontinuität und Diskretion, wie sie in dieser neuen Einheit miteinander stehen, zu bilden. Doch das ließe unverständlich, daß mit jener alten Einheit beider diese neue Einheit beider ihrerseits in unlösbarer Einheit stehen muß, und daß auch erst aus letzterer heraus der neue Sinn von beiden innerhalb der neuen Einheit beider sich ergeben kann. Zumal Kontinuum, wie es von Diskretion *gesondert*, und Kontinuum, wie es mit Diskretion *ineinem* wirklich wird, und umgekehrt, ganz unvergleichbar miteinander sind. In beiden Fällen nämlich bildet dieses Wie jeweils gerade ihr Spezifisches und damit in der Tat auch Unvergleichliches, demgegenüber sie nur ihrem Generellen nach vergleichbar sind: als Diskretion oder Kontinuum im allgemeinen und abstrakten.

Zu negieren, kann für jedes einzelne von diesen Aufbaustücken innerhalb der neuen gegenüber jedem einzelnen der alten Einheit vielmehr nur bedeuten: Die Negierung von Kontinuum und Ausdehnung und Außereinander, wie letztere mit Diskretion und Einfachheit und Punkt in jener alten Einheit wirklich werden, läuft – in einstweiliger Formulierung – gleichsam auf die Potenzierung von Kontinuum und Ausdehnung und Außereinander hinaus; denn überhaupt erst deren Negation als deren Zweit- auf Grund von deren Erstverwirklichung erzeugt zum ersten Mal im eigentlichen Sinn Kontinuum und Ausdehnung und Außereinander, nämlich erstmals streng im Unterschied zu Diskretion und Einfachheit und

Punkt als wechselseitigem Normalsinn. Und auch Diskretion und Einfachheit und Punkt, wie sie in jener alten Einheit mit Kontinuum und Ausdehnung und Außereinander wirklich werden, zu negieren, läuft mithin auf nichts geringeres hinaus, als sie zu potenzieren; denn auch überhaupt erst deren Negation als deren Zweit- auf Grund von deren Erstverwirklichung erzeugt zum ersten Mal im eigentlichen Sinne Diskretion und Einfachheit und Punkt, will sagen: erstmals streng im Unterschied zu demjenigen von Kontinuum und Ausdehnung und Außereinander als dem wechselseitigen Normalsinn.

Als jeweilige Potenzierung durch Negierung aber bleiben diese jeweilige Zweit- von jener Erstverwirklichung auch in der Tat unlösbar abhängig und damit unselbständig, die von Diskretion und Einfachheit und Punkt genauso wie die von Kontinuum und Ausdehnung und Außereinander: Nur *zusammen mit*, weil nur *auf Grund von* Erstverwirklichung all dessen zu des aktualen Punktes Nacheinander Zeit läßt sich vermittels der Negierung davon als der Zweitverwirklichung all dessen auch noch einerseits Nichtnacheinander Raum als Potenzierung des an Zeit Kontinuierlichen zu Kontinuität im eigentlichen Sinn verwirklichen und anderseits als Potenzierung des an Zeit Diskreten, nämlich jenes aktualen Punktes, auch noch Diskretion im eigentlichen Sinn.

Was Ihnen insbesondere an letzterem zunächst noch unverständlich bleiben mag, wird Ihnen vorläufig vielleicht verständlich durch den vorgreifenden Hinweis: Unter diesem potenzierten oder zweifach aktualen Punkt als erstmals eigentlich Diskretem werden Sie im weiteren verstehen können, was Ihnen ansonsten unverstanden nur geläufig ist, nämlich nichts anderes als den »Begriff«, für welchen hier die Möglichkeit zu systematisch-strenger Herleitung sich abzuzeichnen anfängt. Als Begriff ist der Verstand, so wird sich zeigen lassen, nicht einfach nur Zeit als aktualen Punktes Nacheinander, sondern eben Zeit, wie sie als aktualen Punktes Nacheinander dem Nichtnacheinander Raum als aktualer Ausdehnung dann gegenübertritt. Begriff ist der Verstand mithin als aktualer Punkt, der Zeit als bloßes Nacheinander aktualen Punktes schon voraussetzt und bezüglich dessen somit auch schon potenzierter Punkt ist, der Kontinuum nicht nur als Nacheinander Zeit in sich, sondern auch als Nichtnacheinander Raum noch außer sich hat.

Doch als solchen voll verstehen werden Sie ihn erst, nachdem Ihnen zunächst einmal Nichtnacheinander Raum verständlich ist, dessen Verwirklichung mit der dieses Begriffes zwar einhergeht, doch im Zuge unserer bisher geführten Reflexion als erste einer Klärung offensteht, weil daraus nunmehr Schritt für Schritt für Sie begreiflich wird.

Beschränken Sie sich vorerst nämlich auf Nichtnacheinander Raum, wird Ihnen das zuletzt gewonnene Ergebnis auch noch weiter klar, und zwar wie folgt: Als jener Punkt verwirklicht sich Verstand auf Grund von Sinnlichkeit als dem Prinzip jenes Außereinander nicht allein unmittelbar zu jenes aktualen Punktes Nacheinander Zeit als Diskretion und Kontinuität ineinem, sondern gleichursprünglich auch durch Negation davon vermittelt noch zu Raum, der als Nichtnacheinander eben Kontinuität von Diskretion gesondert darstellt. So jedoch vollzieht Verstand dann als letztliche Negation *von sich* gerade eine weitere *Position* von sich als weitere Verwirklichung *von sich*. Zwar ist Nichtnacheinander Raum gerade nicht mehr – wie die Zeit als Nacheinander aktualen Punktes – Kontinuität mit Diskretion ineinem, sondern ihr entgegen vielmehr ohne jede Diskretion die reine Kontinuität. Doch bildet es desgleichen nichts als eine weitere Weise, wie Verstand *sich selbst* verwirklicht, wie er sich als jenes Innere selbst äußert, sich als jene Einfachheit selbst ausdehnt und in sich komplex wird, wie er als Identität sich in sich selber different und damit sich selbst anders wird, kurz: wie er sich gerade als zum Fremd- werdendes Selbstverhältnis oder zur Intentionalität werdende Spontaneität verwirklicht.

Nur führt solche zweite Selbstverwirklichung dieses Verstandes auf Grund seiner ersten – nämlich durch Negierung seiner selbst als aktualen Punktes Nacheinander Zeit, sprich, durch Negierung seiner selbst als *Einsheit* von Kontinuum und Diskretion – ihn nunmehr eben zu sich selbst als *Zweiheit* von Kontinuum und Diskretion, nämlich als Zweiheit von Nichtnacheinander Raum auf einer Seite und von Nacheinander Zeit als dem Begriff auf anderer. Und dies ergibt, so werden Sie noch sehen, im ganzen, daß wie vorher jene *Einsheit* nunmehr auch noch diese *Zweiheit* diejenige *seiner selbst* ist, nämlich daß er abermalige und unlösbare *Einheit* dieser Zweiheit ist. Indem Verstand jetzt beides nicht mehr bloß unmittelbar ineinem bildet, sondern durch Negierung davon nunmehr auch vermittelt noch inzweien, wird er nämlich Potenzierung jedes gegenüber jedem dieser beiden auch als letztliche Entzweiung seiner in sich selbst. Aus Zeit heraus – worin sie noch zusammenfallen – Kontinuität und

Diskretion auf solche Art zu sondern, daß sie zu Nichtnacheinander Raum auf einer Seite und zu Nacheinander Zeit als dem Begriff auf anderer zwar auseinanderfallen, doch als so gesonderte auch wieder voneinander unlösbar in Einheit miteinander stehen, heißt für den Verstand mithin, sich in sich selbst zu sondern, um als dies aus sich heraus Gesonderte auch überhaupt erst voll aus sich heraus in Gegensatz zu sich zu treten.

Und des weiteren erhellt Ihnen sodann: Nichtnacheinander Raum zunächst für sich allein betreffend, bildet diese Art Entzweiung des Verstandes in sich selbst auch nichts als äußerste Gestalt der Äußerung von sich als Innerem, indem er über seine erste Äußerung zur Zeit vermittels Negation von ihr als diese zweite Äußerung zum Raum hinausgeht und auf diese Art zu ihr, mithin zu sich, in Gegensatz tritt: Sich als aktualen Punktes Nacheinander Zeit genau entgegen äußert sich Verstand dadurch ursprünglich zu Nichtnacheinander Raum, so daß in Zuordnung zu ihm als aktualer Ausdehnung von aktualem Punkt gesondert sich auch umgekehrt noch Zeit zu aktualem Punkt von aktualer Ausdehnung gesondert bildet und so zum Begriff wird, als der jene Zeit dann diesem Raum entgegensteht. Und so tritt denn auch erst in dieser Art Gesamtgestalt von Zeit und Raum jeweils Verstand sich in sich selbst noch gegenüber. Denn auch erst auf diese Art gestaltet er als Fremd- werdendes Selbstverhältnis oder als Intentionalität werdende Spontaneität sich in sich selbst bis dahin, daß für ihn als den Begriff dann auch in Form von ihm als dem Nichtnacheinander Raum tatsächlich etwas Anderes seiner selbst zum Gegenstand oder Objekt noch werden kann.

Worauf es hier entscheidend für Sie ankommt, ist mithin, die über Zeit bereits erzielte Klarheit voll vor Augen zu behalten, um sie für die Klärung auch von Raum noch voll zu nutzen. Nirgends sonst ist nämlich die Gefahr für Sie so groß wie hier, sich den unlösbaren Zusammenhang von Raum mit Zeit, wie er jetzt mehr und mehr hervortritt, fälschlich wieder mittels Zeit als Linie vorzustellen: so als schlösse dabei Raum an Zeit einfach als Kontinuität an Kontinuität an, etwa so wie Fläche sich an Linie anschließt, aus der sie hervorgeht. Denn durch diesen Rückfall hinter jenes Zeitmodell vergäben Sie nicht nur die schon erzielte Einsicht in die Zeit, sondern verstellten Sie von vornherein auch alle Einsicht in den Raum. Infolge dieses selbigen Modells für sie hängt er mit Zeit nämlich recht eigentlich wie Kontinuität mit Punkt zusammen, weil die Zeit ursprünglich wirklich oder wirksam eben nur als jener aktuale Punkt sein kann.

Nichtnacheinander Raum schließt sich an Nacheinander Zeit vielmehr gerade dahingehend an, daß es wie *Linie* oder *Fläche* oder *Körper* irgendwie aus diesem *Punkt* als ständig anderem hervorgeht und mithin auch grundsätzlich in irgendeinem Sinn von diesem *Punkt* abhängt. Nach unserem Modell für sie tritt nämlich Raum aus Zeit, wie Ihnen jetzt erhellen wird, auf solche Art hervor, daß dieser selbe Ursprung ebensosehr als Hervortreten von Kontinuität aus Diskretion, von Ausdehnung aus Einfachheit, von Außereinander aus Punkt gelten muß wie umgekehrt auch als Hervortreten von Punkt aus Außereinander und von Einfachheit aus Ausdehnung oder von Diskretion aus Kontinuität. Denn dieser Ursprung bildet letztlich überhaupt nichts anderes als ursprüngliches Auseinander- und Sich gegenüber-Treten beider.

Eben darin aber haben Sie denn auch schon das Kriterium, was allein als Raum in diesem Sinne gelten kann: welche Bedingung dieser Raum erfüllen muß, um in der Tat dasjenige zu sein, in Form von dem Verstand auf Grund von Sinnlichkeit als Subjekt etwas Anderes seiner selbst zu seinem Gegenstand oder Objekt gewinnen kann. Denn eben damit kommen wir im Zuge unserer bisher geführten Reflexionen abermals an einen Ort, der Sie erkennen läßt, daß wir auch hiermit noch im Mittel- wie auch Gipfelpunkt der von uns aufgebauten Systematik stehen. Wir erreichen darin nämlich nichts geringeres als diejenige ausgezeichnete Systemstelle, die uns erlaubt, ein wirklich hinreichendes Argument und damit eine Deduktion dafür zu geben, daß es sich dabei allein um den bekannten Raum der anschaulichen Außenweltobjekte als euklidisch-dreidimensionalen Gegenstandsraum handeln kann.

Denn schon von Anbeginn der Reflexion auf ihn ist unstrittig, daß eine Deduktion der Notwendigkeit dieser Art von Raum nicht nur erforderlich sei, sondern eben darum sich auch irgendwie bewerkstelligen lassen müsse. Und mit Recht wird dabei insbesondere von Mathematikern und Geometern immer wieder darauf hingewiesen, diese Deduktion sei keineswegs Aufgabe der Mathematik oder Geometrie, sondern ausschließlich der Philosophie[2]. Doch unstrittig ist auch bis heute noch, daß diese Deduktion trotz zahlreicher verschie-

2 Vgl. H. Weyl, *Raum, Zeit, Materie*, 6. Aufl. Berlin 1970, S. 23.

denartiger Versuche bisher nicht nur nicht gelungen, sondern nicht einmal als Problematik soweit durchsichtig geworden ist, daß auch nur eine Lösungsmöglichkeit für sie schon abzusehen wäre[3]. Ihre Dringlichkeit wächst sich mithin, je länger sie für die alleinzuständige Philosophie als ungelöste Aufgabe noch ansteht, auch nur desto peinlicher für sie zu eben der Verlegenheit auf Dauer aus, als welche sie berüchtigt ist. Obwohl er sich dazu anscheinend nie geäußert hat – vermutlich, weil er ebenfalls noch keinen Weg zu diesem Ziel sah –, hätte vornehmlich auch Kant die Auffassung einer Erforderlichkeit solcher Deduktion vertreten müssen. Immer wieder nämlich unterstreicht er die »Notwendigkeit« der Dreidimensionalität des Raumes[4], welche somit wegen seiner Apriorität, die Kant genauso nachdrücklich vertritt, auch wie der Raum selbst deduktionsbedürftig sowie -fähig sein muß.

Doch nicht einmal die ausdrücklichen Versuche, diese »Dreidimensionalität des Raumes aus seiner Funktion bei der Konstitution der Außenwelt für das Bewußtsein begreiflich zu machen«, die von Becker[5] und Bolzano[6], können als gelungen gelten, wie mit Recht bereits hervorgehoben wurde[7]. Und das liegt, was auch für alle anderen und früheren schon gilt[8], im wesentlichen daran, daß sie diesen Raum, welcher als dreidimensionaler erst zu deduzieren wäre, schon von vornherein, und sei es auch nur implizit, voraussetzen und so sich dann von vornherein bereits im Kreis bewegen. Daran kranken insbesondere auch die Versuche, die dabei vom Punkt ausgehen, um die notwendige Dreidimensionalität des Raumes in der Art zu dedu-

3 Willkommen-offen sagen denn auch Physiker zum Beispiel, daß sie nach wie vor nicht wissen, was der Raum oder die Zeit, die sie beständig der Physik zugrunde legen, sind, und warum insbesondere der Raum gerade dreidimensional ist und die Zeit (angeblich) eindimensional. Vgl. unter vielen Beispielen nur H. Fritzsch, *Eine Formel verändert die Welt*, München 1988, S. 38ff., S. 61, S. 114f., S. 155, S. 228 und R. Penrose, *Computerdenken*, Heidelberg 1991, S. 433.

4 Vgl. z.B. A 24, B 41, B 299; ferner *Prolegomena*, Bd. 4, S. 284.

5 O. Becker, *Die apriorische Struktur des Anschauungsraumes*, in: *Philosophischer Anzeiger*, Jg. 4, 1929–30, S. 129ff.

6 B. Bolzano, *Versuch einer objektiven Begründung der Lehre von den drei Dimensionen des Raumes*, in: *Abhandlungen der königlich-böhmischen Gesellschaft der Wissenschaften*, Prag 1845, S. 201–215.

7 Vgl. H. Weyl, *Philosophie der Mathematik und Naturwissenschaft*, München 1928, S. 101.

8 Vgl. N. Hartmann, *Philosophie der Natur*, Berlin 1950, S. 87f.

zieren, daß aus diesem Punkt heraus an Linien, welche senkrecht zueinander stehen, höchstens drei sich bilden lassen, nämlich nur ein höchstens dreiachsiges Koordinatensystem. Denn auch dieser Punkt ist dabei schon als *Raum*punkt, nämlich als ein Punkt *im Raum* und damit auch der letztere als dreidimensionaler schon vorausgesetzt[9].

β) Eindimensionaler Raum

Diese negative Einsicht aber, daß sich solche Deduktion nicht aus bereits vorausgesetztem Raum bewerkstelligen lasse, ist anscheinend niemals durchgedrungen bis zur positiven, daß die Deduktion der Dreidimensionalität von Raum dann auch aus Zeit allein vollzogen werden müsse. Und der Grund dafür liegt demgemäß nirgendwoanders als in jener nach wie vor nicht aufgelösten Unklarheit schon über diese Zeit als solche. Denn solange keine Klarheit herrscht, daß sie nach Wesen und nach Ursprung nichts als Nacheinander jenes aktualen Punktes ist – nämlich genau die Weise, wie sich jenes Subjekt erstmals selbst verwirklicht –, solange vermag auch die Idee, daß dreidimensionaler Raum vielmehr aus jenem gänzlich andern Punkt der Zeit heraus und damit auch auf eine gänzlich andere Art zu deduzieren ist, von vornherein nicht aufzukommen. Das Bestreben, offener Resignation hier zu entgehen, führt stattdessen eher dazu, daß man aus der Deduktionsnot eine -tugend macht, sprich, eine Deduktion für unmöglich erklärt, weil Dreidimensionalität des Raumes als ein angebliches Faktum bloßer Empirie nur hinzunehmen sei[10]. Und die bezüglich seiner Deduktion bis heute anhaltende Ratlosigkeit ist denn auch nichts anderes als eindrucksvolles Mahnmal der bis heute fortbestehenden Subjektunkundigkeit.

Ihr gegenüber haben wir durch Einsicht ins Subjekt als aktualen Punktes Nacheinander Zeit jedoch eine von Grund auf andere Stellung eingenommen, die auch aussichtsreicher ist. Sofern wir nämlich die Notwendigkeit von Raum und seiner Dreidimensionalität zwar ebenfalls aus Punkt, doch keineswegs aus jenem Raum-, sondern allein aus diesem Zeitpunkt deduzieren, setzen wir uns jener Zirkel-

9 Dazu im ganzen A. Gosztonyi, *Der Raum*, 2 Bände, Freiburg/München 1976, Bd. 2, S. 1046–1076.

10 Vgl. als ein Beispiel unter vielen H. von Helmholtz, *Schriften zur Erkenntnistheorie*, Berlin 1921, S. 17 mit S. 22ff.

haftigkeit von vornherein auch gar nicht aus. In diesem Sinn besitzen wir in ihm vielmehr den Ansatz und auch Rückhalt, welcher uns instandsetzt, daß wir jenes Auch nicht nur »bekämpfen«, sondern auch besiegen können, demgemäß es außer Zeit in unserer Welt *auch* Raum gibt: Insofern nur immer gilt, daß es in unserer Welt uns selbst als jeweilige Subjektivität von jener Spontaneität oder Intentionalität gibt, *muß* es nicht nur Zeit, sondern auch Raum noch geben, und zwar Raum als dreidimensionalen. Und tatsächlich wird aus dem genannten Grund, wie Sie bereits gesehen haben, nämlich aus der Zeit als Punkt heraus der Raum notwendig und, wie Sie jetzt weiter sehen werden, auch tatsächlich als der dreidimensionale. Denn vermochten wir bereits im allgemeinen einzusehen, was allein die Negation von Zeit zu Raum dabei bedeuten kann, so werden wir uns das auch noch im einzelnen begreiflich machen können.

Halten Sie nur immer jegliche Voraussetzung des Raumes fern, so könnte nämlich Negation des Nacheinander Zeit als aktualen Punktes zu Nichtnacheinander Raum tatsächlich bloß in dem Sinn führen, daß daraus die Linie und damit eindimensionaler Raum entspränge: Auf Grund erster und unmittelbarer Selbstverwirklichung der Selbstausdehnung von Verstand als Punkt zu aktualen Punktes Nacheinander Zeit vermöchte Negation von ihr als zweite und vermittelte zu gar nichts anderem zu führen als zu weiterer Selbstverwirklichung der Selbstausdehnung dieses aktualen Punktes Nacheinander Zeit zu solcher Linie als Nichtnacheinander oder als Zugleich von eindimensionalem Raum.

Indem Sie dabei nämlich ausschließlich von diesem Zeitpunkt ausgehen und so jegliche Voraussetzung von Raum hintanhalten, vermögen Sie nicht nur Erzeugung dieser Linie tatsächlich gleichzusetzen mit Erzeugung eindimensionalen Raumes, weil die Linie in diesem Sinn ja nicht als *etwas in* ihm, sondern in der Tat als Ursprung eindimensionalen Raumes selbst aufträte. Sie vermögen damit vielmehr auch von vornherein schon jeden Einwand zu entkräften, daß die Selbstausdehnung eines Punktes keineswegs ausschließlich zur Erzeugung einer Linie führen könne, sondern unter der Voraussetzung von gleichmäßiger Selbstausdehnung beispielsweise ebensogut auch zu derjenigen eines Kreises oder einer Kugel. Denn all solcher Möglichkeiten Gleichberechtigung besteht für einen Punkt eben allein als Raumpunkt, sprich, als Punkt in schon vorausgesetztem Raum. Und daß man von der Möglichkeit, die Linie als Selbstausdehnung eines Punktes aufzufassen, in Geometrie keinen Gebrauch macht, weil auch gar nicht machen kann, liegt eben daran, daß man Punkt wie Linie hier von vornherein und prinzipiell als Linie oder Punkt *im Raum* zugrunde legt.

Doch wozu man für Geometrie befugt ist, nämlich davon auszugehen, daß es Raum schon immer gibt, bleibt Ihnen für Philosophie verwehrt, und insbesondere hier an diesem ausgezeichneten Systemort, wo Ihnen nur Zeit gegeben ist und damit aufgegeben, Raum aus ihr erst herzuleiten. Und sofern Sie streng sich daran halten, bleibt von all dem, wozu Punkt sich angeblich ausdehnen könne, in der Tat allein die Linie übrig: Dehnte sich durch Negation von Punkt als Nacheinander Zeit dann dieser Punkt auch zu Nichtnacheinander Raum noch, nämlich in dem Sinne aus, daß Raum nicht immer schon *für* solche Ausdehnung *besteht*, sondern im Gegenteil vielmehr *durch* solche Ausdehnung ursprünglich immer erst *entsteht*, so könnte als die Ausdehnung von eben dieses Punktes Einfachheit auch in der Tat nur Linie entspringen als das *Einfach*-Ausgedehnte oder als der *ein*-dimensionale Raum. Denn um sich überhaupt so auszudehnen, wäre dies die Minimalausdehnung.

Damit aber haben wir jetzt auch noch hergeleitet und mithin begründet, was wir vorhin nur vorweggenommen hatten, nämlich jene positiv-synthetische Bestimmung für die Linie, wonach sie ebenso als Ausdehnung von Einfachheit wie auch als Einfachheit von Ausdehnung verstanden werden könne[11]. Denn durchaus nicht wäre danach diese *Linie* als das zu kennzeichnen, was ausgedehnt ist, weil, das Ausgedehnte ausgedehnt zu nennen, letztlich tautologisch wäre und so auch bloß analytisch-uninformativ. Informativ-synthetisch wäre demgemäß vielmehr, als dasjenige, was im Fall der Linie ausgedehnt ist, diesen *Punkt* zu nennen, was auch keineswegs, wie wir nunmehr mithergeleitet haben, einen Widerspruch bedeutete und Dialektik in die Wege leitete, weil es bei ihm sich keineswegs um einen Raum-, sondern um einen Zeitpunkt handelt: Dehnte dieser Punkt sich im genannten Sinne aus, entspränge als Ergebnis davon Linie, die mithin gerade dieses Punktes Ausdehnung darstellte. Diese Kennzeichnung von Linie aber wäre als synthetische auch eine positive; die Geometrie jedoch vermag aus Gründen, die sich Ihnen noch ergeben werden, schon seit der Antike und bis heute über jene

11 Vgl. oben *Teil 1*, S. 358ff.

negative Kennzeichnung von ihr, wonach sie eine »Länge *ohne* Breite« bilde, nicht hinauszukommen[12].

Etwas Weiteres und gleichfalls nicht nur für Philosophie, sondern auch für Geometrie noch Wesentliches aber sind wir daraus herzuleiten, nämlich zu begründen in der Lage. Könnte durch die Negation von Punkt im Sinn von Zeit als aktualen Punktes Nacheinander zu Nichtnacheinander Raum der letztere allein als eindimensionaler und mithin als Linie entspringen, könnte es bei ihr sich nur um die gerade Linie handeln. Halten Sie auch weiterhin jede Voraussetzung des Raumes streng hintan, wonach der Raum nicht *für* Erzeugung einer Linie *in ihm* immer schon *bestände*, sondern *durch* ihre Erzeugung und mithin *als* Linie oder eindimensionaler immer erst *entstünde*, heißt das nämlich: Überhaupt erst damit, sprich, mit solcher ursprünglicher Ausdehnung in einem Zug entspränge auch noch so etwas wie ursprüngliche Richtung solcher Ausdehnung, weil *Ausdehnung*, die nicht auch Ausdehnung in irgendeine *Richtung* wäre, *contradictio in adjecto* wäre. Aus synthetisch-apriorischer Notwendigkeit für Ausdehnung des Raumes überhaupt folgt somit analytisch, daß sie irgendeine Richtung haben muß, die somit gleichfalls von synthetisch-apriorischer Notwendigkeit ist.

Gleicherweise analytisch aber folgt aus *Richtung* wiederum *gerade* Richtung. Denn auch so etwas wie »krumme Richtung« wäre *contradictio in adjecto*, weil »in diese oder jene Richtung« überhaupt nichts anderes bedeuten kann als »hierhin oder dorthin geradeaus« und »krumme Richtung« somit auch nur »krumme gerade Richtung«. Dementsprechend könnte auch die Linie als ursprüngliche Ausdehnung und damit Richtung eindimensionalen Raumes nur gerade oder die Gerade sein. Und in der Tat besteht auch a priori, wie sie nun einmal erfolgte, nur zu solcher Ausdehnung und damit Richtung dieser Linie *überhaupt* ein Grund und sonach zu *gerader*, aber nicht der mindeste zu irgendeiner krummen. Dazu vielmehr hätte immer noch ein zusätzlicher Grund hinzuzukommen – was dann nur bedeuten könnte: ein aposteriorischer, empirischer –, worüber Geometer selbst sich voll im klaren sind[13]. Bereits auf Grund von seines

12 Vgl. Euklid, *Elemente*, Buch I, Def. 2; dazu P. Davies, *Die Urkraft*, Hamburg 1987, S. 198f.

13 Vgl. O. Becker, *Die Rolle der euklidischen Geometrie in der Protophysik*, in: *Philosophia Naturalis*, Bd. 8, 1964, S. 59f.

Ursprungs Apriorität vermöchte Raum als solcher selbst kraft jenes Punktes Negation sonach nur als gerade Linie zu entspringen, und das heißt: als ungekrümmter und dadurch auch homogener eindimensionaler, der als einfachausgedehnter schon von vornherein geradeausgedehnter wäre und mithin euklidischer[14].

Auf diese Art gewinnen wir dann übrigens auch die Erklärung für das Faktum, das sich Geometer nicht erklären können, nämlich daß die Gerade allen Krummen gegenüber unaufhebbar das Ursprüngliche bleibt, auch noch unter dem Gesichtspunkt ihrer Quantität und damit Meßbarkeit, ja unter ihm sogar noch im besonderen. Denn Krümmungs-*Quantität* setzt Krümmungs-*Qualität* stets schon voraus, die ursprünglich allein als Abweichung von der geraden Linie verständlich werden kann, gleichviel, von welcher Quantität dann diese Qualität der Abweichung als Krümmung sein mag. Dementsprechend läßt sich Krümmung einer Linie nur als Richtungs*änderung* verstehen, die ursprünglich bloß als Änderung von ungeänderter, das heißt gerader Richtung sinnvoll sein kann, was auch davon gänzlich unberührt bleibt, daß von Krummen her gesehen die Gerade metrisch als der Grenzfall einer Krummen mit der Krümmung O zu fassen ist. Erst dies erklärt denn auch, was Geometer stets bloß unerklärt vorauszusetzen pflegen, nämlich daß die Richtung, die auch eine stetige und glatte krumme Linie freilich je und je in einem Punkt besitzt, in jedem solchen Punkt in der Tangente als Gerader durch den Punkt bestehen muß[15].

Damit aber, daß aus Zeit als Punkt heraus die Linie oder eindimensionaler Raum allein als ursprüngliche Ausdehnung in ursprüngliche Richtung sich entfalten könnte, hängt des weiteren zusammen: Es müßte sich dabei um einer Ausdehnung Entstehen handeln, welche gegenüber der anisotropen oder ungleichen von Nacheinander vielmehr als Zugleich oder Nichtnacheinander auch nur isotrope oder gleiche Richtung aufzuweisen hätte, also keine, die

14 Deswegen sollten wir als Philosophen auch schon den bloß *ein*dimensionalen Raum dieser geraden Linie einen *euklidischen* Raum nennen. Schließlich muß, wie Sie noch sehen werden, der euklidisch-dreidimensionale, den wir kennen, schon von seiner ersten Dimension an und so auch in jeder einzelnen seiner drei Dimensionen ein euklidischer, nämlich ein ungekrümmter Raum sein.

15 Vgl. dazu auch noch unten § 21, S. 632 ff.

vor einer andern ausgezeichnet wäre. Könnte diese Ausdehnung als die zu Raum nämlich nur als Ergebnis einer Negation von Zeit als Punkt entspringen, könnte dabei auch von vornherein und prinzipiell kein Punkt entstehen – weder »an« noch »in« noch »auf« der Linie –, der eine Richtung von ihr auszeichnete, sondern nichts als schiere Ausdehnung und lauteres Kontinuum von Linie als eindimensionalem Raum und damit auch allein Isotropie.

Infolgedessen dürfen Sie den Punkt der Zeit, dem Raum als solche Ausdehnung entspränge, sich nicht so vorstellen wie der Geometer etwa einen Punkt, aus welchem Linie als »Halbstrahl« einseitig hervorgeht. Naheliegen könnte Ihnen dies, da Raum als ursprüngliche Ausdehnung von Punkt in ursprüngliche Richtung nur geradeaus als eindimensionaler der geraden Linie zu entstehen vermöchte. Doch »geradeaus« bedeutet keineswegs etwa soviel wie »einseitig-geradeaus«, was Sie jedoch auch dazu nicht verleiten darf, sich jenen Punkt der Zeit so vorzustellen, als entspränge Raum ihm zwar nicht wie ein »Halbstrahl« einseitig-, wohl aber zweiseitig-geradeaus und somit nach wie vor gleich einem »Halbstrahl«, nämlich aus demselben Punkt heraus gleichsam als »Doppel-Halbstrahl« in genau entgegengesetzte Richtungen. Denn fälschlich hätten Sie den aktualen Punkt der Zeit dadurch als Raumpunkt oder Punkt im Raum sich vorgestellt, nämlich als Punkt in Linie selbst, wo er jedoch als aktualer, wie Sie gleich noch weiter sehen werden, prinzipiell nicht in Erscheinung treten könnte.

Vielmehr haben Sie sich jene Ausdehnung von Punkt der Zeit zu Linie als eindimensionalem Raum, auch wenn es Ihnen so wie mir zunächst nicht leicht fällt, dahingehend vorzustellen: Sofern nur immer ursprüngliche Ausdehnung und damit ursprüngliche Richtung einer Linie zustande käme, hätte sie als selbige jeweils von vornherein genausogut als Ausdehnung in eine wie auch in entgegengesetzte Richtung und mithin als a priori isotrop zu gelten. Denn von vornherein könnte dabei kein Punkt zustande kommen, der sie etwa in zwei Abschnitte zerteilte, so daß sich auch wie beim »Doppel-Halbstrahl« diese Richtungen auf diese Abschnitte etwa verteilten, oder der nur wie beim »Halbstrahl« einen Abschnitt bildete, der eine Richtung auszeichnete. Dieser Punkt, dem Linie entspränge, bildet eben nichts als jenen Zeitpunkt, so daß Linie *aus* ihm *hervor*ginge, indem sie *über* ihn *hinaus*ginge, das heißt, als eindimensionaler Raum im Unterschied zu Zeit als aktualem Punkt gerade *ohne* jeden aktualen Punkt aufträte und mithin auch a priori isotrop als schiere Ausdehnung und lauteres Kontinuum[16].

Dürfen Sie sonach den Punkt der Zeit, kraft dessen Negation die Linie und damit eindimensionaler Raum entstünde, keinesfalls wie einen aktualen an ihr denken, dürfen Sie mithin auch umgekehrt sich solcher Linie Entstehen aus ihm keinesfalls wie zeitliches vorstellen. Vielmehr müssen Sie, und fiele es wie mir auch Ihnen schwer, versuchen, ihr als dem gerecht zu werden, das von vornherein gewissermaßen wie auf einen Schlag oder mit einem Mal als Ausdehnung oder Kontinuum aufträte. Denn bloß deshalb, weil sie überhaupt *entstünde*, dürfen Sie die Linie nicht sogleich als etwas denken, das »allmählich« oder »nach und nach«, nämlich »im Lauf der Zeit« erst *wüchse* und dann eben letztlich auch aus einem an der Linie selber aktualen Punkt heraus, der ihrer apriorischen Isotropie erneut im Wege stände. Wie Sie nämlich schon im vorigen gesehen haben, kann der Raum aus eben jenem Grund, weshalb er grundsätzlich aus Zeit heraus entstehen muß, auch überhaupt nicht anders denn als gleichursprünglich mit der Zeit entstehen: Doch nicht etwa mit der Zeit als *Spanne* (die sie ursprünglich noch gar nicht bildet), so daß Zeit dabei *verginge*[17], sondern eben gleichursprünglich mit der Zeit als

16 Genau entsprechend haben Sie sich übrigens die Ausdehnung des Universums durch den Urknall vorzustellen, die auch dann, wenn dieses Universum ursprünglich ein Punkt war, nicht aus ihm als einem ganz bestimmten Punkt im Raum heraus erfolgt ist, sondern »gleichzeitig überall« (vgl. St. Weinberg, *Die ersten drei Minuten*, München 1980, S. 14). Genau entsprechend wäre denn auch jener Punkt der Zeit, aus dem heraus die Linie als eindimensionaler Raum sich ausdehnte, bezüglich dieser Linie »gleichzeitig überall« – und demgemäß ›gleichzeitig nirgends‹ aktualer Punkt.

17 Auch zu dieser falschen Auffassung droht wieder jene falsche Vorstellung der ursprünglichen Zeit als Linie zu verführen. Weil Zeit dabei in jedem Fall zugrunde liegt, gilt freilich auch, daß Zeit dabei vergeht. Jedoch nicht in dem Sinn, als ginge eindimensionaler Raum aus Zeit auf solche Art hervor, daß dabei sein Entstehen als gerade Linie der Quantität nach Darstellung für das Vergehen dieser Zeit der Quantität nach wäre, sprich: je länger diese Linie – je länger diese Zeit. Vielmehr vergeht sie dabei immer wieder nur genau als das, als was allein sie dabei auch entsteht, nämlich als bloßer Punkt. Entsprechend könnte aus der Zeit als diesem bloßen *Punkt* heraus der Raum, so wie allein als *ein*dimensionaler der *geraden* Linie, so auch immer wieder nur *ineinem*, sprich, in einem Zug ins Unbestimmte ausgedehnt entstehen.

ständig anderem *Punkt* (als der allein sie ihren Ursprung hat), so daß denn Raumentstehen auch von vornherein und durchwegs als Einhergehen mit Zeitentstehen selbst erfolgen muß, das heißt: bereits mit *Punkt* der Zeit als solchem.

Also kann sich, wie Sie sehen, die als einzige informativ-synthetische und positive Kennzeichnung der Linie – daß sie auf Grund von Selbstausdehnung eines Punktes nichts als Ausdehnung von Einfachheit bzw. Einfachheit von Ausdehnung und somit eindimensionalen Raum darstellte – in der Tat ausschließlich auf den Punkt der Zeit beziehen: keinesfalls auf einen Raumpunkt. Denn ein solcher wäre als ein Punkt *im* Raum vielmehr erst frühestens als einer *in* der Linie oder *an* bzw. *auf* ihr möglich, nämlich stets nur nachträglich durch Teilung oder Schnitt derselben, die als solche eben schiere Ausdehnung und lauteres Kontinuum darstellte. Dies jedoch zieht eine Reihe aufschlußreicher Konsequenzen nach sich, und zwar nicht nur für den Aufbau dieser Linie selbst, sondern für den des Raumes überhaupt.

Denn dieser Punkt als Aufbaustück der Linie selbst – der somit nicht wie jener aktuale Linien*teilungs*punkt die Linie voraussetzt und mithin auch von ihr abhängt, sondern von dem umgekehrt die Linie abhinge, weil vielmehr sie ihn voraussetzte – ist folglich auch in keinem Sinn wie jener aktuale Linien*teilungs*punkt etwa ein *Raum*punkt, was vorauszusetzen wir denn auch im vorigen bereits, doch dort noch unbegründet unterlassen hatten[18]. Vielmehr wäre dieser Punkt als Aufbaustück der Linie als solcher immer wieder ausschließlich ein *Zeit*punkt, so daß jene Unterlassung sich nunmehr als wohlbegründet zeigt: Das Ziehen einer Linie aus einem Punkt heraus und somit auch als eines Punktes Selbstausdehnung läßt sich überhaupt nur deshalb durch den vorgeführten Kunstgriff zum Modell für Zeit erheben, sprich, nur deshalb auf des aktualen Punktes Nacheinander Zeit zurückführen, weil dies Ziehen als der Ursprung von Nichtnacheinander Raum auch in der Tat aus überhaupt nichts anderem heraus erfolgen würde als aus aktualen Punktes Nacheinander Zeit. Als eindimensionaler Raum entspränge diese Linie infolgedessen zwar sehr wohl aus aktualem Punkt heraus, nur eben nicht aus aktualem Raum-, sondern allein aus aktualem Zeitpunkt. Letzterer vermöchte an der Linie mithin auch schlechterdings nicht als ein

18 Vgl. oben § 17, S. 413 f.

aktualer aufzutreten, weil er dies an ihr als Raum auch nur als aktualer Raumpunkt könnte.

Daraus aber folgt dann in der Tat so Weitgehendes, daß Sie auch schon einiges an Konsequenz aufbringen müssen, um es wirklich voll daraus zu folgern. Denn der Punkt, als dessen Ausdehnung die Linie als Einfachheit von Ausdehnung zustande käme, träte als ihr Aufbaustück für Sie sogar zutage, läge Ihnen diese Linie, wie Sie sich bereits verdeutlicht haben, nicht von seiten ihrer Ausdehnung, sondern von seiten ihrer Einfachheit vor. Dieser Punkt jedoch, der als ein ausgedehnter gar kein aktualer wäre, sondern nichts als schiere Linie – nur eben aus der Perspektive ihrer Ausdehnung als *einfacher*, sprich *punktartiger* –, wäre dann auch in der Tat in keinem Sinn als Raumpunkt zu verstehen. Verständlich wäre er vielmehr desgleichen ausschließlich als jener Zeitpunkt, wenn auch freilich ebenfalls nicht in dem Sinn, daß er statt aktualer Raumpunkt vielmehr aktualer Zeitpunkt wäre, weil er ja auf keinen Fall als aktualer Punkt aufträte. Sehr wohl aber wäre er als Zeitpunkt in dem Sinn verständlich, daß er überhaupt nichts anderes als diejenige Art und Weise bildete, wie aktualer Punkt des Nacheinander Zeit sogar als zu Nichtnacheinander Raum negierter noch im Resultat dieser Negierung sich bemerkbar machte, eben in der einfach-punktartigen Ausdehnung der Linie als Nichtnacheinander eindimensionalen Raumes.

Doch selbst wenn Sie soweit konsequent zu folgern willens wären, gingen Sie damit noch längst nicht weit genug, weil Sie bei dieser Folgerung nur stehenbleiben könnten, wenn Sie ihren Sinn in einer Weise sich zurechtlegten, die seiner Preisgabe gleichkäme. Daß es sich im vorgenannten Sinn bei diesem Punkt allein um Zeitpunkt handeln könnte, würden Sie vielleicht sich so verständlich machen wollen, daß er als ein bloßes Aufbaustück der Linie selbst auch in der Tat bloß einen potentiellen Punkt darstellte: etwa so, wie Aristoteles in seiner Not mit Zeit als Linie am Ende diese Zeit nur noch als potentiellen Teilungspunkt der Linie denkt. Zumal der Punkt des Nacheinander Zeit als aktualer auch negiert vorläge, nämlich zu Nichtnacheinander Raum als dem bloß eindimensionalen, sprich, zu Linie als der bloß einfach-punktartigen Ausdehnung.

Doch nicht nur gäben Sie tatsächlich jenen Punkt als Zeitpunkt damit wieder preis, denn unter diesem »potentiellen Punkt« vermöchten Sie nur »potentiellen *Raum*punkt« zu verstehen. Vielmehr setzten Sie dabei auch noch zumindest implizit voraus, es wäre zwar der Punkt als Aufbaustück der Linie nur potentieller Punkt, sie selbst dagegen aktuale Linie: So wie auch Aristoteles für jenen Linienteilungspunkt als ebenfalls bloß potentiellen jene Linie als aktuale schon voraussetzt, weil, wie Sie erinnern werden, potentieller Punkt und aktuale Linie letztlich gleichbedeutend sind, da Linie als Kontinuum die Möglichkeit für Diskretion allein im Sinn von Punkt und damit eben potentieller Punkt ist. Und das heißt, Sie setzten stillschweigend voraus: Es wäre jene Linie als *Kontinuum* zwar etwas Aktuales, doch als *Punkt* nur etwas Potentielles, was indes nicht stimmen könnte, weil bedeuten müßte, daß die Linie als *Ausdehnung* zwar etwas Aktuales, doch als *einfach-punktartige* Ausdehnung nur etwas Potentielles wäre, sprich, als *Raum* zwar etwas Aktuales, doch als *ein*dimensionaler Raum nur etwas Potentielles, was ersichtlich Unsinn ist.

In Wahrheit müßte vielmehr gelten, daß die Linie dann auch als Ausdehnung, Kontinuum und Raum nur etwas Potentielles wäre, was des weiteren zu folgern Ihnen schwierig scheinen mag, doch nicht unmöglich sein kann, halten Sie nur immer weiter sich vor Augen, daß sie aus der Zeit heraus, als das Ergebnis einer Negation von ihr, entspringen müßte. Diese Zeit ist nämlich, wie Sie schon gesehen haben, jeweils beides unlösbar ineinem, und zwar beides auch als Aktuales, nämlich aktuale Diskretion mit aktualer Kontinuität und aktualer Punkt mit aktualer Ausdehnung in unlösbarer Einheit. Und sie zu negieren, haben Sie sich weiter klargemacht, wird nur erforderlich, weil Selbstverwirklichung von Subjektivität als Fremd- werdendem Selbstverhältnis oder als Intentionalität werdender Spontaneität nur möglich werden kann, wenn Diskretion und Kontinuität bzw. Punkt und Ausdehnung aus Zeit heraus auch noch gesondert wirklich oder wirksam werden, nämlich wenn sie auch als je für sich gesondert aktuale noch sich gegenübertreten.

Stattdessen aber führte, so wird Ihnen von der Zeit her nunmehr offenkundig werden, eine Negation von ihr ersichtlich dazu, jene unlösbare Einheit von Kontinuum und Diskretion oder von Punkt und Ausdehnung der Zeit im Grunde lediglich nochmals zu wiederholen, eben in Gestalt der Linie als gleichfalls unlösbarer Einheit von Kontinuum und Diskretion oder von Punkt und Ausdehnung des eindimensionalen Raumes. Wenn auch mit dem einen, aber wesentlichen Unterschied, daß innerhalb der neuen unlösbaren Einheit, als Zugleich oder Nichtnacheinander Raum, jetzt *beides* nicht mehr etwas Aktuales wäre, wie in der von Zeit als Nacheinander, sondern *beides* vielmehr nur noch etwas Potentielles. Und dies eben weil ein jedes davon mit dem anderen noch unlösbar ineinem und mithin gerade nicht von ihm gesondert für sich selbst schon aktual entspränge: *weder* Ausdehnung oder Kontinuum als etwas Aktuales gegenüber Diskretion und Punkt *noch* Diskretion und Punkt als etwas Aktuales gegenüber Ausdehnung oder Kontinuum. Etwas nur Potentielles wäre Linie als einfach-punktartige Ausdehnung von eindimensionalem Raum infolgedessen nicht allein als Punkt und Diskretion, sondern genausosehr auch als Kontinuum und Ausdehnung, und damit insgesamt nur etwas Potentielles, sprich, als ganze und mithin auch überhaupt noch gar nichts Aktuales: eine bloße Möglichkeit, der keine Wirklichkeit entspricht.

So vermochte ich denn auch meine Erörterung von Linie oder eindimensionalem Raum als dem Ergebnis einer Negation der Zeit Ihnen von Anbeginn allein im Irrealis vorzutragen, wie Sie schwerlich übersehen haben werden. Denn es handelt sich dabei tatsächlich nur um die Erwägung einer bloßen Möglichkeit, die nicht verwirklicht ist, weil die Verwirklichung von ihr auch die Bedingung, welche zu erfüllen Raumerzeugung überhaupt notwendig wird, noch gar nicht zu erfüllen vermöchte.

Auf diese Weise konsequent geblieben sind Sie nämlich vorgestoßen bis zu einer Folgerung, die nunmehr die Erklärung für ein Faktum liefert, das als solches längst bekannt und anerkannt ist, nämlich daß es eindimensionalen Raum genaugenommen gar nicht gibt, sofern es Raum vielmehr allein als dreidimensionalen, und das heißt, als solchen gibt, in welchen eindimensionaler Raum nur »eingebettet« ist[19]. So pflegen jedenfalls die philosophisch interessierten Geometer dies zwar immer wieder treffend, doch nur metaphorisch zu bezeichnen, so daß auch der Sinn solcher Metapher für dies Faktum noch bis heute seiner Einlösung sowie Erklärung harrt. Denn daß es eindimensionalen somit keinesfalls wie dreidimensionalen gibt, liegt eben daran, daß in Form von ihm als einfach-punktartiger Ausdehnung der Linie einem Subjekt, das als solches selbst zunächst nur immer wieder Punkt ist, nämlich aktualen Punktes Nacheinander Zeit, auch etwas Anderes seiner selbst noch überhaupt nicht gegen-

19 Vgl. z.B. O. Becker, *Die apriorische Struktur des Anschauungsraumes*, in: *Philosophischer Anzeiger*, Jg. 4, 1929–30, S. 155f.

ständlich werden könnte. Denn in Form von solcher Linie vermöchte ein Subjekt zu sich als Punkt auch noch kein Gegenüber zu gewinnen: Als solche Linie wäre solcher Raum zwar einerseits aus Zeit als aktualem Punkt bereits hervorgegangen, doch nur so, daß umgekehrt die Zeit als Punkt in solchen Raum miteingegangen wäre, mit der Folge, daß ein Gegenüber aktualer Ausdehnung als Raum im Gegensatz zu Zeit als aktualem Punkt sich auch noch überhaupt nicht ausgebildet hätte. *Über* Zeit als Punkt *hinaus* erstreckte nämlich Linie sich prinzipiell nur so, daß Zeit als Punkt sich eben damit umgekehrt *in* Linie *hinein*- und somit ganz mit ihr gleichauf sich voll mit Linie *mit*erstreckte. Denn soweit auch immer Linie als Raum aus Zeit heraus entspränge, wäre sie als Ausdehnung oder Erstreckung solchen Punktes eben nichts als sozusagen Punkt am Stück, Punkt auf der ganzen Linie oder auch »punktdünn«[20].

Daran aber sehen Sie in aller Deutlichkeit: Auf diese Weise wäre Linienerzeugung nichts als sozusagen Zwischenschritt, nämlich durch eine Negation von Zeit zwar *weg*, dadurch indes noch längst nicht auch zu Raum schon *hin*, und damit Linie selber nur so etwas wie ein Zwischending, das nicht verwirklicht wird. Sie wäre *nicht mehr Zeit*, weil nicht mehr Nacheinander aktualen Punktes als kontinuierlich anderen, und dennoch Punkt, nämlich durch eine Negation desselben zu Nichtnacheinander ebenfalls kontinuierlich anderer Punkt, nur eben umgesetzt in das Zugleich von einfach-punktartiger Ausdehnung der Linie. Und eben darum wäre sie auf diese Weise *noch nicht Raum*, weil noch nicht aktuale Ausdehnung im Gegensatz zu diesem Punkt als dem ursprünglich aktualen Punkt der Zeit. Mithin vermöchte lediglich durch eine Negation von sich als *null*dimensionaler Kontinuität der Zeit – von sich als Nacheinander aktualen *Punktes* nämlich – ein Subjekt aus solchem *Punkt* heraus sich zu Nichtnacheinander nur als *ein*dimensionaler Kontinuität der Linie zu erzeugen. In Gestalt von Linie als eindimensionaler aber wäre Raum noch überhaupt nicht Gegensatz, und das heißt ausschließender Ge-

20 Diesen Ausdruck übernehme ich von D. Wandschneider (*Hegel-Studien*, Bd. 10, 1975, S. 266 ff.), obwohl er damit etwas gänzlich anderes meint, wovon Sie sich nicht irreführen lassen sollten. Ihm entgeht, daß »punkt ...« dabei nicht *Raum*punkt, wie er Hegel folgend schon von vornherein als ausgemacht voraussetzt, sondern nur soviel wie *Zeit*punkt heißen kann, und daß aus eben diesem Grund es eindimensionalen Raum auch gar nicht gibt.

gensatz zur Zeit, mithin auch überhaupt noch nicht er selbst. Denn in Gestalt von ihm wäre die Zeit als Punkt durch eine Negation zwar schon negiert, doch keineswegs dadurch als solcher auch schon aus ihm ausgeschlossen, sondern in ihm selbst vielmehr noch eingeschlossen. Als ein punktartiger wäre eindimensionaler Raum ein zeitartiger Raum, so widersinnig dies für Sie zunächst auch klingen mag. Ja solche Punktartigkeit oder Zeitartigkeit würde hier, bei eindimensionalem Raum, sogar bedeuten, daß vor Null- nur Nulldimensionalität aufträte; und dies eben weil die Linie eindimensionalen Raumes gegen jenen aktualen Punkt der Zeit, aus welchem sie hervorginge, um eine volle Dimension zurückbliebe, indem sie statt als Linie bloß wie Punkt zum Vorschein käme. Wohingegen Raum als Gegensatz zu Zeit gerade schlechthin *nicht*zeitartiger und damit schlechthin *nicht*punktartiger sein müßte. Folglich hätte ein Subjekt in Form von eindimensionalem Raum der Linie als einfachausgedehntem Punkt sich auch tatsächlich noch zu keiner aktualen Ausdehnung als Gegensatz zu sich als aktualem Punkt entfaltet und mithin auch noch zu nichts, in Form von dem es etwas Anderes als sich zum Gegenstand für sich gewinnen könnte.

Und daß dies tatsächlich nur an deren Punkt- als deren Zeitartigkeit läge, zeigt Ihnen die Reflexion darauf, daß etwas Geometrisch-Ideales wie ein Punkt für uns empirisch stets nur Gegenstand sein kann, wenn Zeichnung – also letztlich Farbe – einer möglichst kleinen Fläche im Verhältnis zur Umgebungsfläche einen solchen Punkt für uns vertritt. Denn jeglicher Versuch der Reduzierung solcher Fläche auf tatsächlich geometrisch-idealen Punkt müßte notwendig dazu führen, daß überhaupt nichts mehr empirisch für uns gegenständlich wäre. Und genau in dieser Lage, die wir uns nur nachträglich durch Reflexion vergegenwärtigen, befände sich ein Subjekt, das aus Zeit als Punkt heraus nur eindimensionalen Raum erzeugte, schon von vornherein.

γ) Zweidimensionaler Raum

Aus all dem zusammen aber werden Sie gleich mir nur eine Folgerung zu ziehen vermögen, nämlich daß es sich bei der im schon genannten Sinn erforderlichen Negation von Zeit zu Raum mit Sicherheit nicht lediglich um eine *ein*fache wird handeln können, welche lediglich zu einer *ein*fachen Ausdehnung nulldimensionaler Zeit als Punkt zu *Linie* als *ein*dimensionalem Raum zu führen vermöchte. Vielmehr wird es mindestens um eine *zwei*fache sich handeln müssen, welche mindestens zu einer *zwei*fachen Ausdehnung nulldimensionaler Zeit als Punkt zu *Fläche* und mithin zu *zwei*dimensionalem Raum zu führen hätte.

Ihrer Folgerichtigkeit vermögen Sie sich allerdings nur zu versichern, wenn Sie sich bei dieser Folgerung von vornherein verdeutlichen, daß die gefolgerte Notwendigkeit einer zumindest zweifachen Negierung sich ausschließlich aus dem zu Negierenden ergibt, will sagen: aus der Zeit als Punkt, und nicht etwa aus dem Negieren selbst. Sie folgt nicht daraus, daß wir sozusagen künstlich erst einmal von *ein*fachem Negieren ausgegangen wären, um dann gleichermaßen künstlich die Notwendigkeit von *zwei*fachem zu folgern, während wir doch schon von vornherein mit ihm als zweifachem hätten beginnen können, – so als ob wir mittels von Negieren auch noch mehr als eben zu negieren vermöchten. Denn allein schon ihrem Wesen nach kann Negation als solche selbst nichts anderes als einfache bedeuten und infolgedessen auch als zweifache nur zweimal einfache, deren Notwendigkeit mithin, sofern sie sich ergibt, auch in der Tat nur aus dem zu Negierenden herstammen kann.

Das heißt dann aber, wie Sie sehen werden, weiter, daß durch eine einmalige einfache Negierung prinzipiell auch stets nur eines einmal einfach zu negieren ist, so daß auch umgekehrt vom zu Negierenden her ausgeschlossen bleibt, es könnte eines und dasselbe schon von vornherein statt einfach zweifach zu negieren sein. Dann jedoch kann auch nicht ohne weiteres verständlich sein, was die Notwendigkeit, daß zur Erzeugung von Nichtnacheinander Raum aus Nacheinander Zeit die letztere als aktualer Punkt zumindest zweifach zu negieren sei, bedeuten könnte, insbesondere auch nicht vom dadurch zu erzielenden Ergebnis her. Denn wie Sie sich im vorigen bereits verdeutlicht haben, muß es unverständlich bleiben, wie aus bloßem Punkt der Zeit – für den der Raum mithin noch nicht vorauszusetzen, weil aus ihm erst herzuleiten ist – statt Linie oder eindimensionalem Raum von vornherein schon Fläche oder zweidimensionaler, beispielsweise Kreis entspringen könnte, oder gar von vornherein schon Körper oder dreidimensionaler Raum, zum Beispiel Kugel. Insgesamt muß also gelten, daß die Zeit als Punkt sich *weder* schon von vornherein zweifach negieren ließe *noch* entsprechend schon von vornherein zweifach sich auszudehnen vermöchte, nämlich prinzipiell nicht schon von vornherein zu Fläche statt zu Linie.

Eben daraus aber tritt am Ende klar für Sie zutage, was allein jene Erforderlichkeit mindest zweifacher Negierung und mithin auch mindest zweifacher Ausdehnung jener Zeit als Punkt bedeuten könnte: Einer zweiten Negation ließe sie oder er sich nicht etwa schon *vor*, sondern erst *nach* der ersten unterwerfen, wenn auch nur in jenem unzeitlichen Sinn von Folge, den ich Ihnen oben schon erläutert habe[21]. Und das heißt, daß nicht bereits der Punkt als solcher, sondern erst der Punkt als schon negierter sich ein zweites Mal negieren ließe, was allein denn auch seinem Ergebnis nach für Sie verständlich werden kann: Nicht schon der Punkt als solcher, sondern erst der Punkt, wie er sich mittels *erster* Negation zur *Linie* als *ein*dimensionalem Raum schon *einfach* ausdehnte, in ihr bzw. ihm als Punkt am Stück sich aber noch erhielte, ließe sich durch *zweite* und im ganzen folglich *zweifache* Negierung noch zur *Fläche* und mithin zu *zwei*dimensionalem Raum auch *zweifach* ausdehnen.

Dann aber können Sie, ja müssen Sie sogar darauf bestehen, daß beides in dem nun geklärten Sinn sehr wohl bereits von vornherein den *Punkt* betrifft: Die zweifache Negierung sowie Ausdehnung vermöchte in der Tat nichts anderes zu sein als zweifache Negierung sowie Ausdehnung von Zeit als Nacheinander aktualen Punktes *selbst.* Denn ihr Ergebnis müßte auch tatsächlich schon von vornherein aus *ihm* heraus zustandekommen, nämlich so, daß schon von vornherein aus ihm die Linie oder Raum als eindimensionaler gar nicht erst hervorzugehen vermöchte. Und dies, weil der Punkt sich schon von vornherein auch über Linie und eindimensionalen noch hinaus zu Fläche und mithin zu zweidimensionalem Raum selbst auszudehnen hätte, um jener Erforderlichkeit zu genügen. Zweifache Negierung dieses Punktes brächte zweifache Ausdehnung von ihm so zustande, daß es dabei schon von vornherein zu Linie oder eindimensionalem Raum erst gar nicht käme, sondern über Linie oder eindimensionalen schon von vornherein hinaus vielmehr allein zu Fläche oder zweidimensionalem. In demselben Zug, in dem der Punkt durch einfache Negierung sich zu Linie oder eindimensionalem Raum selbst strecken müßte, hätte er sich auf Grund zweiter

21 Vgl. oben § 17, S. 430f.

und im ganzen somit zweifacher Negierung auch genausoweit, wie jene selbst noch Punkt darstellten (nämlich einfach-ausgedehnten), über Linie oder eindimensionalen Raum hinaus zu zweidimensionalem oder Fläche noch zu strecken. Folglich so, daß es auf diese Art tatsächlich schon von vornherein und ausschließlich zu Fläche oder zweidimensionalem käme, und das heißt: zu Linie oder eindimensionalem Raum gerade nicht.

Damit aber sind wir in der Lage, über Raum noch Weiteres an Wesentlichem für Philosophie wie auch Geometrie zu sichern. Denn zu dem im vorigen für Linie oder eindimensionalen Raum Ermittelten ergibt sich nunmehr Schritt für Schritt genau Entsprechendes auch noch für Fläche oder zweidimensionalen, das ich Ihnen nur mehr kurz zusammenfassen brauche.

Dem zuvor schon hatte ich Sie darauf hingewiesen: Ganz im Gegenteil zu jenem Lehrstück, ein bewegter Punkt erzeuge eine Linie, wie entsprechend auch eine bewegte Linie eine Fläche, könnte eine Linie allenfalls als Selbstausdehnung eines Punktes oder eine Fläche allenfalls als Selbstausdehnung einer Linie verständlich werden, nämlich stellvertretend für die ursprüngliche Ausdehnung zu ein- bzw. zweidimensionalem Raum, wobei Sie unter Punkt ursprünglich auch allein den aktualen Zeitpunkt zu verstehen hätten. Doch selbst dies war, wie sich nun herausstellt, längst noch nicht genau genug, um jedes Mißverständnis auszuschließen.

Denn gerade als ein aktualer könnte Sie der Punkt dazu verleiten, auch die Linie, deren Selbstausdehnung Fläche bilde, noch als aktuale zu verstehen, so daß es in diesem Fall die Linie wäre und ausschließlich sie, was sich zur Fläche bildete, und somit keineswegs der Punkt. In Wahrheit aber kann es umgekehrt gerade nicht die Linie, sondern nur der Punkt sein, dessen Selbstausdehnung Fläche bildete. Und zwar, weil es die Linie als *aktuale*, nämlich so, daß *deren* Selbstausdehnung Fläche bilden könnte, gar nicht gäbe, da es als das Aktuale, das sich selbst ausdehnen kann – wozu auch immer –, vielmehr ausschließlich den Punkt gibt. Doch vermöchte er dies eben nur durch jene zweifache Negierung seiner selbst, nur dadurch nämlich, daß er Linie, die er auf Grund bloßer erster würde, auf Grund auch noch zweiter gar nicht wird, sondern von vornherein im ganzen Fläche würde und mithin von vornherein auch zweidimensionaler Raum statt eindimensionaler. Aber wohlgemerkt: Auch dazu würde eben auf Grund zweifacher Negierung seiner selbst tatsächlich immer wieder ausschließlich der aktuale Punkt des Nacheinander Zeit.

Dann aber sehen Sie sofort: Vermöchte dabei dieser aktuale Punkt schon an der Linie nicht aufzutreten, so erst recht nicht an der Fläche, weil er dies an beidem als dem ein- bzw. zweidimensionalen Raum auch nur als aktualer Raumpunkt könnte, der er aber gar nicht ist. Indes vermöchte dabei auch genausowenig etwa aktuale Linie an dieser Fläche aufzutreten, weil auch letztere vielmehr wie jene Linie als schiere Ausdehnung und lauteres Kontinuum aufträte, innerhalb von dem Diskretes wie ein aktualer Punkt bzw. eine aktuale Linie stets erst nachträglich durch Teilung oder Schnitt auftreten könnte. Und auch nur, wenn Sie beherzigen, daß dabei also weder »an« noch »auf« noch »in« der Fläche so etwas wie Diskretion zustandekäme – ob nun als ein aktualer Punkt oder als eine aktuale Linie –, werden Sie des weiteren verstehen, daß als solche Fläche zweidimensionaler Raum entspränge, welcher abermals im Gegensatz zur Anisotropie der Zeit Isotropie aufwiese.

Denn es könnte mangels Auftritt irgendeiner Diskretion in ihm auch keine Richtung gegenüber irgendeiner andern ausgezeichnet oder auch nur unterschieden sein. Und aus demselben Mangel bildete wie das Entstehen jener Linie oder eindimensionalen Raumes auch das dieser Fläche oder zweidimensionalen seiner Notwendigkeit nach nur ein mit dem der Zeit als Nacheinander aktualen *Punktes* gleichursprüngliches Entstehen. Folglich gälte, daß auch zweidimensionaler Raum nicht etwa »mit der Zeit« als *Spanne* (die sie ursprünglich noch gar nicht bildet) erst »allmählich« oder »nach und nach« entstünde, sondern so wie eindimensionaler gleichursprünglich mit der Zeit als ständig anderem *Punkt* (als der allein sie ihren Ursprung hat) und damit schon von vornherein jeweils mit einem Mal oder auf einen Schlag[22].

Sodann wird Ihnen ferner ohne weiteres verständlich werden: Jene einfach-ausgedehnte Linie, in der als ursprünglicher Ausdehnung auch so etwas wie Richtung überhaupt erst ihren Ursprung hätte, könnte prinzipiell nur die Gerade sein, weil »Richtung« ursprünglich allein »gerade Richtung« heißen kann; genauso aber könnte diese zweifach-ausgedehnte Fläche, welche über die bloß einfach-ausgedehnte Linie hinaus im eigentlichen Sinne ursprüngliche Ausdeh-

22 Vgl. oben § 18, S. 460f.

nung und damit Richtung bildete, auch nur die Ebene als das genau Entsprechende zu jener Geraden sein. Durch zweifache Negierung jenes Punktes nämlich hätte sie als zweifache Ausdehnung seiner selbst aus ihm auf solche Art hervorzugehen, daß genau so weit, wie jener Punkt auch in gerader Linie noch erhalten bliebe, er sich auch als solcher, nämlich auch aus der geraden Linie heraus noch auszudehnen hätte und mithin auch über die gerade Linie noch hinaus, jedoch aus ihr heraus dann auch genau zu ebener Fläche. Denn aus solcher Linie heraus und über solche Linie hinaus vermöchte er zu ursprünglicher Ausdehnung und damit Richtung einer Fläche gleichfalls nur »geradeaus« sich auszudehnen, und im ganzen mithin auch nur quer zu sich als dem »geradeaus« sich zu gerader Linie ausdehnenden Punkt, will sagen: insgesamt auch nur zu ebener Fläche.

Sich ursprünglich auszudehnen, hätte auch hier zu bedeuten, sich geradeauszudehnen, weil auch dabei a priori, wie sie nun einmal erfolgte, nur für Ausdehnung wie Richtung überhaupt und damit für gerade oder ebene ein Grund bestünde, während jede Art von krummer Linie oder Fläche einen zusätzlichen und mithin aposteriorischen erforderte, wie Geometer selbst bezeugen[23]. Und das heißt zuletzt: Es hätte dieser Punkt über *gerade* Linie als *un*gekrümmten und mithin auch homogenen eindimensionalen Raum hinaus sich noch zu *ebener* Fläche als entsprechend *un*gekrümmtem und mithin auch homogenem zweidimensionalem auszudehnen, nämlich zu *euklidisch*-zweidimensionalem. Und genau entsprechend wie schon zur geraden Linie selbst vermöchte dieser Punkt auch aus gerader Linie heraus und über sie hinaus sich abermals nur ebenso nach einer wie entgegengesetzter Richtung auszudehnen, und zu ebener Fläche mithin auch genau entsprechend wie zu gerader Linie, nämlich ursprünglich, das heißt: bereits von vornherein ausschließlich aus sich selbst als aktualem Punkt der Zeit heraus. Denn dabei könnte es, wie in der geraden Linie schon von vornherein zu keinem aktualen Punkt, auch in der ebenen Fläche schon von vornherein zu keinem aktualen Punkt und keiner aktualen Linie kommen.

Damit aber haben wir dann auch noch eine positiv-synthetische Bestimmung für die Fläche hergeleitet. Wie die Linie wäre danach

23 Vgl. oben § 18, S. 457f.

auch die Fläche ausgedehnt, nur nicht mehr einfach, sondern zweifach. Doch wie bei der Linie wäre es auch bei der Fläche letztlich tautologisch und mithin nur analytisch-uninformativ, sie selbst als dieses Ausgedehnte ausgedehnt zu nennen, weil informativ-synthetisch vielmehr immer wieder nur der Punkt als ausgedehnt bezeichnet werden könnte: Nur indem er sich als jener aktuale Zeitpunkt im genannten Sinn ursprünglich selber einfach oder zweifach ausdehnte, entspränge als Ergebnis davon Linie oder Fläche, die denn auch die einfache bzw. zweifache Ausdehnung eben dieses *Punktes* bildeten und keineswegs etwa die jeweils von sich selbst. Nicht zufälligerweise aber wären diese Kennzeichnungen als synthetische auch beide positive, während sich die Geometer schon seit der Antike und bis heute noch zufrieden geben müssen mit den negativen, wonach Linie »Länge *ohne* Breite« sei und Fläche das, »was *nur* Länge und Breite« habe[24].

Doch bei all dem wird Ihnen desgleichen nicht entgangen sein: Auch diese Darlegung von Fläche oder zweidimensionalem Raum als zweifacher Ausdehnung auf Grund zweifacher Negierung jenes Punktes habe ich allein im Irrealis formuliert, weil gar nicht anders formulieren können. Denn auch dabei handelt es sich nur um die Erwägung einer bloßen Möglichkeit, die nicht verwirklicht ist, weil die Verwirklichung derselben die Bedingung, welche zu erfüllen Raumerzeugung überhaupt notwendig wird, noch gar nicht zu erfüllen vermöchte. Eben darin liegt der Grund für das bekannte und auch anerkannte Faktum, daß es nicht nur ein-, sondern auch zweidimensionalen Raum genaugenommen gar nicht gibt, sofern es Raum vielmehr allein als dreidimensionalen, und das heißt, als solchen gibt, in welchen ein- bzw. zweidimensionaler Raum nur »eingebettet«[25] ist, wie philosophisch interessierte Geometer sich zwar treffend, doch nur metaphorisch auszudrücken pflegen. Auch für zweidimensionalen Raum gilt es mithin die Einlösung dieser Metapher ebenso wie die Erklärung dieses Faktums.

Was zunächst die letztere betrifft, so liegt jedoch der Grund dafür, daß es auch zweidimensionalen Raum auf keinen Fall wie dreidimensionalen gibt, nicht anders als beim eindimensionalen darin: Auch in Form von *zwei*dimensionalem Raum als *Fläche* könnte einem Sub-

24 Vgl. Euklid, *Elemente*, Buch I, Def. 2 und 5.

25 Vgl. oben S. 464, Anm. 19.

jekt, das als solches selbst nur immer wieder Punkt ist, nämlich aktualen Punktes Nacheinander Zeit, ein Anderes seiner selbst noch überhaupt nicht gegenständlich werden. Auch in Form von solcher *Fläche*, sprich, in Form von *zwei*fach ausgedehntem Punkt vermöchte nämlich ein Subjekt zu sich als diesem Punkt noch überhaupt kein Gegenüber zu gewinnen. Denn als solche Fläche wäre solcher Raum zwar einerseits aus Zeit als aktualem Punkt bereits hervorgegangen, aber ebenfalls nur so, daß umgekehrt noch Punkt in solchen Raum miteingegangen wäre, mit der Folge, daß ein Gegenüber aktualer Ausdehnung als Raum im Gegensatz zu Zeit als aktualem Punkt sich auch noch überhaupt nicht ausgebildet hätte. *Über* Zeit als Punkt *hinaus* erstreckte sich auch Fläche nämlich prinzipiell nur so, daß Punkt sich umgekehrt dann auch *in* Fläche noch *hinein-* und somit ganz mit ihr gleichauf auch noch *mit* Fläche *mit*erstreckte: zwar nicht mehr als aktualer, weil als solcher vielmehr schon negierter Punkt und so auch ausgedehnter, ja zu Fläche sogar zweifach schon negierter sowie ausgedehnter; trotzdem aber auch in Fläche noch als Punkt, sofern auch zweifach ausgedehnter Punkt noch Punkt, eben die zweifach-punktartige Ausdehnung von sich zu Fläche wäre. Denn so weit auch immer Fläche aus der Zeit heraus als zweidimensionaler Raum entspränge, wäre sie auch als die zweifache Erstreckung oder Ausdehnung von solchem Punkt noch nichts als sozusagen Punkt am Stück, Punkt auf der ganzen Fläche oder auch »punktflach«[26].

Schon daran müßte Ihnen soviel deutlich werden: Auch Erzeugung solcher Fläche wäre nichts als sozusagen zweiter Zwischenschritt, nämlich durch zweite Negation von Zeit als Punkt zwar *weg* – sogar noch weiter weg als durch die erste sozusagen –, doch auch so noch immer nicht zu Raum schon *hin*. Und damit bliebe auch die Fläche selbst nur so etwas wie zweites Zwischending, das nicht verwirklicht wird: Sie wäre *nicht mehr Zeit*, weil nicht mehr Nacheinander aktualen Punktes als kontinuierlich anderen, und dennoch Punkt, nämlich durch zweite Negation desselben zu Nichtnacheinander ebenfalls kontinuierlich anderer Punkt, nur eben umgesetzt in das Zugleich von zweifach-punktartiger Ausdehnung der Fläche. Eben darum aber wäre sie auf diese Weise *noch nicht Raum*, weil

26 Vgl. oben S. 465, Anm. 20.

noch nicht aktuale Ausdehnung im Gegensatz zu diesem Punkt als dem ursprünglich aktualen Punkt der Zeit.

Sonach vermöchte mittels zweiter Negation von sich als *null*dimensionaler Kontinuität der Zeit, das heißt, von sich als Nacheinander aktualen *Punktes*, ein Subjekt aus solchem *Punkt* heraus sich zu Nichtnacheinander auch tatsächlich nur als *zwei*dimensionaler Kontinuität der Fläche zu erzeugen. Und auch in Gestalt der Fläche als der zweidimensionalen wäre Raum noch überhaupt nicht Gegensatz, und das heißt ausschließender Gegensatz zur Zeit, mithin auch überhaupt noch nicht er selbst. Denn in Gestalt desselben wäre Zeit als Punkt zwar schon negiert, ja mittels zweiter Negation sogar auch zweifach schon negiert, jedoch auch dadurch noch nicht aus ihm ausgeschlossen, sondern auch in ihm vielmehr noch eingeschlossen. Als ein punktartiger nämlich wäre auch der zweidimensionale Raum noch zeitartiger Raum, so widersinnig dies für Sie zunächst auch klingen mag. Denn solche Punktartigkeit oder Zeitartigkeit könnte hier, bei zweidimensionalem Raum, nun nicht mehr heißen, daß vor Null- bloß Nulldimensionalität aufträte, sondern müßte vielmehr heißen, daß vor Null- schon Eindimensionalität aufträte. Und dies, weil die Fläche zweidimensionalen Raumes gegen jenen aktualen Punkt der Zeit, aus welchem sie hervorginge, zwar ebenfalls um eine volle Dimension zurückbliebe, jedoch auch *nur* um eine, so daß Fläche gegen jenen Punkt dann auch schon immerhin wie Linie und so als Ausdehnung vor Punkt aufträte.

Trotzdem wäre sie noch immer punkt- als zeitartige Ausdehnung, und damit wird sie förmlich zum Beweis dafür, daß in der Tat gerade darin das für uns Entscheidende gelegen ist. Durch ihre grundsätzliche Punkt- als ihre grundsätzliche Zeitartigkeit nämlich stellte auch die Eindimensionalität der Linie, als die allein die Zweidimensionalität der Fläche gegen jenen Punkt auftreten könnte, noch nicht etwas grundsätzlich Verschiedenes von Punkt dar. Denn als Punkt am Stück wäre auch diese Linie, nämlich diese Fläche gegen jenen Punkt, als dessen Selbstausdehnung sie entspränge, immer wieder nichts als Punkt. Zwar wäre sie das nicht mehr bloß genau an einer Stelle, nämlich nicht mehr so wie jene Linie gegen jenen Punkt, als dessen Selbstausdehnung sie entspränge. Vielmehr wäre diese Linie, nämlich diese Fläche gegen jenen Punkt, als dessen Selbstausdehnung sie entspränge, dies dann an unendlich vielen Stellen, doch an jeder dieser Stellen eben gleichfalls immer wieder nichts als Punkt.

Und dies wird Ihnen daran deutlich, daß ein jeder Schnitt durch diese Linie, sprich: durch diese Fläche gegen jenen Punkt, nur Punkt ergeben könnte. Also wäre diese ebenfalls noch nichts, in Form wovon etwas *vor* Punkt oder *zu* Punkt ein Gegenüber bilden könnte. Und daß dies tatsächlich nur an ihrer Punkt- als ihrer Zeitartigkeit läge, zeigt Ihnen die Reflexion darauf, daß auch noch eine geometrisch-ideale Linie für uns empirisch stets nur Gegenstand sein kann, wenn Zeichnung – also letztlich Farbe – einer möglichst schmalen Fläche im Verhältnis zur Umgebungsfläche eine solche Linie für uns vertritt. Auch noch im Fall von solcher Linie nämlich müßte jeglicher Versuch der Reduzierung dieser schmalen Fläche auf tatsächlich geometrisch-ideale Linie notwendig zur Folge haben, daß uns überhaupt nichts mehr empirisch gegenständlich bliebe. Denn auch noch die Ausdehnung von geometrisch-idealer Fläche, welche gegen jenen Punkt, dem sie entspringen müßte, nur als Ausdehnung von geometrisch-idealer Linie auftreten könnte, müßte eben darin auch als zweidimensionale Ausdehnung noch punkt- als zeitartige sein.

Infolgedessen hätte ein Subjekt in deren Zweidimensionalität als zweifach-ausgedehntem Punkt sich auch tatsächlich noch zu keiner aktualen Ausdehnung *als Gegensatz* zu sich als aktualem Punkt entfaltet und mithin auch noch zu nichts, in Form wovon es etwas Anderes als sich zum Gegenstand für sich gewinnen könnte. Denn statt daß es hier auch seinerseits als aktualer Punkt *im Gegensatz* zu aktualer Ausdehnung und damit auch ihr *gegenüber* stünde, läge ein Subjekt als Punkt auch in der Fläche noch mit Ausdehnung in unlösbarer Einheit vor; nur eben nicht mehr wie als Zeit in unlösbarer Einheit *aktualer* Ausdehnung und *aktualen* Punktes, sondern mittels Negation der Zeit gerade nur noch *potentiellen* Punktes und entsprechend nur noch *potentieller* Ausdehnung. So bliebe denn auch Fläche oder zweidimensionaler Raum im ganzen eine bloße Potentialität bzw. Möglichkeit, die eben deswegen auch nicht verwirklicht ist.

δ) Der dreidimensionale Raum

Was folgt, ist somit, daß es sich bei der im schon genannten Sinn erforderlichen Negation von Zeit zu Raum um eine in sich *drei*fache wird handeln müssen, die zu einer *drei*fachen Ausdehnung nulldimensionaler Zeit als Punkt zu *Körper* und mithin zu *drei*dimensionalem Raum zu führen hat. Denn erst als Ausdehnung von diesem Punkt, wie er sich nicht allein in Linie oder eindimensionalem, sondern auch in Fläche oder zweidimensionalem noch erhielte, nämlich erst als Ausdehnung von ihm auch über Fläche noch hinaus zu Körper und mithin auch erst als *dritte* Ausdehnung durch *dritte* Negation von nulldimensionaler Zeit zu *drei*dimensionalem Raum ist Ausdehnung nicht mehr nur punkt- und damit zeitartige, sondern eben raumhafte und damit Raum. Erst in Gestalt von ihr bzw. ihm – »entspränge« nicht, sondern *entspringt* – »entstünde« nicht, sondern *entsteht* denn auch zu aktualen Punktes Nacheinander Zeit tatsächlich *gegensätzliches* Nichtnacheinander Raum als Form, in der ein Subjekt ursprünglich aus sich heraus und über sich hinaus ein Anderes als sich zum Gegenstand für sich gewinnen kann.

Denn nicht bereits die Linie, welche gegen diesen Punkt als Punkt aufträte, und auch nicht bereits die Fläche, welche gegen diesen Punkt als Linie aufträte, sondern erst der Körper, welcher gegen diesen Punkt als Fläche auftritt, und mithin erst dreidimensionaler Raum tritt ihm ursprünglich *gegenüber*. Und dies, weil dem Punkt als Einfachheit und Diskretion auch in der Tat erst Körper oder dreidimensionaler Raum als schiere Ausdehnung, als lauteres Kontinuum und damit als sein *Gegen*satz *entgegen*steht. Doch wohlgemerkt: entgegen*steht*, weil wirklich gegenüber*tritt*, so daß der Irrealis nunmehr überflüssig wird. Denn damit bildet Körper oder dreidimensionaler Raum als aktuale Ausdehnung im Gegensatz zu aktualem Punkt von Zeit auch nicht mehr eine bloße Potentialität bzw. Möglichkeit – wie eindimensionaler Raum der Linie oder zweidimensionaler Raum der Fläche als bloß unwirkliche *Zwischen*dinge *zwischen* Zeit und Raum sie bilden »würden«. Dieser Aktualität und Wirklichkeit als Wirksamkeit der Zeit vielmehr entgegen bildet dreidimensionaler Raum als Körper jetzt das Gegenüber einer eigenen Aktualität und Wirklichkeit von eigener Wirksamkeit.

Zwar liegt als das, was gleichfalls nur aus diesem aktualen Punkt von Zeit entspringt, auch Körper oder dreidimensionaler Raum noch gegen diesen Punkt um eine volle Dimension zurück, so daß er diesem Punkt auch immer nur wie Fläche oder zweidimensionaler gegenübertreten kann. Doch solche Fläche ist nun nicht mehr *bloße* Fläche, sondern ist vielmehr schon *Körper*, nämlich *Körper*-Fläche, und das heißt: die Art und Weise, wie allein er diesem aktualen

Punkt von Zeit, dem er entspringt, dann überhaupt entgegentreten kann: durch seine Vorder-Fläche[27]. Jene Zeichnung, nämlich Farbe einer möglichst kleinen oder schmalen Fläche, die uns im Verhältnis zur Umgebungsfläche jenen Punkt, als welcher jene Linie gegen Punkt aufträte, sowie jene Linie, als welche jene Fläche gegen Punkt aufträte, zu vertreten hat, ist denn auch eben solche Vorder-Fläche eines Körpers oder dreidimensionalen Raumes. Denn obwohl auch Körper oder dreidimensionaler Raum ausschließlich jenem Punkt entspringt, bleibt keineswegs auch in ihm selbst noch jener Punkt erhalten, wie er es in Linie oder eindimensionalem und in Fläche oder zweidimensionalem »bliebe«. Und das sehen Sie daran, daß ein Schnitt durch solche Vorder-Fläche, sprich, durch solchen dreidimensionalen Körper gegen jenen Punkt, als dessen Selbstausdehnung er entspringt, auch nicht mehr Punkt ergeben *kann*, nämlich gerade nicht mehr, wie ein Schnitt durch jene Linie, sprich: durch jene Fläche gegen jenen Punkt, nur Punkt ergeben »könnte«. Körper oder dreidimensionaler Raum enthält von jenem Punkt vielmehr so wenig, daß er schlechterdings nicht mehr zu seiner Kennzeichnung herangezogen werden kann.

Richtig nämlich war es, Linie als punktdünn und Fläche als punktflach zu kennzeichnen, weil beide gleichsam Punkt am Stück sind, jene einfach, diese zweifach. Falsch dagegen, nämlich eine *contradictio in adjecto* wäre es, in dieser Weise fortzufahren und auch Körper noch entsprechend, etwa als punktdick zu kennzeichnen, nur weil er ebenfalls aus Punkt hervorgeht: als sei auch noch Körper gleichsam Punkt am Stück, nur eben dreifach. Ausschließlich der eindimensionale oder zweidimensionale Raum der Linie oder Fläche »wäre« als der einfach oder zweifach ausgedehnte Punkt auch selbst noch punkthaft, doch in keiner Weise *ist* dies etwa auch der dreifach ausgedehnte Punkt als Körper oder dreidimensionaler Raum noch. Als der eigentliche Gegensatz zu nulldimensionaler Zeit, zu Nacheinander aktualen Punktes nämlich, *ist* der dreidimensionale Raum vielmehr Nichtnacheinander aktualer Ausdehnung schlechthin als ak-

27 Erst damit ist denn auch mithergeleitet: Eigentlicher Grund dafür, daß jeder Körper nur wie Fläche in Erscheinung treten kann, ist, daß er seiner Form nach nur aus Punkt von Zeit entspringen kann und so in seiner Dreidimensionalität auch gegen deren Nulldimensionalität um eine volle Dimension zurückzubleiben hat.

tualer Unpunkt[28]. Und auch erst als solcher, eben dreidimensionaler Raum vermag er jenem Grund, aus dem mit Zeiterzeugung gleichursprünglich auch noch Raumerzeugung notwendig wird, zu entsprechen, wie Sie jetzt verstehen werden.[29]

Im Nichtnacheinander Raum verbirgt sich hinter Nicht- infolgedessen nichts geringeres als *drei*fache Negierung jenes aktualen Punktes Nacheinander Zeit als *drei*fache Ausdehnung seiner selbst zu *drei*fachem Nichtnacheinander als dem *drei*dimensionalen Raum, der jener Notwendigkeit aber nur genügen kann, indem er immer wieder schon von vornherein aus Punkt heraus als dreidimensionaler auftritt: Negation von Punkt erfolgt in dem genannten Sinn als dreifache gerade so, daß eindimensionaler Raum der Linie oder zweidimensionaler Raum der Fläche gar nicht erst entspringt, sondern von vornherein schon dreidimensionaler Raum des Körpers. Dabei nämlich wird der Punkt, wie er nach erster Negation als Ausdehnung zu Linie auch in dieser noch erhalten »wäre«, durch die zweite, und wie er nach zweiter Negation als Ausdehnung zu Fläche auch in dieser noch enthalten »wäre«, durch die dritte Negation zu Körper oder dreidimensionalem Raum negiert und damit ausgedehnt, in welchem allererst der Punkt in keiner Weise mehr erhalten oder noch enthalten ist.

Im ganzen heißt das also, daß in diesem Sinne Raum aus Zeit als Punkt heraus von vornherein bereits als dreidimensionaler auftritt, nämlich ohne daß er erst einmal als eindimensionaler oder zweidimensionaler Raum aufträte. Darum ist die Kennzeichnung der Dreidimensionalität des Raumes als Ergebnis einer Dreifachnegation der Zeit als Nulldimensionalität auch nichts als Sache unserer Reflexion darauf und keineswegs auch Sache jenes Raum erzeugenden Subjektes selbst: Als eigentlichen Gegensatz zu sich als Zeit erzeugt es sich

28 Deshalb wird es nötig, diesen dreidimensionalen Raum als punkthaft, nämlich null *zu setzen*, um, wenn auch nur analytisch-algebraisch-zahlenmäßig einen vierdimensionalen noch zu denken, gegen den der dreidimensionale Raum dann »Hyperfläche«, also Oberfläche nächster Stufe ist. Die zweidimensionale Fläche und die eindimensionale Linie und der nulldimensionale Punkt dagegen brauchen nicht erst null *gesetzt* zu werden, weil ein jedes davon gegen dasjenige von nächst höherer Dimension bereits von sich aus null *ist*: eben Punkt bzw. punkthaft.

29 Erst damit ist jenes Problem, in welchem Sinne und aus welchem Grunde Zeit und Raum denn Gegensätze zueinander sind, gelöst. Vgl. oben *Teil 1*, § 7, S. 136 und § 16, S. 382, Anm. 18.

als Raum vielmehr von vornherein auf einen Schlag als dreidimensionalen, nämlich ohne jede Reflexions-Erkenntnis davon, wie sich das Verhältnis seiner Gegensätzlichkeit zu ihr aus solcher Zeit heraus im einzelnen gestaltet. Und auch nur, wo Sinnlichkeit als ein Vermögen über Zeit hinaus nicht einfach bloß zu Raum, sondern genau zu dreidimensionalem Raum vermögend ist, vermochte und vermag sich phylo- und ontogenetisch ein Subjekt zu bilden. Denn zu jenem Fremd- werdenden Selbstverhältnis als Intentionalität werdender Spontaneität kann es auch nur durch Selbstverwirklichung von sich zu einem solchen ursprünglichen Gegensatz in sich noch werden. Nur in dessen Form nämlich vermag es ebenso in sich verbleibend wie aus sich heraus- und über sich hinaustretend auch etwas Anderes als sich noch für sich zu gewinnen.

Genau in diesem Sinn steht dreidimensionaler Raum nicht nur in eigentlichem *Gegensatz zu*, sondern auch in unauflöslichem *Zusammenhang mit* nulldimensionaler Zeit, weil er als aktuale Ausdehnung aus ihr als aktualem Punkt hervorgehend auch an sie anschließt, nämlich eine bruch- und fugenlose Einheit mit ihr bildet. Zwischen nulldimensionaler Zeit als aktualem Punkt und dreidimensionalem Raum als aktualer Ausdehnung gibt es durchaus nicht auch noch ein- und zweidimensionalen Raum als etwas selber Aktuales so wie dieses Nulldimensionale einerseits und dieses Dreidimensionale anderseits. Und zwischen Zeit als aktualen Punktes Nacheinander und Nichtnacheinander aktualer Ausdehnung von Raum als dreidimensionalem Gegensatz zu nulldimensionaler Zeit besteht trotz ihrer Gegensätzlichkeit durchaus nicht irgendwelcher Abstand, weder zeitlicher noch räumlicher, weil solcher Raum aus solcher Zeit hervorgehend auch nur mit ihr einhergehend auftreten kann und seine Dreidimensionalität mithin auch durchwegs nur als Folge ihrer Nulldimensionalität. Und dies, weil ebenso wie jene Zeit auch dieser Raum zuletzt nichts anderes ist als eine Weise, wie jener Verstand als Punktprinzip auf Grund von jener Sinnlichkeit als Ausdehnungsprinzip sich selber auszudehnen hat, sich selber anders werden muß, um sich als jenes Subjekt selber zu verwirklichen.

Nur bedarf er hierzu eben nicht allein der Selbstverwirklichung zu aktualen Punktes Nacheinander Zeit, sondern gleichursprünglich damit auch in Gegensatz dazu und sonach auch in Abhängigkeit davon der zu Raum als aktualer Ausdehnung Nichtnacheinander noch. Denn nur auf diese Art vermag Verstand sich auch als Fremdwerdendes Selbstverhältnis und Intentionalität werdende Spontaneität *ineinem* zu verwirklichen. So aber hängt dann Raum als dreidimensionaler auch von Zeit als nulldimensionaler in der Tat unlösbar ab und daher wesentlich mit ihr zusammen. Überhaupt erst als zu aktualen Punktes Nacheinander Zeit bereits verwirklichter nämlich vermag kraft Negation davon jener Verstand als Punkt sich auch zu aktualer Ausdehnung Nichtnacheinander Raum als Gegensatz dazu noch selber zu verwirklichen. Und wann und wo und wie auch immer Sie etwas in Form von Raum zum Objekt für sich haben, dehnen Sie als Subjekt sich dabei nicht nur zu jenes aktualen Punktes Nacheinander Zeit aus, sondern auch im Gegensatz dazu aus solchem Punkt heraus zu dieser aktualen Ausdehnung Nichtnacheinander Raum noch: mit der Folge, daß auf solche Weise aktuale Ausdehnung auch ohne jeden aktualen Punkt auftritt, weil solcher Punkt dabei vor solchem Raum zurücktritt, nämlich umgekehrt auch Raum als dreidimensionaler nur als der negierte Punkt hervortritt.

Auf dieses Raumes Abhängigkeit *von* oder Zusammenhang *mit* Zeit als aktualem Punkt indessen ist, wie Ihnen jetzt des weiteren erhellen wird, nicht nur die Dreidimensionalität, sondern die innere Struktur desselben insgesamt zurückzuführen. Halten Sie nur weiterhin mit der Voraussetzung von Raum zurück, um ihn gemäß seiner Notwendigkeit aus solchem Punkt heraus ursprünglich herzuleiten, kann sich auch für Körper oder dreidimensionalen nur eine Struktur ergeben, welche der von Linie oder eindimensionalem und von Fläche oder zweidimensionalem Raum genau entspricht. Als jeweils ursprüngliche Ausdehnung in eben damit jeweils auch genauso ursprüngliche Richtung nämlich »könnte« jene Linie prinzipiell nur *Gerade* sein und jene Fläche prinzipiell nur *Ebene*, mithin nur *un*gekrümmter eindimensionaler oder zweidimensionaler Raum als homogener; und genau entsprechend *kann* auch dieser Körper oder dreidimensionale Raum allein »gerade« oder »eben« oder »flach«, das heißt, nur *un*gekrümmt und damit homogen sein[30]. Denn als ur-

30 Zwar gibt es eigentümliche Bezeichnungen für ungekrümmten eindimensionalen oder zweidimensionalen Raum, nämlich »Gerade« oder »Ebene«, doch nicht auch eine eigentümliche Bezeichnung noch für ungekrümmten dreidimensionalen Raum. Denn es besteht gar kein Bedarf, ihn von gekrümmtem dreidimensionalen Raum zu unterscheiden. Diesen gibt es nämlich nicht, weil es auch keinen vierdimensionalen gibt, in den hinein der dreidimensionale Raum gekrümmt sein könnte. Was Physik durch

sprüngliche Ausdehnung von Punkt, wie er sich auch in Ebene als zweidimensionalem noch »erhielte«, in genauso ursprüngliche Richtung *kann* auch seine Ausdehnung zu Körper oder dreidimensionalem nur geradeaus *erfolgen*, und das heißt dann abermals: nur quer zu sich, wie er sich aus Gerader schon geradeaus zur Ebene »erstreckte«, nämlich gleichfalls quer zu sich, wie er bereits geradeaus sich zur Geraden selbst »ausdehnte«.

A priori nämlich, wie dies nun einmal erfolgen muß, besteht aus jenem Punkt heraus auch nur für ursprüngliche Ausdehnung und damit ursprüngliche Richtung *überhaupt* eine Notwendigkeit und sonach für *gerade* Richtung solcher Ausdehnung. Entsprechend ist aus jenem Punkt als einem und demselben Grund heraus nicht nur die Dreidimensionalität, sondern auch Euklidizität des Raumes unserer anschaulichen Außenweltobjekte für Sie nunmehr hergeleitet. Jenes Auch – nämlich daß es in unserer Welt nicht nur die Zeit gibt, sondern »auch« den Raum – ist damit also insgesamt nicht bloß »bekämpft«, sondern besiegt, und keineswegs durch »Dialektik«, sondern Argumentation: Sowohl als dreidimensionaler wie auch als euklidischer ist Raum Funktion von Zeit, nämlich als dreidimensional-euklidisches Nichtnacheinander aktualer Ausdehnung Ergebnis jener Dreifachnegation als Dreifachausdehnung von Nacheinander aktualen Punktes. Denn als ursprüngliche Ausdehnung von Punkt *kann* dreidimensionaler Raum sich auch von vornherein nicht anders denn als ungekrümmter und mithin euklidischer entfalten: Obwohl Dreidimensionalität und Euklidizität des Raumes voneinander unabhängig sind, gehören sie doch miteinander notwendig zusammen, weil sie Folgen eines und desselben Grundes, nämlich jenes Punktes, und das heißt, der Zeit sind, aus der solcher Raum hervorgeht.

Aus demselben Grunde aber *gibt* es den euklidisch-dreidimensionalen homogenen Raum auch nur als schiere Ausdehnung und lauteres Kontinuum, so wie es jenen homogenen eindimensional- bzw. zweidimensional-euklidischen desgleichen nur so »gäbe«. Kraft Negierung dieses aktualen Punktes nämlich »wären« nicht allein Gerade oder Ebene als ein- bzw. zweidimensionaler ohne jeden aktualen

analytisch-nichteuklidische Geometrien als »gekrümmten dreidimensionalen Raum« behandelt, ist in Wahrheit nur gekrümmtes dreidimensionales Räum*liches*, nämlich Empirisches *im* Raum, nicht etwa Nichtempirisches wie Raum als solcher.

Punkt und ohne jede aktuale Gerade, sondern *ist* dies vielmehr Körper oder dreidimensionaler Raum desgleichen, nämlich ohne jede aktuale Ebene oder Gerade sowie ohne jeden aktualen Punkt. Aus diesem Grunde kann es dazu, wie Sie gleich noch sehen werden, vielmehr allenfalls erst *innerhalb* von Raum durch Teilung oder Schnitt von Körper oder Fläche oder Linie kommen.

Aus demselben Grunde aber ist euklidisch-dreidimensionaler Raum dann gleichfalls isotrop. Denn mangels irgendwelcher aktualen Diskretion in ihm kann auch nicht irgendeine Richtung in ihm gegenüber andern ausgezeichnet oder auch nur unterschieden sein. Infolge jener *Dreifach*negation als *Dreifach*ausdehnung von Punkt zu *drei*dimensionalem Raum des Körpers nämlich kann es schon von vornherein zu aktualem Punkt oder zu aktualer Geraden oder Ebene in ihm auch gar nicht kommen. Also kann als Ausdehnung von Punkt, wie er sich auch in Ebene als zweidimensionalem noch »erhielte«, Körper oder dreidimensionaler gleichfalls nicht etwa allein nach einer Seite dieser Ebene *erfolgen*, sondern schon von vornherein ununterscheidbar nur nach einer gleicherweise wie nach anderer, gerade weil auch Ebene dabei als aktuale gar nicht auftritt.

Damit aber ist von vornherein nicht nur Isotropie von dreidimensionalem Raum gewährleistet: Als der allein aus jenem aktualen Punkt der Zeit entspringende kann solcher Raum auch nicht »allmählich« oder »mit der Zeit« entstehen, sondern gleichfalls immer wieder nur »auf einen Schlag« oder »mit einem Mal« auftreten. Und genau in dieser Hinsicht, sollten Sie beachten, spricht Kant – letztlich seine Nichtbewältigung der ursprünglichen Synthesis von Zeit und Raum verratend – immer wieder irreführend, wenn er die von Raum als »sukzessive« Synthesis in Zeit als Nacheinander auffaßt[31]. Unstatthaft behandelt er auf diese Weise nämlich *ursprüngliche* Raum-*Erzeugung* so wie *abgeleitete* Raum-*Messung*, die jedoch nicht nur wie *jede einzelne* Erfahrung ursprünglich erzeugten Raum bereits *voraussetzt*, sondern prinzipiell auch auf das Nach und Nach *verschiedener* Erfahrungen bereits *verteilt* ist. *Ursprüngliche* Raum-*Erzeugung* geht in Wahrheit als mit *Zeit*-Erzeugung gleichursprüngliche gerade so vonstatten, daß sie nicht etwa mit Zeit als *Spanne* (die sie ursprünglich noch gar nicht bildet), sondern nur mit Zeit als *Punkt* (als der allein sie ihren Ursprung hat) einhergeht. Also bildet sie gerade nicht auch

31 Vgl. z.B. A 163 B 203f.

selbst ein Nacheinander, sondern *zu* dem Nacheinander aktualen *Punktes* jeweils als *Nicht*nacheinander vielmehr ein *Zugleich*: den *Raum*.

Aus genau dem Punkt heraus, dem Raum entspringt, gewinnen Sie denn auch erst seine eigentliche, nämlich positiv-synthetische Definition. Des Körpers dreidimensionalen Raum als solchen selbst für dreifach ausgedehnt zu halten, wie es Geometer pflegen, heißt desgleichen, tautologisch letztlich Ausgedehntes ausgedehnt zu nennen. Gegenüber dieser analytisch-uninformativen lautet die entsprechende informativ-synthetische Definition von dreidimensionalem Raum des Körpers vielmehr, daß nicht er, sondern der Punkt es ist, was dreifach ausgedehnt ist, und der Raum mithin gerade das *Ergebnis* solcher Ausdehnung des *Punktes*. Nur indem auf jene Weise und aus jenem Grunde *dreifach* sich der Punkt *als solcher selbst* ausdehnen muß, *entspringt* der Raum, und nur als jeweils *ursprüngliche*, nämlich als *Geradeausdehnung* von *Punkt* dann insgesamt auch als euklidischer sowohl wie dreidimensionaler. Und sofern Geometrie nur immer noch etwas mit Raum zu tun hat, ist sie als die Wissenschaft von ihm, der folglich wie bereits die Zeit Synthetisch-Apriorisches schlechthin ist, auch synthetisch-apriorische sowie euklidische, – mag sie, nachdem sie ihn zunächst einmal vorausgesetzt hat, sich auch noch so oft als nichteuklidisch oder analytisch oder gar empirisch hinstellen. Insbesondere empirisch nämlich ist sie allenfalls als nichteuklidische Geometrie gekrümmten Raumes, den es nur empirisch geben kann, gerade weil für seine Krümmung prinzipiell ein Grund bestehen muß, der aber eben prinzipiell nicht a priori, sondern immer nur a posteriori sich ergeben kann[32].

Doch selbst als nichteuklidische bleibt sie von der euklidischen Geometrie unlösbar abhängig und damit im Grundsätzlichen synthetisch-a priori, weil sich so etwas wie Krümmung auch grundsätzlich nur als Richtungs*änderung* verstehen läßt, nämlich als Änderung von *ungeänderter*, das heißt *gerader* Richtung. Und zwar insbesondere auch dann, wenn Krümmung eines Raumes von bestimmter Dimension ausschließlich innerhalb von dieser selbst gemessen wird, will sagen, ohne jegliche Bezugnahme auf Raum von höherer Dimen-

32 Das bis heute Beste hierzu finden Sie im oben schon genannten Aufsatz O. Beckers, vgl. S. 457, Anm. 13.

sion, in den er etwa »eingebettet« wäre[33]. Doch erst recht bleibt nichteuklidische Geometrie synthetisch-a priori, wenn sie nichteuklidische oder gekrümmte Räume sich als Abweichungen vom euklidisch-ungekrümmten Raum bereits von vornherein als rein formale Möglichkeiten mathematisch konstruiert, sofern nur immer sie auch dabei noch Geometrie, das heißt, grundsätzlich Wissenschaft von Raum bleibt als Zugleich im Sinne von Nichtnacheinander. Erst indem sie diese grundsätzliche Abhängigkeit davon aufgibt, kann sie nur noch »*Analytische* Geometrie« sein, was recht eigentlich bedeutet: nur noch »Algebra« und damit überhaupt nicht mehr »Geometrie«[34].

Als synthetisch-apriorische ist unsere Definition euklidisch-dreidimensionalen Raumes aber ferner eine positive. Doch sie liefert Ihnen damit zu Euklids in diesem Fall desgleichen positiver, aber analytisch-uninformativer, nicht nur die synthetische Entsprechung, sondern überdies noch die Erklärung, weshalb letztere seit damals und bis heute auch die *einzig* positive bildet. Alle andern nämlich bleiben negative, die des zwei- bzw. eindimensionalen Raumes, wie Sie schon im vorigen gesehen haben, doch auch die des nulldimensionalen Punktes: Körper oder dreidimensionaler Raum sei das, was sowohl Länge, Breite wie auch Tiefe hat[35], dagegen Fläche oder zweidimensionaler dasjenige, was *nur* Länge sowie Breite hat, und Linie oder eindimensionaler Raum sei Länge *ohne* Breite, und der nulldimensionale Punkt gar das, was *keine* Teile hat[36].

Das liegt ausschließlich daran, daß es Raum tatsächlich nur als dreidimensionalen gibt und keineswegs etwa so wie als drei- auch noch als zwei- und eindimensionalen. Dem entsprechend kann ursprünglich wie Empirisches für Empirie auch Nichtempirisches für nichtempirische Geometrie allein als dreidimensionaler Körper Thema werden, und aus eben diesem Grunde so etwas wie zweidimensionale Fläche, eindimensionale Linie oder nulldimensionaler Punkt auch stets nur negativ, nämlich von dreidimensionalem Körper her: durch Abstraktion von einer, zweien oder gar von allen dreien seiner Dimensionen, also in genau der umgekehrten Reihen-

33 Vgl. dazu oben S. 457f.
34 Vgl. dazu unten § 21, S. 632ff.
35 Vgl. Euklid, *Elemente*, Buch XI, Def. 1.
36 Vgl. a.a.O., Buch I, Def. 1, 2 und 5.

folge, als Euklid in seinen *Elementen* sie thematisiert. Und dem entspricht denn auch des weiteren, daß es empirisch zu dergleichen eben nur durch Schnitte kommen kann: zu Fläche nur vermittels Schnitt durch Körper und zu Linie nur vermittels Schnitt durch Fläche und zu Punkt allein vermittels Schnitt durch Linie, woraus indessen, wie Sie wissen, prinzipiell nicht Fläche, Linie oder Punkt als etwas Geometrisch-Ideales sich ergibt.

Deswegen ist es auch bis heute noch von Grund auf fraglich, ob es überhaupt, und wenn ja, wie es so etwas wie Punkte, Linien oder Flächen gibt. Nur daran liegt es, daß Geometrie bei all ihrem Erfolgreichtum doch immer noch, und zwar von ihren Grundlagen her fraglich bleiben muß, weil sie auch nach wie vor gerade umgekehrt von Punkten, Linien, Flächen her sich zu begründen sucht, und zwar von ihnen als dem *Nichtempirischen* und *Geometrisch-Idealen* her, nämlich als prinzipiell unausgedehnten Punkten, als punktdünnen Linien und punktflachen Flächen.

Diese Fragwürdigkeit aber, haben wir uns klar zu machen, ist tatsächlich diejenige ihrer Grundlagen, so daß sie prinzipiell auch niemals durch Geometrie, sondern ausschließlich durch Philosophie behoben werden kann. Nicht dadurch läßt sie sich bereinigen, daß Raum und Räumliches als Geometrisch-Ideales und entsprechend Nichtempirisches einfach vorausgesetzt und auch als solches noch so wie Empirisches einfach vergegenständlicht wird, sondern allein durch Reflexion darauf, was seinem Wesen wie auch Ursprung nach sich unter Raum und Räumlichem als solchem überhaupt verstehen lasse.

Denn im Zuge der Voraussetzung von Raum und Räumlichem als solchem setzen Geometer *einiges* voraus, was ihnen unverständlich bleiben muß, wovon indessen Sie sich soviel wenigstens verständlich machen sollten: Jene Problematik, wie Geometrie vom Raum als dem ursprünglich dreidimensionalen eines Körpers her zu zweidimensionalem einer Fläche oder eindimensionalem einer Linie oder gar zu nulldimensionalen Punkten überhaupt gelangen kann, um sich von ihnen her dann umgekehrt erst aufzubauen, hängt zusammen mit der schon erwähnten Frage, was es eigentlich bedeutet, daß es ein- und zweidimensionalen Raum zwar keineswegs wie dreidimensionalen, aber sehr wohl »eingebettet in ihm« gebe. Denn als dreidimensionaler aktual ist Raum durchaus nicht so, daß er aus aktualem zwei- bzw. eindimensionalem sich etwa zusammensetzte.

Statt in diesem Sinn bloß negativ vielmehr auch positiv verstehen können Sie das aber nicht als Geometer, sondern nur als Philosoph, nämlich aus jener Reflexion heraus, daß Raum als dreidimensionaler letztlich nur als dreifach ausgedehnter Punkt entspringt: als Ausdehnung durch Negation von Punkt, wie er sowohl nach einfacher zu Linie wie auch nach zweifacher zu Fläche sich in ihr als ein- bzw. zweidimensionalem noch erhielte. Als ein selbst nicht aktualer Raum nur »eingebettet in« den aktualen dreidimensionalen ist der zwei- bzw. eindimensionale Raum infolgedessen so, daß er in ihm enthalten dann gerade als in ihm negierter ist, weil dreidimensionaler überhaupt nur kraft solcher Negierung selber aktual ist.

Vermag mithin der Geometer zwei- und eindimensionalen nur vom dreidimensionalen Raum her negativ zu definieren, ist das Ihnen als dem Philosophen in genau dem Sinn verständlich, daß er damit – ohne dies auch nur zu ahnen – lediglich in analytisch-regressiver Negation wieder zurückzunehmen trachtet, was er selbst schon immer in synthetisch-progressiver vorgenommen hat und haben muß, um danach trachten überhaupt zu können. Aber da auf diesem Hinweg es bereits von vornherein allein zu dreidimensionalem und mithin gerade nicht zu ein- bzw. zweidimensionalem Raum als aktualem kommt, vermag der Geometer auch auf jenem Rückweg nicht dazu zu kommen und mithin auch nicht, den zwei- bzw. ein- so wie den dreidimensionalen positiv zu definieren. Dies vermag vielmehr allein der Philosoph, nämlich allein durch Reflexion auf diesen *Hinweg zu* dem dreidimensionalen Raum als *Herkunft aus* dem nulldimensionalen Punkt, wodurch allein er auch vor falscher Aktualisierung alles weniger als Dreidimensionalen sich bewahrt.

Dieser Punkt und damit diese Herkunft dreidimensionalen Raumes aus ihm aber muß dem Geometer selbst verborgen bleiben und von daher auch von Grund auf problematisch, ob und wie Geometrie als Wissenschaft von Raum und Räumlichem als solchem selbst sich überhaupt von Punkten, Linien, Flächen her begründen lasse. Denn es zieht Verborgenheit von beidem für den Geometer nicht allein die prinzipielle Unsicherheit nach sich, ob von dreidimensionalem Raum her durch die Abstraktion von einer oder zweien seiner Dimensionen überhaupt der geometrisch-ideale zwei- bzw. eindimensionale Raum punktflacher Fläche und punktdünner Linie sich gewinnen lasse. Auch die prinzipielle Sicherheit, daß unser ursprünglicher aktualer Raum ein dreidimensionaler sowie ungekrümmt-euklidischer sein *muß* und deshalb durch die Abstraktion von einer oder zweien seiner Dimensionen auch allein zu ungekrümmtem zwei- bzw. eindimensionalem Raum der Ebene bzw. der Geraden führen *kann*, verschafft eben allein die Einsicht seiner Herkunft aus dem Punkt. Dessen Verborgenheit stürzt denn auch schon grundsätzlich in Verlegenheit vor Punkt als solchem, der für einen Geometer grundsätzlich nur *Raum*punkt, nämlich Punkt *im Raum* sein kann.

Das sehen Sie, sobald Sie sich verdeutlichen: Zwar ist es möglich, im genannten Sinne zwei- bzw. eindimensionalen Raum als »eingebettet in« den aktualen dreidimensionalen aufzufassen und durch Abstraktion von ihm her geometrisch-ideal zum Gegenstand zu machen; schlechterdings unmöglich aber ist es, damit sozusagen fortzufahren, um auf diese Weise schließlich auch den Punkt noch zu gewinnen, da er schließlich ebenfalls »in« dreidimensionalem Raum noch »eingebettet« sei. Dies letzte könnte Ihnen nämlich um so selbstverständlicher erscheinen, als gerade unsere Reflexion ergeben hat, daß eindimensionaler Raum der Linie sowohl wie zweidimensionaler Raum der Fläche diesen Punkt auch als negierten noch enthielte; und wenn dreidimensionaler wiederum den zwei- und eindimensionalen noch enthält, dann eben damit doch auch noch den Punkt.

Auf diese Weise aber wäre Ihnen ein verhängnisvolles Mißverständnis unterlaufen: Nur vom dreidimensionalen Raum als *aktualem* läßt sich sagen, daß er zwei- und eindimensionalen, wenn auch nicht als selber jeweils aktualen Raum, in sich *enthält*; vom zwei- und eindimensionalen als gerade *niemals* aktualem aber lediglich, daß er den Punkt *enthielte*, nämlich wenn er selbst ein aktualer *wäre*, und das heißt: gerade *nicht* enthält, weil er als Raum auch gar nicht aktual ist. Demgemäß kann Raum, der überhaupt nur als der dreidimensionale aktual ist, auch nur Raum, sprich, allenfalls noch zwei- und eindimensionalen, aber nicht auch das, was dieser nur enthielte, noch enthalten.

Erst kraft dieses Mißverständnisses ausdrücklicher Bereinigung verstehen Sie denn auch, warum der Geometer in ein für ihn selber prinzipiell unlösbares Problem geraten muß, wenn er auf seinem Weg der Abstraktion von dreidimensionalem Raum des Körpers nicht allein zu Fläche oder Linie, sondern auch zu Punkt noch rückzuschreiten trachtet. Denn durch Abstraktion von einer oder zweien seiner Dimensionen lassen sich zwar Fläche oder Linie als zwei- bzw.

eindimensionaler Raum gewinnen, nicht jedoch auch Punkt als *null*dimensionaler, weil im Zuge dieses Rückschritts damit nur gemeint sein könnte: *null*dimensionaler *Raum*, was aber *contradicto in adjecto* wäre[37]. Nulldimensionaler Punkt ist eben nicht auch selbst noch Raum und damit nicht auch selbst noch wie der zwei- bzw. eindimensionale Raum der Fläche oder Linie im dreidimensionalen Raum enthalten oder »eingebettet«.

Anders als den ein- bzw. zweidimensionalen hat der dreidimensionale Raum den *null*dimensionalen *Punkt* als den negierten vielmehr schlechthin außer sich, so daß auch umgekehrt, wie Sie bereits gesehen haben, *null*dimensionalem *Punkt* erst *drei*dimensionaler *Raum* schlechthin als Unpunkt gegenübersteht. Und in der Tat: Von allen dreien seiner Dimensionen abzusehen, um das Nulldimensionale zu erreichen, kann nichts anderes bedeuten, als vom Raum als solchem selber abzusehen. Folglich kann es für Geometrie als Wissenschaft vom Raum den nulldimensionalen Punkt als Unraum letztlich überhaupt nicht geben, so daß sie auch buchstäblich von Grund auf, sprich: von Punkt auf, problematisch bleiben muß, nämlich von eben jenem Punkt her, den sie sich als ihren allerersten Grund, als Fundament schlechthin zugrunde legen möchte. Denn als etwas Nulldimensionales müßte er auch etwas Außerräumliches bedeuten, könnte also niemals Punkt *im Raum* bzw. *Raum*punkt sein, sondern nur jener Punkt der Zeit, die es jedoch für Geometer als sich selbst auf Raum Beschränkende nicht geben kann, mithin auch keinen Punkt[38].

Erst damit im Zusammenhang vermögen Sie sich nämlich ferner zu erhellen, was allein gemeint sein kann, wenn schon seit der Antike[39] bis zu Kant[40] und Hegel[41] darauf hingewiesen wird, erst dreidimensionaler sei ein »vollständiger« Raum, hingegen ein- bzw. zweidimensionaler noch ein »unvollständiger«. Auf Raum bezogen, bleiben

37 Darüber scheint man sich in der Geometrie im unklaren zu sein: vgl. z.B. R.W. Weitzenböck, *Der vierdimensionale Raum*, Basel/Stuttgart 1956, S. 16f.; ferner: P. Davies, *Die Urkraft*, Hamburg 1987, S. 199.

38 Zu welchem Durcheinander dies zu führen pflegt, ersehen Sie zum Beispiel bei R. Knerr, *Knaurs Buch der Mathematik*, München 1989, S. 198f.

39 Vgl. Aristoteles, *De coelo*, 268 a 8–11.

40 Vgl. z.B. Bd. 4, S. 284, Z. 30ff., Bd. 8, S. 220, Z. 24.

41 Vgl. den Ausdruck »einen *ganzen* Raum absondern« in den unten (Anm. 45) angegebenen Texten.

diese Kennzeichnungen nämlich nichtssagend, weil zirkelhaft; denn nur vom dreidimensionalen als schon »vollständigem« her kann ein- bzw. zweidimensionaler überhaupt als »unvollständiger« betrachtet werden. Doch sie werden sofort vielsagend, weil nicht mehr zirkelhaft, sobald Sie sich verdeutlichen, daß diese Kennzeichnungen dabei eigentlich auf jenen Punkt und so auf jene Zeit bezogen werden müssen statt auf diesen Raum: Nicht *Raum* ist als der dreidimensionale vollständig und wäre als ein zwei- bzw. eindimensionaler unvollständig, sondern in Gestalt von ein- bzw. zweidimensionalem wäre *Punkt* und damit *Zeit* noch unvollständig, nämlich unvollständig *ausgedehnt* oder *negiert*; und so ist in Gestalt von dreidimensionalem Raum desgleichen *Punkt* und damit *Zeit* dann vollständig, nämlich vollständig *ausgedehnt* oder *negiert*. Auch in Gestalt von ein- bzw. zweidimensionalem nämlich wäre Punkt und damit Zeit schon ein- bzw. zweifach ausgedehnt oder negiert, indes, weil auch in ihnen noch enthalten, noch nicht *vollständig* negiert und ausgedehnt, was er bzw. sie vielmehr erst mittels Dreifachnegation als Dreifachausdehnung zur Dreidimensionalität des Raumes ist.

Wie von selbst ergibt sich Ihnen damit auch noch die Erklärung für das weitere bekannte Faktum, daß ausschließlich dieser, nämlich der gerade *drei*dimensionale Raum der für uns »anschauliche« Raum ist, weil erst sie auch miterklärt, was »Anschaulichkeit« dabei eigentlich bedeutet. Mangels Klarheit über letztere wird nämlich allenfalls für *mehr* als Dreidimensionales, das sich über dreidimensionalen Raum hinaus rein rechnerisch erdenken lasse, zugegeben, daß es »unanschaulich« bleiben müsse. *Weniger* als Dreidimensionales, also zwei- bzw. eindimensionaler Raum hingegen, so wird dabei offenbar als selbstverständlich unterstellt, sind so wie dreidimensionaler selber sehr wohl »anschaulich«, was aber, wie Sie wissen, keineswegs der Fall ist. Anschaulich ist vielmehr ausschließlich der dreidimensionale Raum, und zwar zunächst einmal aus dem nur scheinbar trivialen Grund, weil Raum auch nur als dreidimensionaler überhaupt ein aktualer ist[42].

42 Von diesem dreidimensionalen Raum auf jene analytisch-regressive Art (vgl. oben S. 484ff.) zum zweidimensionalen Raum der Ebene oder zum eindimensionalen der Geraden zu gelangen, ist mithin ausschließlich dadurch problematisch, daß die beiden letzteren nicht mehr wie ersterer anschaulich sind. Und nicht etwa besteht hier eine Problematik dahingehend, daß die »reine Anschauung« bei solchem Rückgang etwa »ungenau«

Als solcher anschaulich ist dieser nämlich überhaupt nur in dem Sinn, daß wir allein in Form von *ihm* etwas ursprünglich und unmittelbar zum Gegenstand gewinnen können, und das heißt zuletzt: allein in Form von *uns*, nämlich von *Sinnlichkeit*, deren Verwirklichung auch über Zeit hinaus zu Raum noch überhaupt nichts anderes als unsere Selbstverwirklichung zu Fremd- werdendem Selbstverhältnis oder zu Intentionalität werdender Spontaneität ist. Denn allein in Form von solchem Raum als ebenso aus Zeit heraus wie über Zeit hinaus erzeugtem – nämlich durch die Negation von Zeit als aktualen Punktes Nacheinander zu Nichtnacheinander aktualer Ausdehnung und damit aktualem Gegensatz zu aktualem Punkt – wird es uns möglich, aus uns selbst heraus etwas zum Gegenstand als Anschaulichem für uns selbst zu haben: Als unmittelbar-ursprüngliche ist Gegenständlichkeit von etwas für uns überhaupt nichts anderes als Anschaulichkeit von etwas für uns als eben dazu sich als Sinnlichkeit verwirklichende Subjektivität.

Als a priori aus uns selbst heraus erzeugte Form dafür ist Raum jedoch nur als gerade *drei*dimensionaler aktual, will sagen *erst*, jedoch auch *schon* als dreidimensionaler: Aus demselben Grund von aktualer Zeit als aktualem Punkt, aus dem es zur Erzeugung aktualer Ausdehnung als aktualem Raum sogar an ein- bzw. zweidimensionalem Raum noch etwas zu negieren oder auszudehnen, weil noch etwas Punktuelles gäbe, gibt es an ihm als dem dreidimensionalen schlechterdings nichts zu negieren oder auszudehnen, weil auch schlechterdings nichts Punktuelles mehr[43]. Und eben darum wäre *weniger* als dreidimensionaler auch *noch nicht* und *mehr* als dreidi-

sein und mithin auch nur zu »ungenauer« Ebene oder Geraden führen könnte, welcher altbekannte, doch darum nicht überzeugendere Einwand gegen Kant selbst noch von Carnap wiederholt wird (R. Carnap, *Einführung in die Philosophie der Naturwissenschaft*, München 1969, S. 127ff.). Ganz im Gegenteil kann dies Verfahren nur zu *absolut genauer* Ebene oder Geraden führen, denn sie können seiner apriorischen Erzeugung nach dem dreidimensionalen Raum auch nur als *absolut genaue* überhaupt zugrunde liegen oder »eingebettet« sein.

43 Aus diesem Grunde läßt sich mehr als Dreidimensionales ohne weiteres berechnen, und auch mit beliebig hoher Dimensionszahl, aber keineswegs als mehr denn dreidimensionaler *Raum* auch noch *verständlich* machen. Was Kant nur behauptet, wird auf diese Weise hier begründet, nämlich daß es *mehr* als dreidimensionalen *Raum* nicht geben *könne* (vgl. Bd. 4, S. 284, Z. 30ff.).

mensionaler auch *nicht mehr* die Form von Gegenständlichem für uns als für uns Anschaulichem. Denn genau als dreidimensionaler ist er dies nur darum, weil er nur als solcher auch genaues Gegenteil zur Zeit ist, nämlich jeweils aktuale Ausdehnung als der genaue Gegensatz zu aktualem Punkt[44]. Und nur genau als Dreidimensionalität tritt Raum aus Zeit als Nulldimensionalität so auf, daß er ihr gegenübertritt und sie mithin auch umgekehrt vor ihm zurücktritt.

Doch bilden sie auf diese Weise keineswegs etwa ein *bloßes* Gegenüber zueinander, sondern als *Sich*-Gegenüber vielmehr *miteinander* einen unauflöslichen Zusammenhang von solcher Art, daß Subjektivität in Form *von sich* als aktualen Punktes Nacheinander Zeit auf einer und *von sich* als aktualer Ausdehnung Nichtnacheinander Raum auf anderer Seite etwas *Anderes* als sich *für sich* zum Gegenstand gewinnen kann. Allein in Form von *sich* als diesem *Gegensatz* in sich kann *Gegenständlichkeit* von etwas *für* sie auch nur *in* ihr selbst als *Anschaulichkeit* für sie ihren Ursprung haben.

So schlägt denn auch nur mangels Einsicht in die Unauflöslichkeit dieses Zusammenhangs der Hegelsche Versuch zur Deduktion des dreidimensionalen Raumes fehl[45]. Wie Ihnen nicht entgehen wird, läßt Hegel ihn bereits von Anbeginn zerfallen, nämlich außer acht, daß Raum aus *Punkt* heraus, der nur der *Zeit*punkt sein kann, auch nur mittels *Dreifach*negation entspringen kann. Dogmatisch wie der Geometer geht vielmehr auch Hegel hier vom Punkt bereits von vornherein als *Raum*punkt oder Punkt *im Raum* aus. So jedoch gerät er dann mit seiner »Dialektik« nicht allein in jene Schwierigkeit, wie Linie, Fläche oder Körper als die Stellvertreter ein-, zwei- oder dreidimensionalen Raumes je verständlich werden könnten als die Selbstausdehnung eines solchen Punktes und entsprechend einer solchen Linie oder Fläche[46]. Er verstrickt sich vielmehr ferner in die jene »Dialektik« selbst betreffende, daß er im ganzen dann vier Negatio-

44 In diesem Sinne bliebe ein- bzw. zweidimensionaler Raum noch etwas Unanschauliches, nämlich gerade insofern er selber jeweils auch noch etwas Punktartiges, und das heißt, noch etwas Zeitartiges wäre, weil das Unanschauliche im Sinne des Ungegenständlichen all dem zuvor bereits die ursprüngliche Zeit als aktualer Punkt ist.

45 Er findet sich fast gleichlautend in *Werke* (hg. Glockner), Bd. 6, § 198f. und Bd. 9, § 255f.

46 Vgl. oben § 17, S. 411ff.

nen anzusetzen hätte. Sie nämlich vertrügen sich auch weder mit der Dreifachnegation als Dreifachausdehnung von Punkt zur Dreidimensionalität des Raumes noch mit der Struktur von »Dialektik«, die als »Negation der Negation« ihr Werk auch hier vielmehr durch bloße Zweifachnegation vollbringen muß. Da Hegel für den Punkt, der dann zur Linie werden soll, den Raum bereits voraussetzt, muß er nämlich diesen Punkt auch schon als »Negation des Raumes selbst« auffassen, so daß sich zusammen mit der Dreifachnegation von Punkt zu Linie, Fläche, Körper insgesamt für Hegel eine Vierfachnegation ergeben müßte.

Im Dilemma zwischen vier, die so die Sache selbst, und zwei, die »Dialektik« fordert, fällt es Hegel aber leicht, sich zu entscheiden: dafür nämlich, daß es gilt, von diesen vier zwei Negationen loszuwerden. Nur darf der damit verbundene Verlust an Sache selbst nicht allzu deutlich werden, nämlich keine allzu große Lücke in ihr reißen, dürfen von vier Negationen nicht gleich zwei auf einmal fehlen. So entscheidet Hegel sich anstatt für eine große vielmehr für zwei kleinere und dadurch unauffälligere Lücken und läßt erst die zweite und hernach die vierte Negation entfallen.

Bei der zweiten stellt er dies wie folgt an: Nachdem Hegel jenen Punkt als »*Negation* des Raumes selbst« bestimmt hat, greift er gleich wieder darauf zurück, daß sie doch »Negation *des Raumes*« sei, und legt verwegen aus: »d.i. sie ist selbst räumlich«. Damit trachtet er den Raum auch in den Punkt, der ihn doch eben noch negieren sollte, unberechtigt wieder einzubringen, um dann scheinbar zu dem Widerspruch zu kommen: »Der Punkt . . ., als sich aufhebend, ist die Linie, das erste Anders-, d.i. Räumlich-sein des Punktes«, – so als wäre für den Schritt von Punkt zu Linie nicht eine, und nach Hegel zweite, *Negation* von Punkt *zu* dieser Linie erforderlich.

Dies jedoch erleichtert Hegel dann zugleich den weiteren Versuch, auch noch die vierte dieser Negationen loszuwerden. Denn die dialektisch-eigentliche »Negation der Negation« kann er nun offen als den Grund ansetzen, der aus Linie Fläche bilden soll: »Die Linie geht daher in Fläche über«. Doch für jene erste und durch diese zweite jetzt negierte Negation war es gerade zweideutig geblieben, ob sie Negation von Raum zu Punkt ist, was gerade noch verständlich wäre, oder Negation von Punkt zu Linie, was dann unverständlich bleiben muß. Auf eben diese Zweideutigkeit aber legt er jetzt den allergrößten Wert, damit er von der Fläche als der Negation der Negation nunmehr behaupten kann, daß sie »die aufgehobene Negation des Raumes« sei und »somit Wiederherstellung der räumlichen Totalität«.

Doch auch diese Weiterführung jenes für Sie durchsichtigen Zaubers – wonach letztlich nicht allein der nulldimensionale Punkt schon eindimensionale Linie sein soll, sondern auch die zweidimensionale Fläche eigentlich schon dreidimensionaler Körper oder Raum – kann Ihren Augen nicht entziehen, was Hegel hier der Sache selbst antut, nur um auch diese vierte Negation noch loszuwerden. Denn am Ende setzt sich diese Sache selbst dagegen so zur Wehr, daß Hegel nur in aller Offenheit sein Ziel sich noch erschleichen kann: durch ausdrücklichen Sprachmißbrauch, indem er diese zweidimensionale »Fläche« ohne weiteres mit »Oberfläche« und so auch mit dreidimensionalem Körper gleichsetzt, da sie als »umschließende« ja »einen einzelnen ganzen Raum absondert«.

Für Sie offenkundig aber ist auf diese Weise der gesamte, in sich selbst so gegensätzliche wie unauflösliche Zusammenhang von Subjektiviät als Zeit und Raum *ineinem* vielmehr in sich selbst zerfallen. Gerade weil es sich bei jenem aktualen Punkt vielmehr um aktualen *Zeit*punkt handelt, könnte zweidimensionale Fläche, welche ihn sogar nach zweifacher Negierung noch enthielte, gegen diesen Punkt auch überhaupt noch nicht als Fläche in Erscheinung treten. Anschaulich gesprochen nämlich könnte es dabei für diesen Punkt zu einer *Auf*sicht *auf*, bzw. umgekehrt, zu einem *Auf*tauchen *von* Fläche auch noch überhaupt nicht kommen, weil auf solche Weise eben Fläche für ihn Linie bleiben müßte. Dazu kommen muß es für ihn vielmehr erst, wenn nicht mehr zweidimensionale Fläche, sondern insgesamt schon dreidimensionaler Körper auftritt, und das heißt: wenn sich auch Linie, als welche dabei Fläche gegen diesen Punkt aufträte, noch zu Fläche ausdehnt.

Und in der Tat tritt erst auf Grund von dreifacher Negierung dieses Punktes überhaupt erst so etwas wie Ausdehnung als Fläche für uns auf, die eben darum aber auch von vornherein gar nicht mehr *bloße* Fläche oder *bloßer* zweidimensionaler Raum ist, sondern schon von vornherein der dreidimensionale, nämlich *Vorder-* oder *Oberfläche* eines *Körpers.* So gewiß er nämlich solcher Raum als *vollständig* negierter oder ausgedehnter Punkt ist, so gewiß vermag er als aus nulldimensionalem Punkt der Zeit erzeugter dreidimensionaler *gegen* diesen Punkt, sprich, *für* uns selbst jeweils nur als um eine volle Dimension zurückliegender vorzuliegen[47]. Also ist auch nicht, wie Hegel meint, etwa *bereits* die zweidimensionale Fläche *Oberfläche* – sie »umschließt« nämlich noch überhaupt nichts. Vielmehr ist gerade umgekehrt die *Oberfläche nicht mehr* bloße zweidimensionale Fläche, sondern eben dreidimensionaler Körper, nämlich Körper in genau der Weise, wie allein er als ein Gegenstand oder Objekt für uns als ein Subjekt jeweils ursprünglich in Erscheinung treten kann: wie Fläche[48].

Im ganzen also sehen Sie: Was Hegel hier verborgen bleibt, doch nicht verborgen bleiben müßte, ist, was jedem Geometer in der Tat verborgen bleiben muß, nämlich daß seinem Wesen wie auch Ursprung nach der Raum nur aus der Zeit heraus begriffen werden kann, weil er auch unlösbar mit ihr zusammenhängt, und zwar mit ihr als aktualem Punkt. Wie jeder Geometer nämlich sucht auch Hegel vielmehr Raum von Zeit ganz unabhängig zu behandeln, was Sie vollends deutlich daran sehen, daß er systematisch Zeit grundsätzlich nach dem Raum behandelt. So gerät er wie der Geometer in die unlösbare Problematik, daß der Punkt, von dem allein her Raum als dreidimensionaler herzuleiten und Geometrie als Wissenschaft des Raumes zu begründen ist, als *Raum*punkt oder Punkt *im Raum* weder von sich her wirklich ist noch in ihm zu verwirklichen: auch nicht durch noch so ausgefeilte mathematisch-geometrische Methoden, denn der Raum ist eben nichts als lauteres Kontinuum und so an keiner Stelle Diskretion[49].

Von ungelöster Problematik bleibt daher bis heute noch, was eigentlich geschieht, wenn Geometer trotzdem, und das heißt dogmatisch, nicht nur geometrisch-ideale Punkte, sondern auf sie weiter aufbauend auch geometrisch-ideale Linien oder Flächen, welche im genannten Sinne ebenfalls noch Punktuelles bilden sollen, einfach in

47 Vgl. oben S. 475 ff. und Anm. 27.

48 Damit wird der dreidimensionale Raum für Sie als der »Entwurf« von etwas offenkundig, und das heißt, von solchem, das als etwas *Wirkliches* in *Form* von ihm sich immer nur empirisch einzustellen vermag: nur faktisch-kontingent als der Erfolg dazu. Denn immer nur empirisch können Sie ermitteln, daß im Raum, den Sie als dreidimensionalen a priori immer schon erzeugen, etwas in der Tat auch dritte Dimension hat, nämlich über seine Fläche oder Oberfläche noch hinaus auch Tiefe.

49 Von reflexionsbereiten Mathematikern wird dies auch offen eingestanden: vgl. z.B. H. Weyl, *Das Kontinuum*, Leipzig 1918, S. 65–73, S. 83; ferner D. Laugwitz, *Zahlen und Kontinuum*, Darmstadt 1986, S. 9–13.

den Raum zu setzen pflegen. Daß der Punkt hier so unlösbar problematisch bleibt, liegt eben nur daran, daß er als Punkt *in Raum* auch fehl am Platz ist, und zwar prinzipiell, weil er allein als Punkt *in Zeit* am Platz ist. Letztlich ist er eben nichts als Subjektivität und darum als ein Punkt in Raum anstatt in Zeit auch prinzipiell entstellt und so hier nicht mehr wiederzuerkennen. Nur vermögen sich auf Raum allein Beschränkende dies eben prinzipiell nicht klarzumachen. Ist er dies doch, wie Sie schon gesehen haben, nicht einmal als Punkt in Zeit, solange letztere wie Raum nur als Objekt unter Objekten aufgefaßt wird, nämlich nur wie Linie im Gegensatz zu Punkt oder wie Punkt im Gegensatz zu Linie.

Denn ursprünglich tritt dieser Gegensatz von Kontinuität zu Diskretion ja überhaupt erst auf, indem der dreidimensionale Raum als aktuale Ausdehnung zu nulldimensionaler Zeit als aktualem Punkt in Gegensatz tritt, ein Verhältnis, das daher auch innerhalb von Raum dann immer wiederkehrt: So wenn Diskretion und Kontinuität in ihm etwa als Punkt und Linie oder Linie und Fläche sich als Gegensätze gegenübertreten oder auch als Fläche gegenüber Körper, wenngleich ihrer Herkunft nach für die auf Raum allein Beschränkten unerklärbar, weil der Raum von sich aus schlechthin keinerlei Diskretes hergibt. Doch genauso unerklärlich bleibt dann ferner, weshalb alle solchen Formen bis hinein in ihre unaufzählbaren Varianten stets nur Formen von Objekten sind, so daß auch Zeit, wenn sie als Linie im Gegensatz zu Punkt oder als Punkt im Gegensatz zu Linie vorgestellt wird, gleichfalls nur wie ein Objekt behandelt wird, eine Behandlung, der sie sich genauso wie der Punkt im Raum durch Rätselhaftigkeit entzieht.

Nicht zufällig jedoch ist es in beiden Fällen dieser Punkt, worin sich beider Rätselhaftigkeit zu prinzipieller Ausweglosigkeit geradezu verdichtet, weil Sie jetzt vielmehr sich dies erklären können: Wer auch immer, wie bezüglich Raum der Geometer, danach trachtet, statt *in Form* von Zeit und Raum *empirische Objekte* vielmehr Raum und Räumliches bzw. Zeit und Zeitliches als solche zu Objekten zu gewinnen, der versucht im Grunde sich, mithin auch ein Subjekt noch wie empirische Objekte zu vergegenständlichen, und damit schlechterdings Unmögliches. Denn ohne jedes Wissen davon, was er tut, versucht er damit Subjektivität, die als das schlechthin Nichtempirische von Selbstbewußtsein einer Selbstverwirklichung auch nur entsprechend nichtempirischer Erkenntnis der Philosophie als Reflexion von solcher Subjektivität auf sich zugänglich sein kann, mittels Quasi-Empirie sich zugänglich zu machen.

Aber solche Reflexion ist als *intentio obliqua* eben keineswegs nur rückgewendete *intentio recta*, sondern *als intentio selbst* von solcher Eigentümlichkeit, daß sie bezüglich Zeit auch überhaupt erst durch Erstellung unseres Modells für sie in Gang kommt. Reflexion setzt ein, indem es ihr bzw. ihm gelingt, den Gegensatz von Kontinuität zu Diskretion, zu dem sich ein Subjekt als Raum im Gegensatz zur Zeit ursprünglich nur als Form für ein Objekt verwirklicht, für die Zeit als Form des Subjekts selbst zurückzunehmen, nämlich sie als aktualen Punktes Nacheinander aufzuweisen und mithin als unlösbares Ineinander von Kontinuum und Diskretion. Erst solcher Reflexion gelingt es denn auch Raum noch angemessen sich zu unterwerfen, weil er nur von immer schon begriffener Zeit her zureichend als a priori dreidimensional-euklidischer sich fassen läßt, sprich, als Nichtnacheinander aktualer Ausdehnung im Gegensatz zu ihr als Nacheinander aktualen Punktes oder als Kontinuum im Gegensatz zu ihr als Diskretion. Denn auch nur darin liegt der eigentliche Grund dafür, weshalb Geometrie, die sich als Wissenschaft von Raum um Zeit nicht kümmern *kann*, bodenlos bleiben *muß*, und zwar bereits von Anbeginn, weil schon von Grund auf als elementare. Eigentliche Wissenschaft von Raum ist eben nicht Geometrie, so wie von Zeit auch nicht Chronometrie, die Kant mit einer Art von ärmlicher Geometrie der bloßen Linie vergleicht. Vielmehr kann *eigentliche* nur die *einheitliche* Wissenschaft von *beidem* sein, eben Philosophie als die von Zeit und Raum *ineinem*, weil es beides schon von vornherein nicht als ein bloßes Auch in unserer Welt gibt: Längst bevor wir sie zur Einheit einer »Raumzeit« von Objekten und mithin zu objektiver Zeit und objektivem Raum vereinigen[50], das heißt, bereits an ihrem Ursprung und in ihrem Wesen als Subjekt entspringen Zeit und Raum vielmehr als unlösbare Einheit, nämlich Abhängigkeit dieses Raumes von der Zeit und damit beider von uns selbst als Subjektivität.

Erst deren Reflexion wird denn auch zur Erkenntnis, die zum Gegenstand gewinnt, was Subjektivität als jenes Selbstbewußtsein gerade nicht zum Gegenstand einer Erkenntnis haben, wessen sie sich vielmehr nur als einer *Vor*bedingung *für* Erkenntnis eines *An-*

50 Vgl. unten § 30.

dern ihrer selbst als ihres Gegenstands bewußt sein kann. Das erste, dessen Subjektivität sich a priori, das heißt nichtempirisch-ursprünglich bewußt ist, ohne damit auch schon Selbst*erkenntnis* und *-vergegenständlichung* zu sein, sind eben Zeit und Raum, *in Form* von denen sie erst etwas *Anderes* als sich zum Gegenstand einer Erkenntnis haben kann, will sagen, etwas *Anderes* als Zeit und Raum. Denn sie als solche selbst sind keineswegs schon etwas Anderes als Subjektivität, sondern noch ganz sie selbst, nämlich nur notwendige Aufbaustücke, die sie zu erzeugen hat, um zu Erkenntnis oder zu Vergegenständlichung von *Anderem* als sich zunächst einmal *sich* aufzubauen: Als ursprüngliches Bewußtsein ursprünglicher Selbstverwirklichung ist *Selbst*bewußtsein eben nichts als ursprüngliches *Zeit-* und *Raum*bewußtsein, weil auch Zeit und Raum ursprünglich überhaupt nichts anderes sind als Weisen solcher Selbstverwirklichung von Subjektivität als Fremd- werdendem Selbstverhältnis oder als Intentionalität werdender Spontaneität ineinem. Dazu werden kann sie nämlich nur, sofern sie sich nicht bloß zu Zeit verwirklicht, sondern gleichursprünglich auch aus ihr heraus und über sie hinaus zu Raum noch als dem Gegensatz zu ihr, das heißt, sofern sie sich nicht einfach nur zu Selbst-, sondern zu Fremd- werdendem Selbstverhältnis bildet. Nur als solches Fremd- gewordene Selbstverhältnis nämlich, sprich, allein in Form von solchem Raum mit Zeit kann sie auch über sich hinaus noch Anderes zu sich als den Erfolg für sich verwirklichen.

§ 19. Anschauung als das in Form euklidisch-dreidimensionalen Raumes Deutbare

Schon im vorigen, verehrte Leserin, verehrter Leser, hatte ich Sie darauf hingewiesen: Mittels jener Negation von Zeit verwirklicht Subjektivität sich nicht nur einerseits zu Raum als aktualer Ausdehnung im Gegensatz zu aktualem Punkt, sondern ineinem damit anderseits, ja sozusagen diesseits davon, auch zu aktualem Punkt im Gegensatz zu aktualer Ausdehnung. Und danach wird der erste aktuale Punkt der Zeit als solcher durch den zweiten gleichsam potenziert und so zu einem aktualen Punkt, der sich, wenn auch noch nicht in diesem Paragraphen, als »Begriff« erweisen wird. Als solcher wirklich einzusehen ist er nämlich erst, wenn jener Raum, mit dem er seinem Wesen nach bereits in unlösbarer Einheit steht, als aktuale Ausdehnung im Gegensatz zu ihm als aktualem Punkt schon voll verständlich ist. Und dazu haben wir die Stellung, die wir mittels Herleitung des Raumes grundsätzlich gewinnen konnten, uns im einzelnen erst einmal anzueignen und so weit wie möglich auszubauen.

Wie weit sie systematisch trägt, das können Sie daran erproben, daß auf ihrer Grundlage eine Verwirrung, die seit jeher schon die Theorie der Sinnlichkeit von Subjektivität beeinträchtigt, sich lösen läßt und so den Blick für deren einsichtige Ordnung freigibt. Was wir nämlich bisher nur für ihre Form als Zeit bzw. Raum ermittelt haben, das zieht auch für jeglichen Gehalt in ihr noch Folgen nach sich, deren aufklärende Wirkung Ihnen nur willkommen sein kann. Denn ist richtig, daß es einem Subjekt nicht bereits in Form der bloßen Zeit, sondern erst in Form des mit der Zeit einhergehenden Raumes möglich werden kann, ein Anderes als sich zum Gegenstand für sich zu haben, so gilt ferner: Auch jeglicher in seiner Sinnlichkeit auftretende Gehalt vermag nur dann als »Sinnesdatum« zur Erkenntnis eines solchen Anderen als eines Gegenstands für dieses Subjekt beizutragen, wenn er hier nicht nur in Zeit, sondern auch über Zeit hinaus in Raum noch auftritt.

Denn seit jeher ist es nur dieser Gesichtspunkt eines Beitrags zur Objekterkenntnis, wonach beispielsweise zwischen so etwas wie einer »Rotempfindung« oder einer »Grünempfindung« einerseits und anderseits bloßen »Gefühlen« wie zum Beispiel Schmerzen unterschieden wird[1]. Doch immer wieder so, als ließe solchen sinnlichen Gegebenheiten selber sich entnehmen, ob sie nun das eine oder andere sind, nämlich je danach, ob sie nun von diesem oder anderem Gehalt sind, oder gar, ob sie allein in »innerem« oder auch »äußerem« Sinn auftreten: Als wäre Sinnlichkeit gleichsam von vornherein schon eingeteilt in solche Schubladen, was alles aber keineswegs der Fall ist und darum auch nur Verwirrung stiften kann.

Zwar trifft tatsächlich zu, daß ein Gefühl wie Schmerz nicht so wie eine Rotempfindung oder Grünempfindung zur Erkenntnis eines Gegenstands wie eines roten oder grünen Außenweltobjekts beitragen kann. Doch gilt das eben keineswegs bereits von vornherein, weil letzteres sich vielmehr immer wieder erst herauszustellen hat, indem

1 Vgl. z.B. Bd. 6, S. 211 (Anm.).

aus solcherart Empfindungen heraus mittels Erkenntnis ein Objekt von dieser oder jener Farbe sich als ein Erfolg erzielen läßt, – oder auch nicht. Im letzten Fall des Irrtums in der Wahrnehmung als Sinnestäuschung, Halluzination und Traum bleibt nämlich auch die Rotempfindung oder Grünempfindung in der Sinnlichkeit von Subjektivität nur so etwas wie ein Gefühl, woraus erhellt: Nicht einmal Rotempfindung oder Grünempfindung kann als etwas gelten, das bereits von vornherein sich von Gefühlen dahingehend unterschiede, daß es Wahrnehmung von etwas Wirklichem der Außenwelt verbürgte.

Hierbei aber sollten Sie sogleich mit darauf reflektieren, warum es auf den ersten Blick verwundern, ja befremden muß, daß »nicht einmal« Empfindung solcher Art dies zu gewährleisten vermag. Der Grund dafür ist nämlich kein geringerer, als daß es sich dabei doch jeweils um »Gesichtsempfindung« handelt. Diese aber tritt nur auf, indem bestimmter Farbgehalt, der sie zu einer Rotempfindung oder Grünempfindung überhaupt erst macht, von vornherein schon ausgedehnt auftritt, und das heißt: ausgedehnt zu irgendeiner »Form« oder »Gestalt« von Raumzugleich[2]. Und derart ursprünglich und wesentlich, wie es den Farbgehalten des Gesichtssinns immer schon als solchen selbst zugrunde liegt, ist Raumzugleich durchaus nicht auch mit anderen Gehalten anderer Sinne schon von vornherein verbunden. Auch nicht mit Gehalten der Empfindungen des Tastsinns, dem ja nicht nur die des Glatten oder Rauhen beispielsweise zugehören, welche diesen Eindruck noch am ehesten erwecken könnten, sondern auch noch die des Warmen oder Kalten, – ganz zu schweigen von Gehör-, Geruch- oder Geschmack-Empfindung.

Eben daher rührt der Schein, als ob zumindest die Gesichtsempfindungen im vorgenannten Sinn bereits von sich aus jeweils von Gefühlen unterschieden wären. Und nur darin liegt denn auch der Grund, daß schon seit jeher der Gesichtssinn als der »ausgezeichnetste«, will sagen, als der »objektivste« aller Sinne gilt, weshalb selbst Kant ihn ohne weiteres als »äußeren« betrachtet. Doch erweckt

2 Das Wort »Gestalt« benutzt Kant immer wieder, um von bloßer Zeit als Nacheinander, das er »Spiel« nennt (vgl. z.B. A 194 B 239, A 228 B 281), irgendein Zugleich des Raumes abzugrenzen. Vgl. z.B. A 33 B 49f., A 157 B 196, A 239f. B 298f., und besonders deutlich in Bd. 15, S. 289 (R655) und S. 304 (R683).

dies dann vor allem immer wieder den von Grund auf falschen Eindruck, der darum auch nicht einmal von Kant bereinigt wird, als sei trotz aller seiner Gegenargumente dieses Raumzugleich und damit Raum als solcher selbst etwas ursprünglich Objektives, das uns so wie alles übrige erst dadurch überhaupt zur Kenntnis kommen kann, daß es in unserer Sinnlichkeit durch Affektion ein »Sinnesdatum« von sich hinterläßt.

Auf diese Weise aber treffen wir erneut auf eine Stelle im System von Kant, wo wir ein Argument, das er versäumt, in seinem Sinne nachzuholen haben. Mögen die Gehalte des Gesichtssinns diesen Eindruck noch so nachhaltig erwecken, dies ist überhaupt kein Grund, den Raum als ein ursprünglich Objektives aufzufassen. Denn sonst bliebe Ihnen unerklärlich, warum nicht auch allen anderen Gehalten aller anderen Sinne solches Raumzugleich jeweils zugrunde liegt, wenn sie auf Affektion durch etwas Objektives, und das heißt, durch etwas Räumliches zurückgehen. Warum ist das stets nur bei Gesichtsempfindungen und nie auch etwa bei Gehörempfindungen der Fall, auch dann nicht, wenn ein und dasselbe Räumliche es ist, was sie hervorruft, wie etwa dasselbe Auto oder Flugzeug?

Ginge auf dem Weg der Affektion durch solch ein Auto oder Flugzeug mit Gehalt auch Form von ihm und damit Raumzugleich nur einfach auf uns über, wäre Ihnen unerklärbar, warum dies nicht ebenso bei den Gehörempfindungen geschieht, ja letztlich ebenfalls bei solchen des Geruch-, Geschmack- oder des Tastsinns. Denn auch an den Unterschieden zwischen diesen Sinnen selbst kann das nicht liegen, weil sie gegenüber jener *einen* Sinnlichkeit als die »fünf« Sinne auch ausschließlich von ihren Organen her sich unterscheiden lassen. Schließlich ist für jeden dieser Sinne sein Organ doch gleicherweise etwas Körperliches, also Räumliches, so wie nach Kant jenes Vermögen für die eine Sinnlichkeit als »angeborenes« etwas Empirisch-Naturales und mithin auch Räumlich-Körperliches ist.

Als Antwort darauf einleuchten wird Ihnen denn auch nur die nachgeholte Kantische: Daß mit Gehalten anderer Sinne nicht wie mit Gehalten des Gesichtssinns stets schon Raumzugleich verbunden ist, liegt daran, daß es auch im Fall der letzteren durchaus nicht auf die Affektion durch etwas Räumliches zurückzuführen sein kann, sondern dieser gegenüber von grundsätzlich anderem Ursprung sein muß. Daß es den Gehalten des Gesichtssinns immer schon zugrunde liegt, kann vielmehr darauf nur zurückgehen, daß er selbst als das

Vermögen für den Farbgehalt einer Gesichtsempfindung und die Sinnlichkeit als das Vermögen für den Raum als Form desselben miteinander eng zusammenhängen oder gar zusammenfallen. Schließlich sind sie als Vermögen beide etwas »Angeborenes« und damit Naturales.

Und daß wir als Philosophen, sprich, als Nichtempiriker der Reflexion hierüber mehr als nur Vermutungen anstellen können, zeigt Ihnen das Faktum, daß auch von Geburt an Blinde zur Erzeugung dieses Raumes durchaus in der Lage sind. Ja letztlich können überhaupt erst wir als nichtempirisch darauf Reflektierende, daß auch der und die Blindgeborene den Raum sich a priori zu erzeugen hat, recht eigentlich erklären, warum solche Blindheit ein so stark behinderndes Gebrechen ist: Denselben Raum, den Sehende sich a priori als die Form für die Gehalte der Gesichtsempfindungen erzeugen, müssen von Geburt an Blinde sich genauso a priori, doch zunächst einmal gleichsam als Form für nichts erzeugen, nämlich um ihn daraufhin erst mit Gehalten zu besetzen, doch dann eben nur noch mit Gehalten anderer Sinne, denen er gerade nicht von vornherein zugrunde liegt.

Daraus geht mit letzter Deutlichkeit für Sie hervor: Wäre Raum genauso wie mit den Gehalten des Gesichtssinns auch mit denen anderer Sinne schon von vornherein verbunden, könnte solche Blindheit überhaupt kein so behinderndes Gebrechen sein; und wäre dieser mit Gesichtsempfindungen von vornherein verbundene Raum als ihre Form genau wie ihr Gehalt Ergebnis einer Affektion durch Räumlich-Körperliches, müßte solche Blindheit nicht allein Behinderung, sondern sogar Verhinderung von Raumvorstellung überhaupt sein. Heißt doch Blindheit eben dies, daß solche Affektion jenes Gesichtssinns keinerlei Ergebnis haben kann. Zusammen aber spricht das zusätzlich für jene Apriorität des Raumes, wie sie vorhin sich bereits im Anschluß an die Apriorität der Zeit ergeben hat. Denn in der Tat tritt jeglicher Gehalt – ob als »Gefühl« oder »Empfindung« und ob auf dem Wege über diesen oder jenen der fünf Sinne – in der Sinnlichkeit auf jeden Fall in Form der Zeit auf, nämlich einerlei, ob auch in Form des Raumes, und wenn ja, ob wie Gehalt einer Gesichtsempfindung schon von vornherein oder wie der von anderen Empfindungen erst nachträglich.

Und so ergibt sich Ihnen weiter: Wie die von Geburt an Blinden sind grundsätzlich auch die Sehenden gezwungen, diesen Raum, wie er von vornherein nur den Gehalten der Gesichtsempfindungen zugrunde liegt, mit den Gehalten anderer Empfindungen erst nachträglich noch zu besetzen, sollen auch noch diese jeweils als ein »Sinnesdatum« zur Erkenntnis eines Objekts einen Beitrag leisten können. Davon abgesehen nämlich, und das heißt, jeweils für sich genommen sind die Nichtgesichtsempfindungen von den »Gefühlen« im genannten Sinne überhaupt nicht unterscheidbar, ja nicht einmal die Gesichtsempfindungen in jenen Fällen, wo auf sie gegründete Erkenntnis von Objekten fehlschlägt. Nur mit einem, aber wesentlichen Unterschied, daß nämlich dieser Fehlschlag dabei keinenfalls auf ihrer Form, dem Raum, beruhen kann. Denn alles, das als etwas Anderes ursprünglich Gegenstand für ein Subjekt soll werden können, muß auf jeden Fall im Raum auftreten. An ihrem Gehalt allein vielmehr kann dieser Fehlschlag liegen, daran nämlich, daß dabei in Form von Raum solcher Gehalt auf einen Gegenstand bezogen wird, welcher jedoch in diesem Fall und dieser Art gerade nicht als Wirklich-Anderes erzielt wird. Und so hat auch jeglicher Versuch ursprünglicher Gewinnung eines Objekts durch ein Subjekt eben diesen Weg zu nehmen, sprich, auf einen Gegenstand in Form von Raum Gehalte zu beziehen, einerlei, aus welchem Sinn sie stammen, und das heißt, ob diese Art Beziehung schon von vornherein oder erst nachträglich erfolgt.

Auf diese Weise aber dürfte Ihnen vollends deutlich werden, welche feste Stellung die bis hierhin ausgebaute Systematik Kants tatsächlich einnimmt, weil sie nämlich durch Bereinigung jener Verwirrung hinsichtlich von Sinnlichkeit auch einiges erhellen kann, was bisher dunkel blieb. Im ganzen nämlich folgt aus ihr des weiteren: Genausowenig wie von den Gehalten einzelner »Empfindungen« oder »Gefühle« kann es von den einzelnen fünf Sinnen oder gar Sinnes-*Organen* abhängen, ob einem Subjekt das in seiner Sinnlichkeit Gegebene nun einen Beitrag zur Erkenntnis eines Objekts leistet oder nicht, das heißt mit Kant gesprochen, ob es auch in einem »äußeren« Sinn auftritt oder nur im »inneren«. So als zerfiele Sinnlichkeit von dort her in bestimmte Schubladen, von denen mehrere, wie Kant zu sprechen pflegt, »äußere« Sinne wären, doch nur eine »innerer«.

In Wahrheit ist von dort her gänzlich unabhängig vielmehr eine und dieselbe Sinnlichkeit »innerer Sinn«, sofern sie durch Verstand speziell zu Zeit verwirklicht wird, und eine und dieselbe Sinnlichkeit

»äußerer Sinn«, sofern auch über Zeit hinaus speziell zu Raum noch. Deshalb muß von dort her offenbleiben und kann erst von hier aus sich entscheiden, ob Gehalte *nur* zum »inneren« gehören oder *auch* zum »äußeren«: je danach nämlich, ob auf diesem Weg einer Beziehung von Gehalt aus Zeit heraus durch Raum hinaus auf einen Gegenstand, sprich, ob vermittels seiner Intention ein Gegenstand als Wirklich-Anderes von dieser Art Gehalt sich faktisch als Erfolg erzielen läßt oder auch nicht.

Erst danach also, und das heißt, im Laufe unserer Erfahrung erst stellt zwischem solchem, das zunächst einmal grundsätzlich nur als ein Gehalt in einer und derselben Sinnlichkeit auftritt, sich jener Unterschied ein von »Empfindungen« als »Sinnesdaten« einerseits und anderseits bloßen »Gefühlen«. Doch auch danach steht er alles andere als ein für alle Male fest, sondern im Gegenteil gerade immer wieder neu zur Unterscheidung an, weil diese Art Beziehung eines sinnlichen Gehalts auf einen solchen Gegenstand in Form von Raum nun einmal möglich ist und bleibt. Ja überhaupt erst diese Möglichkeit, wonach grundsätzlich jedweder Gehalt in solcher Sinnlichkeit zunächst einmal intentional auf einen Gegenstand in Form von Raum bezogen werden kann, ist die Erklärung dafür, daß tatsächlich auch Gehalte von »Gefühlen« – die uns allzu schnell für etwas gelten, das von vornherein mit »äußerem« Sinn nicht das mindeste zu tun habe – dieser Beziehung unterworfen werden: so in den nicht seltenen Fällen, die wir mit der »Psychoanalyse« etwa »Projektionen« nennen.

Solche Fälle aber sind – sofern wir den Ergebnissen vertrauen können, wonach Phylo- und Ontogenese des Subjekts sich weitgehend entsprechen – in der jeweiligen Frühzeit nicht, wie in der Spätzeit, nur die Ausnahme, sondern die Regel. Und zwar in dem Sinn, daß *sämtliche* Gehalte in der Sinnlichkeit auf einen Gegenstand nicht nur bezogen werden *können*, sondern in der Tat bezogen *werden*, weil auch überhaupt nur so ein Subjekt einen Gegenstand als Wirklich-Anderes von Außenwelt ursprünglich als Erfolg für sich als Intention erzielen kann. Und eben daran liegt es, daß zunächst einmal der Gegenstand als wirklich-anderes Objekt dabei so weit im Vordergrund steht, das Subjekt mithin so weit im Hintergrund bleibt, daß es *sich* und mit sich *alles*, was als bloßes Subjektives nur zu ihm gehört, von diesem Objekt auch noch gar nicht unterscheidet. Vielmehr tut ein Subjekt dies dann eben erst im Laufe weiterer Entwicklung seiner zum »Realitätsprinzip«, nämlich zu dem, das unterscheiden lernt, womit es zum Erfolg gelangen kann und womit nicht. Und die Erklärung dafür, daß ein Subjekt in der Frühzeit dies vielleicht sogar noch überhaupt nicht tut, was es auch in der Spätzeit oft genug noch unterläßt, liegt eben darin, daß es sich als Sinnlichkeit bereits von vornherein, schon a priori über Zeit hinaus auch noch zu Raum verwirklichen muß. Subjektivität und damit Selbstverhältnis einer Spontaneität vermag es nämlich nur zu werden, wenn es so gerade Fremd- werdendes Selbstverhältnis und Intentionalität werdende Spontaneität wird.

Damit aber haben Sie am Ende die Systemstelle gewonnen, wo des weiteren erkärbar wird, daß es auf jene bisher unbeantwortete Frage nach dem Wesen jener Affektion[3], die Kant infolge seiner systematisch-unzureichenden Entwicklung dieser Sinnlichkeit noch offen lassen mußte, eine Antwort gar nicht geben kann, weil diese Frage falsch gestellt ist. Da nach Kant Gehalt in Sinnlichkeit zwar stets als »innerem« Sinn, nämlich stets in Form der Zeit auftreten soll, doch keineswegs auch stets in Sinnlichkeit als »äußerem« Sinn, nämlich auch in Form des Raumes, stellt Kant damit vor die Frage nach dem Grund, weshalb sich sinnlicher Gehalt derart verteilt. Und wegen jener systematisch-unzureichenden Entfaltung solcher Sinnlichkeit kann diese Frage nur die falsche Richtung nehmen, wie denn jene Affektion als immer selbige kausale Einwirkung auf sie es anstellt und auch schafft, die subjektive Sinnlichkeit im einen Fall gewissermaßen säuberlich allein als »inneren« Sinn zu betreffen und im andern Fall genauso säuberlich auch noch als »äußeren«. Und so gestellt, ist sie tatsächlich unbeantwortbar, weil dies in Wahrheit überhaupt nicht Sache einer Affektion ist, die genauer ja *Fremd*affektion bedeutet. Vielmehr ist dies ausschließlich die Sache einer »*Selbst*affektion«, um zunächst mit Kant zu reden, nämlich jener *Selbst*verwirklichung von Subjektivität *zu* Sinnlichkeit als einer eigenen Wirklich- oder Wirksamkeit.

Von entscheidender Bedeutung für die Affektion als *Fremd*affektion ist das aber, weil sie auch erst dadurch überhaupt an den ihr angemessenen Systemort rückt, wo sie ihr Wesen offenbart. Denn Affektion kann als kausale Einwirkung *durch* Naturales auch allein *auf* Naturales, nämlich auf Sinnes-*Organ* erfolgen, wodurch dieses je

3 Vgl. oben *Teil 1*, § 13, S. 285 ff.

und je beeinflußt wird und so auch je und je verändert ist. Und demgemäß vermag sie auch auf »Sinnlichkeit« nur als *Vermögen*, nämlich nur als jenes *»Angeboren«-Naturale* einzuwirken, und auf »Sinnlichkeit« als *Subjektivität* mithin auch überhaupt nicht. Diese nämlich ist ja überhaupt nur dadurch wirklich, daß sie sich durch *Selbstverwirklichung* auch immer wieder *erst* und so auch immer wieder *neu* zu Zeit und Raum *verwirklicht*. Und das tut sie eben dadurch, daß sie jenes »Angeboren«-Naturale als Vermögen *zu* sich selbst verwirklicht, nämlich jenes »Angeboren«-Naturale *mit* all dem kausal *in* ihm jeweils Bewirkten als *an* ihm jeweils Veränderten *zu* sich als Sinnlichkeit in Form von Zeit und Raum.

Doch je nach dem, *wie* dieses »Angeboren«-Naturale je und je kausal beeinflußt und mithin verändert ist, hat solche Selbstverwirklichung *zu* Sinnlichkeit als Zeit und Raum dann freilich auch *in* Sinnlichkeit als Zeit und Raum ein je und je verschiedenes Ergebnis, weil je danach freilich auch je unterschiedliche Gehalte darin zur Gegebenheit gelangen. Überhaupt erst hier in Subjektivität als Sinnlichkeit auftretende Gehalte können sich infolgedessen auch erst hier darauf verteilen – nur auf »innere« Sinnlichkeit in Form von bloßer Zeit bzw. auch auf »äußere« Sinnlichkeit in Form auch noch von Raum –, will sagen: je nach dem, ob Subjektivität mit ihnen nun bezüglich eines Gegenstands erfolgreich sein kann oder nicht.

Vor allem aber hat dies systematisch für Sie noch die weitere entscheidende Bedeutung, daß Sie damit keineswegs das Widersinnige einer kausalen Einwirkung von Physischem auf Nichtphysisches anzunehmen brauchen. Vielmehr können Sie es ganz beim Sinnvollen belassen, daß kausale Einwirkung allein durch Physisches auf Physisches erfolgen kann: im Zug von Affektion, die als heteronome Fremdverwirklichung von Anderem durch Anderes auch selbst mithin Fremdaffektion darstellt. Wogegen alles Nichtphysische einer Subjektivität als Sinnlichkeit von Zeit und Raum allein auf autonomer Selbstverwirklichung beruht, wie denn tatsächlich jedweder Gehalt auch erst in solcher Sinnlichkeit von solcher Subjektivität als etwas Nichtphysisches auftritt, nämlich als das Eigentümliche des »Psychischen« jener »Gefühle« und »Empfindungen«.

Genau in dieser Hinsicht ist das sogenannte »psycho-physische Problem« nur deshalb bisher ungelöst, da es auch unlösbar, weil selbstgemacht ist. Denn es stellt sich überhaupt nur durch die selbstgemachte Annahme, daß »Psychisches« als Subjektivität schon immer wirklich sei und Physisches mithin auch immer erst auf »Psychisches« hinüber wirke und sonach auch immer erst durch solche Einwirkung auf es zum Beispiel eine »Rotempfindung« oder eine »Grünempfindung« als Gehalt in ihm bewirke. Diese Annahme jedoch ist falsch, weil »Psychisches« als Subjektivität gerade nicht schon immer wirklich *ist*, sondern erst immer wirklich *wird* und auch erst immer wieder *neu*, nämlich durch immer wieder neue *Selbst*verwirklichung *zu* Sinnlichkeit in Form von Zeit und Raum.

Und lassen Sie nur diese Annahme entsprechend fallen, löst sich auch das sogenannte »psycho-physische Problem« von selbst, nämlich indem es sich ganz einfach auflöst: Ein Bewirken durch Hinüberwirken auf ein Etwas tritt hier gar nicht auf, denn solch ein Etwas liegt hier gar nicht vor, und ein Hinüberwirken auf es und Bewirken in ihm sonach hat hier gar nicht statt, weil sozusagen keine Stätte. Was hier vor sich geht, ist vielmehr dies, daß Subjektivität ihr »angeboren«-naturales Sinnes-Organ als Vermögen *zu* sich selbst verwirklicht und mithin *als* Subjektivität von Sinnlichkeit und »Psychischem« auch dadurch überhaupt erst wirklich wird, so daß auch dadurch überhaupt erst etwas *in* ihm oder *in* ihr wirklich wird, wie etwa eine »Rotempfindung« oder »Grünempfindung« oder ein »Gefühl«, nämlich je danach, wie dies »angeboren«-naturale Sinnes-Organ je und je kausal beeinflußt und dadurch verändert ist.

Wie schon besprochen, macht es nämlich auch für solche Subjektivität als Sinnlichkeit oder als »Psychisches« noch einen Unterschied, ob sie das »angeboren«-physische Vermögen als gerade so oder auch anders affiziertes zu sich selbst als Sinnlichkeit oder als »Psychischem« in Form von Zeit und Raum verwirklicht, woraus deren jeweils unterschiedlicher Gehalt sich als »Gefühl« oder »Empfindung« dieser oder jener Art erklären läßt. Denn je nach unterschiedlicher Veränderung des physisch-physiologischen Vermögens durch kausale Affektion fällt dann auch Subjektivität, indem sie das danach je unterschiedliche Vermögen zu sich selbst als jeweils unterschiedlicher verwirklicht, eben jeweils unterschiedlich aus, wird sie zu jeweils unterschiedlichem Sich-Fühlen oder Sich-Empfinden.

All dies aber eben immer wieder grundsätzlich in Form von Zeit und Raum als autonomer Selbstverwirklichung von Sinnlichkeit und von Verstand ineinem, und das heißt: als Fremd- werdendem Selbstverhältnis oder als Intentionalität werdender Spontaneität. Denn auch allein durch Selbstgestaltung solcher Subjektivität zu Zeit *und*

Raum, sprich: zu konkretem Selbst- *als* Fremdverhältnis einer Intention, kann schließlich die Entscheidung fallen, ob sie mit Gehalt in sich als so sich selbst verwirklichender in Bezug auf einen Gegenstand als Wirklich-Anderes für sich sodann Erfolg erzielen könne oder nicht.

So gilt es denn auch nach wie vor für Sie, an dem Ergebnis festzuhalten: Zu ursprünglicher Objektbezugaufnahme werden kann ein Subjekt somit nur im Zuge seiner Selbstverwirklichung nicht bloß zu Zeit, sondern aus Zeit heraus auch noch zu Raum. Erheblich weiter als zuletzt indessen haben Sie sich dieses Resultat erst einmal abzusichern, weil es auch nach der im vorigen erreichten Klärung noch von Mißverständnissen bedroht ist. Seinen Sinn erschließt es Ihnen nämlich erst, wenn Sie verstehen, was genau es eigentlich bedeutet, daß der Raum, zu dem sich ein Subjekt sonach auf ein Objekt hin selbst verwirklicht, eben einerseits die Form von einem Objekt sein soll, anderseits jedoch, ja dem vorweg zunächst einmal die Form von sinnlichem Gehalt: von demjenigen des Gesichtssinns, dem wir uns denn auch in erster Linie werden widmen müssen.

Dadurch nämlich droht hier eine Zweideutigkeit, welche Ihnen nicht nur das bisherige noch nachträglich, sondern auch jedes weitere Ergebnis schon von vornherein zunichte machen müßte. Denn als Form von sinnlichem Gehalt, der doch auf jeden Fall in Form der Zeit auftritt und darin überhaupt nichts anderes als dieses Subjekt selbst ist, müßte dann auch dieser Raum noch Form von diesem Subjekt selbst sein. Damit aber gäben Sie das schon im vorigen gewonnene Ergebnis wieder aus der Hand: So wie die Zeit ist auch der Raum zwar das, *wozu* sich dieses Subjekt selbst verwirklicht, damit aber keineswegs auch das, *worin* es selbst noch *ist*, wie in der Zeit, *worin* vielmehr, wenn überhaupt etwas, dann auch ausschließlich *Anderes* seiner selbst ist, das dieses Subjekt darin bloß *hat*, nämlich zum *Gegenstand* für sich als die *Erkenntnis* von ihm. Es sei denn, es gelänge Ihnen, dieser Zweideutigkeit vorzubeugen, sprich, die zwei verschiedenen Bedeutungen auch voll zu unterscheiden, die mit Raum als Form eines Objekts der Außenwelt und Raum als Form eines Gehalts der Sinnlichkeit als Innenwelt verbunden sind, will sagen: sich zumindest negativ erst einmal zu verdeutlichen, was letzteres gerade *nicht* bedeutet. Dazu aber werden Sie nur anzusetzen brauchen, um auf einmal zu entdecken: Es verbirgt sich hinter diesem auf den ersten Blick bloß Negativen etwas durchaus Positives, denn sogleich ein ganzes Feld bisher noch unerklärter Fakten findet dadurch wie auf einen Schlag seine Erklärung.

Daß Sie zwischen Raum als Form eines Objekts der Außenwelt und Raum als Form eines Gehalts der Sinnlichkeit als Innenwelt eines Subjekts zu unterscheiden haben, können Sie sich Schritt um Schritt an einer systematisch wichtigen Behauptung Kants verdeutlichen, indem Sie Punkt für Punkt die Unterschiede namhaft machen, die er selbst dabei gerade übergeht. Zumindest spricht er viel zu kurz, wenn er behauptet, daß »der Raum eine formale Bedingung a priori von äußeren Erfahrungen ist, daß eben dieselbe bildende Synthesis, wodurch wir in der Einbildungskraft einen Triangel konstruieren, mit derjenigen gänzlich einerlei sei, welche wir in der Apprehension einer Erscheinung ausüben, um uns davon einen Erfahrungsbegriff zu machen«[4]. Aus dem Kontext dieser Stelle nämlich können Sie entnehmen: Kant spricht hier in einem Zuge sozusagen von Objekten oder »Gegenständen« dieser »äußeren Erfahrungen« auf einer Seite, doch auf anderer auch wieder von »Apprehension einer Erscheinung«, womit jene affektionsbedingte Aufnahme eines Gehalts in Sinnlichkeit eines Subjekts gemeint ist, die er sonst auch Aufnahme von »Anschauung« nennt. Denn es geht ihm darum, klar herauszustellen: »Eine formale Bedingung a priori von äußeren Erfahrungen« und damit auch von äußeren Objekten ist der Raum gerade als derjenige, den ein Subjekt bereits bei Aufnahme eines Gehalts in seine Sinnlichkeit als Form für ihn erzeugt, weil die den Raum erst »bildende« Synthese dabei doch »dieselbe« oder »gänzlich einerlei« sei.

Schon damit aber, daß er als ein Beispiel dafür »einen Triangel« heranzieht, übergeht Kant einen Unterschied, den Sie im Blick behalten sollten. Denn gewiß ist einem Subjekt, beispielsweise einem Geometer, möglich, sich ein Dreieck auch ganz »unabhängig« von Erfahrung, sprich, allein vermittels »Einbildungskraft« zu erzeugen. Ebenso gewiß indessen geht in Fällen äußerer Erfahrung dasjenige Dreieck, das dabei als Form eines Gehalts im Zug seiner Apprehension in Sinnlichkeit erzeugt wird, wie dieser Gehalt auf jene Affektion zurück; und nur der Raum, den dieses Dreieck dabei immer schon auf seine ganz bestimmte Weise eingrenzt und mithin voraussetzt, ist als dafür immer schon ins Unbestimmte weiter ausgebilde-

4 A 224 B 271.

ter »eine formale Bedingung a priori von äußeren Erfahrungen«. Und auch allein im Sinne dieses dazu immer schon durch ein Subjekt aus sich als Zeit heraus erzeugten Raumes wird dann das in ihm sich gleichsam abzeichnende Dreieck dabei ebenfalls durch dieses Subjekt selbst erzeugt, weil davon abgesehen dieses Dreieck doch genauso wie sein Inhalt im genannten Sinn auf Affektion zurückgeht. Nur auf Grund von ihr, das heißt, auf dem genannten Wege über den Gesichtssinn nämlich wird der Raum durch Farbgehalt von »Rotempfindung« oder »Grünempfindung« dann gerade so, in Form von Dreieck, oder anders eingegrenzt. Sonst müßte das von Kant auf keinen Fall gemeinte Unsinnige gelten: Was wir äußerer Erfahrung äußerer Objekte immer schon aus uns heraus zugrunde legen, sei nicht nur die Raumform überhaupt, sondern jeweils auch noch eine ganz bestimmte einzelne, zum Beispiel eine Dreiecksform.

Noch über einen weiteren wesentlichen Unterschied jedoch geht Kant dabei hinweg, der Ihnen aber ebenfalls an dem von ihm gewählten Beispiel eines Dreiecks auffallen müßte. Im Normalsinn nämlich ist dies letztere doch immer Beispiel einer Fläche, also eines zweidimensionalen Raumes, wie es Kant hier zweifellos auch meint. Dann aber kann für Sie nicht ohne weiteres verständlich werden, wie Kant sagen könne, bei der Form eines Gehalts in Sinnlichkeit als Innenwelt des Subjekts handle es sich um genau denselben Raum wie bei der Form eines Objekts der Außenwelt für dieses Subjekt. Denn der letztere ist doch der dreidimensionale, so daß ein Objekt auch niemals in der Form von zweidimensionaler Fläche, gleichviel welcher Art, auftreten könnte, sondern immer nur in der von irgendwelchem dreidimensionalen Körper.

Daraus aber, daß Kant diese Schwierigkeit anscheinend überhaupt nicht sieht, ersehen Sie sofort: Von unserer Herleitung des dreidimensionalen Raumes, die ergeben hat, daß Dreidimensionales gegen Nulldimensionales nur um eine volle Dimension zurück- und damit nur wie Zweidimensionales vorliegen kann, scheint Kant in der Tat noch weit entfernt zu sein. Denn diese Schwierigkeit wächst sich auch erst voll aus, wenn Sie miteinbeziehen, daß er danach – wiewohl noch unbegründet – durchaus recht hat, wenn er vom Subjekt her ein ursprüngliches Objekt für es entsprechend nur von seiner »Oberfläche« her und damit kurzerhand als bloße Fläche in Betracht zieht. Danach nämlich hätte umgekehrt zu gelten: Auch als Form jenes Gehalts in Sinnlichkeit und so in Innenwelt eines Subjekts ist jenes

Dreieck Fläche schon von vornherein im Sinn von »Oberfläche«, also letztlich dreidimensionalen Raumes, dann jedoch auch der Gehalt in dessen Form von vornherein schon Körper. Als »Synthese«, die er Kant zufolge ist, soll Raum ja auch in beiden Fällen »gänzlich einerlei« oder »eben dieselbe bildende Synthesis« sein. Wie aber könnte das für Sie verständlich werden, wo dieser Gehalt in Sinnlichkeit als Innenwelt von Subjektivität wie diese selbst doch schlechterdings nicht Körper sein kann, und dies um so weniger, da er gerade als in Sinnlichkeit jeweils »apprehendierter« ausschließlich in Form von Zeit auftreten soll? Auf diese Weise jedenfalls erreicht die Schwierigkeit, in welchem Sinn auch solcherart Gehalt in Sinnlichkeit schon über Zeit hinaus auch noch in Raum eingehen soll, erst ihren Höhepunkt.

Doch wie schon häufiger wird Ihnen auch in diesem Fall ihr Höhepunkt zum Wendepunkt für ihre Lösung. Denn tatsächlich führt er nicht mehr eigentlich zu ihrer Steigerung, sondern schon in die Richtung einer Lösung dieser Schwierigkeit, sobald Sie einen Unterschied, den Kant mit seinem Beispiel eines Dreiecks dabei ebenfalls vernachlässigt, berücksichtigen, weil er schlechterdings entscheidend dafür ist: den Unterschied zwischen der Form, die ein Objekt der Außenwelt im Raum tatsächlich hat, und derjenigen Form, in der es einem Subjekt je und je erscheint, nämlich je nach der Lage, in der beide zueinander sich befinden. Denn selbst dort, wo Kant das erstere sogar hervorhebt, läßt er letzteres und damit diesen Unterschied im ganzen außer acht. So wenn er unterstreicht, daß ein empirisches Objekt der Außenwelt gerade dasjenige sei, »was in der allgemeinen Erfahrung, unter allen verschiedenen Lagen zu den Sinnen, doch in der Anschauung *so und nicht anders* bestimmt ist«[5]. Denn keineswegs gilt ohne weiteres, wie Kant dabei in einem Atemzuge formuliert, daß ein Objekt damit auch »*in der Anschauung* so und nicht anders bestimmt ist«, nämlich auch in der »Erscheinung« oder »Anschauung« eines Subjektes. Diese nämlich kann in jeder *einzelnen* Erfahrung, die zusammen überhaupt erst »allgemeine« zum *Ergebnis* haben können, durchaus unterschiedlich sein, wodurch zunächst jeweils gerade nicht entschieden werden kann, daß dabei das Objekt »so und nicht anders bestimmt ist«.

So kann Ihnen, wenn Sie vorerst bei Kants Dreiecksbeispiel blei-

5 A 45 B 63, kursiv von mir.

ben, ein Objekt von Pyramidenform je nach der Lage, wie es Ihnen vorliegt, in der Form unendlich vieler und verschiedener Dreiecke erscheinen. Und erst mittels einer Reihe von entsprechend unterschiedlichen, wenn auch zusammenhängenden Erfahrungen vermögen Sie dann zu entscheiden: Dabei handelt es sich um dasselbe Objekt, welches »so und nicht anders bestimmt«, eben eine ganz bestimmte Pyramide ist, die auch zu ihrer Oberfläche jeweils nur ein ganz bestimmtes Dreieck hat. Und wie erheblich dieser Unterschied sein kann, ersehen Sie daraus, daß diese Formen der Erscheinung oder Anschauung eines Objektes gar nicht immer von derselben Art der Form sein müssen, welche dessen Oberfläche hat, wie beispielsweise bei der Pyramide immer wieder von der Form des Dreiecks. Denn zum Beispiel von der Platte eines Tisches, die kreisrund ist, können Sie in aller Regel bloß Ovalerscheinungen besitzen und nur ausnahmsweise – nämlich nur in zwei bestimmten Lagen zu ihr, die nicht eben die alltäglichsten sind – auch einmal Kreisrunderscheinungen. Und das Entsprechende gilt für das Dreieck bei der Pyramide.

Gerade Kant indessen hätte allen Grund gehabt, uns diesen Unterschied voll aufzudecken, statt ihn hinter Beispielen wie dem von »einem und demselben« Dreieck zu verstecken oder ihn gar zu verleugnen durch die Aussage, schon »in der Anschauung« oder »Erscheinung« jeweils sei ein Außenweltobjekt »so und nicht anders bestimmt«. Denn dieser Unterschied ist schon allein zur Klärung des Verhältnisses von Affektion auf einer Seite und von Zeit und Raum als Apriorität auf anderer entscheidend. So gewiß es nämlich dieses ganz bestimmte Objekt sein muß, welches auf dem Weg der Affektion die Ursache dafür ist, daß auch Anschauung oder Erscheinung in der Sinnlichkeit eines Subjektes jeweils eine ganz bestimmte ist, wie etwa eine ganz bestimmt geformte, so gewiß bleibt doch die Form, die dieses Außenweltobjekt im Raum tatsächlich hat, gerade das, was dieses Subjekt im Zusammenhang seiner Erfahrung aus Erscheinung oder Anschauung heraus, die in der Regel von ihm abweichend geformt ist, immer wieder erst ermitteln muß. Und so vermag denn immer erst von diesem Außenweltobjekt her, das allein ja einem Subjekt ursprünglich zum Gegenstand einer Erkenntnis werden kann, dieses Subjekt auch stets bloß nachträglich noch zu erklären, solch ein Objekt habe auf dem Weg der Affektion aus dieser oder jener Lage zu ihm Anschauung oder Erscheinung dieser oder jener

Form in ihm hervorgerufen. Doch schon dieser Anschauung oder Erscheinung in der Sinnlichkeit als Innenwelt des Subjekts selber muß als einer ganz bestimmt geformten Raum zugrunde liegen, eben a priori schon, wenn anders nur aus ihr heraus im Zuge von Erfahrung schließlich diejenige Form sich soll ermitteln lassen, die ein Außenweltobjekt im Raum einnimmt, so daß diese Erscheinung oder Anschauung dann Anschauung oder Erscheinung dieses Objekts ist. Denn etwas anderes als Erscheinung oder Anschauung mit ganz bestimmtem Inhalt wie auch ganz bestimmter Form kann einem Subjekt niemals zur Verfügung stehen, das Erkenntnis eines Objekts oder Anderen als sich ja immer wieder allererst zustande bringen muß, nämlich allein aus sich heraus.

Erst recht jedoch ist dieser Unterschied entscheidend für die Klärung jenes Sinns, in dem auch diese Anschauung oder Erscheinung schon in Form von Raum auftritt. Muß es doch ohne Zweifel solche Form in irgendeinem Sinn auch geben. Denn sonst könnte es nicht sinnvoll für Sie sein, jener kreisrunden Platte gegenüber die Ovalerscheinungen von ihr zu unterscheiden – und dann auch noch zwischen den Oval- und den Kreisrunderscheinungen von ihr, was letztlich nur am Unterschied zwischen Ovalform und Kreisrundform liegen kann. Doch im Normalsinn gibt es diese oder jene Form stets nur als Form von etwas oder auch an etwas, so daß sich für Sie sofort die Frage stellen muß, wovon oder woran denn eigentlich im Fall jener Ovalerscheinungen jene Ovalform jedesmal die Form ist.

Derart augenfällig nämlich liegt uns bei der Wahrnehmung von derlei Objekt eine solche Form mit vor, daß wir auf diese Art von Frage zu der Antwort neigen müssen, dabei handle es sich um die Form des Objekts, die es eben in der ganz bestimmten Lage zu uns hat, in der wir es erblicken. Dies jedoch kann schlechterdings nicht stimmen, denn das müßte heißen, diese Form sei, wenn auch nur in dieser ganz bestimmten Lage von ihm, die des Objekts selber. Doch das Objekt ist, wenn Sie beim letzten Beispiel bleiben, keineswegs oval, ist vielmehr »unter allen verschiedenen Lagen zu den Sinnen ... doch so und nicht anders bestimmt«, nämlich kreisrund. Mag also die Ovalform dabei noch so augenfällig mitvorliegen, sie ist keinesfalls die Form des Objekts. Und zu Ihrer Vergewisserung, in welcher Fülle solche Fälle immer wieder zum genannten Fehler zu verleiten drohen, brauchen Sie nur einmal um sich blicken und sich fragen, welches der gesehenen Objekte wohl die Form, die es durch seine Lage Ihnen bietet, wirklich hat. Das heißt dann aber, daß in jedem Fall wie dem dieser Ovalform, die es dabei offensichtlich doch in irgendeinem Sinne gibt, entgegen allem Anschein solche Form gerade nicht als etwas auf der Seite des Objektes vorliegt, sondern nur als etwas auf der Seite des Subjektes.

Damit aber droht uns die Vermeidung dieses Fehlers, solche Form dem Objekt zuzusprechen, in Verleitung zu dem neuen und viel schlimmeren noch umzuschlagen, solche Form statt dem Objekt nunmehr dem Subjekt zuzuschreiben. Denn steht fest, daß es sie gibt, doch nicht auf seiten des Objektes, sondern nur auf seiten des Subjektes geben kann, dann muß das doch – so liefe die Verleitung – heißen, daß sie jeweils eben Form dieses Subjektes ist. Denn im Normalsinn ist ja Form stets Form *von* etwas oder Form *an* etwas und mithin auch diese Form des Subjekts, wie es jeweils in der Wahrnehmung eines Objekts begriffen ist, das immer nur in einer ganz bestimmten Lage zu ihm von ihm wahrgenommen werden kann. Und in der Tat ist, so erhielte diese Art Verleitung sogar noch Verstärkung, jene Anschauung oder Erscheinung, die der Wahrnehmung jeweils in solcher Form zugrunde liegt, auch überhaupt nichts anderes als dieses Subjekt selbst, nur eben jeweils in bestimmter Form von jeweils auch bestimmtem Inhalt wie etwa dem Rot- bzw. Grüngehalt jener Empfindungen als Sinnesdaten.

Ein viel schlimmerer noch wäre dieser Fehler aber, weil es sich bei ihm nicht wie bei jenem bloß um einen faktischen oder empirischen, sondern um einen nichtempirischen und damit prinzipiellen Fehler handeln würde, kurz: um eine Reflexionsverfehlung. Denn ein rundes Objekt nur seiner Ovalerscheinung wegen in der Wahrnehmung sogleich auch für oval zu halten, dies ist bloß empirisch oder faktisch falsch, weil ein Objekt empirisch-faktisch grundsätzlich oval sein kann, wie andere Objekte denn oval auch durchaus sind. Doch nur, weil im genannten Fall oval nicht jenes Objekt sein kann, die ersichtlich dabei mitvorliegende Ovalform statt dem Objekt dann sogleich dem Subjekt zuzuschreiben, ist ein prinzipieller Fehler nichtempirischer Philosophie als Reflexion. Er liefe nämlich abermals auf nichts geringeres hinaus, als dieses Subjekt selber wie ein Objekt aufzufassen und als Subjekt somit zu verfehlen. Denn das hieße überhaupt nichts anderes, als zu vertreten, daß in solchen Fällen die Ovalform zwar nicht Form von diesem, sondern einem anderen, doch damit eben Form von einem Objekt ist, wie denn empirisch-faktisch auch tatsächlich immer bloß ein anderes Objekt oval sein kann wie auch kreisrund. Nur läßt sich eben ein Subjekt gerade nicht wie ein Objekt zum Gegenstand gewinnen und mithin auch nicht wie ein Objekt als Gegenstand bestimmen, nämlich einfach bloß empirisch-faktisch, sondern wenn, dann höchstens nichtempirisch-prinzipiell mittels Philosophie als Reflexion.

Und eben dies Verfehlte solcher Auffassung ist es, was Ihnen auch allein schon von der Sprache her geradezu ins Auge springt, sobald Sie einmal ohne jegliche Umschreibung dafür die normale und konkrete Formulierung geben. Diese Auffassung besagt nämlich, in solchen Fällen sei oval nicht das Objekt, das ja kreisrund ist, sondern das Subjekt: es stehe also dem kreisrunden Objekt ein ovales Subjekt gegenüber, während es durchaus auch umgekehrt sein könnte, nämlich daß einem ovalen Objekt ein kreisrundes Subjekt gegenüberstände. Und so seien denn in jenen Sonderfällen das Objekt sowohl wie das Subjekt kreisrund oder oval.

Auch damit aber, daß dies offenkundig Unsinn ist, sind jene Formen der Erscheinung oder Anschauung eines Objektes gegenüber denen, welche dieses Objekt jeweils selbst hat, noch nicht aus der Welt geschafft. Im Gegenteil verlangen sie jetzt nur noch um so dringlicher nach Aufklärung, das heißt zuletzt: nach einer Antwort auf die Frage, welchen Sinn wir eigentlich mit Wörtern wie »Ovalerscheinung« und »Kreisrunderscheinung« jedesmal verbinden, wenn wir gänzlich unanstößig, durchaus sinnvoll von Ovalerscheinungen oder Kreisrunderscheinungen zu sprechen pflegen, wofür wir genausogut auch Wörter wie »Ovalanschauung« und »Kreisrundanschauung« bilden könnten oder auch »Ovalempfindung« und »Kreisrundempfindung«. Hiermit sprechen wir tatsächlich, wenn auch nur von seiner Form her, über dasjenige, was von seinem Inhalt her als jene »Rotempfindung« oder »Grünempfindung« gelten muß, deren Gehalt stets irgendeine Form oder Gestalt als Raumzugleich erfüllt. Und dafür könnten wir genausogut auch »Roterscheinung« oder »Rotanschauung« sagen.

Jener aufschlußreiche Unsinn aber wird womöglich noch beredter, wenn Sie sehen, daß er voll auch hierauf übergeht, und zwar auf Form sowohl wie auf Gehalt solcher Erscheinung, Anschauung oder Empfindung. Unsinn nämlich wäre es, »Ovalanschauung« und »Ovalerscheinung« und »Ovalempfindung« als »ovale« Anschauung, Erscheinung und Empfindung zu bezeichnen und entsprechend »Rotanschauung«, »Roterscheinung« oder »Rotempfindung« auch als »rote« Anschauung, Erscheinung und Empfindung: Ganz als ob dies alles so etwas wie »Rotwein« wäre, der tatsächlich »roter« Wein ist, aber eben auch ein Objekt und kein Subjekt wie dies alles, das dann eben letztlich jener Unsinn eines nicht allein »ovalen«, sondern auch noch »roten« Subjekts wäre.

Vollends aber sehen Sie das daran: Überhaupt nichts zwingt uns dazu, solche Überlegungen etwa auf diese Art von Beispiel zu beschränken, wonach bloß dergleichen wie oval und rot stets nur ein Objekt, doch kein Subjekt sein kann, also auch keine Erscheinung, Anschauung oder Empfindung. Ein Objekt kann nämlich nicht bloß rot oder oval sein, sondern beispielsweise auch ein Tisch. Und überhaupt nichts kann uns daran hindern, unsere Erscheinung, Anschauung oder Empfindung in der Wahrnehmung desselben ihrer Art nach so wie als »Oval-« oder als »Rot-« auch noch als »Tischerscheinung« oder »Tischanschauung« oder »Tischempfindung« zu bezeichnen. Förmlich mit der Hand für Sie zu greifen aber wäre jener Unsinn, wollten Sie dies so verstehen, als wäre dabei die Erscheinung, Anschauung oder Empfindung selbst und damit ein Subjekt nicht nur oval und rot, sondern auch noch ein Tisch, was alles eben bloß von einem Objekt Sinn besitzen kann[6].

Mag Ihnen aber dieser Unsinn von der Sprache her verdeutlichen, welch eine Reflexionsverfehlung darin läge, so doch damit nicht auch von der Sache her bereits den Grund für sie. Um bis zu ihm noch vorzustoßen, gilt es, auch noch positiv sich klarzumachen, *was* dabei verfehlt, *wogegen* hier verstoßen wird. Und das heißt eben nichts geringeres, als jenen Sinn zu finden, in dem nicht erst ein Objekt, nein auch schon ein Subjekt als Raum auftritt: als so etwas wie Roterscheinung beispielsweise, als die ein Subjekt auch immer schon dergleichen wie Ovalerscheinung bildet.

Dazu sollten Sie sich vorerst noch genauer überlegen, welchen Sinn im einzelnen es einschließt, von der Form eines Objekts zu sprechen, das tatsächlich rund oder oval ist, sprich, von seiner Rund- oder Ovalform. Denn selbst dann, wenn Ihnen dabei feststeht, daß sie *seine*, eben eines *Objekts* Form ist, sprechen Sie nicht mehr von

6 Ausführlicher zu all dem G. Prauss, *Zur Philosophie des Psychisch-Geistigen*, in: *Philosophie und Psychologie* (hg. W. Marx), Frankfurt 1989, S. 201ff., bes. S. 205f.

diesem Objekt, sondern eben nur von seiner Form noch. Und unweigerlich tut dadurch dieser Unterschied sich in dem Sinne für Sie auf, daß dieses Objekt, welches rund oder oval ist, diese Form, obwohl sie seine ist, nicht etwa *ist*, sondern nur *hat*.

Dies heißt indessen umgekehrt: Nur das ist rund oder oval, was die Ovalform oder Rundform hat, jedoch nicht ist, woraus sofort für Sie hervorgeht, daß auch solche Rundform und Ovalform keine runde Form oder ovale Form bedeuten kann. Sonst müßte diese Rund- oder Ovalform etwas sein, was Rund- oder Ovalform *hat* (und damit wäre ein unendlicher Regreß im Gange), während sie in Wahrheit eben Rund- oder Ovalform *ist* und so gerade nicht, wie ein Objekt, bloß *hat*. Und daran sehen Sie: Nicht erst auf seiten des Subjekts, nämlich im Fall jener Ovalerscheinung oder Runderscheinung, sondern schon auf seiten des Objekts, nämlich im Fall dieser Ovalform oder Rundform, stellt sich jene Frage, was mit einem Ausdruck wie »Ovalform« oder »Runderscheinung« eigentlich gemeint sein kann, wenn nicht eine »ovale Form« oder »runde Erscheinung«. Denn voraussetzungsgemäß ist solche Form als Form dieses Objekts ja etwas, das zu diesem Objekt selbst gehört, da dieses Objekt selbst sie hat.

Dann aber müßten Sie auch folgenden Zusammenhang noch sehen: Rund oder oval ist ein Objekt nur in dem Sinn, daß es die Rund- oder Ovalform hat, sprich, daß es sie bloß *hat*, nicht *ist*, so konnten wir ermitteln. Damit aber hängt zusammen, daß ein Objekt, welches rund ist, auch oval, und eines, das oval ist, auch rund werden kann, indem es diese Rund- oder Ovalform, eben weil es sie bloß hat, auch grundsätzlich gewinnen und verlieren kann. Und dies bedeutet, daß ein Objekt als ovales oder rundes auch entstehen und vergehen kann, indem aus einem runden beispielsweise ein ovales oder aus einem ovalen auch ein rundes Objekt wird, wobei es als dasselbe je nach Art des Werdens ein Kontinuum von Zwischenformen zu durchlaufen hat, auch wenn wir, wie bekannt, nicht in der Lage sind, sie je erschöpfend aufzuzählen.

Aus demselben Grund jedoch, weshalb nicht solche Formen selbst zum Beispiel rund oder oval sein können, folgt für sie des weiteren: Sie können auch nichts sein, was rund oder oval wird, denn das setzte ebenfalls jenen unendlichen Regreß in Gang. Nur das, was rund oder oval *ist*, kann auch dasjenige sein, was rund oder oval *wird* – beides steht ersichtlich in unlösbarem Zusammenhang –, und das ist eben immer nur ein Objekt, aber keine solche Form, auch dann nicht, wenn sie seine ist.

An Beispielen für jene Gegenstände eines Geometers können Sie sich das besonders klar vor Augen führen, weil, wie Kant bereits hervorhebt[7], dieser Geometer solche Formen sozusagen *ex officio* je für sich selbst betrachtet. Pflege er sie dabei nämlich noch so unmittelbar als die idealen Stellvertreter für Objekte, und das heißt, wie Außenweltobjekte zu behandeln, etwa dadurch, daß er sie im Raum nicht nur als starre sich bewegen, sondern auch sich dehnen und zusammenziehen läßt: Wie grundsätzlich sie trotzdem keine sind, das sehen Sie sofort, wenn Sie auf etwas reflektieren, was dem Geometer selbst kein Kopfzerbrechen macht, weil nicht zu machen braucht. Von keiner solchen Form wie etwa einem Dreieck oder einem Kreis kann sinnvoll sein, zu sagen, daß er rund oder es eckig sei. Und zwar aus eben jenem Grund, weshalb sich auch nicht sinnvoll sagen läßt, es habe solch ein Kreis aufgehört, rund zu sein, und sei oval geworden, solch ein Dreieck aufgehört, eckig zu sein, und sei oval geworden.

Solch ein Kreis oder ein Dreieck eben *hat* nicht, sondern *ist* solch eine Form. Entsprechend kann es sie auch nicht bekommen und verlieren und mithin auch nichts *von* dieser oder anderer Form sein, und das heißt: nicht eckig oder rund oder oval sein. Und der Grund für all dies ist kein anderer, als daß es sich bei all dem auch nicht jeweils um Dasselbe handeln kann, das wie ein Objekt als ein Selbiges bald rund, bald eckig, bald oval sein oder werden könnte. Und so brauchen Sie denn bloß etwa den Kreis herauszugreifen, und Sie sehen an ihm stellvertretend auch für alle andern Formen, daß dies letztlich nur zu einer *contradictio in adjecto* führen könnte. Würde nämlich solch ein Kreis oval, so hieße das, er würde zum »ovalen Kreis«, was aber widersprüchlich und mithin unmöglich ist. Denn solch ein Kreis, der rund zu sein aufhörte, um oval zu werden, hörte eben damit auf, ein Kreis zu sein, und dem genau entsprechend auch noch alle andern solchen Formen. Nicht der Kreis, sondern nur etwas, das ihn hat, nämlich zu seiner Form, ist rund, während der Kreis nicht rund ist, sondern Rund, sprich, Rundform oder Kreisform selbst: wie jede andere auch jeweils nur diese bestimmte Form selbst *ist*, jedoch durchaus nicht etwa *hat* und so auch keine *andere*

7 Vgl. z.B. A 162f. B 203f.

haben *könnte.* Damit aber bleibt für alles, was zunächst einmal wie ein Oval-Werden des Kreises selbst aussehen möge, nur die eine Auffassung noch übrig: Jede dieser Formen wird dabei durch eine andere in bloßem, nämlich absolutem Wechsel jedesmal nur abgelöst.

Nun kann es aber, wie Sie nicht verkennen werden, keinen Zweifel daran geben, daß in jenem Fall von Werden als Entstehen und Vergehen von Objekten als ovalen oder runden auch die Rund- oder Ovalform selbst, die das Objekt jeweils bekommt oder verliert, dabei in irgendeinem Sinn entsteht oder vergeht. Sonst zöge das die Reflexionsverfehlung nach sich, alle diese unaufzählbar vielen Formen zu verdinglichen und damit wieder einmal einen schlechthin unplausiblen Platonismus solcher Formen zu vertreten, weil sie dann auch immer schon, bevor ein Objekt sie bekommen hat, und immer noch, nachdem es sie verloren hat, bestehen müßten: eben wie ein Ding, das man gerade in dem Sinn bekommen oder auch verlieren kann, daß es im ersten Fall bereits besteht wie auch im zweiten Fall bestehen bleibt.

Nur sollte Sie das Unplausible dieses Platonismus nicht hinwegtäuschen darüber, welche Schwierigkeit es macht, dieser Alternative zu ihm wirklich Plausibilität zu sichern und auf solche Weise eine Reflexionsverfehlung zu vermeiden. Denn Entstehen und Vergehen dieser Formen kann ja nicht, wie beim Objekt, Entstehen *aus* wie auch Vergehen *in* etwas bedeuten, nämlich daß aus einem runden ein ovales Objekt nur entsteht bzw. dieses runde in dieses ovale nur vergeht, indem es aus der Rundform bloß heraus- und in Ovalform übergeht und so auch Zwischenformen bloß als Selbiges durchläuft. Daß es sich dabei, wie gesagt, allein um einen absoluten Wechsel solcher Formen an Objekten handeln kann, muß dann vielmehr bedeuten: Es kann auch das Entstehen und Vergehen solcher Formen selbst dabei nur absolutes sein, was letztlich heißen müßte: ein Entstehen aus dem Nichts und ein Vergehen in das Nichts, was aber eben nicht auf Anhieb Plausibilität besitzt.

In diese Schwierigkeit gerät schon Aristoteles, wie heute klar zutage liegt[8], indem er später nicht mehr wie in der *Kategorienschrift* jeweils ein individuelles Einzelwesen wie zum Beispiel Sokrates als

8 In der vorzüglichen Erschließung von *Buch Z* der *Metaphysik* durch M. Frede und G. Patzig, 2 Bde., München 1988.

eigentliches Seiendes betrachten möchte, sondern die ihm immanente und mithin wie er auch individuelle Form als das, was ihn zu einem Menschen macht. Von dieser unterscheidet Aristoteles an ihm seine Materie, die eben nur in einer ganz bestimmten Form den Sokrates als einen individuellen Menschen ausmacht, einer Form, in der mithin auch andere Materie auftreten könnte, ohne an der Individualität des Menschen Sokrates etwas zu ändern. Und sogar empirisch ist das mittlerweile aufgewiesen, insofern ein jeder von uns die in ihm als solcher Form befindliche Materie alle sieben Jahre austauscht[9]. Nur entfaltet Aristoteles auf diese Weise auch schon das Problem, daß solche Einzelwesen aus Materie und Form nicht nur bestehen, sondern auch daraus entstehen und darein vergehen können, wofür er als Beispiel eine Kugel wählt, die so entsteht oder vergeht, daß ein Stück Erz die Kugelform bekommt oder verliert[10].

Wie schwierig aber diese Problematik für ihn insbesondere im Hinblick auf die Form bleibt, sehen Sie an folgendem: So sehr schon Aristoteles vertreten möchte, daß auch diese Form dabei in irgendeinem Sinn entstehen und vergehen muß[11], so wenig kommt er zur Bestimmung dessen über negative Aussagen hinaus. Ja diese bleiben negativ sogar in einer Weise, daß es Ihnen fraglich werden muß, ob Aristoteles an dem Entstehen und Vergehen solcher Formen überhaupt noch festzuhalten in der Lage sein kann. Damit nämlich, daß es sich dabei um individuelle Formen individueller Einzelwesen handeln soll, sucht er von vornherein dem Platonismus solcher Formen vorzubeugen. Dieser aber droht ihm gegen seinen Willen abermals zu unterlaufen, weil er für dies Negative schlechterdings nichts Positives einzusetzen hat: Um ein Entstehen und Vergehen soll es sich zwar handeln, doch um *keines* von der Art eines Prozesses, also *nicht* wie bei den Einzelwesen bloß um ein Durchlaufen solcher Formen; und nur seine Interpreten sind es, die sich mit der Auskunft zu behelfen suchen, damit meine Aristoteles, daß jede solche Form dabei nur »auftaucht und wieder verschwindet«[12] oder »gleichsam aufleuchtet und wieder verlischt«[13].

9 Vgl. a.a.O., Bd. 1, S. 45.
10 Vgl. a.a.O., insbesondere Kap. 8.
11 Vgl. a.a.O., S. 10.
12 A.a.O., Bd. 1, S. 10.
13 A.a.O., Bd. 2, S. 136.

Uneingelöste Metaphorik dieser Art ist aber allenfalls geeignet, zu verdecken, daß es schwerlich Zufall ist, wenn Aristoteles bei jenem Negativen stehen bleibt. Denn ohne Metaphorik zum entsprechend Positiven fortzuschreiten, hieße nichts geringeres, als konsequenterweise das Entstehen und Vergehen solcher Formen in der Tat als jenes absolute *aus* dem Nichts und *in* das Nichts zu fassen, was für Aristoteles jedoch mit Recht auf keinen Fall in Frage kommt, weil es für unsere Vernunft in keiner Weise faßlich ist. Dann aber bleibt alternativ dazu tatsächlich nur noch Platonismus solcher Formen übrig, wie denn Aristoteles auch selbst noch »unbeirrt an die Ewigkeit der Spezies glaubt«[14], die grundsätzlich ja überhaupt nichts anderes als solche Raumform wie die Kugel oder Pyramide ist, nur eben jeweils eine weitaus kompliziertere[15].

Doch damit ist erneut ein auswegloses Hin und Her zwischen zwei gleichermaßen unplausiblen Lösungen in Gang gesetzt. Und Sie tun gut daran, sich klarzumachen: In der Tat ist dies Problem der Form bis heute ungelöst, und zwar sogar derjenigen, die ein Objekt tatsächlich hat, und keineswegs bloß derjenigen, die es nicht hat, sondern nur zu haben scheint, und die in irgendeinem Sinn die Form seiner Erscheinung in der Wahrnehmung sein muß. Und dies liegt daran, daß die Lösung, welche Kant für beides anzubieten hätte, bisher offenbar nicht einmal ansatzweise aufgenommen worden ist. Daß Aristoteles mit seinem Ansatz sich in jene Ausweglosigkeit verwickelt, damit stellt er nämlich nur ein selbstgemachtes Scheinproblem, weil er sich dabei ungerechtfertigterweise auf die Seite des Objekts beschränkt, das heißt, die Seite des Subjekts vernachlässigt. Nicht im geringsten macht er sich bewußt, daß, ein Objekt auf jenen Unterschied zwischen Materie und Form hin auch nur zu thematisieren, schon auf seine nichtempirisch-innere Struktur zu reflektieren heißt und damit, Kant zufolge, auf das Subjekt.

Solche Form ist nämlich nur Spezialfall dessen, was Sie sich bereits als Eigenschaft oder als Akzidens im Unterschied zu Ding oder Substanz verdeutlicht haben. Und so sind denn Fälle wie »Dies ist ein Mensch« und »Dies ist weiß« oder »Dies ist oval« und »Dies ist eine

14 A. a. O., Bd. 1, S. 53.

15 Beachten Sie, daß Platonismus also nicht allein von Allgemeinem, sondern auch von Individuellem unterlaufen kann, weil jede solche Form nach Aristoteles ja jeweils individuelle sein soll.

Kugel« als Prädikationen auch in keiner Weise unterscheidbar. Im Spezialfall dieser Form jedoch, in der ja stets auch irgendwelcher Inhalt auftritt, haben Sie nunmehr zum ersten Mal zumindest einen vorläufigen Hinweis darauf: Dieser Unterschied von Eigenschaft oder von Akzidens zu Ding oder Substanz geht in der Tat auf das Subjekt zurück. Denn eine ganz bestimmte bildet jede solche Form auch nur als eine ganz bestimmte Eingrenzung von Raum, wie Sie schon sehen konnten, welcher seinerseits nach Kant im Subjekt seinen Ursprung hat. Und kein geringes Argument für diesen Raum als Subjektivität ergibt sich daraus, daß durch Vollmiteinbeziehung dessen in die letzten Überlegungen sich die gesamte Problematik, die im vorigen entfaltet wurde, wie in einem Zuge löst.

Denn solche Formen, welche wir zunächst einmal allein empirisch als die Eigenschaften oder Akzidenzen von Objekten kennen, für sich selbst betrachten, heißt auf jeden Fall, in Reflexion als nichtempirische Erkenntnis davon einzutreten, eben weil es solche Formen für sich selbst empirisch überhaupt nicht gibt. Erfolgt nun aber Reflexion als solche noch unreflektiert, wie es bei Aristoteles der Fall ist und bis heute noch beim Geometer, müssen solche Formen auch als für sich selbst betrachtete noch als etwas auf seiten des Objektes gelten, was dann jenes selbstgemachte unlösbare Scheinproblem herbeiführt. Wird hingegen Reflexion als solche reflektiert vollzogen, wie bei Kant, wird die Betrachtung solcher Formen für sich selbst, genau wie die von Raum als solchem selbst, auch als Thematisierung des Subjektes durch sich selber noch durchschaut.

Und in der Tat: Genau wie Raum als solcher (sprich, im Unterschied zu einem *in* ihm auftretenden räumlichen Objekt) kann diese Form für sich (das heißt, im Unterschied zu dem *in* dieser Form auftretenden Objekt) nicht selbst auch wieder ein Objekt sein. Denn als für sich selbst betrachtete kann sie auch überhaupt nichts anderes als jene ganz bestimmte Eingrenzung von diesem Raum als solchem bilden. Dann indessen kann auch jede solche Form, für sich betrachtet, nur die Stellung dieses Raumes selbst besitzen, nämlich nichts als Art und Weise sein, wie Raum als solcher je und je zu ganz bestimmtem eingegrenzt wird. Und das heißt zuletzt: Sie kann nur jene aus sich selbst als Zeit heraus auch noch zu Raum hinaus sich selbst verwirklichende Subjektivität als je bestimmte sein.

Damit aber kommt für Sie zur Lösung dieser ganzen Problematik alles darauf an, sich noch genauer als im vorigen zu überlegen, welche Stellung dieser Raum als solcher selbst besitzt, weil dies dann auch die Stellung jener Form sein muß, zu der er je und je auf ganz bestimmte Weise eingegrenzt wird. Und das heißt: Es gilt für Sie, darauf zu reflektieren, wie sich dieser Raum denn eigentlich genau zu eben jener Zeit verhält, aus der heraus er immer wieder allererst erzeugt wird und mithin auch allererst zu dem, was er tatsächlich ist: Zugleich als Gegensatz zu Nacheinander und mithin euklidisch-dreidimensionaler Raum als Ausdehnung im Gegensatz zu nulldimensionaler Zeit als Punkt.

Zur Weiterführung dieser Überlegung aber eignet sich jene Ovalerscheinung eines runden Tisches in der Wahrnehmung besonders. Denn als augenfällige ist sie bereits von Empirie her – und das heißt: nicht erst aus Reflexion oder Nichtempirie heraus – ein Fall von Form für sich, weil sie ja keinenfalls auf seiten des Objektes, sondern nur auf seiten des Subjektes liegen kann. Und damit kann auch nicht das »Netzhautbild« gemeint sein, das ja selbst noch auf der Seite des Objektes auftritt und als solches auch durchaus nicht dasjenige ist, was dabei augenfällig ist. Zumal doch solche Wahrnehmung auch statthat, wenn die Wahrnehmenden von so etwas wie der »Netzhaut« und dem »Netzhautbild« nichts wissen, wie zum Beispiel längst schon vor Entdeckung von dergleichen. So ist diese Form für sich denn auch ein weiterer unabweisbarer Beleg, wie sehr schon Empirie als solche zur Nichtempirie der Reflexion und damit zur Philosophie herausfordert, gleichviel, ob wir dem folgen oder nicht. Auf diesen Unterschied einer Erscheinung gegenüber dem erscheinenden Objekt zu reflektieren jedenfalls besagt, diese Herausforderung anzunehmen. Und so sehen Sie erneut: Der Einstieg in die Reflexion auf Subjektivität, wie sie uns bis hierhin geleitet hat, ist immer wieder nur das Faktum der Erfahrung selbst, sprich, die mit ihr als Wahrheit *oder Falschheit* stets einhergehende *Irrtumsmöglichkeit*, die Ihnen als der Fall jenes oval *erscheinenden*, doch keineswegs oval auch *seienden* Objekts unübersehbar klar vor Augen steht.

Und in der Tat war Ihnen schon am Fall dieser Ovalerscheinung als der Form, die das Objekt gerade nicht hat, jene Problematik aufgegangen: Keine solche Form für sich kann einen Fall von etwas bilden, das etwas Ovales oder Rundes wäre, in dem Sinne, daß es so wie ein Objekt als Selbiges oval bzw. rund auch werden könnte und mithin als etwas Rundes *aus* etwas Ovalem auch entstehen oder als etwas Ovales umgekehrt *in* etwas Rundes auch vergehen. Vielmehr müßte solche Form, weil sie gleichwohl entstehen und vergehen kann, von solcher Art sein, daß sie anders als ein Objekt eben absolut entsteht und absolut vergeht.

Nur dem indessen, der auf das Objekt und seine relative Weise des Entstehens und Vergehens *aus* und *in* etwas geradezu fixiert ist, muß Entstehen und Vergehen als ein absolutes sofort als Entstehen aus dem Nichts und als Vergehen in das Nichts vorkommen und auf diese Weise schlechthin unverständlich bleiben. Dem hingegen, der dabei auch auf das Subjekt noch mitreflektiert, kann diese unabweisbare Notwendigkeit, daß solche Formen jeweils absolut entstehen und vergehen müssen, nur zu weiterer Verständlichkeit gereichen: erst einmal zu der dieses Subjektes und von ihm her dann auch noch zu der jenes Objektes. Denn kann die Ovalerscheinung als bestimmte Eingrenzung von Raum als solchem nur die Stellung dieses Raumes selbst besitzen, müßte ihre absolute Weise von Entstehen und Vergehen auch schon für die Stellung dieses Raumes gelten, und das heißt: für seine Stellung gegenüber jener Zeit. Zumal der Raum auch seinerseits zumindest in dem Sinn entstehen muß, daß Subjektivität im Zuge ihrer Selbstverwirklichung zum Fremd- werdenden Selbstverhältnis ihn aus sich heraus erzeugen muß.

Genau an dieser Stelle des bisher von uns entfalteten Systems jedoch droht uns ein Mißverständnis in den Weg zu treten, ja zum Hindernis zu werden, das uns jeden Fortschritt hemmt. Denn diesen Raum aus sich heraus erzeugen müssen, heißt für Subjektivität ja auf der einen Seite, ihn aus sich als Zeit heraus, doch auf der andern, ihn als Gegensatz zu sich als dieser Zeit erzeugen müssen: als Zugleich, das als Nichtnacheinander eben Gegensatz zu Nacheinander ist. Durch diese Gegensätzlichkeit von Raum zu Zeit indessen dürfen Sie sich nicht dazu verleiten lassen, ihn sogleich in einer Weise zu verstehen, die seine Stellung gegenüber dieser Zeit verfehlt. Denn etwas Gegensätzliches zu Zeit ist Raum gerade so, daß er zwar etwas Anderes als Zeit ist, aber keineswegs in dem Sinn, daß er damit auch schon etwas Anderes als das zu dieser Zeit sich selbst verwirklichende Subjekt wäre, also schon so etwas wie ein Objekt.

Vielmehr ist in diesem Sinn auch Raum noch überhaupt nichts Anderes als dieses Subjekt selbst, nur daß es sich im Zuge seiner Selbstverwirklichung zu Zeit auch noch zu etwas Anderem als Zeit, will sagen, auch zu Raum noch selbst verwirklicht, also immer wieder einheitlich, das heißt: zu Zeit und Raum ineinem. Demnach haben Sie mit gleicher Konsequenz wie schon bisher auch noch die letzte Folgerung daraus zu ziehen, daß der Raum, und zwar gerade als euklidisch-dreidimensionaler, nur aus Zeit heraus verständlich werden kann und damit auch allein aus seiner unlösbaren Einheit mit ihr. Und wie schwer das ist, geht ohne weiteres für Sie daraus hervor, wie leicht es fällt, gerade dieser Konsequenz sich zu entziehen und den Raum als etwas Anderes zu Zeit sich fälschlich wie ein Anderes als dieses Subjekt vorzustellen und mithin als Quasi-Objekt.

Nichts liegt nämlich näher, als den Raum nur wegen seiner Gegensätzlichkeit zur Zeit sogleich als etwas aufzufassen, das Zugleich in dem Sinn wäre, daß es gegen diese Zeit, die Nacheinander ja als jenes durch und durch Dynamische ist, als entsprechend Statisches auftritt, indem es gegenüber solcher Zeit als immer anderer und niemals selbiger gerade umgekehrt Zugleich als immer selbiges und niemals anderes ist. Damit aber würde Raum von Zeit in einer Weise abgelöst und gegen sie verselbständigt, daß seine Euklidizität und Dreidimensionalität, die er allein durch jene unlösbare Abhängigkeit *von* und sonach Einheit *mit* der Zeit besitzt, nicht mehr verständlich werden könnte. Beides nämlich hat er notwendigerweise nur aus jenem Punkt heraus, der aber eben Punkt der Zeit ist, demnach immer anderer und niemals selbiger, so daß auch der aus ihr heraus, das heißt recht eigentlich aus ihm heraus jeweils erzeugte Raum nur immer anderer und niemals selbiger sein kann. Von ihr bzw. ihm in Abhängigkeit und sonach mit ihr bzw. ihm in unlösbarer Einheit also *steht* der Raum auch gar nicht, sondern *geht* er eigentlich, indem er mit dem Punkt der Zeit als immer anderem und niemals selbigem vielmehr im strengsten Sinn *einher*geht.

Statt in Statik haben Sie den Raum sonach in eben der Dynamik aufzufassen wie bereits die Zeit, und zwar um so entschiedener, als dadurch, daß sie von der Zeit auch auf den Raum noch übergeht, diese Dynamik Ihnen erst einmal wie eine Zumutung erscheinen muß. Bedeutet sie doch nichts geringeres, als daß genau wie jene Zeit auch dieser Raum allein entspringt, indem er ständig ebenso entsteht wie auch vergeht, so daß er niemals ein Entstehen zum Bestehen, sondern stets nur ein Entstehen zum Vergehen hat und darin eben seinerseits nichts anderes als Subjektivität ist. So gewiß auch er aus Zeit als Punkt heraus, ja über Zeit als Punkt sogar hinaus, nämlich als Ausdehnung im Gegensatz zu Punkt von Zeit erzeugt wird, so gewiß hat trotzdem, ja gerade deshalb, nämlich aus genau dem Punkt von

Zeit heraus, dem er entspringt, auch dieser Raum noch voll und ganz die Stellung dieser Zeit als Nacheinander, und das heißt: die eines Nacheinander von Zugleich als immer anderem und niemals selbigem[16].

Als solches nämlich ist der Raum auch überhaupt nichts anderes als die bestimmte Art und Weise, in der Subjektivität aus sich als Zeit heraus auf etwas Anderes als sich noch weiter ausgeht, es jedoch auch dadurch nicht etwa bereits erreicht, weil dieser Raum als solcher nicht schon etwas Anderes als sie, sondern mit ihr als Zeit gleichauf noch ganz sie selbst ist: eben nur die zweite Stufe ihrer Selbstverwirklichung zum Fremd- werdenden Selbstverhältnis oder zur Intentionalität werdenden Spontaneität. Denn so gewiß ein Subjekt solch ein Anderes auch mittels dieser Selbstverwirklichung über die Zeit hinaus zum Raum noch nicht erzielt, wird es dadurch doch immerhin bereits in vollem Sinn zur Vorstellung bzw. zum Entwurf *von* solchem Anderen, wozu ein Subjekt mittels jener Selbstverwirklichung zu bloßer Zeit gerade noch nicht werden kann, weil es *in* bloßer Zeit auch etwas immer nur selbst *ist*, jedoch nicht etwas Anderes selbst *hat*. Erst mittels Selbstverwirklichung zu Raum als dieser zweiten und der Zeit als jener ersten auch entgegengesetzten Weise, in sich selbst verbleibend aus sich selbst herauszutreten, nämlich sich selbst anders werdend sich zu äußern, wird ein Subjekt selbst die Form, *in* der es etwas Anderes als sich zum Gegenstand für sich besitzen kann, *von* dem es selbst *als* diese Form mithin die *Vorstellung* bzw. der *Entwurf* ist.

Nur daß ein Subjekt auch als Zugleich von Raum mit Zeit als Nacheinander in Vereinigung das Nacheinander jenes Punktes bleibt, aus dem heraus es eben je und je erneut zum Raum wird als der Ausdehnung im Gegensatz zu ihm und so durch immer neue Selbstentgegensetzung auch zum immer neuen Gegensatz in sich und damit selbst noch zum Entwurf oder zur Vorstellung von etwas Anderem als sich. Kann Subjektivität zu Raum sich demnach immer

16 Doch darin können Sie durchaus nicht etwa einen Widerspruch zum Vorigen erblicken, wonach Raum nun also doch als etwas *in* der Zeit aufträte. Denn als Ausdehnung im Gegensatz zum Punkt der Zeit kann Raum nicht *in* der Zeit, weil solche Ausdehnung auch nicht *im* Punkt auftreten, sondern stets nur *mit* der Zeit, weil solche Ausdehnung auch stets nur *mit* dem Punkt, sprich, *aus* dem Punkt *heraus* und so euklidisch-dreidimensional sich bilden kann.

wieder nur in einem Zug mit ihrer Selbstverwirklichung zu Zeit verwirklichen und damit zum Zugleich allein als Nacheinander von Zugleich, so heißt das aber: Es vermag genauso wie die Zeit allein als subjektive auch der Raum allein als subjektiver zu entspringen, der das Merkmal seiner Subjektivität in eben diesem Nacheinander von Zugleich besitzt[17]. Nur so kann Ihnen Subjektivität dabei auch weiterhin verständlich sein, nämlich daß sie gerade zur Intentionalität werdende Spontaneität wird, weil sie nur, indem sie Selbst- als Fremdverhältnis wird, zum Selbstverhältnis werden kann, in all dem aber stets nur jenes Wirklichwerdenwollen, doch nicht -können ist.

Sollte Ihnen aber auch nach dieser Überlegung noch befremdlich bleiben, daß durch seine Einheit mit der Zeit als Nacheinander auch Zugleich und somit Raum zunächst einmal als Nacheinander auftritt[18], brauchen Sie nur jene Form für sich hinzuzunehmen, die nicht weniger befremdet, und Sie müßten sofort sehen, daß sich beider Problematik dabei wie mit einem Schlag zu einer einzigen vereint und damit löst. Denn daß es schon von Empirie her unausweichlich wird, Entstehen und Vergehen beispielsweise von Ovalerscheinung eines runden Tisches in der Wahrnehmung als absolutes aufzufassen, heißt ja überhaupt nichts anderes, als daß unweigerlich auch dieser Raum als absolut entstehend und vergehend gelten muß, weil die Ovalerscheinung als bestimmte Eingrenzung von Raum auch nur die Stellung dieses Raumes selber haben kann.

Dies aber führt jetzt statt zu jener Problematik, daß Entstehen und Vergehen von Ovalerscheinung, ja zuletzt sogar auch noch von Raum als solchem, jenes schlechthin unverständliche Entstehen und Vergehen aus dem Nichts und in das Nichts bedeuten müßte, in der Tat vielmehr zu ihrer Lösung. Denn bloß dem, der Reflexion wie Aristoteles unreflektiert betreibt, indem er sie als Reflexion des Subjekts

17 Wie schon für Zeit gilt somit gleichermaßen auch für Raum, daß erst noch herzuleiten ist, was unter »objektiver« Zeit und »objektivem« Raum sich überhaupt verstehen läßt. Vgl. dazu unten §§ 25–30.

18 Wie Kant selbst vor dieser auf den ersten Blick verwegen anmutenden Konsequenz für den ursprünglich-subjektiven Raum zuletzt zurückschreckt, sehen Sie zum Beispiel seiner Art und Weise an, den Satz »Dagegen ... Erscheinungen.« (A 34 B 50) zu konstruieren. In der *Dissertation* (vgl. § 15 Cor., Bd. 2, S. 405, Z. 31f.) vertrat er dies nämlich noch ganz ausdrücklich. Und auch heute noch vertritt Entsprechendes zum Beispiel Roger Penrose (vgl. unten § 25, S. 784).

auf sich selbst verkennt und so vermeint, sie am Objekt allein vollziehen zu können, muß dies als Entstehen und Vergehen aus dem Nichts und in das Nichts erscheinen und mit Recht dann unbegreiflich bleiben. Dem jedoch, der sie wie Kant als Reflexion auch auf das Subjekt noch durchschaut, geht damit auf: Ein absolutes ist dieses Entstehen und Vergehen gerade darin, daß es anstatt aus dem Nichts und in das Nichts vielmehr aus dem Subjekt wie auch in das Subjekt erfolgt, nämlich aus eben jener Zeit heraus und auch in eben jene Zeit hinein, als die ein solches Subjekt dabei jeweils wirklich wird. Denn nicht allein als aktualen Punktes Nacheinander Zeit, nein auch als je und je aus ihm heraus erzeugte und so fortlaufend mit ihm einhergehende aktuale Ausdehnung von Raumzugleich noch tritt ein Subjekt immer wieder nur als ein substratlos-absoluter Wechsel auf – und damit auch so etwas wie Ovalerscheinung als die ganz bestimmte Eingrenzung davon nur als substratlos-absoluter Wechsel.

Eben darin liegt, so müßten Sie jetzt sehen, der eigentliche Grund dafür, weshalb so etwas wie Ovalerscheinung keineswegs eine Erscheinung, die oval ist, darstellt, weil dies heißen müßte, daß eine Erscheinung, die oval ist, auch rund werden könnte. Beides nämlich ist nur dadurch ausgeschlossen, daß Erscheinung hinsichtlich von Form sowohl wie von Gehalt als ein substratlos-absoluter Wechsel immer wieder nur streng zeit- und damit punktbezogen auf- und abtritt, also auch der Form sowohl wie dem Gehalt nach immer wieder nur gewissermaßen auf- und abblitzt. Solche Metaphorik aber ist nunmehr gerechtfertigt, weil darin der aus Zeit heraus zu Raum hinaus erfolgende bloße *Entwurf von* etwas Anderem oder auch die bloße *Vorstellung von* etwas Anderem voll zum Ausdruck kommt, nämlich von etwas, das allein als etwas *Wirklich*-Anderes diesen Gehalt und diese Form zur *Eigenschaft* von sich als *Ding* besäße. Nur in diesen Raum hinein, der aus der Zeit heraus und so über die Zeit hinaus schon immer a priori ausgedehnt wird, kann sich als bestimmte Eingrenzung von ihm dergleichen wie Ovalerscheinung in ihm bilden und mithin auch nur die Stellung seines eigenen Entstehens wie Vergehens haben, das gleich dem der Zeit als aktualen Punktes Nacheinander eben absoluter Wechsel sein muß.

Dies jedoch hat dann als Allerletztes und auch Allerschwierigstes zur Folge: Nicht allein im Fall jenes Entstehens und Vergehens, sondern auch in Fällen scheinbaren Bestehens von so etwas wie Ovalerscheinung handelt es sich immer wieder nur um absoluten Wechsel, mithin gleichfalls nur um immer wieder ebenso Entstehen wie Vergehen von Ovalerscheinung. Denn auch dann, wenn Raum dabei zu immer wieder selbiger Ovalform eingegrenzt wird, tritt nur immer wieder individuell verschiedene Ovalerscheinung auf: Für Raum als absoluten Wechsel von Zugleich bleibt es belanglos, ob die Eingrenzung von ihm nun je und je zu einer unterschiedlichen oder zur selben Form erfolgt. Ein absoluter Wechsel liegt hier also nicht nur vor, wenn Runderscheinung beispielsweise durch Ovalerscheinung abgelöst wird, oder umgekehrt, was als Entstehen oder als Vergehen von Ovalerscheinung gelten muß; er tritt vielmehr auch dann auf, wenn Ovalerscheinung immer wieder durch Ovalerscheinung abgelöst wird, was darum auch nicht sogleich schon als Bestehen von Ovalerscheinung gelten kann, weil etwas, das besteht, indem es absoluten Wechsel überdauert, hier noch gar nicht vorliegt. Deshalb ist es auch aus einem und demselben Grunde nicht nur widersinnig, die Ovalerscheinung so, als ob sie selbst zu etwas Rundem werden könnte, als etwas Ovales aufzufassen, sondern auch noch so, als ob sie, wenn nicht rund geworden, selbst oval geblieben wäre.

Wenn Sie dies verstanden haben, werden Sie jedoch des weiteren verstehen: Dies hängt durchaus nicht etwa davon ab, daß wir zunächst nur dieses Beispiel der Ovalerscheinung eines runden Tisches in der Wahrnehmung herangezogen haben, also eine Form, die am Objekt gerade nicht besteht, auch wenn sie noch so augenfällig an ihm zu bestehen scheint. Denn unabhängig davon bleibt dies voll auch dann in Geltung, wenn wir dazu übergehen, Formen zu betrachten, die tatsächlich am Objekt bestehen und entsprechend am Objekt entstehen oder auch vergehen, beispielsweise wenn ein Objekt rund ist und oval wird, oder umgekehrt.

Schon Aristoteles zufolge kann dies, wie Sie wissen, nicht bedeuten, das, was rund ist und oval wird, sei die Form als solche selbst, auch dann nicht, wenn es sich dabei, wie Aristoteles hervorhebt, um die individuelle Form dieses Objektes selber handelt, die ihm also immanent ist. Vielmehr muß sie dabei absolut entstehen und vergehen, in dem Sinn, daß sie als fix- und fertige gewissermaßen kommt und geht, nämlich durch eine andere, doch gleichfalls fix- und fertige bloß abgelöst wird. Nur vermag er seiner Konsequenz in diese Richtung eben nicht recht froh zu werden, denn sie führt geraden Wegs in Platonismus solcher Formen.

Dieser aber drohe Aristoteles, so könnte Ihnen scheinen, lediglich, wenn er Entstehen und Vergehen solcher Formen in Erwägung zieht, doch nicht, wenn er bloß ihr Bestehen in den Blick faßt. Dann sei nämlich durch die Immanenz und Individualität von ihnen jeder Art von Platonismus solcher Formen vorgebeugt, weil jede Form, die nicht entsteht oder vergeht, sondern besteht, nämlich *an* einem Objekt, ihre Diesseitigkeit sozusagen augenfällig selbst bezeuge.

Doch in Wahrheit liegt gerade darin allerhartnäckigster, weil bis zu vollkommener Unkenntlichkeit verdeckter Platonismus, den Sie sich vor Augen stellen sollten. Denn nicht im geringsten kann davon die Rede sein, daß Aristoteles auch nur von fern auf den Gedanken käme: Bei solcher Form als für sich selbst betrachteter kann es sich nicht nur dann, wenn sie entsteht oder vergeht, sondern auch dann, wenn sie besteht, allein um einen absoluten Wechsel dieser Form als individueller handeln, und das heißt: auch dann allein um ebenso Entstehen wie Vergehen solcher Form, nämlich auch dann, wenn dabei immer wieder Form derselben Art entsteht, vergeht und neuentsteht. Im Gegenteil macht diese Überlegung vielmehr einen der entscheidenden Fortschritte über Aristoteles hinaus, den wir im Ansatz Kant verdanken: Solche Form für sich betrachten, sprich, im Unterschied zu anderem (wie Aristoteles zufolge etwa zur »Materie« an einem Objekt), dies bedeutet eben – weil es solche Form für sich empirisch niemals gibt – schon nichtempirisch aufs Objekt zu reflektieren, und das heißt, aufs nichtempirische Subjekt schon mitzureflektieren, ohne das es dieses Objekt offenbar gerade als ein Wirklich-Anderes zu diesem Subjekt gar nicht geben kann. Denn ursprünglich vermögen wir, wie Aristoteles auch selbst wohl weiß[19], stets nur aus Wahrnehmung heraus von einem Objekt und mit ihm auch von bestimmter Form an ihm zu wissen.

Sie nun aber für sich selbst betrachten, heißt dann überhaupt nichts anderes, als diese Form, obwohl sie am Objekt besteht, genauso wie jene Ovalerscheinung zu betrachten, welche als Ovalform am Objekt gerade nicht besteht. Nicht zufällig jedoch wird letztere von Aristoteles bei seinen Überlegungen in keiner Weise mitberücksichtigt, so daß er solche Irrtumsmöglichkeit als die Gelegenheit zum Einstieg in – sich selbst als solche auch bewußte – Reflexion verpaßt. Und so vermag er sich denn niemals zu verdeutlichen: Auch diese

19 Vgl. z.B. *Metaphysik*, Buch Z, Kap. 8, 1033 b 5f.

Form, die am Objekt besteht, kann als für sich betrachtete, wodurch es also mittels Reflexion gedanklich aufgelöst wird, wie jene Ovalform der Ovalerscheinung nur als Eingrenzung von Raum als solchem gelten. Ihn jedoch kann es erst recht nicht platonistisch als Objekt wie etwa als Behälter von Objekten geben, womit jener Einstieg Kants in Reflexion aufs nichtempirische Subjekt gewonnen ist und damit die Erklärung dafür, weshalb solche Form, auch als bestehende, wie Raum für sich betrachtet nur die Stellung jenes absoluten Wechsels von Zeit selbst besitzen kann. Und nur aus ihm bzw. ihr heraus vermögen Sie auch von der Form für sich mit Grund noch aufrechtzuerhalten: Selbst als am Objekt bestehende kann sie nichts sein, was rund oder oval ist, weil sie am bestehenden Objekt sonst selbst ein weiteres bestehendes Objekt sein müßte.

Mit solchem Raum auch solche Form als Eingrenzung von ihm in dieser Art auf Subjektivität zurückzuführen, heißt indes, die Überlegungen von Aristoteles und Kant noch weitaus enger miteinander in Zusammenhang zu bringen. Denn auch solche Form, die am Objekt besteht, ist – für sich selbst betrachtet – überhaupt nichts anderes als so etwas wie die Ovalform der Ovalerscheinung. Diese nämlich bildet, weil sie am Objekt gerade nicht besteht, bereits von sich aus einen Fall von Form für sich, ob nun als solche auch betrachtet oder nicht. Und dies hängt wesentlich damit zusammen, daß es ihnen allen jeweils aus dem Blickpunkt einer einzelnen Wahrnehmung prinzipiell nicht anzusehen sein kann, ob sie nun tatsächlich am Objekt bestehen oder nicht. Dazu ist vielmehr eine ganze Reihe einzelner Wahrnehmungen vonnöten, und so haben Sie denn auch schon einige, und zwar zusammenhängende Erfahrung anzustellen, um herauszufinden: Jener Tisch, bei dessen Wahrnehmung Sie in der Regel nur Ovalerscheinungen von ihm besitzen, ist gerade rund und nicht oval.

Wie Ihnen aber nicht entgehen wird, legt Aristoteles von vornherein ausschließlich jenen Fall der Form zugrunde, die tatsächlich am Objekt besteht: weshalb sein Beispiel einer Kugel, die – den Unterschied von zwei- und dreidimensionalem Raum einmal vernachlässigt – stets rund erscheint, nicht zufällig gewählt sein dürfte. So jedoch verstellt er sich bereits von vornherein auch jede Einsicht von der Art, um die es ihm gerade geht, zu der denn auch – wenngleich nur ansatzweise – Kant erst vorgedrungen ist: Auch als bestehende, sprich, auch als Form derselben Art, kann Form – für sich betrachtet

– nichts als absoluter Wechsel sein, im Sinn des Objekts also auch gerade nicht bestehen. In Fällen, wo sie *nicht* als absoluter Wechsel auftritt, kann es folglich auch nicht diese *Form* sein, was besteht, sondern *in* dieser Form nur ein *Objekt*. Genau in diesem Sinn liegt denn in solchen Fällen diese Form auch nur *im* oder *am* Objekt vor: nur als »Eigenschaft« oder als »Akzidens« jeweils *von ihm*, so daß allein *es selbst* dann rund oder oval oder ein Mensch ist, eben das, was ganz im Sinn des Aristoteles auch erst durch diese Form, als »Wesen« von ihm, »Ding« oder »Substanz« ist[20]. Nur daß dieses Wesen dabei keineswegs, wie er vermeint, auch seinerseits etwas Platonisch-Objektives ist, ewige Spezies, sondern eben etwas Kantisch-Subjektives. Dieses Wesen des Objekts ist keineswegs ein weiteres Objekt, an ihm als dem Bestehenden ein weiteres Bestehendes. Das Wesen des Objekts ist vielmehr das Subjekt, das durch den Raum, zu dem es sich verwirklicht, und mithin auch durch die Form, die sich in ihm erst bilden kann, am Objekt wesentlich beteiligt ist. Jedoch gerade nicht als ein Bestehendes, nein als das je und je gleich Zeit Entstehende genausowie Vergehende von Raum: Das Wesen dieser Welt sind wir.

Aus solcher Einsicht Kants ergibt sich Ihnen aber auch noch folgende als weiterer Fortschritt. Auch durch Selbstverwirklichung aus Zeit heraus zu Raum hinaus, worin sich solche Form erst bilden kann, erfüllt ein Subjekt lediglich noch eine weitere notwendige Bedingung, und das heißt, noch immer nicht die hinreichende, um sich als Intentionalität werdende Spontaneität oder als Fremd- werdendes Selbstverhältnis dahin zu vollenden, daß es ein Objekt als Wirklich-Anderes tatsächlich zu erzielen vermag. Entsprechend zielt ein Subjekt dabei nicht etwa auf diesen Raum als solchen oder gar auf diese Form in ihm als solche, sondern mittels beidem schon von vornherein ausschließlich auf ein Objekt als ein Wirklich-Anderes zu sich, was nunmehr heißt: Ein Subjekt zielt vermittels seiner selbst als

20 Für ein weiteres Faktum also finden Sie die angemessene Erklärung erst durch diesen Ansatz Kants: Nicht nur die Form im Sinn der naturalen Spezies, wie Aristoteles zufolge, sondern auch noch jede andere Form macht dasjenige, dem sie innewohnt und das sie umgekehrt mithin zur Eigenschaft oder zum Akzidens besitzt, zu einem Ding bzw. zu einer Substanz, will sagen: nicht nur so etwas wie »einen Menschen«, sondern auch dergleichen wie »etwas Ovales« oder »etwas Rundes«.

dieser Form in diesem Raum, die ja als solche ebenso wie er als solcher absoluten Wechsel bildet, darauf, diese Form in diesem Raum als etwas zu gewinnen, das gerade keinen absoluten Wechsel bildet, etwas also, das in dieser Form und so in diesem Raum sonach gerade als ein wirklich-anderes Objekt dieses Subjekts besteht.

Doch eben dafür, so die zusätzliche Einsicht Kants, hat dieses Subjekt sich auch über seine Selbstverwirklichung zu Zeit und Raum hinaus noch weiter zu verwirklichen, in einer Weise, die ich Ihnen erst im folgenden Kapitel positiv entwickeln kann. Wie Sie indes auch negativ schon hier verstehen, besagt nämlich, daß irgendeine Form besteht – sprich: immer wieder von derselben Art ist –, nach dem vorigen noch überhaupt nicht, daß es sich dabei auch schon um das Bestehen eines Objekts handelt. Durch Bestehen bloß von Form als solcher ist gerade nicht entschieden, ob sie nun als absoluter Wechsel auftritt und mithin als individuelle immer wieder ebenso entsteht wie auch vergeht und damit noch Subjekt ist, oder nicht, und damit schon Objekt.

Nur um so wichtiger für Sie jedoch, sich vorerst bis ins letzte zu verdeutlichen, in welchem Sinn gleichwohl nicht nur vom Objekt, sondern auch bereits vom Subjekt, nämlich auch bereits von jener Anschauung, Erscheinung und Empfindung gilt, daß sie in Form von Raum auftreten, insofern sie jeweils nicht nur beispielsweise Roterscheinung, Rotanschauung oder Rotempfindung, sondern auch zum Beispiel Runderscheinung, Rundanschauung oder Rundempfindung sind. Denn wie Sie schon gesehen haben, kann genausogut auch so etwas wie Tischanschauung, Tischerscheinung oder Tischempfindung als ein Beispiel dafür gelten, woraus endgültig für Sie hervorgeht, daß es sich bei solcher Anschauung, Erscheinung und Empfindung auch genausowenig, wie um einen Tisch, um etwas Rotes oder etwas Rundes handeln kann.

Dies festzuhalten aber wird inzwischen deshalb um so wichtiger für Sie, da solche Tisch- bzw. Roterscheinung – eben weil sie stets auch so etwas wie Rund- oder Ovalerscheinung ist – in Fällen, wo sie *nicht* als absoluter Wechsel auftritt, in der Tat das Objekt selbst ist und mithin ein Tisch bzw. etwas Rotes und etwas Ovales oder Rundes, kurz: eine Substanz oder ein Ding mit solchem Inhalt oder solcher Form als Eigenschaft oder als Akzidens. Nicht nur die Form, sondern auch der Gehalt, der jeweils in ihr auftritt, ist in solchem Fall, wo demnach *beides* nicht als absoluter Wechsel auftritt, mit der

Form zusammen das Objekt, sprich, jeweils eine Eigenschaft oder ein Akzidens an ihm, wiewohl dieser Gehalt allein auf Grund von dieser Form.

Denn erst durch Ihre nachträgliche Reflexion auf sich als Subjekt, durch *intentio obliqua*, wird dann solcher Inhalt oder solche Form für sich betrachtet und muß so als bloße Tisch*erscheinung*, Rot*erscheinung*, Rund- oder Oval*erscheinung* gelten. Deshalb kann, zum Beispiel letztere im Unterschied zum runden Tisch betrachten, auch nichts anderes bedeuten als schon nichtempirisch-philosophisch reflektieren. Doch in der *intentio recta*, in der Sie als ein Subjekt zunächst einmal begriffen sind und auch in aller Regel bleiben, wissen Sie von solcher Anschauung, Erscheinung und Empfindung noch so wenig, daß Sie – durch Erfüllung jener weiteren, hinreichenden Bedingung – jeden solchen Inhalt und auch jede solche Form erst einmal für ein Objekt halten, dessen Eigenschaft sie jeweils seien. Nur kann dies, wie schon erwähnt, auch Irrtum sein. Erst damit aber öffnet sich hier eine Möglichkeit für Sie zum Einstieg in die Reflexion auf sich als solche Form und solchen Inhalt der Empfindung, Anschauung oder Erscheinung, nämlich als das vom Objekt zu unterscheidende Subjekt. Und zwar gleichviel, ob Sie diese Gelegenheit ergreifen, um auf diese Weise Philosophin oder Philosoph zu werden, oder unergriffen lassen und Empiriker oder Empirikerin bleiben.

In solcher Empirie begriffen sind und bleiben Sie jedoch gerade dadurch, daß Sie eben schon von vornherein nicht nur zu Zeit, sondern aus Zeit heraus auch noch hinaus zu Raum sich selbst verwirklichen, indem Sie Selbstverhältnis zu sich selbst nur werden als ein Fremdverhältnis hin zu Anderem als sich selbst, das Sie auf diese Weise, wenn auch nicht bereits erzielen, so doch sich bereits entwerfen oder vorstellen. Demgemäß vermögen Sie sich auch aus dem Gehalt heraus, den Sie in sich als Zeit aufnehmen, ein Objekt ursprünglich nur insoweit zu entwerfen oder vorzustellen, als Sie ihn nicht bloß in sich als Zeit, sondern auch noch in sich als Raum aufnehmen. Denn allein in ihm, in den Sie selbst mithin Gehalt erst bringen müssen, kann er dann – aus welchem Grund auch immer – irgendeine Form annehmen, welche, wenn sie überhaupt die Form von etwas ist, nur diejenige eines Objekts sein kann und mit dieser denn auch ihr Gehalt nur derjenige dieses Objekts. Und zwar einerlei, ob er wie der aus dem Gesichtssinn stammende nun als ein Farbgehalt durch Sie von vornherein bereits in Form von Raum gebracht wird, so daß er ihn auch von vornherein bereits in irgendeiner Form erfüllt, oder erst nachträglich wie der aus andern Sinnen.

Damit aber müßte Ihnen nunmehr voll die Schwierigkeit vor Augen stehen, was es eigentlich genau bedeuten könnte, daß auch innerhalb von Ihnen als Subjekt schon jeglicher Gehalt nicht nur in Form von Zeit, sondern auch noch in Form von Raum auftreten muß, sofern er dazu taugen soll, als »Sinnesdatum« in der Außenweltwahrnehmung etwas zur ursprünglichen Erzielung eines Außenweltobjektes beizutragen.

Denn das möchte Ihnen auf den ersten Blick vielleicht als Widerspruch erscheinen: Schließlich könne ein Gehalt – von welcher Art auch immer – wegen jener Gegensätzlichkeit von Raum zu Zeit nur *entweder* in Form von Zeit *oder* in Form von Raum auftreten, aber nicht in beidem, weil nur *entweder* ein Nacheinander *oder* ein Nichtnacheinander bilden, doch nicht beides. Widersprüchlich aber könnte Ihnen dies nur dann erscheinen, wenn Sie wieder aus dem Blick verloren hätten, daß es sich bei diesem Raum zwar um Nichtnacheinander handelt, doch um solches eben, welches immer wieder nur aus Nacheinander Zeit heraus erzeugt wird und von daher mit ihm selbst gerade so einhergeht, daß es mit ihm selbst nur immer wieder ebenso entsteht wie auch vergeht und somit insgesamt und einheitlich gerade Nacheinander von Nichtnacheinander bildet[21]. Gleiches nämlich gilt dann auch für jeglichen Gehalt, der damit, daß er ins Nichtnacheinander dieses Raumes eintritt, aus dem Nacheinander jener Zeit nicht nur nicht *austritt*, sondern dadurch sogar auf ganz neue Weise in ihm *auftritt*, wie Sie noch genauer sehen werden[22].

Doch damit, daß Sie jenen Schein von Widersprüchlichkeit auf diese Art bereinigen, tritt Ihnen erst die eigentliche Schwierigkeit entgegen. Wegen jener Gegensätzlichkeit von Raum zu Zeit kann danach nämlich weder Form noch auch Gehalt im selben Sinne wie *in* Zeit auch noch *in* Raum sein, sondern wenn, dann nur in grundsätzlich verschiedenem. In demjenigen Sinne nämlich, in dem beide grundsätzlich und nur *in* Zeit sind, sind sie freilich nicht *in* Raum, sondern wenn überhaupt, dann nur in einem anderen. Und das heißt umgekehrt: In demjenigen Sinne, in dem beide grundsätzlich und

21 Vgl. dazu oben S. 524ff.
22 Vgl. dazu §§ 20 und 21.

nur *in* Zeit sind, kann *in* Raum, wenn überhaupt etwas, auch nur etwas grundsätzlich Anderes als sie sein, eben das Objekt zu beiden als Subjekt: genau das Objekt nämlich, welches allererst *in* irgendeiner Form *in* Raum auftreten kann, so daß es Form und durch sie auch Gehalt dann *hat*, nämlich zu seiner Eigenschaft, wogegen das Subjekt jeweils Gehalt und Form nicht *hat*, sondern gerade *ist*. Und eben dieses letztere im Unterschied zum ersteren zu denken, darin liegt die eigentliche Schwierigkeit.

Denn hatten Sie den Raum, der hier als das Entscheidende im Spiel ist, schon im vorigen als jenes überaus Dynamische und damit Schwierige zu denken, so jetzt als womöglich noch Dynamischeres. Diese Schwierigkeit zu lösen, heißt nämlich, den absoluten Wechsel dieses Raumes in gewisser Hinsicht noch zu radikalisieren: Daß im Unterschied zu einem Objekt ein Subjekt jeweils Gehalt und Form nicht *hat*, sondern bloß *ist*, kann nur bedeuten, daß es keineswegs als etwas auftritt, das in irgendeinem Sinne *für* etwas *zugrunde* läge, welches umgekehrt ihm *zugeschrieben* werden könnte wie dem Objekt seine Form und sein Gehalt als seine Eigenschaft und so als etwas *an* ihm. Dies jedoch heißt dann im einzelnen: Gehalt und Form im Fall des Subjekts können nicht als etwas *an*einander gelten, so als ob Ovalform selber etwa rot sein könnte oder Rotgehalt als solcher selbst etwa oval; vor allem aber können sie auch nicht als etwas *an* Erscheinung, Anschauung oder Empfindung gelten, so als wären diese, und mithin das Subjekt, jeweils etwas Rotes oder auch Ovales.

Das verstehen Sie sofort, wenn Sie erwägen, was das für Ovalform oder Rotgehalt sonst heißen müßte. Rotgehalt ist eine Roterscheinung nämlich durch und durch. Entsprechend müßte sie auch durch und durch oval sein, nämlich überall dort, wo sie Rotgehalt ist, auch oval. Dies aber wäre ebenso unsinnig wie das Umgekehrte, nämlich daß ihre Ovalform als die bloße Grenze ihres Rotgehaltes dann als solche selbst und damit überall auch rot sein müßte. Rot oder oval ist eben stets erst etwas Anderes als beide, weil sie beide, Form genausowie Gehalt, als Eigenschaften auch stets erst von diesem Anderen aussagbar sind, während sie miteinander eben nur einhergehen, nämlich ohne voneinander Eigenschaft und damit aussagbar zu sein. Das Auftreten von etwas *in* etwas – wie das eines Gehalts *in* einer Form und so zuletzt auch das eines Subjekts *in* Raum – ist hier sonach das *In*einander eines bloßen *Mit*einander, weil ein Subjekt eben jedes davon jeweils nur zu *sein* vermag und nicht etwa zu *haben*.

Wovon Sie sich hier nicht beirren lassen dürfen, ist die Möglichkeit, in jedem solchen Fall mit Leichtigkeit ein Substantiv zu bilden und mit seiner Hilfe so zu sprechen, als ob das, was es bezeichnet, dabei ebenso zugrunde läge wie in andern Fällen solcher Substantive[23]. Denn im Fall von jenem Subjekt als dem Nacheinander Zeit liegt eben *nichts* zugrunde, und das heißt, tritt eben *alles*, was sich in bzw. an ihm unterscheiden läßt, als absoluter Wechsel dieses Nacheinander auf: Nichtnacheinander Raum sowohl wie Form in ihm wie auch Gehalt in ihr. Gerade diesen absoluten Wechsel aber müssen Sie *trotz* allem, sprich, *für* alles, was Sie in bzw. an ihm unterscheiden können, als *substratlos*-absoluten Wechsel eben radikalisieren: Ganz wie Raum als solcher selbst geht jede Form in ihm wie auch jeder Gehalt in ihr mit solchem Nacheinander immer wieder nur einher, indem dies alles wie dies Nacheinander selbst nur immer wieder ebenso entsteht wie auch vergeht, so daß genau in diesem Sinne jedes einzelne davon mit jedem anderen auch immer wieder nur einhergeht, aber keines davon irgendeinem anderen wie ein Substrat etwa zugrunde liegt, indem es Nacheinander etwa überdauerte und dabei etwas immer Selbiges statt immer Anderes darstellte. Ganz wie Raum als solcher selbst ist vielmehr jede Form in ihm wie auch jeder Gehalt in ihr und so in ihm bloß etwas, das aus Zeit heraus nur tritt, indem es *aus* ihr als dem Nacheinander aktualen Punktes jeweils ebensosehr *auf*- wie *in* sie als das Nacheinander aktualen Punktes wieder *ab*tritt.

Denn all dies ist eben überhaupt nichts anderes als jenes Subjekt selber, das zu all dem zwar sich selber schon verwirklicht, doch bloß soweit, daß es als die Selbstverwirklichung zu all dem vorderhand bloß dazu *ansetzt*, auf ein Anderes als sich selber auszugehen, sprich, durch all dies als ein Ausgehen auf etwas Anderes sich keineswegs auch schon *vollendet*: Als zum Fremd- werdendes Selbstverhältnis oder zur Intentionalität werdende Spontaneität ist Subjektivität auch dadurch noch nicht vollständig. Und eben diese Unvollständigkeit, die nicht nur nach der Seite des Subjektes, sondern auch nach derjenigen des Objektes sich bemerkbar macht, hat ihre Schwierigkeit, weshalb Sie sie zunächst nur nach der letzteren betrachten sollten.

Auch als Zeit ist nämlich ein Subjekt schon Fremd- werdendes Selbstverhältnis und Intentionalität werdende Spontaneität, sofern es

23 Vgl. dazu weiter unten § 33, S. 991 ff.

auch als Zeit schon zum Sich anders-Werden eines Selbigen oder Sich-Äußern eines Inneren wird, wie Sie sehen konnten. Nur vermag es freilich bloß in Form von sich als Zeit sich innerhalb von sich noch prinzipiell nichts zu vergegenständlichen, weil auch in keinem Sinne in sich selbst ein Gegenüber zu sich selbst schon zu gewinnen. Dazu schreitet ein Subjekt vielmehr erst dadurch fort, daß es sich nicht allein zu Zeit, sondern ineinem damit auch aus Zeit heraus und über sie hinaus zu Raum noch als dem Gegensatz zu Zeit verwirklicht. Erst als der euklidisch-dreidimensionale nämlich ist er das, in Form wovon ein Subjekt aus sich selbst heraus ein Gegenüber zu sich selbst gewinnen kann, indem es als Entwurf oder als Vorstellung von etwas dieses Etwas sich als etwas Anderes zu vergegenständlichen vermag. Und so muß denn das Selbstbewußtsein dieses Subjekts als das seiner Selbstverwirklichung sich auch als ursprüngliches Zeit- *und Raum*bewußtsein bilden: Erst als das von solchem über Zeit hinausgehenden Raum nämlich vermag es auch zum Selbst- *als Fremd*bewußtsein und mithin zum Selbstbewußtsein überhaupt zu werden, als das ein Subjekt sich selbst eines Objekts als eines Andern zu sich selbst bewußt sein kann.

Auf eben diese Weise wird denn auch Gehalt – indem er dadurch im Subjekt nicht nur als Nacheinander, sondern auch noch als Nichtnacheinander auftritt und mithin aus Zeit als Punkt heraus jeweils in Raum als Ausdehnung hinein stets irgendeine Form erfüllt – zu etwas, das sich dieses Subjekt dergestalt als etwas Anderes zu sich und damit als Objekt schon gegenüber-, eben vorstellt und entwirft als einen Gegenstand, doch ohne daß er dadurch auch schon etwas Wirklich-Anderes wäre. Auch als solch ein Gegenstand ist ein Gehalt vielmehr noch überhaupt nichts anderes als dieses Subjekt selbst, das überhaupt erst so sich selbst zu dem verwirklicht, mittels dessen es auf Wirklich-Anderes dann auszugehen vermag und mittels dessen es ein Wirklich-Anderes dann auch gewinnen kann. Und in der Tat setzt ein Subjekt gerade dadurch, daß es dieser Gegenstand, nämlich Gehalt in irgendeiner Form von Raum jeweils selbst *ist*, so ausschließlich zur Intention auf etwas Wirklich-Anderes an, daß dann, wenn ein Subjekt zu solcher Intention sich selbst vervollständigt sowie durch sie erfolgreich ist, auch eben dieser Gegenstand ein Wirklich-Anderes im Raum ist, das diesen Gehalt und diese Form selbst *hat*, nämlich zu seiner Eigenschaft.

Und wie ausschließlich ein Subjekt durch Selbstverwirklichung zu diesem Gegenstand tatsächlich dazu ansetzt, ihn gerade als ein Wirklich-Anderes zu intendieren, wird für Sie an jenem Beispiel der Ovalerscheinung eines runden Tisches klar, der dennoch Rund- und nicht Ovalform hat. Obwohl sie also nicht zum Objekt, sondern nur zum Subjekt zählen kann, ist es doch so ausschließlich ein Objekt, was ein Subjekt durch Selbstverwirklichung zu Raum (worin Gehalt Ovalform überhaupt erst annimmt) sich als Gegenstand entwirft und vorstellt, daß auch grundsätzlich nur ein Objekt als Wirklich-Anderes diese Ovalform haben kann, wenngleich in diesem Fall nicht hat. Und damit gilt es für Sie eben etwas äußerst Schwieriges, weil rein Dynamisches zu denken. Denn auch noch als solcher Raum in Einheit mit sich selbst als Zeit, aus der heraus, das heißt, in den hinein erst ein Subjekt einen Gehalt in einer Form zu einem Gegenstand gewinnt, ist Subjektivität nur *Ansatz zu* und damit *unvollständige* Intentionalität. Als reines Nacheinander von Nichtnacheinander nämlich ist und bleibt auch solcher Raum noch und entsprechend dieser Gegenstand als Form eines Gehaltes in ihm ein substratlos-absoluter Wechsel, den zu überdauern folglich auch nicht dieser Raum vermag, sondern eben nur in Form von diesem Raum ein Wirklich-Anderes, das aber erst als ein *Erfolg* von *Intention* und damit auch erst als ein *Korrelat* zu *vollständiger* Intention auftreten kann.

Deswegen ist es auch kein Zufall, wenn Sie die bisherigen Versuche, zu erklären, wie einem Subjekt ursprünglich etwas gegenständlich werden könne, unverständlich finden. Das gilt nicht nur für Kants Lehrstück vom »transzendentalen« oder Husserls Lehrstück vom »intentionalen« Gegenstand, sondern vor allem auch für jene Lehre von der »Retention« und »Protention«, die vor den Ansätzen von Kant[24] und Husserl[25] schon von Locke vertreten wird[26]. Vergebens nämlich müht sie sich, ursprüngliche Vergegenständlichung von etwas schon in Form der Zeit allein als möglich zu erweisen[27], woran offenkundig für Sie wird, worin der eigentliche Grund dafür liegt, daß auch jenes Lehrstück nicht verständlich werden kann. Sie kran-

24 Vgl. A 98–110.

25 Vgl. z.B. *Husserliana*, Bd. 10, S. 30ff.; Bd. 11, S. 323ff.

26 Vgl. z.B. *An Essay Concerning Human Understanding*, Band I, Buch 2, Kap. X, 1.

27 Vgl. dazu weiter unten § 28, S. 863ff.; § 30, S. 914ff.

ken allesamt am Mangel hinreichender Einsicht in das Wesen und den Ursprung wie vor allem auch in das Zusammenspiel von Zeit und Raum bereits in ursprünglichster Außenweltwahrnehmung. Nur aus diesem Grund vermögen sie denn auch nicht einzusehen, wie prinzipiell es ausgeschlossen bleiben muß, in Form von Zeit allein etwas ursprünglich zu vergegenständlichen, daß dies vielmehr grundsätzlich nur in Form des aus der Zeit heraus erzeugten Raumes möglich werden kann.

Und in der Tat wird jener »Gegenstand«, welcher bei Kant und Husserl als »transzendentaler« oder als »intentionaler« noch abstrakt und damit letztlich unverständlich bleibt, sofort konkret und dann verständlich, wenn Sie sich verdeutlichen: Bereits von Anbeginn der ursprünglichsten Außenweltwahrnehmung ist er überhaupt nichts anderes als immer schon aus Zeit heraus erzeugter Raum[28], der eben nur durch nichtempirische oder transzendentale Reflexion auch selber noch als nichtempirischer oder transzendentaler Gegenstand ermittelt werden kann, nämlich als das, was jeglichem empirischen in ursprünglicher Außenweltwahrnehmung immer schon zugrunde liegen muß.

Nur dadurch nämlich, daß ein Subjekt sich nicht bloß zu Zeit, sondern auch über Zeit hinaus zu Raum noch selbst verwirklicht und so auch Gehalt nicht nur in sich als Zeit, sondern aus sich als Zeit heraus auch noch in sich als Raum hinein verbringt, den er in dieser oder jener Form dann füllt, vermag es etwas Anderes als Gegenstand sich zu entwerfen oder vorzustellen. Und eben darum kann ein solcher Gegenstand *dann, wenn* er als empirischer tatsächlich etwas Wirklich-Anderes und so empirisches Objekt ist, auch nur das sein, was *in* dieser oder jener Form und so auf jeden Fall *in* Raum auftritt. Und dieser ist als Inbegriff der Formen, welche die Objekte dann tatsächlich haben, auch der eine objektive Raum der Welt, den wir auch immer erst entlang dieser empirischen Objekte sozusagen als empirisches Objekt ermitteln können, während Raum als solcher jeweils nur ein nichtempirischer oder transzendentaler Gegenstand für Reflexion ist. Und so bildet er als Inbegriff der Formen, die zunächst einmal nur jeweils mit Gehalt einer Erscheinung, Anschau-

28 Vereinzelt schimmert dies bei Kant gelegentlich schon durch, vgl. zunächst A 285f. B 341f. mit A 278 B 334 und von hier aus dann B 5f., B 11, B 18, A 21 B 35, A 221 B 268.

ung oder Empfindung von uns selbst als einzelnem Subjekt einhergehen, auch zunächst einmal nur eine Vielheit subjektiver Räume. Denn zu dieser haben wir uns aus uns selbst als jener Vielheit subjektiver Zeiten erst einmal ursprünglich zu erzeugen, um aus jeweils subjektivem Raum heraus uns auf Objekte in ihm als durch sie dann objektivem Raum überhaupt einigen zu können, so daß solcher subjektive diesem objektiven als objektiviertem subjektiven auch stets schon zugrunde liegen muß.

Deswegen kommt für Sie auch alles darauf an, sich diesen vorerst subjektiven Raum als bloßen *Ansatz zu* und so als vorerst *unvollständige* Intentionalität genauestens auf den Begriff zu bringen: als die zweite Stufe sich verwirklichenden Intendierens nämlich, der noch eine weitere und somit dritte folgen muß, damit sich Intendieren vollständig verwirkliche. Um diesen subjektiven Raum genau als solche Zwischenstufe zwischen jener subjektiven Zeit und diesem vollständigen Intendieren zu bezeichnen, scheint mir nach wie vor nur eine Terminologie geeignet, die ich Ihnen schon vor Jahren vorgeschlagen habe, nämlich jene aus dem Grundwort »deuten« zu entwickelnde[29]. Was ein Subjekt mit jeglichem Gehalt als seiner Anschauung, Erscheinung oder auch Empfindung *macht*, indem es ihn nicht nur in Form von sich als Zeit, sondern auch noch in Form von sich als Raum verbringt, ist, daß es den Gehalt als seine Anschauung, Erscheinung oder auch Empfindung dadurch *deutbar* macht, das heißt, auf ein *Objekt* hin deutbar macht: nicht weniger, doch auch nicht mehr. Das heißt nämlich des weiteren: Gehalt als Anschauung oder Erscheinung wird dadurch zwar *schon*, doch auch *nur* deutbar, eben auf ein Objekt hin bloß deut*bar*, aber keineswegs auch schon ge*deutet*. Den Gehalt als Anschauung oder Erscheinung auf ein Objekt hin nicht nur *deutbar* zu machen, sondern auch tatsächlich auf ein Objekt hin zu *deuten*, ist dann vielmehr erst die Angelegenheit des vollständigen Intendierens selbst, das durch dies Deutbarmachen aber eben allererst ermöglicht, sprich, gerade nicht auch schon verwirklicht wird, das davon also auch genauestens zu unterscheiden ist.

Dies aber müßte Ihnen jetzt insofern leichter fallen, als Sie diese Zwischenstufe mittels dieser Terminologie nunmehr von beiden andern Stufen unterscheiden können. Was aus dem Gesichtspunkt der Verwirklichung von Deutung einer Anschauung bloße Ermöglichung

29 Vgl. dazu G. Prauss, *Erscheinung bei Kant*, Berlin 1971, § 3.

als bloße Deutbarmachung dieser Anschauung darstellt, das bildet seinerseits natürlich ebenfalls eine Verwirklichung: diejenige von Anschauung in Form des Raumes, welche ihrerseits durch die Verwirklichung von Anschauung in Form der Zeit ermöglicht wird. Denn auch nur solche Anschauung, welche in Form der Zeit grundsätzlich schon *verwirklicht*, eben schon *gemacht* ist, läßt sich auch in Form des *Raumes* noch verwirklichen, sich eben auch noch *deutbar* machen. Und so ist hier die jeweils vorangehende Stufe von Verwirklichung auch nichts als die Ermöglichung der jeweils nachfolgenden Stufe von Verwirklichung – mit Ausnahme der letzten: Als die Stufe vollständiger Selbstverwirklichung von Subjektivität zum Fremd- werdenden Selbstverhältnis oder zur Intentionalität werdenden Spontaneität erweist sie vielmehr für die Reflexion darauf, daß aus der Rückschau dieser letzten die vorangegangenen nur Stufen *innerhalb* von ihr als Selbstverwirklichung darstellen, eben die der Selbstermöglichung von Selbstverwirklichung.

Entsprechend werden alle diese Stufen im Zusammenhang auf ihre Tiefendimension als ihre nichtempirische Struktur auch allererst für nichtempirische Erkenntnis durch transzendentale Reflexion durchschaubar. Denn als vollständiges Intendieren kann *intentio recta* prinzipiell nur auf etwas Empirisches als etwas Wirklich-Anderes als sich ausgehen und vermag deswegen auch von sich als Deuten oder Deutbarmachen oder Machen einer Anschauung noch nicht das mindeste zu wissen. Vielmehr geht *intentio recta* gleichsam durch dies alles immer nur hindurch, mithin gerade nicht auf sich, sondern durch sich allein auf Anderes als sich aus, auch in allen jenen Fällen wie dem der Ovalerscheinung eines runden Tisches: einerlei, ob solche Intention auf Grund von solcher Form und von Gehalt in solcher Form etwas Empirisches als etwas Wirklich-Anderes nun tatsächlich erzielt oder auch nicht. Und zur Bezeichnung solcher ursprünglicher Überschreitung[30] von Erscheinung oder Anschauung als letztlicher *Selbst*überschreitung eines Subjekts auf ein Objekt hin, in der begriffen ein Subjekt sich als zum Fremd- werdendes Selbst-

30 Dies der positive Ausdruck, den Kant nur umschreibend für den negativen einsetzt, wenn er sagt, daß »ich aber bei diesen Anschauungen, wenn sie Erkenntnisse werden sollen, nicht stehen bleiben kann, sondern sie als Vorstellungen auf irgend etwas als Gegenstand beziehen und diesen durch jene bestimmen muß« (B XVII).

verhältnis oder zur Intentionalität werdende Spontaneität vollendet, eignet sich der Ausdruck »Deutung« deshalb, weil Ergebnis einer Deutung eben niemals dasjenige sein kann, was sie deutet, sondern immer nur etwas grundsätzlich Anderes.

Erst Ihre nichtempirische *intentio obliqua* als transzendentale Reflexion auf sich als solcherart *intentio recta* führt Sie denn auch zu dem Wissen über sie und damit über sich, wonach zu gelten hat: Zur Deutung Ihrer Anschauung, das heißt zuletzt, zur Deutung Ihrer selbst als Subjekt auf ein Objekt als ein Anderes Ihrer selbst vermögen Sie sich als Intentionalität nur dadurch zu vervollständigen, daß Sie dem zuvor sich erst einmal sich selbst gleichsam zugrunde legen, nämlich erst einmal als Deutbarmachen Ihrer Anschauung in Form von sich als Raum und dem zuvor wiederum erst einmal als Machen Ihrer Anschauung in Form von sich als Zeit. Erst über eben diese Stufen nämlich können Sie im ganzen zum genannten Überschreiten Ihrer selbst als Subjekt auf ein Objekt werden, deren zweite, nämlich Zwischenstufe sich als die entscheidende noch deutlicher erweisen wird, wenn wir sie nunmehr auch noch nach der Seite des Subjekts erwägen und nicht nur nach der des Objekts, wie bisher. Denn die in Form euklidisch-dreidimensionalen Raumes deutbare Anschauung bildet nur die eine Komponente dieser Zwischenstufe, deren andere dagegen der deutfähige Begriff ist, Komponenten, die gleich wesentlich zu ihr zusammenhängen.

b) Der deutfähige Begriff

§ 20. Zeit, Begriff und Raum

Leicht nämlich werden Sie sich jetzt verständlich machen können: Deutbarkeit von Anschauung heißt nicht bloß Deutbarkeit *auf* etwas, nämlich auf ein *Objekt*, sondern auch noch Deutbarkeit *durch* etwas, nämlich durch etwas Deut*fähiges*, was überhaupt nichts anderes als ein *Begriff* sein kann. Denn, Anschauung zu deuten, heißt nun einmal eben dies, auf Grund von Anschauung der Innenwelt etwas für einen Tisch zu halten oder für etwas Ovales oder Rundes oder Rotes und mithin für ein bestimmtes Objekt in der Außenwelt, was jeweils nur auf Grund eines Begriffes davon möglich werden kann. Anschauung und Begriff sind als Deut*bares* und Deut*fähiges* entsprechend unlösbare Korrelate zueinander, deren jedes nur zusammen mit dem andern jeweils so etwas wie Deutung zu ermöglichen vermag, doch wie gesagt: bloß zu ermöglichen, nicht auch schon zu verwirklichen[1].

Denn Deutung – und das heißt: Verwirklichung derselben – stellt schon einen Fall von vollständiger Intention dar wie zum Beispiel »Dies ist rot« oder »Dies ist oval« bzw. »Dies ist rund« oder »Dies ist ein Tisch«. Sie geht entsprechend auch noch dahin, einen immer schon gebildeten Begriff wie »... Tisch« und »... rund« oder »... oval« und »... rot« in einer Weise, die wir noch genau zu untersuchen haben werden, zu verwenden. Vorderhand beschäftigt uns hingegen nach wie vor bloß dieser Deutung oder dieser Intention Ermöglichung. Sie aber wird als bloße *Bildung* des *Begriffes für* die Deutung oder Intention, die ja bereits *Verwendung* des gebildeten Begriffes darstellt, als noch unvollständige Intentionalität jetzt auch geradezu mit Händen für Sie greifbar – und von hier aus rückläufig dann auch noch jene Bildung der deutbaren Anschauung als Korrelat zu dieser Bildung des deutfähigen Begriffes. Trotz des grundsätzlichen Unterschiedes zueinander bleiben beide nämlich nicht allein unlösbar voneinander, sondern bilden miteinander letztlich eine und dieselbe Leistung des Subjektes, und als solche wird sie Ihnen wohl auch erst von jetzt an voll verständlich werden können.

Denn genauso faßlich wird für Sie dann auch, daß im gesamten letzten Paragraphen, der nur die deutbare Anschauung behandelte, auch der deutfähige Begriff schon mit thematisch war und nur methodisch ausgeblendet blieb: Das Auftreten von Anschauung als der deut*baren* nämlich schließt ja ein das Mitauftreten von Begriff als dem deut*fähigen*, wenn anders etwas deutbar nur *durch* etwas sein kann, das dann auch deutfähig sein muß. Und so heißt das weiter: Als deutbare Anschauung vermag ein Subjekt überhaupt nur dadurch aufzutreten, daß es immer schon mit ihr einhergehend auch als deutfähiger Begriff noch auftritt. Dies jedoch heißt letztlich: Aus demselben Grund, nämlich aus sich als Zeit heraus, muß ein Subjekt sich nicht nur nach der einen Seite zur deutbaren Anschauung, son-

1 Im Normalsinn der Suffixe »... bar« und »... fähig« unterscheide ich zwischen der »Anschauung«, die als »deut*bare*« das ist, was *ge*deutet *werden* kann, und dem »Begriff«, der als »deut*fähiger*« das ist, was *deuten* kann.

dern auch nach der andern Seite zum deutfähigen Begriff noch selbst verwirklichen.

Aus dem Subjekt als dieser Zeit heraus ergibt sich Ihnen denn auch erst der angemessene Systemort und mithin der Ursprung und das Wesen beider: für die deutbare Anschauung einerseits sowohl wie anderseits für den deutfähigen Begriff. Zur deutbaren Anschauung wird ein Subjekt nämlich nur, indem es Anschauung, die es zunächst einmal in sich als Zeit aufnimmt, auch noch in sich als Raum verbringt und dadurch deutbar überhaupt erst macht: wozu es eben nicht allein zu jener Zeit, sondern aus ihr heraus auch noch zu diesem Raum hinaus sich selbst erst einmal zu erzeugen hat. Und dazu hat es, wie Sie wissen, mittels Negation der Zeit den Gegensatz zu ihr zu bilden, was genauer heißt, zu ihrer Art von Einheit auch die gegensätzliche noch auszubilden.

Als des aktualen Punktes Nacheinander hat die Zeit nun aber ihre Einheit darin, daß sie Punkt und Ausdehnung oder Diskretes und Kontinuierliches *ineinem* ist. Entsprechend kann die gegensätzliche zu ihr nur Einheit von Diskretem und Kontinuierlichem oder von Punkt und Ausdehnung *gesondert* sein, die als Ergebnis jener Negation von ihr jedoch auch selbst mit ihr in unlösbarer Einheit stehen muß. Infolgedessen bildet letztere als Obereinheit dieser beiden Untereinheiten auch überhaupt nichts anderes als die Einheit des Subjekts, soweit wir sie bisher entfaltet haben.

Doch in ihm als dieser Obereinheit steht danach zur Zeit als jener einen Untereinheit nicht etwa der Raum allein im Gegensatz, sondern jene andere Untereinheit insgesamt[2], worin der Raum dann seinerseits als Ausdehnung im Gegensatz zu Punkt steht und *gleichwohl* mit ihm als Punkt im Gegensatz zu Ausdehnung gerade unlösbar *verbunden* ist, das heißt, *obwohl* von ihm *gesondert* bleibt. Denn beides geht ja nur in Einheit miteinander, sprich, nur einheitlich als das Ergebnis jener Negation von Zeit aus ihr hervor. Und demzufolge steht Zugleich oder Nichtnacheinander Raum zu Nacheinander Zeit im Gegensatz nur dadurch, daß das erste seinerseits als Ausdehnung im Gegensatz zu Punkt steht, der als Punkt im Gegensatz zu Ausdehnung auch seinerseits im Gegensatz zu Zeit steht, weil sie Punkt gerade nicht im Gegensatz zu Ausdehnung ist. Und so tritt

2 Die Überschrift »Der Raum als zweite Stufe sich verwirklichenden Intendierens« ist sonach ein Fall von *pars pro toto*.

auch beides, Raum als Ausdehnung im Gegensatz zu Punkt sowohl wie Punkt im Gegensatz zu Ausdehnung als Raum, aus ursprünglicher Zeit heraus, jedoch gerade so, daß jedes dieser beiden nicht nur mit dem andern, sondern auch mit solcher Zeit noch unlösbar vereinigt bleibt.

Genau als dieser Punkt, der im genannten Sinn nicht nur mit Raum, nein auch mit Zeit in Einheit wie zu beidem auch in Gegensatz steht, tritt an dieser Stelle unserer Systematik aber der Begriff auf. Und indem er dies aus Zeit heraus mit Raum gleichauf gerade so tut, daß er dadurch ebenso zu ihm in Gegensatz wie auch mit ihm in Einheit steht, ist der Begriff als Punkt die Form genau desselben, wovon auch der Raum als Ausdehnung die Form ist. Jedes dieser beiden nämlich wird auf solche, sprich, auf seine Art jeweils zur Form des Inhalts, der in Zeit als Nacheinander eben nur die *eine* Form von Punkt und Ausdehnung *ineinem* hat, in Raum als Ausdehnung und in Begriff als Punkt *gesondert* aber *zwei*, und zwar zwei grundverschiedene Formen hat, die zueinander ebenso in Gegensatz wie auch in Einheit miteinander stehen.

Und erst im Rahmen einer solchen Grundstruktur von Subjektivität, sprich, einer Einfachheit oder Identität, die in sich selber derart different oder komplex wird, nimmt ein Inhalt, der zunächst einmal in Zeit auftritt, aus Zeit heraus die Form oder genauer Formen an, worin er sich auf einen Gegenstand oder auf ein Objekt hin deuten läßt, das heißt, worin er nach der einen Seite zur deutbaren Anschauung und nach der andern zum deutfähigen Begriff wird. Und so ist es in der Tat jeweils derselbe Inhalt, der in Form von Raum als Ausdehnung erst zu bestimmtem wird, nämlich erst zu bestimmter Ausdehnung wie etwa zu Ovalform ebenso wie darin auch erst beispielsweise zu bestimmtem Rotgehalt; und dies auch nur, indem derselbe Inhalt mit all dem einhergehend auch erst in Form eines Begriffes, nämlich eines Punktes zu jeweils bestimmtem wird: erst zu Begriffen wie »oval« und »rot«.

Was wir uns damit hergeleitet haben, wenn auch vorerst nur im Ansatz, werden Sie gewahren, wenn Sie sich vor Augen stellen, daß erst dadurch ein bekanntes wie auch anerkanntes Faktum sich erklären läßt. Nach Frege etwa ist es »eines und dasselbe«[3], und das heißt

3 Vgl. z.B. *Die Grundlagen der Arithmetik*, § 53; ferner: *Kleine Schriften* (hg. I. Angelelli), Darmstadt 1967, S. 174f.

nach Kant genauer: einer und derselbe »Sachgehalt«[4], den ein *Begriff* zu seinem bloßen *Merkmal* hat, jedoch der *Gegenstand* dieses Begriffs zu seiner *Eigenschaft* besitzt, sofern er etwas Wirklich-Anderes als ein Subjekt, nämlich Objekt der Außenwelt ist. Und tatsächlich kann, wie Sie im letzten Paragraphen schon gesehen haben, nur ein solches Objekt selber rot oder oval sein, sprich, Ovalform oder Rotgehalt zu seiner Eigenschaft besitzen, was dort hieß: nicht etwa auch die Anschauung oder Erscheinung von ihm, die Gehalt und Form nicht *hat*, sondern bloß *ist*.

Vergleichbares jedoch ergibt sich jetzt auch noch für den Begriff. Und abermals wird Ihnen, was im Fall der Anschauung im vorigen vermutlich schwierig für Sie einzusehen war, weil diese sich in keinem Sinn an vorweisbaren Beispielen verdeutlichen läßt, am Begriff geradezu mit Händen greifbar. Denn genausowenig wie Ovalanschauung oder Rotanschauung, doch im Unterschied zu ihnen offenkundig können auch Begriffe wie »oval« und »rot« nicht selbst oval und rot sein, sondern solchen Sachgehalt nur als ihr Merkmal statt als ihre Eigenschaft besitzen. Und was dies bedeutet, werden Sie sofort erfassen, wenn Sie nicht allein beim Negativen stehenbleiben, das Begriff und Anschauung gemeinsam haben – nämlich ihre Sachgehalte *nicht* zu Eigenschaften zu besitzen –, sondern bis zum Positiven weitergehen, wodurch sie sich auch wieder unterscheiden.

Dazu setzen Sie am besten nochmals beim Objekt an, um sich klarzumachen, daß es rot oder oval ja überhaupt nur ist, indem es grundsätzlich auch ausgedehnt ist. Danach nämlich hat es nicht nur Rotgehalt oder Ovalform, sondern auch noch Ausdehnung zur Eigenschaft, wogegen Anschauung all dies nicht *hat*, sondern nur *ist*, doch immerhin, das heißt, auch *Ausdehnung* selbst *ist*. Das gilt es hier hervorzuheben, weil Anschauung überhaupt nur dadurch, daß sie immer schon Ausdehnung ist – nämlich in Form von Raum –, auch alles andere selbst ist, indem auch alles andere noch jeweils Ausdehnung selbst ist: dergleichen wie Ovalform ebenso wie Rotgehalt.

Von hier aus nämlich sehen Sie dann leicht, daß all dies vom Begriff gerade nicht gilt. So gewiß ihm mit der Anschauung gemeinsam ist, dergleichen wie Oval- bzw. Rotgehalt gerade *nicht* wie ein Objekt zu *haben*, sondern selbst zu *sein*, so bleibt er doch von Anschauung auch wieder grundsätzlich verschieden, weil Begriff der-

4 Vgl. A 143 B 182: »Sachheit, Realität«.

gleichen wie Oval- bzw. Rotgehalt gerade nicht wie sie auf *solche* Art selbst ist, daß er wie Anschauung auch selbst noch Ausdehnung in Form von Raum und so Gehalt als räumlich ausgedehnter wäre. Vielmehr steht genau in dieser Hinsicht der Begriff im Gegensatz zur Anschauung, indem er ihr als solcher Ausdehnung gerade gegenübersteht als Punkt von absoluter Einheit oder Einfachheit, so daß er zwar wie sie Gehalt selbst *ist*, jedoch gerade nicht wie sie als *ausgedehnter*, sondern nur als *einfacher*.

In eben dieser Einfachheit als Form von jeglichem Gehalt eines Begriffes liegt denn auch der Grund und positive Sinn dafür, daß ein Begriff seine Gehalte immer nur als Merkmale besitzt. Doch bleibt die Rede vom *Besitzen* dieser Merkmale, auch wenn es sich dabei um keine Eigenschaften handelt, immer noch im Sinn derselben irreführend, nämlich soweit mindestens, als *habe* ein Begriff seinen Gehalt als Merkmal in der Art, daß es nur *an* ihm oder *in* ihm auftrete und er mithin auch grundsätzlich noch etwas anderes als dieses Merkmal sei. In Wahrheit nämlich *ist* er überhaupt nichts anderes als jeweils eben dieses Merkmal *selbst* und *ist* mithin auch alle Merkmale, in die sich sein Gehalt im einzelnen zerlegen lassen möge, jeweils *selbst*, und dies in absoluter Einheit oder Einfachheit.

Denn schlechthin unverständlich müßte Ihnen bleiben, welchen Sinn es haben könnte, auch Begriffe wie »oval« und »rot« jeweils als Fall von Ausdehnung in Form des Raumes aufzufassen. Auch nicht dadurch nämlich, daß ich Ihnen mittels der zuletzt verwendeten Anführungsstriche Beispiele dafür gegeben habe, könnte Ihnen so etwas verständlich werden, halten Sie nur immer daran fest: Nach jener Überlegung Humboldts geht auch ein Begriff dem Natural-Empirischen, wodurch er in Gestalt von »rot« oder »oval« verlautbart oder gar verschriftlicht wird, grundsätzlich immer schon voraus und bleibt daher – gerade weil er selbst es ist, was dadurch allererst in Äußerem geäußert wird – von ihm auch grundverschieden[5].

So entfällt jedoch von vornherein das einzige, was Ihnen überhaupt zum Anlaß werden könnte, auch noch den Begriff als Fall von Ausdehnung in Form des Raumes zu erwägen; sei es auch nur in dem Sinn, daß er zwar nicht wie ein Objekt solche Ausdehnung *hat*, nämlich zur Eigenschaft, wohl aber wie die Anschauung selbst *ist*. Als absolute Einheit oder Einfachheit in Form von Punkt steht der Begriff

5 Vgl. dazu weiter unter § 22, S. 661 ff.

zur Anschauung als Ausdehnung in Form von Raum vielmehr in solchem Gegensatz, daß er, wenn überhaupt als so etwas wie Ausdehnung in Frage kommt, dann nur als Ausdehnung in Form von Zeit, die selbst jedoch gerade nicht zu Punkt als absoluter Einheit oder Einfachheit im Gegensatz steht.

Die Behandlung dieses schwierigen Verhältnisses zwischen Begriff als Punkt und Zeit als Punkt – das heißt genauer: von Begriff als Punkt, wie er nicht nur zu Ausdehnung als Raum, sondern auch noch zu Ausdehnung als Zeit in Gegensatz steht wie mit beidem auch in Einheit – sei vorerst zurückgestellt. Der Zugang dazu dürfte Ihnen nämlich leichter fallen, wenn Sie sich zunächst noch weiter deutlich machen, was mit dem Begriff als solchem bislang hergeleitet ist, das heißt, mit dem Begriff in Form von Punkt als absoluter Einheit oder Einfachheit im Gegensatz zu Anschauung in Form von Raum als Ausdehnung. Zu diesem Zweck indessen wird es Ihnen dienlich sein, sich einen Überblick darüber zu verschaffen, welche Stellung der Begriff zu allem übrigen in dem bis hierhin von uns hergeleiteten System besitzt.

So treten Anschauung als das Deutbare und Begriff als das Deutfähige, wie Sie gesehen haben, sich in dem Sinn gegenüber, daß derselbe Inhalt, den ein Subjekt erst einmal in Form von Zeit aufnimmt, in Form der Ausdehnung von Raum auf einer Seite beispielsweise als Ovalanschauung oder Rotanschauung auftritt und in Form der Einfachheit von Punkt auf anderer entsprechend als Begriff wie »rot« oder »oval«. Und nur als miteinander streng einhergehende können sie auch überhaupt entspringen, wie gesagt, weil Anschauung nur eine durch deutfähigen *Begriff* deutbare sein kann wie auch umgekehrt Begriff nur ein deutbarer *Anschauung* deutfähiger. Dies Miteinanderauftreten von Anschauung nach einer Seite mit Begriff nach anderer und dementsprechend von Deutbarem mit Deutfähigem zusammen aber könnte Sie jetzt noch im nachhinein verwirren oder gar zu einer folgenreichen Fehleinschätzung unseres bisherigen Systemaufbaus verleiten.

Fraglich werden könnte Ihnen nämlich nun: Wie läßt sich dieses strenge Miteinanderauftreten damit vereinbaren, daß Anschauung nach unserer Systematik doch nicht erst auf dieser zweiten Stufe auftritt, nämlich mit Begriff zusammen, sondern schon auf jener ersten, und dort offenbar für sich allein, zumindest nicht zusammen mit Begriff? Denn steht nicht »Anschauung« sogar am Ende jener

Überschrift (C.1.), mithin für jene erste Stufe insgesamt, wogegen von Begriff dort überhaupt noch keine Rede ist? Ja weitaus radikaler könnte Ihnen problematisch werden, ob uns damit nicht von Anbeginn bereits ein grundsätzlicher Fehler in den Fundamenten unserer Systematik unterlaufen sei, indem wir dort gewissermaßen den Begriff vergessen hätten. Schließlich sei doch Zeit nach unserer eigenen Einsicht nicht einfach nur Ausdehnung und damit Form für Anschauung, sondern gerade Ausdehnung mit Punkt ineinem, also *auch* Form für Begriff. Entsprechend träte dort auf jener ersten Stufe, meinten Sie vielleicht, durchaus nicht bloß Anschauung, sondern auch Begriff schon auf; nur wären sie noch nicht gesondert und so auch noch nichts Deutbares einerseits und anderseits Deutfähiges, was sie vielmehr erst hier auf dieser zweiten Stufe jeweils würden. Um so näher aber könnte Ihnen diese Meinung liegen, als an der Erzeugung jener Zeit als jener ersten Stufe sich verwirklichenden Intendierens ja nicht nur die Sinnlichkeit als das Prinzip für Rezeptivität beteiligt sein soll, sondern auch – ja dem zuvor sogar – noch der Verstand als das für Spontaneität, was doch soviel bedeute wie: als dasjenige für Begriff.

Diese säuberliche Parallelisierung aber ist gleichsam zu schön, um wahr zu sein. Von vornherein erliegt sie nämlich schon rein äußerlich dem Schein, als ob der Auftritt dieser zweiten Stufe, deren Einheit ja den Raum als Ausdehnung und den Begriff als Punkt gesondert in sich faßt, nur eine Art Emanation aus jener ersten sei: ganz so, als ob sie lediglich darin bestünde, jene erste Stufe, sprich, die Zeit als Ausdehnung und Punkt ineinem, gleichsam aufzulösen, um auf solche Weise jedes dieser beiden für sich selbst gesondert zu gewinnen.

Doch in Wahrheit gilt vielmehr genau das Gegenteil, das Sie darum im Blick behalten sollten: Nicht nur nicht wird Zeit dabei in solches aufgelöst, sondern gerade zusätzlich zu Zeit, die dabei vielmehr voll erhalten bleibt, wird mit der Einheit von Begriff und Raum als Gegensatz zu Zeit die Einheit einer neuen Art von Ausdehnung und einer neuen Art von Punkt erzeugt, worin sie nunmehr nämlich Gegensätze zueinander bilden, was sie in der alten Einheit Zeit gerade nicht tun. Und nur so kann Ihnen überhaupt verständlich bleiben: Diese neue Einheit beider bildet ihrerseits mit jener alten Einheit beider eine Einheit, und so ist auch jene alte für den Ursprung und das Wesen beider innerhalb von dieser neuen schlechterdings fundamental.

Dieser Irrtum in formaler Hinsicht aber zieht noch einen weiteren in inhaltlicher Hinsicht nach sich, nämlich darüber, wie eigentlich derselbe Inhalt, der zunächst einmal in Form von Zeit auf jener ersten Stufe auftritt, dann auf dieser zweiten Stufe in zwei Formen eingeht, und das heißt zuletzt: wie deutbare Anschauung und deutfähiger Begriff sich zueinander eigentlich verhalten [6]. Deshalb werden Sie die Wahrheit über ihr Verhältnis nur ermitteln, wenn Sie sich von vornherein schon Klarheit darüber verschaffen, wie sie zueinander sich sowohl bezüglich ihres Inhalts wie auch ihrer Form verhalten. Dazu aber dürfte Ihnen ein Verständnis dessen, was durch Reflexionsbegriffe wie »deutbare Anschauung« oder »deutfähiger Begriff« als solche selbst jeweils zum Ausdruck kommt, verhelfen.

Reflektieren Sie nämlich mit darauf, was beispielsweise in dem Reflexionsbegriff »deutbare Anschauung« die Teilbegriffe eigentlich zum Ausdruck bringen, werden Sie sich davon überzeugen können, daß er insgesamt nur ein *synthetischer* Begriff sein kann. Denn seiner Bildung nach nimmt er ausschließlich auf die Anschauung Bezug, das heißt, gerade nicht auch auf den Raum, in Form von dem sie zur deutbaren überhaupt erst wird, und zwar obwohl dieser Begriff im ganzen diese Anschauung durchaus als deutbare bezeichnet.[7]

Dann jedoch kann innerhalb von ihm der bloße Teilbegriff

6 Dahingehend sollten Sie sich auch von Kant nicht irreführen lassen. Daß seine *Transzendentale Deduktion* nicht zu rekonstruieren, sondern allererst von Grund auf neu zu konstruieren ist, liegt nicht zuletzt daran, daß Kant bezüglich des empirischen Begriffes gleichfalls einer Überlieferung aufsitzt, die er anscheinend nicht als empiristisch-unhaltbar durchschaut. Er meint, daß ein empirischer Begriff wie »rot« (vgl. z.B. B 133f. Anm.), obwohl er seinem Inhalt nach »synthetisch« sein muß (vgl. z.B. A 77 B 103), seiner Form nach nichts als »analytisch« sein kann (vgl. z.B. A 76f. B 102f., A 78f. B 104f., B 133f. mit Anm.). Ein empirischer Begriff vermag danach allein durch Analyse dessen, was ihm immer schon synthetisch vorgegeben sein muß, zu entspringen (vgl. z.B. A 76f. B 102f., B 130), letztlich nämlich nur durch Analyse einer Anschauung. Doch davon kann gerade innerhalb des neuen Ansatzes von Kant am allerwenigsten die Rede sein. Vielmehr muß ihm zufolge ein empirischer Begriff auch seiner Form nach durch und durch synthetisch sein, was es im folgenden entsprechend zu verstehen und in eine neue Deduktion mit einzubringen gilt. Kein Wunder nämlich, daß Kant dann im Rahmen seines Neuansatzes auch die Theorie elementarer Prädikation schuldig bleibt.

7 Wie zum Beispiel »weißes Pferd« synthetisch »Schimmel« und nicht etwa analytisch »Pferd« bedeutet.

»...Anschauung« sich auch nur auf jene Anschauung in Form von bloßer Zeit beziehen[8], das heißt, auf jenen Inhalt, der in Form von bloßer Zeit gerade noch nicht deutbar ist, sondern erst dadurch deutbar wird, daß er auch noch in Form von Raum gebracht wird. Denn informativ ist der Begriff »deutbare Anschauung« ja nur, weil innerhalb von ihm mit »...Anschauung« gerade nicht etwa »...deutbare Anschauung« gemeint sein kann. Sonst liefe das im ganzen nämlich auf das Analytisch-Uninformative einer »deutbaren deutbaren Anschauung« hinaus, wogegen durch den Reflexionsbegriff »deutbare Anschauung« vielmehr etwas Informativ-Synthetisches zum Ausdruck kommt: genau die Synthesis von Raum auf dieser zweiten Stufe eben, die sich an die Synthesis von Zeit auf jener ersten anzuschließen hat, damit aus »...Anschauung« in Form von Zeit auch noch in Form von Raum »deutbare...« werde. Nur daß dabei dieser Raum, in Form von dem sie zur deutbaren wird, gerade unbezeichnet bleibt, wie schon gesagt, indem auch durch »deutbare...«, ja gerade dadurch ausschließlich die »...Anschauung« bezeichnet wird: jener Gehalt in Form von jener Zeit, sofern er selbst auch noch in Form von diesem, wenngleich unerwähnten, Raum synthetisiert ist.

Treten Sie jedoch auf solche Weise an den andern Reflexionsbegriff »deutfähiger Begriff« heran, so kommen Sie genau zum gegenteiligen Ergebnis, nämlich daß er insgesamt nichts als ein *analytischer* Begriff sein kann[9]. Denn seiner Bildung nach bezieht »deutfähiger Begriff« sich ausschließlich auf den Begriff, genauso wie »deutbare Anschauung« ausschließlich auf die Anschauung. Dann aber ist mit »...Anschauung« auch, kurz gesprochen, nur die erste Stufe, nur Gehalt in Form von bloßer Zeit bezeichnet, so daß »deutbare Anschauung« als Bezeichnung für die zweite Stufe, für Gehalt in Form von Zeit *und Raum* eben synthetisch ist: jedoch gerade ohne das für diese Synthesis Entscheidende der zweiten Stufe, nämlich diesen Raum auch nur im mindesten mit zu bezeichnen.

Diese zweite Stufe hat nun aber ihr Entscheidendes nicht nur in diesem Raum als Ausdehnung im Gegensatz zu Punkt, sondern

8 Wie innerhalb von »weißes Pferd« der Ausdruck »...Pferd« auch nur ein Pferd bedeutet und nicht etwa einen Schimmel.

9 Wie beispielsweise »weißer Schimmel«, wenn Sie davon absehen, daß es auch graue Schimmel gibt.

genauso auch noch in jenem Begriff als Punkt im Gegensatz zu Ausdehnung. Sofern Sie dies beachten aber sehen Sie: Läßt der Reflexionsbegriff »deutbare Anschauung« den Raum als das in seinem Fall Entscheidende der zweiten Stufe *un*bezeichnet, *un*erwähnt, ist es beim Reflexionsbegriff »deutfähiger Begriff« gerade umgekehrt, das heißt, ist es gerade der Begriff als das in seinem Fall Entscheidende der zweiten Stufe, was durch ihn *bezeichnet*, was durch ihn *erwähnt* wird. *Un*bezeichnet oder *un*erwähnt läßt letzterer denn auch desgleichen umgekehrt gerade das, was ersterer erwähnt oder bezeichnet, nämlich den Gehalt in Form von bloßer Zeit auf jener ersten Stufe. Und das heißt zuletzt: Der Reflexionsbegriff »deutfähiger Begriff« bezeichnet und erwähnt allein die Form, in der dieser Gehalt *zu* etwas Deutfähigem überhaupt erst *werden* kann, nämlich den Punkt als Gegensatz zu Ausdehnung und damit eben den Begriff.

Und daraus schließlich geht für Sie hervor: Informativ ist dieser Reflexionsbegriff »deutfähiger Begriff« allein im Sinne von explikativ, nämlich indem er lediglich noch analytisch expliziert, was ein Begriff wie »rot« oder »oval« als solcher selbst gerade ist: etwas Deutfähiges und somit als Begriff eben »deutfähiger Begriff«. Entsprechend ist seine Deutfähigkeit auch nichts, was zum Begriff erst noch hinzuzukommen hätte, weil es ihn auch ohne sie schon gäbe, wie die Deutbarkeit zur Anschauung sehr wohl erst noch hinzuzukommen hat, weil letztere sehr wohl auch ohne erstere schon auftritt: Vielmehr ist Begriff nichts anderes als eben dies Deutfähige, und umgekehrt.

Durchaus nicht also kommt im Reflexionsbegriff »deutfähiger Begriff« etwa genauso wie im Reflexionsbegriff »deutbare Anschauung« die Synthesis zum Ausdruck, auf die folglich ohne Zweifel auch deutfähiger Begriff zurückgeht[10]. Keineswegs ist wie die Anschauung auch der Begriff etwas, das schon in Form von bloßer Zeit auf jener

10 Daß er sich immer nur auf Grund der Anschauung in Form von bloßer Zeit auf jener ersten Stufe bilden läßt, besagt sonach in keiner Weise, daß er immer nur, wie Kant dafürhält, durch Analysis von ihr entspringen könne. Denn er muß als etwas prinzipiell Verschiedenes von ihr ja zusätzlich zu ihr gerade neu gebildet werden, was allein als *Synthesis* von *ihm*, doch niemals als *Analysis* von *ihr* verständlich werden kann, weil dadurch schlechterdings nichts über sie hinaus entspringen könnte. So vertritt auch Kant zuletzt noch immer jene empiristisch-unhaltbare »Abstraktionstheorie« der Entstehung des empirischen Begriffs. Danach vermag er

ersten Stufe auftritt und auf dieser zweiten Stufe zum deutfähigen Begriff erst wird, wie Anschauung sehr wohl auf dieser zweiten Stufe zur deutbaren überhaupt erst wird. Denn was auf zweiter Stufe zu etwas Deutfähigem erst wird, ist vielmehr ausschließlich jener Gehalt auf erster Stufe, der jedoch, genau indem er zu etwas Deutfähigem erst wird, auch zum Begriff erst wird.

Um diese Synthesis zu formulieren und mithin zu jenem Reflexionsbegriff »deutbare Anschauung« die eigentliche Parallele darzustellen, hätte dieser Reflexionsbegriff sonach anstatt »deutfähiger Begriff« vielmehr »deutfähiger Gehalt« zu lauten. Darin aber könnte mit »... Gehalt« gerade nicht mehr wie zuvor »... Begriff« gemeint sein, sondern eben nur noch jener selbige Gehalt als Anschauung in Form der bloßen Zeit auf erster Stufe, der bzw. die auf zweiter nicht nur nach der einen Seite zu etwas Deutbarem wird, eben zur *deutbaren* Anschauung, sondern nach der andern auch noch zu etwas Deutfähigem, sprich, zum deutfähigen *Begriff*. Und so ist es tatsächlich jeweils einer und derselbe Inhalt oder eine und dieselbe Anschauung in Form von bloßer Zeit auf erster Stufe, was auf zweiter dann in Form von Raum als Ausdehnung im Gegensatz zu Punkt erst *deutbare* Anschauung wird wie auch in Form von Punkt als Einfachheit im Gegensatz zu Ausdehnung erst zum deutfähigen *Begriff*. Und demgemäß entspringt nicht nur die »... Anschauung« als in *synthetischem* Sinn »deutbare ...«, sondern auch der »... Begriff« als in bloß *analytischem* »deutfähiger ...« erst auf der *zweiten* Stufe und mithin auch erst auf *Grund* von Anschauung oder Gehalt als jenem Selbigen in Form von bloßer Zeit der ersten Stufe.

Hiernach freilich könnten Sie mich fragen wollen: Wenn erst derart komplizierte Überlegung ihren Sinn verständlich machen kann, warum dann überhaupt die Einführung von solchen Reflexionsbegriffen? Dabei aber müßten Sie sich – abgesehen davon, daß es ausschlaggebend wichtig ist, wie sich »deutfähig« und »deutbar« entsprechen – eigentlich auch noch erinnern: Reflexionsbegriffe wie »Anschauung« und »Begriff« zumindest werden hier, das heißt, an

angeblich nur durch die Abstraktion von etwas, und das heißt am Ende, nur durch die Analysis von etwas zu entspringen: zwar nicht mehr durch diejenige vom Objekt der Außenwelt (vgl. aber *Logik* in Bd. 9, S. 91 ff.), sehr wohl jedoch durch diejenige von der Anschauung der Innenwelt. Vgl. dazu unten S. 557 ff.

dieser Stelle im System nicht erst von mir, sondern von Kant schon eingeführt; und zwar gerade dort, wo er die grundsätzliche Einsicht vorträgt, daß empirische Erkenntnis nur entspringen kann, indem Anschauung und Begriff sich ursprünglich vereinigen[11]. So unumstößlich diese Einsicht aber ist, so unbewältigt bleibt sie auch. Denn weder Kant noch seine Interpreten legen jemals dar, was dies im einzelnen besagt und wie Begriff und Anschauung sich danach systematisch zueinander eigentlich verhalten: was ja gleichbedeutend damit ist, wie sie sich systematisch deduzieren lassen.

Deshalb kann es auch kein Zufall sein, daß unsere Weiterführung dieser Einsicht in Anschauung und Begriff als »deutbare« bzw. als »deutfähigen« auch noch zu jener Klärung zwingt, die ihnen ihre Stellung zueinander im System gibt und auf diese Art zu ihrer Deduktion führt: Kann empirische Erkenntnis die Vereinigung von beiden nur als jene Überschreitung, sprich, allein als jene Deutung sein, dann eben auch nur die der Anschauung als der deutbaren mittels des Begriffs als des deutfähigen, die dann jedoch auch beide erst auf zweiter Stufe des Systems auftreten können und entsprechend erst auf zweiter Stufe seiner Deduktion. Dann aber müssen wir auch unterscheiden zwischen Anschauung als der bereits deutbaren auf der zweiten Stufe und als der gerade noch nicht deutbaren Anschauung auf der ersten, eine Unterscheidung, welche weder Kant noch seine Interpreten je getroffen haben, welche aber für Beginn wie Fortgang einer Deduktion der Systematik beider unentbehrlich ist.

Das sehen Sie, sobald Sie mit in Rechnung stellen: Unter Anschauung und Begriff versteht Kant dort zumindest auch »empirische« Anschauung und »empirischen« Begriff, womit nach unserer Weiterführung nur gemeint sein kann: Seinem Gehalt nach läßt sich beides auf die Affektion durch ein Objekt der Außenwelt zurückführen, das durch eine Intention auf Grund von beidem faktisch-kontingent als ein Erfolg und damit Anderes zu dieser Intention als der empirischen Erkenntnis von ihm grundsätzlich erzielbar ist. Doch zweifellos kann ein Begriff seinem Gehalt nach ein »empirischer« nur sein, sofern er seinerseits zunächst einmal auf Grund von Anschauung gebildet wird, die dazu selbst ihrem Gehalt nach schon eine »empirische« sein

11 Vgl. A 50ff. B 74ff.

muß und somit das, was dem Gehalt nach eigentlich und ausschließlich auf Affektion zurückgeht.

Dies aber müßte Ihnen schlechthin unverständlich bleiben, würde gelten, daß Anschauung und Begriff in dieser Hinsicht systematisch-deduktiv derselben Stufe angehören, und zwar einerlei, ob innerhalb von unserer Weiterführung nun der ersten oder zweiten. Denn *auf Grund* von Anschauung gebildeter Begriff kann Ihnen nur verständlich werden, wenn sie als Voraussetzung für ihn auch schon als Vorstufe vor ihm auftritt. Ergibt nun aber unsere Weiterführung, daß Begriff der zweiten Stufe angehören muß, weil als Deutfähiges erst hier auftreten kann, muß Anschauung in dieser Hinsicht schon der ersten Stufe angehören. Und tatsächlich ist es jene Anschauung als der Gehalt in Form von bloßer Zeit der ersten Stufe, auf Grund deren erst – und damit auch erst auf der zweiten Stufe – der Begriff als der deutfähige gebildet werden kann; auf Grund derselben Anschauung jedoch kann auch erst – und mithin desgleichen erst auf zweiter Stufe – die durch den Begriff als den deutfähigen deutbare Anschauung gebildet werden. Und wie beide gleich synthetisch der empirischen Erkenntnis als Vereinigung von ihnen dann zugrunde liegen, die als Überschreitung von Anschauung durch Begriff ja Deutung ersterer durch letzteren ist, müssen sie als deutbare bzw. als deutfähiger auch in der Tat gerade einer und derselben Stufe, eben dieser zweiten angehören.

Dann jedoch wird Ihnen ferner klar: Anschauung ist dabei auch in zwei grundverschiedenen Bedeutungen im Spiel, die Kant und seine Interpreten aber niemals systematisch deduzieren, ja nicht einmal angemessen unterscheiden. Das versäumen sie indessen nur, weil ihnen Zeit wie Raum der inneren Struktur nach letztlich undurchsichtig bleibt, so aber auch die Stellung zueinander, die sie im System einnehmen, und die Rolle, die sie miteinander in der Deduktion desselben spielen. Dieser grundlegende Unterschied, daß Anschauung auf erster Stufe keineswegs schon deutbar ist, sondern auf zweiter überhaupt erst deutbar wird, ist nämlich kein geringerer als der, auf den ich Sie gelegentlich schon hingewiesen hatte: derjenige zwischen etwas nur Gegebenem – das heißt, gerade noch nicht Gegenständlichem – und etwas dann auf Grund dieses Gegebenen erst Gegenständlichem. Für diesen aber ist der Unterschied sowohl wie der Zusammenhang von Zeit und Raum in unserer bis hierhin deduzierten Systematik in der Tat entscheidend.

Denn in Form von bloßer Zeit auf erster Stufe ist Gehalt als Anschauung tatsächlich bloß gegeben, sprich, gerade nicht schon gegenständlich, weil erst dadurch, daß Gehalt als Anschauung nicht nur in Form von Zeit, sondern auch noch in Form von Raum auftritt, auf Grund dieses Gegebenen etwas ursprünglich gegenständlich wird – und dadurch auch gerade etwas Anderes als es: ein Außenweltobjekt. Denn daß Gehalt, als Anschauung in Form von Zeit, in Form von Raum zur *deutbaren*, das heißt, auf ein *Objekt* hin deutbaren Anschauung wird, läuft in der Tat darauf hinaus, daß ein Objekt dadurch schon gegenständlich, eben »vorgestellt« oder »entworfen« wird, und zwar genau in jenem Sinne, daß *auf Grund* jener *Oval*anschauung oder *Rot*anschauung beispielsweise *rot* oder *oval* nur ein *Objekt* sein kann. Und systematisch-deduktiv ist dieser Unterschied sowie Zusammenhang dann auch bereits für jene Anschauung in Form von bloßer Zeit (als Punkt und Ausdehnung ineinem) von Bedeutung; doch erst recht für die in Form auch noch von Raum (als Ausdehnung im Gegensatz zu Punkt als Einfachheit) dann auch noch deutbare Anschauung wie für den in Form von Punkt (als Einfachheit im Gegensatz zu Raum als Ausdehnung) deutfähigen Begriff.

Was jene Anschauung auf erster Stufe anbetrifft, so geht aus diesem Unterschied nämlich sofort für Sie hervor, wie grundsätzlich wir sie auch noch in einer andern Hinsicht von der zweiten Stufe der deutbaren Anschauung und des deutfähigen Begriffes unterscheiden müssen. Denn bereits der bloßen Zeit, in deren Form die Anschauung auf erster Stufe auftritt, liegt, wie Sie gesehen haben, nicht nur Sinnlichkeit als Rezeptivitäts- und Ausdehnungsprinzip zugrunde, sondern auch – ja ihm vorweg sogar – Verstand als Spontaneitäts- und Einfachheitsprinzip: Nur deshalb tritt als erste Stufe der Verwirklichung von beidem solche Zeit als Punkt und Ausdehnung ineinem auf. Das heißt dann aber weiterhin, daß mit dem Auftreten von bloßer Zeit als einer Form von Sinnlichkeit auch eine Form dieses Verstandes schon mit auftritt, welche Kant »Kategorie« nennt und als einen »reinen«, nämlich nichtempirischen »Begriff« desselben auffaßt.

Dann jedoch erhellt sofort, weshalb wir zwischen den Kategorien, die angeblich nichtempirische »Begriffe« seien, und empirischen Begriffen wie zum Beispiel »rot« oder »oval« tatsächlich streng zu unterscheiden haben. Denn der Zeit als jener ersten Stufe liegt zwar auch eine Verstandesform als nichtempirisch-apriorische Kategorie zugrunde, die Kant als »Begriff« bezeichnet. Trotzdem aber ist die

Anschauung, wie sie in Form von bloßer Zeit auf erster Stufe mittels Affektion hervorgerufen wird, im Sinn desjenigen Begriffes, der dann erst auf zweiter Stufe, weil auch erst auf Grund von solcher Anschauung gebildet wird, gerade kein Begriff, was Ihnen systematisch-deduktiv jetzt klar sein müßte.

Diese Unterscheidung aber ist so wichtig, daß ich Ihnen zur Vermeidung jeglicher Verwirrung rate, die Kategorien fortan nur noch als »Verstandes-*Formen*« zu bezeichnen, nicht mehr als »... -*Begriffe*«, um das Wort »Begriffe« allererst zur Kennzeichnung *tatsächlicher*, in diesem Fall *empirischer* Begriffe zu verwenden. In Gestalt von diesen nämlich kann so etwas wie Begriff auch überhaupt erst seinen Ursprung haben, und zwar so grundsätzlich, daß die nichtempirischen Begriffe, wie zum Beispiel unsere Reflexionsbegriffe, stets erst nachträglich zu den empirischen gebildet werden können. Und so kann denn auch *intentio obliqua*, nämlich *Reflexion auf* Empirie der Außenwelterfahrung als *intentio recta*, in der Tat nur nachträglich zu ihr erfolgen. Dann indessen können die Kategorien, wie sie jeweils als Verstandesformen jenen Stufen, die zusammen schließlich Empirie der Außenwelterfahrung bilden, immer schon zugrunde liegen, auch erst recht nicht in dem Sinn von solchen Reflexionsbegriffen etwa nichtempirische Begriffe sein. Durch deren Bildung nämlich reflektieren wir erst nachträglich auf jede dieser Stufen und ergründen so auch erst im nachhinein, was ihr zugrunde liegt.

Und dieser grundsätzliche Unterschied verhilft Ihnen dann auch bezüglich des empirischen Begriffes noch zu einer Klärung, welche systematisch weiterführt. Nicht eben zahlreich nämlich sind die Stellen, wo Kant einmal näher auf die Frage eingeht, worin eigentlich empirische Begriffe ihren Ursprung und ihr Wesen haben: und zwar seiner eigenen transzendentalen Systematik nach, die jener herkömmlichen Auffassung, wonach empirische Begriffe angeblich Ergebnisse der »Abstraktion« von Außenweltobjekten sind, den Boden ein für alle Mal entzogen hat. Denn Außenweltobjekte kann es Kant zufolge für uns ursprünglich nicht anders geben als durch Wahrnehmung in Form von »Dies ist rot« oder »Dies ist oval« oder »Dies ist ein Tisch«, und solcher Wahrnehmung liegt vielmehr umgekehrt gerade ein empirischer Begriff wie »... rot«, »... oval« und »... Tisch« stets schon zugrunde.

Allen solchen Stellen aber ist gemeinsam: Wesen wie auch Ursprung der empirischen Begriffe trachtet Kant so aufzuklären, daß er sie von den Kategorien als angeblich nichtempirischen Begriffen herzuleiten sucht[12]. Am aufschlußreichsten tut er dies an jener Stelle, wo er sie wie folgt mit den »Erscheinungen« verbindet, und das heißt, mit jenen Anschauungen: »Denn an ihnen«, so begründet er hier noch ausdrücklich, »haben sie«, das heißt, die »reinen« oder *nichtempirischen* Begriffe, »eigentlich den Stoff zum Erfahrungsbegriffe«, nämlich zum empirischen Begriff. Und diesen definiert Kant auch geradezu, wenn er unmittelbar im Anschluß daran weiter von ihm ausführt, daß er »nichts als ein Verstandesbegriff *in concreto* ist«[13], das heißt: nichts anderes als »reiner«, nämlich *nichtempirischer* Begriff oder Kategorie *in Konkretion mit* der Erscheinung oder Anschauung, die als »empirische« ihrem Gehalt nach auf die Affektion zurückgeht.

Dabei aber brauchen Sie nur festzuhalten, daß die nichtempirisch-apriorischen Kategorien im vorgenannten Sinn durchaus nicht auch schon nichtempirisch-apriorische *Begriffe* sind, und es erhellt Ihnen sofort, daß Kant mit dieser Auffassung empirischer Begriffe das Entscheidende gerade schuldig bleibt. Denn statt empirische Begriffe herzuleiten, sprich, ihren Begriffscharakter allererst zu deduzieren, setzt er diesen vielmehr immer schon voraus; und das auch noch zu Unrecht, weil jene Verstandesformen als Kategorien keineswegs Begriffscharakter selbst schon haben können. Also können die empirischen Begriffe auch durchaus nicht einfach so entspringen, daß sich jene angeblichen nichtempirischen Begriffe gleichsam bloß mit »Stoff« als dem empirischen Gehalt jener »Erscheinung« oder »Anschauung« erfüllten, oder umgekehrt, daß sich von jenen angeblichen nichtempirischen Begriffen her so etwas wie Begriffscharakter, den sie gar nicht haben, auf den »Stoff« als den empirischen Gehalt von »Anschauung« oder »Erscheinung« einfach übertrüge.

Was Kant herzuleiten hätte, wäre vielmehr, wie auf Grund von »Stoff« als dem empirischen Gehalt jener »Erscheinung« oder »Anschauung« – der ja in Form von Zeit auf erster Stufe auch bereits in Form einer Kategorie auftritt, jedoch gerade ohne dadurch auch bereits Begriff zu sein – Begriff dann allererst entspringt, will sagen, allererst auf zweiter Stufe und mithin auch allererst in Form noch einer weiteren Kategorie. Und so erhellt Ihnen daraus des weiteren, wie fragwürdig doch bleibt, was Kant an jener Stelle ferner ausführt,

12 Vgl. z.B. A 126, A 128, A 224 B 271, A 567 B 595.
13 A 567 B 595.

nämlich ein empirischer Begriff sei »nichts als *ein* Verstandesbegriff *in concreto*«. Denn auch wenn Sie einmal davon absehen, wie unhaltbar es ist, seinen Begriffscharakter einfach nur von der Verstandesform oder Kategorie, die ihn noch gar nicht hat, zu übernehmen – was soll eigentlich damit gemeint sein, daß, in welchem Sinn auch immer, dem empirischen Begriff »eine« Kategorie zugrunde liege? Etwa »irgendeine« und mithin vielleicht auch alle? Oder wenn nicht alle, so doch »mindest eine«, und mithin vielleicht auch eine – gleichviel welche? Oder nur »genau eine«, und damit eine ganz bestimmte?

Aus der Vielfalt dieser Möglichkeiten können Sie ersehen, daß wir damit abermals eine Systemstelle erreichen, wo Kant selbst den Faden seiner Reflexionen aus der Hand gibt, wo es also gilt, ihn wieder aufzunehmen und noch weiter zu verfolgen. Dazu aber werden Sie nach grundsätzlicher Klärung jener inneren Struktur von Zeit und Raum je für sich selbst sowohl wie auch ihres Zusammenhangs und ihrer Rolle im System und seiner Deduktion jetzt ohne weiteres imstande sein. Denn danach ist, wenn Sie Kants Ausdrucksweise vorerst beibehalten, ein empirischer Begriff wie »rot«, »oval« und »Tisch« jeweils nicht »eine«, sondern *zwei* Kategorien »in concreto«, die Sie auch bereits benennen können, nämlich die der »Qualität« und die der »Quantität«. Und wie Sie gleich noch sehen werden, müssen diese beiden auch auf ganz bestimmte Art zusammenwirken, um den Ursprung und das Wesen von so etwas wie empirischen Begriffen aus empirischem Gehalt jener »Erscheinung« oder »Anschauung« auf erster Stufe wirklich zu erklären.

Denn aus einem und demselben Grund, weshalb aus solcher Anschauung in Form von bloßer Zeit auf erster Stufe dann auf zweiter erst in Form auch noch von Raum deutbare Anschauung zu werden hat, muß auch erst hier so etwas wie Begriff als der dieser deutbaren Anschauung deutfähige entspringen. Beides miteinander aber auch nur deshalb, weil erst hier auf zweiter, und das heißt, allein auf Grund von erster so etwas wie ursprüngliche Wahrnehmung eines Objekts der Außenwelt in Form von »Dies ist rot« oder »Dies ist oval« oder »Dies ist ein Tisch« ermöglicht werden kann: durch ursprüngliche Bildung des entsprechenden Begriffs wie »... rot« oder »... oval« bzw. »... Tisch«. Mit andern Worten: Seinem Wesen nach hat so etwas wie ein Begriff allein in solcherart empirischen Begriffen seinen Ursprung, die zur Deutung von deutbarer Anschauung auf ein Objekt hin fähig sind, das dann, wenn es ein Wirklich-

Anderes ist, den empirischen Gehalt dieses Begriffs bzw. dieser Anschauung zu seiner Eigenschaft besitzt. Und deshalb wird es für uns auch noch nötig werden, solcherart empirische Begriffe von genau in dieser Hinsicht andersartigen empirischen Begriffen prinzipiell zu unterscheiden.[14]

Dieser Grund jedoch, aus dem als selbigem die deutbare Anschauung ebenso wie der deutfähige Begriff auf zweiter Stufe erst entspringen kann, ist letztlich überhaupt kein anderer als jener schon genannte, nämlich daß auf erster Stufe eben nur etwas gegeben, und das heißt, nicht auch schon etwas gegenständlich werden kann. Indem er aber systematisch-deduktiv bis hierhin voll zur Geltung kommt, erklärt er Ihnen nunmehr nichts geringeres, als daß für ursprüngliches Gegenständlichwerden von etwas nicht nur die deutbare, sprich, die auf ein Objekt hin deutbare Anschauung wesentlich ist, sondern unlösbar mit ihr zusammen auch noch der deutfähige, sprich, der dieser deutbaren Anschauung deutfähige Begriff. Denn es vermag noch nicht in Form von bloßer Zeit auf erster Stufe, sondern erst in Form auch noch von Raum auf zweiter aus empirischem Gehalt heraus etwas zum Gegenstand zu werden, weil auch erst in Form von Raum als Ausdehnung im Gegensatz zu Punkt als Einfachheit ein Gegenüber zu ihm auszubilden: wie auch umgekehrt der selbige empirische Gehalt dann erst in Form von Punkt als Einfachheit im Gegensatz zu Raum als Ausdehnung ein Gegenüber noch zu ihm. Und nichts geringeres ist damit systematisch deduziert als etwas Ihnen längst Geläufiges, nämlich daß, Gegenstand zu sein, nichts anderes bedeuten kann als, Gegenstand eines *Begriffes* oder *für* einen Begriff zu sein: Nur kann auch *beides* eben *aus* empirischem Gehalt der ersten Stufe allererst auf dieser zweiten überhaupt *entspringen*, der Begriff genauso wie der Gegenstand für ihn, so daß auch *beides* vom empirischen Gehalt der ersten grundsätzlich zu unterscheiden ist.

Das sollten Sie sich insbesondere, was diesen Gegenstand betrifft, jetzt vollends klar vor Augen führen, um nicht hier schon einem Mißverständnis zu verfallen, welches naheliegt und alles weitere zunichtemacht: Daß aus empirischem Gehalt, welcher in Form von bloßer Zeit auf erster Stufe nur gegeben, doch nicht gegenständlich wird, dann erst auf zweiter, nämlich erst in Form auch noch von

14 Vgl. unten § 21, S. 629 ff. und Anm. 15 f.

Raum etwas zum Gegenstand wird, heißt durchaus nicht, daß dieser empirische Gehalt als solcher selbst etwa, nämlich als der in Form von bloßer Zeit auch bloß gegebene, in Form von Raum nun – endlich sozusagen – gegenständlich würde.

Denn als solcher selbst, will sagen, als in Form von bloßer Zeit auftretender – so haben Sie im vorigen bereits gesehen – ist und bleibt er etwas bloß Gegebenes, sprich, wird er dabei niemals etwas Gegenständliches, selbst dadurch nicht, daß er auch noch in Form von Raum auftritt. Dies letztere besagt nämlich durchaus nicht, daß empirischer Gehalt infolgedessen aus der Zeitform etwa austritt, weil im Gegenteil die Raumform selbst, in die er vielmehr zusätzlich noch eintritt, mit der Zeitform selbst einhergeht und wie sie mithin substratlos-absoluten Wechsel bildet, eben *Nacheinander von*, und damit immer wieder neues, Raumzugleich. Und als Nichtnacheinander ist es Form empirischen Gehalts denn auch gerade nicht im selben Sinn wie Nacheinander, sondern eben nur in jenem andern, daß es mit Gehalt bloß je und je einhergeht, wie auch Raum an Zeit bloß je und je sich anschließt; und so kann auch keineswegs empirischer Gehalt als Nacheinander selbst es sein, was unter dieser Form seines Nichtnacheinander gegenständlich wird.

Was vielmehr gegenständlich wird, indem empirischer Gehalt nicht nur in Form von Zeit, sondern auch noch in Form von Raum auftritt, ist deshalb etwas eben dadurch ganz ursprünglich Anderes als er, sprich, ein Objekt; und zwar gerade in dem Sinn, daß es, indem empirischer Gehalt auch noch in Form von Raum gebracht wird, als ein Gegenstand schon ursprünglich »entworfen« oder »vorgestellt« wird, einerlei, ob letzterer sich dann tatsächlich als ein wirklich-anderes Objekt der Außenwelt erzielen läßt oder auch nicht. Entsprechend wird denn auch empirischer Gehalt als Anschauung in Form von bloßer Zeit auf erster Stufe dann in zusätzlicher Form von Raum auf zweiter Stufe zur deutbaren Anschauung gerade so, daß diese als Oval- oder als Rot- oder als Tischanschauung eben auf ein Objekt hin, auf einen Tisch oder auf etwas Rotes oder auf etwas Ovales deutbar wird; und zwar gleichviel, ob solche Deutung dann – als vollständige Intention vollzogen – auch tatsächlich zum Erfolg, sprich, zum Objekt als Wirklich-Anderem der Außenwelt führt oder nicht.

Ineinem damit aber tritt auch der deutfähige Begriff dabei als dasjenige auf, was über Anschauung in Form von bloßer Zeit der ersten Stufe immer schon von vornherein hinweg, nämlich desgleichen ausschließlich auf das bezogen ist, worauf sie selbst in Form auch noch von Raum der zweiten Stufe deutbar wird: auf diesen Gegenstand als das dadurch schon »vorgestellte« oder schon »entworfene« Objekt. Und eben darin liegt denn auch der Grund dafür, weshalb es prinzipieller Unsinn sein muß, die Ovalanschauung oder Rotanschauung oder Tischanschauung selber als etwas Ovales oder Rotes aufzufassen oder gar als einen Tisch. Das heißt nämlich, Begriffe wie »oval« und »rot« und »Tisch« statt auf ein Anderes als Anschauung vielmehr auf Anschauung als solche selber zu beziehen: So als könnte dadurch, daß empirischer Gehalt derselben auf der zweiten Stufe in Ovalform beispielsweise Rotgehalt wird, etwa regressiv die Anschauung der ersten Stufe für Begriffe gegenständlich werden; während dadurch vielmehr umgekehrt gerade progressiv, nämlich im eigentlichsten Sinne projektiv, nur etwas Anderes als solche Anschauung zum Gegenstand solcher Begriffe werden kann, der auch nur dann, wenn er ein Wirklich-Anderes ist, nämlich nur als ein Objekt der Außenwelt etwas Ovales oder etwas Rotes sein kann.

Damit aber haben wir uns hergeleitet, daß genau das Gegenteil jener bekannten Theorie der »sekundären Sinnesqualitäten«[15] zutrifft: Sämtliche empirischen Begriffe wie »oval« und »rot« und »Tisch« sind ursprünglich allein Begriffe möglicher Objekte unserer Außenwelt, will sagen, von Objekten, die bloß deshalb, weil sie für Begriffe solcher Art schon immer gegenständlich sind, nicht auch schon immer wirklich sind. Und dementsprechend wird es Ihnen, auch wenn Sie sich noch so sehr bemühen, nicht gelingen, auch nur einen einzigen empirischen Begriff zu finden, der unwiderleglich ein ursprünglicher empirischer Begriff von etwas bloß Gegebenem in unserer Innenwelt wie Anschauung, Erscheinung und Empfindung wäre statt ursprünglicher empirischer Begriff von möglichen Objekten unserer Außenwelt. In Fällen wie »Ovalanschauung« oder »Tischerscheinung« oder »Rotempfindung« nämlich sind »Oval ...« und »Tisch ...« und »Rot ...« zwar zweifellos empirische Begriffe für empirische Objekte, welche sie mithin als einen Tisch oder als etwas Rotes oder als etwas Ovales charakterisieren, wie in allen andern Fällen auch. Nur charakterisieren sie in solchen Sonderfällen, und das

15 Vgl. dazu oben § 19, S. 515, Anm. 6.

heißt, indem sie hier zur Charakterisierung von »... empfindung«, »... anschauung« oder »... erscheinung« dienen, diese keineswegs nun etwa ihrerseits als einen Tisch oder als etwas Rotes oder als etwas Ovales. Vielmehr charakterisieren sie diese bloß als das, was *auf* etwas Ovales oder Rotes *hin* oder *auf* einen Tisch *hin* eben *deutbar* ist, kurz: auf ein mögliches *Objekt* hin, das allein – und damit auch allein als wirkliches und sonach Wirklich-Anderes – ein Tisch oder etwas Ovales oder etwas Rotes wäre.

All dies aber gilt so prinzipiell, daß Ihnen nicht nur fraglich bleiben muß, *wie* solches bloß Gegebene der Anschauung, Erscheinung und Empfindung selber eigentlich empirisch Gegenstand eines empirischen Begriffes werden kann, sondern *ob* es dies *überhaupt* vermag. Denn für sich selbst genommen, nämlich ohne alle Zusätze wie »Tisch«, »rot« und »oval«, sind »Anschauung«, »Erscheinung« und »Empfindung«, wie im weiteren noch klarer für Sie werden wird, erst recht keine empirischen Begriffe, sondern nichtempirische als Reflexionsbegriffe, die nur jenes nichtempirische Subjekt in einer ganz bestimmten Hinsicht charakterisieren.

Damit aber haben Sie jetzt sämtliche Gesichtspunkte beisammen, um sich klarzumachen, was bei Kant und seinen Interpreten unklar bleibt, weil sie es unterlassen, der ursprünglichen empirischen Erkenntnis wirklich auf den Grund zu gehen. Jedenfalls vernachlässigen sie es, Empirie von Grund auf systematisch herzuleiten, nämlich schon von ihrem Ursprung her. Denn ursprünglich vermag sie eben immer wieder nur als Außenweltobjektwahrnehmung in der Form elementarer Prädikation aufzutreten wie zum Beispiel »Dies ist rot« oder »Dies ist oval« oder »Dies ist ein Tisch«, die aller weiteren empirischen Erkenntnis immer schon zugrunde liegt. Gerade als elementare aber kann sie nur als Deutung im genannten Sinn entspringen, sprich, als Deutung der deutbaren Anschauung durch den deutfähigen Begriff.

Dann aber müßte Ihnen jetzt verständlich werden, was es insgesamt bedeutet, daß Ermöglichung von solcher Deutung erst auf zweiter Stufe unseres Systems und seiner Deduktion zustande kommt, weil die auf erster Stufe noch nicht deutbare Anschauung *zur* deutbaren überhaupt erst hier *gemacht* wird, und das heißt zugleich: indem erst hier auch so etwas wie ein *Begriff* als ein deutbarer Anschauung *deutfähiger* gemacht wird. Denn zuletzt bedeutet das, wie Sie gesehen haben: Auch *erst* hier, das heißt dann aber, auch *schon* hier, nämlich durch diese Art Ermöglichung von Deutung auf der zweiten Stufe, wird etwas ursprünglich gegenständlich, und das heißt des weiteren: gerade nicht etwa erst auf der nächsten Stufe des tatsächlichen Vollzugs von Deutung selber.

Jenes unabweisliche, doch auch befremdliche und deshalb nicht leicht einsichtige Faktum[16] aber findet darin, daß es nunmehr systematisch hergeleitet wird, seine Erklärung: Daß Wahrnehmung in Form von »Dies ist rot« oder »Dies ist oval« oder »Dies ist ein Tisch« in jedem Fall etwas zum Gegenstand besitzt, das heißt, gleichviel ob sie in Form solcher Prädikation nun wahr ist oder falsch, liegt daran, daß ursprüngliche Vergegenständlichung von etwas keineswegs erst Leistung der Verwirklichung von Wahrnehmung als Deutung ist. Etwas ursprünglich zu vergegenständlichen, ist vielmehr immer schon die Leistung der Ermöglichung von solcher Wahrnehmung, die ihr mithin auch immer schon zugrunde liegt und liegen muß, weil auch schon immer deutbare Anschauung und deutfähiger Begriff, die miteinander eben diesen ursprünglichen Gegenstandsbezug erstellen.

Damit aber ist es eines und dasselbe, was nach einer Seite die ursprüngliche Vergegenständlichung eines Objektes bildet und nach anderer das ursprüngliche Deutbarmachen von Anschauung wie auch das genauso ursprüngliche Machen von deutfähigem Begriff. Und dieser unauflösliche Zusammenhang von all dem ist für all dies auch von so entscheidender Bedeutung, daß wir sie für jedes einzelne davon uns voll vor Augen führen müssen. Dazu eignet sich am besten eine noch genauere Abgrenzung dieser zweiten Stufe, und zwar ebenso von jener ersten der noch nicht deutbaren Anschauung wie dann vor allem von der dritten tatsächlicher Deutung der auf zweiter erst deutbar gemachten Anschauung. Daß Kant und seine Interpreten dies für jene ersten beiden Stufen niemals hinreichend vollziehen, behindert nämlich auch die Abgrenzung der dritten noch, – in einem Sinn, der mir zunächst entgangen war.

Den Ausdruck »Deutung« nämlich hatte ich zur Kennzeichnung der Eigenart der dritten Stufe Ihnen damals deshalb vorgeschlagen[17], weil Kant selbst sie stets nur als »Bestimmung« kennzeichnet: durch

16 Vgl. *Teil 1*, § 6.
17 Vgl. dazu oben § 19, S. 540, Anm. 29.

einen Ausdruck also, der gerade das Entscheidende der dritten Stufe, nämlich daß deutbare Anschauung hier mittels Deutung auf ein Objekt hin gerade überschritten wird, verfehlt. Denn unvermeidlich heißt, etwas »bestimmen«, auch, bei eben diesem Etwas, das »bestimmt« wird, stehen bleiben, was Kant nachweislich nicht meint[18]. Zum größten Nachteil für die Klarheit seiner Konzeption schwankt er deswegen ständig zwischen Formulierungen, wonach es sich dabei bald um Bestimmen jener Anschauung, bald um Bestimmen eines Objekts, weil in irgendeinem Sinn um beides handeln soll, eben um Überschreiten jener Anschauung auf ein Objekt hin, was »Bestimmen« aber nicht zum Ausdruck bringen kann. Und zur Behebung dieser Unklarheit ist der Gebrauch von »Deuten« statt »Bestimmen« nach wie vor geeignet.

Die entsprechende Ersetzung aber hatte ich dort in dem Sinne vorgenommen, daß die Deutung einer Anschauung auf ein Objekt hin sonach ausschließlich und damit eindeutig Bestimmung dieses Objekts sei, das heißt, gerade nicht Bestimmung jener Anschauung. Und leitend dafür war mein Eindruck, unklar bleibe dies bei Kant und seinen Interpreten bloß der Sprache nach, wogegen ich inzwischen eingesehen habe: Eigentlicher Grund dafür ist eine tiefliegende Unklarheit der Sache nach, denn sie betrifft durchaus nicht erst den Unterschied der zweiten und der dritten Stufe, sondern ihm zuvor schon den der ersten und der zweiten. Und entscheidend dafür war die grundlegende Einsicht: Gerade jener Neuansatz von Kant zu einer Systematik kann auf keinen Fall darauf hinauslaufen, die dritte Stufe dieser Deutung von deutbarer Anschauung mittels deutfähigen Begriffes als Bestimmung des Objektes aufzufassen. So gewiß es sich dabei um ein Objekt als etwas je und je Bestimmtes handelt, so gewiß hat die entsprechende Bestimmung doch der dritten Stufe immer schon vorauszugehen, in dem Sinne, daß Bestimmtheit als Ergebnis von Bestimmung auf der dritten auch schon immer zur Verfügung stehen muß. Daß Kant auch nur erwägt, die dritte Stufe fälschlich als Bestimmung des Objektes aufzufassen – wenngleich unter starkem Schwanken, ob Bestimmung nicht vielmehr schon Anschauung als solche selbst betrifft und so zumindest schon der zweiten Stufe angehört – , ist somit letztlich nichts als Ausdruck

18 Vgl. a. a. O., S. 541, Anm. 30.

seiner Unklarheit, wo eigentlich so etwas wie Bestimmung als Erzeugung von Bestimmtheit ihren Ursprung habe.

Daß Bestimmtheit nicht auf dritter Stufe erst entspringen kann, wird Ihnen daran deutlich: Diese dritte Stufe einer Deutung wie zum Beispiel »Dies ist rot« oder »Dies ist oval« oder »Dies ist ein Tisch« besteht gerade darin, die deutfähigen Begriffe »... rot«, »... oval« und »... Tisch« jeweils nur zu verwenden, und das heißt, gerade nicht darin, sie etwa allererst zu bilden, denn verwendet werden können sie nur, wenn sie immer schon gebildet sind. Und trifft es zu, daß Deutung als Verwendung von Begriff im Sinne der Verbindung des deutfähigen Begriffs mit der deutbaren Anschauung entspringt, so wird auch diese Anschauung als deutbare dabei nicht etwa allererst gebildet, sondern gleichfalls nur verwendet, muß mithin als solche selbst auch immer schon gebildet sein. Dies aber heißt im ganzen: Nicht allein deutfähiger Begriff wie »rot«, »oval« und »Tisch«, nein auch deutbare Anschauung wie Rot-, Oval- und Tisch-Anschauung muß dafür schon immer zur Verfügung stehen, nämlich immer schon gebildet sein, und zwar zusammen jeweils als genau dasjenige, was immer schon *auf* etwas Rotes oder *auf* etwas Ovales oder *auf* einen Tisch *hin* deutbar oder deutfähig ist.

Die ursprüngliche Bildung eben dieses unauflöslichen Zusammenhangs von eben diesen unentbehrlichen Bestandstücken – von Gegenstand, von Anschauung und von Begriff – ist es mithin, die alle drei durch ihr Verhältnis zueinander je und je *auf* etwas *fest*legt, und das heißt gerade: auf etwas *Bestimmtes* festlegt. Und als Bildung ebendessen muß ursprüngliche Bestimmung auch schon immer stattgefunden haben, muß Bestimmtheit also auch schon immer ausgebildet sein, und zwar auch immer schon so vollständig auf dieser zweiten Stufe, daß die Deutung auf der dritten an Bestimmung und Bestimmtheit schlechterdings nichts mehr hinzuzufügen haben kann. Und in der Tat ist jegliche Bestimmtheit solcher Deutung in deutbarer Anschauung und in deutfähigem Begriff und damit letztlich auch im Gegenstand, auf den hin sie deutbar und er deutfähig ist, schon immer so vollendet, daß die Deutung selbst in etwas gänzlich anderem bestehen muß als in Bestimmung dieses Gegenstandes. Denn gleichviel ob sie nun wahr ist oder falsch, hat diese Deutung doch in jedem Fall etwas zum Gegenstand, was eigentlich bedeutet, daß ihr jeweils etwas ganz Bestimmtes gegenständlich ist und sie nur je nach dem, ob letzteres auch etwas Wirklich-Anderes der Außenwelt ist oder nicht, wahr oder falsch ist. Und so ist die Deutung denn auch nur als dadurch immer schon bestimmte etwas Wahres oder Falsches und ihr Gegenstand auch nur als dadurch immer schon bestimmter etwas Wirklich- oder Unwirkliches, so daß umgekehrt auch ihre Wahrheit oder Falschheit an ihrer Bestimmtheit prinzipiell nichts ändern kann wie seine Wirklich- oder Unwirklichkeit prinzipiell auch nichts an seiner.

Daraus aber geht für Sie dann ohne weiteres hervor, was Kant und seine Interpreten schuldig bleiben, wenn sie es dabei bewenden lassen, zu betonen, daß Begriff mit Anschauung verbunden werden muß, damit empirische Erkenntnis in Gestalt von Außenweltobjektwahrnehmung wie zum Beispiel »Dies ist rot« oder »Dies ist oval« oder »Dies ist ein Tisch« entspringe. Dies erzeugt nämlich den Schein, als müßte er dies nur ein einziges Mal und mithin auch nur auf eine einzige Art, was vor allem dann so scheint, als müßte die Verbindung beider *eo ipso* schon empirische Erkenntnis sein.

Jedoch in Wahrheit muß Begriff mit Anschauung sich dazu mehr als nur ein Mal und mehr als nur auf eine Art vereinigen, vor allem aber kann die erste Art und damit auch das erste Mal seiner Vereinigung mit ihr durchaus nicht *eo ipso* schon empirische Erkenntnis sein. Gewiß treten Begriff und Anschauung in jener unlösbaren Einheit miteinander auf, weil sie auch nur in ihr etwas auf einen ganz bestimmten Gegenstand hin Deutbares bzw. Deutfähiges bilden. Ebenso gewiß jedoch ist weder dies Deutfähige noch dies Deutbare noch die Einheit beider miteinander wie auch mit dem Gegenstand etwa bereits die Deutung selber, die Deutbares durch Deutfähiges auf diesen Gegenstand hin auch schon deutete, weil auch noch keines davon etwas Wahres oder Falsches ist.

Diese erste Art einer Verbindung von Begriff mit Anschauung bereits auf zweiter Stufe aber liegt der dritten einer Deutung der deutbaren Anschauung durch den deutfähigen Begriff als zweiter Art ihrer Verbindung immer schon zugrunde. Deshalb gilt es, sie auch grundsätzlich von ihr zu unterscheiden, was indessen Kant und seine Interpreten unterlassen. Um so wichtiger wird diese Unterscheidung aber, als ausschließlich diese erste Art einer Verbindung von Begriff mit Anschauung der Grund dafür ist, daß empirische Erkenntnis dann als Deutung und mithin als zweite Art ihrer Vereinigung auch immer schon Bezug auf einen ganz bestimmten Gegenstand besitzt – das heißt, gleichviel ob sie nun wahr ist oder falsch –, daß sie mithin gerade nicht mehr in Bestimmung dieses Gegenstands bestehen kann.

Denn auch in dieser Hinsicht sprechen Kant und seine Interpreten immer wieder irreführend, wenn sie sagen, daß Begriff und Anschauung nicht jeweils für sich selbst, sondern nur in Verbindung miteinander Gegenstandsbezug besitzen können. Mangels dieser Unterscheidung nämlich muß das zwangsläufig so klingen, als ob ursprünglicher Gegenstandsbezug erst durch empirische Erkenntnis als die zweite Art ihrer Vereinigung zur Deutung aufgenommen würde, während solcher Gegenstandsbezug und damit auch ein ganz bestimmter Gegenstand ihr immer schon von jener zweiten Stufe her zugrunde liegt: Was ursprünglichen Gegenstandsbezug erstellt, ist zwar durchaus nicht Anschauung für sich oder Begriff für sich, sondern nur die Verbindung beider – darin sehen Kant und seine Interpreten durchaus recht. Sie übersehen aber, daß es sich dabei nur um die *erste* Art jener *ursprünglichen* Verbindung beider handeln kann, in der sie aufzutreten haben, weil aus jener Anschauung, welche auf jener ersten Stufe noch nicht deutbar ist, auf dieser zweiten dann die deutbare Anschauung nur gebildet werden kann, indem aus jener auch ineinem damit noch deutfähiger Begriff gebildet wird[19].

Um so klarer müßten Sie jetzt sehen, welche Wichtigkeit es für uns hat, bis zu der grundsätzlichen Frage vorzudringen: Worin liegt es eigentlich begründet, daß in unserer Welt, wie wir sie kennen, überhaupt so etwas wie ursprüngliche Bestimmtheit auftritt, und das heißt im allgemeinen: die Bestimmtheit eines Etwas gegenüber einem anderen, gleichviel, was Sie im einzelnen sich als ein Beispiel dafür wählen mögen. Ohne Zweifel nämlich tritt ursprüngliche Bestimmtheit für uns immer wieder als empirische Bestimmtheit auf, das heißt, als die Bestimmtheit eines Etwas gegenüber einem andern Etwas als den von uns wahrgenommenen Objekten in der Außenwelt. Nur kann, was uns dafür schon immer vorgegeben scheint, das jeweils wahrgenommene Objekt, uns dafür noch so wenig vorgegeben sein, daß es vielmehr gerade umgekehrt durch uns, durch Wahr-

19 Formulierungen im *Paragraphen* 6, die gleichfalls im genannten Sinn zu kritisieren wären, zeigen Ihnen, daß im Zug der Niederschrift des *Ersten Teils* auch mir dies alles noch nicht bis ins letzte klargeworden war, weil erst ein systematisch-deduktiver Durchgang durch die Einzelheiten des Zusammenspiels von Zeit und Raum hier Klarheit schaffen kann.

nehmung als Intention, ursprünglich überhaupt erst zu erzielen ist, was auch mißlingen kann. Und so ist Wahrnehmung eines bestimmten Objekts eben jene wahre oder falsche Deutung von Anschauung durch Begriff, der oder die dazu auch immer schon deutfähig oder deutbar, sprich, schon immer auf ein Objekt hin deutfähig oder deutbar sein muß; und das heißt nichts anderes, als daß er oder sie auch immer schon auf ein *bestimmtes* Objekt hin und damit auch *bestimmt* deutfähig und *bestimmt* deutbar, kurz: immer schon *bestimmt* sein muß.

Dann aber dürften Sie auch sehen: Dergleichen wie Bestimmtheit tritt ursprünglich keineswegs erst auf der Seite des Objekts auf, sondern schon auf der des Subjekts, und zwar dadurch, daß Bestimmtheit dabei auch schon immer ursprünglich verteilt auftritt, nämlich verteilt auf Anschauung und auf Begriff als deren je bestimmte Deutbarkeit oder Deutfähigkeit *auf* ein bestimmtes Objekt *hin*. Doch so gewiß es sich dabei um echte, nämlich um Verteilung handelt, die ursprüngliche Bestimmtheit schon von vornherein auf Grundverschiedenes verteilt – denn Anschauung ist nicht Begriff, und umgekehrt –, so bildet derart grundsätzlich verteilte gleichwohl die Bestimmtheit jeweils eines und desselben Inhalts. Denn dasselbe, was als Anschauung in Form von bloßer Zeit als Punkt und Ausdehnung ineinem auftritt, wird in Form auch noch von Raum als Ausdehnung im Gegensatz zu Punkt als Einfachheit zum Beispiel zur *Oval*anschauung oder *Rot*anschauung oder *Tisch*anschauung einerseits und anderseits in Form auch noch von Punkt als Einfachheit im Gegensatz zu Raum als Ausdehnung entsprechend zum Begriff »oval« und »rot« und »Tisch«.

Dies aber werden Sie gleich mir wohl kaum für einen Zufall halten wollen – so als ob Bestimmtheit eines und desselben Inhalts ohne jeden Grund ursprünglich zweimal, sozusagen wie zwei gleiche Pilze aus dem Boden schießen könnte –, sondern eher umgekehrt für einen Wesenszug des Ursprungs von Bestimmtheit selbst. Als das Ergebnis von Bestimmung kann sie danach nur verständlich werden, wenn die Art und Weise von Bestimmung auch erklärt: Als solche selbst vermag Bestimmtheit überhaupt nicht anders denn als diese Zweimaligkeit zu entspringen. Um dies wirklich einzusehen aber kommt dann alles darauf an, daß Sie Bestimmung als die Art und Weise des Zustandekommens von Bestimmtheit nicht in einem Sinn, der Ihnen naheliegen könnte, mißverstehen.

Nicht ganz grundlos nämlich wäre es, verwiesen Sie mich hier auf folgendes Problem: Zwar muß ursprüngliche empirische Bestimmtheit, eben weil sie letztlich nur die eines immer erst noch zu erzielenden Objektes sein kann, immer schon im darauf zielenden Subjekt zustande kommen. Warum aber sollte sie das erst auf zweiter Stufe seiner Selbstverwirklichung und hier auch nur in dieser auf den ersten Blick doch merkwürdigen Zweimaligkeit können, wo doch jeglicher empirische Gehalt durch Affektion vielmehr bereits auf erster Stufe auftritt? Und ist ein Gehalt als ein empirischer nicht *eo ipso* auch schon immer ein bestimmter, eben ein bestimmt-empirischer Gehalt?

Nur lassen Sie nicht außer acht, was wir uns von der Zeit verdeutlicht haben, die allein die Form dieses Gehalts auf erster Stufe bilden könne. So gewiß wir allen Anlaß haben, davon auszugehen, daß jeglicher empirische Gehalt, der als bestimmter schließlich als Oval- oder als Rot- oder als Tischgehalt auftritt, durch Affektion zustande komme, so gewiß kann er Bestimmtheit im Subjekt nicht dadurch schon bekommen, daß er hier in Form von bloßer Zeit auftritt: In dieser Hinsicht ist ursprünglich-subjektive Zeit im Zuge sich erst bildender *intentio recta* vielmehr noch geradezu der Inbegriff von Unbestimmtheit. Denn wie Sie bereits gesehen haben, bleibt es für ein Subjekt schlechterdings unmöglich, sich in Form von bloßer Zeit ein Gegenüber zu sich auszubilden, um sich dadurch etwas ursprünglich zum Gegenstand zu machen, und das heißt gerade zum *bestimmten* Gegenstand zu machen.

Letzteres ist vielmehr, wie Sie mittlerweile weiter wissen, für dies Subjekt gleichbedeutend damit, sich empirischen Gehalt als Anschauung auf einen Gegenstand hin deutbar oder sich einen deutfähigen Begriff von ihm zu machen. Hat es dazu doch ursprüngliche Bestimmung als ursprüngliche Vergegenständlichung von etwas zu etwas dadurch genauso ursprünglich Bestimmtem vorzunehmen, wozu ein Subjekt in Form von bloßer Zeit sich eben außerstande findet. Aus der Rückschau dieser zweiten Stufe ist empirischer Gehalt der ersten deshalb auch noch gänzlich unbestimmter. Denn »*daß* diese Affektion der Sinnlichkeit in mir ist, macht gar keine Beziehung von dergleichen Vorstellung auf irgendein Objekt aus«[20], und das

20 A 253 B 309 (kursiv von mir).

heißt zugleich: ›*Daß* diese Affektion der Sinnlichkeit in mir ist, macht gar keine Bestimmtheit von dergleichen Vorstellung aus‹.

Beides vielmehr geht im strengsten Sinne miteinander stets einher und so zusammen auch stets darauf erst zurück, ›*wie* diese Affektion der Sinnlichkeit in mir ist‹, nämlich darauf erst, daß sie gerade nicht allein in Form von Zeit als Ausdehnung und Punkt ineinem in mir ist, sondern auch noch in Form von Raum als Ausdehnung im Gegensatz zu Punkt als Einfachheit sowie auch noch in Form von Punkt als Einfachheit im Gegensatz zu Raum als Ausdehnung, kurz: daß sie auch noch als deutbare Anschauung *und* als deutfähiger Begriff in mir ist. Und tatsächlich kann durch Affektion hervorgerufener Gehalt »empirischer« nur darin sein, daß ein Subjekt *aus* ihm »empirisch«, nämlich faktisch-kontingent einen bestimmten Gegenstand als wirklich-anderen und damit als Erfolg erzielen kann, will sagen: *aus* Gehalt als der auf diesen Gegenstand hin ganz bestimmt deutbaren Anschauung sowie als dem dazu auch ganz bestimmt deutfähigen Begriff, *zu* dem bzw. der ein Subjekt diesen Affektionsgehalt jedoch auch immer erst zu machen, eben zu bestimmen hat.

Was damit systematisch deduziert ist, werden Sie jedoch erst dann in vollem Umfang einzusehen vermögen, wenn Sie sich verdeutlichen, daß es nicht etwa nur für Beispiele wie den Begriff »oval« und die *Oval*anschauung gilt, wie Sie zunächst vermeinen könnten, sondern auch für »rot« und *Rot*anschauung oder »Tisch« und *Tisch*anschauung, sprich: für jegliche empirische Bestimmtheit, ob formale oder inhaltliche. Denn Sie möchten vielleicht sagen, zwar sei ohne weiteres verständlich, daß in bloßer Zeit als bloßem Nacheinander sich so etwas wie Ovalform und mithin Ovalanschauung noch nicht bilden könne, sondern als »Gestalt« – wie Kant zu sagen pflegt – aus Nacheinander Zeit heraus erst in Nichtnacheinander Raum oder Zugleich hinein. Dies aber meinten Sie vielleicht in dem Sinn, daß Sie ferner sagen wollten: Im Unterschied dazu vermöge so etwas wie Rotgehalt und damit Rotanschauung oder Roterscheinung oder Rotempfindung doch sehr wohl bereits in Form von bloßer Zeit als bloßem Nacheinander aufzutreten, weil er doch durchaus nicht wie Ovalform etwa allererst aus Nacheinander Zeit heraus in Raumzugleich hinein sich bilden könne.

Doch mit dieser Meinung brauchen Sie bloß Ernst zu machen, und Sie sehen, daß sie sich nicht halten läßt. Sie brauchen sich bloß in der Reflexion einmal tatsächlich vorzustellen, was aus Rotgehalt von

Rotanschauung oder Roterscheinung oder Rotempfindung werden müßte, wenn er wirklich einmal ohne jede Form von Raumausdehnung aufzutreten hätte, und Sie sehen förmlich vor sich, wie er Ihnen dann nur restlos schwinden könnte. Und so ist der Raum als Ausdehnung im Gegensatz zu Punkt als Einfachheit der Ursprung und das Wesen von Bestimmtheit nicht nur dadurch, daß ein Affektionsergebnis allererst in ihm zu einer ganz bestimmten Form wie etwa zur Ovalform und mithin Ovalanschauung werden kann. Das ist er vielmehr auch noch dadurch, daß in dieser oder jener ganz bestimmten Form ein Affektionsergebnis auch zu einem ganz bestimmten Inhalt wie etwa zum Rotgehalt und sonach Rotanschauung überhaupt erst werden kann.

Nur damit nämlich geht nach anderer Seite, wie Sie nicht vergessen dürfen, auch das Auftreten von Punkt als Einfachheit im Gegensatz zu Raum als Ausdehnung einher, wodurch dasselbe Affektionsergebnis jeweils überhaupt erst zum entsprechenden Begriff als gleichfalls ganz bestimmtem wie »oval« und »rot« wird. Und das heißt im ganzen: Ursprünglich und wesentlich vermag ein Affektionsergebnis zur Bestimmtheit für uns nur als Form oder Gehalt von einem möglichen empirischen Objekt im Raum und damit in der Außenwelt zu werden; denn auch nur von einem möglichen empirischen Objekt im Raum und damit in der Außenwelt vermögen wir uns ursprünglich und wesentlich eine bestimmte »Vorstellung« zu machen, nämlich eine auf es hin bestimmt deutbare Anschauung *mit* einem auf es hin bestimmt deutfähigen Begriff.

Erst daraus können Sie erklären, was bis heute unerklärt ist, nämlich das bekannte und auch anerkannte Faktum, wonach Auftreten von irgendwelcher Farbanschauung oder Farberscheinung oder Farbempfindung generell an Mitauftreten irgendeiner[21] Raumgestalt von Farbgehalt gebunden ist. Ja Sie ersehen daraus sogar ferner, daß es letztlich unerklärbar bleiben muß. Denn in Ermangelung einer Erklärung meint man fälschlich einen Wesenszug der Farben selbst in diesem Faktum zu erblicken. Damit aber hat man sich von vornherein schon jeden Zugang zu einer Erklärung selbst verstellt.

Vielmehr gehört dies schon zum Wesen des Gesichtssinns selbst,

21 Den Ausdruck »irgendeine« dürfen Sie im Fall von »Raumgestalt« nicht mißverstehen, so als sei mit ihm etwa das Unding einer »unbestimmten Raumgestalt« gemeint. Vielmehr kann jede Raumgestalt als solche selbst

wenn anders er, als das Vermögen für den Farbgehalt einer Gesichtsempfindung, und die Sinnlichkeit, als das Vermögen für den Raum als Form desselben, miteinander eng zusammenhängen oder gar zusammenfallen[22]. In eben diese Form von Raum indessen müssen sich Gehalte *aller* Sinne bringen lassen – ob von vornherein, wie diejenigen des Gesichtssinns, oder nur im nachhinein, wie die der andern Sinne –, sollen auch aus ihnen jeweils eine auf ein Objekt hin deutbare Anschauung sowie ein auf ein Objekt hin deutfähiger Begriff noch werden können. Wie die von Geburt an Blinden müssen somit auch die Sehenden solche Gehalte anderer Sinne letztlich in die Form ihres Gesichtssinns bringen – eben in die Form des Raumes, der zunächst einmal die Form dieses Gesichtssinns ist – , um solche Affektionsergebnisse desgleichen zu empirischer Bestimmtheit zu erheben.

Vollends daran sehen Sie: In dieser Hinsicht wird der Raum als solcher selbst zum Ursprung und zum Wesen von Bestimmtheit, nämlich als der Gegensatz zur Zeit, der allererst als das Ergebnis jener Dreifachnegation von ihr aus ihr entspringt, die deshalb auch genau in dieser Hinsicht umgekehrt seiner Bestimmtheit gegenüber Unbestimmtheit bleibt. Denn wohlgemerkt: Bestimmtheit als empirische bedeutet danach die von möglichen Objekten für empirische Erkenntnis als *intentio recta*, während Zeit nur für *intentio obliqua*, nämlich nur für nichtempirische Erkenntnis der Philosophie als Reflexion von Subjektivität auf sich vermittels unseres Modells bestimmt ist, doch empirisch schlechthin unbestimmt, ja unbestimmbar bleibt.

Nur dürfen Sie dabei nicht aus dem Blick verlieren: Zu dieser Hinsicht mit hinzu gehört unlösbar jene andere, daß solche Negation der Zeit als Punkt und Ausdehnung *ineinem* eben Punkt und Ausdehnung *gesondert* zum Ergebnis hat, und zwar gesondert innerhalb von einer neuen Einheit gegenüber jener alten, mit der sie gleichwohl und unlösbar zusammenhängen. Denn indem sie beide gleicherweise im genannten Sinn aus Subjektivität als jener ursprünglichen Zeit hervorgehen, hängen sie von ihr auch ab und bilden damit eine neue

nur eine grundsätzlich bestimmte sein (vgl. unten § 21, S. 601ff.), wie es auch schlechthin keine geben kann, die geometrisch nicht bestimmbar wäre.

22 Vgl. oben § 19, S. 498ff.

Einheit so gerade, daß sie mit der alten Einheit ihrerseits in Einheit steht. Und diese neue eben ist die unlösbare Einheit *von* euklidisch-dreidimensionalem Raum als Ausdehnung im Gegensatz zu Punkt *mit* nulldimensionaler Zeit als Punkt im Gegensatz zu Ausdehnung, – was erst im nächsten Paragraphen voll verständlich werden kann.

Nur dadurch also, daß sich Subjektivität nicht bloß zur Zeit schon immer selbst verwirklicht, und das heißt, nicht bloß zur Einheit Ausdehnung und Punkt ineinem, sondern gleichursprünglich damit auch zur Einheit Ausdehnung und Punkt gesondert noch, verwirklicht sie sich selbst – dem Affektionsgehalt nach – auch noch zu deutbarer Anschauung und zu deutfähigem Begriff als je bestimmt-empirischem und je bestimmt-empirischer. Auf diese Weise bildet sich in allen Fällen, wo in Form der Ausdehnung von Raum dann durch die Affektion bestimmt-empirische Form und in ihr bestimmt-empirischer Gehalt sich bildet, auch in Form der Einfachheit von solchem Punkt schon immer ein entsprechender bestimmt-empirischer Begriff.

Nur dadurch also, daß Begriff als Punkt dem Raum als Ausdehnung in dieser Weise stets schon zugeordnet ist, vermag er selbst bestimmt-empirischer Begriff zu sein, nämlich indem er einem Etwas innerhalb von solchem Raum entspricht: so wie »oval« einer bestimmt-empirischen Form oder »rot« einem bestimmt-empirischen Gehalt in solcher Form. Und jeglicher Begriff, der keine Zuordnung zu so etwas in Form von Raum hat, unterliegt darum auch dringendem Verdacht, daß er gerade kein bestimmt-empirischer Begriff ist. Denn in Form von bloßer Zeit ist so etwas noch überhaupt nicht möglich. Jedenfalls vermag gerade dort, wo immer wieder etwas ursprünglich für uns bestimmt sein muß, nämlich für ursprüngliche Wahrnehmung von etwas als Objekt der Außenwelt, bestimmt-empirischer Begriff ausschließlich auf genannte Weise zu entspringen. Eben darum unterstehen wir als Reflektierende, die wir zum Zweck des Reflektierens nichtempirische Begriffe bilden und verwenden, auch der unerläßlichen Verpflichtung, laufend zu erläutern, was mit ihnen sinnvoll überhaupt gemeint sein könnte.

Damit haben Sie auch noch die Antwort auf die Frage, die sich Ihnen angesichts des Lehrstücks von *determinatio est negatio* unvermeidlich stellen müßte, nämlich: Negation *wovon* und Negation *wozu*? Denn dieses Lehrstück soll ja mehr besagen als nur jenes Zirkelhafte, wonach, etwas zu bestimmen, heiße, es von etwas Anderem zu unterscheiden, nämlich es gerade *nicht* für etwas Anderes zu halten, welches dafür doch schon immer ein *bestimmtes* Anderes sein muß. Dann aber kann die Antwort auch nur lauten: Negation *von* Zeit als Punkt und Ausdehnung ineinem *zu* Begriff und Raum als Punkt und Ausdehnung gesondert voneinander, doch in Einheit miteinander. Eben diese Einheit beider nämlich liegt als ursprüngliche Grundform jeglicher Bestimmtheit immer schon zugrunde, denn auch jeglicher empirische Gehalt von Affektion kann zu bestimmt-empirischem erst innerhalb von dieser Grundform werden.

Und tatsächlich kann es auch nur so zu ursprünglicher Unterscheidung eines Etwas gegenüber einem andern Etwas kommen, weil auf diese Weise nämlich Jedes davon gegenüber dem je Anderen ein je Bestimmtes wird. Denn in der Tat vermag allein in Form von Raum als Ausdehnung im Gegensatz zu Punkt ein Affektionsergebnis eine ganz bestimmte Form wie etwa die Ovalform anzunehmen, welche eine absolute Grenze zwischen demjenigen, was sie einschließt, wie auch demjenigen, was sie ausschließt, setzt; und so wird beides eben ursprünglich, weil gegenseitig zu etwas Bestimmtem seiner Form sowohl wie seinem Inhalt nach.

Entsprechend absolut kann nämlich jedem davon auch Begriff als je bestimmt-empirischer im Unterschied zum anderen bestimmt-empirischen allein in Form von Punkt als Einfachheit im Gegensatz zu Raum als Ausdehnung sich gegenüberstellen. Und die jeweilige Absolutheit der Bestimmtheit einer Ausdehnung stellt damit der Begriff durch sich als absolute Einheit oder Einfachheit von Punkt dann auch geradezu heraus: die Absolutheit der Bestimmtheit einer Ausdehnung von Form sowohl wie einer Ausdehnung von Inhalt. Denn auch jegliche bestimmte Form, in der ein Inhalt zu bestimmtem überhaupt erst werden kann, muß innerhalb von dreidimensionalem Raum grundsätzlich Ausdehnung, das heißt, zumindest jene Fläche sein; wogegen so etwas wie Punkt gerade niemals innerhalb von ihm auftreten kann, weil Punkt ihm vielmehr gegenübertritt, als der Begriff, der eben darum auch nicht *Raum*punkt sein kann.

Was wir uns auf diese Weise systematisch deduzieren, ist jedoch zunächst einmal nichts anderes als eine Problematik, die so tief und schwierig liegt, daß sie bisher auch nicht nur ungelöst, sondern sogar noch ungestellt ist, nämlich was für eine Art von Punkt denn ein Begriff als Einfachheit dann überhaupt noch sein kann, wenn kein Raumpunkt. Denn nur allzu nahe könnte Ihnen liegen, es von vornherein geradezu als selbstverständlich zu betrachten, daß dergleichen wie Begriff ein *Raum*punkt deshalb nicht sein kann, weil er vielmehr ein *Zeit*punkt sein muß. Und dies um so mehr, als Ihnen gleicherweise selbstverständlich scheinen möchte, daß so etwas wie Begriff doch überhaupt nichts anderes als Subjektivität sein kann, mithin wie sie auch selbst nichts anderes als Zeit und damit Punkt.

Sogleich in mehr als einer Hinsicht aber müßte Ihnen dies zunächst einmal als unabweisbar problematisch gelten. Denn zum einen ist auch Anschauung, wie sie in Form von Raum auf zweiter Stufe zur deutbaren wird, genauso wie deutfähiger Begriff nichts anderes als Subjektivität: jedoch durchaus nicht so, als wäre sie nur deshalb auch nichts anderes als Zeit und damit Punkt, sondern indem sie vielmehr Raum und damit Ausdehnung ist.

Doch selbst wenn Sie daran festzuhalten willens wären, daß für den Begriff, weil er der Anschauung als Ausdehnung in Form von Raum gerade gegenübertritt, nur Einfachheit in Form von Zeit noch übrig bleiben kann und so als Grundform eben nur noch Zeitpunkt, werden Sie nicht übersehen können, daß wir damit systematisch-deduktiv zunächst einmal gewissermaßen ins Gedränge kommen müssen. Denn die Stellung eines Zeitpunkts haben wir in unserer Systematik mittels Deduktion doch sozusagen längst vergeben, nämlich insofern wir Zeit als Nacheinander aktualen Punktes eingesehen haben, können wir mithin nicht noch einmal vergeben.

Doch auch wenn wir unterscheiden könnten zwischen Zeitpunkt als dem Nacheinander aktualen Punktes jener Zeit auf erster Stufe einerseits und Zeitpunkt als dem Nacheinander von Begriff als dieser Zeit auf zweiter Stufe anderseits, entspränge damit immer noch die grundsätzliche Problematik, daß Begriff dann – einerlei in welchem Sinn – grundsätzlich Zeit und damit Sinnlichkeit sein müßte. Wäre dies jedoch tatsächlich ein Ergebnis unserer Deduktion von Systematik, hätte sie auch spätestens mit ihm sich doch aus sich heraus als unhaltbar erwiesen, welchen Eindruck jedenfalls Kantianer haben müßten. Denn Begriff, das ist doch schlechterdings nichts anderes als Verstand – Verstand in Reinkultur gewissermaßen: wie denn auch seit Kant geradezu geläufig ist, daß Titel wie »Begriff und Anschauung« soviel bedeuten wie »Verstand und Sinnlichkeit«, von denen jedes doch vom anderen so grundverschieden ist, daß keines davon auf das andere, noch etwa beide auf etwas Gemeinsames zurückzuführen sind, was wir mit Kant uns gleichfalls deutlich machen konnten. Nur daß sie zur Außenweltobjektwahrnehmung als ursprünglicher empirischer Erkenntnis eben miteinander in Verbindung treten sollen, – wäre bloß die Art und Weise, *wie* sie dazu miteinander in Verbindung treten können, auch so einfach, wie sie danach klingt.

Als noch viel unhaltbarer nämlich scheint sich unsere Deduktion von Systematik durch ihr anderes Ergebnis zu erweisen, daß auch Anschauung, die Kant zufolge eigentlich als Sinnlichkeit in Reinkultur erscheinen muß, danach vielmehr genausosehr Verstand sein müßte, ja als deutbare sogar gleich zweifach. Denn bereits in Form von bloßer Zeit auf erster Stufe, sprich, sogar schon als noch nicht deutbare müßte Anschauung zunächst einmal Verstand sein, weil Verstand bereits an Zeit als solcher wesentlich beteiligt ist, nämlich an Zeit, die noch in keinem Sinn Begriff, obzwar als solche selbst schon Punkt ist. Doch Verstand sein müßte Anschauung sodann erst recht als deutbare in Form auch noch von Raum, an dem Verstand ein zweites Mal und gleichfalls wesentlich beteiligt ist. Denn nicht nur die ursprünglich-subjektive Zeit, sondern auch der ursprünglich-subjektive Raum entspringt ja nur, indem Verstand sich je speziell mit Sinnlichkeit vereinigt, nämlich Subjektivität auf je spezielle Art sich selbst verwirklicht.

Zwei spezielle Formen von Verstand, die wir mit Kant »Kategorien« nennen, lägen also nicht nur dem deutfähigen Begriff, sondern auch der deutbaren Anschauung zugrunde. Nicht nur der deutfähige oder empirische Begriff, sondern auch die empirische oder deutbare Anschauung wäre danach »nichts als« Kategorie in Konkretion mit Sinnlichkeit wie auch mit je und je in ihr auftretendem empirischen Gehalt: und gleichfalls keineswegs nur »eine«, sondern *zwei* Kategorien *in concreto*, was Kant selbst noch nicht recht deutlich ist, nämlich genau die zwei Kategorien der Qualität und Quantität[23].

Was Ihnen auf den ersten Blick als unhaltbar erscheinen mag, erweist bei näherer Betrachtung sich jedoch als systematisch weiterführend, und zwar für deutfähigen Begriff sowohl wie für deutbare Anschauung. Denn daß zu jedem davon der Verstand sich mit der Sinnlichkeit bereits vereinigt haben muß, und zwar sogar schon zweifach, daran zeigt sich Ihnen, daß »Begriff und Anschauung« sich

23 Vgl. oben S. 557ff.

keineswegs nur einfach wie »Verstand und Sinnlichkeit«, die nichts gemeinsam haben, voneinander unterscheiden. Vielmehr tun sie das gerade durch die je verschiedene Art und Weise, wie Verstand und Sinnlichkeit recht eigentlich zu jedem davon miteinander sich vereinigen, so daß Begriff *und* Anschauung jeweils Verstand *und* Sinnlichkeit *gemeinsam* haben, wenn auch jeweils unterschiedlich.

Eine und dieselbe Negation von Zeit als Punkt und Ausdehnung ineinem führt zu Punkt und Ausdehnung gesondert nämlich in dem Sinn, daß sie zwei grundverschiedene Formen für Begriff und Anschauung ergibt, von denen jede auf herbeigeführte Einheit von Verstand und Sinnlichkeit zurückgeht und gleichwohl ein jeweils unterschiedliches Ergebnis davon bildet. Denn als Form von Anschauung tritt Ausdehnung dadurch ja als ursprünglich-subjektiver Raum auf, so daß umgekehrt auch Punkt als des Begriffes Form sich solchem Raum gerade gegenüberstellen muß und damit letztlich auch allein als Zeit auftreten kann, – nur eben nicht noch einmal als ursprünglich-subjektive, die ja längst gebildet ist. In irgendeinem Sinn, der für die Stellung des Begriffes erst noch zu ermitteln ist, wird solcher Punkt dabei vielmehr zu abgeleitet-subjektiver Zeit, die auf ursprünglich-subjektiver schon beruht und trotzdem gleichursprünglich mit ihr ist: wie alles, was wir hier im einzelnen an Aufbaustücken innerer Struktur von Subjektivität oder Intentionalität ermitteln, weil die systematisch-deduktive Reihenfolge davon keine zeitliche sein kann[24].

Bevor wir aber zur Ermittlung dieser Eigenart von Stellung des Begriffes schreiten, sollten Sie sich vorderhand noch deutlich machen: In der Tat hat jene Negation der Zeit zur Einheit dieser Zweiheit, nämlich der von Ausdehnung und Punkt gesondert, nicht allein den Sinn ursprünglicher Erstellung von Bestimmtheit, wie im vorigen entfaltet; vielmehr hat sie eben damit auch noch den ursprünglicher Ermöglichung der Quantität von etwas, und das heißt: den Sinn ursprünglicher Ermöglichung der Quantität von Qualität, wie die entsprechenden Kategorien dies benennen. Denn erst so kann Ihnen auch verständlich werden, inwiefern diese Kategorien der Qualität und Quantität mit Recht als »mathematische«, das heißt, als diejenigen gelten dürfen, welche überhaupt erst etwas Zähl- und Meß-

24 Vgl. dazu nochmals oben § 17, S. 429 ff.

bares ermöglichen und so auch erst Mathematik oder Geometrie von ihm.

Als »mathematische« kann nämlich keineswegs, wie Kant dafürhält, jede einzelne von ihnen für sich selbst schon, können sie vielmehr zusammen erst, das heißt, nur in bestimmter Einheit miteinander gelten. Denn wie Sie schon wissen, tritt in Form ursprünglich-subjektiver Zeit, zu der die Sinnlichkeit durch den Verstand als die Kategorie der Qualität verwirklicht wird, nicht nur noch nichts Bestimmtes, sondern eben damit auch noch nichts auf, was sich zählen oder messen ließe: Jene Theorie der Qualität als »intensiver Größe« eines »Grades« ist aus Gründen undurchschauter Zeitstruktur bei Kant unhaltbar[25].

Etwas Zähl- und Meßbares, weil auch Bestimmtes, bildet sich vielmehr stets erst in Form des *mit* ursprünglich-subjektiver Zeit *vereinigten* ursprünglich-subjektiven Raumes, der jedoch nur als das Gegenüber zu desgleichen erst einhergehend mit ihm gebildetem Begriff entspringen kann. Im ganzen also bildet etwas Zähl- und Meßbares sich nur in einer hochkomplexen Form, zu der die Sinnlichkeit durch den Verstand als die Kategorie der Qualität *und* Quantität verwirklicht wird: Nicht einfach schon als *Qualität*, nein erst als *Quantität von* Qualität ist durch Begriff etwas so weit bestimmt, daß es auch zähl- und meßbar ist. Und in der Tat wird so etwas wie Zählen oder Messen – und mit ihm dergleichen wie Mathematik oder Geometrie – erst dadurch möglich, daß auch Gegenstände als ein Etwas gegenüber einem anderen ermöglicht werden, was ursprünglich aber eben grundsätzlich nur als Gestalt in Form von Raum geschehen kann[26].

Und wie grundsätzlich auch Begriff als Punkt schon immer mit dazu gehört, ersehen Sie mit Leichtigkeit aus einem Ihnen ganz geläufigen, jedoch erst hierdurch voll erklärten Faktum: Haben Sie etwa drei Äpfel und vier Birnen vor sich, so sind dies doch ohne Zweifel sieben, aber sieben was? Doch wohl nicht sieben Äpfel, aber auch nicht sieben Birnen, sondern beispielsweise sieben Früchte. Doch auch jeder andere ihnen gemeinsame Begriff kann diese für ein Zählen oder Messen unentbehrliche Funktion erfüllen. Und das kön-

25 Vgl. oben *Teil 1*, § 16, S. 397ff.

26 Vgl. z.B. A 160ff. B 199ff., A 178 B 221, A 240 B 299, B 292f.

nen Sie getrost verallgemeinern: Zählen oder Messen von etwas kann immer nur von etwas durch Begriff Bestimmtem möglich werden, mag seine Bestimmtheit durch Begriff auch eine noch so komplizierte Konstruktion darstellen wie etwa in mathematisch-geometrischer Physik[27].

Jedoch auch wenn wir erst noch untersuchen müssen, *was* es mit dem Zeitpunkt als der Grundform des Begriffes auf sich hat, so können Sie sich gleichwohl hier schon deutlich machen, *daß* es sich dabei auf jeden Fall in irgendeinem Sinn um einen Zeitpunkt handeln muß. Denn was wir uns als Einheit dieser Zweiheit der deutbaren Anschauung mit dem deutfähigen Begriff hier systematisch-deduzieren, ist ja überhaupt nichts anderes als genau die Einheit, die Verstand und Sinnlichkeit oder Begriff und Anschauung auf zweiter Stufe dieser Deduktion von Systematik bilden müssen, um die *Deutung* von Anschauung *durch* Begriff als deren Einigung auf dritter Stufe zu ermöglichen.

Als solche Deutung nämlich tritt ursprünglich immer wieder Außenweltobjektwahrnehmung auf, und zwar in Form von »Dies ist rot« oder »Dies ist oval« oder »Dies ist ein Tisch«, wobei mit »Dies ...« jeweils der Sinn von »... hier und jetzt ...« verbunden sein muß, wie wir uns verdeutlicht hatten, weil sich jeder solche Fall nur als »Dies hier und jetzt ...« verstehen lassen kann. Und daraus hatte sich für uns ergeben: Jeder solche Fall muß darum auch bereits auf Sinnlichkeit in Form von Raum und Zeit beruhen, was wir mit Kant jedoch zunächst nur so verstanden hatten, daß ihm Anschauung zugrunde liegen muß. Und wichtig war das für uns deswegen, weil keinem solchen Fall sich etwa einfach ansehen läßt, daß er auf solcher Anschauung beruht, wogegen ihm, daß er gebildete Begriffe wie zum Beispiel »... Tisch«, »... oval« und »... rot« verwendet, sehr wohl anzusehen ist.

Dann aber ist nach allem, was wir mittlerweile weiter aufgefunden

27 So war es beispielsweise wichtig für uns einzusehen (Vgl. § 18, S. 458), daß nur unter dem Begriff von Krümmungs-*Qualität* sich Krümmungs-*Quantität* von Räumen messen läßt. Aus diesem Grunde nämlich ist und bleibt bezüglich solcher Krümmungs-*Qualität* die nichteuklidische Geometrie von der euklidischen unlösbar abhängig, auch wenn die Krümmungs-*Quantität* ganz unabhängig von Bezugnahme auf Räume höherer Dimension sich messen läßt.

haben, jedem solchen Fall durch den deutfähigen Begriff, den er enthält, gleichsam hindurch auch die deutbare Anschauung, die ihm zugrunde liegt, noch sozusagen anzusehen. Denn jedem solchen Fall vermag solch ein Begriff als ein bestimmt-empirischer zugrunde nur zu liegen, wenn er innerhalb von ihm auch solcher Anschauung noch zugeordnet ist: mit ihr in jener Einheit steht. Dies aber hat dann insgesamt etwas zur Folge, woran weder Kant noch seine Interpreten auch nur einen einzigen Gedanken wenden: Jedem solchen Fall muß deshalb, weil er sich nur als »Dies *hier und jetzt*...« verstehen lassen kann, nicht nur Anschauung, sondern auch Begriff zugrunde liegen, und zwar beides irgendwie in Form von Raum und Zeit und damit Sinnlichkeit.

Für uns indessen folgt aus unserer Weiterführung solcher Deduktion von Systematik dann erneut, daß wir uns hier zunächst einmal einem Problem zu stellen haben, nämlich wie sich dieses unbestimmte »irgendwie« bestimmen läßt, was nur bedeuten kann, wie »... hier und jetzt...« und damit Raum und Zeit sich auf Begriff und Anschauung gleichsam verteilen lassen. Denn bei allem, was ihnen gemeinsam sein mag, bleibt das eine doch bestehen: Anschauung ist nicht Begriff, und umgekehrt, so wie auch Raum nicht Zeit, und umgekehrt. Daß diese Problematik bisher nicht nur nicht gelöst, sondern noch nicht einmal gestellt ist, wird Sie aber nicht verwundern, werden Sie gewahr, daß sie mit einer andern und womöglich auch noch schwierigeren letztlich gleichbedeutend ist.

Schon oben hatte ich Sie darauf hingewiesen[28], wie verbissen man sich weigert, zuzugeben, daß mit »... jetzt...« nur jeweiliger Zeit*punkt* und mithin auch nur etwas von absoluter Einheit oder Einfachheit gemeint sein kann[29], weil man die Schwierigkeiten kennt, die schon seit Zenon, Aristoteles und Augustinus sich daraus ergeben und für Zeit unlösbar scheinen. Lieber läßt man sich von Umgangssprache dazu überreden, daß mit »... jetzt...« doch stets nur irgendeine, wenn auch noch so kleine *Spanne* statt ein bloßer *Punkt*

28 Vgl. *Teil 1*, S. 351f.

29 Dies »... jetzt...« nehme ich nach wie vor ausschließlich als jeweiligen Zeitpunkt in Anspruch und gerade nicht auch schon als jeweilige Gegenwart im Unterschied zur Zukunft und Vergangenheit, die es vielmehr erst herzuleiten gilt. Vgl. unten §§ 28–30.

der Zeit gemeint sei. Ja man sucht mit Hilfe solcher Umgangssprache sich sogar den Anschein des Argumentierenden zu geben: Wäre »... jetzt ...« im Sinn von Zeit*punkt* zu verstehen, müßte demgemäß auch »... hier ...« im Sinn von Raum*punkt* zu verstehen sein, was aber offenkundig falsch ist, weil mit »... hier ...« anstatt ein Punkt vielmehr stets eine Ausdehnung von Raum gemeint ist; und von daher wiegt man sich geradezu in Sicherheit, daß dann auch umgekehrt mit »... jetzt ...« anstatt ein Punkt vielmehr stets eine Spanne Zeit gemeint sein müsse. Ja für derart unanfechtbar schlüssig hält man dieses Argument aus Umgangssprache mittlerweile, daß man ihm sogar schon Enzyklopädien-Würde meint verleihen zu dürfen[30].

Doch in Wahrheit ist das alles nichts als Ausdruck unvermindert fortbestehender Verlegenheit vor Zeit und Raum je für sich selbst sowohl wie auch vor ihrer Einheit als der innersten Struktur von Subjektivität. Gewiß bezeichnet »... hier ...« stets irgendeine Ausdehnung und keinen Punkt des Raumes. Daraus folgt jedoch nicht im geringsten, daß dann »... jetzt ...« auch stets nur irgendeine Spanne, aber keinen Punkt der Zeit bezeichnen könne. Ja sobald Sie nur die Oberflächlichkeit der empiristischen Verherrlichung von Umgangssprachstruktur durchdringen, um die Tiefendimension elementarer Prädikation zu erschließen, folgt daraus sogar genau das Umgekehrte.

Derart oberflächlich bleibt man dabei nämlich, daß man stets so redet, als gerieten dieses »... hier ...« und dieses »... jetzt ...« darin bloß zufälligerweise sozusagen aneinander. Gänzlich unbeachtet läßt man, daß im strengsten Sinne beides vielmehr immer nur als »... hier *und* jetzt ...«, das heißt, als unlösbare *Einheit* innerhalb elementarer Prädikation auftritt. Darin aber zeigt sich Ihnen, daß sogar an deren Oberfläche, nämlich auch in deren Umgangssprachstruktur noch eben jene unlösbare Einheit ihrer Tiefendimension hervortritt: die von Raum als Ausdehnung mit Zeit als Punkt und damit die von Anschauung als der deutbaren mit Begriff als dem deutfähigen.

Denn dabei handelt es sich vorerst nur um subjektiven Raum und

30 Vgl. zu all dem *The Encyclopedia of Philosophy*, hg. P. Edwards, Bd. 8, New York 1967, S. 137.

subjektive Zeit, weil objektive oder objektiver stets erst als objektivierte subjektive Zeit und als objektivierter subjektiver Raum entspringen kann, das heißt, als solcher oder solche eines wirklich-anderen Objektes. Dieses aber und mit ihm sonach auch dieser oder diese kann sich immer erst empirisch, nämlich faktisch, kontingent, tatsächlich als Erfolg von schon vollzogener Deutung als schon vollständiger Intention ergeben. Anschauung als bloß deut*bare* und Begriff als bloß deut*fähiger* dagegen ist nur *Vor*bedingung *für* und damit jeweils selbst noch unvollzogene Deutung als noch unvollständige Intentionalität.

So brauchen Sie an jenen Beispielen elementarer Prädikation denn auch nur gedanklich wegzulassen, was an ihnen den tatsächlichen Vollzug von Deutung als tatsächliche Vervollständigung von Intentionalität ausmacht, und Sie behalten das zurück, was dann als – wenn auch noch so knappe – Formulierung für die Einheit der deutbaren Anschauung mit dem deutfähigen Begriff verständlich werden muß. Um sich den Blick dafür zu schärfen, sollten Sie darum voraussetzen, es handle sich dabei um Fälle wahrer Deutung, die sich also auf ein wirklich-anderes Objekt der Außenwelt beziehen.

Danach aber haben Sie als erstes zweifellos das »... ist ...« bzw. »... ist ein ...« wegzulassen. Nur ein wirklich-anderes Objekt kann nämlich, wie wir schon ermittelt haben, etwas bilden, von dem gelten könne: Es *ist* rot, oder, es *ist* oval, oder, es *ist ein* Tisch. Dann aber sehen Sie sogleich des weiteren, daß Sie zum selben Zweck auch jeweils noch das »Dies ...« weglassen müssen, weil es mit dem »... ist ...« bzw. »... ist ein ...« jedesmal in unlösbarer Einheit steht, die jeden Fall elementarer Prädikation auf genau das festlegt, *was* nach ihr als »... rot«, »... oval« bzw. »... Tisch« gilt.

Dabei aber sollten Sie beachten, daß Sie mit dem »Dies ...« durchaus nicht etwa auch das »... hier und jetzt ...« schon weggelassen haben. Mag der Sinn von »Dies ...« mit dem von »... hier und jetzt ...« auch noch so eng verbunden sein, so fällt er doch mit ihm in keinem Fall zusammen. Denn sonst müßte letzterer den ersteren vertreten können, was er aber nicht einmal zum Teil vermöchte. Weder einzeln noch gemeinsam nämlich können »... hier und jetzt ...« den Sinn von »Dies ...« auch nur annähernd wiedergeben. Denn Sie brauchen bloß einmal versuchen, dementsprechend einzusetzen, um sich klarzumachen, daß es schlechterdings unmöglich bleibt, für »Dies ist rot« im selben Sinn etwa zu sagen »Hier und jetzt ist rot« und für »Dies ist oval« etwa »Hier und jetzt ist oval« und für »Dies ist ein Tisch« etwa »Hier und jetzt ist ein Tisch«.

Unüberhörbar nämlich zieht dies eine Sinnentstellung nach sich, welche Ihnen aber leicht erklärlich werden müßte: Mit dem Sinn von »Dies ...« haben Sie nicht auch den von »... hier und jetzt ...« schon weggelassen, sondern nur dasjenige, was letzteren zum objektiven macht [31], so daß er ohne solches »Dies ...« zu eben jenem subjektiven wieder wird, den er ursprünglich bildet. Und die Probe darauf, wie unlösbar solches »Dies ...« mit »... ist ...« bzw. »... ist ein ...« in Verbindung steht, ergibt sich Ihnen jetzt, indem Sie nunmehr auch noch hören: Den Grund für diese Sinnentstellung bildet nichts als dieses »... ist ...« bzw. »... ist ein ...«, das dem nur noch subjektiven Sinn von »... hier und jetzt ...« zuwiderläuft, weil es mit dem von »Dies ...« zusammen eben objektiven Sinn besitzt und deshalb auch mit ihm zusammen wegzulassen ist.

Und in der Tat kann subjektives Hier und Jetzt, sprich, subjektiver Raum und subjektive Zeit auch weder etwas Rotes noch etwas Ovales sein noch gar ein Tisch, auch dann nicht, wenn entsprechender bestimmt-empirischer Gehalt bereits in Form von solchem Raum oder in Form von solcher Zeit auftritt. Deswegen ist es auch genau dieser Gehalt als der in Form bloß subjektiven Raumes und bloß subjektiver Zeit auch selbst bloß subjektive, was aufs äußerste verkürzt zum Ausdruck kommt, indem Sie das objektivierende »Dies ... ist ...« oder »Dies ... ist ein ...« weglassen und dadurch »... hier und jetzt ... rot« oder »... hier und jetzt ... oval« zurückbehalten oder »... hier und jetzt ... Tisch«.

Denn in solchem Kontext kann sich »... rot«, »... oval« und »... Tisch« dann auch *nicht mehr* oder *noch nicht* – je nach Gesichtspunkt – auf ein wirklich-anderes Objekt beziehen, sondern jeweils nur auf das Subjekt, das heißt genauer: auf das Subjektive von bestimmt-empirischem Gehalt *im* Hier und Jetzt dieses Subjekts *als* Raum und Zeit. Und zwar muß »... rot«, »... oval« und »... Tisch« sich dabei jeweils auf bestimmt-empirischen Gehalt im Hier sowohl wie auch im Jetzt beziehen. Entsprechend muß Gehalt – obwohl auf derart Grundverschiedenes wie Hier und Jetzt als Raum und Zeit

31 Womit wir uns im weiteren noch eingehend werden befassen müssen. Vgl. unten §§ 23–30.

verteilt – bezüglich dieses »... rot«, »... oval« und »... Tisch« auch einer und derselbe sein: der Gehalt von Rot-, Oval- und Tischanschauung einerseits und anderseits der von Begriff wie »rot«, »oval« und »Tisch«, was jeweils eben unlösbar in Einheit miteinander steht.

Und zweifellos kann er bestimmt-empirischer Gehalt nur sein, wenn er im jeweiligen Jetzt als Zeit im strengsten Sinn Zeit*punkt* ist und mithin auch absolute Einheit oder Einfachheit eines Begriffs. Nur in Beziehung auf Begriff als solche absolute Einheit oder Einfachheit von Zeit als Punkt nämlich vermag auch Anschauung jeweils bestimmt-empirische zu sein, sowohl der Form wie auch dem Inhalt nach, indem sie sich von anderer solcher abgrenzt. Denn mit jeder Spanne über solchen Punkt hinaus vermöchte – wegen jenes absoluten Wechsels beider – Anschauung genausogut auch andere bestimmt-empirische zu sein sowie Begriff genausogut auch anderer bestimmt-empirischer. Auch nur zusammen nämlich bilden Zeit als Punkt und Raum als Ausdehnung für Anschauung wie für Begriff die Form, in der es zur Bestimmung eines Gegenstandes für ein Subjekt kommen kann. Denn zur Gesamtform dafür werden sie auch nur, indem sich Punkt und Ausdehnung als Zeit und Raum gerade gegenübertreten. Und zwar so, daß Ausdehnung als Raum bezüglich Zeit nunmehr gerade Ausdehnung im Gegensatz zu Punkt wie umgekehrt auch Punkt als Zeit bezüglich Raum nunmehr gerade Punkt im Gegensatz zu Ausdehnung sein muß: so daß von Zeit als Ausdehnung in diesem Sinn, nämlich von Zeit als Spanne statt als Punkt auch hier noch keine Rede sein kann.

Daran sehen Sie: Nichts anderes als diese strenge Zuordnung von Ausdehnung und Punkt bildet den Grund dafür, daß jenes »... hier ...« und jenes »... jetzt ...« stets nur als »... hier *und* jetzt ...« auftreten können. Denn mit »... hier ...« kann dabei in der Tat nur je bestimmte Ausdehnung von Raum bezeichnet sein, mit »... jetzt ...« dann aber auch nur je bestimmter Punkt von Zeit. Und daran sehen Sie des weiteren: Daß »... hier ...« stets irgendeine Ausdehnung von Raum bezeichnet, daraus folgt in keiner Weise, daß auch »... jetzt ...« stets irgendeine Ausdehnung von Zeit bezeichnen muß. Es folgt gerade umgekehrt, daß »... jetzt ...« statt eine Spanne vielmehr stets nur einen Punkt von Zeit bezeichnen kann. Was man mit jener Folgerung verfehlt, ist somit nichts geringeres als das, was immer wieder Urgrund für den Ursprung von Bestimmtheit ist, nämlich der Zeitpunkt als der Urgrund für den Ursprung von Begriff[32].

Nur können Sie von solchen, die den festen Glauben hegen, daß Bestimmtheit von Begriffen ihnen platonistisch aus dem Jenseits oder empiristisch aus dem Diesseits, nämlich auf dem Weg der »Abstraktion« von Außenweltobjekten einfach zufällt, auch nichts anderes erwarten. Denn erst jene Einsicht läßt die eigentliche Problematik der Begriffsbildung erkennen: Gerade dort, wo wir Begriffe immer wieder ursprünglich zu bilden haben, nämlich immer schon auf jener zweiten als der Vorstufe von Außenweltobjektwahrnehmung, steht uns auch die letzte Möglichkeit nicht offen – von der ersten ganz zu schweigen. Die Bestimmtheit von Begriffen können wir nicht als die »Invarianz« von diesem oder jenem Objekt einfach übernehmen, müssen wir vielmehr gerade umgekehrt für jegliche Objekte aus uns selbst als den Subjekten ursprünglich erzeugen. Nur indem wir uns zu Zeit und Raum als Punkt und Ausdehnung schon immer selbst verwirklichen, wird jeder von uns als die jeweilige Einheit beider zu genau der in sich selbst komplexen Form, in welcher allererst aus »Affektion« durch ein Objekt die Anschauung von ihm als auf es hin deutbare wie auch der Begriff von ihm als auf es hin deutfähiger entspringen kann.

Und in der Tat ist damit erst die eigentliche Problematik der Begriffsbildung eröffnet, die den Platonisten wie den Empiristen unzugänglich bleiben muß, weil ihnen gar nicht aufgehen kann, wie wesentlich sie ursprünglich die Selbstbildung von Subjektivität als Selbstverwirklichung zu Zeit und Raum sein muß, ja in Vereinigung

32 Wie wenig jener Empirismus als Verherrlicher von Umgangssprachstruktur mit Empirie zu tun hat, sehen Sie daran, wie dringlich er vielmehr durch Empirie hätte gewarnt sein können: Welch ein Aufwand – nämlich nichts geringeres als die Erfindung und Entwicklung von »Analysis« oder »Infinitesimalkalkül« – wurde erforderlich, um unter anderem Geschwindigkeit von etwas quantitativ zu bestimmen, nämlich als die »*Momentan*-« oder die »*Augenblicks*geschwindigkeit« von etwas im Zeit*punkt*, weil in Zeit*spanne* die Geschwindigkeit von etwas eben als »*Durchschnitts*geschwindigkeit« gerade unbestimmt bleibt. Auf den Zeitpunkt aber ist nicht erst die Quantität jener Geschwindigkeit bezogen, sondern ihr zuvor bereits die Qualität derselben mittels des Begriff von ihr, der überhaupt erst als ein selber ganz bestimmter das Problem einer Bestimmung ihrer Quantität entstehen läßt.

mit Raum sogar zu Zeit in mehr als einem Sinn. Nach unserer Deduktion von Systematik nämlich, wie wir sie bisher entfaltet haben, bildet Subjektivität zu Zeit sich nicht allein auf jener ersten Stufe, wo sie mit sich selbst als Zeit gerade nicht auch selbst als Raum schon miteinhergeht. Vielmehr tut sie das gewissermaßen noch einmal auf dieser zweiten, wo sie mit sich selbst als Zeit sehr wohl auch selbst als Raum noch miteinhergeht, so daß zwischen Zeit auf erster und auf zweiter Stufe auch ein grundlegender Unterschied bestehen muß, den wir mitherzuleiten haben. Und nur um so dringlicher wird diese Herleitung, als Zeit auf keiner dieser Stufen schon den Sinn von Spanne haben kann, sondern auf beiden bloß den Sinn von Punkt.

Nur deshalb nämlich, weil genannte Platonisten ebenso wie Empiristen auch von Zeit als Nacheinander aktualen Punktes noch nichts wissen, die Bestimmtheit von Begriff als Punkt vielmehr von diesem oder jenem Objekt herzuhaben meinen, können sie ganz so, als sei das selbstverständlich, diese Zeit als Spanne fassen und mit gleicher Selbstverständlichkeit auch jenem »... jetzt ...« zugrunde legen. Dies zurückzuweisen aber führt uns selbst – und zwar aus eben jenen Gründen, welche wir dagegen vorzubringen haben – zur Begriffsbildung als einer Problematik, weil wir uns dann eingestehen müssen: Aus denselben Gründen haben wir dann auch noch das zurückzuweisen, was im Rahmen unserer Einsicht in die Zeit als jenes Nacheinander aktualen Punktes zu der Zeit als diesem Nacheinander aktualer Spanne in genauester Entsprechung steht.

Denn mögen wir auch hinreichende Gründe haben, Zeit als Spanne abzuweisen, haben wir doch einzuräumen, daß wir schon auf jener ersten Stufe zwischen zweierlei an Zeit zu unterscheiden hatten: Nacheinander aktualen Punktes ist sie unserem Modell und damit unserer Reflexion zufolge in dem Sinn gerade, daß sie Punkt genausosehr als jeweils mit sich selbiger wie auch als jeweils zu sich anderer ist. Darin nämlich ist sie ohne Widerspruch und ohne Dialektik das ursprüngliche *Sich* anders-Werden oder das ursprüngliche *Sich*-Äußern eines Subjekts, kurz: die Art und Weise, wie ein Subjekt sich als Fremd- werdendes Selbstverhältnis oder als Intentionalität werdende Spontaneität auf erster Stufe selbst verwirklicht. Und so bildet Zeit auf dieser ersten Stufe denn auch immer wieder Diskretion und Kontinuität bzw. Punkt und Ausdehnung ineinem als dem ursprünglichen Nacheinander aktualen Punktes.

Dabei aber muß es auch auf zweiter Stufe bleiben, in dem Sinn, daß nur aus solcher Zeit auf erster Stufe sich erklären läßt, weshalb auf zweiter – mittels Negation von ihr auf erster – Punkt und Ausdehnung gesondert zu erzeugen sind, will sagen: Raum als Ausdehnung im Gegensatz zu Punkt wie auch Begriff als Punkt im Gegensatz zu Ausdehnung. Ist beides doch allein aus solcher Zeit heraus, das heißt, in Einheit mit der Zeit auf erster Stufe zu erzeugen. Und dies, weil die Negation derselben solche Zeit nicht etwa tilgt, beseitigt oder anhält, sondern einheitlich mit ihr gerade zusätzlich zu ihr, die fortfährt zu verlaufen, und so auch einhergehend mit ihr Begriff als Punkt und Raum als Ausdehnung noch bildet.

Daß Gehalt von Affektion nun aber zu bestimmt-empirischem nur werden kann, wenn Raum und Zeit, auf die er sich dabei verteilen muß, tatsächlich immer wieder streng als Form für Anschauung und für Begriff einander zugeordnet sind, muß dann jedoch nicht bloß bedeuten, daß die Zeit dazu nur Punkt sein kann, nicht aber Spanne. Vielmehr kann dies dann des weiteren nur heißen, daß die Zeit dabei auch Punkt allein als jeweils mit sich selbiger und nicht etwa als jeweils zu sich anderer zu sein vermag, weil sie als letzterer genausowenig wie als Spanne die Bestimmtheit eines Affektionsgehaltes zu ermöglichen vermöchte. Denn in eben dieser Hinsicht steht die Zeit, sofern sie angeblich schon Spanne sein soll, mit der Zeit, sofern sie eigentlich bloß Punkt sein kann, jedoch gerade nicht nur jeweils mit sich selbiger, sondern genausosehr auch jeweils zu sich anderer, ersichtlich in genauester Entsprechung.

Als ursprüngliche Ermöglichung einer Bestimmtheit muß Begriffsbildung Zeit*punkt*bildung mithin gerade dahingehend sein, daß dadurch überhaupt erst zwischen Zeit als jeweils mit sich selbigem Punkt und als jeweils zu sich anderem ein ursprünglicher Unterschied erzeugt wird, weil zu jener ursprünglichen Zeit auf erster Stufe beides unterschiedslos noch zusammenfällt und innerhalb von solcher Zeit nur mittels unseres Modells für sie durch Reflexion auf sie sich unterscheiden läßt. Und problematisch ist Begriffsbildung in diesem Sinn für uns dann deshalb, weil auf zweiter Stufe – mittels Negation von Zeit auf erster Stufe – nicht nur Raum als Ausdehnung im Gegensatz zu Punkt, nein auch Begriff als Punkt im Gegensatz zu Ausdehnung allein aus jener Zeit heraus und damit auch allein mit jener Zeit in Einheit sich erzeugen und verstehen lassen kann.

In dieser Einheit nämlich unterscheidet Raum als etwas Anderes zu jener Zeit sich trotz seiner Gemeinsamkeit des absoluten Wechsels mit ihr ohne weiteres von ihr, weil Raum als Ausdehnung sich förmlich augenfällig gegenüber jener Zeit als Punkt schon abhebt. Auch Begriff in dieser Einheit noch zu unterscheiden aber wird für uns von Grund auf problematisch, weil er umgekehrt gerade mit derselben Augenfälligkeit als Punkt von jener Zeit als Punkt zunächst einmal ununterscheidbar scheinen muß. Und in der Tat vermag Begriff als Punkt im Gegensatz zu Raum als Ausdehnung auf keinen Fall etwa auf seiten dieses Raumes aufzutreten, sondern wenn, dann nur auf seiten jener Zeit; und zweifellos vermag sie auch nur in Gestalt von solchem Punkt und sonach von Begriff dann allererst zum Gegenüber dieses Raumes ihrerseits ein Gegenüber auszubilden.

Denn Ergebnis jener Negation von ihr sind beide gleicherweise, Raum als Ausdehnung genauso wie Begriff als Punkt, so daß auch beide miteinander allererst dies Gegenüber zueinander bilden können. Und so kann zunächst einmal auch nur der Schein entstehen, daß Begriff als Punkt mit jener Zeit als Punkt geradezu ineins zusammenfallen muß, zumal Begriff wie Raum aus jener Zeit heraus entspringend und sonach einhergehend mit jener Zeit desgleichen nur ein ebenso Entstehen wie Vergehen bilden kann.

Im Zuge unserer Deduktion von Systematik sind Sie hiermit denn auch aufgerufen, für Begriff gleich mehr als eine Konsequenz daraus zu ziehen, deren jede seinem Wesen offenbar zuwiderläuft. Was es von hier aus nachzuholen gilt, ist nämlich nichts geringeres, als daß nicht nur der Empirismus, sondern auch der Platonismus für Begriff auf keinen Fall in Frage kommen kann, was weder Kant noch auch nur einer seiner Interpreten bis zur letzten Konsequenz verfolgt hat. Denn als fälschlicher Objektivismus ist der eine wie der andere verfehlt.

Bereits die erste dieser Konsequenzen aber werden Sie vielleicht geradezu bestürzend finden, wonach schlechthin keine Rede davon sein kann, daß Begriffe etwas »Invariantes« wären. Halten Sie nur immer daran fest, wie grundsätzlich wir sie vom Natural-Empirischen ihrer Verlautbarung oder Verschriftlichung zu unterscheiden haben, muß danach vielmehr genau das Umgekehrte gelten, nämlich daß Begriffe etwas durch und durch Variantes bilden. Denn selbst dann, wenn zwischen Zeit als Punkt auf erster und als Punkt auf zweiter Stufe sich noch unterscheiden ließe, müßte es doch dabei bleiben, daß Begriff nur eine reine Zeitgestalt sein könnte und mithin auch grundsätzlich nur Zeit als Nacheinander immer wieder neuen aktualen Punktes, einerlei, wie er als solcher in sich selbst noch different oder komplex sein möge. Und das heißt zuletzt: Daß er trotz dieser seiner Varianz jeweils der Inbegriff ursprünglicher Bestimmtheit sein kann, gilt es für Begriff erst einmal herzuleiten statt als seine angebliche »Invarianz« schon immer ungerechtfertigt vorauszusetzen. Etwas »Invariantes« nämlich könnte allenfalls das jeweils wirklich-andere Objekt der Außenwelt sein, das ein Subjekt aber *durch* Begriff – und damit durch *sich selbst* – gerade *als* ein jeweils »invariantes« immer erst erzielen muß, das ihm zur Bildung von Begriff als Selbstbildung von sich mithin gerade nicht schon immer zur Verfügung stehen kann: Erst ein empirisches Objekt der Außenwelt als etwas Wirklich-Anderes zu einem Subjekt könnte rot oder oval sein oder auch ein Tisch und darin etwas jeweils »Invariant«-Bestimmtes, – doch selbst dieses nur, solange es sich nicht verändert.

Doch auch eine zweite Konsequenz wird Ihnen eher zu noch weiterer Bestürzung als zur Milderung der vorigen gereichen. Denn genauso ausgemachte Sache wie die »Invarianz« eines Begriffes ist doch, daß er auch etwas »Abstraktes« bildet, während nur ein wirklich-anderes Objekt der Außenwelt etwas Konkretes darstellt, wovon dann jedoch desgleichen nicht die Rede sein kann. Weit entfernt davon, als das Ergebnis einer »Abstraktion« von Außenweltobjekten herzustammen, tritt Begriff danach vielmehr als durch und durch Konkretes einer in sich selber differenten und komplexen Zeitgestaltung auf und bildet damit einen Fall konkreter Subjektivität als Selbstgestaltung: eben weitere Verwirklichung von Zeit als fortgesetzte Selbstverwirklichung konkreter Subjektivität. Und das bedeutet letztlich: Daß Begriff, da im genannten Sinn etwas Konkretes, dann auch nur in einem anderen vielleicht etwas »Abstraktes« bildet, ist so wenig ausgemacht, daß es statt Sache einer scheinbar selbstverständlichen Voraussetzung vielmehr desgleichen Sache einer erst noch zu vollziehenden Herleitung ist.

Eine dritte Konsequenz indes wird Sie zunächst vielleicht sogar an unserer Deduktion im ganzen irre werden lassen. So von Grund auf nämlich scheint sie den Begriff in seinem Wesen zu betreffen, daß er dieser Konsequenz zum Opfer fallen müßte. Denn was wäre selbstverständlicher als dies, daß ein Begriff nur etwas »Allgemeines« ist, »worunter« etwas Individuelles oder Einzelnes nur »fällt«, und keineswegs auch selber etwas Individuelles oder Einzelnes, das es doch nur als natural-empirisches Objekt der Außenwelt gibt.

Doch auch davon könnte unserer Deduktion zufolge schlechthin keine Rede sein, weil ein Begriff danach vielmehr ein Individuum sein müßte, wie es individueller überhaupt nicht denkbar ist. Nur freilich keins im Jenseits der Platonischen Ideen, sondern eins im Diesseits Kantischer Subjekte, die doch wohl von dieser Welt sind, wie wir uns inzwischen sicherer sein könnten, auch wenn wir in dieser Welt gerade keine natural-empirischen Objekte, sondern eben geistig-nichtempirische Subjekte sind. Und dies, so wahr auch Zeit doch wohl von dieser Welt ist, wie wir uns inzwischen sicherer sein müßten, auch wenn Zeit ursprünglich subjektive ist und so mit ebenfalls ursprünglich subjektivem Raum zusammen jeweils auch kein natural-empirisches Objekt ist, sondern eben je und je ein geistig-nichtempirisches Subjekt. Und nur als radikalste Individualität von Subjektivität als radikalstem Nacheinander immer wieder neuen aktualen Punktes kann denn auch Begriff auftreten, nämlich nur als ein gewisser Einzelzug an der Gesamtgestalt von Subjektivität als Selbstverwirklichung im Sinn der Selbstverzeitlichung wie Selbstverräumlichung als radikalster Selbstvereinzelung. Und so vermöchte ein Begriff als ein Subjekt zu etwas »Allgemeinem« und in diesem Sinn dann auch »Abstraktem« vielmehr immer nur von Fall zu Fall zu werden, und zwar ohne dadurch als dies radikalste Individuelle und Konkrete etwa aufzuhören, nämlich immer dann, wenn er von solchem Inhalt ist, daß er tatsächlich, faktisch, kontingent Begriff von mehr als einem Objekt ist. Denn immer dann, wenn er dies nicht ist, bleibt er ebenso tatsächlich, faktisch, kontingent ein »Eigenname« oder »Individualbegriff« im strengsten Sinn. Und alles andere ist nichts als Illusion des abendländischen Subjekts aus abgrundtiefer Unbekanntschaft mit sich selbst als dem, woran das Objekt eigentliche *μέθεξις* besitzt.

§ 21. Begriffsbildung als ursprüngliche Widerspruchsvermeidung

Wieder einmal führt ein Fortschritt in der Deduktion von Systematik uns zunächst zu einer Problematik, der wir uns, verehrte Leserin, verehrter Leser, mithin unausweichlich stellen müssen. Sie betrifft das schwierige Verhältnis, das Begriff (als Punkt von Ausdehnung gesondert) zu ursprünglich-subjektiver Zeit (als Punkt mit Ausdehnung ineinem) jeweils bildet. Erst die Lösung dieser Problematik kann uns volle Klarheit darüber verschaffen, welch eine Struktur sich insgesamt ergibt, indem durch Negation ursprünglich-subjektiver Zeit nicht nur ursprünglich-subjektiver Raum als Ausdehnung im Gegensatz zu Punkt entspringt, sondern auch noch Begriff als Punkt im Gegensatz zu Ausdehnung: Als solcher kann Begriff dann eigentlich nur so etwas wie abgeleitet-subjektive Zeit sein, welche mit ursprünglich-subjektiver irgendeine Art von Einheit bilden muß.

Wie Raum kann nämlich auch Begriff als der durch jene Negation von Zeit aus ihr entspringende und so mit ihr einhergehende zwar nur absoluter Wechsel sein. Doch nicht bloß darauf, *daß* sie beide so mit Zeit in Einheit stehen, kommt es an, sondern vor allem darauf auch, *als was* sie jeweils diese Art von Einheit mit ihr bilden: wie sie trotz des absoluten Wechsels als Gemeinsamkeit mit ihr sich von ihr jeweils unterscheiden. Daß aus ihr heraus und so in Einheit mit der Zeit der Raum nur als euklidisch-dreidimensionale Ausdehnung entspringen kann, das hatten wir in seinem Fall zuerst, weil auch verhältnismäßig leicht uns deduzieren können. Doch in welchem Sinn aus Zeit heraus und so in Einheit mit ihr auch Begriff als Punkt entspringen muß, das können wir in seinem Fall uns erst zuletzt, weil nur verhältnismäßig schwierig deduzieren.

Diese Problematik ist mithin zwar die genau entsprechende zu jener, daß aus Zeit als jenem aktualen Punkt heraus und so in unlösbarer Einheit mir ihr Raum gerade der euklidisch-dreidimensionale sein muß. Ihre Schwierigkeit hat sie indessen darin, daß Begriff gerade nicht wie Raum mit jener Zeit in Einheit stehen kann, nämlich gerade nicht wie Ausdehnung mit Punkt, sondern mit jener Zeit recht eigentlich wie Punkt mit Punkt in Einheit stehen muß. Und schwierig ist das eben, weil nicht ohne weiteres ersichtlich wird, wie jene Zeit, als Punkt mit Ausdehnung ineinem, und dieser Begriff, als

Punkt von Ausdehnung gesondert, zueinander sich verhalten könnten, nämlich voneinander sich zu unterscheiden ebenso vermöchten wie sich miteinander zu vereinigen, da sie ja nicht einfach zusammenfallen dürften. Denn genau wie Raum nicht etwa Zeit ist, so ist auch Begriff nicht einfach Zeit, und doch sind beide mit ursprünglich-subjektiver Zeit einhergehend auch wieder nichts als eine Art von Selbstanreicherung derselben.

Wird nämlich aus ihr heraus, das heißt, aus absolutem Wechsel oder Nacheinander aktualen Punktes auch noch Raum erzeugt, so tritt ursprünglich-subjektive Zeit gerade nicht mehr nur als absoluter Wechsel oder Nacheinander dieses aktualen Punktes auf, sondern auch noch als absoluter Wechsel oder Nacheinander von Zugleich als aktualer Ausdehnung aus diesem aktualen Punkt heraus. Und wird dabei mit Raum gleichauf auch noch Begriff aus ihr heraus erzeugt, so tritt ursprünglich-subjektive Zeit als absoluter Wechsel oder Nacheinander aktualen Punktes dann aus eben diesem aktualen Punkt heraus auch nicht allein als absoluter Wechsel oder Nacheinander aktualer Ausdehnung von Raum auf, sondern ebenso als absoluter Wechsel oder Nacheinander aktualen Punktes von Begriff. Denn als der Gegensatz zum Raum als Ausdehnung muß der Begriff als Punkt genauso aktual sein wie der Raum als Ausdehnung.

Kann aktualer Punkt dieses Begriffs jedoch mit aktualem Punkt jener ursprünglich-subjektiven Zeit grundsätzlich nicht einfach zusammenfallen, so kann er doch genausowenig etwa einfach einen zweiten aktualen Punkt darstellen, welcher dann, weil er in keinem Sinne Raum sein kann, auch einfach eine Art von zweiter Zeit und damit eine Art von zweitem Subjekt bildete. Denn auch der Raum, der doch als Ausdehnung aus aktualem Punkt ursprünglich-subjektiver Zeit heraus etwas grundsätzlich Anderes als Zeit ist, kann als der ursprünglich-subjektive ja nicht einfach zusätzlich zu ihr als erstem Subjekt noch ein zweites bilden, sondern nur ein weiteres Ergebnis innerhalb der Selbstverwirklichung des einen Subjekts selbst, und so erst recht auch der Begriff als aktualer Punkt aus aktualem Punkt ursprünglich-subjektiver Zeit heraus. Und dafür, was genau dies eigentlich bedeutet, ein Verständnis zu entwickeln, ist für uns entscheidend, weil wir schon im vorigen gesehen haben, daß dergleichen wie Bestimmtheit in der Welt, wie wir sie kennen, nur durch Bildung von Begriff in eben diesem Sinne ihren Ursprung haben kann.

In dieser Hinsicht aber müssen wir methodisch-sorgsam vorgehen, um den rechten Weg im Labyrinth von Subjektivität nicht zu verlieren. Dazu nämlich haben wir bis in die letzten Konsequenzen daran festzuhalten, daß Begriff als aktualer Punkt ja nur gebildet werden kann, indem gleichauf mit ihm auch Raum als aktuale Ausdehnung gebildet wird, und umgekehrt, weil aktualer Punkt im Gegensatz zu aktualer Ausdehnung ja nur entspringen kann, indem gleichauf mit ihm auch aktuale Ausdehnung im Gegensatz zu aktualem Punkt entspringt, und umgekehrt.

Dies zu bewahren aber gilt es für uns um so mehr, als beides – und das heißt genauer: jedes – doch auf einen und denselben Grund zurückgeht, sprich, auf Negation ursprünglich-subjektiver Zeit als Negation der Einheit, welche aktualen Punkt und aktuale Ausdehnung ineinem darstellt, zu der Einheit, welche aktualen Punkt und aktuale Ausdehnung in sich gesondert bildet. Und so ist denn auch genau in dieser Hinsicht diese Negation nur eine einzige, das heißt, für jedes einzelne von diesen ihren zwei Ergebnissen nur eine einzige, zumal sie ja recht eigentlich die eine Einheit beider zum Ergebnis hat; und nicht etwa besteht sie in zwei Negationen: einer für den Raum und einer zweiten noch für den Begriff.

Entsprechend sollten Sie an dieser Einzigkeit von Negation sich auch nicht irre machen lassen. – Weder dadurch, daß Zugleich des Raumes doch für sich allein schon als Nichtnacheinander gelten müsse; denn gerade Ihre Reflexion darauf, was Negation von Nacheinander überhaupt bedeuten kann, hat Ihnen einsichtig gemacht, daß sie durchaus nicht einfach nur Nichtnacheinander zum Ergebnis haben könne[1]. – Noch gar davon, daß die Art der Ausdehnung des Raumes als euklidisch-dreidimensionale sich gewissermaßen raumintern nur als Ergebnis einer in sich dreifachen Negierung charakterisieren läßt; denn so wie dieser Raum als dreidimensionaler keineswegs etwa Zusammensetzung aus drei Räumen je verschiedener Dimension ist, so ist diese Negation auch nicht Zusammensetzung aus drei Negationen.

Insbesondere kann diese Negation für den Begriff als aktualen Punkt im Gegensatz zu aktualer Ausdehnung des Raumes nicht noch eine zweite sein. Sie dahingehend fälschlich aufzufassen, könnte Ihnen naheliegen, weil sich uns im vorigen bereits ergeben hat: Als

1 Vgl. oben § 18α, S. 443ff.

aktualer Punkt im Gegensatz zu aktualer Ausdehnung des Raumes sei Begriff in dem Sinn zu erzeugen, daß erst dadurch überhaupt ein Punkt als mit sich selbiger im Unterschied zu einem Punkt als zu sich anderem entspringe. Denn auch nur als solcher könne er zum Ursprung von Bestimmtheit werden, weil ursprünglich-subjektive Zeit ja beides noch ineinem ist und so gerade Inbegriff von Unbestimmtheit.

Bildung von Begriff in diesem Sinn indessen könnten Sie dann leicht als eine zweite Negation ursprünglich-subjektiver Zeit verstehen, die zusätzlich zu jener ersten, die den Raum als jene aktuale Ausdehnung ergibt, erfolgen müsse, um auch den Begriff als diesen aktualen Punkt noch zu ergeben. Denn wie sonst ließe sich dies verstehen als dahingehend, daß dadurch nunmehr ein *solcher* aktualer Punkt zu bilden sei, der *nicht* ein mit sich selbiger sowohl wie zu sich anderer ist, sondern eben *nur* ein mit sich selbiger?

Auf solche Weise aber hätten Sie dies in der Tat von Grund auf mißverstanden, was für Sie sogleich aus mehr als einer Schwierigkeit ersichtlich wird, die dann so unvermeidlich werden wie unlösbar bleiben muß. Denn aufschlußreicherweise müßte diese zweite Negation ursprünglich-subjektiver Zeit, genau genommen, gleichfalls zweierlei ergeben, hätte nämlich zur Erzeugung eines aktualen Punkts als mit sich selbigen *und* eines aktualen Punkts als zu sich anderen zu führen – einerlei, was dies bedeuten mag –, weil auch nur dann der erstere als Gegensatz zum letzteren, und umgekehrt, auftreten könnte. Deshalb müßte es auch reine Willkür sein, von diesen zwei Ergebnissen dogmatisch bloß das eine zu berücksichtigen, weil es dazu taugt, Bestimmtheit zu ermöglichen, das andere dagegen zu vernachlässigen, weil es zur Ermöglichung von ihr auf keine Art geeignet wäre.

Doch selbst wenn Sie über diese wahrhaft aufdringliche Schwierigkeit, deren Bewältigung uns weiterführen wird, zunächst hinwegsehen wollten, könnten Sie nicht übersehen: Eben damit hätten Sie auch jene Problematik zweier aktualer Punkte noch, und zwar sich selbst geschaffen, aber ohne daß Sie letztere als solche selbstgemachte auch noch einzusehen vermöchten, weil das für Sie nur zusammen mit der Einsicht möglich werden kann, daß Sie auch erstere allein sich selbst geschaffen haben. Damit aber wären Sie auf eine Bahn geraten, die im Labyrinth von Subjektivität sich schnell als abwegig erweisen müßte.

Denn das könnte Sie nur dahin führen, sich die Bildung von Begriff in Form von aktualem Punkt als mit sich selbigem *im Unterschied* zu aktualem Punkt als zu sich anderem auf grundverfehlte Weise vorzustellen: So als werde Bildung dieses aktualen Punktes von Begriff jetzt nötig, um gerade zwischen Punkt als mit sich selbigem und Punkt als zu sich anderem, wie er ursprünglich-subjektive Zeit gerade als ununterschiedener ausmacht, ursprünglich einen Unterschied zu machen. Denn selbst wenn Sie dabei besten Willens wären, sich auch weiterhin bewußt zu halten, daß ursprünglich-subjektive Zeit als Nacheinander aktualen Punktes keinesfalls wie eine Linie vorzustellen ist, so hätten Sie sich eben damit anderseits doch selbst gezwungen, gegen diese Einsicht selbst auch wieder zu verstoßen. Zwangsläufig geradezu muß nämlich diese Art der Vorstellung von Bildung des Begriffs in Form von zweitem aktualen Punkt darauf hinauslaufen, die Vorstellung von jener Zeit als Linie wiedereinzubringen, weil Sie sich nur so auch etwas vorzustellen vermögen, woran irgendetwas gegenüber irgendetwas anderem ursprünglich unterscheidbar werde.

Denn von diesem Zwang sich wieder zu befreien und die Zeit anstatt als Linie vielmehr modell- und reflexionsgemäß als aktualen Punkt sich vorzustellen, der als *ein einziger* das Nacheinander Zeit darstellt, indem er als *ein einziger* ein mit sich selbiger sowohl wie zu sich anderer ist, macht jede Möglichkeit, in diesem alten aktualen Punkt durch jenen neuen aktualen Punkt etwas zu unterscheiden, ein für alle Mal zunichte. Und tatsächlich hat in eben diesem schlechthin unteilbaren aktualen Punkt ursprünglich-subjektiver Zeit ein jedes Subjekt schon von vornherein im strengsten Sinne seine absolute Einheit oder Einfachheit, die auch durch nichts, wozu es sich im Zuge fortgesetzter Selbstverwirklichung als Selbstanreicherung in sich noch weiter kompliziert oder differenziert, in irgendeiner Weise angetastet werden kann. So sollten Sie sich denn auch ein für alle Mal davon befreien, dies nach Art eines »teilbaren Ich« sich vorzustellen, dem der Raum angeblich als »teilbares Nichtich« gegenüberstehe, oder was es sonst noch an Einschlägig-Abwegigem geben mag.

Und in der Tat kann es bei Bildung von Begriff in Form von aktualem Punkt nicht etwa darum gehen, die ursprünglich-subjektive Zeit in irgendeinem Sinne aufzuteilen oder zu zerlegen, weil die Zeit als solche vielmehr unantastbar eben fortfährt zu verlaufen. Demgemäß vermag gebildeter Begriff auch nicht als so etwas wie aktualer

Teilpunkt dieser Zeit als angeblicher aktualer Linie aufzutreten, um in irgendeiner Weise solche Zeit dann aufzulösen oder zu »analysieren«[2]. Er vermag vielmehr, wenn überhaupt, dann nur als das Ergebnis dessen aufzutreten, daß *zu* solcher – und mithin *als* solcher auch unangefochten *fortlaufender* – Zeit gerade etwas neu und damit zusätzlich synthetisiert wird. Und um eben solche Synthesis, sprich, um die Art von Einheit ebenso wie um die Art von innerer Komplexität und Differenz dieses Begriffes geht es bei der Problematik, wie er sich als dieser neue aktuale Punkt zu jenem alten aktualen Punkt verhält.

Den eigentlichen Weg zu ihrer Lösung aber werden Sie nur finden, wenn Sie diesen letzten Irrweg, falls bereits gegangen sind, wie ich, dorthin wieder zurückgehen, wo er mit dem Irrtum einer zusätzlichen Negation zu derjenigen für den Raum und damit einer zweiten Negation für den Begriff begonnen hatte: bis zur Rückbesinnung auf die zweifellose Einzigkeit der Negation, wonach sie doch die Einheit beider und mithin auch jedes davon zum Ergebnis habe. Und daß Sie auf diesem Rück- auch einen Neuweg finden, der Sie weiterführt, wird Ihnen schon allein an jenen unlösbaren Schwierigkeiten deutlich, die er schon von vornherein vermeidet.

Denn von jetzt an vielmehr davon auszugehen, daß die Bildung des Begriffs in Form von aktualem Punkt durchaus nicht eine zweite Negation ursprünglich-subjektiver Zeit erfordert, dies verhilft Ihnen sofort zu einer Einsicht, die für alles weitere entscheidend ist. Nur diese fälschlich angesetzte zweite Negation muß nämlich jene zwei Ergebnisse von Punkt als mit sich selbigem und auch von Punkt als zu sich anderem herbeiführen, deren zweites Sie nicht brauchen können und deswegen willkürlich vernachlässigen müssen, weil ein Punkt als zu sich anderer Ihnen Bestimmtheit nicht ermöglichen kann. Nunmehr aber nicht auch diese zweite, sondern nur noch jene eine Negation hier anzusetzen, führt Sie dann zunächst einmal darauf zurück, daß sie, obwohl nur eine einzige, doch gleichfalls zwei Ergebnisse herbeiführt, nämlich nicht allein Begriff als aktualen Punkt, nein auch noch Raum als aktuale Ausdehnung.

Nur daß es sich bei diesem zweiten um ein ganz und gar nicht unwillkommenes Ergebnis handelt, das Sie willkürlich zu unterdrükken hätten, sondern um ein hochwillkommenes sogar, weil Raum für

2 Vgl. dazu oben § 20, S. 549 ff.

Ursprung von Bestimmtheit, wie Sie gleich verstehen werden, auch nicht weniger erforderlich ist als Begriff. Und die Besinnung auf den Grund für diesen Unterschied führt Sie dann weiter zu der Einsicht: Unwillkommen war das zweitere Ergebnis jener zweiten Negation gerade deshalb, weil es nichts als unsinniges Doppel für das zweitere Ergebnis dieser ersten Negation und damit überflüssig ist. Denn Nacheinander als spezifisches Außereinander oder als spezielle Ausdehnung ist die ursprünglich-subjektive Zeit doch überhaupt nur dadurch, daß sie aktualer Punkt nicht *bloß* als mit sich selbiger ist, sondern *auch* als zu sich anderer. Durch Negation von solcher Zeit aus ihr heraus nun aber Raum als Ausdehnung gesondert, sprich, von Punkt als Einfachheit gesondert zu erzeugen, ist denn auch nur eine andere, doch gleichbedeutende Bezeichnung dafür, mittels dieser Negation als einer einzigen schon Punkt als zu sich anderen von Punkt als mit sich selbigem gesondert zu erzeugen. Denn nur Punkt als auch noch zu sich anderer läuft auf die Ausdehnung von Zeit hinaus, wozu als Gegensatz die Ausdehnung von Raum zu bilden ist.

Auf solche Art erweist sich für Sie endgültig: Als Ausdehnung in diesem Sinn kann Raum tatsächlich nur Ergebnis einer Synthesis von etwas Anderem und Neuem gegenüber Zeit sein, und das heißt, gerade nicht etwa Ergebnis von dergleichen wie Analysis der Zeit als Auflösung von ihr. Denn als Ergebnis von Analysis oder von Auflösung der Zeit wäre ein aktualer Punkt als nur noch zu sich anderer von einem aktualen Punkt als nur noch mit sich selbigem *gesondert* etwas schlechthin Widersinniges. Etwas entsprechend Sinnvolles wird er vielmehr ausschließlich als das *Andere* und *Neue* dieser Ausdehnung des Raumes *gegenüber* jener Ausdehnung der Zeit. Und so ergibt sich Ihnen damit auch noch nachträglich eine nicht unwichtige Probe auf die Richtigkeit von deren innerer Struktur: Allein durch seinen unauflöslichen Zusammenfall mit aktualem Punkt als mit sich selbigem hat aktualer Punkt als zu sich anderer den Sinn, den wir als Ausdehnung der Zeit bereits entfaltet haben.

Auf diese Art erweist sich Ihnen aber auch noch, daß nicht erst die Bildung von Begriff als aktualem Punkt im Gegensatz zum Raum als aktualer Ausdehnung von grundsätzlicher Problematik ist, sondern bereits die Bildung dieses Raumes selbst als dieser aktualen Ausdehnung. Die Problematik letzterer war in dem Ausdruck einer »aktualen Ausdehnung im Gegensatz zu aktualem Punkt« als vorläufiger Formulierung für Sie implizit geblieben und wird in der offenkundig gleichbedeutenden Bezeichnung »aktualer Punkt als zu sich anderer im Gegensatz zu aktualem Punkt als mit sich selbigem« für Sie nun explizit: Die Lösung dieser Problematik, die wir vorerst noch zurückstellen, wird sonach darin bestehen müssen, daß für Raum, der doch gerade nicht mehr aktualer Punkt sein soll, der Sinn von diesem »aktualen Punkt als zu sich anderem« gleichwohl verständlich werde.[3]

Vorerst kehren wir vielmehr zurück zu jener Einsicht, daß es sich bei jener Negation ursprünglich-subjektiver Zeit allein um eine handeln kann, die aber ebenso wie jene fälschlich angesetzte zweite zwei Ergebnisse herbeiführt. Damit nämlich wird auch noch die andere der beiden unlösbaren Schwierigkeiten, die allein durch solchen falschen Ansatz einer zweiten Negation entstehen, schon von vornherein vermieden. Denn bloß diese zweite Negation hat dann auch fälschlich zum Ergebnis, daß die Bildung von Begriff in Form von Punkt zur Bildung eines zweiten aktualen Punktes zusätzlich zu jenem ersten aktualen Punkt ursprünglich-subjektiver Zeit als Nacheinander führen muß und so zu jener unlösbaren Problematik ihrer Einheit. Nicht bloß jener aktuale Punkt als nur noch zu sich anderer, der Ihnen unwillkommen war, sondern auch dieser aktuale Punkt als nur noch mit sich selbiger, der Ihnen auf den ersten Blick vielleicht willkommen war, muß Ihnen nämlich unwillkommen sein, weil er es ist, der Sie vor dieses weitere unlösbare Problem stellt. Und tatsächlich ist als ein Ergebnis dieser falschen zweiten Negation auch nicht bloß jener aktuale Punkt als nur noch zu sich anderer, sondern auch dieser aktuale Punkt als nur noch mit sich selbiger bloß unsinniges Doppel des Ergebnisses, das jene eine Negation ursprünglich-subjektiver Zeit schon haben muß. Denn aktuale Ausdehnung von Raum bzw. aktualer Punkt als nur noch zu sich anderer vermag aus ihr ja nur hervorzugehen, indem auch aktualer Punkt eines Begriffs bzw. aktualer Punkt als nur noch mit sich selbiger aus ihr hervorgeht.

Damit aber haben wir den Weg beschritten, der uns einer Einsicht näherbringt, die weiterführt. Kann nämlich aktualer Punkt eines Begriffs bzw. aktualer Punkt als nur noch mit sich selbiger demnach auf keinen Fall noch einen zweiten bilden, welcher zusätzlich zu jenem aktualen Punkt ursprünglich-subjektiver Zeit als Nacheinander noch

3 Vgl. dazu unten § 22, S. 645 ff.

hinzuträte, so kann es sich dabei auch nur um etwas handeln, das von vornherein in irgendeinem Sinn bloß innerhalb von letzterem entspringt: Dies kann dann nur die Weiterausgestaltung innerer Struktur des letzteren ausmachen, und das heißt, bloß eine weitere Differenzierung oder Komplizierung innerhalb ursprünglich-subjektiver Zeit als Nacheinander aktualen Punktes selbst. Und mit zu diesem Sinn muß dann gehören, daß genau auf solche Weise aus ursprünglich-subjektiver Zeit heraus Begriff als abgeleitet-subjektive Zeit ersteht.

Doch eben daher, *daß* es bei der Bildung des Begriffes nur um eine weitere Differenzierung oder Komplizierung dieser inneren Struktur ursprünglich-subjektiver Zeit als Nacheinander aktualen Punktes selber gehen kann, gewinnen Sie den ersten Zugang dazu, *wie* es dabei in ihm selbst zu einer weiteren Differenzierung oder Komplizierung kommen muß. Es läßt sich nämlich deren Art und Weise dann aus einem Grund, der nach und nach Begriff und Raum trotz ihrer Grundverschiedenheit gerade als ein einziges Ergebnis jener Negation erweisen wird, vom Raum her charakterisieren. Denn für aktualen Punkt als solchen selbst, will sagen, für ursprünglich-subjektive Zeit als Nacheinander aktualen Punktes selbst muß es dann einen Unterschied ausmachen, ob durch Negation von ihr bzw. ihm aus ihr bzw. ihm heraus auch Raum noch ausgedehnt wird oder nicht. Erfolgt doch dessen aktuale Ausdehnung durch Negation allein, indem durch eine und dieselbe Negation auch des Begriffes aktualer Punkt gebildet wird, der aber eben, kurz gesagt, nicht außerhalb von jenes aktualen Punktes Nacheinander Zeit auftreten kann, sondern in irgendeinem Sinn nur innerhalb von ihm bzw. ihr. In eben diesem Unterschied, den es für eben diesen aktualen Punkt ursprünglich-subjektiver Zeit ausmachen muß, wenn aus ihm oder ihr auch Raum noch ausgedehnt wird, muß mithin genau die Differenz oder Komplexität bestehen, die innerhalb von ihm bzw. ihr und so auch einheitlich mit ihm bzw. ihr die neue Einheit des Begriffs als abgeleitet-subjektive Zeit ausbildet.

Die Frage, die wir zu beantworten versuchen müssen, ist infolgedessen, *welchen* Unterschied es für den aktualen Punkt ursprünglich-subjektiver Zeit als Nacheinander selbst bedeutet, *daß* aus ihm heraus die aktuale Ausdehnung von Raum gebildet wird. Der Antwort auf sie aber müßten wir uns nunmehr nähern können, wenn wir uns in vollem Umfang überlegen, was genau denn eigentlich durch Raum als diese aktuale Ausdehnung aus jenem aktualen Punkt heraus gebildet, ja recht eigentlich herausgebildet wird.

Zwar wissen Sie bereits im einzelnen, daß Affektionsgehalt[4] in Form ursprünglich-subjektiver Zeit als Nacheinander aktualen Punktes nur, indem er auch in Form ursprünglich-subjektiven Raumes als Nichtnacheinander aktualer Ausdehnung auftritt, auch zu bestimmtem werden kann. Erst dadurch nämlich, daß Gehalt auch noch in solchen Raum eingeht, indem er sich zu einer je und je bestimmten Form in ihm ausdehnt, vermag er je und je auch selbst noch zu bestimmtem wie zum *Rot*gehalt oder zum *Tisch*gehalt zu werden als entsprechend deutbarer Anschauung.

Doch Sie wissen damit nicht auch schon im allgemeinen, was es heißt, daß jeglicher Gehalt ursprünglich nur in einer je und je bestimmten Form wie in Ovalform oder Rundform oder Eckform auch noch selbst zu einem je und je bestimmten werden kann. Das müssen Sie vielmehr im einzelnen noch weiter als bisher verfolgen, um es auch im allgemeinen einzusehen. Denn bisher war damit nur gesagt, daß ein Gehalt durch eine Form zu einem je und je bestimmten wird, indem er durch sie je und je bestimmt umgrenzt wird.

Dies indessen bliebe prinzipiell unmöglich, könnte nämlich schon von vornherein unendlichen Regresses wegen nicht zustande kommen, wäre die Umgrenzung oder Grenze einer Fläche ihrerseits auch wieder Fläche, weil sich diese dann erneut durch eine weitere und diese wiederum durch eine neue abzugrenzen hätte, und so weiter. Die Umgrenzung oder Grenze einer Fläche kann vielmehr nur geometrisch-ideale Linie sein, und so ergibt sich allgemein, daß eine Fläche nur durch eine solche Linie umgrenzt sein kann.

Von der bereits erwähnten *Zeichnung* einer Linie dürfen Sie sich hier nicht irreführen lassen. Denn auch sie ist, wenngleich noch so schmale, Fläche, die darum auch ihrerseits allein durch geometrisch-ideale Linie umgrenzt ist. Danach gilt es für Sie vielmehr prinzipiell zu unterscheiden zwischen dem, wo*durch* etwas, und dem, wo*gegen* etwas abgegrenzt wird. Daraus folgt dann nämlich allgemein, daß eine Fläche immer nur *durch* eine Linie, aber niemals etwa *gegen* eine Linie abgegrenzt ist, sondern stets nur gegen eine andere *Fläche*, also

4 Was wie im vorigen so auch im folgenden als »Affektionsgehalt« oder als »Affektionsergebnis« und dergleichen abgekürzt wird, ist im einzelnen ausführlicher als Sinn der immer wieder neuen *Selbst*verwirklichung dazu *auf Grund* von »Affektion« entfaltet worden. Vgl. oben § 19, S. 504 ff.

nie *durch* eine Fläche, sondern immer nur durch eine *Linie*, weil die Linie dazwischen eben nicht auch selber wieder Fläche sein kann.

Halten Sie das fest, so sehen Sie sofort, wie leicht es mißverständlich ist, zu sagen, daß Gehalt allein durch je und je bestimmte Form auch selbst zu je und je bestimmtem werden könne. Denn besonders dann, wenn Form dabei an Hand von Beispielen als Rund-, Oval- und Eckform oder gar als Tischform oder Menschform aufgefaßt wird, liegt das Mißverständnis nahe, sie auch noch als dasjenige anzusehen, wo*gegen* ein Gehalt begrenzt und so bestimmt ist, anstatt nur als das, wo*durch* er beides ist.

Es zu vermeiden aber führt Sie dann sofort zu einer weiteren und gleichfalls allgemeinen Folgerung: Kann Form als Grenze von Gehalt nur geometrisch-ideale Linie sein, so kann Gehalt *durch* Form als Grenze auch nur in dem Sinn begrenzt und so bestimmt sein, daß er dabei *gegen* anderen *Gehalt* begrenzt und so bestimmt ist. Denn kann Form als Grenze überhaupt nichts anderes als geometrisch-ideale Linie sein, so kann sie auch noch gar kein eigener und damit anderer Gehalt sein und infolgedessen ohne einen anderen Gehalt auch noch nicht Grenze oder Form, weder des einen noch des anderen. Indem sich nämlich Grenze oder Form als geometrisch-ideale Linie vielmehr immer wieder nur mit solchem anderen Gehalt zusammen bilden kann, ist sie als selbige auch immer wieder Grenze oder Form des einen wie des anderen, wenngleich für jeden unterschiedlich, wie bei Rund- oder Ovalform etwa in dem Sinn des Unterschiedes von »konkav« oder »konvex«[5].

Dann sehen Sie jedoch des weiteren, daß dieser andere Gehalt, mit dem zusammen allererst sich Grenze oder Form des einen wie des anderen und so Bestimmtheit beider bilden kann, auch schon von vornherein ein qualitativ-anderer sein muß, nämlich durchaus nicht nur ein quantitativ-anderer sein kann. Denn gegen einen qualitativ-selbigen vermöchte ein Gehalt sich überhaupt nicht abzugrenzen, weil auch überhaupt noch keine Grenze auszubilden. Sie nämlich vermag als geometrisch-ideale Linie für sich selbst auch überhaupt noch keinen eigenen und damit anderen Gehalt zu bilden, *weder* einen quantitativ- *noch* auch einen qualitativ-anderen.

5 Ihm zufolge, der entsprechend auch bei allen andern Formen auftritt, unterscheide ich im weiteren der Kürze halber zwischen »Rund- und Nichtrundform« zum Beispiel als der »Form und Gegenform«.

Dies aber läßt sich so verallgemeinern, daß Sie sogar offenlassen können, *welcher* qualitativ-andere es jeweils sein muß, gegen den Gehalt, um auch bestimmt zu sein, begrenzt zu sein hat, wenn es sich nur überhaupt um qualitativ-andern handelt. Und das heißt, Sie können allgemein vertreten, daß zum Beispiel Rotgehalt durch eine Form begrenzt und so bestimmt nur gegen Nichtrotinhalt ist, wie Tisch- und Menschgehalt nur gegen Nichttisch- oder Nichtmenschinhalt, was für jeden andern gleicherweise gilt.

Dasselbe aber, was für Inhalt gilt, trifft auch für Form zu, wie ja jede deutbare Anschauung beispielsweise nicht allein als Rotanschauung, sondern auch als Rund- oder Ovalanschauung eine je bestimmte ist. Auch Form für sich betrachtet wie Ovalform oder Rundform nämlich kann nur gegen eine qualitativ-andere bestimmt sein, wie Oval- nur gegen Nichtovalform oder Rund- nur gegen Nichtrundform. Das könnte Ihnen zweifelhaft vorkommen, da es auf den ersten Blick allein für krummlinige Formen zuzutreffen scheint, weil als die Gegenform zu ihnen jeweils eine qualitativ-andere auftreten muß im Sinn des Unterschiedes von »konvex« oder »konkav«.

Doch auch geradlinige Formen machen bei genauerer Betrachtung keine Ausnahme davon. Für sich genommen, nämlich abgesehen vom Gehalt, vermag eine geradlinige Form sich niemals gegen eine qualitativ-selbige Form abzugrenzen, sondern stets nur gegen eine qualitativ-andere: Noch deutlicher womöglich als für krummlinige gilt auch für geradlinige Form und Gegenform ein Unterschied, der dem zwischen »konkav« oder »konvex« entspricht. Denn was die Geometer als Figur bezeichnen, nämlich eine Fläche, die durch eine in sich selbst zurücklaufende Linie gebildet wird und so recht eigentlich geschlossene Figur bedeutet, nennen wir nur deshalb Form, weil wir sie auch noch im Zusammenhang mit ihrem Inhalt zu erwägen haben. Eine Form in diesem Sinne aber hat zu ihrer Gegenform zunächst einmal ihre Gesamtumgebung, einerlei, ob diese überhaupt, und wenn ja, wie sie ihrerseits dann weiter in sich oder gegen andere abgegrenzt sein mag. Und diese Gegenform muß in genauester Entsprechung zu »konkav« gegen »konvex« stets eine qualitativ-andere Form darstellen, so daß zum Beispiel ein Quadrat nie ein Quadrat zur Gegenform besitzen kann. Erst recht gilt dies für Formen, die wie Tischform oder Menschform noch viel komplizierter sind, und damit allgemein.

Begrenzt und so bestimmt ist ein Gehalt sonach nur *gegen* einen qualitativ-anderen, und zwar *durch* eine Form, die abgesehen vom Gehalt auch ihrerseits nur *gegen* eine qualitativ-andere begrenzt und so bestimmt ist. Dementsprechend können Sie für deutbare Anschauung auch verallgemeinern, daß sie hinsichtlich von jedem F bzw. G – ob Sie darunter nun Gehalt von ihr verstehen wollen oder Form von ihr – bestimmt nur ist, indem sie dies jeweils unmittelbar gegen ein Nicht-F oder Nicht-G ist, im ganzen also nur, indem sie dies mit ihm zusammen ist. Und das, obwohl es sich bei solchem Nicht-F oder Nicht-G wegen seines bloßen Nicht- um *eigenes* bestimmtes F bzw. G nur handeln kann, wenn es als *anderes* bestimmtes F bzw. G auch das von *anderer* bestimmt deutbarer Anschauung ist. Insgesamt bedeutet dies mithin, daß Anschauung als deutbare bestimmt nie nur als eine einzige für sich allein sein kann, sondern stets nur zusammen mit noch anderer Anschauung, die als anders deutbare bestimmt ist und so unmittelbar im Kontrast zu ihr wie auch im Kontext mit ihr auftritt.[6]

Dieser in sich selbst so einheitliche wie auch unterschiedliche Zusammenhang des Auftretens von deutbaren Anschauungen ist aber eben nur auf Raum zurückzuführen, wie Sie jetzt in vollem Umfang sehen müßten. Denn auch nur, indem ein Affektionsergebnis jeweils nicht allein in jene Zeit hinein, sondern aus ihr heraus auch noch in diesen Raum hinein sich ausdehnt, kann es in ihm dann auch in bestimmter Form *und* Gegenform auftreten und so auch durch sie erst zu bestimmtem Inhalt *sowie* Gegeninhalt werden. Aber wohlgemerkt: Es selbst, nämlich das jeweils selbe Affektionsergebnis wird in diesem Fall zum einen ebenso wie auch zum andern Inhalt, weil es als das jeweils selbe dabei in der einen Form genauso wie auch in der andern auftritt. Oder umgekehrt: Weil solche gegensätzlichen Gehalte wie auch Formen jeweils in dem selben Affektionsergebnis gründen müssen, kommt es dadurch jeweils inhaltlich wie auch formal zu etwas *in sich* Gegensätzlichem: eben zu Form *und* Gegenform bzw. zu Gehalt *und* Gegengehalt.

6 Damit sind wir uns denn auch etwas seit langem Landläufiges herzuleiten unterwegs, nämlich daß beispielsweise so etwas wie die Bestimmtheit grün als Anschauung für uns nur dann auftreten kann, sofern auch die Bestimmtheit nichtgrün noch als Anschauung für uns mit auftritt, in dem Sinn jener bekannten Binsenwahrheit: Wäre alles grün, so wäre gar nichts grün.

Doch wie mir wird dies vielleicht auch Ihnen auf den ersten Blick als Widerspruch erscheinen. Denn wie könnte wohl ein Affektionsergebnis jemals als ein selbiges zu etwas führen, das sowohl in inhaltlicher wie formaler Hinsicht jeweils etwas derart Grundverschiedenes ist, daß es sich letztlich wechselseitig nur durch jenes »Nicht-« und damit letztlich nur durch wechselseitige Negierung charakterisieren läßt? Bei weitem einsichtiger wäre doch, so möchten Sie gleich mir vielleicht erst einmal zu bedenken geben, daß so prinzipiell Verschiedenes dann auch auf *entsprechende*, das heißt recht eigentlich, entsprechend auch auf prinzipiell *verschiedene* Affektionsergebnisse zurückzuführen sei anstatt jeweils auf eines und dasselbe.

Ja Sie könnten wie zunächst auch ich dafür noch Argumente bringen wollen, wie zum Beispiel, daß dies schon von jener Zeit her gar nicht anders sein kann: Wenn sie als ursprünglich-subjektive immer nur als mit sich selbiger Punkt ebenso wie auch als zu sich anderer auftrete, müsse erst einmal auch jedes Affektionsergebnis diese Form von Zeit als mit sich selbigem Punkt ebenso wie zu sich anderem annehmen. Daraus aber sei erklärlich, daß es dann in zusätzlicher Form von Raum auch beispielsweise ebenso zur Rundform wie zur Nichtrundform oder zum Rotgehalt genauso wie zum Nichtrotgehalt werde.

Doch so nahe sie auch liegen mag, mit dieser Art von Argumentation wäre im Labyrinth von Subjektivität erneut ein Irrweg eingeschlagen. Denn in Frage steht ja nicht, daß die Gesamtstruktur von Form und Gegenform oder von Inhalt sowie Gegeninhalt, die ein Affektionsergebnis bilden kann, indem es auch in Raum noch auftritt, irgendwie auf die Gesamtstruktur zurückgeht, die es hat, indem es erst einmal in Zeit auftritt. Daß die Gesamtstruktur, die es in Zeit besitzt, für die Gesamtstruktur, die es in Raum bekommt, zugrunde liegt, steht vielmehr außer Frage. Fraglich ist allein, ob letztere aus ersterer Gesamtstruktur sich in dem Sinn erklären läßt, daß es sich innerhalb von ersterer schon um zwei grundverschiedene Affektionsergebnisse statt nur um eines und dasselbe handeln muß, weil es als selbiges sonst wegen seiner innerlichen Gegensätzlichkeit auch innerliche Widersprüchlichkeit sein müßte.

Damit nämlich wären wir auf einem Irrweg, der uns Schritt für Schritt dazu verleiten würde, die im vorigen genannten Fehler nicht erst für Begriff, sondern für Raum schon zu begehen, nämlich das, was eigentlich nur Synthesis von etwas Neuem sein kann, als Analysis von etwas Altem zu verkennen: jene Negation von Zeit zu Raum sowohl wie zu Begriff. Bereits die Ausdehnung von Raum, die jeweils zur Gesamtstruktur von Form und Gegenform oder von Inhalt sowie Gegeninhalt als der innerlichen Gliederung von etwas innerhalb des Raumes führen kann, könnte danach nur eine Art Zerlegung dessen bilden, was in irgendeinem Sinn entsprechend schon in der Gesamtstruktur von Zeit enthalten wäre.

Doch dagegen spricht jetzt nicht nur das, was schon im vorigen dagegen sprach: Selbst wenn sich damit, daß in Form von bloßer Zeit schon so etwas wie Rotgehalt im Unterschied zu Nichtrotgehalt auftritt, noch ein Sinn verbinden ließe, läßt sich schlechterdings nicht mehr verstehen, daß in Form von Zeit als bloßem Nacheinander auch schon so etwas wie Rundform gegen Nichtrundform auftreten könnte, weil sie als »Gestalt« ja jeweils ein Zugleich bedeutet. Und so bleibt denn auch das Auftreten von so etwas wie Rotgehalt in Form von bloßem Nacheinander letztlich unverständlich, weil es an das Mitauftreten von Zugleich in irgendeiner Form gebunden ist.

Dagegen spricht jetzt vielmehr auch noch etwas weiteres, wodurch die Ansetzung einer Analysis von Altem anstatt einer Synthesis von Neuem nunmehr endgültig erledigt ist. Denn auch vermittels einer Annahme entsprechend grundverschiedener Affektionsergebnisse in Zeit als Nacheinander, um durch sie das Auftreten von Form und Gegenform oder von Inhalt sowie Gegeninhalt im Zugleich des Raumes zu erklären, könnten wir die anscheinende Widersprüchlichkeit von letzteren durch erstere in keinem Sinn vermeiden. Doch nicht etwa deshalb, weil wir solche Widersprüchlichkeit dadurch von letzteren, die für sich selbst ja gar nicht widersprüchlich sind, auf erstere bloß übertragen würden, sondern weil wir sie durch Ansetzung von ersteren gerade selbst hervorgerufen hätten.

Denn in welchem Sinn auch immer diese Affektionsergebnisse entsprechend grundverschiedene sein sollten, könnten sie das doch in Zeit als Nacheinander aktualen Punktes immer wieder nur in einem aktualen Punkt sein, aber niemals etwa aufgeteilt in zwei verschiedenen aktualen Punkten: eben weil es Nacheinander Zeit jeweils auch immer nur als einen einzigen und in sich unteilbaren aktualen Punkt gibt, der als dieser einzige ein mit sich selbiger sowohl wie zu sich anderer ist. Erst in ihm ergäbe sich mithin tatsächlich Widersprüchlichkeit, und zwar für diese Affektionsergebnisse, wogegen jener Inhalt sowie Gegeninhalt oder jene Form und Gegenform zwar in sich gegensätzlich, doch nur scheinbar in sich widersprüchlich sind.

Denn dadurch hätte das Entsprechende zu so etwas wie Rot- und Nichtrotinhalt oder Rund- und Nichtrundform – will sagen: das entsprechend Grundverschiedene – in solchem aktualen Punkt der Zeit als einem einzigen jeweils schon aufzutreten, während so etwas wie Rot- und Nichtrotinhalt oder Rund- und Nichtrundform in jener aktualen Ausdehnung des Raumes streng verteilt auftritt. Und so ist Rotgehalt in Raum als aktualer Ausdehnung gerade *nicht* Nichtrotgehalt, und umgekehrt, wie Rundform hierin auch gerade *nicht* Nichtrundform ist, und umgekehrt, wogegen das entsprechend Grundverschiedene in Zeit als aktualem Punkt nur so etwas wie Rotgehalt *und* Nichtrotgehalt oder Rundform *und* Nichtrundform bilden könnte, also jeweils etwas unauflösbar Widersprüchliches.

Genau aus diesem Grunde muß es nämlich auch, und zwar jetzt einsichtigerweise für Sie dabei bleiben, daß tatsächlich solche Form und Gegenform mit solchem Inhalt sowie Gegeninhalt je und je in einem und demselben Affektionsergebnis gründen, nämlich ohne dadurch jeweils insgesamt zu etwas Widersprüchlichem zu werden. Und tatsächlich kann die Ausdehnung des Raumes als Nichtnacheinander oder als Zugleich aus Nacheinander Zeit heraus nur in dem Sinn erfolgen, daß sie durchwegs mit der Zeit als Nacheinander aktualen Punktes streng einher- und so auch immer wieder nur aus ihr als solchem aktualen Punkt hervorgeht[7]. Demgemäß vermag denn alles, was auf Grund von Affektion in dieser Ausdehnung des Raumes als Zugleich sich dann im einzelnen auch selbst nur als Zugleich in ihm ausdehnen kann, auch selbst nur immer wieder aus dem aktualen Punkt der Zeit hervorzugehen und so auch selbst nur immer wieder auf dieselbe Affektion zurückzugehen. Und das heißt: Da Form und Gegenform mit Inhalt sowie Gegeninhalt im Zugleich der aktualen Ausdehnung von Raum ja selber immer wieder ein Zugleich darstellen müssen, können sie auch immer wieder nur in etwas gründen, das im Nacheinander Zeit als aktualem Punkt auftritt (der als *ein einziger* je mit sich selbiger sowohl wie zu sich anderer ist), und so auch immer wieder nur in jeweils einem und demselben Affektionsergebnis.

7 Vgl. dazu nochmals oben § 18, S. 460 Anm. 17.

Damit nämlich ist für Sie dann auch noch einsichtig, aus welchem Grund es hier zum Anschein eines Widerspruches überhaupt gekommen ist: Nur dadurch, daß zunächst der Schein entstand, als sei bloß deshalb, weil sie jeweils auf dasselbe Affektionsergebnis, nämlich auf Gehalt in Form ursprünglich-subjektiver Zeit zurückgehen müssen, so etwas wie Rot- und Nichtrotinhalt oder Rund- und Nichtrundform nichts anderes als, sondern dasselbe wie jener Gehalt in Form von bloßer Zeit. Nur deswegen erstreckte dieser Schein sich auch auf ihn noch, drohte nämlich noch bis dahin zu verleiten, ihn als jeweils zwei Gehalte statt als einen aufzufassen.

Doch von all dem kann allein schon darum keine Rede sein, weil zwischen etwas, das in Form von bloßer Zeit, und etwas, das auch noch in Form von Raum auftritt, ein grundsätzlicher Unterschied bestehen muß, zu dem es aber überhaupt erst dadurch kommen kann, daß etwas eben nicht allein in Form von Zeit gebracht wird, sondern auch in Form von Raum noch. So gewiß es daher immer wieder dieser selbige, zunächst in Form von bloßer Zeit auftretende Gehalt ist, der dann auch in Form von Raum noch auftritt, so gewiß kann er doch überhaupt erst dadurch, daß er auch in Form von Raum noch eingeht, auch zu so etwas wie Form und Gegenform und darin auch zu so etwas wie Inhalt sowie Gegeninhalt werden, kurz: zu etwas je Bestimmtem.

Also nur als etwas jeweils dadurch zu etwas Bestimmtem allererst Gemachtes, und das heißt eben: als etwas durch Bestimmung allererst Bestimmtes, läßt jener Gehalt entsprechend widerspruchsfrei auch als so etwas wie Rotgehalt und Nichtrotgehalt oder Rundform und Nichtrundform sich bezeichnen. Denn auch überhaupt erst als ein zusätzlich noch in die Ausdehnung des Raumes ausgedehnter kann jener Gehalt so grundsätzlich in Raum hinein verteilt auftreten, daß er jeweils anderer gegen anderen Inhalt sein kann sowie jeweils andere gegen andere Form.

Doch ihn von hier aus rückläufig auch als Gehalt, wie er zunächst in Form von bloßer Zeit auftritt, schon als entsprechend Grundverschiedenes zu bezeichnen, wäre demgemäß genau der Fehler, der in jener Widersprüchlichkeit zum Ausdruck käme. Und mit diesem Fehler hätten wir dann nichts geringeres verfehlt als den gesuchten Ursprung von dergleichen wie Bestimmtheit, welche eben erst durch diesen Schritt von Zeit zu Raum entspringen kann, das heißt genauer: erst auf dieser zweiten Stufe einer Synthesis von Raum aus

Zeit heraus und damit zusätzlich zur Synthesis von Zeit. Wie Raum infolgedessen etwas Anderes und Neues gegenüber Zeit ist, so auch die in Form von ihm erst deutbare Anschauung etwas Anderes und Neues gegenüber der in Form von bloßer Zeit gerade nicht schon deutbaren.

Und wie grundsätzlich dies tatsächlich nur verständlich ist, wenn es etwas Synthetisch-Anderes und -Neues ist, ersehen Sie sofort, wenn Sie erinnern, daß Bestimmtheit von etwas in diesem Sinne gleichbedeutend ist mit Gegenständlichkeit von etwas, so daß beide hiernach eines Ursprungs sind. Denn was ursprünglich gegenständlich wird, indem jener Gehalt – als Anschauung in Form von bloßer Zeit – in Form auch noch von Raum bestimmt und so zur deutbaren Anschauung wird, kann dann durchaus nicht etwa regressiv jener Gehalt in Form von bloßer Zeit als solcher selbst sein. Deutbar nämlich wird Anschauung durch Bestimmung dieser Art allein, indem sie vielmehr progressiv gerade so etwas wie Rot- mit Nichtrotinhalt oder Rund- mit Nichtrundform zusammen wird. Infolgedessen könnte, dieses ihres Ursprungs wegen, solcherart Bestimmtheit regressiv auch nur zu ihrer Wiederauflösung und so gerade nicht zur Gegenständlichkeit jenes Gehaltes selber führen, was in jener Widersprüchlichkeit denn auch zum Ausdruck käme.

Ja was ursprünglich gegenständlich wird, wenn Anschauung in Form auch noch von Raum zur deutbaren bestimmt wird, ist nicht einmal diese deutbare Anschauung selber. Denn als Rot- bzw. Nichtrotinhalt und als Rund- bzw. Nichtrundform bestimmt im Sinn von deutbar ist sie ja durchaus nicht so, daß sie als solche selber etwa rot bzw. nichtrot oder rund bzw. nichtrund wäre. Daß sie so bestimmt ist, dies bedeutet vielmehr, daß sie so nur deutbar ist, sprich, nur auf etwas Anderes hin deutbar ist, das auch erst dann, wenn es ein Wirklich-Anderes der Außenwelt ist, rot bzw. nichtrot oder rund bzw. nichtrund ist: doch keineswegs auch dann schon, wenn es in Gestalt entsprechend deutbarer Anschauung als ein Anderes der Außenwelt zunächst nur vorgestellt oder entworfen, und das heißt: nur gegenständlich ist.

Was gegenständlich wird, wenn Anschauung in Form auch noch von Raum auf dieser zweiten Stufe deutbar wird, ist demgemäß nicht nur nicht regressiv die Anschauung in Form von bloßer Zeit auf jener ersten Stufe, sondern auch nicht die in Form des zusätzlichen Raumes deutbare auf dieser zweiten Stufe, ist vielmehr gerade progressiv und damit projektiv ein Anderes zu beiden. Dieses nämlich ist, wenn es durch Wahrnehmung als Überschreitung deutbarer Anschauung in der Deutung, sprich: durch Intention, als ein Erfolg und so als etwas Wirklich-Anderes erzielt ist, dann auch etwas Anderes als solche Anschauung, nämlich statt Anschauung nur anschaulich.

Was den Gehalt in Form von bloßer Zeit auf jener ersten Stufe anbetrifft, so leiten wir uns damit vielmehr ferner her, daß er als solcher nur *gegeben* sein kann, und das heißt, daß er als solcher *gegenständlich* weder sein noch werden kann, und zwar, weil er als solcher auch nur unbestimmt sein kann und bleiben muß. Und eben diese Unbestimmtheit von Gehalt auf erster Stufe müßte zwangsläufig zur Widersprüchlichkeit desselben führen, würden wir jene Bestimmtheit, die Gehalt doch erst auf zweiter Stufe, nämlich erst in Form von zusätzlichem Raum gewinnen kann, in irgendeinem Sinn schon fälschlich in Gehalt auf erster Stufe vorverlegen: nur weil jederlei Bestimmtheit jedesmal, wenn sie entspringt, aus ihm hervorgeht. Denn hervor aus ihm geht sie, wenn überhaupt, nicht etwa analytisch, so als läge sie schon vor in ihm und träte somit auch nur noch heraus aus ihm, sondern gerade umgekehrt: Hervor aus ihm geht sie dann vielmehr nur synthetisch, das heißt dadurch, daß *er selbst* aus bloßer Zeit heraus, nämlich auch noch hinaus in zusätzlichen Raum hinein tritt und auf diese Weise somit *insgesamt* in wesentlich komplexerer Form auftritt. Demgemäß vermag Gehalt sich erst in solcher Form dann auch *als ganzer* noch aus Zeit heraus in Raum hinein zu Form und Gegenform mit Inhalt sowie Gegeninhalt jeweils zu verteilen und auf diese Weise jeweils zu bestimmen.

Denn auch nur, wenn Sie beachten, daß dies im genannten Sinn synthetisch und nicht etwa analytisch vor sich geht, wird Ihnen ferner einsichtig, daß dadurch sich Gehalt dazu auch nur bestimmen *kann* und nicht etwa bestimmen *muß*, sofern Sie folgerichtig bleiben wollen. Schließlich hat doch jene erste Stufe bloßer Zeit ihr Wesen darin, daß Gehalt in Form von bloßer Zeit dies *nicht* kann. Dann jedoch muß diese zweite Stufe als der Gegensatz zu jener ersten, nämlich als mit Zeit einhergehender Raum ihr Wesen auch gerade darin haben, daß Gehalt in solcher Form dies *kann* – nicht weniger, doch auch nicht mehr –, daß er dies also keineswegs auch *muß*. Das heißt: Bestimmtheit von Gehalt, die dort *unmöglich* bleibt, wird hier bloß *möglich* und mithin gerade nicht etwa *notwendig*, was des weiteren bedeutet: *Möglich* wird hier nicht nur, daß es dadurch zu *Bestimmt-*

heit, sondern auch, daß es dadurch zu *Unbestimmtheit* kommt. Doch wohlgemerkt: daß es dadurch zu Unbestimmtheit *kommt* – zu einer *neuen* nämlich, aber nicht etwa, daß es dadurch bei Unbestimmtheit *bleibt* – bei jener *alten* nämlich, bei der es in Form von bloßer Zeit auch *bleiben muß*, wogegen es zu dieser *neuen* dann nur *kommen kann*, weil diese Unbestimmtheit, wenn sie auftritt, auch in Form des mit der Zeit einhergehenden Raums noch auftritt.

Zwingend also wird für uns auf solche Weise ferner, *diese* Unbestimmtheit nicht einfach mit *jener* Unbestimmtheit gleichzusetzen, und das heißt zuletzt: Nicht bloß *Bestimmtheit*, die auf zweiter Stufe möglich wird, sondern auch *Unbestimmtheit*, die auf zweiter Stufe möglich wird, dürfen wir nicht bereits auf erste Stufe vorverlegen: nur weil jede freilich jeweils in demselben Affektionsergebnis gründen muß. Und dies bedeutet, daß wir zwischen jener Unbestimmtheit, die auf jener ersten Stufe, sprich, in Form von bloßer Zeit auftreten *muß*, und dieser Unbestimmtheit, die auf dieser zweiten Stufe, sprich, in Form des mit der Zeit auch noch einhergehenden Raums auftreten *kann*, grundsätzlich unterscheiden müssen. Diese nämlich kann dann nur darin bestehen, daß Gehalt von Affektion zwar grundsätzlich aus Zeit heraus auch noch in Raum hinein und damit in der Grundform von Bestimmtheit auftritt und gleichwohl als Unbestimmtheit, die sonach nur Unbestimmtheit in der Grundform von Bestimmtheit sein kann.

Und auch höchstens auf den ersten Blick wird Ihnen dies als widersinnig oder unbegreiflich gelten können. Denn was wir uns damit explizit als Unbestimmtheit in der Grundform von Bestimmtheit herzuleiten in der Lage sind, ist überhaupt nichts anderes als die ursprüngliche Möglichkeit für das, was Ihnen implizit als Widersprüchlichkeit zu gelten pflegt. Kann sie doch ihrer Form wie ihrem Inhalt nach grundsätzlich nur in so etwas bestehen wie: rot und nichtrot, oder: rund und nichtrund, also grundsätzlich nur in Bestimmtem, das sich wechselseitig die Bestimmtheit streitig macht, und damit eben nur in Unbestimmtheit, die Bestimmtheit grundsätzlich voraussetzt. Auch nur dadurch nämlich kann es um *bestimmten* Widerspruch sich handeln, eben um den zwischen rot und nichtrot etwa gegenüber dem von grün und nichtgrün. Und tatsächlich kann es doch auch überhaupt nicht fraglich sein, daß Widersprüchliches sich denken läßt, ja daß es sogar sinnvoll ist, vom *Gegenstand* zu einem widersprüchlichen Begriff, zu dem auch Anschauung gehören muß, zu sprechen und zu sagen, daß ein solcher Gegenstand nicht wirklich sein kann.

Gegenüber jener Widersprüchlichkeit jedoch, die nur *aufträte*, wenn wir die Bestimmtheit, die auf zweiter Stufe möglich wird, bloß deshalb schon auf erste Stufe fälschlich *vorverlegten*, handelt es bei dieser sich um eine Widersprüchlichkeit, die wirklich *auftritt*, nämlich dann, wenn sich anstatt Bestimmtheit auf der zweiten Stufe Unbestimmtheit *einstellt*, die ja beide gleichermaßen auf ihr möglich werden. Und so ist es auch nicht jene anscheinende, sondern diese hier auf zweiter Stufe wirklich auftretende Widersprüchlichkeit, in der zur Geltung kommt, daß jeglicher Gehalt auf zweiter Stufe jeweils in der prinzipiellen Unbestimmtheit von Gehalt des selben Affektionsergebnisses auf erster Stufe gründen muß, bestimmter ebenso wie unbestimmter: Jener *absoluten* Unbestimmtheit von Gehalt in Form von bloßer Zeit auf erster Stufe jeweils Rechnung tragend, *muß* in Form von zusätzlichem Raum auf zweiter Stufe etwas in sich Gegensätzliches zustande kommen, wie sogar jener Gehalt *und* Gegengehalt oder jene Form *und* Gegenform doch jeweils etwas in sich Gegensätzliches sein *müssen*, weil auch je und je nur in dem selben unbestimmten Affektionsergebnis gründen *können.*

Dies in jedem Falle in sich Gegensätzliche indessen *kann* auf zweiter Stufe je und je als etwas in sich Widersprüchliches genausogut wie auch als etwas in sich Widerspruchsfreies zustande kommen und genau in diesem Sinn mithin als etwas Unbestimmtes ebenso wie als etwas Bestimmtes. Nur kann Unbestimmtheit hier auf zweiter Stufe dann auch nur noch *relative*, eben nur noch Widersprüchlichkeit als Unbestimmtheit in der Grundform von Bestimmtheit sein, so daß die letztere der ersteren hier auch bereits zugrunde liegen muß. Wogegen jener absoluten Unbestimmtheit noch in keinem Sinn etwa Bestimmtheit schon zugrunde liegen kann, so daß sie auch noch keine Widersprüchlichkeit sein kann und sich mithin auch nicht als Widersprüchlichkeit bestimmen läßt. Nur Reflexion vermag sie zu erschließen, nämlich als die Unbestimmtheit, die zur Widersprüchlichkeit vielmehr gerade den Versuch verurteilt, sie als solche reflexionslos zu bestimmen.

Mag indessen diese Möglichkeit für Widersprüchlichkeit als solche Unbestimmtheit in der Grundform von Bestimmtheit noch so zwingend folgen, werden Sie vielleicht doch fragen, welcher Sinn sich eigentlich mit ihr verbinden lasse, nämlich wie auf Grund von ihr denn Wahrnehmung entspringen könne, deren Möglichkeit es dadurch herzuleiten gelte. Doch was dies betrifft, kann ich Sie hier nur vorläufig darauf verweisen, daß gerade diese Möglichkeit sich förmlich als entscheidend für die Möglichkeit von Wahrnehmung erweisen wird. Genauso zwingend nämlich folgt, daß trotz der Möglichkeit für solche Widersprüchlichkeit, ja eigentlich gerade wegen ihr als dieser Unbestimmtheit in der Grundform von Bestimmtheit, letztere vor ersterer auf zweiter Stufe einen klaren Vorrang hat. Und diesen grundsätzlichen Vorrang von Bestimmtheit gegenüber Unbestimmtheit gilt es vorerst weiter zu verfolgen, bis sich dann auch die Miteinbeziehung dieser Unbestimmtheit noch als notwendig erweist, weil diese dann auch wie von selbst noch ihren grundlegenden Sinn gewinnt[8].

Und auch nur um so wichtiger ist es für uns, den Ursprung von Bestimmtheit oder Widerspruchsfreiheit als diesen Vorrang beider gegenüber Widersprüchlichkeit bzw. Unbestimmtheit hier auf zweiter Stufe vorerst weiter zu verfolgen, als dies alles doch nicht nur die Anschauung betreffen kann, sondern genausosehr auch den Begriff betreffen muß. Denn schließlich hatten wir uns klargemacht: Die Kennzeichnung der Art und Weise, wie in Form auch noch von Raum aus jener Anschauung in Form von bloßer Zeit bestimmt-deutbare Anschauung gebildet wird, muß eine indirekte Kennzeichnung der Art und Weise darstellen, wie entsprechend zu ihr auch bestimmtdeutfähiger Begriff daraus gebildet wird. Und zwar, weil Raum als aktuale Ausdehnung im Gegensatz zu aktualem Punkt nur so entspringen kann, daß auch Begriff als aktualer Punkt im Gegensatz zu Raum als aktualer Ausdehnung entspringt. Als diese Art und Weise aber hatte sich ergeben: Anschauung ist ihrem Inhalt oder ihrer Form nach nur bestimmt, indem sie abgegrenzt von Gegenform und Gegeninhalt anderer Anschauung ist, mit der sie deshalb jeweils auch unmittelbar zusammen aufzutreten, eben unmittelbar an sie anzugrenzen hat.

Im Anschluß daran nämlich könnten Sie zunächst einmal der Meinung sein: Gerade wenn bestimmt-deutfähiger Begriff sich je und je entsprechend zu bestimmt-deutbarer Anschauung zu bilden hat, vermag er sich, genau wie Anschauung niemals als eine einzige, auch selber niemals als ein einziger zu bilden, hat er vielmehr, ebenso wie

8 Vgl. dazu weiter unten § 26ff.

Anschauung jeweils als mindest zwei Anschauungen, auch selber je und je als mindest zwei Begriffe aufzutreten. Und nur um so einsichtiger könnte Ihnen das erscheinen, als es dabei doch gerade um die Frage nach dem Ursprung von dergleichen wie Bestimmtheit geht: Wie Anschauung nur gegen andere Anschauung ursprünglich bestimmt und so deutbar zu sein vermag, so auch Begriff nur gegen anderen Begriff dann ursprünglich bestimmt und so deutfähig.

Spätestens an dieser Stelle aber müßte Ihnen offenkundig werden, daß Sie damit abermals auf einen Irrweg kämen, der dem vorigen genau entspräche. Denn bestimmt ist Anschauung als so etwas wie Rot- bzw. Rundanschauung ja nur gegen Nichtrot- oder Nichtrundanschauung, indem sie jeweils ebenso in Abgrenzung von ihr wie Angrenzung an sie und damit auch unmittelbar zusammen mit ihr auftritt. Das genau Entsprechende jedoch auch für Bestimmtheit von Begriff zu fordern, könnte nur bedeuten, daß auch ein Begriff wie »rot« bzw. »rund« nur mit »nichtrot« oder »nichtrund« unmittelbar zusammen ein bestimmter wäre. Damit aber hätte er nicht nur von vornherein als zwei Begriffe statt als einer zu entspringen, was für sich allein schon widersinnig ist, sondern von vornherein auch als zwei zueinander widersprüchliche.

Als Bestimmtheiten unmittelbar zusammen nämlich könnten die *Begriffe* »rot« und »nichtrot« oder »rund« und »nichtrund« keineswegs genau entsprechend zu Bestimmtheiten der *Anschauung* als Rot- und Nichtrot- oder Rund- und Nichtrundanschauung auftreten. Denn unmittelbar zusammen treten letztere ja nur in dem Sinn auf, daß sie in Form von Raum, sprich, von Zugleich auch miteinander jeweils ein Zugleich und so gerade das *Spezifische* in sich bestimmter *Anschauung* ausbilden, die *als solche* je und je *auf einmal* Form und Gegenform mit Inhalt sowie Gegeninhalt in sich ebenso vereint wie auch verteilt und damit einer Widersprüchlichkeit entgeht. Und in der Tat ist es ja immer wieder nur der eine, aus dem aktualen Punkt der Zeit heraus sich immer wieder ausdehnende Raum, in den hinein dann erst auf Grund von Affektion auch Form und Gegenform mit Inhalt sowie Gegeninhalt je bestimmt auftreten kann.

Als aktualer Punkt im Gegensatz zu aktualer Ausdehnung von Raum vermag Begriff jedoch in keinem Sinn auch selber noch als etwas auf der Seite dieses Raumes aufzutreten, wie Sie jetzt vor Augen haben müßten. So vermag Begriff denn auch in keinem Sinn mit Anschauung vergleichbar etwa selber ein Zugleich noch auszubilden: weder als ein einzelner in sich (wie Rot- und Rundanschauung ja durchaus als eine einzelne jeweils in sich schon ausgedehnt in ein Zugleich ist) noch mit einem anderen zusammen (wie Anschauung dies als Rot- mit Nichtrot- oder Rund- mit Nichtrundanschauung zusammen ja desgleichen durchaus ist).

Wie Sie aus vorigem erinnern werden, kann Begriff als aktualer Punkt vielmehr, wenn überhaupt, nur auf der Seite jener Zeit auftreten, und das heißt: nur als die innerliche Weiterausgestaltung jener Zeit, die schon von sich her, schon auf erster Stufe aktualer Punkt ist, nämlich Nacheinander aktualen Punktes als des mit sich selbigen sowohl wie zu sich anderen. Entsprechend muß Begriff, gleichviel in welcher Art von innerlicher Weiterausgestaltung jener Zeit er dann bestehen mag, auch selbst grundsätzlich Nacheinander aktualen Punktes bleiben. Demgemäß kann prinzipiell nicht gelten: Wie Anschauung als Bestimmtheit nur unmittelbar zusammen mit Gegenanschauung, so entspringe etwa auch Begriff als ein bestimmter nur unmittelbar zusammen mit Gegenbegriff.

Denn da, »unmittelbar zusammen« aufzutreten, bei Begriff auf keinen Fall bedeuten kann, in Form von Raum oder Zugleich, sondern allein, in Form von Zeit oder von Nacheinander aufzutreten, liefe dies unweigerlich darauf hinaus, daß innerhalb von aktualem Punkt als einem einzigen jeweils Begriff »unmittelbar zusammen« mit Gegenbegriff entspringen müßte. Schließlich tritt der aktuale Punkt des Nacheinander Zeit doch stets nur als ein einziger und nie noch als ein zweiter auf, so daß er auch nur als ein einziger jeweils ein mit sich selbiger sowohl wie zu sich anderer ist. Und so vermöchten sich Begriff und Gegenbegriff denn auch nie auf zwei und zueinander andere aktuale Punkte zu verteilen, sondern müßten sich stets innerhalb von einem einzigen vereinigen, so daß sich jeglicher Begriff von vornherein auch nur als so etwas wie »rot und nichtrot« oder »rund und nichtrund« bilden könnte, also ursprünglich und wesentlich nur widersprüchlich, was jedoch nicht zutrifft. Denn das ist zwar möglich, wie bereits erwähnt, doch nicht notwendig. Und selbst diese Möglichkeit der Widersprüchlichkeit kann letztlich nur auf Widerspruchsfreiheit beruhen. Nur in dieser nämlich kann ursprüngliche Bestimmtheit liegen, ohne welche so etwas wie Widersprüchlichkeit als Unbestimmtheit in der Grundform von Bestimmtheit gar nicht erst zustande kommen könnte, weil unendlichem Regreß erliegen müßte. Und so können Sie unmittelbar entnehmen, daß Bestimmtheit als Begriff sich ursprünglich auch nur grundsätzlich anders bilden kann denn als Anschauung.

Doch wie grundsätzlich sich Bestimmtheit als Begriff tatsächlich von Bestimmtheit als Anschauung unterscheiden muß, wird Ihnen erst ersichtlich, wenn Sie sich vor Augen führen: Ausschließlich für Anschauung gilt, daß sie nur insoweit bestimmt ist, als unmittelbar mit ihr auch jeweils Gegenanschauung noch mit einhergeht, also beispielsweise nur, indem sie jeweils insgesamt als Rot- *und* Nichtrot- oder Rund- *und* Nichtrundanschauung sich bildet, ohne dadurch etwas Widersprüchliches zu werden. Und so stellt in jedem Fall von Anschauung, die so etwas wie Rot- *und* Nichtrot- oder Rund- *und* Nichtrundanschauung jeweils sowohl in sich vereint wie auch verteilt, dies »und« geradezu den Ursprung von Bestimmtheit dar. In jedem Fall eines Begriffs wie »rot *und* nichtrot« oder »rund *und* nichtrund« aber führte dieses »und« statt ursprünglich Bestimmtheit vielmehr abgeleitet Unbestimmtheit, eben Widersprüchlichkeit herbei, weil ihr ursprüngliche Bestimmtheit in Gestalt von mindest einem ihrer Glieder immer schon zugrunde liegen müßte.

Demgemäß entspringt Bestimmtheit als Anschauung und Bestimmtheit als Begriff auch jeweils in speziellem Sinn, sprich, jeweils in spezifisch anderem, nämlich auf solche Art, daß Anschauung in jedem Fall Gegenanschauung ein-, Begriff jedoch in jedem Fall Gegenbegriff gerade ausschließt. Denn bestimmt ist Anschauung stets nur *zusammen mit* Gegenanschauung, doch Begriff stets nur *für sich allein*, das heißt, gerade *ohne* Gegenbegriff. So entspringt denn auch zum Beispiel eine Rotanschauung als eine bestimmte nur, indem mit ihr *auch* Nichtrotanschauung noch mit entspringt, im ganzen also Rot- *und* Nichtrotanschauung. Wogegen ein Begriff wie »rot« als ein bestimmter vielmehr nur entspringt, indem mit ihm gerade *nicht* auch »nichtrot«, insgesamt also gerade *nicht* »rot *und* nichtrot« entspringt, sondern *ausschließlich* »rot«. Und in der Tat hat jeglicher Begriff wie »rot« seine Bestimmtheit in dem Sinn »rot *und nicht* nichtrot«, sprich, gerade *ohne* dieses »nichtrot« wie Anschauung ihre Gegenanschauung noch mit dabei zu haben. Und so kann Begriff seine ursprüngliche Bestimmtheit anstatt nur zusammen mit *Begriff* als Gegenbegriff vielmehr nur mit *Anschauung* zusammen haben: nur indem sich *diese* gegen andere abgrenzt.

Was also entspringt dann als Bestimmtheit, wenn durch jene Negation von Zeit aus ihr heraus nach einer Seite auch noch aktuale

Ausdehnung im Gegensatz zu aktualem Punkt erzeugt wird sowie umgekehrt nach anderer Seite auch noch aktualer Punkt im Gegensatz zu aktualer Ausdehnung? In Form von Raum als aktualer Ausdehnung zwar Anschauung *und* Gegenanschauung, in Form von Zeit als aktualem Punkt jedoch durchaus nicht ebenfalls Begriff *und* Gegenbegriff, sondern eben *nur* Begriff, der je und je als einer und derselbe somit einer Anschauung *im Unterschied zu* einer Gegenanschauung entspricht, von welcher Sie auch immer ausgehen wollen. Denn ein bestimmter ist er eben nur als ein in solcher Weise unlösbar mit Anschauung verbundener, die ihrerseits allein durch *Ab*grenzung *von* wie auch *An*grenzung *an* Gegenanschauung eine bestimmte ist. Und in der Tat wird jeglicher Begriff wie »rot« und »rund« nur dadurch überhaupt bestimmter, daß er sich mit Rot- *im Unterschied zu* Nichtrotanschauung oder mit Rund- *im Unterschied zu* Nichtrundanschauung verbindet, weil er als Begriff dies eben nicht, wie Anschauung zusammen mit Gegenanschauung, etwa auch zusammen mit Gegenbegriff sein kann. Genau in diesem Sinn jedoch verbindet er sich dann recht eigentlich mit beidem – und genau aus diesem Grund auch ohne daß zu ihm als so bestimmtem »nichtrot« oder »nichtrund« als Begriff dazugehörte, wie zur Anschauung als so bestimmter sehr wohl Nichtrot- oder Nichtrundanschauung dazugehört. Denn als Bestimmtheit tritt Begriff mit Anschauung und Gegenanschauung verbunden dann gerade in dem Sinn auf, daß er nur mit Hilfe beider Rot- bzw. Rundbestimmtheit in sich ein- genauso wie Nichtrot- oder Nichtrundbestimmtheit aus sich ausschließt.

Was sich hier durch Herleitung ergibt, ist denn auch das, was Ihnen so vertraut ist, daß Sie erst bei Reflexion entdecken, wie bemerkenswert es gleichwohl ist. Einen Begriff zu einer Anschauung besitzen Sie grundsätzlich nur, wenn dabei diese Anschauung mit anderer Anschauung verbunden ist, eben mit Gegenanschauung, doch ohne daß dieser Begriff dadurch auch der zu dieser andern Anschauung noch wäre. Denn als »rot«-Begriff zum Beispiel ist er eben der zu Rot-Anschauung und nicht der zu Nichtrot-Anschauung, obwohl dabei mit Rot-Anschauung Nichtrot-Anschauung unmittelbar einhergehen muß. Was damit hergeleitet wird, ist sonach nichts als folgendes Vertraute: Ein Begriff zu etwas tritt gerade dadurch auf, daß sowohl etwas für ihn in den Vordergrund tritt als auch etwas für ihn in den Hintergrund tritt; und dies derart säuberlich, daß er zu letzterem, obwohl es ganz so wie auch Hintergrund mit Vordergrund noch mit im Blick steht, der Begriff gerade nicht ist, sondern ausschließlich zu ersterem.

Genauso hergeleitet wird dadurch mithin, was Ihnen ebenso vertraut ist: Wer von solch einem Begriff zu irgendeinem andern übergeht, vermag dies eben darum nur, indem auch Zeit vergeht, weil dieser andere Begriff sich überhaupt nur bilden kann, indem in Nacheinander Zeit als aktualen Punkt, wie er von aktualer Ausdehnung gesondert ist, ein anderer Gehalt eingeht. Und zwar gleichviel, ob dieser andere Begriff nun der zu etwas außerhalb oder zu etwas innerhalb der Anschauung ist, zu der jener der Begriff war, weil für jede andere Anschauung, zu der er anderer Begriff ist, sich von neuem das Verhältnis zwischen Anschauung und Gegenanschauung ergeben muß. So wenig also kann davon die Rede sein, als könnte ein Begriff seine Bestimmtheit nur zusammen mit Gegenbegriff besitzen, daß er sie vielmehr gerade nur mit Anschauung zusammen haben kann, weil nur mit Anschauung zusammen Gegenanschauung entstehen muß: im ganzen also grundsätzlich Bestimmtheit. Und zwar auch, wenn es dabei zu jener Widersprüchlichkeit als Unbestimmtheit in der Grundform von Bestimmtheit kommt.

Denn ursprünglich und wesentlich vermag so etwas wie Bestimmtheit sich nur dadurch auszubilden, daß sie sich von vornherein bereits als Einheit einer Zweiheit bildet, eben als die Einheit von Begriff und Anschauung *mit* Gegenanschauung. Und so besteht dergleichen wie Bestimmtheit denn auch in der Tat nur darin, daß Begriff genau als das bestimmt ist, was mit Anschauung im Unterschied zu Gegenanschauung verbunden ist, genau als das mithin, was dadurch überhaupt erst zwischen einem Etwas gegenüber einem andern Etwas unterscheiden kann. Auf solche Weise aber wird Bestimmtheit durch Bestimmung wesentlich gerade so erstellt, daß sie als ursprüngliche Unterscheidung eines Etwas gegenüber einem andern Etwas durch Begriff gleichsam herausgestellt wird. Insgesamt ist er dabei nämlich nur Aufbaustück der Einheit einer Zweiheit, innerhalb von der sich beispielsweise »rot«-Begriff als aktualer Punkt in Form von Zeit mit Rot- im Unterschied zu Nichtrotanschauung als in sich differenter aktualer Ausdehnung in Form von Raum verbindet.

Und von hier aus sehen Sie sofort: Nicht bloß entspringt sonach *derselben* Negation von Zeit auf jener ersten Stufe hier auf dieser zweiten Raum als aktuale Ausdehnung im Gegensatz zu aktualem

Punkt nach einer Seite und Begriff als aktualer Punkt im Gegensatz zu aktualer Ausdehnung nach anderer, wobei Begriff als dieser aktuale Punkt nur etwas innerhalb von jenem aktualen Punkt der Zeit auf jener ersten Stufe sein kann. Demgemäß entspringen vielmehr auch die Anschauung *mit* Gegenanschauung als die Bestimmtheit innerhalb der aktualen Ausdehnung von Raum und der Begriff als die Bestimmtheit innerhalb von aktualem Punkt der Zeit auf jener ersten Stufe nur als die zwei Kehrseiten *derselben* Negation von ihr. Sie bilden somit trotz, ja eigentlich gerade wegen ihrer Grundverschiedenheit als aktuale Ausdehnung und aktualer Punkt zusammen nur *ein einziges* Ergebnis dieser Negation, das sich mithin von jeder seiner Kehrseiten her charakterisieren lassen muß wie jede seiner Kehrseiten auch durch die andere, von denen nunmehr diejenige des Begriffs zur Charakterisierung ansteht.

Wenn es im Hinblick auf den Ursprung und das Wesen von so etwas wie Bestimmtheit demnach eines und dasselbe ist, nach einer Seite Anschauung mit Gegenanschauung zu bilden und nach anderer Begriff, so kann Begriffsbildung als ursprüngliche Unterscheidung zwischen Anschauung und Gegenanschauung auch überhaupt nichts anderes als ursprüngliche Widerspruchsvermeidung sein. Im Sinn von ursprünglicher Unterscheidung eines Etwas gegenüber einem andern Etwas muß dann Bildung von Begriff soviel wie Bildung eines Mittels sein, das selbst noch einem Widerspruch zugrunde liegen muß, der somit nur als abgeleiteter verständlich werden kann und nicht als ursprünglicher, weil er eben nur in einer Form wie »rot und nichtrot« und mithin auch nur als ein aus »rot« und »nichtrot« abgeleiteter entspringen könnte.

Und sobald Sie nur berücksichtigen, daß Begriffsbildung in dem genannten Sinn jeweils von einem und demselben Affektionsergebnis jener ersten Stufe ausgeht, müßte sie als ursprüngliche Widerspruchsvermeidung Ihnen auch verständlich werden. Denn *dasselbe* Affektionsergebnis nicht einfach als Anschauung in Form von bloßer Zeit als aktualer Ausdehnung und aktualem Punkt ineinem aufzunehmen, sondern auch in Form von aktualer Ausdehnung und aktualem Punkt gesondert noch, heißt überhaupt nichts anderes, als *dasselbe* Affektionsergebnis auch in Form von Raum als Anschauung *und Gegen*anschauung noch aufzunehmen und entsprechend auch in Form von Zeit noch als *Begriff*. Und wird *dasselbe* Affektionsergebnis dadurch, daß es auch als Anschauung und Gegenanschauung und als

Begriff noch aufgenommen wird, jeweils *zu* einem ursprünglich bestimmten allererst *bestimmt*, kann es in Form von jener bloßen Zeit auch nur *dasselbe unbestimmte* sein.

Auf Grund *desselben* Affektionsergebnisses ein Etwas gegenüber einem andern Etwas ursprünglich zu unterscheiden und mithin ursprünglich zu bestimmen, kann in diesem Sinn sonach auch überhaupt nichts anderes bedeuten, als für eben dieses Affektionsergebnis einen Widerspruch ursprünglich zu vermeiden. Denn in Form von bloßer Zeit muß dieses Affektionsergebnis in der Tat ein derart unbestimmtes sein, daß jeglicher Versuch der Charakterisierung seiner Unbestimmtheit sich in Widersprüchlichkeit zerschlagen müßte. Schließlich könnte er nur mittels von Begriffen rückläufig als der Versuch erfolgen, die ursprüngliche Bestimmtheit, die in ihnen schon Bestand hat, wieder rückgängig zu machen: was jedoch nicht einmal in Gestalt von deren Widerspruch wie »rot und nichtrot« möglich ist, weil ihre Widersprüchlichkeit ja nur auf Grund ihrer Bestimmtheit überhaupt zustande kommen kann. Und so vermögen wir infolgedessen hinter die Bestimmtheit von Begriffen, die wir zur *intentio recta* bilden, denn auch keinenfalls mit Hilfe dieser Art Begriffe selbst zu so etwas wie Unbestimmtheit noch zurückzukommen, sondern allenfalls mit Hilfe jener Reflexionsbegriffe durch *intentio obliqua*, wie wir sie seit unserem Modell für Zeit entwickelt haben.

Danach bildet Nacheinander Zeit als aktualer Punkt, der mit sich selbiger sowohl wie zu sich anderer ist, nur ebenso Entstehen wie Vergehen dieses Punktes, so daß jeglicher Gehalt in Form von bloßem Nacheinander Zeit als solchem aktualen Punkt desgleichen nur ein ebenso entstehender wie auch vergehender sein kann und so auch nur ein mit sich selbiger sowohl wie zu sich anderer. Genau in diesem Sinn jedoch muß er in Form von bloßem Nacheinander Zeit als solchem aktualen Punkt dann auch tatsächlich ein von Grund auf unbestimmter bleiben, weil er hier auch nicht bereits die Form von einem Etwas gegenüber einem andern Etwas bilden kann. Und dies vermag er auch nur deshalb nicht, weil er im bloßen Nacheinander Zeit als aktualem Punkt noch nicht wie im Zugleich von Raum als aktualer Ausdehnung in einer Form im Unterschied zu einer Gegenform entsteht wie auch vergeht.

Für deren Unterscheidung und Bestimmung, die dann auch Gehalt in sich noch unterscheidet und bestimmt, steht eben erst der Raum als aktuale Ausdehnung im Gegensatz zu aktualem Punkt ein, wie auch der Begriff als aktualer Punkt im Gegensatz zu aktualer Ausdehnung, obwohl Begriff nicht weniger als Raum ein ebenso Entstehen wie Vergehen ist. Denn wohlgemerkt: Weil mittels jener Negation von ihr doch beide nur aus Zeit heraus und so mit ihr einhergehend gebildet werden, haben Raum als aktuale Ausdehnung im Gegensatz zu aktualem Punkt wie auch Begriff als aktualer Punkt im Gegensatz zu aktualer Ausdehnung das Wesen eines ebenso Entstehens wie Vergehens mit der Zeit durchaus gemeinsam.

Und so liegt der Ursprung und das Wesen von Bestimmtheit gegenüber Unbestimmtheit denn auch niemals darin, daß zu ebenso Entstehen wie Vergehen etwas gänzlich anderes erzeugt wird. Ursprünglich und wesentlich entspringt Bestimmtheit gegenüber Unbestimmtheit vielmehr dadurch, daß einhergehend mit ebenso Entstehen wie Vergehen jenes Nacheinander Zeit als aktualem Punkt und aktualer Ausdehnung ineinem auch noch ebenso Entstehen wie Vergehen von Zugleich oder Nichtnacheinander dieses Raumes als ein Gegenüber dazu ausgebildet wird. Und so muß denn mit ihm als aktualer Ausdehnung im Gegensatz zu aktualem Punkt auch innerhalb von Nacheinander Zeit noch ebenso Entstehen wie Vergehen von Begriff als aktualem Punkt im Gegensatz zu aktualer Ausdehnung einhergehen.

Denn überhaupt nur damit, daß dann immer wieder quer zu solchem ebenso Entstehen wie Vergehen jener aktuale Punkt mit dieser aktualen Ausdehnung verbunden ist, entspringt auch je und je zumal Bestimmtheit, nämlich innerhalb der aktualen Ausdehnung von Raum als Anschauung mit Gegenanschauung wie innerhalb von jenem aktualen Punkt der Zeit auch als Begriff wie etwa »rot« mit Rot- im Unterschied zu Nichtrotanschauung. Und nur indem es immer wieder diese Mehrfachform von Anschauung, von Gegenanschauung und von Begriff als dem mit Anschauung im Unterschied zu Gegenanschauung vereinigten annimmt, gewinnt dasselbe Affektionsergebnis hier auf dieser zweiten Stufe je und je Bestimmtheit, während es auf jener ersten Stufe diesseits solcher Mehrfachform in jener Unbestimmtheit bleibt. Erst diese Mehrfachform nämlich eröffnet gleichsam die Gesamtform, die als in sich einheitliche ebenso wie unterschiedliche genau die Art und Weise ist, in der ein Etwas gegenüber einem andern Etwas als bestimmtes Etwas überhaupt entspringen kann: durch jene Negation von Zeit zu Raum und zu Begriff als einem einzigen Ergebnis mit verschiedenen Kehrseiten.

Auf jene Frage, welchen Unterschied es somit für die Zeit als solche selbst ausmache, wenn durch Negation von ihr aus ihr heraus auch Raum erzeugt ist, werden Sie die Antwort nunmehr geben können. Und tatsächlich wird sie gleichbedeutend mit der Antwort auf die Frage sein, worin denn eigentlich Begriffsbildung bestehe, insofern ja, Raum oder Begriff zu bilden, im genannten Sinn dasselbe ist. Und diese Antwort kann nur lauten: Wird einhergehend mit Zeit als aktualem Punkt und aktualer Ausdehnung ineinem mittels Negation von solcher Zeit auch Raum als aktuale Ausdehnung von aktualem Punkt gesondert noch erzeugt, so ist das gleichbedeutend damit, daß einhergehend mit Zeit als aktualem Punkt und aktualer Ausdehnung ineinem auch Begriff als aktualer Punkt von aktualer Ausdehnung gesondert noch erzeugt wird. Dies jedoch heißt für den letzteren: Wie Raum als solche aktuale Ausdehnung vermag dann auch Begriff als solcher aktualer Punkt nur unlösbar mit solcher Zeit in Einheit aufzutreten.

Doch bedeutet das im Fall von Raum, der aktuale Ausdehnung gerade als Zugleich oder Nichtnacheinander ist, recht eigentlich: *Mit* Nacheinander Zeit *einher*gehend wird er gleichwohl *aus* Nacheinander Zeit *heraus*gebildet und in diesem Sinn als etwas *außerhalb* von ihr gebildet, aber eben so, daß er trotzdem dabei in unlösbarer Einheit mit ihr bleibt. Denn wie »gesondert von« heißt ja auch »außerhalb von« keineswegs soviel wie »abgetrennt von«[9]. Im Fall des Begriffes aber, der als aktualer Punkt in keinem Sinn Zugleich oder Nichtnacheinander ist und damit auch in keinem Sinn als etwas *außerhalb* von Zeit gebildet wird, muß dies dann heißen, daß Begriff *mit* Nacheinander Zeit *einher*gehend auch nur als etwas *innerhalb* von Nacheinander Zeit gebildet werden kann: Als Begriff muß Zeit, die Nacheinander ist und bleibt, in irgendeinem Sinn synthetisch-zusätzlich eine Gestalt annehmen, innerhalb von der sie aktualer Punkt *mit* aktualer Ausdehnung *ineinem* ebenso wie auch *von* aktualer Ausdehnung *gesondert* ist bzw. aktualer Punkt als mit sich selbiger *sowohl* wie zu sich anderer genauso wie auch *nur* als mit sich selbiger.

9 Was Sie vornehmlich beachten sollten, weil »gesondert von« in unserem Zusammenhang durchaus nicht bloß »verschieden von« bedeuten kann. Auch solches nämlich, das ein Ineinander anstatt ein Außereinander bildet, wie zum Beispiel Rot- und Warmgehalt, muß als »verschieden von« einander gelten.

Und dies wird Ihnen auf den ersten Blick vielleicht wie mir als unsinnig erscheinen, aber eben nur, solange Sie den gleichfalls mit der Zeit einhergehend erzeugten Raum dabei nicht mit berücksichtigen, der als wesentliches Aufbaustück der Bildung von Begriff unlösbar mit zu ihm hinzugehört. Denn so entspringt Begriff tatsächlich nicht etwa als zweiter aktualer Punkt noch zusätzlich zu Zeit als aktualem Punkt mit aktualer Ausdehnung ineinem, sondern eben diese Zeit als aktualer Punkt mit aktualer Ausdehnung ineinem wird vielmehr *als solche selbst* noch zum Begriff, und zwar *genau indem* aus ihr heraus auch Raum noch zusätzlich zu ihr entspringt. Tritt Raum nämlich einhergehend mit Zeit, gleich ihr sonach als ebenso Entstehen wie Vergehen auf, dann tritt auch Zeit als solche selbst nicht einfach nur als Nacheinander auf, sondern recht eigentlich als Nacheinander von Zugleich oder Nichtnacheinander dieses Raumes. Und so bildet Zeit als solche selbst auch nicht einfach nur aktualen Punkt mit aktualer Ausdehnung ineinem, sondern in Gestalt von diesem Raum auch aktuale Ausdehnung von aktualem Punkt gesondert noch, und eben damit umgekehrt auch aktualen Punkt von aktualer Ausdehnung gesondert noch.

Denn Ausdehnung, die sie als bloße Zeit nur in sich hat, hat sie als nicht mehr bloße, nämlich als mit Raum bereits einhergehende Zeit dann eben auch noch außer sich: als Raum. Und sinnvoll ist das deswegen, weil Ausdehnung genausosehr wie Punkt doch *außerhalb* der je *speziellen* Einheit, die sie miteinander jeweils in Gestalt von Zeit auf erster Stufe oder in Gestalt von Raum mit Zeit auf zweiter Stufe bilden, auch nur einen und denselben *generellen* Sinn der *Gattung* zu zwei *Arten* haben. Zeit auf erster Stufe wie auch Raum mit Zeit auf zweiter sind ja nur die beiden Arten, wie sich Punkt und Ausdehnung jeweils zu einer Einheit miteinander bilden können: zur Einheit jener Zeit als Punkt und Ausdehnung *ineinem* wie zur Einheit dieses Raums mit Zeit, nämlich von Ausdehnung und Punkt *gesondert.* Nicht allein die Einheit Zeit auf erster Stufe, sondern auch die Einheit Zeit und Raum auf zweiter Stufe nämlich bildet etwas, das sowohl unter die einsinnige Gattung Ausdehnung wie auch unter die einsinnige Gattung Punkt fällt, deren jeweiligen Sinn denn jede dieser Einheiten als Art zu beiden diesen Gattungen auch jeweils eigentümlich in sich selbst vereinigt. Und in diesem Sinn läßt sich mithin bei jeder dieser Arten jeweils einsinnig von Ausdehnung und Punkt und somit davon sprechen, daß Zeit selbst *genau die* Ausdehnung, die sie als bloße Zeit nur in sich hat, als nicht mehr bloße, nämlich als mit Raum einhergehende Zeit dann in Gestalt von eben diesem Raum auch außer sich noch hat. Und dies, weil Raum dann in der Tat auch umgekehrt *genau die* Ausdehnung ist, welche Punkt nicht mehr in sich hat, sondern eben außer sich, doch trotzdem unlösbar von sich an sich. Tritt nämlich in Gestalt von Raum der Zeit als aktualem Punkt mit aktualer Ausdehnung ineinem auch noch aktuale Ausdehnung gesondert gegenüber, so tritt eben damit umgekehrt auch diese Zeit als der mit aktualer Ausdehnung ineinem auftretende aktuale Punkt gesondert dieser aktualen Ausdehnung noch gegenüber, so daß Zeit dabei im ganzen folglich in der Tat als aktualer Punkt mit aktualer Ausdehnung ineinem ebenso wie auch von aktualer Ausdehnung gesondert auftritt. Denn indem auf diese Weise Raum als aktuale Ausdehnung von aktualem Punkt *gesondert*, doch an Zeit als aktualen Punkt mit aktualer Ausdehnung ineinem unlösbar *gebunden* auftritt, hat das insgesamt zur Folge, daß die Zeit, die *ohne* solchen Raum *bloß* aktualer Punkt mit aktualer Ausdehnung ineinem ist, *mit* solchem Raum einhergehend *auch* aktualer Punkt von aktualer Ausdehnung gesondert wird, so daß nur unlösbar in Einheit mit dem Raum als aktualer Ausdehnung gesondert auch die Zeit als aktualer Punkt gesondert auftritt.

Zeit ist demnach überhaupt nur dadurch, daß sie unlösbar mit Raum als aktualer Ausdehnung von aktualem Punkt gesondert noch *verbunden* ist, auch umgekehrt noch aktualer Punkt von aktualer Ausdehnung *gesondert*. Zeit hat nämlich auch nur in Gestalt dieses mit ihr einhergehenden Raumes aktuale Ausdehnung ursprünglich auch noch außer sich anstatt bloß in sich und entspringt infolgedessen nur mit ihm verbunden auch noch selbst als aktualer Punkt von aktualer Ausdehnung gesondert, eben als Begriff. Aus Zeit hervorgehend und so mit Zeit einhergehend ist Raum denn auch genau die Art, wie Zeit als solche selbst nicht nur zu aktualem Punkt mit aktualer Ausdehnung ineinem wird, sondern als dieser selbst auch noch zu aktualem Punkt von aktualer Ausdehnung gesondert und so zum Begriff. Und nur in solcher unauflöslichen Verbundenheit mit Raum ist Zeit dann statt bloß aktualer Punkt als mit sich selbiger sowohl wie zu sich anderer vielmehr auch immer wieder aktualer Punkt als nur noch mit sich selbiger. Denn aktualen Punkt als zu sich anderen, worin allein ja Ausdehnung von Zeit besteht, hat Zeit dann auch als nur noch zu sich anderen oder als Nur noch-Ausdehnung von Raum gerade außer sich, so daß sie damit im Zusammenhang dann eben umgekehrt auch Nur noch-Punkt ist oder nur noch mit sich selbiger.

Nur müssen wir uns noch verständlich machen, welchen Sinn es hat, mit Zeit einhergehenden Raum nicht einfach bloß als aktuale Ausdehnung von aktualem Punkt gesondert aufzufassen, sondern auch noch als genau die Art, wie Zeit als solche selbst zu aktualem Punkt als mit sich selbigem und zu sich anderem nicht bloß ineinem, sondern auch gesondert wird, so daß sie letzteren als Raum dann auch noch außer sich hat[10]. Dem vorweg indessen müßten Sie schon hier verstehen, was dies alles für Gehalt bedeutet, wenn er insgesamt in dieser Mehrfachform statt nur in der von Zeit auftritt. Denn daß Gehalt in bloßer Form von letzterer nur unbestimmt ist, weil er in ihr auch nur widersprüchlich charakterisierbar wäre, liegt gerade daran, daß er wie sie selbst nur ebenso entsteht wie auch vergeht, indem er wie sie selbst nur Nacheinander bildet, sprich: nur aktualen Punkt mit aktualer Ausdehnung *ineinem* oder aktualen Punkt als mit sich selbigen *sowohl wie* zu sich anderen und so in keinem Sinn ein Etwas gegenüber einem anderen.

Tritt Gehalt im ganzen aber keineswegs in Form von bloßer Zeit, sondern in Form auch noch von Raum auf, so bedeutet das nicht nur: Es tritt Gehalt in Form von letzterem auch noch als aktuale Ausdehnung von aktualem Punkt gesondert auf und kann als solche denn auch noch wie Rot- und Nichtrotanschauung in sich gesondert und sonach in sich bestimmt auftreten. Vielmehr heißt das weiterhin: Es tritt Gehalt dann umgekehrt in Form von Zeit auch noch als aktualer Punkt von aktualer Ausdehnung gesondert auf und kann als solcher sonach auch wie »rot«-Begriff *mit* Rot- gesondert von Nichtrotanschauung noch bestimmt auftreten. Denn nur damit in Verbindung kann Gehalt auch noch in Form der Zeit als solcher selbst bestimmt auftreten, weil er auch nur damit in Verbindung einen anderen Gehalt von seinem eigenen Gehalt gesondert haben kann, nämlich als anderen Begriff wie »nichtrot«.

Denn das kann er überhaupt nur so, daß solcher andere Gehalt gerade der Gehalt der Gegenanschauung zu der Anschauung ist, zu

10 Vgl. dazu weiter unten § 22.

der er ein Begriff wie »rot« ist[11], so daß dieser andere Begriff wie »nichtrot« dann auch nur als andere Zeit auftreten kann, das heißt, als andere gegenüber jener Zeit, als welche jener auftritt[12]. Auch nur so vermögen Sie sich schließlich zu erklären: Aus welchem Grund denn kommt es überhaupt zu jenem merkwürdigen Gegenüber zwischen Rotgehalt und Rotgehalt zum Beispiel, nämlich zwischen »rot«-Begriff und Rot- im Unterschied zu Nichtrotanschauung, wobei derselbe Rotgehalt als »rot«-Begriff und Rot-Anschauung grundverschieden jeweils zweimal auftritt? Denn auch nur in Zuordnung zu subjektivem Raum, in dessen Form Gehalt als das Zugleich von Anschauung und Gegenanschauung in sich gesondert und sonach in sich bestimmt auftreten kann, kann dann auch noch in subjektiver Zeit, in deren Form Gehalt zunächst nur in sich ungesondert und so in sich unbestimmt auftreten kann, Gehalt auch noch in sich gesondert und sonach in sich bestimmt auftreten, eben als das Nacheinander von Begriff im Unterschied zu anderem Begriff[13].

Und so ist jeglicher Begriff wie »rot« und »nichtrot« oder »rund« und »nichtrund« oder »Tisch« und »Nichttisch« letztlich auch nichts anderes als »rot«-Zeit oder »nichtrot«-Zeit bzw. »rund«-Zeit oder »nichtrund«-Zeit bzw. »Tisch«-Zeit oder »Nichttisch«-Zeit als jeweils andere. Denn erst in Form von zusätzlichem Raum wird dem Gehalt in Form von bloßer Zeit gewissermaßen die Gelegenheit gegeben, sich in sich soweit zu sondern und mithin auch soweit zu bestimmen, daß er darauf hingeordnet dann auch als Gehalt in Form von eben dadurch nicht mehr bloßer Zeit noch in sich selbst gesondert und sonach bestimmt sein kann, indem er sich als der Gehalt in einem Zeitpunkt gegenüber dem Gehalt in einem andern Zeitpunkt unterscheidet: als Begriff.

In jener Zeit, das heißt, in jenem Punkt als mit sich selbigem sowohl wie zu sich anderem kommt dadurch nämlich nichts geringeres zustande, als daß solche Zeit infolgedessen auf dem Grund von sich als mit sich selbigem *sowohl wie* zu sich anderem dann

11 Ursprünglich bestimmt ist so etwas wie Rotgehalt mithin durchaus nicht gegen so etwas wie Rundgehalt oder wie Tischgehalt, sondern ausschließlich gegen Nichtrotgehalt, wie auch Rund- und Tisch- ausschließlich gegen Nichtrund- und Nichttischgehalt.

12 Vgl. oben S. 617f.

13 Vgl. vorige Anm.

ursprünglich und wesentlich auch je und je zu einem *nur noch* mit sich selbigen Punkt wird. Denn dadurch wird – seinem Gehalt nach nämlich – erstmals so etwas wie ein bestimmter Zeitpunkt gegenüber einem anderen bestimmten Zeitpunkt unterscheidbar, eben ein Begriff als je und je bestimmter gegenüber einem andern je und je bestimmten, wie er innerhalb von so etwas wie »Dies ist rot« oder »Dies ist oval« oder »Dies ist ein Tisch« als so etwas wie »... rot«, »... oval« und »... Tisch« auch immer schon gebildet sein muß: zur Ermöglichung von Wahrnehmung als Prädikation. Und erst als Begriff im Sinne dieser ihrer unlösbaren Festlegung auf Raum ist Zeit infolgedessen je und je ein Punkt als nur noch mit sich selbiger im Unterschied zu einem andern nur noch mit sich selbigen und so als ein im Sinne von *intentio recta* je und je bestimmter. Wohingegen Zeit für unsere *intentio obliqua*, nämlich unsere Reflexion auf sie im Sinne unseres Modells natürlich schon von Anbeginn bestimmt ist.

Nur hört Zeit, indem sie damit auch noch zum Begriff gebildet wird, durchaus nicht etwa auf, die Form zu sein, in der Gehalt zunächst einmal bloß in sich ungesondert-unbestimmt sein kann und darin auch bloß widersprüchlich charakterisierbar. Doch wird Zeit, als der mit Raum verbundene Begriff, auch noch zu einer Form, worin sie dann Gehalt als bloßen solchen auch noch *hinter* sich, weil widerspruchsfrei als bestimmt-gesonderten darin dann vielmehr auch noch *vor* sich haben kann. Und dies, weil sie ihn dann gerade nicht mehr nur in sich hat, sondern auch noch außer sich und damit eben grundsätzlich vor sich. In Form von beiden nämlich kann sie ihn als unbestimmten *hinter* sich bzw. als bestimmten *vor* sich dann gerade dahingehend haben, daß er ihr in Form von beiden eben nicht mehr nur gegeben, sondern daß ihr durch ihn auch noch etwas gegenständlich ist: Als Rotgehalt bestimmt sind Rotanschauung oder »rot«-Begriff ja beide gleicherweise nur auf etwas Rotes hin, nämlich die Anschauung auf etwas Rotes hin bestimmt deut*bar* und der Begriff auf etwas Rotes hin bestimmt deut*fähig*, sprich: auf etwas hin, das zwar allein als etwas Wirklich-Anderes zu beiden auch tatsächlich etwas Rotes ist, das Zeit in Form von beiden aber schon als Gegenstand vor sich hat.

Nur heißt, Gehalt als jenen hinter sich oder als diesen vor sich *haben*, erst einmal, Gehalt als jenen hinter sich oder als diesen vor sich *bringen*, eben in die Form von deutbarer Anschauung und deutfähigem Begriff, wozu indessen beider Form auch erst einmal zu *bilden* ist: Raum als aktuale Ausdehnung von aktualem Punkt gesondert ebenso wie Zeit als aktualer Punkt von aktualer Ausdehnung gesondert, nämlich mittels einer und derselben Negation von Zeit als aktualem Punkt und aktualer Ausdehnung ineinem. Und so heißt denn auch, Gehalt als jenen hinter sich oder als diesen vor sich bringen, überhaupt nichts anderes als ihn in solcher Form von Anschauung und von Begriff ursprünglich vorzustellen, als einen Gegenstand ursprünglich zu entwerfen.

Mithin wird Gehalt als jener unbestimmte zu diesem bestimmten erst in Form von deutbarer Anschauung und deutfähigem Begriff, das heißt, recht eigentlich erst dadurch, daß aus ihm bestimmter *Gegenstand*, nämlich *für* Anschauung und *für* Begriff wird: daß jener Gehalt in deren neuer Form sonach gerade zum Gehalt von diesem *Gegenstand* als dem *vermittels* von Begriff *mit* Anschauung *zusammen* schon entworfenen oder vorgestellten *Anderen* wird. Und nur in diese Form von Anschauung und von Begriff hinein, deren Gehalt bloß der von etwas *für* sie ist, weil auch bloß der von etwas *durch* sie vorgestelltem und entworfenem *Anderen* als *Gegenstand*, läßt jene Unbestimmtheit von Gehalt sich in Bestimmtheit überführen und mithin auch jene Widersprüchlichkeit desselben ursprünglich vermeiden.

Und so wird denn auch allein in unlösbarer Zuordnung zu Anschauung in Form von Raum als aktualer Ausdehnung von aktualem Punkt gesondert der Begriff in Form von Zeit als aktualem Punkt von aktualer Ausdehnung gesondert zum bestimmten als ursprünglich-widerspruchsfreien, will sagen: nur mit Anschauung zusammen in Bezug auf solches durch sie beide vorgestellte und entworfene Andere. Eben darum sind Begriff und Anschauung zum Beispiel »rot«-Begriff bzw. *Rot*anschauung – weil auch beispielsweise »rund«-Begriff bzw. *Rund*anschauung – immer nur *von* diesem Anderen als *dem* Gehalt, *von* dem in Form des Raumes *sie* eben die *Anschauung* ist wie in Form der Zeit *er* eben der *Begriff*; und keineswegs sind sie Begriff und Anschauung etwa von ihm als dem Gehalt, wie er in Form von bloßer Zeit auf jener ersten Stufe noch in keiner Weise sich als etwas Anderes entwerfen oder vorstellen läßt. Entsprechend ist Begriffsbildung als ursprüngliche Widerspruchsvermeidung eben Bildung von Begriff und Anschauung ineinem und als solche schon allein dem Ansatz nach *intentio recta*, die von vornherein bereits zur

Deutung als der Überschreitung solcher Innenwelt auf solche Außenwelt hin ansetzt und so auch von vornherein bereits zur Wahrnehmung als Intention.

Daß Kant von dieser Einsicht weit entfernt bleibt, wird Sie freilich nicht verwundern, wenn Sie weiterhin im Blick behalten, daß er insbesondere im Rahmen seiner »Deduktion« der Meinung ist, empirische Begriffe selbst entsprängen mindestens der Form nach »analytisch« statt synthetisch, wie Sie oben schon gesehen haben[14]. Damit aber hängt auch noch ein weiteres Versäumnis Kants zusammen, und zwar so, daß es ihn vollends daran hindert, seinem neuen Ansatz wirklich Boden zu verschaffen. Und dies alles nur, weil er sich niemals darauf einläßt, Außenwelterkenntnis wirklich von Grund auf zu deduzieren: mittels Analyse und Synthese von elementarer Prädikation als der Form elementarer Wahrnehmung. Noch längst nicht bahnbrechend genug ist darum seine Einsicht, daß empirische Begriffe nur durch Anschauung Bezug auf einen Gegenstand besitzen und nur dadurch auch Bestimmtheit, nämlich »Sinn« oder »Bedeutung« haben können[15].

Denn trotzdem spricht Kant von empirischen Begriffen immer wieder so, als könnten sie nur Fälle von Verstand allein sein und als müßten sie gerade deswegen noch zusätzlich und so auch nachträglich erst noch mit Anschauung der Sinnlichkeit verbunden werden[16]. Und tatsächlich könnte, träten die empirischen Begriffe »analytisch« auf, als »Analytiker« nur der Verstand in Frage kommen, der aus vorgegebenem Gehalt von Anschauung der Innenwelt oder gar des Objekts der Außenwelt durch »Analyse« sich einen Begriff erst bildete. Nur müßte dabei eben nicht bloß unverständlich bleiben, wie auf diese Weise etwas derart Eigentümliches wie ein Begriff denn überhaupt zustande kommen könnte, weil durch bloße »Analyse« etwas Anderes und Neues gegenüber dem »Analysierten« nicht hervorzugehen vermöchte. Unverständlich bleiben müßte vielmehr auch, weshalb ein so gebildeter Begriff Bezug auf ein Objekt oder auf einen Gegenstand dann erst durch Anschauung bekommen sollte: Wo er doch angeblich umgekehrt aus solcher Anschauung oder aus solchem Gegenstand oder Objekt heraus »analysiert« wird – was

14 Vgl. § 20, S. 550–554.
15 Vgl. z. B. A 155f. B 194f., A 197f. B 242f., A 240f. B 299f.
16 Vgl. z. B. A 51 B 75, A 155f. B 194f., A 239f. B 298f.

jedoch nicht stimmen kann, weil selbst der ursprünglichsten Wahrnehmung von Außenweltobjekten ein empirischer Begriff gerade Kant zufolge immer schon zugrunde liegen muß.

Seine neue Einsicht, daß empirische Begriffe nur durch Anschauung Bezug auf einen Gegenstand besitzen können, droht Kant denn auch selber auf den Kopf zu stellen, indem er trotzdem so zu reden pflegt, als seien sie ausschließlich Fälle des Verstandes. Darauf nämlich ist zurückzuführen, daß er ständig den von Grund auf falschen Eindruck weckt, als sei auch ein empirischer Begriff wie »rot« und »rund« und »Tisch« und »Mensch« Verstand in solcher Reinkultur, daß er zunächst einmal nichts anderes als ein Begriff wie »Gott« ist: Nur daß sich zu »rot« und »rund« und »Tisch« und »Mensch« auch noch entsprechende Anschauungen beibringen lassen und durch sie auch noch die Gegenstände oder die Objekte, in Bezug auf die sie dann empirische Begriffe sind, wogegen ein Begriff wie »Gott« ein nichtempirischer gerade deshalb ist, weil dies zu ihm nicht möglich sei.

Falsch aber ist das, weil dann beiden Arten von Begriffen gleicherweise Sinn oder Bedeutung als Bestimmtheit immer schon zugrunde liegen müßte, denn allein von daher könnte überhaupt entschieden werden, ob es zu ihnen auch Anschauung und durch sie ein Objekt gibt oder nicht. In Wahrheit nämlich steht im Fall eines Begriffs wie »Gott« gerade Sinn oder Bedeutung als Bestimmtheit selbst bereits in Frage, eben dahingehend, ob es sich dabei nicht vielmehr umgekehrt um einen jener Fälle handelt: »Wo Begriffe fehlen, da stellt ein Wort zur rechten Zeit sich ein«.

Und daß er sonach allenfalls eine *Idee* ist[17], liegt darum auch keineswegs erst daran, daß zu ihm als immer schon gebildetem Begriff sich keine Anschauung und damit auch kein Gegenstand beibringen lasse, sondern daran schon, daß ein Begriff wie »Gott« bereits von vornherein nicht so wie ein empirischer Begriff in Form von Zeit durch Zuordnung zu Anschauung in Form von Raum gebildet wird. Nur dadurch nämlich bietet sich die Möglichkeit, daß ein Begriff ursprüngliche Bestimmtheit als Bedeutung oder Sinn bekommt und so auf einen Gegenstand bezogen wird, den die Verwendung des gebildeten Begriffs zu einer vollständigen Intention dann

17 Vgl. z.B. A 327ff. B 383ff.

als Erfolg, nämlich als etwas Wirklich-Anderes der Außenwelt erzielen kann: als etwas Wahrgenommenes für Wahrnehmung[18]. Und nur auf Grund der immer schon bestehenden Bestimmtheit des Begriffes läßt sich dieser kontingente, faktische, tatsächliche, eben empirische Erfolg erzielen, von dem her nachträglich auch der Begriff noch als empirischer zu gelten pflegt. Und so sind denn auch alle nichtempirischen Begriffe, die sich nicht so bilden lassen, als Begriffe selbst erst einmal fraglich, weil Bestimmtheit als Bedeutung oder Sinn und damit Gegenstandsbezug ihnen gerade nicht so zukommt wie empirischen.

Daß dies tatsächlich schon von ihrer Bildung her entschieden wird und nicht erst nachträglich durch Beibringung von Anschauung und Gegenstand, ersehen Sie sofort aus folgendem: Wird ein empirischer Begriff, nachdem er erst einmal durch Zuordnung zu Anschauung gebildet und zur Wahrnehmung von Wahrgenommenem verwendet worden ist, auch einmal außerhalb der Wahrnehmung von solchem Wahrgenommenen verwendet – was ja oft genug geschieht –, so wird er dadurch doch durchaus nicht etwa seinerseits zu einer nichtempirischen *Idee* wie »Gott«[19]. Er bleibt auch dann vielmehr empirischer Begriff, ja bleibt sogar in Fällen, wo Verwendung von gebildetem Begriff zu einer vollständigen Intention ein wirklich-anderes Objekt der Außenwelt gerade nicht erzielt, empirischer Begriff: weil

18 Entsprechend ist auch ein empirischer Begriff, dem das nicht möglich ist, wie der Begriff »Magnetkraft«, ein empirischer nur in dem Sinn, in dem er sich mit einem, dem das möglich ist, geregelt in Verbindung bringen läßt, wie dieser etwa mit dem des »gezogenen Eisenfeiligs« (A 226 B 273).

19 Erst eine Theorie der Subjektivität als Zeit und Raum erklärt denn auch: Tatsächlich kann dergleichen wie Erinnerung, die dafür sicherlich vorauszusetzen ist, nur möglich sein auf Grund von bleibender Veränderung der physisch-physiologischen Vermögen für Verstand und Sinnlichkeit. »Reproduktion« als Wiederbildung von bereits gebildetem Begriff wie von bereits gebildeter Anschauung nämlich kann danach allein als abermalige Verwirklichung der so veränderten Vermögen zum Subjekt und so als dessen neuerliche Selbstverwirklichung auftreten. Denn als deren innerliche Aufbaustücke sind Begriff und Anschauung ja immer wieder nichts als ebenso Entstehen wie Vergehen dieses Subjekts selbst, als subjektive Zeit und subjektiver Raum, und so gerade niemals etwas fix und fertig zur Verfügung Stehendes (vgl. dazu unten § 22, S. 659ff.).

er Bestimmtheit als Bedeutung oder Sinn und so auch Gegenstandsbezug schon seiner Bildung nach besitzt und nicht etwa von einem solchen Objekt her, das ihm durch Anschauung angeblich beizubringen ist.

Durchaus nicht also bilden wir etwa *empirische* Begriffe so, als wären sie – wie »Gott« zum Beispiel – *nichtempirische* Begriffe, denen wir jedoch auch Anschauung und durch sie ein Objekt noch zu verschaffen in der Lage sind. Wir bilden vielmehr umgekehrt gerade solche *nichtempirischen* Begriffe so, als wären sie *empirische*, nämlich empirischen Begriffen *nach*, was sie jedoch nicht sind, weil sie dabei von vornherein nicht irgendwelcher Anschauung in Form des Raumes zugeordnet sind.

Was Kant verfehlt, wenn er den Ursprung von Bestimmtheit als die ursprüngliche Widerspruchsvermeidung der Begriffsbildung verkennt, wirkt sich denn auch bis in die Fundamente seiner Systematik aus; und zwar so gründlich, daß Philosophie bis heute noch zu keiner Lösung einer Problematik kommen kann, die nicht nur sie, sondern auch noch Geometrie, ja selbst Physik betrifft. Bestimmtempirischen Begriffen nämlich müssen Kant zufolge wegen jener ursprünglichen Zuordnung zu Anschauung auch nichtempirischgeometrische Begriffe noch zugrunde liegen. Denn als solche selbst kann Anschauung ihrem Gehalt nach nur bestimmt sein, wenn sie auch noch ihrer Form nach, sprich, in irgendeiner Form von Raum bestimmt ist. Und genau in diesem Sinn kann denn auch für die Antwort auf die Frage nach der Grundstruktur des Raumes, den Geometrie sowie Physik dann immer schon voraussetzt, nur Philosophie zuständig sein.

Doch ausgerechnet Kant verstrickt sich diesbezüglich aus genanntem Grund in eine auffällige Schwierigkeit, die noch bis heute nicht auf diesen ihren eigentlichen Grund durchschaut und darum auch noch immer nicht gelöst ist. Und als solche müßte sie auch Ihnen um so auffälliger werden, als sie in Gestalt von explizitem Widerspruch zutage tritt. Denn schlechterdings unmöglich ist es, den bekannten Widerspruch bezüglich des Begriffes vom geradlinigen Zweieck so zu lösen, daß die eine der zwei Stellen der KRV, die ihn sogar in kurzem Abstand zueinander widersprüchlich kennzeichnen[20], nur einen vor-

20 Vgl. A 220f. B 268 mit A 291 B 348.

kritischen Überrest enthalte[21]. Beide Stellen nämlich stehen jeweils selbst sowohl wie auch der ihnen zugehörige Zusammenhang unzweifelhaft auf voller Höhe von Kants kritischer Philosophie, und dennoch lautet erstere, daß der Begriff eines geradlinigen Zweiecks widerspruchsfrei, letztere dagegen, daß er widersprüchlich sei.

Von daher wird es Ihnen auch in keiner Weise einleuchten, daß gegenüber letzterer die erstere ein Fortschritt sei: Kant habe mittlerweile eingesehen, daß ein geradliniges Zweieck zwar unmöglich ist, jedoch nicht deswegen, weil der Begriff »geradliniges Zweieck« etwa widersprüchlich wäre, sondern weil er, obwohl durchaus widerspruchsfrei, sich nicht »konstruieren« läßt, will sagen, weil die ihm entsprechende Anschauung nicht gebildet werden kann[22]. Als fortschrittlich erscheint dies nämlich deswegen, weil das geradlinige Zweieck damit, daß es hiernach nur *synthetisch* als unmöglich gelten müßte, *analytisch* erstmals möglich wäre, womit Kant die Möglichkeit für nichteuklidische Geometrie eröffnet hätte. Doch nur um so weniger verständlich werden Sie das alles finden, als noch eine dritte Stelle, die gerade umgekehrt die Widersprüchlichkeit dieses Begriffes stützt[23], Ihnen desgleichen nicht als vorkritischer Überrest begreiflich werden kann.

In Frage kommt daher von vornherein nur eine solche Lösung, welche zu erklären vermag, weshalb auf der von ihm erreichten Höhe seiner kritischen Philosophie gerade Kant noch schwankt, wofür er sich in diesem für ihn offensichtlich heiklen Fall entscheiden soll. Worum es dabei geht, ist nämlich in der Tat nichts anderes als eine Frage, die das Eigentümlichste der kritischen Philosophie als solcher selbst betrifft, mit dem sie steht und fällt: das unauflösliche Verhältnis von Begriff zu Anschauung, und zwar im wahrlich grundlegenden Fall »geradlinig« oder »gerade Linie« oder kurz »Gerade«. Denn ob der Begriff »geradliniges Zweieck« widerspruchsfrei ist, obwohl er sich nicht »konstruieren«, nämlich keiner Anschauung in Form von Raum zuordnen läßt, hängt offenkundig davon ab, was eigentlich

21 So der mir als einziger bekannte Lösungsvorschlag meines Lehrers G. Martin, der denn auch schon selber offen kundtut, daß ihm dabei »unbehaglich« ist (vgl. *Das geradlinige Zweieck, ein offener Widerspruch in der Kritik der reinen Vernunft*, in: *Tradition und Kritik*, Festschr. f. R. Zocher, hg. W. Arnold, H. Zeltner, Stuttgart 1967, S. 229–235).

22 Vgl. a.a.O., S. 234f.

23 Vgl. A 163 B 204.

unter »gerade« zu verstehen ist. Und so hängt auch Kants Schwierigkeit in dieser Frage mit der Schwierigkeit zusammen, den Begriff »gerade Linie« zu definieren, die schon seit Euklid und noch bis heute ungelöst ist.

Angesichts der Dunkelheit ihrer Definition schon bei Euklid[24] hat man sich nämlich, wie Sie wissen, mehr und mehr darauf zurückgezogen, die gerade Linie nur noch als die kürzeste Verbindungslinie zweier Punkte aufzufassen, spätestens seit Archimedes[25]. Und so könnte Ihnen naheliegen zu erwägen, ob nicht eben diese Auffassung von der Geraden, die auch Kant geläufig war[26], der Grund dafür ist, daß er meint: »So ist in dem Begriffe einer Figur, die in zwei geraden Linien eingeschlossen ist, kein Widerspruch, denn die Begriffe von zwei geraden Linien und deren Zusammenstoßung enthalten keine Verneinung einer Figur; sondern die Unmöglichkeit beruht nicht auf dem Begriffe an sich selbst, sondern der Konstruktion desselben im Raume«[27]. Denn im Sinn einer Geraden als der kürzesten Verbindungslinie zweier Punkte müßte der Begriff »geradliniges Zweieck« auch tatsächlich widerspruchsfrei sein, weil auf der Kugeloberfläche beispielsweise zwei in diesem Sinn gerade Linien durchaus ein »Zweieck« bilden als »Figur«, die einen Raum einschließt.

Nur daß Kant selbst an jener dritten Stelle kurz zuvor gerade die »Verneinung« von »Figur«, die der Begriff »geradliniges Zweieck« hiernach *nicht* enthalten soll, ausdrücklich formuliert, indem er dort hervorhebt: »Zwei gerade Linien schließen *keinen* Raum ein«[28], was dem *Axiom 9* Euklids entspricht[29]. Scheint Kant mithin von diesem abzurücken, weil im Sinn einer Geraden als der kürzesten Verbindungslinie zweier Punkte der Begriff »geradliniges Zweieck« widerspruchsfrei sei, so könnte Ihnen auch leicht scheinen, als ob damit in der Tat schon Kant die Möglichkeit von nichteuklidischer Geometrie erwäge: Warum sollte Kant nicht eingesehen haben, daß zum Beispiel auf der Kugeloberfläche ein geradliniges Zweieck sehr wohl möglich sei und so auch eine nichteuklidische Geometrie, für die ja die Geometrie der Kugeloberfläche ein Modell darstellt?

24 Vgl. *Elemente*, Buch I, Def. 4.
25 Vgl. z.B. Archimedes, *Werke*, Darmstadt 1963, S. 78.
26 Vgl. z.B. B 16.
27 A 220f. B 268.
28 A 163 B 204, kursiv von mir.
29 Vgl. a.a.O.

Nur daß er selbst in keiner Weise dieser Auffassung sein könnte, weil Kant den Begriff »geradliniges Zweieck« eben nicht für »konstruierbar« hält, wogegen er dies auf der Kugeloberfläche durchaus ist, weil er hier ohne jede Einschränkung durch Anschauung erfüllt ist. Daraus aber folgt des weiteren, daß Kant das Zweieck auf der Kugeloberfläche prinzipiell nicht als geradlinig auffassen, die entsprechende Definition einer geraden Linie als der kürzesten Verbindungslinie zweier Punkte mithin auch nicht gelten lassen könnte. Und tatsächlich meldet Kant schon an genau dieser Definition grundsätzliche Kritik an, die jedoch anscheinend ungehört verhallt ist, weil er mangels einer eigenen und angemessenen Definition sich zwar in diesem Negativen, doch nicht auch schon im entsprechend Positiven sicher ist.

Er kritisiert mit Recht, daß die gerade Linie angeblich die kürzeste Verbindung zweier Punkte sei: »Denn mein Begriff vom *Geraden* enthält nichts von Größe, sondern nur eine Qualität«, wogegen durch den Ausdruck »kürzeste« in dieser Art Definition die »Größe« oder Quantität entscheidend ist. Kant geht jedoch zu weit, wenn er, obwohl ihm die entsprechend bessere Definition noch nicht verfügbar ist, sich schon meint sicher sein zu können: »Der Begriff des Kürzesten ... kann durch keine Zergliederung aus dem Begriffe der geraden Linie gezogen werden. Anschauung muß also hier zu Hilfe genommen werden«[30]. Denn damit setzt er stillschweigend etwas für seine kritische Philosophie geradezu Verheerendes voraus, nämlich daß ein Begriff wie derjenige der geraden Linie auch *ohne* Anschauung gebildet werden und mithin auch *ohne* Anschauung Bestimmtheit als Bedeutung oder Sinn besitzen könne[31]. Und genau diese Voraussetzung ist es denn auch, die Kant zugrunde legt, wenn er an jener Stelle meint, daß ein geradliniges Zweieck trotz seiner synthetischen Unmöglichkeit doch analytisch möglich sei – als könnte ein

30 B 16.

31 Denn keineswegs besagt, einen Begriff zu »konstruieren«, bei Kant etwa dies, einen Begriff zu *bilden*, sondern einen (demnach schon gebildeten) Begriff mit einer ihm entsprechenden Anschauung zu verbinden (vgl. z.B. A 712ff. B 740ff.). Dabei wird im Sinne von *gebildet* vielmehr ausschließlich die Anschauung als solche »konstruiert« (so Kant auch selbst in A 715f. B 744f.), nur eben als die *zu* einem Begriff. Entsprechend müßte der Begriff als solcher dabei ohne diese Anschauung gebildet sein, was aber eben schlechthin unverständlich bleiben muß.

Begriff wie derjenige vom geradlinigen Zweieck seinen Sinn auch *ohne* solche Anschauung besitzen, die den Teilbegriffen »Zweieck« und »geradlinig« entspricht.

Und damit wäre es, wie Ihnen jetzt nicht mehr entgehen kann, auch endlich an der Zeit, Begriffe wie »geradlinig« oder »gerade Linie« in genau dem Sinn, den sie ursprünglich nur mit Anschauung zusammen haben können, erst einmal zu definieren, um dann erst einmal zu untersuchen, ob sie sich zu anderen wie »kürzeste Verbindungslinie zweier Punkte« oder »Zweieck« wirklich so verhalten, wie mit Kant noch viele andere vermeinen, oder nicht vielmehr grundsätzlich anders. Nach der Herleitung euklidisch-dreidimensionaler Grundstruktur von Raum aus Zeit jedoch, auf die Kant selbst sich noch nicht stützen konnte, werden Sie das nunmehr ohne weiteres vermögen. Wie schon angedeutet nämlich kann diese Definition danach nur lauten: Eine Gerade ist die räumlich-eindimensionale Ausdehnung, die ihre Richtung beibehält[32].

Versuche, die gerade Linie so zu definieren, sind schon öfters unternommen worden, doch vermochten sie sich mutmaßlich nur deswegen nicht durchzusetzen, weil sie zirkelhaft erschienen[33]. Und so gilt es denn auch eigens aufzuweisen, daß von einer Zirkelhaftigkeit hier keine Rede sein kann, was mit Hilfe von Philosophie als Reflexion, die dabei offenbar nie mit herangezogen wurde, möglich ist. Eine Definition von dieser Art bietet sich an, denn sie benutzt, da sich nicht alles definieren läßt, undefiniert bloß die Begriffe, die ein jeder, der auch nur die einfachste und anfänglichste Frage der Geometrie zu stellen fähig sein soll, immer schon verstanden haben muß: Daß die Gerade ein Problem darstellt, kann überhaupt nur der verstehen, der immer schon verstanden hat, daß damit die gerade *Linie* als *Ausdehnung* von *einer Dimension* im *Raum* gemeint ist. Damit wiederum, daß sie als *Ausdehnung* verstanden ist, muß mitverstanden sein, daß eine Linie *als* Ausdehnung auch *Richtung* hat, weil

32 Und genau entsprechend definieren läßt sich auch die ebene Fläche oder kurz die Ebene als räumlich-zweidimensionale Ausdehnung, was Sie für alles Folgende im Blick behalten sollten.

33 Vgl. dazu H. Schotten, *Inhalt und Methode des planimetrischen Unterrichts*, 2 Bde. Leipzig 1890–93, bes. Bd. 2, S. 3 ff. Vorher bereits H. v. Helmholtz, *Die Tatsachen in der Wahrnehmung*, Darmstadt 1959, S. 58 f. und J. Schultz, *Prüfung der Kantischen Kritik der reinen Vernunft*, Königsberg 1789, 1. Teil, S. 58.

Ausdehnung als solche selbst sich nur als Ausdehnung in irgendeine Richtung überhaupt verstehen läßt. Und so besteht die Möglichkeit, Ausdehnung dabei auch dynamisch statt nur statisch aufzufassen, was den Vorteil hat, dem Platonismus vorzubeugen, als ob so etwas wie Linien oder gar gerade Linien im Raum schon immer fix und fertig existierten, während sie in ihm doch stets erst zu erzeugen sind.

Doch eben daran, daß mit Ausdehnung stets irgendeine Richtung dieser Ausdehnung verbunden ist, liegt es vermutlich, daß der Eindruck einer Zirkelhaftigkeit in dieser Art Definition entsteht. Denn »Richtung« heißt ja überhaupt nichts anderes als »gerade Richtung«, wie Sie schon gesehen haben,[34] so daß »krumme Richtung« auch von vornherein nur *contradictio in adjecto* wäre. Damit würde die Definition jener *geraden* Linie als räumlich-eindimensionaler Ausdehnung durch die Benutzung ihrer »Richtung« als »*gerader* Richtung« unausweichlich zirkelhaft, so könnte dies auch Ihnen scheinen, weil »gerade« dadurch anstatt definiert vielmehr vorausgesetzt wird.

Dabei sollten Sie jedoch genauestens den Wortlaut unserer Definition beherzigen. Sie lautet nämlich nicht einfach, eine gerade Linie sei eine räumlich-eindimensionale Ausdehnung, die eine Richtung hat, sondern, sie sei *die* räumlich-eindimensionale Ausdehnung, die ihre Richtung *beibehält.* Und so ist Richtung als *gerade* Richtung dabei zwar vorausgesetzt, jedoch durchaus nicht in dem Sinn, in dem es die gerade Linie allererst zu definieren gilt. Denn sie ist eben nicht schon dadurch, daß sie räumlich-eindimensionale Ausdehnung und damit Richtung *überhaupt* hat, definiert, sondern erst dadurch, daß sie diese Richtung *überhaupt*, die sie bereits als räumlich-eindimensionale Ausdehnung *überhaupt* hat, auch *beibehält.* Erst dieses *Beibehalten* gegenüber einem eben deshalb mitzudenkenden *Nicht*beibehalten bildet das Spezielle der geraden Linie, die denn auch erst dadurch definiert ist, so daß umgekehrt die krumme Linie gleichfalls erst durch das für sie Spezielle des entsprechenden *Nicht*beibehaltens definiert ist.

Daraus nämlich folgt, daß in dem Sinn der Richtung, welche die Gerade beibehält, die Krumme aber nicht, eine ›Gerade‹ als Gemein-

34 Unerheblich ist es dafür übrigens, daß solche Linie als Ausdehnung von vornherein sogleich zwei Richtungen besitzt, nämlich zwei sich genau entgegensetzende.

samkeit von beiden unterschieden werden muß, die so wie eine Gattung zweier Arten dann auch weder zu der Krummen widersprüchlich noch mit der Geraden gleichbedeutend sein kann – und deswegen die Definition dieser Geraden durch jene ›Gerade‹ auch nicht zirkelhaft. Und so vermag denn auch Philosophie erst zu erklären, was Geometrie geradezu als selbstverständlich ansieht, nämlich daß auch jede (stetige und glatte)[35] Krumme so etwas wie Richtung hat, die geometrisch dadurch anzugeben ist, daß einer solchen Krummen Punkt für Punkt eine Gerade als Tangente anzulegen ist. Denn »Richtung« kann auch hierbei nur »gerade Richtung« heißen, weil es so etwas wie »krumme Richtung« prinzipiell nicht geben kann, so daß mithin auch eine solche Krumme dadurch, daß sie *Richtung* hat, *gerade* Richtung hat, in diesem Sinn sonach als Krumme selbst Gerade in sich hat.

Nur kann dies freilich nicht den Widerspruch bedeuten, »im Lokalen« sei auch eine solche Krumme eine – wenn auch nur »unendlich kleine« – Gerade, wie man das im Zuge von »Infinitesimalkalkül« oder »Analysis« oft ausgedrückt hat. Denn auch dies, daß einer solchen Krummen Punkt für Punkt eine Gerade als Tangente anzulegen und durch deren Richtung ihre eigene Richtung anzugeben ist, bedeutet keineswegs, daß sie mit ihr etwa ein kleines Stück Gerade teilt, sondern bedeutet nur, daß sie mit der Tangente als Gerader einen Punkt gemeinsam hat. Als Krumme nämlich hat sie eine Gerade als Tangente, die ja überhaupt nur über diesen Punkt *hinaus*, sprich, nur als räumlich-eindimensionale *Ausdehnung* eine Gerade ist, als solche selbst nicht etwa in sich, sondern außer sich. Zumal doch eine solche Krumme ihre je bestimmte Richtung ebenso wie ihre je bestimmte Krümmung als Nichtbeibehaltung solcher Richtung Punkt für Punkt auch dann hat, wenn ihr keine solche Gerade

35 Doch auch diejenigen Krummen, die zwar stetig, aber nichtglatt sind – ob nun an einem Punkt oder sogar an allen Punkten –, widerlegen diesen Ansatz Kants in keiner Weise, wie man gleichwohl immer wieder meint (vgl. z.B. M. Friedman, *Kant and the Exact Sciences*, London 1992, S. 78 ff.). Die einzig positive Kennzeichnung für jeden solchen Punkt ist nämlich die, daß eine Krumme hier unendlich viele Richtungen oder Tangenten hat. So ist denn auch nur dadurch positiv zu kennzeichnen, daß eine Krumme ihre Richtung hier unstetig ändert, Richtung also grundsätzlich besitzt. Muß eine Krumme doch als stetige auch in der Tat grundsätzlich Ausdehnung sein und als solche auch grundsätzlich Richtung haben.

als Tangente angelegt wird, was ja auch nur geometrischer Behelf ist. Denn sonst müßte gelten, es vermöchte eine aktuale Krumme nie für sich alleine aufzutreten, sondern immer nur, indem sie Punkt für Punkt auch noch genauso aktuale Geraden als Tangenten mit sich führte, was jedoch absurd ist.

Daß infolgedessen eine solche Krumme nicht nur ihre Krümmung, sondern mit ihr auch noch diese Richtung als gerade Richtung jeweils in sich selbst hat, kann dann widerspruchsfrei aber in der Tat nur heißen, daß sie letztere zwar nicht als eine aktuale Gerade, wohl aber als eine potentielle ›Gerade‹ in sich selbst hat, nämlich in sich selbst zwar nicht der Art nach, wohl aber der Gattung nach. Und das verstehen Sie sofort, wenn Sie bedenken: So wie eine aktuale Gerade ist auch eine aktuale Krumme überhaupt nichts anderes als eine ganz bestimmte Art von Raum, nämlich Gestalt in Form des Raumes, der nach allen dreien seiner Dimensionen immer schon von vornherein synthetisch-apriori ein euklidischer, nämlich ›gerader‹ ist[36]. Denn nur in Form von ihm vermag aus Zeit heraus mit Gegenständlichkeit von etwas auch Bestimmtheit eines Etwas gegenüber einem andern Etwas aufzutreten. Und daß Empirie auf Grund von Affektion der Inbegriff von Krummen aller Art ist, deren jegliche als Form zu Gegenform bestimmt allein in Form von Raum ist, geht mithin zuletzt darauf zurück, daß jegliche von ihnen für sich selber nur in ihm als dem ›geraden‹ oder dem euklidischen bestimmt ist.

Noch kein Geometer nämlich hat Ihnen bislang erklärt, wovon er gleichwohl ständig ausgeht, nämlich daß der Qualität nach stets nur eine Krumme als die Abweichung von einer Geraden als Tangente zu bestimmen ist, doch nie auch umgekehrt eine Gerade als die Abweichung von einer Krummen[37]. Zur Erklärung dafür ist vielmehr allein der Philosoph imstande: mittels seiner Reflexion darauf, wodurch so etwas wie Bestimmtheit überhaupt entspringen kann. Danach ist jede solche Form, auch jede krumme, eine ursprünglich bestimmte

36 Als solchen aber haben wir ihn eben längst schon hergeleitet, und zwar ausschließlich aus Zeit, so daß wir ihn auch ohne jeden Zirkel hier benutzen können.

37 Bloß der Quantität nach läßt auch umgekehrt sich die Gerade von der Krummen her bestimmen, nämlich als die Krumme mit der Krümmung 0. Nur ist die Qualität der Krummen als die Abweichung von der Geraden dabei immer schon vorausgesetzt. Und das Entsprechende gilt denn auch für die Ebene.

nur als Ausdehnung in Form dieses euklidischen, nämlich ›geraden‹ Raumes und mithin als Anschauung, zu der auch jeglicher Begriff ein ursprünglich bestimmter nur als Punkt in Form von Zeit ist. Denn auch nur in Zuordnung zu solcher Ausdehnung, wie sie als Raum dann außer ihr mit ihr einhergeht, ist sie auch noch Punkt im Gegensatz zu Ausdehnung und so Bestimmtheit.

Nur daß in Form von solchem Raum sich eben nicht allein empirisch diese aktualen Krummen bilden, sondern nichtempirisch, nämlich geometrisch auch noch jene aktualen Geraden bilden lassen: um auch das, was aktuale Krumme immer schon bestimmt, noch aktualen Krummen gleich zu aktualisieren und mit Hilfe dessen von Grund auf Geometrie als allgemeine Wissenschaft von räumlicher Bestimmtheit zu errichten. Und so sind denn auch Begriffe wie »Gerade« letztlich nur Begriffe dessen, was als räumlich-eindimensionale Ausdehnung genauso aktual wie Krumme dadurch auftritt, daß es deren Richtung selber aktualisiert und damit eben auch im Gegensatz zu ihnen beibehält. Als etwas, das Bestimmtheit, nämlich Sinn oder Bedeutung überhaupt nur hat, indem es einen Gegenstand hat, lassen nichtempirische Begriffe wie »Gerade« somit nur in unlösbarer Zuordnung zu Ausdehnung in Form von solchem Raum als nichtempirisch-reiner Anschauung sich bilden und verwenden. Ohne diese müssen sie infolgedessen nicht nur ihren Gegenstand, sondern mit ihm auch jegliche Bestimmtheit als Bedeutung oder Sinn verlieren.[38]

Ausgerechnet Kant jedoch spricht immer wieder so, als hätten sie auch ohne Anschauung schon Sinn oder Bedeutung als Bestimmtheit. Denn er macht sich nie von Grund auf klar, daß schon für *Bildung* von empirischen wie auch von solchen nichtempirischen Begriffen die entsprechende Anschauung unentbehrlich ist, und nicht erst für *Verwendung*, – was dann schlimme Folgen hat. Denn nichts als Illusionen machen sich seither auch alle Geometer, die da meinen, frei zu sein, von der »Geraden« einfach als der »kürzesten Verbin-

38 Und so war es denn auch kein geringerer als David Hilbert, der in seinem bahnbrechenden Werk über die *Grundlagen der Geometrie* (13. Aufl. Stuttgart 1987) wiederholt betont: Die Aufstellung der geometrischen Axiome »läuft auf die logische Analyse unserer räumlichen Anschauung hinaus« (S. 1) oder »drückt gewisse zusammengehörige Grundtatsachen unserer Anschauung aus« (S. 2). Und daß er sich damit auf Kant bezieht, stellt Hilbert klar, indem er ein entsprechendes Zitat aus der KRV als Motto wählt (S. 1).

dungslinie zweier Punkte« auszugehen, was sich insbesondere für die Bestimmung des Verhältnisses euklidischer zu nichteuklidischer Geometrie verhängnisvoll auswirkt. Allein im Sinn der »kürzesten Verbindungslinie zweier Punkte« nämlich kann es in den nichteuklidischen Geometrien »Gerade« geben.

Was Kant aus dem genannten Grund nicht sieht, im Rahmen seiner neuen Konzeption indessen hätte sehen können, ist jedoch, daß dieser Sinn der »kürzesten Verbindungslinie zweier Punkte« jenen Sinn einer »Geraden«, wie ihn unsere Definition nunmehr entfaltet, keineswegs erschöpft. Nur soviel nämlich unterstreicht Kant, daß aus dem Begriff »Gerade« für sich selbst noch nicht, sondern erst zusammen mit entsprechender Anschauung der Begriff der »kürzesten Verbindungslinie« folge[39], was hervorzuheben aber irreführend ebenso wie überflüssig ist, weil ohne solche Anschauung dieser Begriff gar nicht gebildet werden könnte. Eben daher aber übersieht Kant dann, daß nicht einmal mit solcher Anschauung zusammen der Begriff »Gerade« den Begriff der »kürzesten Verbindungslinie« etwa in dem Sinn ergibt, daß letzterer den ersteren voll wiedergibt.

Entscheidend ist für Sie vielmehr, in Fortführung von Kant noch weiter einzusehen, daß unserer Definition zufolge jede Gerade zwar die kürzeste Verbindungslinie zweier Punkte ist, jedoch durchaus nicht umgekehrt auch jede kürzeste Verbindungslinie zweier Punkte eine Gerade: nicht zum Beispiel auf der Kugeloberfläche. Mit der »kürzesten Verbindungslinie zweier Punkte« ist für die »Gerade« sonach bloß eine notwendige Bestimmung angegeben, aber keineswegs auch schon die hinreichende. Diese nennt vielmehr erst unsere Definition, nach der es keine Frage sein kann, wie Sie jenes Schwanken Kants am Ende zu entscheiden haben, und das heißt, daß der Begriff eines »geradlinigen Zweiecks« ohne Zweifel widersprüchlich ist, weil der Begriff »gerade« nur den Sinn, den er mit jener Anschauung zusammen hat, besitzen kann.

Auf die »Gerade« als die »kürzeste Verbindungslinie zweier Punkte« sich zurückzuziehen, um auf solche Weise dieser Widersprüchlichkeit sich zu entziehen, heißt denn auch, etwas Entscheidendes zu übersehen, nämlich diese bloß notwendige Bestimmung fälschlich für die hinreichende auszugeben, wie man dies zum Zweck

39 Vgl. nochmals B 16.

der Ausarbeitung nichteuklidischer Geometrien bis heute pflegt. Entsprechend wäre es auch wirklich einmal eine Untersuchung wert, was aus den nichteuklidischen Geometrien werden muß, wenn ihnen dieser Rückzug auf »Gerade« als die »kürzesten Verbindungslinien zweier Punkte« abgeschnitten wird: Zum einen nämlich wird die angebliche Unabhängigkeit und Gleichberechtigung der nichteuklidischen Geometrien gegenüber der euklidischen danach zumindest zweifelhaft. Zum andern haben wir dann auch verstärkt zu fragen Anlaß, ob die Durchführung des Ansatzes von Kant nicht auch die Grundlage bereitstellen könnte, auf der für das Parallelenpostulat sich doch noch ein Beweis erbringen ließe.

Nur heißt das freilich nicht, wie Sie mit Frege beispielsweise noch des weiteren vermuten könnten[40], daß die nichteuklidischen Geometrien dann auch in sich widersprüchlich wären, wie es der Begriff eines »geradlinigen Zweiecks« ist, das es nach unserer Definition einer Geraden auch nicht auf der Kugeloberfläche geben kann. Denn sie ist ja nur ein Modell für nichteuklidische Geometrien, denen Krumme – wenn sie nur die kürzesten Verbindungslinien zwischen Punkten bilden – als Gerade gelten. Wohl aber bedeutet dies, daß nichteuklidische Geometrien – und zwar gerade weil sie widerspruchsfrei sind – nicht mehr wie die euklidische Geometrie synthetisch-apriorische Geometrien des Raumes als synthetisch-apriorischem sein können, sondern nur noch analytische Geometrien als logisch-mögliche Formalsysteme, innerhalb von denen dann auch »Raum« nur noch Metapher ist.

Um so wichtiger für Sie denn auch, sich klarzumachen, daß zum Beispiel in der *Allgemeinen Relativitätstheorie* Einsteins mittels nichteuklidischer Geometrie anstatt vom *Raum* vielmehr allein von Räum*lichem* die Rede ist, wozwischen ein Empiriker nicht unterscheidet, weil als solcher auch nicht unterscheiden kann, so daß es »Raum« für ihn nur als »empirischen« oder als »physikalischen« gibt, womit überhaupt nichts anderes als dieses Räumliche gemeint ist. Zwischen Räumlichem und Raum als dem, durch den es überhaupt erst etwas Räumliches sein kann, vermag entsprechend erst der Philosoph als Nichtempiriker durch Reflexion zu unterscheiden. Diese aber führt zu einem gänzlich anderen Ergebnis als zu dem, das der

40 Vgl. G. Frege, *Nachgelassene Schriften und Wissenschaftlicher Briefwechsel*, Bd. 1, Hamburg 1969, S. 182ff.

gerade so zum schlechten Empiristen werdende Empiriker von vornherein bereits für ausgemacht hält, nämlich daß wie Zeit auch Raum ursprünglich keineswegs Objekt wie alle anderen Objekte, sondern eben Subjekt ist.

Von diesem Subjekt freilich wollen heute nicht einmal »Konstruktivisten« etwas wissen, die bezüglich des Verhältnisses zwischen euklidischer Geometrie und »nichteuklidischen Geometrien« noch am klarsten sehen. Zur Gewährleistung der »Apriorität« von so etwas wie Ebenen oder Geraden setzen sie vielmehr auf Platten-Schleifen oder -Schneiden, wie Sie wissen, während doch für dasjenige, woraufhin dabei geschliffen und geschnitten wird, die eigentliche Apriorität als die synthetische des Subjekts selbst schon immer leitend ist. Und so vermag denn solche Empirie auch dadurch, daß man sie zur »Proto«-Empirie erhebt, nicht Apriorität zu werden, sondern allenfalls den Schein derselben zu erwecken, der indes zu durchsichtig ist, als daß der »Konstruktivist« als schlechter Empirist sich hinter ihm verbergen könnte[41]. Eigentlicher Schleifer oder Schneider ist hier vielmehr das Subjekt als nichtempirisch-apriorisches, das so wie Raum als Ausdehnung auch Zeit als Punkt im Gegensatz zu Raum als Ausdehnung eben synthetisch-apriori bildet, sonach auch Begriff wie »Ebene« oder »Gerade« und mit ihm auch Ebene oder Gerade als bestimmte Ausdehnung von Anschauung in Form von Raum eben synthetisch-apriori.

Und dies um so mehr, als so etwas wie Punkt, der doch zuallererst einer Geometrie zugrunde liegen muß, durch jenes Schleifen oder Schneiden in der Empirie gewiß nicht zu gewinnen ist, weil auch die schärfsten Ecken sich noch immer weiter schneiden lassen. Selbst in

41 Hierzu vergleichen Sie am besten P. Lorenzen, *Elementargeometrie*, Mannheim 1984. Dabei beachten Sie vor allem, wozu er Sie schließlich auffordert: »Der Leser wird gebeten, den Versuch zu machen, für die Grundlagen der Geometrie ohne spekulative Ausdrucksweisen (wie ›das dem Raum zugrunde liegende Wirkliche‹) auszukommen« (S. 221). Mittels solcher Ausdrucksweisen zwischen Raum und Räum*lichem* als Wirklichem *im* Raum zu unterscheiden nämlich ist für die Grundlagen der Geometrie geradezu entscheidend, weil sie eine Sache der Philosophie darüber sind, die überhaupt erst so in Gang zu bringen ist. Und Sie zur Unterlassung dieser Unterscheidung aufzufordern, kommt denn auch dem Aufruf gleich, Philosophieren dabei zu verweigern und Lorenzen als dogmatisch-schlechtem Empiristen nachzufolgen. Und was dies betrifft, so bleibt mir freilich nur, Ihnen anheimzustellen...

nichtempirisch-reiner Anschauung wird nämlich so etwas wie Punkt in Raum nicht ohne weiteres zum Gegenstand, weil er gerade nicht mehr irgendeine Ausdehnung als Anschauung in Form von Raum ist. Demgemäß bleibt solchen, die sich der Philosophie als Reflexion verweigern, auch nicht zufälligerweise unerfindlich, was der Gegenstand eines Begriffs wie »Punkt« sein kann, wenn damit Punkt in Raum gemeint sein soll, gleichviel, ob nun in ein-, zwei- oder dreidimensionalem[42]. Denn allein Philosophie vermag sich mittels Reflexion zu jener Einsicht zu verhelfen, die wir uns durch das Modell für Zeit ermöglicht haben, nämlich daß ursprünglich so etwas wie Punkt allein als Zeit verständlich werden kann.

Entsprechend bleibt es auch uns Philosophen vorbehalten, darauf hinzuweisen: Eben deshalb muß ein Punkt, als Punkt im Raum, für jeden unverständlich bleiben, der ihn *nur* als Punkt in Raum betrachtet, wie der Geometer. Denn als Punkt im Gegensatz zur Ausdehnung von Raum kann er hier nur der Reflexion, die ihm bis auf den Grund geht, noch verständlich werden, nämlich sozusagen als Begriff auf falscher Seite, sprich, auf seiten dieses Raumes statt auf seiten jener Zeit. Ein Punkt in Raum ist danach undurchschauterweise überhaupt nichts anderes als ein sich selber fälschlich für ein Objekt haltendes Subjekt. Denn nur ein Subjekt als Begriff, das heißt als Zeit, wie sie auf zweiter Stufe aktualer Punkt im Gegensatz zu aktualer Ausdehnung des Raumes wird, vermag ursprünglich ein bestimmtes Etwas gegenüber einem anderen bestimmten Etwas je und je zu unterscheiden. Dem genau gemäß vermag denn auch ein Geometer nur vermittels eines Punktes und mithin auch nur vermittels des Begriffes »Punkt«, der aber eigentlich Begriff der Reflexion auf den Begriff ist, jeweils ein bestimmtes Etwas gegenüber einem anderen bestimmten Etwas ursprünglich zu unterscheiden: so in Form des eindimensionalen Raumes etwa eine Linie gegenüber einer anderen, und mittels ihrer dann in Form des zweidimensionalen auch noch Flächen und mit deren Hilfe wiederum in Form des dreidimensionalen auch noch Körper.

Nur vermag er dabei eben nicht bereits als Geometer, sondern erst als Philosoph noch weiter einzusehen: Ein Punkt liegt dabei nicht allein als Punkt in Form von Raum zugrunde, sondern ihm vorweg auch immer schon in der Gestalt diese Begriffes »Punkt« als Punkt in

42 Vgl. dazu oben § 18, S. 488, Anm. 37.

Form von Zeit. Und so sind zwar nicht Linie, Fläche oder Körper, wohl aber auch »Linie«, »Fläche« oder »Körper« als Begriffe überhaupt nichts anderes als Punkte. Denn auch Linie, Fläche oder Körper sind bestimmte Ausdehnung als Anschauung in Form von Raum jeweils nur gegenüber Punkt in Form von Zeit, nämlich bestimmte Gegenstände eben nur für diese Punkte »Linie«, »Fläche« oder »Körper« als Begriffe.

§ 22. Ursprung und Wesen der Sprache

Mag jedoch im einzelnen für Sie verständlich werden, daß Begriff und Anschauung nur wechselseitig unauflösbar zugeordnet überhaupt entspringen können, muß dies doch im ganzen für Sie unverständlich bleiben, jedenfalls solange Ihnen nicht des weiteren begreiflich wird: Als das Ergebnis jener Negation von Zeit, die aktualer Punkt und aktuale Ausdehnung ineinem, nämlich aktualer Punkt als mit sich selbiger sowohl wie zu sich anderer ist, muß Raum dann aktuale Ausdehnung von aktualem Punkt gesondert, nämlich aktualer Punkt als nur noch zu sich anderer sein, wie umgekehrt auch Zeit noch aktualer Punkt von aktualer Ausdehnung gesondert, nämlich aktualer Punkt als nur noch mit sich selbiger.

Scheint aber diese Zeit als letzterer, nämlich als Form jenes Begriffes noch am ehesten verständlich, scheint als Form jener Anschauung dieser Raum indes als Punkt von Grund auf unverständlich. Denn infolge unserer Herleitung desselben als euklidisch-dreidimensionalen hat gerade Raum doch als das schlechthin Andere zu Punkt zu gelten, nämlich als der prinzipielle Unpunkt, der sonach in keinem Sinn als Punkt verständlich werden kann, auch nicht als nur noch zu sich anderer. Ja im Gegenteil muß Raum als *nur noch zu sich anderer* Punkt zunächst womöglich noch viel unverständlicher für Sie erscheinen denn als *Punkt*, weil Ihnen auch nicht ohne weiteres ersichtlich werden kann, was damit eigentlich gemeint sein könnte. Diese Unverständlichkeit von solchem Punkt als nur noch zu sich anderem im Fall des Raumes zu beheben aber werden Sie erst in der Lage sein, nachdem Sie sich verdeutlicht haben, daß auch die Verständlichkeit von jenem Punkt als nur noch mit sich selbigem im Fall der Zeit nicht ohne weiteres gegeben, ja zunächst einmal nur Schein ist. Denn von welchem Punkt ist eigentlich die Rede, wenn wir sagen, als Begriff sei

Punkt der Zeit ein nur noch mit sich selbiger? Gerade nicht etwa von ihm als »nur noch mit sich selbigem«. Sonst wäre nämlich unsere Aussage, da letzteres ihr Prädikat ausmacht, nur analytisch-uninformativ, weil sie dann lediglich besagte, daß ein Punkt als nur noch mit sich selbiger ein nur noch mit sich selbiger sei. Vielmehr ist dabei allein von jenem Punkt die Rede, der gerade nicht schon ein nur mit sich selbiger, sondern genausosehr auch noch ein zu sich anderer ist, kurz: von jener Zeit auf erster Stufe. Auch bloß jene nämlich ist es, die auch bloß als jener Punkt dann hier auf zweiter Stufe *zum* Begriff, das heißt, *zu* diesem Punkt als nur noch mit sich selbigem ja überhaupt erst *wird*, nämlich synthetisch-zusätzlich. Entsprechend ist auch unsere Aussage nur als die Wiedergabe unserer philosophischen Erkenntnis eben dieser Synthesis eine informativ-synthetische.

Und wie wir schon ermittelt haben, wird die Zeit als jener Punkt zu diesem Punkt auch nur, indem aus ihr als jenem Punkt heraus auch Raum noch ausgebildet wird, so daß vereint mit ihm als Ausdehnung im Gegensatz zu ihr als jenem Punkt auch sie noch umgekehrt zu Punkt im Gegensatz zu Ausdehnung und so als jener Punkt zu diesem Punkt als nur noch mit sich selbigem wird. Und als solcher kann sie in der Tat nicht noch ein zweiter Punkt sein, sondern nur ein einziger, der dadurch aber eben ein in sich noch reicherer sein muß.

Genau entsprechend aber kann, wenn Raum als Ausdehnung im Gegensatz zu Punkt dann Punkt als nur noch zu sich anderer sein muß, mit Punkt auch keineswegs der Raum als solcher selbst gemeint sein. Denn sonst läge darin abermals nur eine analytisch-uninformative Aussage, die lediglich besagte, daß ein Punkt als nur noch zu sich anderer ein nur noch zu sich anderer sei. Vielmehr ist dabei gleichfalls nur von jenem Punkt die Rede, der gerade nicht schon einen nur noch zu sich anderen, sondern genausosehr auch einen mit sich selbigen noch bildet, kurz: desgleichen nur von jener Zeit auf erster Stufe. Auch bloß jene nämlich ist es, die auch bloß als jener Punkt hernach auf zweiter Stufe so negiert wird, daß aus ihr dann nicht allein Begriff als nur noch mit sich selbiger Punkt, sondern in Vereinigung mit ihm auch Raum als nur noch zu sich anderer Punkt allererst entspringt, nämlich synthetisch-zusätzlich. Entsprechend ist auch unsere Aussage nur als die Wiedergabe unserer philosophischen Erkenntnis eben dieser Synthesis eine informativ-synthetische.

Als diese aber sagt sie keineswegs etwa von Raum als solchem selbst aus, daß er – wenn auch bloß ein nur noch zu sich anderer – Punkt sei, was ihm als dem Unpunkt, der er ist und bleibt, dann widerspräche. Wie die vorige spricht sie vielmehr ausschließlich über jene Zeit, von der sie sagt: Zu ihr als jenem aktualen Punkt, der mit sich selbiger sowohl wie zu sich anderer ist, tritt Raum als aktuale Ausdehnung in Gegensatz nur als die Art und Weise, wie *Zeit selbst* nicht lediglich ein aktualer Punkt als mit sich selbiger sowohl wie zu sich anderer ist, sondern auch ein nur noch zu sich anderer. Nicht dieser Raum, sondern ausschließlich jene Zeit ist es mithin, wovon wir reden, wenn wir sagen: Nicht allein Begriff, sondern auch Raum ist letztlich nichts als Punkt, will sagen, jener aktuale Punkt als mit sich selbiger sowohl wie zu sich anderer des Nacheinander Zeit, wie es bzw. er durch Negation als Synthesis des weiteren zu nur noch mit sich selbigem sowohl wie nur noch zu sich anderem wird.

So aber müßte Ihnen ferner deutlich werden: Hiernach ist es auch nichts anderes als jene Zeit als solche selbst, was damit erstmals eine *derartige* Einheit jener Zweiheit von Kontinuum und Diskretion oder von Ausdehnung und Punkt wird, daß dies beides nicht mehr wie als bloße Zeit einfach zusammenfällt, sondern als zur Gestalt von Raum sowohl wie von Begriff noch weiter ausgeformte Zeit eben zum ersten Mal auch auseinanderfällt. Denn Raum, als aktuale Ausdehnung im Gegensatz zu aktualem Punkt, ist nicht Begriff, wie umgekehrt Begriff, als aktualer Punkt im Gegensatz zu aktualer Ausdehnung, nicht Raum; und doch ist beides nichts als Weiterausgestaltung jener Zeit zu dieser ihrer innerlichen Gegensätzlichkeit, weil trotzdem beides so wie jene Zeit auch selbst bloß immer wieder ebenso entsteht wie auch vergeht. Nur bildet jene Zeit in der Gestalt von Raum und von Begriff, die sich als diese Gegensätze unauflöslich zugeordnet bleiben, je und je das ebenso Entstehen wie Vergehen eines ursprünglichen Sich-Entgegenstehens, worin jene Zeit als je *bestimmte* aktuale Ausdehnung jener Anschauung und als je *bestimmter* aktualer Punkt jenes Begriffes eben *sich selbst* gegenübersteht.

Unsere Verpflichtung, nicht zu unterschlagen, daß mit Raum als aktualer Ausdehnung im Gegensatz zu aktualem Punkt doch letztlich Punkt als nur noch zu sich anderer gemeint sein muß[1], ist es mithin, was uns davor bewahrt, in diesem Fall von Raum denselben

1 Vgl. oben § 21, S. 597 ff.

Fehler zu begehen wie im Fall jenes Begriffs: Genauso wie Begriff als aktualer Punkt im Gegensatz zu aktualer Ausdehnung nicht etwa abgetrennt von Zeit als aktualem Punkt mit aktualer Ausdehnung ineinem und so als ein zweiter aktualer Punkt diskret zu ihr als ersterem auftreten kann, vermag auch Raum als aktuale Ausdehnung im Gegensatz zu aktualem Punkt nicht etwa abgetrennt von Zeit als aktualer Ausdehnung und aktualem Punkt ineinem aufzutreten und mithin als eine zweite aktuale Ausdehnung diskret zu ihr als ersterer. Denn aller Unterschiedlichkeit, ja Gegensätzlichkeit von Raum zu Zeit zum Trotz schließt er an sie doch bruch- und fugenlos sich an, so daß er auch mit ihr zusammen bloß ein einziges Raum/Zeit-Kontinuum als einheitliches ebenso wie in sich gegensätzliches erstellt.

Nur springt im Fall von Raum dies nicht wie bei Begriff sogleich ins Auge, weil das Auseinanderfallen zweier aktualer Punkte auffälliger falsch ist als das Auseinanderfallen zweier aktualer Ausdehnungen wie derjenigen von Raum und Zeit, das auf den ersten Blick sogar den Anschein einer Selbstverständlichkeit für Sie erwecken könnte. Eben dieser Anschein ist es sonach, dem die Einsicht vorbeugt: Nicht allein Begriff, als aktualer Punkt von aktualer Ausdehnung gesondert, nein auch Raum, als aktuale Ausdehnung von aktualem Punkt gesondert, tritt nur in so unauflöslicher Vereinigung mit jener Zeit als aktualem Punkt und aktualer Ausdehnung ineinem auf, daß es recht eigentlich nur diese Zeit als solche selbst ist, was durch jene Negation zu Raum und zu Begriff noch weiter ausgestaltet wird. Es bildet sich danach nicht nur Begriff, sondern auch Raum recht eigentlich als reines Nacheinander von Begriff und Raum. Und das ist eben jene Zeit, wie sie gerade nicht nur aktualer Punkt mit aktualer Ausdehnung ineinem wird, sondern als solche selbst auch noch negiert und so synthetisch-zusätzlich auch noch zu Zeit *von* Raum und *von* Begriff wird als dem aktualen Punkt und als der aktualen Ausdehnung gesondert. Daß mithin genau in diesem Sinn nicht nur Begriff recht eigentlich *Zeit als* Begriff, sondern auch Raum recht eigentlich *Zeit als* Raum heißt, gerade dies stellt vollends jene Einsicht sicher, daß nicht nur Begriff, sondern auch Raum dann Punkt sein muß, nämlich Begriff dann Punkt als nur noch mit sich selbiger und Raum dann Punkt als nur noch zu sich anderer. Denn beide lassen sich dann nur als eben jene Zeit verstehen, wie sie gerade nicht bloß aktualer Punkt als mit sich selbiger sowohl wie zu sich anderer wird, nein als solche selbst auch noch negiert und so synthetisch-zusätzlich auch noch zu aktualem Punkt als nur noch mit sich selbigem und aktualem Punkt als nur noch zu sich anderem wird. Schon im Fall von jener Zeit auf erster Stufe nämlich kann mit aktualer Ausdehnung nur aktualer Punkt als zu sich anderer gemeint sein, was mithin grundsätzlich auch nach Negation und damit auch für aktuale Ausdehnung des Raumes gültig bleiben muß. Infolgedessen muß im Fall von ihm genau im Gegensatz zu ihr dann aktuale Ausdehnung gerade aktualen Punkt als *nur noch* zu sich anderen bedeuten, weil im Fall von Zeit ja aktuale Ausdehnung nur aktualen Punkt als zu sich anderen *sowohl wie* mit sich selbigen bedeuten kann.

Dieser Verpflichtung nachzukommen, nämlich im genannten Sinn auch Raum als Punkt noch festzuhalten, hilft Ihnen dann aber ferner zu verstehen, in welchem Sinn es sich bei Raum um Punkt als *nur noch zu sich anderen* handeln muß. Denn ist mit Punkt dabei der jener Zeit gemeint, so heißt das: Er stellt überhaupt nichts anderes als jene Subjektivität dar, insofern sie als Verstand und Sinnlichkeit zu jener Zeit zum ersten Mal sich selbst verwirklicht, nämlich erstmals wirklich dahin geht, zur Spontaneität oder zum Selbstverhältnis so zu werden, daß sie zur Intentionalität werdenden Spontaneität oder zum Fremd- werdenden Selbstverhältnis wird. Denn hierzu wird sie nur, indem sie als Verstand – das heißt: als Punkt der absoluten Einheit oder Einfachheit von Selbstverhältnis oder Spontaneität als Innerem – auf Grund von Sinnlichkeit *sich* ausdehnt und *sich* anders wird oder *sich* äußert. Auch nur so nämlich wird Subjektivität als dieser Punkt der absoluten Einheit oder Einfachheit von Selbstverhältnis oder Spontaneität noch in sich selbst soweit komplex und different, daß sie auf diese Art auch in sich selbst noch Fremd- werdendes Selbstverhältnis und Intentionalität werdende Spontaneität wird. Und das wird sie eben erstmals dadurch, daß sie Zeit wird.

Nur bildet eben jenes erste Mal als jene erste Art der Selbstverwirklichung auch vorderhand bloß einen Ansatz *zu*, das heißt, nicht auch schon die Vervollständigung *von* Intentionalität werdender Spontaneität bzw. Fremd- werdendem Selbstverhältnis. So gewiß ein Subjekt nämlich auch als Zeit schon *sich selbst* ausdehnt oder *sich selbst* anders wird und damit *sich selbst* äußert, so gewiß vermag es doch in Form von sich als bloßer Zeit nicht auch schon etwas Anderes als sich zum Gegenstand für sich zu haben. Dies vermag es vielmehr erst, indem es nicht allein als Zeit, sondern auch über Zeit hinaus als Raum, nämlich als Gegensatz zu Zeit noch *sich selbst* ausdehnt oder *sich selbst* anders wird und damit *sich selbst* äußert. Denn auch erst sich selbst als solchem Raum stellt ein Subjekt sich selbst als Zeit so gegenüber, daß in Form von letzterer dies Subjekt eben zum Begriff von einem Gegenstand der Anschauung in Form von ersterem wird und so zum Entwurf oder zur Vorstellung davon. Nur dadurch nämlich, daß entsprechend ein Subjekt im ganzen *zweifach* sich selbst ausdehnt oder *zweifach* sich selbst anders wird und damit *zweifach* sich selbst äußert – eben nicht allein zu Zeit, sondern auch über Zeit hinaus zu Raum noch –, wird es in sich selbst so gegensätzlich, daß es in sich selbst als Zeit verbleibend wie als Raum auch aus sich selbst heraustretend sich etwas Anderes als sich entwirft bzw. vorstellt.

Denn nur so vermag es auch noch zweifach Punkt zu werden, nämlich nicht nur Punkt der Zeit auf jener ersten Stufe, sondern auch noch Punkt der Zeit auf dieser zweiten, eben nicht nur Punkt als mit sich selbiger *sowohl wie* zu sich anderer, nein auch noch Punkt als *nur noch* mit sich selbiger, kurz: als Begriff. Genau in diesem Sinn ist dann jedoch auch Raum zuletzt nichts anderes als Punkt, nämlich Verstand von Subjektivität, wie er zum zweiten Mal auf Grund der Sinnlichkeit von Subjektivität sich selbst verwirklicht, und das heißt: wie Subjektivität zum zweiten Mal gerade Fremd- werdendes Selbstverhältnis wird oder Intentionalität werdende Spontaneität. Denn danach geht durch jene Negation von Zeit auch Raum aus Zeit hervor und so mit Zeit einher gerade dahin, daß auf Grund von Raum Zeit selbst nicht mehr bloß Punkt als mit sich selbiger *sowohl wie* zu sich anderer ist, nein auch Punkt als *nur noch* zu sich anderer.

Als solcher aber wird er Ihnen auch sofort verständlich, wenn Sie mitbedenken, daß es danach letztlich unzulässig ist, von Raum für sich allein zu sprechen, wie das gleichwohl üblich ist. Denn Raum ist danach überhaupt nichts anderes als Subjektivität, wie sie auf Grund von Sinnlichkeit sich als Verstand eben zum zweiten Mal zu Fremd-werdendem Selbstverhältnis oder zu Intentionalität werdender Spontaneität verwirklicht. Nur daß sie als dieser zusätzliche Raum jetzt anders denn als jene bloße Zeit auch Fremd- im Unterschied zu Selbstverhältnis bildet, so daß Raum – für sich betrachtet – nur noch Fremdverhältnis ist: wie ja in Form von Raum auch in der Tat nur etwas Anderes als Subjektivität auftreten kann. Und eben dies gelangt für Raum als nur noch zu sich anderen Punkt auch voll zum Ausdruck. Hiernach nämlich ist er zwar Verstand, sprich Punkt, jedoch Verstand, wie er auf Grund von Sinnlichkeit gerade nur noch Fremdverhältnis, eben Punkt als nur noch zu sich anderer ist.

Entsprechend unzulässig aber ist es ferner, von Begriff für sich allein zu reden, wie das gleichwohl zu geschehen pflegt. Begriff ist danach nämlich gleichfalls überhaupt nichts anderes als Subjektivität, wie sie auf Grund von Sinnlichkeit sich als Verstand eben zum zweiten Mal zu Fremd- werdendem Selbstverhältnis oder zu Intentionalität werdender Spontaneität verwirklicht. Nur daß sie als diese Zeit eines Begriffes nunmehr anders denn als jene bloße Zeit auch Selbst- im Unterschied zu Fremdverhältnis ist, so daß Begriff – für sich betrachtet – nur noch Selbstverhältnis bildet: wie ja auch tatsächlich in Form von Begriff nicht etwas Anderes als Subjektivität, sondern nur Subjektivität als solche selbst auftreten kann. Und eben dies gelangt auch für Begriff als nur noch mit sich selbigen Punkt voll zum Ausdruck. Hiernach nämlich ist er zwar Verstand, sprich Punkt, jedoch Verstand, wie er auf Grund von Sinnlichkeit gerade nur noch Selbstverhältnis, eben Punkt als nur noch mit sich selbiger ist.

Doch dürfen Sie gerade weder Raum noch auch Begriff bloß einfach je für sich betrachten, und zwar nicht allein, weil beides miteinander, sondern weil vor allem jedes davon auch mit jener Zeit noch unlösbar zusammenhängt. Denn zwar ist, wie Begriff nicht Raum, und umgekehrt, auch Selbst- nicht Fremd- und Fremd- nicht Selbstverhältnis; und so treten beide anders als auf jener ersten Stufe bloßer Zeit, die aktualer Punkt und aktuale Ausdehnung *ineinem* oder Punkt als mit sich selbiger *sowohl wie* zu sich anderer ist, auf dieser zweiten Stufe erstmals auseinander und sich gegenüber. Doch indem es letztlich eben nichts als jene Zeit ist, was dabei zu Raum und zu Begriff noch weiter ausgestaltet wird, ist es zuletzt auch nichts als Subjektivität, was in Gestalt von Raum und von Begriff jetzt abermals zum Selbst- nur wird, indem es als dies Selbst- zum Fremdverhältnis wird, oder zur Spontaneität nur wird, indem es zur Intentionalität werdenden Spontaneität wird: Nur als immer schon auf Anschauung in Form der aktualen Ausdehnung von Raum sich jeweils festlegende Zeit kann Subjektivität auch aktualer Punkt im Gegensatz zu aktualer Ausdehnung und so Begriff als ein bestimmter mit einer bestimmten Anschauung eines bestimmten Gegenstandes werden.

Und so sind es abermals Verstand und Sinnlichkeit, die sich ein zweites Mal verwirklichen, und wie das erste Mal zu etwas Eigentümlichem, das überdies auch mit dem Eigentümlichen des ersten Mals zu einem Übergreifend-Eigentümlichen zusammenhängt. Denn was Verstand und Sinnlichkeit im Allgemeinen und Abstrakten sind, nämlich Verstand Prinzip von Spontaneität und Punkt – wie ausgeführt – und Sinnlichkeit Prinzip von Rezeptivität und Ausdehnung, das werden sie im Einzelnen und im Konkreten so, daß sie zu beidem nicht nur einmal, sondern zweimal sich vereinigen; und zwar, indem sie nach dem ersten Mal nicht nur ein zweites Mal in eigentümliche Verbindung miteinander treten, sondern so, daß diese zweite eigentümliche Verbindung auch mit jener ersten eigentümlichen Verbindung ihrerseits noch eine eigentümliche Verbindung bildet.

Auch schon jene Zeit auf erster Stufe nämlich ist Ergebnis der Verwirklichung als der Verbindung von Verstand und Sinnlichkeit, wie dargetan. Nur daß Verstand und Sinnlichkeit, zu Zeit als Punkt und Ausdehnung unmittelbar verbunden und verwirklicht, auch unmittelbar in Einheit stehen; und so ist Subjektivität als Zeit auch Punkt und Ausdehnung bzw. Selbst- und Fremdverhältnis noch ineinem, eben Punkt als mit sich selbiger sowohl wie zu sich anderer, wodurch allein sie etwas Anderes als sich denn auch nicht einmal sich entwerfen oder vorstellen kann. Vielmehr vermag sie dies erst dadurch, daß Verstand und Sinnlichkeit – wie vorgeführt – durch Negation von Zeit als der unmittelbaren Einheit dessen zu der mittelbaren Einheit dessen, nämlich auch noch zu der von Begriff und Raum, verbunden und verwirklicht werden, welche Punkt und Ausdehnung nicht mehr wie bloße Zeit unmittelbar ineinem, sondern mittelbar gesondert sind, und gleichwohl ihrerseits in Einheit. Denn erst dadurch bildet Subjektivität als absolute Einheit oder Einfachheit von Fremd- werdendem Selbstverhältnis sich in sich soweit komplex, daß sie gerade nicht nur Einheit beider als zu Zeit zusammenfallender wird, sondern auch noch Einheit beider als zu Raum und zu Begriff dann auseinanderfallender.

Auf diese Weise ist es letztlich Subjektivität als solche selbst, als jene Zeit, was demnach aus sich selbst heraus- und auch zu Raum und zu Begriff noch auseinandertritt, so daß auch Subjektivität als solche selbst noch jene unlösbare Einheit beider ist und damit eben Selbst- gerade nur als Fremd- werdendes Selbstverhältnis. Kann sie nämlich zum Begriff ursprünglich nur als dem *mit* Anschauung *ver-*

bundenen und so *mit* Anschauung *zusammen* dann *auf* einen Gegenstand *bezogenen* werden, so kann Subjektivität zum Selbst- auch nur als dem zum Fremd- werdenden Selbstverhältnis werden, was zu Anfang[2] Ihnen lediglich im Allgemeinen und Abstrakten einsichtig sein mochte.

Denn was mittlerweile auch im Einzelnen und im Konkreten noch verständlich für Sie wird, ist nur die Art und Weise, wie ein Subjekt sich als jene absolute Einheit oder Einfachheit oder Identität in sich komplex und different gestalten muß, um insgesamt zur Vorstellung bzw. zum Entwurf von etwas Anderem als sich zu werden: des Objekts für sich. Und in der Tat ist es dann auch nur immer wieder eines und dasselbe Subjekt, das, indem es auseinandertritt zu Anschauung und zu Begriff, sich je und je auch nur zu Einem und Demselben von Entwurf oder von Vorstellung eines Objekts ausbildet; denn Begriff und Anschauung sind wegen ihrer unlösbaren Einheit auch nur die zwei unterschiedlichen, ja gegensätzlichen Kehrseiten Eines und Desselben, eben von Subjekt *als* Vorstellung bzw. *als* Entwurf.

Nur ist freilich auch das zweite Mal der Selbstverwirklichung von Subjektivität zu Fremd- werdendem Selbstverhältnis oder zu Intentionalität werdender Spontaneität in der Gestalt der Anschauung, als jener Ausdehnung in Form von Raum, und des Begriffs, als jenes Punkts in Form von Zeit, noch keine vollständige Selbstverwirklichung dazu. Als vollständig zum Fremd- gewordenes Selbstverhältnis oder zur Intentionalität gewordene Spontaneität tritt Subjektivität vielmehr erst auf, indem sie sich nicht nur zu *Bildung* von Begriff und Anschauung, sondern auch zu *Verwendung* von gebildeter Anschauung und gebildetem Begriff noch selbst verwirklicht. Und so gilt denn auch tatsächlich: Das durch Bildung von Begriff und Anschauung als Gegenstand entworfene oder vorgestellte Andere vermag als *wirklich* anderes *Objekt* der *Außenwelt* nicht etwa für ein Subjekt als den bloß gebildeten *Begriff* schon aufzutreten, auch nicht als den mit gebildeter Anschauung unlösbar *verbundenen* Begriff. Denn vollständig verwirklicht Subjektivität sich eben nicht bereits als bloße Bildung von Begriff mit Anschauung wie »... rot«, »... oval« und »... Tisch«, sondern erst als Verwendung von Begriff mit Anschauung wie »Dies ist rot« oder »Dies ist oval« oder »Dies ist ein

2 Vgl. oben *Teil 1*, § 12.

Tisch«. Verwirklicht Subjektivität als zur Intentionalität werdende Spontaneität bzw. als zum Fremd- werdendes Selbstverhältnis sich doch auch erst dadurch dann so vollständig, daß sie als eine je bestimmte Intention auch noch Erfolg als je bestimmten faktisch-kontingent erzielt bzw. nicht erzielt, nämlich ein wirklich-anderes Objekt der Außenwelt wie einen Tisch oder etwas Ovales oder Rotes.

Aus der Perspektive dieser Vollständigkeit von Intentionalität gewordener Spontaneität oder von Fremd- gewordenem Selbstverhältnis solcher Subjektivität ist vielmehr so wie jenes erste auch noch jenes zweite Mal der Selbstverwirklichung von ihr zu all dem vorderhand nur Selbstverwirklichung als bloße Selbstermöglichung. Das gilt nämlich für jene erste Stufe ihrer Selbstverwirklichung zu *bloßer* Zeit, wie sie zunächst bloß Punkt und Ausdehnung *ineinem* oder Punkt als mit sich selbiger *sowohl wie* zu sich anderer ist, ganz genauso wie für jene zweite Stufe ihrer Selbstverwirklichung zu *solcher* Zeit, wie sie dann auch noch Punkt und Ausdehnung *gesondert* oder Punkt als *nur noch* mit sich selbiger sowie als *nur noch* zu sich anderer ist, eben Zeit als Anschauung und als Begriff. Und daß es beide Male in der Tat um Selbstverwirklichung als vorderhand bloß unvollständige, in diesem Sinn sonach als bloße Selbstermöglichung zu tun ist, sehen Sie sofort, wenn Sie beachten, daß es sich in beiden Fällen letztlich um nichts anderes als ursprüngliche Widerspruchsvermeidung handelt, weil das zweite mit dem ersten Mal, wenn auch auf ihm beruhend, gleichursprünglich zu erfolgen hat.

Bereits für jene erste Stufe nämlich galt: Aus der Natur als Heteronomie von Fremdverhältnis kann Autonomie von Selbstverhältnis einer Subjektivität als Spontaneität sich widerspruchsfrei nur verwirklichen, indem sie dabei zur Intentionalität werdenden Spontaneität oder zum Fremd- werdenden Selbstverhältnis wird. Denn Wirklichkeit solcher Natur wird dann auch umgekehrt zu etwas Anderem als Subjektivität, das sie nur als Erfolg für sich noch intendieren oder wollen, doch nicht etwa selbst auch werden oder sein kann[3].

3 Vgl. dazu oben *Teil 1*, § 12, S. 241 ff. Entsprechend hätte ich zu Ihrer Orientierung dort bereits, und insbesondere zu S. 273 ff., anmerken sollen: Folglich kann es zur berühmten dritten der *Antinomien* Kants (vgl. A 444 ff. B 472 ff.) auch überhaupt nicht kommen; Freiheit oder absolute Spontaneität tritt nämlich als Intentionalität durchaus nicht zur Natur im Widerspruch auf; demgemäß bedarf es auch in keiner Weise jener Theorie von

Und so kann sie es, wenn sie es als Erfolg für sich als Wollen oder Intention erzielt, auch nur noch haben, aber weder sein noch werden, was konkret bedeutet: Widerspruchsfrei sich selbst zu verwirklichen vermag ein solches Subjekt nur, indem es seinerseits im Sinn der Wirklichkeit jener Natur gerade niemals wirklich wird, sondern ein bloßes Wirklichwerdenwollen, doch nicht -können bleibt, das niemals zum Bestehen wie Natur wird, sondern immer nur zum ebenso Entstehen wie Vergehen jener Zeit als dem Ergehen dieses Wollens oder Intendierens selbst[4].

So gewiß nun aber ein Subjekt als diese Zeit auf jener ersten Stufe widerspruchsfrei sich zu einem Fremd- werdenden Selbstverhältnis bildet, so gewiß wird es bloß damit doch nicht auch zu einem solchen schon, daß es in Form von sich als dieser Zeit allein dann widerspruchsfrei etwas Anderes als sich auch nur sich zu entwerfen oder vorzustellen, geschweige denn als Wirklich-Anderes sich auch noch zu erzielen vermöchte. Widerspruchsfrei zum Entwurf oder zur Vorstellung von etwas Anderem als sich vermag ein Subjekt sich vielmehr nur dadurch zu verwirklichen, daß es sich eben nicht zu *bloßer* Zeit als Punkt und Ausdehnung ineinem oder Punkt als mit sich selbigem sowohl wie zu sich anderem ausbildet, sondern sich zu *solcher* Zeit gerade weiterbildet, daß es auch noch Zeit von Anschauung und von Begriff wird. Und das heißt, daß ein Subjekt dies nur vermag, indem es auch noch Zeit von Ausdehnung und Zeit von Punkt je für sich selbst gesondert wird, will sagen: Zeit von Punkt als nur noch zu sich anderem sowie von Punkt als nur noch mit sich selbigem und damit eben Zeit als jeweilige Einheit wechselseitig-unlösbarer Zuordnung von beidem.

Erst durch solche zweimalige Selbstverwirklichung als zweimalige Selbstermöglichung im Sinn von zweimaliger Widerspruchsvermeidung hat ein Subjekt aus heteronomem Fremdverhältnis der Natur heraus zu autonomem Selbstverhältnis sich dann soweit selbst verwirklicht, daß es auch noch Fremdermöglichung wird. Denn erst dadurch wird ein Subjekt dann auch noch bis dahingehend Selbst- als

Kant, wonach sich Freiheit und Natur angeblich so wie unerkennbares »Ansichsein« und erkennbare »Erscheinung« unterscheiden, um die dritte der *Antinomien* zu lösen, weil sie überhaupt erst durch die fälschliche Voraussetzung von deren Widersprüchlichkeit in Gang kommt.

4 Vgl. dazu oben *Teil 1*, § 16, S. 374 ff.

Fremdverhältnis, daß es *nicht nur* Selbstermöglichung wird, wie als bloße Zeit, sondern als Zeit von Raum und von Begriff gerade *auch noch* Selbst- als Fremdermöglichung. Jedoch vermag ein Subjekt diese seine weitergehende Widerspruchsfreiheit, sprich, diese seine Widerspruchsfreiheit auch noch für Anderes als sich, wie vorgeführt, sich dadurch eben auch nur zu ermöglichen, nicht auch schon zu gewährleisten, wie Ihnen noch erhellen wird.

Im ganzen also sehen Sie: Was sich auf jeder dieser ersten beiden Stufen einer Selbstverwirklichung von Subjektivität als Selbstermöglichung bzw. Selbst- als Fremdermöglichung verwirklicht, ist zuletzt nichts anderes als Verstand und Sinnlichkeit. Und zwar in einem und demselben allgemeinen und abstrakten Sinn, nämlich Verstand als das Vermögen absoluter Einheit oder Einfachheit von Fremd- werdendem Selbstverhältnis oder von Intentionalität werdender Spontaneität, und Sinnlichkeit als das von Rezeptivität und Ausdehnung. Denn als Vermögen hierzu wirklich werden können eben beide immer wieder nur zusammen. Und das heißt: Was sich aus diesem Allgemeinen und Abstrakten von Verstand und Sinnlichkeit auf jeder dieser beiden Stufen an Konkretem und Besonderem jeweils ergibt, geht dann auch nur noch auf die Art und Weise, wie sie sich zusammen je und je verwirklichen, zurück. Und dies bedeutet, daß Verstand zu so etwas wie unterschiedlichen »Kategorien« auch tatsächlich stets erst wird, und zwar genau im Sinn verschiedener »Schemata«, wozu auch Sinnlichkeit tatsächlich stets erst wird. Denn von Vereinigung als der Verwirklichung von beiden abgesehen, bleiben beide im genannten allgemeinen und abstrakten Sinn bloß die Prinzipien von Punkt und Ausdehnung, als die Verstand und Sinnlichkeit sowohl auf jener ersten wie auf jener zweiten Stufe, und zwar jeweils unterschiedlich, sich vereinigen und so verwirklichen.

Danach hat Subjektivität auf jener ersten Stufe ihrer Selbstverwirklichung zu bloßer Zeit als Punkt und Ausdehnung ineinem, sprich, zu Punkt als mit sich selbigem sowohl wie zu sich anderem sich auszubilden, um so aufzutreten, daß in Form von ihr durch Affektion auch noch Gehalt in ihr als Anschauung für sie gegeben werden kann. Jedoch obwohl er hier noch weder *deutbare* Anschauung noch deutfähiger *Begriff* ist, sind mithin von seiner Form als bloßer Zeit her auch an jedem solchen Inhalt schon von vornherein Verstand und Sinnlichkeit beteiligt. Und wie sie als Punkt und Ausdehnung bereits in solcher bloßer Zeit vorliegen, bleiben sie mit ihr als dieser ersten

Form von Sinnlichkeit und von Verstand auch grundsätzlich noch jeder andern solchen Form, zu der sich Subjektivität auf Grund von dieser ersten weiterbilden muß, zugrunde liegen.

Denn auch noch auf jener zweiten Stufe und mithin ein zweites Mal muß Subjektivität sich als Verstand und Sinnlichkeit im selben allgemeinen und abstrakten Sinn von Punkt und Ausdehnung verwirklichen, will sagen, auch im Gegensatz zu jenem ersten Mal auf jener ersten Stufe noch zu Punkt und Ausdehnung gesondert, sprich, zu Punkt als nur noch mit sich selbigem wie auch zu Punkt als nur noch zu sich anderem. Dies aber muß sie, um auch so noch aufzutreten, daß in Form von ihr nicht nur etwas gegeben, sondern auch noch etwas gegenständlich werden könne, eben zum bestimmten Gegenstand für Subjektivität als auf ihn hin bestimmt deutbare Anschauung und auf ihn hin bestimmt deutfähigen Begriff, nämlich für sie als eine unlösbare Einheit beider. Und von jener ersten Stufe her liegt Subjektivität dann auch tatsächlich beiden hier auf dieser zweiten Stufe weiterhin als jene bloße Zeit zugrunde, weil sie überhaupt nur aus sich selbst als jener bloßen Zeit heraus zu dieser unlösbaren Einheit beider werden kann.

Denn nur als jene bloße Zeit von Punkt und Ausdehnung ineinem selbst wird Subjektivität auch noch zu Zeit von Punkt und Ausdehnung gesondert, nämlich nur, indem sie ungetrennt von sich als jener bloßen Zeit auch Raum noch wird und damit Ausdehnung im Gegensatz zu Punkt, in deren Form jener Gehalt dann deutbar werden kann, eben zur *deutbaren* Anschauung. Und dies deswegen, weil Subjektivität auch umgekehrt nur ungetrennt von solchem Raum, nämlich nur unlösbar mit ihm verbunden auch als jene bloße Zeit noch Punkt im Gegensatz zu Ausdehnung wird, nämlich Punkt, in dessen Form dann jener selbige Gehalt auch noch deutfähig werden kann, eben deutfähiger *Begriff*: Nur dadurch legt sich Subjektivität als jene bloße Zeit – nämlich als jener Punkt, der Ausdehnung bloß *in* sich hat – auf Raum so fest, daß sie als jener Punkt *mit* diesem Raum dann Ausdehnung auch *außer* sich noch hat und damit eben auch noch Einheit einer Zuordnung von jenem Punkt *zu* dieser Ausdehnung ist: die in sich differenzierte und komplexe Einheit von Begriff *mit* Anschauung. Und nur als derart jeweils wechselseitig aufeinander festgelegte können Punkt und Ausdehnung dann zu Begriff und Anschauung auch so bestimmt noch werden, daß ein Subjekt als die Einheit beider zum Entwurf oder zur Vorstellung eines bestimmten

Gegenstandes für sich werden kann. Denn nur durch Ausdehnung eines Subjekts auch noch zu Raum, die es als jene bloße Zeit – nämlich als jener Punkt, der Ausdehnung bloß *in* sich hat – dann *außer* sich hat, kann auch jener Inhalt jeweils Gegeninhalt, weil auch Form desselben jeweils Gegenform, dann *außer* sich noch haben. Mit der Folge, daß auch nur in Zuordnung zu ihm oder zu ihr im Unterschied zu einem oder einer anderen dann *jene* Zeit als *jener* Punkt zu *dieser* Zeit als *diesem* Punkt eines deutbarer Anschauung deutfähigen Begriffes werden kann.

Auf solche Weise ist es denn auch nichts als Subjektivität, wie sie auf jener ersten Stufe sich zu jener bloßen Zeit verwirklicht, was auf jener zweiten Stufe sich noch weiter, eben auch zu all dem noch verwirklicht, sprich: was insgesamt als Einheit jener beiden Stufen sich die dritte Stufe seiner vollständigen Selbstverwirklichung zu Fremd- werdendem Selbstverhältnis oder zu Intentionalität werdender Spontaneität dann selbst ermöglicht. Denn wie Ihnen nun auch insgesamt ersichtlich werden müßte, hat tatsächlich alles, wozu Subjektivität sich auch auf jener zweiten Stufe noch verwirklicht, gleichfalls jene Grundstruktur von Zeit auf jener ersten Stufe, weil es grundsätzlich wie jenes Nacheinander Zeit ein ebenso Entstehen wie Vergehen bleibt. Nur kann sie eben dadurch, daß vereint mit ihr, nämlich durch Negation von ihr als Punkt und Ausdehnung ineinem, Punkt und Ausdehnung auch noch gesondert aus ihr ausgebildet werden, auch zu einem ebenso Entstehen wie Vergehen von Bestimmtheit werden. Und dies dadurch, daß Begriff und Anschauung in Form von Punkt und Ausdehnung einander zugeordnet eben je und je zum ebenso Entstehen wie Vergehen von Entwurf oder von Vorstellung eines bestimmten Gegenstandes führen können.

Denn die voneinander unlösbaren Formen von Begriff und Anschauung sind Punkt und Ausdehnung gerade darin, daß sie beide ihrerseits von jener ursprünglichen Zeit unlösbar sind, weil beide letztlich nichts als Form *an* Form sind: Anschauung als Ausdehnung von Raum *an* Zeit wie auch Begriff als Punkt von Zeit *an* Raum. Von jenem Punkt des Nacheinander Zeit auf erster Stufe nämlich unterscheidet dieser Punkt des Nacheinander Zeit auf zweiter Stufe als Begriff sich nur, weil jener hier nun Zeit *an* Raum ist und mithin als Einheit einer wechselseitig-unlösbaren Zuordnung von beiden eben auch Gesamtform einer Vorstellung von einem Gegenstand. Denn jenes ursprüngliche Nacheinander Zeit als solches ist es, was zu

Raum und damit zu Begriff nur überformt, nämlich als jene Form zu diesen Formen nur je unterschiedlich weiter ausgestaltet wird.

Und diese unlösbare Rückbezogenheit von beiden auf ursprünglich-subjektive Zeit verbürgt Ihnen denn auch: Es handelt sich bei all dem um nichts anderes als Subjektivität, wie sie als jene grundsätzliche Zeit sich weiter anzureichern hat, um insgesamt etwas zu werden, das sich etwas Anderes als sich zumindest zu entwerfen oder vorzustellen, wenngleich dadurch nicht auch bereits als etwas Wirklich-Anderes zu erzielen vermag. Und jedes von all dem ist auch nichts anderes als ein je unterschiedliches Ergebnis dessen, wie sich Subjektivität als Allgemeines und Abstraktes von Verstand und Sinnlichkeit, nämlich von Punkt und Ausdehnung, im Einzelnen oder Konkreten selbst verwirklicht. Nur indem sie sich als Eines und Dasselbe von Intentionalität werdender Spontaneität oder von Fremd- werdendem Selbstverhältnis zweimal und auch jeweils unterschiedlich selbst verwirklicht, kann sie sich als diese oder dieses soweit selbst ermöglichen, um sich auf Grund des ersten und des zweiten noch ein drittes Mal, und dann als diese oder dieses vollständig verwirklichen zu können.

So ist Raum auf Grund von Zeit denn auch nichts anderes als die Art und Weise, wie sich Subjektivität auf Grund des ersten Mals ein zweites Mal zu Fremd- werdendem Selbstverhältnis oder zu Intentionalität werdender Spontaneität verwirklicht, nämlich aus sich selbst heraus sich selbst noch anders wird, als Inneres sich selbst noch äußert, und das heißt: wie Subjektivität als absolute Einheit oder Einfachheit auch in sich selbst komplex wird oder als Identität auch in sich selber different. Nur daß sie sich zu Raum auf Grund von Zeit dann eben zweifach äußert, zweifach anders wird, sich nämlich nicht nur wie zu Zeit bloß innerhalb von sich als Punkt, sondern auch außerhalb von sich als Punkt noch ausdehnt, oder umgekehrt: daß sie sich nicht nur wie als Zeit zu Punkt, der zu sich anderer sowohl wie mit sich selbiger ist, bildet, sondern wie als der mit Zeit einhergehende Raum auch noch zu Punkt, der nur noch zu sich anderer und damit nur noch Ausdehnung ist.

Denn erst in Zuordnung auf sich als diesen Raum, als der sie dann, für sich betrachtet, nur noch Fremdverhältnis ist, wird Subjektivität als jene Zeit auch noch zu Punkt, der nur noch mit sich selbiger und damit nur noch Punkt ist, nämlich zu Begriff, als der sie dann, für sich betrachtet, nur noch Selbstverhältnis bildet. Da sie beides aber nur als solche Selbstanreicherung von sich als jener Zeit ist, bildet Subjektivität dann dieses Selbst- und Fremdverhältnis, das nur Reflexion je für sich selbst gesondert reflektiert, vielmehr ineinem und durchaus nicht etwa ebenfalls je für sich selbst gesondert. Und das eben weil sie dieses Selbst- nur werden kann, indem sie unlösbar in Einheit mit ihm auch noch dieses Fremdverhältnis bildet, insgesamt mithin zum Selbst- nur wird, indem sie selbst zum Fremd- werdenden Selbstverhältnis wird und darin eben zur Intentionalität werdenden Spontaneität. Und so sind Anschauung als Ausdehnung in Form von Subjektivität als Raum genauso wie Begriff als Punkt in Form von Subjektivität als Zeit jeweils Begriff und Anschauung allein von einem *Gegenstand* als etwas *Anderem* zu Subjektivität. Als jene unlösbare *Einheit* miteinander nämlich sind sie jeweils auch nur *ein* Entwurf bzw. *eine* Vorstellung von ihm, als die bzw. der ein Subjekt somit in der Tat gerade eine zur Intentionalität werdende Spontaneität wird oder ein zum Fremd- werdendes Selbstverhältnis.

An jedem einzelnen der Aufbaustücke solcher Subjektivität sind somit auch Verstand und Sinnlichkeit derselben im genannten Sinn von Punkt und Ausdehnung beteiligt: Wie bereits die Zeit, so ist auch noch der Raum nicht etwa einfach Sinnlichkeit, sondern Verstand und Sinnlichkeit ineinem. Denn wie schon die Zeit wird Ihnen auch der Raum verständlich nur, behalten Sie im Blick, wie grundsätzlich auch seiner Art der Ausdehnung noch Punkt zugrunde liegt, weil nur aus jener Zeit als jenem Punkt heraus der Raum euklidisch-dreidimensionaler ist. Ja eben dorther ist gerade dieser Raum, gerade dieser Unpunkt schierer Ausdehnung zuletzt noch Punkt, nämlich die Art und Weise, wie sich jene Zeit als jener Punkt nicht nur *in* sich, sondern auch *außer* sich, das heißt, auch *aus* sich selbst *heraus* und damit *über* sich *hinaus* noch ausdehnt. Und in diesem Sinn wird sie mithin auch noch zu Punkt als nur noch zu sich anderem, was demgemäß genausosehr für Anschauung als Ausdehnung in Form des Raumes gelten muß.

Und so ist umgekehrt auch der Begriff nicht einfach nur Verstand, sondern Verstand und Sinnlichkeit ineinem, nämlich nicht einfach nur Punkt, sondern genausosehr auch Ausdehnung, weil er zuletzt nichts anderes als eine in sich hochkomplexe, hochdifferenzierte reine Zeitgestalt ist. Denn auch er ist letztlich nur die Art und Weise, wie sich jene Zeit als jener Punkt, mit Raum vereint, auch noch zu Punkt als nur noch mit sich selbigem gestaltet, wie sie also nicht bloß jener Punkt als mit sich selbiger sowohl wie zu sich anderer bleibt. Nur daß im ganzen eben all dies letztlich Zeit und nichts als Zeit ist, wenn auch freilich Zeit als im genannten Sinn noch weiter ausgeformte, nämlich Subjektivität, wie sie als grundsätzliche Zeit, die sie auch weiter bleibt, sich eben weiter selbst verwirklicht.

Doch gerade wenn Sie mittlerweile finden sollten, was ich Ihnen nicht verdenken könnte, daß sich unser Weg durchs Labyrinth von Subjektivität allmählich eher wie die Durststrecke durch eine Wüste von Spekulation ausnehme, sollten Sie nicht übersehen, daß wir uns einer Oase nähern. Nichts geringeres sind wir uns damit nämlich systematisch herzuleiten unterwegs, als was dem Ursprung und dem Wesen nach die Sprache ist, das heißt recht eigentlich, was ursprünglich und wesentlich *wir selbst als* Sprache sind. Denn überhaupt nichts anderes als deren noch bis heute undurchschaute Grundstruktur ist es, was wir auf diese Weise einzusehen vermögen.

Auch Begriffe nichts als Zeit, so werden Sie zunächst vielleicht befremdet fragen, ausgerechnet sie, die uns doch immer wieder als etwas Bestimmtes, Festes, Selbiges verfügbar sind, und die wir doch auch immer wieder als genau dieses Bestimmte, Feste, Selbige verwenden, wenn wir etwas beispielsweise als »oval« oder als »rot« oder als »Tisch« begreifen? Doch was sonst, so sollten Sie dann auch noch weiter fragen, sind dergleichen wie Begriffe, wenn nicht Zeit, und als was sonst verwenden wir sie denn, wenn nicht als Zeit? Sie sind doch wohl nicht so etwas wie Messer, Gabel, Löffel, so daß wir auch zu Begriffen greifen könnten, um auch diese noch wie jene zu verwenden.

Denn wie könnten auch Begriffe noch gleich Messern, Gabeln, Löffeln als Bestimmtes, Festes, Selbiges schon immer zur Verfügung stehen, wo lägen sie wie diese sozusagen fix und fertig immer schon herum, so daß wir nichts zu tun als nur nach ihnen auszulangen hätten, um sie zu verwenden? – Innerhalb von dieser Welt, als etwas Natural-Empirisches, natürlich nicht, so wird man Ihnen einzuräumen sich vielleicht befleißigen, sofern man nämlich nicht gerade zu den Anhängern der »Analytischen Philosophie« gehört, die solchem Empirismus huldigen. Denn nicht einmal, was beispielsweise schwarz auf weiß im Buche steht bzw. weiß auf schwarz auch an der Tafel, ist als solches selbst etwa schon immer Sinn oder Bedeutung, kann vielmehr dazu erst immer werden, nämlich durch das Lesen als die Umkehrung zum Schreiben, und durch beides auch erst immer wieder neu. – Sehr wohl indes als etwas Nichtempirisches, Nichtnaturales, doch darum nicht minder Objektives, nämlich als ein »Ideales« außerhalb dieses »Realen«, wohin man Sie auch bis heute noch verweisen wird.

Doch dieser Platonistischen Fata Morgana von Oase werden Sie die Rückkehr auf die Durststrecke durch uns als vorerst wüst-spekulative Wirklichkeit vermutlich vorziehen, um in uns auch noch die wirkliche Oase zu ermitteln: den Begriff als etwas vielmehr Subjektives. Denn daß wir Begriffe immer erst zu bilden haben, um sie zu verwenden, heißt dann, daß *wir selbst* uns dazu immer erst zu bilden haben, um *uns selbst* als *zu* ihnen gebildete *Subjekte* zu verwenden, und zwar immer *wieder*, weil auch immer wieder *neu*. Nur deshalb nämlich sind Begriffe nichts wie Messer, Gabeln, Löffel fix und fertig Vorfindbares, weil sie vielmehr ganz in jenem Sinne Humboldts ursprünglich und wesentlich gerade Sprache sind, das heißt, nur etwas »Jedesmaliges« und damit auch nur etwas je und je »Vorübergehendes«, im Grunde also nichts als Zeit. So wenig sind Begriffe wie »oval« und »rot« und »Tisch« etwa gleich Messern, Gabeln, Löffeln etwas immer schon Bestimmtes, Festes, Selbiges, daß sie vielmehr als eben dies Bestimmte, Feste, Selbige gerade immer erst gebildet werden müssen[5], weil sie auch nur so als das entspringen können, was Bezug auf einen Gegenstand und damit Sinn oder Bedeutung haben kann.

Das sehen Sie sofort, wenn Sie im Blick behalten, daß nach allem, was wir uns bislang verdeutlicht haben, ursprüngliche Bildung von Begriffen systematisch schon so früh erfolgen muß, wie man es bisher offenbar nicht im entferntesten für möglich hält. Denn wann und wo und wie auch immer irgendeine Anschauung als Ausdehnung in Raum auftritt, indem sie sich als ursprüngliches Etwas gegenüber einem andern in ihm abgrenzt – ob nun als bestimmte Form oder bestimmter Inhalt –, muß einhergehend mit jedem solchen Etwas gegenüber einem andern sich auch umgekehrt Begriff als Punkt in bloßer Zeit noch bilden. Und dies eben weil der Raum im ganzen wie im einzelnen von Anschauung als Ausdehnung in ihm auch immer wieder nur aus jener Zeit als jenem Punkt hervorgeht und deswegen so mit ihr einhergeht, daß sie umgekehrt dadurch dann *auf* ihn *zu*geordnet auch zu dieser Zeit als diesem Punkt eines

5 Vgl. dazu oben § 21, S. 629 ff.

Begriffs noch wird, und zwar auf Raum im ganzen wie im einzelnen auf Anschauung als Ausdehnung in Raum. Und nur durch solche *Zu*ordnung *zu* Raum, kurz nur als solche *Zeit zu* Raum, ist Zeit dann je und je Begriff, eben *Begriff zu* Anschauung als Ausdehnung in Raum. Denn schlechthin undenkbar ist es nach allem, was wir uns bis hierhin systematisch hergeleitet haben, daß sich Anschauung als Ausdehnung in Raum ausbilden könnte, ohne daß sich diesseits davon auch entsprechend noch Begriff dazu als Punkt in Zeit ausbilden müßte, deren jedes dadurch jeweils auch etwas Bestimmtes werden kann.

Das gilt denn auch für jede Form und jeden Inhalt einer Anschauung, die Sie als Ausdehnung in Raum gleichsam ins Auge fassen: Jede solche Form und jeder solche Inhalt kann, sofern sie oder er in Raum nur immer abgegrenzt und so bestimmt ist, dies nur sein, indem entsprechend abgegrenzt und so bestimmt in Zeit auch jeweils noch Begriff als Punkt *zu* Ausdehnung von Anschauung ist. Denn gerade weil aus Zeit hervorgehend und so mit Zeit einhergehend Begriff sowohl wie Anschauung jeweils nur ebenso Entstehen wie Vergehen bilden können, kann so etwas wie Bestimmtheit insgesamt auch nur als jeweilige Wechselseitigkeit der unlösbaren Zuordnung von beiden zueinander ihren Ursprung haben: Etwas je Bestimmtes ist er eben nur als Punkt *zu* Ausdehnung oder Begriff *zu* Anschauung so wie auch umgekehrt sie nur als Ausdehnung *zu* Punkt bzw. als Anschauung *zu* Begriff, weil beide auch nur je und je zusammen *ein* Entwurf bzw. *eine* Vorstellung eines bestimmten Gegenstandes sind. Und damit ist, was Humboldt nur behauptet, nämlich das bloß »Jedesmalige« und rein »Vorübergehende« der Wirklichkeit von Sprache dann auch noch begründet, weil sie sich genau in diesem Sinn als Zeit und nichts als Zeit herausstellt.

Aber auch noch eine weitere Behauptung Humboldts findet darin erst ihre Begründung: Sprache müsse, so betont er, ihren Ursprung und ihr Wesen schon als »eine auch stillschweigend immer vorgehende« haben, nämlich auch als unverlautbarte und unverschriftlichte schon Sprache sein[6]. Denn wie von selbst ergibt, was wir uns systematisch hergeleitet haben, nunmehr die Erklärung für das wohlbekannte und auch anerkannte, aber bisher unerklärte Faktum, daß Begriff nicht *eo ipso* auch schon Wort bedeutet, sondern Worte für

6 Vgl. oben *Teil 1*, § 5, S. 65 ff.

Begriffe immer erst gebildet werden können, so daß es bei weitem mehr Begriffe gibt als Worte. Danach nämlich muß zu jeder Form und jedem Inhalt, kurz zu jedem Etwas, insofern es gegenüber einem anderen als Ausdehnung in Raum nur immer abgegrenzt und so bestimmt ist, auch entsprechend noch Begriff als Punkt in Zeit sich bilden.

Und das heißt: Von welcher Qualität bzw. Quantität auch immer solch ein Etwas jeweils sein mag, – abgegrenzt und so bestimmt besitzen können Sie es nur, indem Sie je und je mit ihm als Ausdehnung in Raum einhergehend zu ihm auch den entsprechenden Begriff als Punkt in Zeit noch haben, aber eben ohne daß Sie damit auch ein Wort für ihn schon hätten. Denn sonst müßten Sie in jedem solchen Fall genau so weit, wie Sie schon abgegrenzt-bestimmte Anschauung und so Begriff zu ihr besitzen, auch bereits ein Wort für ihn besitzen, wovon aber keine Rede sein kann.

Vielmehr bilden Sie – gleichviel aus welchen Gründen – für Begriffe Worte stets nur nach Bedarf: nur so weit nämlich, wie es etwas, das im ganzen jeweils auf genannte Weise immer schon begriffen ist, im einzelnen noch weiter zu begreifen gilt, bzw. umgekehrt, und damit immer wieder grundsätzlich nur endlich viele Worte, während Sie sonst immer wieder aktual-unendlich viele bilden müßten, was Ihnen jedoch unmöglich ist. Nach Konvention von deutscher Umgangssprache beispielsweise pflegen Sie als Alltagsmensch etwa bei einem Baum nur für Begriff zu Anschauung von Blatt, Zweig, Ast, Stamm, Wurzel oder Rinde auch ein Wort zu bilden. Wohingegen, solcherart Begriff durch Wort voll auszuschöpfen, Ihnen gar nicht möglich werden könnte, weil für Sie bedeuten müßte, etwa den reellen Zahlen folgend aktual-unendlich viele Worte auszubilden, was Sie aber nicht vermögen.

Muß in diesem Sinn sich Sprache sonach in der Tat bereits als »eine auch stillschweigend immer vorgehende« bilden, so daß Sprache mit ihrer Verlautbarung oder Verschriftlichung gerade nicht zusammenfallen kann, so werden Sie dies doch mit Recht erst gelten lassen wollen, wenn auch umgekehrt noch hinreichend begründet ist: Genau in diesem Sinn muß dann tatsächlich »Denken« selbst schon »Sprechen« oder »Sprache« sein, wie Humboldt ebenfalls hervorhebt[7], nämlich ohne daß an ihm wie an Verlautbarung oder Ver-

7 Vgl. a. a. O.

schriftlichung schon Natural-Empirisches beteiligt wäre. Denn tatsächlich ist es der Begriff, wie er im Zuge unserer Herleitung von Systematik sich für uns ergeben hat, worin uns Denken als das eines Gegenstandes erstmals faßbar wird, weil es als solches in der Tat erst in Begriffen seinen Ursprung hat. Aus eben diesem Grunde und genau in diesem Sinne liegt im Fall von jener bloßen Zeit auf jener ersten Stufe nämlich noch kein Denken des Verstandes vor, der gleichwohl auch an jener bloßen Zeit schon mit beteiligt ist, weswegen es die ersten beiden Stufen unserer Systematik auch so prinzipiell zu unterscheiden gilt.

Doch nicht einmal den Sinn, in dem – geschweige denn den Grund, weshalb – auch Denken selbst schon immer Sprechen oder Sprache ist, kann Humboldt hinreichend entfalten, weil er im Vergleich zum Selbstverhältnis oder Selbstbewußtsein des Subjekts als Sprechen oder Sprache dessen Fremdverhältnis oder Fremdbewußtsein weitgehend vernachlässigt. Und dies, obwohl gerade durch das »Jedesmalige« von Sprache oder Sprechen ein Subjekt als Fremdverhältnis oder Fremdbewußtsein prinzipiell doch in den Vordergrund tritt und als Selbstverhältnis oder Selbstbewußtsein dementsprechend prinzipiell im Hintergrund bleibt. Denn als dieses »Jedesmalige« von Sprechen oder Sprache steht ein Subjekt bis hinein ins Einzelne von Zeichen immer wieder so grundsätzlich nur für etwas Anderes als sich, daß es dabei grundsätzlich niemals über sich als dieses »Jedesmalige« von Zeichen selbst aussagen kann, nicht einmal über das an ihm jeweils beteiligte empirisch-naturale Material von Tinte, Druckerschwärze oder Laut. Genau in diesem Sinn vermag ein Zeichen denn auch prinzipiell nicht Zeichen seiner selbst zu sein, wie Ihnen klar geworden ist. Und wenn auch noch so oft behauptet wird, es gebe Zeichen auch als »selbstbezügliche« in diesem Sinn, so können Sie doch sicher sein, es werde Ihnen niemand einen Fall, in dem *als* solches selbst *ein* Zeichen *ausdrücklich* und *eindeutig* ein »selbstbezügliches« ist, vorzuführen vermögen.[8]

Gerade diese Art Beziehung zwischen Selbst- und Fremdverhältnis oder Selbst- und Fremdbewußtsein aber, worin ersteres vor letzterem jeweils im vorgenannten Sinn zurücktritt und worin die Sprache ihren Ursprung und ihr Wesen hat, geht in der Tat aus unserer Herleitung bereits als Grundbeziehung des Begriffes selbst und

8 Vgl. dazu unten § 31, S. 948 ff.

damit auch des Denkens selbst hervor: liegt systematisch also grundsätzlich schon immer diesseits jeglicher Verlautbarung oder Verschriftlichung desselben, dieser nämlich immer schon zugrunde[9]. Denn ursprünglich als Begriff tritt Denken danach eben nur mit Anschauung zusammen auf, weil nur als jene unlösbare Zuordnung von Punkt in Zeit *zu* Ausdehnung in Raum. Daß Subjektivität als Selbstbewußtsein ursprüngliches Zeit- und Raumbewußtsein ist, ergibt sich hieraus folglich dahingehend, daß sie zeit- und raumbewußt gerade Fremd- werdendes Selbstbewußtsein ist oder Intentionalität werdende Spontaneität. Denn seiner selbst als Zeit und Raum bewußt wird ein Subjekt sich so gerade, daß es zum Bewußtsein von sich als Begriff in Zeit sowie von sich als Anschauung in Raum als dem Bewußtsein eines *Gegen*standes *für* sich wird und somit eines *Anderen* als *seines* Anderen. Nur dieser oder dieses letztere ist es denn auch, was ein Subjekt – indem es zur Erkenntnis oder Intention, zu der es als Begriff und Anschauung bloß ansetzt, sich vervollständigt – als den Erfolg für sich und damit als ein Wirklich-Anderes für sich als solche Intention oder Erkenntnis dann erzielen oder auch verfehlen kann. Und so ist ein Subjekt, das als Bewußtsein vollständiger Intention oder Erkenntnis dann auch vollständiges Selbstbewußtsein ist, Bewußtsein der Erkenntnis oder Intention gerade nicht von sich, sondern allein von Anderem als sich. Denn ein Bewußtsein ist es dann auch überhaupt nur als ein Fremd- gewordenes Selbstbewußtsein[10].

9 Die seit langem landläufige Überzeugung, so etwas wie Denken sei allein in »Sprechen« oder »Sprache« oder »Zeichen« als Verlautbarung oder Verschriftlichung durch Natural-Empirisches gegeben, weil genau in diesem Sinn von »Zeichen« oder »Sprache« oder »Sprechen« so etwas wie Denken immer schon durch Natural-Empirisches »vermittelt« sei, erweist sich damit einmal mehr als empiristische Gedankenlosigkeit. Und ihrer hätte man denn auch schon seit genauso langem innewerden können; sprechen oder schreiben nämlich heißt doch wohl, *etwas* verlautbaren oder verschriftlichen, das eben deswegen verlautbart oder gar verschriftlicht nicht schon immer sein kann, weil sonst Sprache oder Sprechen als Verlautbarung oder gar als Verschriftlichung auch prinzipiell nicht irgendwann zum ersten Mal entstanden sein oder entstehen könnte, was absurd ist. Trotzdem müssen Sie darauf gefaßt sein, daß man damit Ernst macht, wie es mir des öfteren begegnete: How shall I know what I think before I see what I say...

10 Vgl. dazu unten § 31, S. 941–952.

Und sogar bis in konkrete Einzelheiten können Sie verfolgen: In der Tat wird ein Subjekt schon damit, nämlich jeglicher Verlautbarung oder Verschriftlichung vorweg bereits zu Sprechen oder Sprache oder Zeichen. Nicht erst dadurch, daß es sich in Wirklich-Äußerem als Wirklich-Anderem wie Tinte, Druckerschwärze oder Lauten äußert, wird ein Subjekt als ein schlechthin Inneres von Selbstverhältnis zum Sich-Äußern dieses Inneren als dem zum Fremd- werdenden Selbstverhältnis. Vielmehr wird es dies schon dadurch, daß es nicht allein in Zeit hinein, sondern mit sich als Zeit einhergehend auch noch aus Zeit heraus in Raum hinein sich äußert, insgesamt infolgedessen zweifach sich selbst äußert oder zweifach sich selbst anders wird und so zur Einheit eines Gegensatzes in sich selbst. Denn erst als Raum, will sagen: erst als der mit sich als Zeit einhergehende Gegensatz zu sich als Zeit, wird ein Subjekt sich aus sich selbst heraus so anders, äußert es sich aus sich selbst heraus so weit, daß jede Anschauung als Ausdehnung in Raum wie mit ihr auch jeder Begriff als Punkt in Zeit dann nur noch der Begriff oder die Anschauung von einem Anderen als diesem Subjekt sein kann.

So jedoch wird ein Subjekt als Einheit seiner Selbstverwirklichung *zu* solcher Zeit und solchem Raum, mithin als Einheit von Begriff und Anschauung *in* solcher Zeit und solchem Raum, am Ende selbst zum Stehen *für* ein Anderes als sich und damit eben *Zeichen* für bzw. *Sprechen* oder *Sprache* über solches Andere als sich. Indem ein Subjekt damit ebenso in sich verbleibt wie auch aus sich heraustritt, ist sonach auch immer wieder nur ein solches Subjekt dasjenige, was durch Komplizierung und Differenzierung in sich selbst zur Vorstellung von etwas Anderem als sich selbst wird und infolgedessen Vorstellung dann auch selbst *ist* und keineswegs etwa bloß *hat.* Und in der Tat heißt, *etwas* vorzustellen, auch recht eigentlich, *sich* etwas vorzustellen: eben sich *als* dieser Art von *Selbst*verwirklichung *zu* dem mit Zeit einhergehenden, weil aus Zeit hervorgehenden Raum und damit auch *zu* der mit Zeit einhergehenden, weil aus Zeit hervorgehenden Vorstellung als Einheit von Begriff mit Anschauung.

Genau in dieser Hinsicht formuliert denn auch selbst Kant noch unzureichend, nämlich irreführend, weil verselbständigend, wenn er an der schon zitierten Stelle[11] sagt: »Vorstellung bedeutet eine Bestimmung in uns, die wir auf etwas Anderes beziehen (dessen Stelle

11 Vgl. oben *Teil 1*, § 16, S. 372, Anm. 11.

sie gleichsam in uns vertritt)«. So als ob wir jene Affektion, obwohl wir sie »in uns« besitzen, hier wie etwas Anderes als uns besäßen und mithin gleichsam wie einen Fremdkörper »in uns« auf etwas Anderes als uns bezögen. Denn im eigentlichen Sinn beziehen auf genannte Weise *wir uns selbst* auf etwas Anderes als uns selbst, nur eben jeweils danach, wie wir affiziert sind, jeweils unterschiedlich: bald als Rund- oder Ovalvorstellung (»rund«- oder »oval«-Begriff mit Rund- oder Ovalanschauung), bald als Grün- oder als Rotvorstellung (»grün«-Begriff mit Grünanschauung oder »rot«-Begriff mit Rotanschauung). Und wie wir als der mit uns als Zeit einhergehende, weil aus uns als Zeit hervorgehende Raum all dem zugrunde liegen, bilden wir tatsächlich nichts als jene Grundstruktur von Zeichen *für* bzw. Sprechen oder Sprache *über* etwas Anderes als uns. Denn eben dadurch, daß wir nicht allein zu Zeit, sondern aus Zeit heraus auch noch zu Raum uns äußern, bilden wir als Äußerung zu solchem zweifachen *Sich*-Äußeren oder *Sich*-Anderen sodann ein jedes Wirklich-Äußere als Wirklich-Anderes zu uns durch uns schon immer vor. Infolgedessen können wir auch jedes Wirklich-Äußere als Wirklich-Anderes für uns ursprünglich immer nur in Form von uns als solchem Raum gewinnen: Nur in Form von Raum, der wir selbst *sind*, vermögen wir ein Wirklich-Anderes als uns, das wir gerade *nicht* selbst *sind*, doch *selbst* zu *haben*, eben in der Wahrnehmung von einem wirklich-anderen Objekt der Außenwelt, weil dieser Raum als Gegensatz zu Zeit aus Zeit hervor und so mit Zeit einher nur geht, indem er *an* sie *anschließt*, doch nicht etwa *in* ihr *auftritt*[12].

Aber nicht allein im allgemeinen, sondern auch noch im besonderen sind wir auf diese Weise Zeichen *für* bzw. Sprechen oder Sprache *über* etwas Anderes als uns, wie Ihnen ferner deutlich werden müßte. Nicht allein im allgemeinen, sondern auch noch im besonderen wird nämlich durch uns selbst als solchen subjektiven Raum ein objektives Wirklich-Anderes als Wirklich-Äußeres zu uns schon immer vorgebildet. Denn das wird es auch noch im besonderen *des* Wirklich-Anderen oder *des* Wirklich-Äußeren, das wir heranziehen, um uns selbst *als* solches Zeichen *für* oder *als* solches Sprechen oder solche Sprache *über* etwas Anderes auch noch in Wirklich-Anderes als Wirklich-Äußeres hinein zu äußern, eben zu verlautbaren oder zu verschriftlichen. Indem wir nämlich im genannten Sinn auch jeglicher

12 Vgl. oben § 17, S. 421 ff.

Verlautbarung oder Verschriftlichung vorweg schon immer solches Zeichen oder Sprechen oder solche Sprache bilden, so gewiß sind wir in eben diesem Sinn zunächst einmal auch immer nur jenes »Vorübergehende« als jenes »Jedesmalige« von solchem Zeichen oder Sprechen oder solcher Sprache, nämlich immer nur ein ebenso Entstehen wie Vergehen davon, weil wir jenen je und je aus Zeit hervorgehenden Raum auch bloß als je und je mit Zeit einhergehenden bilden. Und als Raum in diesem Sinn sind wir dann auch recht eigentlich nur immer wieder jenes bloße Auf- und Abtreten von solchem Raum[13] und darin eben vorerst immer wieder nur Entwurf als bloße Vorstellung von Äußerem als Anderem. Bloß dadurch nämlich kann ein solches Andere und Äußere nicht auch bereits als Wirklich-Anderes und Wirklich-Äußeres erzielt sein, das wir vielmehr jeweils erst als vollständige Intention erzielen können.

Nicht allein als jene Zeit, sondern wie jene Zeit auch noch als dieser Raum ist somit jeder von uns jene radikalste Einzelheit[14], nämlich im radikalsten Sinn des Wortes immer wieder nur mit sich allein und darin eben jene radikalste »Einsamkeit«, auf welcher Humboldt schon mit Recht besteht. Denn wie gesagt: Auch hier auf dieser zweiten Stufe seiner Selbstverwirklichung vermag noch keiner von uns etwas Wirklich-Anderes bereits zu haben, weder als ein wirklich-anderes Objekt noch als ein wirklich-anderes Subjekt. Denn keineswegs ist bloß als Gegenstand entworfenes oder vorgestelltes Andere und Äußere auch schon ein Wirklich-Anderes und Wirklich-Äußeres.

Und eben darin liegt der Grund dafür, daß jeder von uns, wie für Sie noch klarer werden wird, *dann wenn* er Wirklich-Anderes als Wirklich-Äußeres besitzt, von diesem Wirklich-Anderen als Wirklich-Äußeren auch einiges benötigt, um sich seiner selbst *als* jenes Zeichens *für* bzw. jenes Sprechens oder jener Sprache *über* dieses Wirklich-Andere und Wirklich-Äußere zu vergewissern: einerlei, ob nun als eines bloß *gebildeten* oder auch schon *verwendeten* Begriffs mit Anschauung. Bis hin zu diesem Grund, der letztlich in der hochkomplexen, hochdifferenzierten Einheit ursprünglicher Zeit mit ursprünglichem Raum liegt, stößt indessen weder Kant noch Humboldt vor: Gerade weil ein jeder von uns nicht allein als jene Zeit, sondern wie jene Zeit auch noch als dieser Raum nur je und je

13 Vgl. oben § 19, S. 519ff.
14 Vgl. oben *Teil 1*, § 16, S. 390ff.

Vorübergehender als Jedesmaliger und darin eben auch nur Einsam-Einzelner sein kann, vermag zur Vergewisserung von sich als Zeichen, Sprechen oder Sprache in Gestalt der Einheit solcher Zeit mit solchem Raum ein jeder von uns nur durch Wirklich-Anderes als Wirklich-Äußeres noch zu gelangen. Systematisch muß ein jeder von uns aller Mitteilung an andere Subjekte immer schon vorweg sich selbst als dieses einsam-einzelne Subjekt in Wirklich-Anderes als Wirklich-Äußeres hinein erst einmal äußern, um als dieses Fremd-werdende Selbstbewußtsein eines Falls von Zeichen sich auch für sich selbst, ja sozusagen vor sich selbst noch voll bewußt zu werden[15].

Denn der Anschauung wie dem Begriff nach voll bestimmt wird Subjektivität zu diesem Fremd- werdenden Selbstbewußtsein eines Zeichens ja gerade als Bestimmtheit des durch sie entworfenen oder vorgestellten Gegenstands für sie, der so bestimmt, wie vorgestellt oder entworfen, immer nur als wirklich-anderer und wirklich-äußerer sein kann: Rot oder grün bzw. rund oder oval oder ein Tisch sein kann ja immer nur ein Objekt in der Außenwelt. Und so vermag denn ein Subjekt als solches Fremd- werdende Selbstbewußtsein dieses Zeichens selbst auch immer nur in Wirklich-Äußerem als Wirklich-Anderem noch für sich selbst Bestimmtheit zu gewinnen, nämlich gleichsam eine Stützbestimmtheit für sich selbst als ganz bestimmtes Denken eines ganz bestimmten Gegenstandes.

Diese aber braucht dann auch nur noch Bestimmtheit überhaupt zu sein und keineswegs etwa Bestimmtheit von derselben Art, wie das Objekt sie hat, wofür das Zeichen steht: So wenig Rotanschauung oder »rot«-Begriff selbst etwas Rotes sein kann, sondern eben nur die Anschauung bzw. der Begriff *von* etwas Rotem, so muß auch ein Wort wie »rot« nicht etwa selbst noch etwas Rotes, sondern eben gleichfalls nur das Wort *für* etwas Rotes sein, was Ihnen vollends klar an Beispielen wie »Tisch« und Tisch erhellt. Und daß in diesem Sinn von Konvention für uns dann Zeichen, Sprechen oder Sprache es vermögen, als bestimmt verlautbarte oder verschriftlichte sich gleichsam einzubürgern, dazu reicht ihre Bestimmtheit überhaupt denn auch vollauf.[16]

15 Vgl. dazu weiter unten § 31.

16 So tritt zum Beispiel die Bestimmtheit eines »R« und »o« und »t« denn auch in der von »Rot« genauso wie in der von »Tor« oder in der von »Ort« auf.

Genau in dieser Hinsicht aber können Sie sich dann auch noch des weiteren verdeutlichen: Als jener subjektive Raum mit jener subjektiven Zeit in Einheit bilden wir das Wirklich-Andere und Wirklich-Äußere tatsächlich nicht allein im allgemeinen vor, sondern auch im besonderen *des* Wirklich-Anderen und Wirklich-Äußeren, in das hinein wir uns als dies Ursprüngliche von Zeichen, Sprechen oder Sprache dann verlautbaren oder verschriftlichen. Auch darin nämlich, daß ein Wirklich-Anderes als Wirklich-Äußeres nur der Bestimmtheit überhaupt bedarf, damit wir uns als Zeichen, Sprechen oder Sprache auch im Sinne der Verlautbarung oder Verschriftlichung in ihm noch zu verwirklichen vermögen, wird durch uns, als jenen subjektiven Raum mit jener subjektiven Zeit in Einheit, dieses Wirklich-Andere und Wirklich-Äußere schon immer vorgebildet. Denn allein auf den mit dieser subjektiven Zeit vereinten subjektiven Raum ist es zurückzuführen, wenn bei Wahrnehmung von Außenwelt auf Grund von Affektion sich Formen für Objekte bilden: wenn auch faktisch-kontingent in aller Regel freilich solche Formen, die das wahrgenommene Objekt der Außenwelt als wirklich-anderes und wirklich-äußeres gerade nicht besitzt, wie jener runde Tisch, der uns nur ausnahmsweise auch einmal in Form von Rundanschauung vorliegt, in der Regel aber von Ovalanschauung.

Und Sie brauchen auch nur aufmerksam umherzublicken, um zu sehen, wie weit tatsächlich solche Abweichungen überwiegen, doch vor allem auch, um wieviel sie sogar noch stärker als in diesem Fall abweichen können. Eben darin aber haben Zeichen, Sprechen oder Sprache, wie sie dann in Wirklich-Anderes als Wirklich-Äußeres hinein verlautbart und verschriftlicht werden, auch geradezu ihr Vorbild, nämlich in genau der subjektiven Form, die sich auf Grund der Vorbildung von subjektivem Raum auch selbst infolge jener Affektion schon immer in ihm vorbildet. Denn kann dadurch Bestimmtheit überhaupt zustande kommen, braucht sie deshalb doch nicht auch schon von derselben Art zu sein wie die Bestimmtheit dessen, wofür solche Zeichen je auf ihre Weise stehen. Obzwar genauso ausnahmsweise, wie die subjektive Form in subjektivem Raum auch einmal gleich der objektiven Form des Wirklich-Anderen und Wirklich-Äußeren im objektiven Raum sein kann, natürlich solche Zeichen dem Bezeichneten auch einmal ähneln können, bis hinein in Bildersprache oder auch Lautmalerei.

Doch vor allem darin ist das Subjektive solcher Form im Subjektiven solchen Raumes als schon immer Vorgebildetes auch immer schon das Vorbild allen Zeichens, daß es seiner reinen Subjektivität zum Trotz von reiner Objektivität ist: eben in dem Sinn, daß es gerade Fremd- werdendes Selbstverhältnis und Intentionalität werdende Spontaneität ist. Und so scheint im Fall von jenem runden Tisch jene Ovalform auch geradezu am Tisch zu kleben, ja sogar der Tisch selbst unter dieser Form zu sein, und so steht auch ein jedes Zeichen derart ausschließlich für Anderes als sich, daß oft genug bis zur Verwechslung Sprache Sache selbst zu sein scheint, wie dies insbesondere in Frühzeit von Phylo- wie auch Ontogenese des Subjekts nicht selten vorkommt.

Jedenfalls bedürfen wir von daher grundsätzlich der Reflexion, um einzusehen: Wie bei jener Form, mit der als Anschauung ja stets Begriff einhergeht, handelt es sich auch bei diesem Zeichen keineswegs um ein Objekt, sondern um ein Subjekt; und dies, obwohl im Fall von Zeichen als verlautbartem oder verschriftlichtem an solchem Subjekt je und je ein Objekt mit beteiligt ist, weil Natural-Empirisches wie Tinte, Druckerschwärze oder Laut als Wirklich-Anderes und Wirklich-Äußeres natürlich Objekt ist. Nur bildet ein auf diese Weise je und je verwendetes oder benutztes Objekt dabei eben grundsätzlich nichts anderes als das auf diese Weise je und je verwendende oder benutzende Subjekt als solches, das auch dadurch überhaupt nichts anderes als sich selbst verwirklicht, nämlich bis zum Äußersten, sprich, bis ins Wirklich-Andere als Wirklich-Äußere hinein nur sich als Inneres selbst äußert. Jedenfalls vollzieht ein Subjekt damit nichts geringeres, als daß es ein Objekt, das nicht sein Körper oder Leib ist, gleichwohl sich selbst anverwandelt, nämlich umgekehrt sich auch in ihm noch selbst verkörpert, ja verleiblicht, und mithin auch zum erweiterten leibhaftigen Subjekt noch wird[17].

Denn wie Sie wissen, bilden wir das Eigentümliche, ja Einzigartige einer Verlautbarung oder Verschriftlichung von uns als solchem Zeichen oder Sprechen oder solcher Sprache eben dahingehend, daß wir das dazu benutzte Wirklich-Andere und Wirklich-Äußere dann je und je *selbst sind*, will sagen, daß wir es gerade *nicht* etwa wie *durch* es ein *Objekt* nur je und je *selbst haben*. Und so heißt dies denn auch umgekehrt, daß solches Wirklich-Andere und Wirklich-Äußere dann

17 Vgl. dazu oben *Teil 1*, § 5, S. 84 mit Anm. 35.

je und je gerade *nicht* etwa *Objekt* ist, das ein Subjekt selbst bloß *hat*, sondern daß es, indem ein Subjekt solches Wirklich-Andere und Wirklich-Äußere dann je und je selbst *ist*, eben *Subjekt* ist. Und so gilt, wie Sie erinnern werden, in der Tat: Sogar als das in Wirklich-Anderes als Wirklich-Äußeres hinein Verlautbarte oder Verschriftlichte kann Zeichen, Sprechen oder Sprache so etwas wie Sinn oder Bedeutung keineswegs etwa bloß *haben*, sondern muß Bedeutung oder Sinn vielmehr gerade *sein*, wobei Bedeutung oder Sinn eben nichts anderes als Subjektivität ist.

Nur kann diese Einsicht ihrem vollen Umfang nach erst dann gewonnen sein, wenn ferner eingesehen wird, in welchem Sinn von Subjektivität dies alles immer wieder nichts als diese selbst ist, was auch Kant und Humboldt noch verborgen bleibt. Das ist es nämlich letztlich nur in dem Sinn, daß all dies dem Ursprung und dem Wesen nach im Grunde nichts als Zeit ist, weil im Anschluß an sie auch der Raum, der all dem immer schon zugrunde liegt und liegen muß, dann wie Zeit selbst nur immer wieder ebenso Entstehen wie Vergehen bildet, eben darin somit wie Zeit selbst nur immer wieder Subjektivität ist. Denn auch dann, wenn eine Anschauung, die irgendein Gehalt stets nur in irgendeiner Raumform ist, als Rotanschauung beispielsweise so zustande kommt, daß sie als solcher Inhalt je und je in Form derselben Art, also zum Beispiel als Ovalanschauung auftritt, handelt es sich dabei gleichwohl je und je um individuell-erneute Form. Und dies, weil auch der Raum, in dem sich solche Form und damit auch Gehalt in solcher Form erst bildet, sich dabei nur je und je als individuell-erneuter bilden kann, so daß es sich auch bei Gehalt in Form von ihm dann je und je um individuell-erneuten handeln muß, auch dann, wenn es Gehalt derselben Art ist.

Nicht nur jene ursprüngliche Zeit, sondern auch dieser ursprüngliche Raum, welcher aus ihr hervor nur geht, indem er mit ihr auch einhergeht, ist mithin zunächst einmal bloß subjektive oder subjektiver und kann objektive oder objektiver sonach immer erst als diejenige oder derjenige von Objekten werden. Bei Objekten aber sind wir systematisch auch mit diesem Raum noch immer nicht, so daß denn auch als solcher Raum noch jeder von uns systematisch vorerst nur ein einsam-einzelnes Subjekt ist, das zu Anderem als anderem Subjekt wie anderem Objekt erst noch zu finden hat. Objekte vielmehr nehmen wir hier systematisch nur vorweg, um Zeichen, Sprechen oder Sprache, womit wir hier systematisch nach wie vor bloß beim Subjekt sind, auch ihrer Verlautbarung oder Verschriftlichung nach zu erörtern.

Denn genau in diesem Sinn von Subjektivität ist auch ein Objekt, wie es zur Verlautbarung oder Verschriftlichung von Zeichen, Sprechen oder Sprache je und je herangezogen wird, recht eigentlich ein Subjekt. So etwas wie Zeichen, Sprechen oder Sprache nämlich ist ein solches Objekt nur als je und je dazu *verwendetes* oder *benutztes* und mithin auch letztlich nur als immer wieder individuell-erneut benutzendes oder verwendendes *Subjekt.* Denn nicht nur Zeit-, sondern auch Raumverwirklichung, und damit nicht nur Zeit-, sondern auch Raumbewußtsein, wie sie dabei bis in solches Wirklich-Andere und Wirklich-Äußere hinein bereits zugrunde liegen, sind hier nichts als Selbstverwirklichung und Selbstbewußtsein dieses Subjekts selbst: eben zur Fremd- werdende Selbstverwirklichung oder zum Fremd-werdendes Selbstbewußtsein oder zur Intentionalität werdende Spontaneität, wenngleich nicht auch schon vollständig dazu geworden.

Und bloß diese Nichts als-Subjektivität von all dem, welche über diese ursprüngliche Zeit hinaus auch diesen ursprünglichen Raum noch mit umfaßt, war es denn auch, die uns zunächst durch jene Wüste führte, schließlich aber auch noch in diese Oase: in das Diesseits des als Zeit und Sprache selbst leibhaftigen Subjekts statt in das Jenseits eines zeit- und sprach- und subjektlosen Platonismus. Nur ist solches Diesseits freilich Nichtempirisches inmitten von Empirischem, so daß auch jeder Empirismus diesbezüglich fehlgehen muß. Und so erhellt für Sie aus eben dieser Nichts als-Subjektivität von all dem auch noch folgendes: Es kommt durchaus nicht etwa auf die »Letztbegründung« an – falls überhaupt jemand mit derlei jemals einen nachvollziehbar klaren Sinn verbunden haben sollte; vielmehr geht es um die *Erstbegründung*, nämlich um die erste Herleitung als die von Zeit und ihres Grundes, woraus alle weitere und so auch alles weitere dann umständlich und schwierig zwar, doch zwingend folgt.

3. Herleitung von Beharrlichkeit und ihres Grundes als den dritten beiden Formen

a) Das deutende elementare Urteil

§ 23. Prädikation als Existenzaussage

Ziemlich lange hatten Sie, verehrte Leserin, verehrter Leser, auszuhalten in der Schwierigkeit, die es bereitet, auf noch unvollständige Intentionalität zu reflektieren, um zunächst die inneren Bestandstücke derselben zu ermitteln, systematisch nämlich dasjenige, wodurch eine Intention noch nicht verwirklicht, sondern erst einmal ermöglicht wird. Und schwierig war das insbesondere, weil jedes dieser bloßen Aufbaustücke, wodurch eine Intention bloß möglich wird, auf seine Weise und für sich betrachtet durchaus wirklich ist, ja strenggenommen sogar mit den anderen zusammen schon auf seine Art die Wirklichkeit der Selbstverwirklichung besitzt: die von Intentionalität werdender Spontaneität oder von Fremd- werdendem Selbstverhältnis. Ihre Schwierigkeit hat diese Wirklichkeit nämlich gerade darin, daß von so etwas wie Selbstverwirklichung doch sinnvoll eigentlich erst dann die Rede sein kann, wenn sie wirklich vorliegt, und das heißt, wenn sie auch vollständig verwirklicht ist, was Ihnen selbst vielleicht schon problematisch war. Denn auch von einem Haus läßt sich, so hatten Sie vielleicht verglichen, dann erst sinnvoll sprechen, wenn es vollständig erbaut ist, wie ja auch der bloße Teil von einem Haus noch selbst kein Haus ist.

Davon aber sollten Sie sich nicht verwirren lassen. Denn gerade dann, wenn Sie im eigentlichen Sinn von bloßen Teilen eines Hauses ausgehen – nämlich eines unvollständigen, dem einige noch fehlen, weil es noch im Bau ist –, können Sie nicht sagen: Was da vor sich geht, sei Bauen eines Kellers oder eines ersten oder zweiten Stocks, doch keines Hauses. Vielmehr wird, *genau indem* ein Keller und ein erster oder zweiter Stock gebaut wird, und so weiter, solch ein Haus gebaut; sonst müßte folgen, erst das Anbringen des sprichwörtlichen Schlußsteins sei das Bauen eines Hauses, was jedoch ersichtlich Unsinn wäre. Und so ist ein fertiges denn auch in allen seinen Teilen Haus, und nicht etwa besteht ein Haus in einem zusätzlichen (letzten) Teil zu allen anderen, die selbst angeblich noch nicht Haus sind.

Dies Verhältnis zwischen Teilen eines Ganzen und dem Ganzen selber sollten Sie für unsere Herleitung des innerlichen Aufbaus einer Subjektivität als zu Intentionalität werdender Spontaneität oder zu Fremd- werdendem Selbstverhältnis insbesondere im Blick behalten. – Und zwar nicht bloß darum, weil tatsächlich jedes einzelne bislang ermittelte Bestandstück davon angemessen nur als jenes Selbstbewußtsein sich verstehen läßt; denn jenes Zeit- und Raum- und insbesondere Begriffs- und Anschauungsbewußtsein können eben überhaupt nichts anderes als Schritt für Schritt zum Fremd- werdendes Selbstbewußtsein bilden, das für Reflexion verständlich nur als das einer zur Fremd- werdenden Selbstverwirklichung sein kann. – Vielmehr vor allem auch noch deshalb, weil im Fall von deren Aufbau jener Schlußstein, der sie zur Intentionalität vervollständigt, gerade nicht mehr einem Haus vergleichbar Stein im Sinne derjenigen Steine ist, die er zu diesem Haus vervollständigt.

Denn ohne Bild gesprochen: Was zu Zeit und Raum, in deren Form Begriff und Anschauung gebildet werden, noch hinzuzukommen hat, um schließlich die Verwirklichung von vollständiger Intention zu bilden, kann nicht seinerseits und abermals noch etwas von der Art der Zeit sein oder von der Art des Raumes, der zur Zeit hinzuzutreten hatte, um zu jener ersten Stufe auch noch jene zweite der Ermöglichung von Intention zu bilden. Durch Verwirklichung von Zeit und Raum als den zwei Arten jener Gattung des Außereinander nämlich ist die Sinnlichkeit und der Verstand als Möglichkeit oder Vermögen dafür erst einmal erschöpft. Zumindest kann es auf der Ebene von Zeit und Raum, auf der sie als die beiden Arten dieser Gattung strengste Gegensätze zueinander bilden, keine weitere Möglichkeit einer Verwirklichung von Sinnlichkeit und von Verstand mehr geben. Das zum Zweck solcher Vervollständigung ihnen noch Hinzuzufügende kann dementsprechend auch auf keinen Fall in einer weiteren Anschauung oder einem weiteren Begriff bestehen.

Dann jedoch kann Ihnen auch nicht ohne weiteres verständlich werden, was es eigentlich bedeuten könnte, daß es zur Vervollständigung von Intentionalität noch einer zusätzlichen, ja sogar noch der entscheidenden Verwirklichung bedarf, weil diese abermals nur eine Selbstverwirklichung von Subjektivität sein könnte und darum auch eine abermalige Verwirklichung der Sinnlichkeit durch den Verstand von ihr sein müßte. Gehen wir darum nach der Erörterung noch unvollständiger Intentionalität jetzt zur Erörterung schon vollständiger über, so bedeutet das nicht unbedingt, daß wir anstatt der Schwierigkeit von jener jetzt nur noch der Leichtigkeit von dieser gegenüberstehen. Denn unserer letzten Überlegung nach bedeutet das gerade, daß wir zur Vervollständigung von Intentionalität mit den bisherigen Bestandstücken von Zeit und Raum sowie Begriff und Anschauung alleine auszukommen haben werden, weil wir im genannten Sinn noch weitere Bestandstücke zu ihnen eben nicht hinzuzufügen haben können.

Demzufolge stehen wir in Wahrheit auch vor dem nicht minder schwierigen Problem: Worauf läuft Vervollständigung von Intentionalität dann eigentlich hinaus? Was heißt es danach eigentlich, Begriff und Anschauung nicht nur zu bilden, sondern auch noch zu verwenden, und desgleichen mithin Zeit und Raum, in deren Form sie auftreten, nicht nur zu bilden, sondern auch noch zu verwenden? Was bedeutet es dann eigentlich, wenn es zu einem »Dies ist rot« und »Dies ist rund« kommt und »Dies ist ein Tisch«, will sagen: nicht allein zu einem »... hier und jetzt ... rot« oder »... hier und jetzt ... rund« oder »... hier und jetzt ... Tisch«, welches als Begriff mit Anschauung dabei im vorgenannten Sinn bereits im Spiel ist[1], sondern darüber hinaus auch noch zu einem »Dies ... ist ...« oder »Dies ... ist ein ...«, das sich zusammen mit dem letzteren zu einem »*Dies ist* rot« und »*Dies ist* rund« oder »*Dies ist ein* Tisch« eben vervollständigt, das dann soviel bedeutet wie »Dies *hier und jetzt* ist rot« oder »Dies *hier und jetzt* ist rund« oder »Dies *hier und jetzt* ist ein Tisch«? Wozu führt es danach eigentlich, wenn das in jedem solchen Fall bereits Enthaltene von Anschauung und von Begriff als das Deutbare und Deutfähige darin nicht nur gebildet ist, sondern darin auch noch verwendet wird, das heißt, wenn deutbare Anschauung durch deutfähigen Begriff auf eben diese Weise auch tatsächlich noch gedeutet wird? Zu deuten nämlich heißt ja nicht nur, den deutfähigen Begriff, sondern auch die deutbare Anschauung noch zu verwenden, sprich: zur Deutung, und das heißt: um Deutung, die sie nur ermöglichen,

1 Vgl. dazu auch schon oben § 20, S. 580ff.

mit ihrer Hilfe auch noch zu verwirklichen. Was aber ist es eigentlich, was dabei vor sich geht, besonders hinsichtlich von Zeit und Raum, in deren Form deutfähiger Begriff und deutbare Anschauung sich zusammen bilden?

Sich das wirklich zwingend herzuleiten, werden Sie nur dann imstande sein, wenn Sie es Schritt für Schritt vollziehen. Und deren erster sollte dahin gehen, daß Sie sich zunächst noch einmal klar vor Augen stellen, worin solche Deutung *nicht* bestehen kann: Nicht in Bestimmung nämlich, die vielmehr als jene Bildung von deutfähigem Begriff und von deutbarer Anschauung auf jenen ersten beiden Stufen abgeschlossen ist. Entsprechend kann durch solche Deutung hier auf dieser dritten Stufe zur Bestimmtheit von Begriff und Anschauung als letztlicher Bestimmtheit jenes Gegenstands, auf den hin sie bestimmt-deutbar und er bestimmt-deutfähig ist, auch schlechterdings nichts mehr hinzukommen. Und in der Tat vermag ein Subjekt auch nicht dadurch, daß es über den deutfähigen Begriff und die deutbare Anschauung hinaus sich auch zur Deutung von Anschauung durch Begriff noch selbst verwirklicht, an Bestimmtheit all dem noch etwas hinzuzufügen: weder dem Begriff oder der Anschauung noch auch dem Gegenstand von beiden, auf den hin es sie durch ihn dann deutet. Und so ist denn beispielsweise auch »*Dies* hier und jetzt *ist* rot« in seiner Rotbestimmtheit nicht bestimmter als »... hier und jetzt ... rot«, worin Begriff und Anschauung und deren Gegenstand zum Ausdruck kommen, auf den hin Anschauung, wenn auch nicht schon durch Begriff gedeutet ist, so doch deutbar und er deutfähig ist. Und Gleiches gilt für jede andere wie Rund- oder auch Tischbestimmtheit.

Also kann genau in dieser Hinsicht von Bestimmtheit, die als selbige durch ihre Form sich auf Begriff und Anschauung und deren Gegenstand verteilt und so der Deutung immer schon als ihr Gehalt zugrunde liegt, die Deutung selbst dann nur noch eine neue Formung sein, sprich, nur noch dahin gehen, Gehalt mit solcher Form in eine neue Form zu bringen. Demgemäß hat diese neue Form dann einerseits noch eine weitere und schwierigere Komplizierung jener Formen zu bedeuten, die Begriff und Anschauung und deren Gegenstand jeweils bereits auf jenen ersten beiden Stufen miteinander bilden. Anderseits indessen können deren alte Formen, die allein sie jeweils zur Bestimmtheit von Gehalt bestimmen, innerhalb von dieser neuen eben gleichfalls nur noch diese Stellung des Gehalts von ihr besitzen. Denn als diese neue kann sie ja gerade nicht mehr eine weitere Form von der Art der alten bilden, wie Sie wissen, und genau in diesem Sinn mithin auch *nur noch* Form derselben als Gehalt sein. Und als diese neue Nur noch-Form von ihnen als Gehalt von ihr, der sich als selbige Bestimmtheit dreifach, nämlich auf Begriff und Anschauung und Gegenstand verteilt, muß Deutung alle drei dann auch nicht einfach bloß in sich enthalten. Vielmehr muß sie alle drei dann auch noch derart in sich fügen und auf diese Weise dahingehend durch sich überformen, daß der *Sinn* von solcher Formung als der *Deutung* schließlich aus ihr selbst hervorgeht, nämlich als der Deutung *von* Anschauung *durch* Begriff *auf* einen Gegenstand *hin*.

Welcher Art muß diese Formung also sein, daß sie gerade solche Deutung bildet? Eben diese Frage ist es, die sich uns zwar hier schon stellt, auf die wir aber erst in einem letzten Schritt die Antwort werden geben können, dem noch einige vorauszugehen haben. Doch in diesem Sinne auf dem rechten Weg zu bleiben, werden Sie nur dann vermögen, wenn Sie sicherstellen, daß Sie den nächsten und entscheidenden Schritt wirklich vorwärts und nicht etwa rückwärts gehen, nämlich den zuvor gegangenen wieder zurück, weil Sie von dort aus nur auf einen Abweg kommen können.

Denn daß Deutung keinesfalls Bestimmung sein kann, daran ändert sich auch dadurch nichts, daß *Deutung* jeweils *von* Anschauung *durch* Begriff *auf* einen Gegenstand *hin* letztlich überhaupt nichts anderes sein kann als *Überschreitung* jeweils *von* Anschauung *durch* Begriff *auf* einen Gegenstand *hin*, wie Sie sich mit Kant schon vorläufig verdeutlicht hatten[2]. Insbesondere bezüglich dieses Gegenstandes nämlich, auf den hin Anschauung durch Begriff in solcher Deutung überschritten wird, gilt weiterhin, daß Deutung etwas anderes sein muß als Bestimmung. Deutung kann infolgedessen auch nicht dahin gehen, den Gegenstand von Anschauung und von Begriff – den sie ja nur, indem sie ihn durch sich bestimmen, überhaupt besitzen – etwa nunmehr allererst noch zu bestimmen, weil das letztlich nur bedeuten könnte: noch einmal und damit sinnlos-überflüssig.

Diesen abwegigen Rückschritt zu vermeiden aber ist für Sie von Wichtigkeit, weil die Bestimmung dieses Gegenstandes, wie sie durch Erzeugung von deutbarer Anschauung und von deutfähigem Begriff auf jener zweiten Stufe schon erfolgt, ja gleichbedeutend

2 Vgl. oben § 19, S. 540ff.

damit ist, etwas zu diesem Gegenstand ursprünglich überhaupt erst zu vergegenständlichen, nämlich als eben diesen Gegenstand sich etwas Anderes als sich ursprünglich überhaupt erst zu entwerfen oder vorzustellen. Muß Deutung also etwas anderes als Bestimmung sein, dann eben damit auch noch etwas anderes als Vergegenständlichung. Und sonach kann sie weder darin, etwas zu bestimmen, noch auch darin, etwas zu vergegenständlichen, bestehen.

Diesen abwegigen Rückschritt zu vermeiden aber hat für Sie auch seine Schwierigkeit, weil eben dies vielmehr als bare Selbstverständlichkeit zu gelten pflegt, besonders angesichts von Beispielen wie »Dies ist rot« und »Dies ist rund« und »Dies ist ein Tisch«. Ja sogar noch um so selbstverständlicher scheint dies zu sein, da solche Beispiele doch überhaupt nichts anderes als angemessene Formulierungen von Fällen unserer ursprünglichen Außenweltobjektwahrnehmung sind, die immer wieder grundsätzlich die Form elementarer Prädikation hat. Und worin sonst denn sollte diese wohl bestehen als darin, eben das Objekt der Außenwelt, auf das man dabei mittels »Dies ...« Bezug nehme, als rot oder als rund oder als Tisch ursprünglich zu bestimmen und auf diese Weise auch ursprünglich zu vergegenständlichen? Denn worin sonst könnte ursprüngliche empirische Erkenntnis solcher Außenweltobjekte auch bestehen als in Wahrnehmung von ihnen, nämlich in Bestimmung und Vergegenständlichung derselben auf genannte Art?

Denn halten Sie mit dieser anscheinenden Selbstverständlichkeit zurück, weil Sie ja längst schon wissen, daß es sich dabei um eine jener falschen Selbstverständlichkeiten handeln muß, stellt diese Frage sich sofort in einem anderen und schwierigeren Sinn: Worin muß ursprüngliche empirische Erkenntnis von Objekten unserer Außenwelt als Wahrnehmung in Form elementarer Prädikation eigentlich bestehen, wenn sie in Bestimmung als Vergegenständlichung dieser Objekte nicht bestehen kann, weil ja Bestimmung als Vergegenständlichung vielmehr gerade umgekehrt in Form der Anschauung und des Begriffes solcher Wahrnehmung schon immer als Ermöglichung von ihr und damit als Voraussetzung für sie zugrunde liegt?

Von hier aus nämlich sehen Sie im nachhinein dann auch noch folgendes: Mit jener falschen Selbstverständlichkeit, daß solche Wahrnehmung angeblich in Bestimmung als Vergegenständlichung bestehe, geht die weitere, jedoch nicht minder falsche Selbstverständlichkeit einher, daß als Voraussetzung für solche Wahrnehmung und damit als Ermöglichung für sie angeblich etwas gänzlich anderes zugrunde liege, nämlich daß, worauf sie mittels jenes »Dies ...« jeweils Bezug nehme, angeblich immer schon ein wirkliches Objekt der Außenwelt sein müsse. Und in *dieser* angeblichen Selbstverständlichkeit, daß solche Wahrnehmung nur möglich sei, wenn ihr Objekt schon immer wirklich sei, hat *jene* angebliche Selbstverständlichkeit, daß solche Wahrnehmung nur in Bestimmung als Vergegenständlichung von eben diesem wirklichen Objekt bestehe, darum auch nur ihre Kehrseite.

Daran aber offenbart sich Ihnen insgesamt, daß diese angeblichen Selbstverständlichkeiten nur die beiden Seiten einer und derselben sind. Und da sich erstere im Zuge unserer Herleitung als unhaltbar bereits erweisen ließ, müßte sich letztere auf diesem Wege ebenfalls als unhaltbar erweisen lassen. Denn was schon allein die Analyse von elementarer Prädikation als der Form ursprünglicher empirischer Erkenntnis oder Wahrnehmung ergab, wie Sie erinnern werden[3], müßte nun erst recht auch die Synthese von ihr noch ergeben: Keineswegs kann sie darin bestehen, ein als wirkliches schon immer vorgegebenes Objekt dann lediglich noch zu bestimmen oder zu vergegenständlichen, kurz, noch zum Gegenstand für sich als die Erkenntnis von ihm zu gewinnen, sondern nur in dem gerade Umgekehrten: Eigentlich muß sie als der Versuch ergehen, einen immer schon bestimmten Gegenstand dann auch als wirklichen noch zu erzielen, eben als Erfolg für sich als Intention auf ihn.

Und tatsächlich brauchen Sie nur festzuhalten, was Sie sich bereits bis hierhin hergeleitet haben, und Sie sehen geradezu vor sich, wie prinzipiell nur diese letztere Auffassung richtig sein kann, – aller ihrer Schwierigkeit zum Trotz. Denn in der Tat ist Ihnen jedesmal, wenn Sie in Wahrnehmung befindlich sind wie »Dies ist rot« und »Dies ist rund« und »Dies ist ein Tisch«, in Gestalt der mit Begriff verbundenen Anschauung schon immer etwas ganz Bestimmtes gegenständlich, was durch Teilausdrücke von der Art »... hier und jetzt ... rot« oder »... hier und jetzt ... rund« oder »... hier und jetzt ... Tisch« sich denn auch angemessen formulieren läßt. Nur gehen Sie durch Wahrnehmung eben darüber noch hinaus, nämlich mit Hilfe von »Dies ... ist ...« oder »Dies ... ist ein ...« auch noch

3 Vgl. oben *Teil 1*, § 6, S. 87ff.

über zu »*Dies* hier und jetzt *ist* rot« oder »*Dies* hier und jetzt *ist* rund« oder »*Dies* hier und jetzt *ist ein* Tisch«.

Doch gehen Sie mit Hilfe dessen dann gewiß nicht dazu über, dieses Etwas, das als etwas ganz Bestimmtes Ihnen gegenständlich ja schon immer ist, noch zu bestimmen oder zu vergegenständlichen. Und zwar allein schon deshalb nicht, weil solches »Dies ... ist ...« oder »Dies ... ist ein ...« für jeglichen Gehalt – ob nun für »... rot« oder für »... rund« oder für »... Tisch« – als immer wieder Gleiches auch nur immer wieder etwas rein Formales ist, so daß es Ihnen unerfindlich lassen müßte, wie mit Hilfe seiner ausgerechnet die Bestimmung als Vergegenständlichung je unterschiedlichen Gehaltes erst zustande kommen könnte.

Was Sie tun, indem Sie über »... hier und jetzt ... rot« oder »... hier und jetzt ... rund« oder »... hier und jetzt ... Tisch« mittels »Dies ... ist ...« oder »Dies ... ist ein ...« auch noch hinausgehen, nämlich auch noch zu »*Dies* hier und jetzt *ist* rot« oder »*Dies* hier und jetzt *ist* rund« oder »*Dies* hier und jetzt *ist ein* Tisch« übergehen, ist vielmehr etwas grundsätzlich davon verschiedenes: eben nichts geringeres, als daß Sie diesen immer schon bestimmten Gegenstand auch noch als wirklich hinstellen und mithin auch noch für wirklich halten, nämlich soweit gehen, daß Sie diesen Gegenstand, in Form von dem Sie sich ein Anderes als sich zunächst aus sich als Anschauung und als Begriff heraus nur vorstellen oder nur entwerfen, als ein Wirklich-Anderes behaupten. Eine *Überschreitung* jeweils *von* Anschauung *durch* Begriff *auf* diesen Gegenstand *hin* ist die Wahrnehmung als *Deutung* jeweils *von* Anschauung *durch* Begriff *auf* einen Gegenstand *hin* eben in genau dem Sinn, daß sie ursprüngliche *Behauptung* ist, die dahin geht, genau den Gegenstand – den sie durch Anschauung und durch Begriff, die sie in sich vereinigt, immer schon besitzt – als *wirklich* zu behaupten. Wirklichkeit desselben ist mithin so wenig etwa *für* diese Behauptung immer schon *voraus*gesetzt, daß seine Wirklichkeit vielmehr im Gegenteil gerade *durch* diese Behauptung immer erst *gesetzt* wird, dadurch eben, daß er selbst dabei von vornherein als wirklich überhaupt erst *hingestellt* wird. Und genau in diesem Sinne hat dergleichen wie Behauptung oder Aussage auch überhaupt erst ihren Ursprung, nämlich in der Form von eben solcher Wahrnehmung als der elementaren Prädikation.

Somit sehen Sie: Ergab aus deren Analyse sich bisher nur faktisch, daß sie nicht auf ihres Gegenstandes Wirklichkeit beruhe, so ergibt Synthese, nämlich systematisch-deduktive Herleitung derselben nunmehr prinzipiell, daß sie auf ihres Gegenstandes Wirklichkeit von vornherein gar nicht beruhen kann. Denn damit ist ein wirklich-anderes Objekt der Außenwelt gemeint, das ein Subjekt durch Selbstverwirklichung zu Anschauung und zu Begriff und so zu einem Gegenstand derselben sich als etwas Anderes zu sich zwar schon entwirft und vorstellt, doch bloß dadurch nicht auch schon als etwas Wirklich-Anderes zu sich, nämlich als wirkliches Objekt der Außenwelt erzielt: Begriff und Anschauung und somit deren Gegenstand sind dabei ihrerseits zwar durchaus wirklich, aber eben nur als Wirklichkeit der Selbstverwirklichung des Subjekts und gerade nicht auch schon als naturale Wirklichkeit des Objekts in der Außenwelt.

Denn nach wie vor ist dessen naturale Wirklichkeit vielmehr gerade das, wovon ein Subjekt als der Vorstoß autonomer Selbstverwirklichung zunächst einmal gewissermaßen abgeschnitten ist, wozu es darum auch, wenn überhaupt, nur durch die ganz bestimmte Art und Weise seiner Selbstverwirklichung noch kommen kann, durch bloße Selbstverwirklichung zu Anschauung, Begriff und Gegenstand derselben aber eben nicht auch schon gekommen ist. Im Gegenteil bleibt diese naturale Wirklichkeit vielmehr gerade das, was ein Subjekt mit Hilfe von all dem, wozu es sich durch Selbstverwirklichung erzeugt, gerade erst noch zu erzielen hat. Und eben dahin geht denn auch die ursprüngliche Intention, zu der es seine Selbstverwirklichung zuletzt vervollständigt, nämlich die Wahrnehmung in Form elementarer Prädikation: Auf nichts anderes als darauf geht ein Subjekt damit aus, den durch Begriff und Anschauung bereits bestimmten Gegenstand auch als ein wirklich-anderes Objekt der Außenwelt und damit als Erfolg für sich als Intention noch zu erzielen, was, gerade weil es nur durch ursprüngliche Intention geschehen kann, auch nur in Form von ursprünglichem Hinstellen oder Behaupten dieses Gegenstands *als* eines wirklichen ergehen kann.

Um dies einzusehen, brauchen Sie sich denn auch nur bewußt zu machen, wie Sie je und je alltäglich wahrnehmend mit wahrgenommenen Objekten umzugehen pflegen. *Immer* gelten Ihnen diese wahrgenommenen Objekte dabei erst einmal als wirklich, *niemals* kommen Sie auch nur von fern auf den Gedanken: Dabei handelt es sich immer wieder um die Gegenstände, die Sie sich durch Ihre Selbstverwirklichung zu Anschauung und zu Begriff zunächst einmal *entwerfen* oder *vorstellen*, um sie durch Verwendung von gebildeter Anschauung nebst gebildetem Begriff zur Weiterführung und Vollendung Ihrer Selbstverwirklichung als Wahrnehmung in Form elementarer Prädikation erst als wirklich *hinzustellen*.

Aus eben diesem Grund jedoch, das heißt, gerade weil Sie dabei nicht das mindeste von all dem wissen, kann auch diese Wirklichkeit der wahrgenommenen Objekte für Sie dabei nicht im mindesten als durch Sie erst einmal bloß hingestellte einzusehen sein, muß Ihnen diese Wirklichkeit vielmehr im Gegenteil als eine Ihnen für die Wahrnehmung von ihr schon immer fertig vorgegebene gelten, die durch Wahrnehmung als Prädikation dann auch höchstens noch bestimmt oder vergegenständlicht werde. Und so grundsätzlich gilt Ihnen bei der Wahrnehmung von Außenweltobjekten deren Wirklichkeit als eine immer schon von sich her vorgegebene, daß Sie sogar in Fällen, wo Sie – einerlei aus welchen Gründen – sich veranlaßt sehen, solche Wahrnehmung als Irrtum zu berichtigen, an dieser festen, aber falschen Überzeugung weiter festzuhalten pflegen: Dadurch nämlich, daß Sie noch die weitere, genauso feste, aber auch genauso falsche Überzeugung hegen, dieser Irrtum habe lediglich darin bestanden, daß Sie etwas, das Ihnen als etwas Wirkliches schon immer vorgelegen habe, falsch bestimmt hätten – gleichviel aus welchem Grunde –, daß Sie es mithin anstatt durch »Dies ist rot« oder durch »Dies ist rund« oder durch »Dies ist ein Tisch« vielmehr jedesmal durch etwas anderes hätten bestimmen müssen.

Nur daß eben dies gerade prinzipiell unmöglich ist, weil Sie auf Grund der Anschauung und des Begriffs, die Ihnen auch als jener irrtümlichen Wahrnehmung zugrunde lagen, keineswegs durch etwas anderes hätten bestimmen können. Und zwar um so weniger, als Sie ja einen Gegenstand durch Anschauung und durch Begriff bestimmt dabei schon immer hatten, wenn auch freilich keinen, der als wirklich-anderes Objekt der Außenwelt dabei schon immer vorgelegen hätte. Und tatsächlich tritt auch in den Fällen solcher bloßer irrtümlicher Wahrnehmung wie Sinnestäuschung, Halluzination und Traum ein solcher Gegenstand schon immer auf, doch eben ausschließlich als das Ergebnis Ihrer Selbstverwirklichung zu Anschauung und zu Begriff. Denn überhaupt nur dadurch, daß es sich bei diesem auftretenden Gegenstand um einen solchen handelt, der gerade nicht auch als ein wirklich-anderes Objekt der Außenwelt auftritt, als solches dabei aber sehr wohl durch Sie hingestellt oder behauptet wird, hat Ihre Wahrnehmung dann ihrerseits als Irrtum, Sinnestäuschung, Halluzination bzw. Traum zu gelten.

Denn daß Sie, als ein Subjekt, von naturaler Wirklichkeit eines Objekts der Außenwelt aus vorgenanntem Grund erst einmal abgeschnitten bleiben, daran ändert sich auch dadurch nichts, daß Anschauung, Begriff und Gegenstand ihrer Bestimmtheit nach auf Affektion durch ein Objekt der Außenwelt zurückgehen. Ja Sie bleiben ganz im Gegenteil auch dann noch, ja gerade wenn Sie vorderhand bloß Affizierter oder Affizierte sind, vom affizierenden Objekt grundsätzlich abgeschnitten, weil das bloße Affektionsergebnis innerhalb von Ihnen noch in keiner Weise die empirische Erkenntnis innerhalb von Ihnen ausmacht. Denn zu ihr, durch die allein Sie dieses affizierende Objekt als wirklich-anderes der Außenwelt erzielen können, müssen Sie auf Grund von solchem Affektionsergebnis sich dann erst durch Selbstverwirklichung noch weiterbilden.

Umgekehrt nämlich vermag, wie Sie als Philosophin oder Philosoph durch Reflexion inzwischen wissen, solche Affektion ihre Bestimmtheit als Begriff und Anschauung von einem Gegenstand nur dadurch zu erlangen, daß sie jene hochkomplexe, hochdifferenzierte Form in Ihnen annimmt, nämlich jene Einheit subjektiver Zeit mit subjektivem Raum, zu der Sie selbst sich bilden. Und so müssen Sie aus sich als Subjekt solcher Selbstverwirklichung zu Zeit und Raum als Form von Anschauung, Begriff und deren Gegenstand heraus, nämlich durch Überformung von all dem auch noch zu sich als Wahrnehmung, ein Objekt als ein wirklich-anderes der Außenwelt auch erst einmal erzielen, um von ihm dann aussagen zu können, daß es Ursache für eben diese Affektion ist, auf Grund deren Sie es als ein wirklich-anderes Objekt erzielen. Nur wissen Sie von Affektion und Affektionsergebnis eben erst als philosophisch Reflektierender bzw. Reflektierende und damit auch erst nichtempirisch. Denn empirisch als zunächst einmal bloß Wahrnehmende oder Wahrnehmender wissen Sie nicht nur von Anschauung, Begriff und Gegenstand, sondern auch davon, daß an der Bestimmtheit alles dessen solche Affektion beteiligt ist, noch überhaupt nichts.

Daß Sie bei solcher Wahrnehmung nicht auch durch etwas anderes hätten bestimmen können, liegt indessen nicht nur daran, daß Sie einen Gegenstand durch Anschauung und durch Begriff dabei bestimmt schon immer hatten und mithin gerade nicht durch Prädikation in der Wahrnehmung bestimmt erst immer haben. Noch ein weiterer Grund dafür besteht dann vielmehr darin, daß Bestimmung eines Gegenstandes an das jeweilige Hier und Jetzt von Raum und Zeit der Anschauung und des Begriffes immer wieder unlösbar gebunden ist und damit auch Bestimmtheit eines Gegenstandes je und je schon immer feststeht. Somit gilt zuletzt: Nur das, was Sie tatsächlich in der Wahrnehmung als Prädikation machen, hätten Sie auch anders machen können, nämlich statt des dabei immer schon bestimmten Gegenstandes einen anderen bestimmten Gegenstand als wirklich hinstellen oder behaupten können.

Auf den ersten Blick wird Ihnen dies vielleicht als unsinnig erscheinen, weil es letztlich heißen muß: Die Anschauung und den Begriff von einem ganz bestimmten Gegenstand hätten Sie durch die Anschauung und den Begriff von einem andern ganz bestimmten Gegenstand ersetzen können – beispielsweise durch die Anschauung und den Begriff einer Erinnerung an diesen andern ganz bestimmten Gegenstand –, um statt des ersteren den letzteren als wirklich hinzustellen oder zu behaupten. Auch Erinnerung an Wahrnehmung kann nämlich ihrer inneren Struktur nach grundsätzlich nur so wie Wahrnehmung gegliedert sein in Anschauung, Begriff und Gegenstand auf Grund von Affektion. Doch auf den zweiten Blick zumindest müßte Ihnen das als sinnvoll aufgehen. Denn allein in diesem Sinn vermögen Sie auch jene weitaus überwiegenden und unzähligen Regelfälle zu verstehen, wo Sie beispielsweise anstatt etwas, das Sie durch Ovalanschauung und Ovalbegriff zum Gegenstand besitzen, etwas anderes als wirklich hinstellen oder behaupten, welches Sie vielmehr durch Rundanschauung und durch Rundbegriff zum Gegenstand besitzen: wie etwa im Fall von jenem Tisch, den Sie auch dann als etwas ansehen, das als etwas Rundes wirklich ist, wenn Sie davon allein Ovalanschauung und Ovalbegriff besitzen.

Denn als unsinnig erscheinen kann Ihnen das nur, solange Sie nicht mitberücksichtigen, daß dergleichen freilich immer erst aus einem größeren Zusammenhang von Wahrnehmung oder Erfahrung möglich wird, an dem Begriff und Anschauung auch als Erinnerung schon immer mitbeteiligt sind. Als durchaus sinnvoll nämlich werden Sie das dann auch dahingehend noch verstehen: Ein in diesem Sinne unerfahrenes – zum Beispiel ein phylogenetisch frühes oder ein ontogenetisch junges – Subjekt macht entsprechend jenen weitaus überwiegenden und unzähligen Regelfällen seine Wahrnehmung zunächst einmal als irrtümliche, worin es sich dann erst nach und nach berichtigt, um erfahren schließlich im zuletzt genannten Sinn zu werden, nämlich je nach Wahrnehmungszusammenhang anstatt etwas Ovales etwas Rundes, oder umgekehrt, als wirklich hinzustellen oder zu behaupten. Und dies eben weil es sich bei Wahrnehmung als Prädikation überhaupt nicht darum handelt, analytisch-abgeleitet lediglich *heraus*zustellen, daß etwas schon immer Wirkliches gerade so bestimmt sei und nicht anders, sondern umgekehrt vielmehr gerade darum, ursprünglich-synthetisch allererst *hinaus*zustellen, daß etwas immer schon Bestimmtes wirklich sei und nicht stattdessen etwas anderes immer schon Bestimmtes, oder umgekehrt. Nur darum also geht es Ihnen in der Wahrnehmung als Prädikation, diesen oder jenen immer schon bestimmten Gegenstand als wirklich hinzustellen oder zu behaupten: als ein wirklich-anderes Objekt der Außenwelt.

Erst in diesem Sinn von Wahrnehmung als Prädikation können Sie denn auch verstehen, daß sie grundsätzlich ein Irrtum sein kann, während sie in jenem Sinn vielmehr als Irrtum für Sie letztlich unerklärbar bleiben muß, weil Ihnen eine andere als jene durch Vereinigung der Anschauung mit dem Begriff schon immer vorgenommene Bestimmung eines Gegenstandes gar nicht möglich sein kann. Im Zusammenhang von solcher Wahrnehmung jedoch wird solcher Irrtum dann auch immer wieder so berichtigt, daß statt dieses immer schon bestimmten Gegenstands vielmehr ein anderer immer schon bestimmter wirklich sei. Denn immer wieder ist es auch ausschließlich dessen Wirklichkeit, worauf ein Subjekt in der Wahrnehmung von vornherein schon immer ausgeht, eben weil es darin auch von vornherein schon immer ausschließlich als Intention auf dessen Wirklichkeit ergeht: gerade als *intentio recta* des »natürlichen Bewußtseins«. Ja sogar so ausschließlich ist es darin auf Wirklichkeit desselben aus, daß einem solchen Subjekt dabei dieser Gegenstand als derjenige, *dessen* Wirklichkeit sie danach überhaupt erst sein kann – eben immer nur die Wirklichkeit *von* diesem immer schon bestimmten Gegenstand –, als solcher selbst gerade niemals gegenständlich werden kann. Denn im Zusammenhang der Wahrnehmung fällt er mit seiner Wirklichkeit, auf die allein sich solch ein Subjekt richtet, in der Regel auch zusammen und mithin für solch ein Subjekt auch in keiner Weise auf, so müßte Ihnen nunmehr deutlich sein.

Auf fällt er nur, wo er mit seiner Wirklichkeit gerade nicht zusammenfällt, wo er vielmehr als unwirklicher den Zusammenhang von Wirklichkeit für Wahrnehmung und so für ein Subjekt gerade unterbricht, nämlich in jenen Irrtumsfällen: doch selbst dort nicht für ein Subjekt, das selbst dort noch immer auf nichts anderes als darauf aus ist, den Zusammenhang von Wirklichkeit für Wahrnehmung und so für sich durch Füllung dieser Lücke auf das schnellste wiederherzustellen, um nur ja nicht seinem *horror vacui* anheimzufallen, sondern ihm entgegen vielmehr seine Illusion von angeblich schon immer lückenloser Wirklichkeit für Wahrnehmung und so für sich auch weiter aufrechtzuerhalten. Aufzufallen vermag der in den Irrtumsfällen unwirkliche Gegenstand vielmehr nur einem Subjekt, das imstande ist, hiervon auch einmal abzulassen, um sich darauf einzulassen, daß in solchen Fällen unwirklich doch etwas und nicht nichts ist, ja sogar ein Etwas, das als etwas ganz Bestimmtes ihm auch immer schon gleichsam vor Augen steht: einem Subjekt mithin, das in der Lage und bereit ist, aus alleiniger *intentio recta* als »natürlichem Bewußtsein« auch einmal herauszutreten, um noch zusätzlich ins »unnatürliche Bewußtsein« einer Reflexion auf sie und damit in *intentio obliqua* einzutreten, kurz: einem Subjekt, das über Empirie hinaus auch noch zu nichtempirischer Philosophie von Empirie befähigt ist. Denn wessen ein Subjekt auf diese Weise erstmals innewird, ist letztlich überhaupt nichts anderes als es selbst, nämlich wie es inmitten des Empirischen als jenes Nichtempirische auftritt, auch wenn es sich als solches noch so oft zunächst einmal als ein Quasi-Empirisches verkennt, indem es auch die Nichtempirie seiner Reflexion auf sich als Quasi-Empirie verfehlt.

Dazwischen vielmehr grundsätzlich zu unterscheiden, heißt für Sie denn auch, sich klarzumachen: Als zunächst einmal nur Wahrnehmende oder Wahrnehmender wissen Sie von sich *als* solchem oder solcher prinzipiell noch überhaupt nichts, wissen Sie vielmehr im Sinne Ihrer Wahrnehmung als der empirischen Erkenntnis von nichts anderem als vom empirischen Objekt der Außenwelt als etwas Wirklichem, auch wenn Sie, wie in jenen Irrtumsfällen, den Zusammenhang von solchem Wirklichen für Wahrnehmung und so für sich nicht schon auf Anhieb herzustellen vermögen, wie im Regelfall, sondern erst durch Berichtigung und damit als Ausnahmefall. Denn das Bewußtsein, das Sie dabei freilich auch von solcher Wahrnehmung und somit auch von *sich als* Wahrnehmendem oder Wahrnehmender haben, ist ja eben damit nur Ihr *Selbst*bewußtsein, jenes nämlich, das dabei gerade nicht als Selbst*erkenntnis* auftritt, sondern das vielmehr Bewußtsein der *Erkenntnis* statt von *Ihnen* nur von *Anderem* als Ihnen ist: von diesem *Wirklichen* der *Außenwelt.*

Erst recht jedoch gilt dies für alles, was Ihr Selbstbewußtsein als Ihr Wahrnehmungsbewußtsein einschließt, nämlich auch für Ihr Begriffs- und Anschauungsbewußtsein, das Sie dabei jeweils haben, sowie für Ihr Zeit- und Raumbewußtsein, in Form dessen Sie es haben. Und so gilt dies denn auch noch für jenen Gegenstand, der Ihnen dabei gleichfalls nur als das bewußt ist, woraufhin im Rahmen Ihres Selbstbewußtseins Ihre Anschauung deutbar und Ihr Begriff deutfähig ist: den Gegenstand, den Sie als solchen selbst dabei genausowenig wie die Anschauung und den Begriff oder die Wahrnehmung als solche selbst etwa bereits *erkennen.* Und dies eben weil Sie dabei vielmehr überhaupt erst *durch* all dies und so auch überhaupt erst all dem *gegenüber* etwas *Anderes* und damit letztlich auch erst etwas Anderes als einen solchen *Gegenstand* erkennen, nämlich erst die *Wirklichkeit* von ihm. Und etwas *Anderes* als er ist diese *Wirklichkeit* von ihm gerade darin, daß auch jene *Unwirklichkeit* gegenüber einer Wahrnehmung als einer irrtümlichen die *von ihm* ist, nämlich ebenfalls die Unwirklichkeit eines solchen *Gegenstands.*

Denn umgekehrt ist solch ein Gegenstand auch *beidem* gegenüber, nämlich seiner *Wirklichkeit* sowohl wie *Unwirklichkeit* gegenüber *etwas* und nicht *nichts*, ja ist er sogar etwas immer schon Bestimmtes, eben jener immer schon bestimmte Gegenstand: nur freilich nicht auch immer schon für diese Wahrnehmung als Empirie, für die es vielmehr immer nur die Wirklichkeit von ihm als Außenwelt gibt, sondern immer erst für jene Reflexion oder Philosophie als Nichtempirie. Und genau aus diesem Grund kann es für Sie als Wahrnehmenden oder Wahrnehmende denn auch nie zu einer Zweideutigkeit kommen, wenn Sie Ihre Wahrnehmung der Wirklichkeit von einem solchen Gegenstand vollziehen, indem Sie einen solchen Gegenstand als wirklich hinstellen oder behaupten. So als könnten Ihnen dabei Zweifel kommen, *was* Sie dabei eigentlich als wirklich hinstellen oder behaupten: ob nun etwas Anderes als sich und damit etwas Objektives in der Außenwelt oder nicht vielmehr etwas Subjektives in der Innenwelt und so nur sich, nämlich nur jenen Gegenstand, zu dem Sie selbst sich ja verwirklichen, indem Sie selbst sich in Gestalt von Zeit und Raum zu Anschauung und zu Begriff von ihm erstellen. *Zu* all dem verwirklichen Sie selbst sich nämlich nur, um *durch* all dies und damit *durch* sich selbst gerade etwas *Anderes* als sich selbst dann *für* sich selbst erst noch als etwas *Wirklich*-Anderes zu *gewinnen*, so daß Sie als solcherart Erkenntnis dann auch immer nur auf ebensolches Wirklich-Andere der Außenwelt gerichtet sind.

Dies aber gilt es auch nur um so stärker noch zu unterstreichen, als wir uns hier schon auf dritter Stufe unserer systematisch-deduktiven Herleitung befinden, nämlich dort, wo ein Subjekt als deutbare Anschauung mit deutfähigem Begriff zur Deutung und sonach zur Wahrnehmung als der ursprünglichen empirischen Erkenntnis sich vereinigt und mithin vervollständigt: Nicht einmal hier, so haben wir herauszustellen, wo in Gestalt von Wahrnehmung empirische Erkenntnis in der Tat entspringt, ist, was dadurch erkannt wird, etwa das Subjekt als solches selber oder auch nur etwas am bzw. im Subjekt als solchem selber, ja gerade hier nicht. Daß auf erster oder zweiter Stufe nämlich Zeit und Raum oder Begriff und Anschauung und deren Gegenstand nicht als etwas bereits Erkanntes gelten können, das vermochten wir uns dort verhältnismäßig einfach klarzumachen, dadurch, daß Erkenntnis dort auch überhaupt noch gar nicht auftritt, weil auch überhaupt noch gar nicht fertig ist.

Hier jedoch ist sie es nun durchaus, ist sie es aber eben auch so grundsätzlich als *Intention*, das heißt, als Intention eines *Erfolgs*, das heißt, eines Erfolgs als eines *Anderen* zu sich, daß sie *gerade* hier auch nur genau von diesem *Anderen* zu sich Erkenntnis sein kann. Demgemäß ist sie *gerade* hier nämlich auch *Deutung* von deutbarer Anschauung mit Hilfe von deutfähigem Begriff und damit eben *Überschreitung* jenes Gegenstandes von Anschauung und Begriff *auf* jenes Gegenstandes Wirklichkeit *hin*. Denn sich selbst verwirklicht ein Subjekt zu solcher Deutung ja gerade in dem Sinn, daß es auf solche Weise Anschauung, Begriff und Gegenstand als etwas dadurch bloß *entworfenes* oder *vorgestelltes* Anderes zu sich und so als bloße Wirklichkeit *von sich* mithin auch auf die *Wirklichkeit* von etwas als die *Wirklichkeit* von etwas Anderem zu sich hin überschreitet.

Daran nämlich, daß es einem Subjekt dabei ausschließlich um diese Wirklichkeit von etwas Anderem zu sich zu tun ist, ändert auch der Umstand nichts, daß es sich dabei um die Wirklichkeit von etwas handelt, das ein Subjekt sich als etwas Anderes zu sich in der Gestalt des ganz bestimmten Gegenstands für sich als Anschauung und als Begriff von ihm schon immer vorstellt und entwirft. Im Gegenteil ist es vielmehr dieses Entwerfen oder Vorstellen von etwas Anderem zu sich gerade als dem Gegenstand für sich, wodurch ein Subjekt sich das Überschreiten dieses Gegenstands, der als bloß vorgestelltes und entworfenes Anderes bloß Wirklichkeit des Subjekts ist, auf etwas *Wirklich*-Anderes zu sich und so auf Wirklichkeit *von* etwas Anderem zu sich hin überhaupt erst selbst ermöglicht. Umgekehrt ist es mithin auch das ursprüngliche Erreichen dieser Wirklichkeit von etwas Anderem zu sich durch ursprüngliches Überschreiten jener Wirklichkeit von sich, wozu ein Subjekt sich in jenes Gegenstands Gestalt gerade dieses Andere zu sich zunächst einmal ursprünglich zu entwerfen oder vorzustellen hat.

Nur ist es eben diese *Wirklichkeit* von sich, die ein Subjekt dabei durch sich als Deutung auch auf jene *Wirklichkeit* von etwas Anderem zu sich hin überschreitet, so daß ihm dabei auch prinzipiell nicht diese Wirklichkeit *von sich* zum Thema werden kann, sondern *durch sich als* diese Wirklichkeit vielmehr ausschließlich jene Wirklichkeit *von etwas Anderem zu sich*. Und eben darum kann dabei auch dies, daß letztere ja immer nur die Wirklichkeit *von etwas*, ja von etwas ganz *Bestimmtem*, nämlich jenem ganz bestimmten *Gegenstand* ist, für ein solches Subjekt nicht zum Thema werden, sondern eben umgekehrt vielmehr von vornherein nur *Wirklichkeit* von etwas, nämlich *Wirklichkeit* von etwas ganz Bestimmtem oder *Wirklichkeit* von jenem ganz bestimmten Gegenstand. Zumal auch für die irrtümliche Wahrnehmung als Deutung oder Intention eines Subjekts ausschließlich *Wirklichkeit* von etwas, nämlich *Wirklichkeit* von jenem ganz bestimmten Gegenstand für es zum Thema werden kann. Und seine Wahrnehmung *als* irrtümliche *anzusehen*, kann für ein Subjekt entsprechend auch nur heißen, statt der hingestellten *Wirklichkeit* von jenem ganz bestimmten Gegenstand vielmehr die *Unwirklichkeit* von ihm in Betracht zu ziehen.

Dem wiederum entspricht, daß, die für irrtümlich gehaltene Wahrnehmung dann zu berichtigen, für ein Subjekt auch nur bedeuten kann, statt Wirklichkeit *von diesem* ganz bestimmten Etwas vielmehr Wirklichkeit *von einem andern* ganz bestimmten Etwas hinzustellen, so daß dabei in jedem Fall nur *Wirklich-* oder *Unwirklichkeit*, wenn auch eben Wirklich- oder Unwirklichkeit *von* etwas zum Thema werden kann: in keinem Fall indessen dieses oder jenes ganz bestimmte Etwas je *als solches*, sprich, *als das, wovon* es überhaupt erst so etwas wie Wirklich- oder Unwirklichkeit für dergleichen wie ein Subjekt geben kann. Denn in genau dem Sinn, in dem so etwas wie

Erfolg bzw. Mißerfolg grundsätzlich nur als der *von* etwas, nämlich nur als der *von* einer Intention auftreten kann und damit nur als der *von* all dem, was sie wesentlich in sich vereinigt, so vermag auch Wirklich- oder Unwirklichkeit prinzipiell nur aufzutreten als die *von* etwas, nämlich von *etwas*, das zur Wahrnehmung als Intention der Deutung in der Tat schon immer mit dazu gehört: von dem durch Anschauung und durch Begriff in ihr schon immer vorgestellten und entworfenen *Gegenstand* als einem jeweils ganz *bestimmten* Etwas.

Dies im ganzen wie im einzelnen bis hierhin systematisch herzuleiten aber ist für uns von Wichtigkeit, weil es zuletzt auf ein Ergebnis führt, von dem »Formale Logik«, »Semiotik«, »Syntax« und »Semantik« oder auch »Sprachanalyse« und mit ihnen »Wissenschaftstheorie« schlechterdings nichts wissen wollen. Daß Erkenntnis, die mit Wahrnehmung beginnt und im Zusammenhang mit ihr auch noch zu Wissenschaften ausgestaltet wird, synthetische empirische Erkenntnis ist, beruht gerade darauf, daß sie von elementarer Wahrnehmung als Prädikation an bis in komplexe Wissenschaft hinein nichts anderes als ursprüngliche Wirklichkeitsbehauptung oder Existenzaussage ist[4].

Denn elementar ist Wahrnehmung auch nur genau in demjenigen, worin Wissenschaft komplex ist, darin nämlich, daß sie etwas beispielsweise nur durch »Dies ist rot« oder durch »Dies ist rund« oder »Dies ist ein Tisch« als wirklich hinstellt, während eine Wissenschaft zum Beispiel etwas mittels »$E=m \cdot c^2$« als wirklich hinstellt: was indessen daran, daß ein jeder solche Fall grundsätzlich wie Prädikation als ursprüngliche Existenzbehauptung oder Wirklichkeitsaussage auftritt, überhaupt nichts ändert. Gilt nur immer, daß auch eine solche Gleichung, als Identitätsaussage, oder irgendeine All- Aussage dahin geht, synthetische empirische Erkenntnis in der Form einer Behauptung auszudrücken, muß sie letztlich eine ursprüngliche Wirklichkeitsbehauptung oder Existenzaussage sein,

4 Wohl beachten also sollten Sie: Was sich ergibt, ist keineswegs, es träte jegliche Behauptung etwa *als* Prädikation und so in einer und derselben Subjekt/Prädikat-Form auf, sondern daß sämtliche Behauptungen, von welcher Form auch immer, *wie* Prädikationen überhaupt nichts anderes als Existenzaussagen oder Wirklichkeitsbehauptungen darstellen.

weil, etwas zu behaupten, nur bedeuten kann, etwas als wirklich hinzustellen.

Denn mag dies auch auf das unterschiedlichste erfolgen können – was für Sie aus jenen unterschiedlichsten Behauptungs-Formen zu ersehen ist, wie die genannten Unternehmen sie analysieren –, so kann solche Unterschiedlichkeit dabei doch immer nur dies *Etwas*, das dadurch als wirklich hingestellt oder behauptet wird, betreffen, aber niemals etwa das Behaupten oder das Als wirklich-Hinstellen als solches. Demgemäß vermag eine Behauptung, da sie grundsätzlich nur Wirklichkeitsbehauptung oder Existenzaussage sein kann, gegenüber einer anderen Behauptung unterschiedlich wie etwa elementar oder komplex nur je nach dem zu sein, wie derjenige Gegenstand, den sie als wirklich hinstellt, dafür immer schon bestimmt ist: jeweils danach nämlich, ob ihr Gegenstand, der ursprünglich nur der von Anschauung und von Begriff sein kann, nun als elementarer oder als komplexer immer schon bestimmt ist, dadurch, daß seiner Anschauung sein Begriff nun als elementarer oder als komplexer zugeordnet wird – mag dies vereint in einem oder auch verteilt auf mehrere geschehen.

Solche Unterschiede können Sie sich denn auch schon am Ursprung von empirischer Erkenntnis in der Wahrnehmung verdeutlichen, weil es fürwahr auch hier schon einen Unterschied bedeutet, ob Sie einen solchen Gegenstand als wirklich dadurch hinstellen, daß Sie »Dies ist rot« behaupten oder »Dies ist rund« oder »Dies ist ein Tisch«. Jedoch in allen solchen Fällen, auch in einem Fall wie »$E=m \cdot c^2$«, ist es gleichwohl ausschließlich Wirklichkeit bzw. Existenz des dafür immer schon bestimmten Gegenstands, was Sie behaupten, oder eben dieser immer schon bestimmte Gegenstand, was Sie dadurch als wirklich oder existent hinstellen. Und für das Wesen von synthetischer empirischer Erkenntnis hat das in der Tat die Konsequenz, die sich aus Kants *Kopernikanischer Revolution* ergibt.

Wie Sie sich noch erinnern werden, lautet jene scheinbar selbstverständliche Voraussetzung, die erstmals, wenn auch nur im Ansatz, Kant in Frage stellt: Bereits von ihrem Ursprung in der Wahrnehmung her müsse für synthetische empirische Erkenntnis durchwegs etwas Wirkliches der Außenwelt schon immer vorgegeben sein, damit sie sich darauf beziehen könne, um es auch als etwas zu bestimmen und in diesem Sinne zu erkennen. Und dies tut er auch mit Recht, wie Sie des weiteren gesehen haben, weil Erkenntnis dann gerade als synthetische empirische von Grund auf unverständlich werden muß[5].

Als das entsprechend Haltbare zu diesem Unhaltbaren, das Erkenntnis als synthetische empirische dann allererst verständlich werden läßt, ergibt sich Ihnen nämlich auf dem Wege unserer systematisch-deduktiven Herleitung jetzt vielmehr das gerade Umgekehrte: Ganz und gar nicht stellen Sie in Wahrnehmung wie »Dies ist ein Tisch« etwas Wirkliches als Tisch hin, sondern umgekehrt gerade etwas immer schon als Tischgehalt Bestimmtes hin als etwas Wirkliches. Das tun Sie nämlich dadurch, daß Sie solchen Tischgehalt, *genau indem* Sie ihn als einen Tisch hinstellen, als etwas Wirkliches hinstellen, das heißt, *genau in dem* Sinn, daß »... ein Tisch« ja in der Tat nur etwas Wirklich-Anderes der Außenwelt sein kann. Denn nur ein wirklicher ist überhaupt ein Tisch. Doch weder Tisch-Anschauung oder »Tisch«-Begriff noch auch ihr Gegenstand als etwas vorderhand bloß vorgestelltes und entworfenes Anderes ist je für sich bereits »... ein Tisch«, sondern »... ein Tisch« ist eben solch ein Gegenstand vielmehr gerade immer erst als etwas *Wirklich*-Anderes der *Außenwelt*, als das Sie ihn jedoch auch immer erst durch »Dies ist ein Tisch« hinstellen.

Gleiches aber gilt für alle andern Fälle von synthetischer empirischer Erkenntnis: Ganz und gar nicht wird in Wahrnehmung wie »Dies ist rot« und »Dies ist rund« von Ihnen etwas Wirkliches als rot oder als rund, wird vielmehr umgekehrt gerade etwas immer schon als Rotgehalt oder als Rundgehalt Bestimmtes von Ihnen als wirklich hingestellt. Das tun Sie nämlich auch in solchen Fällen dadurch, daß Sie solchen Rot- bzw. Rundgehalt, *genau indem* Sie ihn als rot oder als rund hinstellen, als wirklich hinstellen, und das heißt, *genau in dem* Sinn, in dem »... rot« bzw. »... rund« ja in der Tat nur etwas Wirklich-Anderes der Außenwelt sein kann. Denn weder Rot- und Rund-Anschauung oder »rot«- und »rund«-Begriff noch auch ihr Gegenstand als etwas vorderhand bloß vorgestelltes und entworfenes Anderes ist je für sich schon »... rot« bzw. »... rund«, sondern »... rot« oder »... rund« ist eben solch ein Gegenstand vielmehr gerade immer erst als etwas *Wirklich*-Anderes der *Außenwelt*, als das Sie ihn jedoch auch immer erst durch »Dies ist rot« oder »Dies ist rund« hinstellen.

5 Vgl. oben *Teil 1*, § 6.

In diesem Sinn jedoch muß das für alle Fälle von synthetischer empirischer Erkenntnis gelten, auch für einen Fall wie »$E=m \cdot c^2$«. Und so kommt alles darauf an, daß Sie den Sinn, in dem synthetische empirische Erkenntnis – welcher Form auch immer – Wirklichkeitsbehauptung oder Existenzaussage sein muß, nicht in einer Weise mißverstehen, die wieder jenes Unhaltbare nach sich zieht. Denn nicht in dem Sinn hat dies durchgehend für sie zu gelten – nämlich für elementare Wahrnehmung in Form von Prädikation wie dann auch noch für komplexe Wissenschaft in Form von All- oder Identitätsaussage –, daß nur *mit* ihr eine Existenzaussage oder eine Wirklichkeitsbehauptung noch *verbunden* oder *in* ihr noch *enthalten* sein muß: eben implizit nur als Voraussetzung der Existenz oder der Wirklichkeit genau des Etwas, das dann beispielsweise durch Prädikation wie »Dies ist rot« auch noch *als etwas* prädiziert oder bestimmt und so erkannt wird, weil dies angeblich auch nur auf Grund dieses Vorausgesetzten sinnvoll werden kann. Sonst müßte nämlich möglich sein, diese Voraussetzung auch explizit zu machen, was jedoch unmöglich ist. Denn letztlich könnte sie in jedem Fall nur lauten »Dies ist wirklich« oder »Dies ist existent«. Doch damit wäre sie als ursprüngliche Existenzaussage oder Wirklichkeitsbehauptung unvermeidlich tautologisch, nämlich analytisch-uninformativ, weil damit so, wie es gemeint ist, immer wieder nur soviel wie »Dieses Wirkliche ist wirklich« oder »Dieses Existierende ist existent« behauptet oder ausgesagt sein könnte[6], während jede ursprüngliche Existenzaussage oder Wirklichkeitsbehauptung – ob nun eine positive oder negative – zweifellos informativ-synthetisch sein muß.

Ursprüngliche synthetische empirische Erkenntnis muß vielmehr Prädikation als Existenzaussage oder Wirklichkeitsbehauptung in dem Sinne bilden, daß Prädikation *als solche selbst* schon Existenzaussage oder Wirklichkeitsbehauptung *sein* muß, daß es demgemäß Prädikation *im Unterschied* zu Existenzaussage oder Wirklichkeitsbehauptung überhaupt nicht *geben* kann. Daß man dies gleichwohl meint, ja mittlerweile gar für selbstverständlich hält, liegt nämlich daran, daß in einem Fall wie »Dies ist rot« und »Dies ist rund« oder

6 Womit sich letztlich nur auf andere Art noch einmal jene Fehlauffassung einstellte, wonach »Dies ist ein Tisch« bloß »Dieser Tisch ist ein Tisch« heißen und mithin nur etwas Analytisch-Uninformatives statt etwas Informativ-Synthetisches bedeuten könnte. Vgl. oben *Teil I*, § 6, S. 94 ff.

»Dies ist ein Tisch« von Existenz oder von Wirklichkeit doch keine Rede sei, weil »... ist ...« doch lediglich die »Kopula« als die Verbindung von »Subjekt« und »Prädikat« zum Ausdruck bringe oder die des »Indikators« mit dem »Prädikator«.

Deshalb müssen Sie auch damit rechnen, daß man Ihnen diese Auffassung so auszulegen trachten wird, als liefe sie darauf hinaus, Prädikationen wie »Dies ist ein Tisch« und »Dies ist rot« und »Dies ist rund« bedeuteten infolgedessen eigentlich soviel wie »Dieser Tisch ist wirklich« oder »Dieser Tisch ist existent« und das Entsprechende im Fall von »Dieses Rote ...« oder »Dieses Runde ...«, was jedoch erst recht unhaltbar, weil erst recht bloß tautologisch oder analytisch-uninformativ sei. Und warum? – so wird man Ihnen triumphierend kommen wollen –, weil dabei für »Dieser Tisch ...« auch eben dieses Tisches Existenz bzw. Wirklichkeit schon immer vorgegeben und vorausgesetzt sein müsse.

Doch weit gefehlt! – so müßten Sie jetzt zu erwidern in der Lage sein –, weil »Dieser Tisch ...« oder auch »Dieses Rote ...« oder »Dieses Runde ...« ja, wie Ihnen schon geläufig, nur »Dies ist ein Tisch ...« bedeuten kann bzw. »Dies ist rot ...« und »Dies ist rund ...«. So aber kommen Sie genau zum gegenteiligen Ergebnis: Tautologisch oder analytisch-uninformativ wird »Dieser Tisch ist wirklich« dann nicht deshalb, weil für »Dieser Tisch ...« die Wirklichkeit von diesem Tisch schon immer *vorgegeben* und *vorausgesetzt* sein müßte, sondern weil durch »Dieser Tisch ...« im Sinne von »Dies ist ein Tisch ...« die Wirklichkeit von diesem Tisch ursprünglich allererst *behauptet* oder dieser Tisch als wirklich überhaupt erst *hingestellt* wird; und dies eben weil er als ein wirklicher dabei gerade nicht schon immer vorgegeben und vorausgesetzt sein kann. Prädikation als solche selbst ist somit ursprüngliche Existenzaussage oder Wirklichkeitsbehauptung, und zwar explizite, so daß jeglicher Versuch, im Anschluß an sie eine explizite Existenzaussage oder Wirklichkeitsbehauptung erst noch aufzustellen, nur noch eine tautologische und analytisch-uninformative liefern kann. Und aus demselben Grunde kann dann »Dieser Tisch ist nicht wirklich« auch in der Tat nur einen expliziten Widerspruch bedeuten, eben weil durch »Dieser Tisch ...« im Sinne von »Dies ist ein Tisch ...« die Wirklichkeit von diesem Tisch auch explizit behauptet wird. Und in der Tat, wie schon gesagt: Auch nur ein wirklicher ist überhaupt ein Tisch, so daß der Sinn von Wirklichkeit auch schon im Sinn von Tisch als solchem liegt. Denn ein nur möglicher zum Beispiel ist auch überhaupt kein Tisch, gleichviel, wovon dabei die Rede sei, wie etwa von dem Holz, aus dem er angefertigt werden kann.

Nur unter dieser ihrer Auffassung als Existenzaussage oder Wirklichkeitsbehauptung können Sie sich denn auch jenes Faktum noch erklären, daß tatsächlich jeder Fall einer Prädikation als Form synthetischer empirischer Erkenntnis auch ein Fall von Irrtum sein kann, während jene Fehlauffassung unlösbare Schwierigkeiten damit hat. Bei vorgegebener und vorausgesetzter Wirklichkeit bzw. Existenz desjenigen, worauf Prädikation Bezug nimmt, kann als Irrtum nämlich allenfalls dergleichen wie »Dies ist ein Tisch« und »Dies ist rund« verständlich werden, aber beispielsweise nicht auch so etwas wie »Dies ist rot«, weil man sich höchstens darüber, daß etwas Wirkliches bzw. Existentes Tisch sei oder rund sei, irren könne, aber nicht darüber, daß es rot sei. Nur kann eben ohne Zweifel auch ein jeder solche Fall ein Irrtum sein. Denn was nicht alles kann durch Affektion auf die genannte Weise so etwas wie Rot-Anschauung und mithin auch »rot«-Begriff in uns hervorrufen, so daß wir sie durch ihn in Form von »Dies ist rot« auf etwas Rotes in der Außenwelt hin deuten, ohne daß es etwas Rotes dort auch gäbe, wie wir dies in jedem Traum und jeder Halluzination von etwas Rotem denn auch immer wieder tun.

Daß jegliche Prädikation jedoch recht eigentlich als Existenzaussage oder Wirklichkeitsbehauptung auftritt, läßt auch solche Fälle ohne weiteres verständlich für Sie werden: Wahrnehmung in Form von »Dies ist rot« bedeutet eben nicht, etwas schon immer Wirkliches als rot ursprünglich zu bestimmen, sondern umgekehrt gerade, etwas immer schon als Rotgehalt Bestimmtes ursprünglich als wirklich hinzustellen oder zu behaupten. Und genau in diesem Sinne unterscheidet »Dies ist rot« von anderer synthetischer empirischer Erkenntnis als Prädikation wie »Dies ist rund« oder »Dies ist ein Tisch« sich denn auch überhaupt nicht. Und das gilt für alle übrige synthetische empirische Erkenntnis gleicherweise, wie komplex auch immer dasjenige sei, was sie als Wirklichkeitsbehauptung oder Existenzaussage je und je als wirklich hinstellt. Welche Komplexion auch immer sie erreichen mag, etwa durch Nutzung von Mathematik oder Formaler Logik, – auch so etwas wie ein »nicht«, »und«, »oder«, »wenn-dann«, »alle«, »einige« und »ist gleich« kann dabei nur zur Bestimmung dessen dienen, was tatsächlich immer schon – und sei es noch so hoch komplex – bestimmt sein muß, um dasjenige darzustellen, was dann insgesamt dadurch behauptet wird, so daß dies auch tatsächlich überhaupt nichts anderes bedeuten kann als: was dann insgesamt dadurch als wirklich hingestellt wird.

Folglich hätten auch »Formale Logik« sowie alle an sie anschließenden Unternehmen gründlich umzudenken, nämlich den Verrat an einem ihrer Ahnherrn endlich aufzugeben. Kein geringerer als Frege nämlich stellt mit Argumenten klar: Es hat dergleichen wie ein »nicht«, »und«, »oder« und »wenn-dann« durchaus nicht den Sinn, so etwas wie Arten von Behaupten zu spezifizieren, also nicht einmal das »nicht« den Sinn der Spezifikation von negativem gegenüber positivem. Überzeugend zeigt er, daß vielmehr ein jedes davon, selbst ein solches »nicht«, noch mit zum »Inhalt« zählt, und erst durch eine bloße »Form« wie diejenige des Behauptens läßt sich dieser dann eben behaupten, weil er sich genausogut auch durch die bloße »Form« des Fragens etwa fragen läßt[7].

Zu diesem »Inhalt« aber zählt nach Frege auch dergleichen wie ein »alle« oder »einige«, so daß ein »Inhalt« auch durch solch ein »alle« oder »einige« noch nicht behauptet wird.[8] Gerade davon rückt jedoch »Formale Logik« ab, soweit sie nämlich »alle« oder »einige« dann als »Quantoren« auffaßt, um sie aus dem »Inhalt« sozusagen auszuklammern und dann gleichsam vor der Klammer in die Rolle des Vollzugs einer Behauptung einzuweisen. Letzteres tritt denn auch untrüglich für Sie daran hervor, daß »einige« im Sinn von »mindest eins« dadurch speziell zum »Existenzquantor« und die Behauptung, die er bilden soll, speziell zur Existenzbehauptung wird.

Doch gegen Freges Argumente hat man dabei schlechterdings kein Gegenargument ins Feld zu führen, wie Sie ferner finden werden: weder dafür, welchen Sinn es überhaupt besitzen könnte, so etwas wie Arten des Behauptens zu spezifizieren, noch gar dafür, weshalb gegenüber »alle« ausgerechnet »einige« speziell den Sinn von Existenzbehauptung bilden sollte, so daß dies von vornherein schon ebenso dogmatisch wie auch problematisch bleibt. Der eigentliche Grund dafür liegt nämlich nur in der Dogmatik jenes Empirismus

7 So bereits in der *Begriffsschrift*, Halle 1879, vgl. S. X, S. XIII, S. 1ff.

8 Vgl. a.a.O., S. 4, S. 19. So aber auch noch in *Die Grundgesetze der Arithmetik*, Bd. 1, Jena 1893, S. 12 sowie in *Kleine Schriften*, hg. I. Angelelli, Darmstadt 1967, S. 198, Anm. 2.

oder Platonismus, wonach Wirklichkeit von Gegenständen stets schon vorgegeben und vorausgesetzt sein müsse. Denn erst dies erzeugt den Schein, als könnten Existenzbehauptungen allein in Form von »einige« und so nur als »partikulare« sinnvoll werden[9]. Und bis heute ungelöst ist die damit verbundene Problematik[10] nur, weil sie auch prinzipiell unlösbar ist, solange man von dieser Art Dogmatik sich nicht radikal befreit.

Und hilfreich dazu könnte eben eine Rückbesinnung auf die Einsicht Freges sein, genauso wie ein »einige« gehöre auch ein »alle« nicht zur »Form«, sondern zum »Inhalt« des Behauptens. Beides nämlich dient zu nichts als zur Bestimmung des Begriffes von genau den Gegenständen, die dann – wie komplex auch immer – durch die »Form« dieses Behauptens selbst als wirklich hingestellt erst werden, so daß ihrer »Form« nach jegliche Behauptung, und zwar expliziterweise, Existenzbehauptung bildet, eine Einsicht, zu der Frege damit immerhin schon unterwegs[11] war: Auf Grund solcher immer gleicher »Form« dieses Behauptens selbst muß jegliche Behauptung auch als solche selbst den immer gleichen Sinn dieses Als wirklich-Hinstellens besitzen, so daß es auch Arten von Behauptungen und damit Existenzbehauptungen im Unterschied zu andern Arten von Behauptungen von vornherein nicht geben kann. Daß Frege zwar zu dieser Einsicht auf dem besten Wege war, doch nicht mehr durchgedrungen ist, liegt nur daran, daß er vermeint: Von immer gleichem Wesen sei Behaupten deshalb, weil, etwas behaupten, soviel heiße wie, etwas als wahr hinstellen[12], was jedoch unhaltbar ist, wie Sie gleich sehen werden.

Nur wird all dies eben erst an Wahrnehmung oder Prädikation als der elementaren offenkundig, weshalb auch nicht zufälligerweise beide miteinander förmlich wie ein Stiefkind von Philosophie behandelt werden, und nicht nur bei Kant, sondern bis heute noch, so unlösbar gehören sie zusammen. Denn welche Form kann Wahrnehmung, die auch einmal als Irrtum auftritt, überhaupt besitzen, wenn nicht die von »Dies ist rot« und »Dies ist rund« und »Dies ist ein Tisch« und dergleichen?, *wie auch umgekehrt*: Wovon kann so etwas

9 Vgl. z.B. W. Carl, *Existenz und Prädikation*, München 1974, S. 71ff.
10 Vgl. a.a.O.
11 Vgl. aber unten S. 708ff.
12 Vgl. z.B. *Kleine Schriften*, Darmstadt 1967, S. 346, S. 347, S. 365.

wie »Dies ist rot« und »Dies ist rund« und »Dies ist ein Tisch« überhaupt die Form sein, wenn nicht die von Wahrnehmung, die auch einmal als Irrtum auftritt? Und so können denn auch Fälle solchen Irrtums nur darin bestehen, etwas immer schon als Rotgehalt oder als Rundgehalt oder als Tischgehalt Bestimmtes durch »Dies ist ein Tisch« oder durch »Dies ist rund« oder durch »Dies ist rot« als wirklich hinzustellen.

Erst von daher nämlich wird für Sie dann auch noch einsichtig, weshalb elementare Wahrnehmung oder Prädikation als negative wie »Dies ist nicht rot« oder »Dies ist nicht rund« oder »Dies ist kein Tisch« nur als Berichtigung von solchem Irrtum überhaupt verständlich werden kann. Und das heißt abermals: nicht etwa in dem Sinn, etwas als Wirkliches schon immer Vorgegebenes wie auch Vorausgesetztes allererst als keinen Tisch oder als nicht rot oder nicht rund zu bestimmen, sondern wieder nur in dem, etwas als nicht rot oder nicht rund oder kein Tisch immer schon Bestimmtes dann als wirklich hinzustellen. Und zwar, weil auch Berichtigung Behauptung ist, und weil Behaupten von etwas auch immer wieder gleicherweise nur Als wirklich-Hinstellen von etwas heißen kann, gleichviel ob nun von etwas Positivem oder Negativem, das hernach womöglich abermals durch etwas Positives eingelöst wird wie zum Beispiel bei »Dies ist kein Tisch, sondern ein Stuhl« oder »Dies ist nicht rot, sondern orange« oder »Dies ist nicht rund, sondern oval«.

Denn erst von daher leuchtet Ihnen dann auch ein, worin Berichtigung von Irrtum eigentlich besteht: nicht darin nämlich, etwas, das im Fall des Irrtums etwas Wirkliches doch gar nicht ist, als solches etwa festzuhalten, um es anders zu bestimmen, sondern darin vielmehr, etwas immer schon Bestimmtes auszutauschen gegen etwas anderes, doch gleichfalls immer schon Bestimmtes, um statt jenes dieses nun als wirklich hinzustellen oder zu behaupten. Und genau in diesem Sinne steht denn in synthetischer empirischer Erkenntnis – von elementarer Wahrnehmung bis zu komplexer Wissenschaft – auch immer wieder auf dem Spiel, ob dieses oder jenes immer schon – sei es elementar oder komplex – Bestimmte nun tatsächlich wirklich ist, wie durch sie hingestellt oder behauptet, oder nicht vielmehr etwas ganz anderes, dann aber gleichfalls immer schon Bestimmtes oder jedenfalls erst einmal zu Bestimmendes.

Nur müssen eben alle jene Unternehmen wie »Formale Logik«, »Semiotik«, »Syntax« und »Semantik« oder auch »Sprachanalyse«

sowie »Wissenschaftstheorie« unlösbare Schwierigkeiten mit dem *Etwas* haben, *das* dadurch als wirklich hingestellt wird, weil sie vom Subjekt als etwas Nichtempirischem und von Philosophie als nichtempirischer Erkenntnis einer Reflexion darauf nichts wissen wollen. Dadurch nämlich können sie auch davon, daß ein solches Subjekt in Gestalt von solchem Etwas oder solchem Gegenstand sich etwas Anderes als sich schon immer aus sich selbst heraus entwirft und vorstellt, überhaupt nichts wissen: um so weniger, da dieser Gegenstand als solcher dabei seinerseits bloß etwas Nichtempirisches und damit etwas bloß für Reflexion Zugängliches sein kann, zu dem sich nichtempirische Subjekte nur verwirklichen, um dadurch auf empirische Objekte als Erfolge für sich selbst als Intentionen auszugehen. So jedoch gerät mit allem, was dazugehört, gerade dieses Nichtempirisch-Wirkliche der Intention eines Subjekts vor jenem Objekt als Empirisch-Wirklichem eines Erfolgs von ihr so in den Hintergrund, es selbst nämlich so in den Vordergrund, daß dann vor lauter Empirie jene Nichtempirie, *für die* es diese Empirie doch überhaupt erst geben kann, verschwinden muß.

Ja derart überwältigend wirft sich Empirisch-Wirkliches in dieser Weise auf zum Einzig-Wirklichen, daß jenes Nichtempirisch-Wirkliche, *für das* es dies Empirisch-Wirkliche doch überhaupt erst geben kann, sogar so grundsätzlich verschwunden ist, daß es auch dann verschwunden bleibt, wenn es gerade aufzutauchen scheint, indem es nämlich seinerseits etwas Empirisch-Wirkliches zu bilden scheint. Denn liegt nicht auf der Hand, daß es zum Wahrgenommenen auch noch das Wahrnehmen sowie das Wahrnehmende geben muß, und zwar empirisch, mithin zum Behaupteten auch das Behaupten und so das Behauptende, was dann als das »empirische« Subjekt herumgereicht wird? Ja versteht sich nicht sogar von selbst, etwas behaupten, heiße keineswegs, etwas als wirklich hinstellen, beispielsweise einen Tisch, heiße vielmehr, etwas als wahr hinstellen, eben die Behauptung »Dies ist ein Tisch« selber? Und ist diese denn nicht gleichfalls etwas Wahrnehmbares und mithin Empirisch-Wirkliches?

Nur haben Sie sich mittlerweile freilich systematisch hergeleitet, daß dies prinzipiell unmöglich ist. Bedeutete, etwas behaupten, in der Tat, etwas als wahr hinstellen, so könnte dabei nämlich auch grundsätzlich nicht von so etwas wie einem Tisch die Rede sein, sondern allein von so etwas wie der Behauptung »Dies ist ein Tisch« selbst, weil sie allein wahr (oder falsch) sein kann, ein Tisch jedoch bloß wirklich (oder unwirklich). Von Grund auf ausgeschlossen aber ist das nunmehr deshalb, weil das heißen müßte, daß die jedesmalige Behauptung dabei selbst zum Gegenstand oder zum Thema wird, was aber schlechterdings nicht stimmen kann. Denn sie ist nichts als Subjektivität, das heißt, nichts als Intentionalität, die nichts als ausgeht, nämlich auf ein *Anderes* als sich, mithin gerade *nicht* auf sich, sondern *ausschließlich* auf ein Anderes als sich, nur eben auf ein Anderes als sich *für sich*.

Und daraus folgt jetzt zwingend, daß, etwas behaupten, nur, etwas als wirklich hinstellen, bedeuten kann, das heißt: statt *sich* als *wahr* vielmehr als *wirklich* etwas *Anderes* als sich, und dies in jedem Fall einer Behauptung, ob in dem elementarer Wahrnehmung oder komplexer Wissenschaft. Zu meinen, daß, etwas behaupten, soviel wie, etwas als wahr hinstellen, heiße, läuft sonach zuletzt darauf hinaus, zu meinen, wie ein Objekt auch sich selbst als ein Subjekt in Empirie noch einbeziehen zu können, was jedoch genauso ausgeschlossen ist wie, daß ein Zeichen jemals Zeichen seiner selbst sein könnte[13]. Doch als etwas Nichtempirisches kann solch ein Subjekt eben auch nur für Nichtempirie der Reflexion und damit auch nur für Philosophie zum Thema werden. Diese aber wird auf solche Weise grundsätzlich verfehlt, das heißt, als Quasi-Empirie verkannt und so auch das Subjekt noch als etwas Quasi-Empirisches: ob nun im Sinn des Empirismus oder Platonismus, der ja seinerseits nur höherer Empirismus ist. Und eben diese falsche Reflexion, der jeder von uns erst einmal anheimfällt und von daher auch erst durch Berichtigung entkommt, ist es, die jene Unternehmen, weil sie ohne jede Reflexion auf nichtempirische Subjekte auszukommen meinen, zu Verirrungen verführt, die ihresgleichen suchen.

Damit nämlich öffnet sich der Haupteingang zu jenem Friedhof als dem Heiligtum, in dem »Formale Logiker«, »Semiotiker«, »Syntaktiker«, »Semantiker«, »Sprachanalytiker« oder »Wissenschaftstheoretiker« lebendige Subjekte opfern und vor ihren Leichen auf die Kniee sinken, um sie beispielsweise als das Wahre oder Falsche zu verehren.

13 Was natürlich keineswegs bedeutet, daß man nach dem Grundsatz »Sprache ist geduldig« nicht auch solche Sätze formulieren könnte, die den Schein erzeugen, als ob Zeichen sehr wohl Zeichen ihrer selbst zu sein vermöchten, einen Schein, dem die Entlarvung aber auf dem Fuße folgt: durch die bekannten unauflöslichen Paradoxien aller Art, die solche Sätze nach sich ziehen.

Noch inmitten unseres Jahrhunderts zelebrieren sie auf diese Weise nunmehr schon Jahrzehnte lang eine Mythologie, die aufzudecken oder aufzuklären oder sogar aufzuheben gar nicht einfach ist. Allein schon dieses Wahre oder Falsche selbst ist nämlich dieser Mythos, der sonach auch nur zusammen mit dem Wahren oder Falschen selbst beseitigt werden könnte, was verirrten Abendländern aber wie Entheiligung des Allerheiligsten erscheinen müßte. Denn wie ließe sich wohl auch nur rütteln daran, daß es Wahres oder Falsches gibt?

Deswegen müssen Sie auch auf der Hut sein, sich nicht falsch beschwichtigen zu lassen, um nicht unversehens noch mit auf den Knien zu liegen: Keineswegs ist es damit getan, beflissen zu versichern, als das Wahre oder Falsche würden jene Leichen freilich nicht als solche, sondern nur als je und je »benutzte« und »verwendete« verehrt, und so geschehe doch dem Subjekt als »benutzendem« oder »verwendendem« Genüge. Denn worauf es für Sie ankommt, ist vielmehr, sich zu verdeutlichen: Sogar wenn zugegeben würde, daß eine Behauptung keineswegs nur etwas von einem Subjekt »Benutztes« und »Verwendetes«, sondern als das Ergebnis seiner Selbstverwirklichung jeweils ein Subjekt selbst ist, könnte sie nicht etwas Wahres oder Falsches sein, ja dann am allerwenigsten. Denn schlechthin sinnlos muß es bleiben, etwa dieses Subjekt dann als etwas Wahres oder Falsches aufzufassen, wie Sie nunmehr sehen müßten. Etwas Wahres oder Falsches kann vielmehr grundsätzlich nur die Leiche eines Subjekts sein; und damit liefert, etwas Wahres oder Falsches auch nur anzusetzen, auch schon den Beweis dafür, daß Tötung statthat: Ein lebendiges Subjekt als Selbstverwirklichung zu einer Intention in der Gestalt einer Behauptung nämlich ist dann zwar erfolgreich oder auch erfolglos, deshalb aber nicht sogleich wahr oder falsch, weil ein Subjekt seinen Erfolg bzw. Mißerfolg als Wirklich- oder Unwirklichkeit seines Gegenstands vielmehr ausschließlich *außer sich* und keineswegs etwa als seine Wahrheit oder Falschheit ausschließlich *in sich* hat. Schlechthin unerfindlich muß es Ihnen denn auch bleiben, was ein »wahres oder falsches Subjekt« eigentlich bedeuten sollte.

Denn genauso sinnlos wie, ein Subjekt selbst als etwas Wahres oder Falsches aufzufassen, wäre umgekehrt, eine Behauptung selbst, die etwas Wahres oder Falsches nur als Leiche ist, genausogut als dasjenige aufzufassen, was als diese Leiche selbst etwa erfolgreich oder auch erfolglos sei. Dies kann vielmehr ausschließlich ein lebendiges Subjekt als in Gestalt einer Behauptung jedesmal zu einer Intention sich selbst verwirklichendes sein. Deswegen handelt es sich auch bei dem »benutzenden« oder »verwendenden« nur um ein scheinlebendiges Subjekt, weil Leichen auch als die »verwendeten« oder »benutzten« nicht lebendig werden können. Und so sind es auch nur Leichen unter Leichen, die mithin auch nur den Anschein der Lebendigkeit von so etwas wie Wahrem oder Falschem haben, weil es vielmehr so etwas wie Wahrheit oder Falschheit überhaupt nicht geben kann, sondern allein Erfolg bzw. Mißerfolg für ein Subjekt als Intention, das ihn als etwas *Anderes* als sich, nämlich als Wirklich- oder Unwirklichkeit seines Gegenstandes eben *außer* sich anstatt als Wahrheit oder Falschheit *in* sich hat.

Aufs radikalste also gilt es für Sie, Wahrheit oder Falschheit auszumerzen, um als deren eigentlichen Sinn, den sie jedoch bis zur Unkenntlichkeit verstellen, Erfolg bzw. Mißerfolg dann aufzudecken und in Systematik einzubringen, nämlich als den eigentlichen Sinn von Wirklich- oder Unwirklichkeit jenes Gegenstandes von Erkenntnis[14]. Da es nämlich unser aller Los ist, Reflexion erst einmal zu verfehlen, hatten wir auch selbst zunächst von Wahrheit oder Falschheit der Erkenntnis auszugehen, wie Ihnen sicher noch erinnerlich sein wird. Das taten wir indessen nur, um schließlich jene immer schon bestehende, doch niemals recht gesehene Äquivalenz zwischen der Wahrheit oder Falschheit von Erkenntnis und der Wirklich- oder Unwirklichkeit ihres Gegenstandes im soeben ausgeführten Sinn zu radikalisieren, und das heißt: zugunsten letzterer zu reduzieren. Denn genau diese Äquivalenz ist es, die jene Unternehmen, welche dieser ihrer Radikalisierung sich vielmehr verweigern, schließlich noch zu weiteren Verirrungen verführt, vor denen sie auch dadurch nicht zurückschrecken, daß es sich dabei nur noch um Grotesken handelt, da sie dessen überhaupt nicht innewerden können.

Hat nämlich Tötung von lebendigen Subjekten sich erst einmal eingespielt, dann liegen deren Leichen in der Welt auch überall so dicht an dicht, daß nicht allein lebendige Subjekte einerseits, sondern auch anderseits ihrer Lebendigkeit entsprechende Objekte hier vor lauter Leichen überhaupt nicht mehr zur Kenntnis kommen können: Nicht etwa die Wirklich- oder Unwirklichkeit jener Gegenstände sei es, was ursprüngliche synthetische empirische Erkenntnis je und je

14 Vgl. dazu weiter unten § 32f.

erkenne, jener Gegenstände, die im Falle ihrer Wirklichkeit dann beispielsweise »Dinge« wie »ein Tisch« sind oder »etwas Rotes« oder »etwas Rundes«, so vertreten jene Leichenfreunde letztlich folgerichtig. Was synthetische empirische Erkenntnis je und je erkenne, seien vielmehr »Sachverhalte«, die »bestehen« bzw. »nicht bestehen« – je danach, ob ursprüngliche synthetische empirische Erkenntnis »wahr« ist oder »falsch« – und die im Fall der »Wahrheit« letzterer bzw. des »Bestehens« ersterer »Tatsachen« seien, so daß gelten soll: »Die Welt ist die Gesamtheit der Tatsachen, nicht der Dinge«[15]. Doch obwohl man gegen diese unhaltbare Auffassung durch eine gleichzeitige Einsicht Freges[16] schon gefeit sein könnte, hängt man ihr bis heute[17] an: vermutlich aber nur, weil man auch diese Auffassung sich niemals an elementaren Beispielen verdeutlicht. Solche nämlich decken unerbittlich auf, welch einen Unsinn dies auch dann noch, ja gerade dann bedeutet, wenn man Freges Platonismus der Gedanken und mithin der Sachverhalte oder Tatsachen nicht mitmacht, sondern bei Vernunft bleibt, und das heißt: beim Subjekt, das Gedanken denkt, indem es sie spontan erzeugt und nicht nur rezeptiv bloß faßt. Denn zweifellos ist Frege damit auch im Fall von Beispielen wie »Dies ist rot« und »Dies ist rund« und »Dies ist ein Tisch« noch im Recht, weil zwischen dem *Gedanken*, daß dies ein Tisch ist bzw. daß dies rund ist oder daß dies rot ist, und dem *Sachverhalt* oder der *Tatsache*, daß dies ein Tisch ist oder daß dies rund ist oder daß dies rot ist, schlechterdings kein Unterschied bestehen kann.

Nur formulieren freilich Ausdrücke wie »der Gedanke, daß ...« oder »der Sachverhalt, daß ...« und »die Tatsache, daß ...« letztlich alle bloß Versuche, dasjenige, was in Fällen wie: Dies ist ein Tisch, und: Dies ist rot, und: Dies ist rund, gerade niemals gegenständlich ist, auch selbst noch zu vergegenständlichen, Versuche, die am kürzesten sich durch alleinige Verwendung des Anführungsstriches, nämlich als »Dies ist ein Tisch« und »Dies ist rot« und »Dies ist rund« bewerkstelligen lassen. Solcherart Versuche aber können eben, wie Sie wissen, nur zu Leichen führen, jedenfalls solange man dogma-

15 Vgl. L. Wittgenstein, *Tractatus*, Frankfurt 1960, S. 11 ff.

16 »Eine Tatsache ist ein Gedanke, der wahr ist«. *Kleine Schriften*, hg. I. Angelelli, Darmstadt 1967, S. 359.

17 Ich wüßte Ihnen jedenfalls niemanden anzuführen, der mit Gründen etwas anderes verträte.

tisch-empiristisch oder -platonistisch weiterhin der Überzeugung ist, auf diese Weise auch noch Fälle nichtempirischer Subjekte zu empirischen Objekten zu gewinnen. Denn in Wahrheit läuft das nur darauf hinaus, jene verfehlte Reflexion, der anfänglich wir alle unterliegen, auch noch zum System zu machen anstatt zu berichtigen. Und das führt hier am Ende dazu, daß es gleichfalls nichts als Leichen über Leichen sind, wodurch zu allem Überfluß auch noch die eigentliche Wirklichkeit der Dinge unserer Außenwelt verstellt wird, wenn ihr die von »Sachverhalten« oder »Tatsachen« als angebliche vorgeschoben wird.

Und so vermag denn auch nur richtige anstatt verfehlter, nämlich Reflexion auf das gerade Nichtempirische solcher Subjekte dann den eigentlichen Grund für das Verfehlte jener Unternehmen insgesamt zu nennen: Eines und dasselbe ist es, was dabei zum einen fälschlich als das Wahre oder Falsche aufgefaßt wird, nämlich der Gedanke oder die Behauptung, und zum andern fälschlich als das Wirklich- oder Unwirkliche, sprich, der Sachverhalt oder die Tatsache. Und dieses Selbige, das damit fälschlich für etwas Empirisches gehalten wird, ist überhaupt nichts anderes als jenes immer schon bestimmte Etwas oder jener immer schon bestimmte Gegenstand als vielmehr Nichtempirisches, das ein Subjekt sich auch schon immer vorgestellt oder entworfen haben muß, um in ursprünglicher synthetischer empirischer Erkenntnis von der Form einer Behauptung überhaupt etwas als wirklich hinstellen zu können. Und als wirklich hin stellt ein Subjekt dieses Bestimmte dabei auch allein ursprünglich und synthetisch und empirisch, sprich: allein als ein Empirisch-Wirkliches der Außenwelt, so daß dieses Bestimmte als ein Nichtempirisch-Wirkliches der Innenwelt des Subjekts selbst *für* letzteres dabei genauso unthematisch bleibt wie dieses Subjekt auch sich selbst als der Gedanke oder die Behauptung, und das heißt: auch als das Nichtempirisch-Wirkliche, das etwas als empirisch-wirklich überhaupt erst hinstellt. Und bloß darum, weil dieses Bestimmte freilich immer nur bedeuten kann, daß etwas *als* etwas bestimmt ist, pflegt man es auf Leichenfesten gleich als das bekannte »Propositionale« zu errichten und zu feiern, nämlich Empirismus oder Platonismus mit ihm zu begehen, einerlei, ob nun mit ihm als Wahrem oder Falschem von »Gedanken« oder als Bestehen bzw. Nichtbestehen von »Sachverhalten«, welche bei Bestehen als »Tatsachen« angeblich unsere Welt ausmachen.

Zu solchem Feiern aber gibt es häufiger Gelegenheit; infolgedessen müssen Sie auch öfters auf der Hut sein, um nicht unfreiwillig dabei mitzufeiern. Sich davor bewahren können Sie denn auch am wirksamsten, indem Sie festhalten, daß dies *als* etwas immer schon bestimmte Etwas eben jeglicher ursprünglichen synthetischen empirischen Erkenntnis dann gerade unthematisch und mithin auch nichtempirisch immer schon zugrunde liegt, in Fällen wie: Dies ist ein Tisch, und: Dies ist rot, und: Dies ist rund, – doch ebenso in einem Fall wie: $E=m \cdot c^2$. Denn als ursprüngliche synthetische empirische besteht Erkenntnis stets nur darin, etwas immer schon Bestimmtes allererst als wirklich hinzustellen, nie etwa darin, umgekehrt etwas schon immer Wirkliches erst zu bestimmen, also grundsätzlich in Existenzaussage oder Wirklichkeitsbehauptung. Dies gerade zu verkennen und stattdessen darauf zu bestehen, daß für ursprüngliche synthetische empirische Erkenntnis das Empirisch-Wirkliche schon immer vorgegeben und vorausgesetzt sein müsse, um durch sie bestimmt zu werden, führt dann nämlich jene Unternehmen zwangsläufig zu einer gleichfalls unhaltbaren Auffassung von Existenzaussagen.

Danach nämlich können sie gar nicht umhin, zu meinen, daß ursprüngliche synthetische empirische Erkenntnis nur gelegentlich, das heißt, nur unter anderem auch einmal als Wirklichkeitsbehauptung oder Existenzaussage auftritt. Damit aber kommen jene Unternehmen in die unlösbare Schwierigkeit, *worüber* oder auch *wovon* in Existenzaussagen eigentlich die Rede sei, wenn sie doch Fälle von ursprünglicher synthetischer empirischer Erkenntnis sind. Denn müßte das, *wovon* oder *worüber* sie Erkenntnis ist, als ein Empirisch-Wirkliches für sie schon immer vorgegeben und vorausgesetzt sein, müßte sie als Existenzbehauptung vielmehr unvermeidlich analytisch sein: als positive tautologisch und als negative widersprüchlich. Und geradezu bestärkt in jener vorgefaßten Überzeugung fühlt man sich, weil Beispiele wie »Dieser Tisch ist wirklich« oder »Dieser Tisch ist nicht wirklich« tatsächlich tautologisch oder widersprüchlich sind.

Doch wie Sie wissen, sind sie dies durchaus nicht, weil dasjenige, *wovon* oder *worüber* hier gesprochen wird, als existent schon immer vorgegeben und vorausgesetzt sein müßte, sondern nur, weil es durch »Dieser Tisch ...« im Sinne von »Dies ist ein Tisch ...« als existent behauptet, und das heißt, als existent ursprünglich hingestellt wird, was jedoch dogmatisch-empiristisch Überzeugte überhaupt nicht ahnen können. Und so machen sie sich händeringend auf die Suche nach etwas Empirisch-Wirklichem, *wovon* oder *worüber* eine Existenzaussage »eigentlich« etwas behauptet, so daß sie als zweifellose Formulierung von ursprünglicher synthetischer empirischer Erkenntnis auch verständlich wird. Und siehe da – wenn man nur richtig sucht, ist ein dazu geeignetes Empirisch-Wirkliches auch bald gefunden.

Richtig suchen nämlich heißt in diesem Fall zunächst einmal, einen genügend großen Bogen machen um die Schwierigkeiten jener Beispiele wie »Dieser Tisch ist wirklich« oder »Dieser Tisch ist nicht wirklich«, um ihnen zu entgehen und von vornherein nur auszugehen von Beispielen wie »Tische existieren« oder »Tische existieren nicht«[18]. Und liegt nicht förmlich auf der Hand, daß solche Existenzaussagen überhaupt nicht über Tische, die ja angeblich schon immer existieren, sondern über den Begriff oder die Klasse »Tisch« aussagen? Nur daß diese dafür ebenfalls schon immer existieren müssen, sei es empiristisch oder platonistisch, so daß in unendlichem Regreß sich jene Schwierigkeit einer Tautologie bzw. Widersprüchlichkeit erneuern müßte. Doch hier weiß man sich zu helfen: Selbstverständlich heiße, »Tische existieren«, nicht etwa, »›Tisch‹ existiert«, sondern »›Tisch‹ ist erfüllt« oder »›Tisch‹ ist nicht leer« bzw. »Unter ›Tisch‹ fällt etwas« oder »›Tisch‹ faßt etwas unter sich«[19].

Nur scheint man dabei überhaupt nicht zu bemerken, wie man so gerade hieb- und stichfest macht, daß Existenz bzw. Wirklichkeit

18 Nur solche nämlich scheinen zu belegen, daß auch überflüssig-explizite Existenzaussagen sehr wohl sinnvoll seien, nämlich auch diejenigen, die mittels überflüssig-explizitem »... existiert« und »... wirklich« oder auch »Es gibt ...« auftreten. Dieser Schein entspringt jedoch nur dadurch, daß in einem Fall wie »Tische existieren« oder »Es gibt Tische« anders als in einem Fall wie »Dieser Tisch ist wirklich« unbestimmt bleibt, welcher Gegenstandsbezug darin durch »Tische ...« oder »... Tische« eigentlich erfolgt, obwohl dies innerhalb von Existenzaussage als ursprünglicher synthetischer empirischer Erkenntnis doch bestimmt sein müßte. Je bestimmter aber dieser Gegenstandsbezug erfolgte, desto weiter müßte sich der Sinn von »Tische ...« oder »... Tische« an den Sinn von »Dieser Tisch ...« annähern und im selben Maß dann auch die überflüssig-explizite Existenzaussage sinnlos werden, nämlich tautologisch oder widersprüchlich.

19 Vgl. G. Frege, *Die Grundlagen der Arithmetik*, Darmstadt 1961, § 53. Dazu G. Prauss, *Einführung in die Erkenntnistheorie*, Darmstadt 1980, 2. Aufl. 1988, S. 197ff.

mithin tatsächlich nur vom *Gegenstand* oder von *Gegenständen* des Begriffes »Tische« oder »Tisch« behauptet werden kann[20], und wie man damit diese Problematik, die man lösen wollte, nicht nur nicht bewältigt, sondern noch bekräftigt: Nach dem weiten Bogen um die Schwierigkeit der Beispiele wie »Dieser Tisch ist wirklich«, um sich ungerechtfertigt auf Beispiele wie »Tische existieren« zu beschränken, geht man auch noch zu dem feinen Kunstgriff über und ersetzt sie kurzerhand durch »›Tische‹ ist erfüllt«, nur um sich dieser Problematik gar nicht erst zu stellen. Denn schließlich wollte man doch wissen, wovon eigentlich die Rede ist, wenn man von etwas sagt, es *existiere* oder es sei *wirklich*, aber nicht, wovon man spricht, wenn man von etwas sagt, daß es »erfüllt« sei oder etwas »unter sich befasse« und dergleichen.[21]

Jenes nämlich hieße, aufs lebendige, nämlich aufs nichtempirische Subjekt zu reflektieren, dem man aber seine empiristisch oder plato-

20 Wie Sie finden werden, stellt man dies als einen »Fehlschluß« hin, obwohl man die Begründung dafür schuldig bleiben *muß*, weil man sie gar nicht geben *kann* (vgl. H.-U. Hoche, W. Strube, *Analytische Philosophie*, Freiburg 1985, S. 52ff.). Ein Fehlschluß liegt hier vielmehr umgekehrt bei Frege vor und allen, die ihm blindlings folgen, nämlich der bekannte Kurzschluß, daß extensionale Äquivalenz auch bereits intensionale sei. Denn so gewiß »x existiert« extensional äquivalent ist mit »›x‹ ist erfüllt«, so doch in keiner Weise auch intensional äquivalent: Gerade weil der Sinn von »existiert« daran gebunden bleibt, daß er von x und nicht von ›x‹ behauptet ist, wird durch den Sinn von »ist erfüllt«, der umgekehrt daran gebunden bleibt, daß er von ›x‹ und nicht von x behauptet ist, über den Sinn von »existiert« nicht das geringste ausgesagt.

21 Und was Frege dabei indirekt an Kant bemängeln möchte, fällt zutiefst ironisch auf ihn selbst zurück. Meint Frege doch tatsächlich, daß erst er den Grund dafür benennt, weshalb der ontologische Gottesbeweis nicht an sein Ziel kommt (a.a.O.). Eigentlich entscheidend dafür aber war die Einsicht Kants gewesen: »Sein ist ... kein reales Prädikat« (A 598 B 626). Gerade diese aber gibt, doch ohne daß er dies bemerkte, Frege wieder preis. Denn vom Begriff zu sagen, daß er etwas »unter sich befasse«, oder auch, daß er »erfüllt« sei, heißt von neuem, ein »reales« Prädikat zu prädizieren, nur anstatt vom *Gegenstand* eines Begriffs vielmehr von *diesem*, woran Freges falscher Empirismus oder Platonismus offenkundig wird. Was Kant versäumt, ist vielmehr, daß er seine Einsicht nicht voll durchführt: Sein ist nicht nur kein reales, sondern überhaupt kein Prädikat, weil es als etwas rein Formales mit Realem *aller* Prädikate *jeglicher* Behauptung miteinhergeht. Denn als solches selbst besteht Behaupten im Als wirklich-Hinstellen von etwas. Ohne Wissen davon, und das heißt am Ende: mangels Einsicht in die Grundstruktur elementarer Wahrnehmung in

nistisch vorfindbare Leiche eben vorzieht, um auch noch das Fest ihrer Zerstückelung und so auch Leichenteile noch zu feiern. Denn erst recht ist ein Begriff wie: ... Tisch, nämlich ein bloßes Aufbaustück einer Behauptung wie: Dies ist ein Tisch, bloß etwas Nichtempirisch-Wirkliches, das dem Subjekt als jeweiliger Selbstverwirklichung zu Nichtempirisch-Wirklichem wie: Dies ist ein Tisch, auch erst recht nicht Thema werden kann. Thematisch werden kann dabei vielmehr nur das, *wovon* dieser Begriff eben Begriff ist: das durch ihn bestimmte Etwas oder der durch ihn bestimmte Gegenstand; und zwar auch nur als das Empirisch-Wirkliche der Außenwelt, als das er mittels der Verwendung des Begriffes: ... Tisch, zu der Behauptung: Dies ist ein Tisch, überhaupt erst hingestellt wird, so daß dieser Gegenstand als etwas Nichtempirisch-Wirkliches der Innenwelt des Subjekts selbst auch seinerseits gerade unthematisch bleiben muß.

Und so ergibt sich Ihnen dann allein schon analytisch, daß dabei auch nur von eben diesem Gegenstand die Rede sein kann, der dabei auch nur in solchem Sinn thematisch werden kann, daß er als etwas Nichtempirisch-Wirkliches der Innenwelt von Subjektivität gerade als Empirisch-Wirkliches der Außenwelt erst hingestellt wird: Insofern nur immer gilt, daß es ursprüngliche synthetische empirische Erkenntnis als Behauptung ist, die solch ein Etwas als etwas Empirisch-Wirkliches erst hinstellt, *kann* es sich bei diesem Etwas um etwas Empirisch-Wirkliches noch gar nicht handeln, *muß* es sich bei ihm vielmehr – weil ja in jedem Fall um etwas – prinzipiell um etwas Nichtempirisch-Wirkliches dann handeln, da sie sonst bloß analytisch wäre statt synthetisch. Denn nur darin ist ursprüngliche empirische Erkenntnis überhaupt synthetisch, daß etwas Empirisch-Wirkliches zum Thema für sie überhaupt nur werden kann, *indem* sie etwas Nichtempirisch-Wirkliches aus sich heraus- gleichsam hinaus- und *als* Empirisch-Wirkliches ursprünglich überhaupt erst hinstellt: eben erst synthetisiert.

Da man aber – reflexionsunwillig, wie man ist – von diesem *Gegenstand* eines Begriffs als etwas Nichtempirisch-Wirklichem gerade *innerhalb* von Subjektivität nichts wissen kann, stellt man nicht nur das Grundverhältnis zwischen beiden auf den Kopf, indem man

Form elementarer Prädikation als dem Ursprung von empirischer Erkenntnis nämlich orientiert auch Kant sich dabei noch an überflüssig-expliziter Existenzbehauptung (so etwa in R 5711, Bd. 18, S. 333).

statt den *Gegenstand* eines Begriffs dann vielmehr den *Begriff* zum Gegenstand für eine Existenzaussage macht, weil dieser angeblich im Unterschied zu jenem etwas empiristisch oder platonistisch Vorfindbares sei. Recht eigentlich setzt man auf diese Weise schließlich nicht nur die Behauptung oder den Gedanken, sondern auch noch den Begriff, will sagen, auch das bloße Aufbaustück von ihnen noch als etwas *außerhalb* von Subjektivität an, so daß man an Stelle von lebendigen Subjekten nicht nur Leichen, sondern auch noch Leichenstücke feiert.

Solches Feiern aber kann nichts unergriffen lassen, muß vielmehr am Ende auch noch Beispiele wie »Dieser Tisch ist wirklich« einbeziehen, zumal ja Beispiele wie »Tische existieren« sich in ihrem Sinn nicht wesentlich von ihnen unterscheiden können. Nur daß dabei etwas gänzlich anderes zur Erklärung dafür herzuhalten hat, *wovon* oder *worüber* hier die Rede sei, weil Beispiele wie »Dieser Tisch ist wirklich« auch beim schlimmsten Willen nicht als Aussagen über Begriffe anstatt über Gegenstände von Begriffen sich verstehen lassen können. Und so hat man auch dies gänzlich andere, wenn man nur richtig sucht, alsbald gefunden. Richtig danach suchen nämlich heißt in diesem Fall bloß zügig davon absehen, daß man eigentlich von Beispielen wie »Dieser *Tisch* ist wirklich« sprechen möchte, und stattdessen nur von »Dies ist wirklich« oder von »Dies existiert« noch ausgehen.[22]

Denn ist man so weit erst einmal gekommen, bringt man es auch noch viel weiter, nämlich dahin, sich zu überreden, mit »Dies existiert« oder mit »Dies ist wirklich« spreche man recht eigentlich von »Sinnesdaten«[23]. Danach nämlich heiße schon »Dies ist ein Tisch« recht eigentlich soviel wie »Dieses Sinnesdatum ist *das eines* Tisches«, so daß »Dies ist wirklich« oder »Dieser Tisch ist wirklich« auch recht eigentlich bedeute »Dieses Sinnesdatum ist *das eines* physischen Objektes«[24]. Und sind solche »Sinnesdaten« denn nicht in der Tat auch selbst etwas Empirisch-Wirkliches, das für empirische Erkenntnis stets schon vorgegeben und vorausgesetzt sein muß, sie aber trotzdem als ursprüngliche synthetische nicht nur nicht unverständlich werden läßt, sondern sogar erklären kann?

22 So G.E. Moore, *Philosophical Papers*, New York 1962, S. 123, Z. 26ff.
23 A.a.O., S. 124f.
24 A.a.O.

Dazu nämlich braucht man bloß zu übersehen: In Fällen wie: Dies ist ein Tisch, bleibt nicht nur der Begriff wie: . . . Tisch, sondern mit ihm zusammen auch die Tisch-Anschauung gänzlich unthematisch. Denn thematisch wird dabei stets nur der Gegenstand, *von dem* er der Begriff und sie die Anschauung ist, und auch nur als das Empirisch-Wirkliche, *als das* er dabei überhaupt erst hingestellt wird. Und so bleibt er auch gerade als das Nichtempirisch-Wirkliche, als das er immer schon zugrunde liegen muß, um als etwas Empirisch-Wirkliches dann auch nur hingestellt werden zu können, dabei unthematisch, und mit ihm denn auch erst recht die Anschauung von ihm. Wie der Begriff von ihm bleibt sie denn auch erst recht bloß etwas Nichtempirisch-Wirkliches, das für empirische Erkenntnis überhaupt nicht – auch nicht nachträglich, geschweige vorgängig – zum Thema werden kann.

Empirisch nämlich ist Erkenntnis doch wohl darin, daß sie entweder in Wahrnehmung besteht, wie bei: Dies ist ein Tisch, oder auf Wahrnehmung beruht, was selbst für einen Fall wie: $E=m \cdot c^2$, noch gelten muß. Mit Wahrnehmen kann dabei aber immer wieder nur soviel wie Sehen oder Hören oder Tasten oder Schmecken oder Riechen eines Dinges oder auch Ereignisses der Außenwelt gemeint sein und nicht etwa auch genausogut ein Wahrnehmen von so etwas wie «Sinnesdaten« in der Innenwelt. Denn schlechterdings unmöglich ist es, so zu tun, als ob auch solche »Sinnesdaten« in der Innenwelt noch etwas seien, das wir sehen oder hören oder tasten oder schmecken oder riechen könnten. Davon auszugehen, es gebe auch von so etwas wie »Sinnesdaten« in der Innenwelt empirische Erkenntnis – sei es vorgängig vor oder nachträglich zu solcher Wahrnehmung von Außenwelt –, kann somit letztlich nur darauf hinauslaufen, für »Sinnesdaten« in der Innenwelt noch eine Art von *Sechstem Sinn* vorauszusetzen, was Sie aber schwerlich überzeugen wird.

Dies nämlich heißt nur einmal mehr, an Stelle von lebendigen Subjekten vielmehr Stücke ihrer Leichen zu verherrlichen: bloß um dogmatisch, nämlich empiristisch oder platonistisch daran festhalten zu können, daß ursprüngliche synthetische empirische Erkenntnis auch als Wirklichkeitsbehauptung oder Existenzaussage jedenfalls von etwas oder über etwas aussage, das als etwas empirisch oder mindestens quasi-empirisch Wirkliches für sie schon immer vorgegeben und vorausgesetzt sein müsse. Denn durchaus nicht ist dabei im einen Fall etwa von Anschauung, im andern Fall dagegen von

Begriff die Rede und mithin, da diese doch wohl kaum Dasselbe sind, von Fall zu Fall von Unterschiedlichem, sondern in jedem Fall tatsächlich von Demselben: ihrem Gegenstand. Nur kann er als etwas durch ein Subjekt bloß *vorgestelltes* und *entworfenes* Anderes, nämlich als das, wovon ein Subjekt vorerst bloß *vorweg* Begriff mit Anschauung ist, eben nicht auch schon ein *Wirklich*-Anderes zu diesem Subjekt sein. Und so vermag er nicht einmal für Empiristen oder Platonisten, sprich, nicht einmal scheinbar wie Begriff und Anschauung etwas empirisch oder mindestens quasi-empirisch Wirkliches zu bilden, so daß jeweils nach Bedarf zum hohen Fest bald sie bald er als Schein desselben Stelle zu vertreten hat.

Jedoch vergebens, wie Sie nunmehr sehen müßten. Denn durch keines davon kann die Schwierigkeit, *wovon* oder *worüber* eine Existenzaussage oder Wirklichkeitsbehauptung als ursprüngliche synthetische empirische Erkenntnis handelt, lösbar werden, weil durch jedes davon diese Schwierigkeit vielmehr gerade erst hervorgerufen wird und somit selbstgemacht ist. Anstatt von etwas empirisch oder wenigstens quasi-empirisch, nämlich platonistisch scheinbar Vor*gegebenem* – wie Anschauung oder Begriff – sagt eine Wirklichkeitsbehauptung oder Existenzaussage als ursprüngliche synthetische empirische Erkenntnis vielmehr über etwas nichtempirisch Vor*gestelltes* aus: über jenen *Gegenstand*, den als etwas *Empirisch*-Wirkliches synthetisch *hin*zustellen ein Subjekt nur dadurch überhaupt vermag, daß es ihn eben erst einmal als etwas *Nichtempirisch*-Wirkliches synthetisch *vor*zustellen in der Lage ist. Und etwas *vor* stellt ein Subjekt gerade aus sich selbst als etwas Nichtempirisch-Wirklichem heraus und damit auch zunächst einmal als etwas Nichtempirisch-Wirkliches hinaus, auch wenn durch Affektion in Form von Raum und Zeit als dem Entscheidenden an diesem Vorstellen sich Anschauung, Begriff und deren Gegenstand als je und je bestimmter oder je und je bestimmte bildet.

Denn sogar als ein *Empirisch*-Wirkliches *hin* stellt ein Subjekt dieses Nichtempirisch-Wirkliche allein durch sich als selber Nichtempirisch-Wirkliches, nämlich allein durch seine Selbstverwirklichung zu vollständiger Intention als der Behauptung oder Aussage, als die es dabei gleichfalls gänzlich unthematisch bleiben muß. Thematisch werden kann dabei nämlich erst *für* sie etwas *Anderes* als sie: nur dieses *durch* sie als empirisch-wirklich *hin*gestellte Nichtempirisch-Wirkliche des *für* sie *vor*gestellten *Gegenstandes*. Und nur darin liegt denn auch die eigentliche Synthesis, durch die ein jeder Fall empirischer Erkenntnis eben einer von *ursprünglicher* oder *synthetischer* empirischer Erkenntnis ist und bleibt und damit eben Existenzaussage oder Wirklichkeitsbehauptung, angefangen von so etwas wie: Dies ist ein Tisch, und: Dies ist rot, und: Dies ist rund, bis hin zu so etwas wie: $E = m \cdot c^2$. Und kann für diese als *intentio recta* nur *Empirisch*-Wirkliches zum Thema werden, so kann *Nichtempirisch*-Wirkliches wie Anschauung, Begriff und deren Gegenstand auch umgekehrt nur für *intentio obliqua*, nur für jene nichtempirische Erkenntnis von Philosophie als Reflexion thematisch werden: doch erst dann, wenn diese, die erst einmal fehlschlägt, es vermag, sich kritisch zu berichtigen, wogegen jene Unternehmen vielmehr unkritisch gerade diesen Fehlschlag zum System erheben.[25]

§ 24. Das Verhältnis von »Subjekt« und »Prädikat«

Nachdem uns klargeworden ist, was Aussage, Behauptung oder Urteil als angeblich Wahres oder Falsches eigentlich bedeutet, sind wir jetzt auch in der Lage, uns noch weiter zu erklären, aus welchem Grund dergleichen ursprünglich in Form einer Prädikation auftreten muß, das heißt: in jener Einheit von »Subjekt« und »Prädikat« oder des »Indikators« mit dem »Prädikator«. Die Erklärung dafür geht entsprechend dahin, jene Frage, warum ausgerechnet eine solche Zweiheit[1], nunmehr zu beantworten.

Die Antwort darauf aber könnte Ihnen mittlerweile allzu leicht erscheinen, da wir uns doch längst schon hergeleitet haben, jeglicher synthetischen empirischen Erkenntnis müsse ursprünglich Begriff

25 Doch beachten Sie: »Formale Logik«, »Semiotik«, »Syntax« und »Semantik« oder auch »Sprachanalyse« und mit ihnen »Wissenschaftstheorie« werden damit keineswegs als solche kritisiert, weil sie als solche vielmehr auch grundsätzlich anders unternommen werden könnten als bisher, nämlich als Unternehmen der Philosophie als Reflexion auf Subjektivität: Statt als Empirismus oder Platonismus sich und andern vorzumachen, so etwas wie Sprache sei empirisch oder auch quasi-empirisch wie ein totes Objekt vorfind- und behandelbar, vermöchten sie ihr durchaus auch als dem vielmehr lebendigen Subjekt gerecht zu werden, womit sie als solche selbst auch nur gewinnen könnten, weil verlieren auch nur falsch verstandene »Quantoren« und dergleichen.

1 Vgl. oben *Teil 1*, S. 26.

und Anschauung zugrunde liegen. Denn wie sonst, so meinten Sie vielleicht, gelange dies zum Ausdruck, wenn nicht dadurch, daß synthetische empirische Erkenntnis als Behauptung, Urteil oder Aussage sich ursprünglich auch jedesmal in »Subjekt« oder »Indikator« einerseits und anderseits in »Prädikat« bzw. »Prädikator« gliedern muß? Mit *jener* Zweiheit sei sonach auch *diese* letztlich schon mitergeleitet, wovon aber keine Rede sein kann.

Damit nämlich setzten Sie voraus, in Urteil, Aussage oder Behauptung komme so wie ein Begriff durch einen »Prädikator« oder durch ein »Prädikat« auch eine Anschauung zum Ausdruck, nämlich durch ein »Subjekt« oder einen »Indikator«. Unzutreffend aber wäre dies allein schon deshalb, weil Sie schlechterdings nicht sagen könnten: Wie durch »... rot« oder durch »... Tisch« in einem Fall wie »Dies ist rot« oder »Dies ist ein Tisch« jeweils Begriff zum Ausdruck kommt, so Anschauung jeweils durch »Dies ...«. Und negativ bedeutet das zunächst einmal zumindest soviel, daß die Anschauung auf keinen Fall wie der Begriff ein Aufbaustück von Urteil, Aussage oder Behauptung selbst sein kann, nicht in dem Sinne nämlich, daß wie er auch sie einfach darin enthalten wäre, wohingegen solch ein »Dies ...« und damit ein »Subjekt« oder ein »Indikator« doch sehr wohl darin enthalten ist. Und so spricht alles, was sich uns über Begriff und Anschauung, wie sie empirischer Erkenntnis ursprünglich zugrunde liegen müssen, bisher schon ergeben hat, vielmehr dafür, daß jene Antwort viel zu einfach ist: Geht diese Zweiheit von »Subjekt« und »Prädikat« auch ganz gewiß zurück auf jene von Anschauung und Begriff, so bilden beide Zweiheiten doch einen weitaus komplizierteren Zusammenhang, der jedenfalls so kompliziert ist, daß sich jene Antwort nicht nur als zu einfach, sondern eben dadurch auch als falsch erweisen wird. Und dementsprechend werden wir uns diesen weitaus komplizierteren Zusammenhang von beiden auch tatsächlich erst noch herzuleiten haben.

Daß zwar Begriff durch »Prädikat« oder durch »Prädikator«, aber nicht auch Anschauung durch »Indikator« oder durch »Subjekt« in Aussage, Behauptung oder Urteil selbst einfach zum Ausdruck kommen kann, geht schon allein wie folgt für Sie hervor: Aus dieser Perspektive des darin enthaltenen Begriffs wie »... rot« oder wie »... Tisch« kann Aussage, Behauptung oder Urteil nur darin bestehen, daß ein Subjekt diesen immer schon gebildeten Begriff auch noch verwendet, mittels seiner nämlich durch »Dies ist ...« oder

»Dies ist ein ...« insgesamt auch »Dies ist rot« oder »Dies ist ein Tisch« noch bildet. Der auf jener zweiten Stufe immer schon gebildete Begriff ist aber, wie Sie nunmehr wissen, unlösbar an Anschauung gebunden, weil bestimmt-deutfähiger Begriff ursprünglich immer nur zusammen mit bestimmt-deutbarer Anschauung gebildet werden kann. Ihn dann auf dieser dritten Stufe auch noch zu verwenden, heißt sonach, zusammen mit gebildetem Begriff auch noch gebildete Anschauung zu verwenden.

Demgemäß muß eines und dasselbe »Dies ist ...« oder »Dies ist ein ...« jeweils Verwendung von Anschauung ebenso wie von Begriff zum Ausdruck bringen. Also könnte auch durch »Dies ...« auf keinen Fall die Anschauung allein zum Ausdruck kommen, nämlich nicht wie der Begriff allein durch »... rot« oder durch »... Tisch«. Durch »Dies ...« müßte danach vielmehr, wenn überhaupt etwas in solchem Sinn, dann nicht nur Anschauung, sondern auch noch Begriff zum Ausdruck kommen, sowie umgekehrt: durch »... Tisch« bzw. »... rot« nicht nur Begriff, sondern auch Anschauung, was aber vollends nicht verständlich für Sie werden kann.

Denn nicht allein muß Ihnen unverständlich bleiben, wie Begriff durch »Dies ...« zum Ausdruck kommen könnte oder Anschauung durch »... rot« oder durch »... Tisch«. Verständlich werden kann für Sie vor allem nicht, wie in dem Sinn, in dem durch »... rot« oder durch »... Tisch« doch jedenfalls Begriff zum Ausdruck kommt, nämlich daß er in »Dies ist rot« oder »Dies ist ein Tisch« *enthalten* ist, auch Anschauung darin zum Ausdruck kommen könnte. Sie nämlich kann darin vielmehr überhaupt nicht, weder in Gestalt von »Dies ...« noch gar in der von »... rot« oder von »... Tisch«, geschweige in Gestalt von »... ist ...« oder »... ist ein ...« enthalten sein.

Der Grund dafür geht Ihnen auf, wenn Sie nicht aus dem Blick verlieren, worin allein die Anschauung ihr Wesensmerkmal gegenüber dem Begriff hat. Wie Sie nämlich schon ersehen konnten, unterscheiden sich Begriff und Anschauung jeweils nicht darin, daß sie voneinander etwa inhaltlich verschieden wären. Denn was zur Erstellung von ursprünglicher Bestimmtheit irgendeines Inhalts unlösbar einander zugeordnet sein muß, ist ja immer wieder »rot«-Begriff und Rot-Anschauung oder »rund«-Begriff und Rund-Anschauung oder »Tisch«-Begriff und Tisch-Anschauung, und so kommen ihrem Inhalt nach Begriff und Anschauung gerade immer wieder miteinander überein. Verschieden voneinander sind sie vielmehr immer wieder nur durch ihre Form, nur dadurch nämlich, daß derselbe Inhalt jeweils einerseits in Form von Raum als Ausdehnung und so als Anschauung auftritt und anderseits in Form von Zeit als Punkt und damit als Begriff. Entsprechend wird ein Inhalt als bestimmter letztlich immer wieder nur in der Gestalt der unlösbaren Zuordnung von Zeit *und* Raum als Punkt *und* Ausdehnung oder Begriff *und* Anschauung erstellt.

Dann aber dürften Sie auch sehen: Käme in Behauptung, Urteil oder Aussage genauso wie Begriff auch Anschauung zum Ausdruck, nämlich in dem Sinne, daß wie er auch sie darin *enthalten* wäre, müßte gelten, daß in eben diesem Sinne auch Behauptung, Urteil oder Aussage jeweils wie Anschauung etwas in Form von Raum und damit etwas räumlich Ausgedehntes bildeten. Doch mit dem Material ihrer Verlautbarung oder Verschriftlichung werden Sie diese sicher nicht verwechseln, so daß derlei Ihnen vollends unverständlich bleiben muß: Wie der Begriff, der zweifellos darin *enthalten* ist, kann auch Behauptung, Urteil oder Aussage vielmehr allein etwas in Form von Zeit und damit Punkt sein. Muß auf jener zweiten Stufe nämlich Raum mit Zeit und dementsprechend Anschauung in Form von Raum dann mit Begriff in Form von Zeit auch unlösbar einhergehen, so bedeutet dies doch keineswegs, daß Raum etwa *in* Zeit oder Anschauung etwa *in* Begriff auftreten müßte, sondern nur, daß Raum *an* Zeit oder Anschauung *an* Begriff sich bruchlos eben anzuschließen hat, um einen Inhalt als bestimmten zu erstellen.

Zur Bestimmtheit dieses Inhalts aber kommt, indem Begriff nicht bloß gebildet, sondern auch zu Urteil, Aussage oder Behauptung noch verwendet wird, an Inhalt und mithin auch an Bestimmtheit schlechterdings nichts mehr hinzu, wie Ihnen ebenfalls schon klargeworden ist. Nur heißt das nunmehr noch des weiteren: Durch »Dies ist ...« oder »Dies ist ein ...« vermag dann zu Begriff wie »... rot« oder wie »... Tisch« nicht nur kein weiterer Begriff, sondern erst recht auch keine weitere Anschauung noch hinzuzukommen; eine inhaltlich von ihm verschiedene nämlich ohnehin nicht, aber auch nicht die ihm inhaltlich entsprechende, weil sie mit ihm ja immer schon verbunden ist. Und so erweist sich Ihnen nunmehr auch erst recht, daß »Dies ist ...« oder »Dies ist ein ...« tatsächlich etwas rein Formales sein muß, nämlich nicht nur gegenüber dem Begriff, sondern auch gegenüber der Anschauung noch, weil umgekehrt diesem

Formalen gegenüber jenes Inhaltliche ja auch beide nur zusammen bilden.

Und genau in diesem Sinne ist *enthalten in* Behauptung, Aussage bzw. Urteil *selbst* auch immer wieder nur *Begriff* wie »... rot« oder wie »... Tisch«, weil über ihn hinaus durch »Dies ist ...« oder »Dies ist ein ...« auch immer wieder nur *Verwendung* von Begriff zum Ausdruck kommt. Entsprechend können Aussage, Behauptung oder Urteil *selbst* auch wie Begriff der Form nach immer wieder nichts als Zeit und sonach nichts als Punkt sein und mithin gerade nicht wie Anschauung etwa auch Raum und damit Ausdehnung. Vielmehr ist wie Begriff auch Urteil, Aussage oder Behauptung als Verwendung von Begriff ein reines Zeit- und somit Punkt-Gebilde, das dann aber eben wie Begriff als Punkt auch irgendwie mit Anschauung als Ausdehnung verbunden sein muß.

Fragt sich nur, wie dieses unbestimmte »irgendwie« sich näherhin bestimmen ließe. Danach nämlich müßte sich die Art und Weise, wie Behauptung, Urteil oder Aussage als Punkt mit Anschauung als Ausdehnung verbunden sein muß, gegenüber derjenigen, wie Begriff als Punkt mit Anschauung als Ausdehnung verbunden sein muß, unterscheiden. Und zwar um so grundsätzlicher, als es sich in beiden Fällen um denselben Sinn von Punkt der Zeit und Ausdehnung des Raumes handeln muß, weil es in jenem Sinn, in welchem Sinnlichkeit vermöge von Verstand zu Zeit und Raum schon vollständig verwirklicht ist, auch keinen weiteren Sinn von Zeit und Raum mehr geben kann, wie Sie bereits gesehen haben.

Strengstens daran festzuhalten, daß auch Aussage, Behauptung oder Urteil nur von reinem Zeit- und damit Punkt-Charakter sein kann, heißt für Sie mithin erneut, zunächst einmal von Grund auf eine Problematik zu entfalten, deren Lösung alles andere als selbstverständlich ist. Denn was Sie sich auf diese Weise systematisch herzuleiten in der Lage sind, ist nichts geringeres, als daß empirische Erkenntnis nur entspringen kann, indem Begriff und Anschauung sich miteinander nicht bloß einmal, sondern zweimal und auf jeweils grundverschiedene Art verbinden. Schon auf jener zweiten Stufe nämlich muß Verbindung von Anschauung und Begriff vorliegen, die an Unlösbarkeit nichts zu wünschen übrig läßt, doch ohne daß mit dieser Art Verbindung auch nur im entferntesten bereits empirische Erkenntnis vorläge.

Denn mag die Bildung von bestimmt-deutfähigem Begriff auch

noch so unlösbar mit derjenigen von bestimmt-deutbarer Anschauung einhergehen müssen, so entspringt empirische Erkenntnis doch erst dadurch, daß solcher Begriff nicht nur gebildet, sondern auch verwendet wird, und solche Anschauung nicht nur gebildet, sondern auch verwendet wird, will sagen, daß sie als bestimmt-deutbare durch ihn als bestimmt-deutfähigen auch tatsächlich gedeutet wird. Und daran müßte Ihnen offenkundig werden, welch ein systematisch-grundlegender Unterschied sich somit auftut zwischen *der* Verbindung von Anschauung und Begriff, durch welche eine Deutung *möglich* wird, indem bestimmt-deut*bare* Anschauung sowie bestimmt-deut*fähiger* Begriff *gebildet* wird, und *der* Verbindung von Anschauung und Begriff, durch welche eine Deutung *wirklich* wird, indem bestimmt-deutbare Anschauung vermöge von bestimmt-deutfähigem Begriff dann in der Tat *gedeutet*, beides also tatsächlich *verwendet* wird.

Denn Sie brauchen sich nur in Erinnerung zu rufen, wie mit Kant auch seine Ausleger nicht weiter als zur Auskunft kommen, daß empirische Erkenntnis nur durch die Verbindung von Begriff und Anschauung entspringen könne[2], und Sie sehen, wie weitgehend sie alle eine Grundlegung der Systematik von Philosophie auf diese Art gerade schuldig bleiben. Philosophisch letztlich nichtssagend bleibt diese Redeweise von Verbindung nämlich insbesondere dadurch, daß ihr Sinn nicht einmal so weit klar ist, um sich wenigstens auf eine dieser grundverschiedenen Arten von Verbindung auch nur annähernd eindeutig festlegen zu lassen. Dies jedoch hat nicht allein zur Folge, daß der Schein entstehen muß, als ob Verbindung von Anschauung und Begriff in irgendeinem Sinn bereits genüge, um empirische Erkenntnis zu erstellen, während diese doch in Wahrheit erst auf dritter Stufe als Verbindung im besonderen Sinn der Deutung von Anschauung durch Begriff zustande kommen kann. Vor allem bleibt dadurch auch noch verborgen: Dieser Art Verbindung muß dann jene gänzlich andere, nämlich Verbindung von Begriff als dem deutfähigen mit Anschauung als der deutbaren immer schon zugrunde liegen und von ihr denn auch nur um so gründlicher noch unterschieden werden.

Daß mithin bereits von ihren Fundamenten her die Ausarbeitung von Philosophie als Systematik unterbleibt, hat aber nicht allein den

2 Vgl. z.B. A 50 B 74 mit A 51f. B 75f.

Grund, daß Kant und seine Interpreten weder Wahrnehmung noch Prädikation je an Hand eines elementaren Beispiels für sie auch nur einer Analyse unterziehen, ganz zu schweigen von einer Synthese beider, die als Herleitung derselben aus dem Grund von Subjektivität erfolgen müßte. Dieser Mangel liegt vor allem daran, daß die Art und Weise, wie Verstand und Sinnlichkeit als dieser Grund von Subjektivität im einzelnen zusammenwirken, um im ganzen schließlich Wahrnehmung als Prädikation zu ergeben, Kant und seinen Auslegern ein Rätsel bleibt. Denn schon allein die innere Struktur von Zeit und Raum je für sich selbst bleibt ihnen rätselhaft wie dann erst recht die innere Struktur der unlösbaren Einheit beider, die entspringt, indem sich mit ursprünglich-subjektiver Zeit auf erster Stufe dann auf zweiter auch ursprünglich-subjektiver Raum verbindet.

Damit aber muß für sie des weiteren auch noch die innere Struktur von Wahrnehmung oder Prädikation ein Rätsel bleiben. Diese nämlich kann nach allem, was uns mittlerweile als schon hergeleitet gelten darf, nur dadurch überhaupt entspringen, daß sich Zeit und Raum auf Grund der Einheit, in der sie als Formen von Begriff und Anschauung auf zweiter Stufe stehen, auf dritter dann noch über sie hinaus zu einer weiteren verbinden. Denn bezüglich dieser neuen Einheit können nicht allein Begriff und Anschauung, sondern auch Zeit und Raum als deren jeweilige Form nur etwas »Inhaltliches« sein, weil diese neue Einheit umgekehrt auch in Bezug auf beides jeweils nur etwas »Formales« sein kann, da zu beidem jeweils etwas Weiteres von dieser Art und damit etwas Weiteres an »Inhaltlichem« eben nicht mehr möglich sein kann, wie Sie wissen.

Daß mithin auch Zeit und Raum, die doch als solche selbst bloß Formen sind, in das »Formale« dieser neuen Einheit gleichwohl nur als das entsprechend »Inhaltliche« eingehen können, wird jedoch für Sie dann ohne weiteres wie folgt verständlich: Wie Begriff und Anschauung müssen auch Zeit und Raum als deren jeweilige Form nicht nur gebildet, sondern auch verwendet werden, um auf Grund der inneren Struktur, in der sie schon auf zweiter Stufe miteinander stehen, auf dritter Stufe zueinander auch noch in die innere Struktur der Wahrnehmung oder Prädikation zu treten. Und verglichen damit, wie es Kant und seine Ausleger zu stellen pflegen, tritt sonach das eigentlich zu lösende Problem auf diese Weise viel spezifischer für Sie hervor: Was heißt es eigentlich genau, Begriff und Anschauung nicht nur zu bilden, sondern auch noch zu verwenden, sowie Zeit und Raum als deren jeweilige Form nicht nur zu bilden, sondern auch noch zu verwenden?

Diese Fragestellung nämlich ist um so spezifischer, als ohne Zweifel zwischen Bildung und Verwendung von all dem nicht nur ein Unterschied, sondern auch ein Zusammenhang besteht, den Kant gelegentlich, wenngleich nur für Begriff, zum Ausdruck bringt, indem er sagt: »Von diesen Begriffen kann nun der Verstand keinen anderen Gebrauch machen, als daß er dadurch urteilt«[3]. Und das heißt recht eigentlich, daß *Bildung* von Begriffen schon von vornherein auf überhaupt nichts anderes als auf *Verwendung* von Begriffen hin erfolgen kann, eben auf Urteil, Aussage oder Behauptung hin, was dann jedoch entsprechend auch für das zu gelten hat, was mit Begriff bereits von seiner Bildung her verbunden sein muß, nämlich auch für Anschauung und damit auch für Zeit und Raum als deren jeweilige Form: Zu *bilden* sind danach nicht nur Begriff, sondern auch Anschauung, mithin auch Zeit und Raum von vornherein bereits allein zu *dem*, als *das* sie dann auch zu *verwenden* sind, so daß die *Bildung* von all dem auch schon von vornherein auf die *Verwendung* von all dem gewissermaßen angelegt sein muß. Nicht nur Begriff, sondern auch Anschauung, mithin auch Zeit und Raum als deren Formen müssen daher schon von vornherein, bereits durch ihre *Bildung* nämlich auf ihre *Verwendung* ausgerichtet sein, das heißt: auf die zur Wahrnehmung oder Prädikation und so auf die zu Urteil, Aussage oder Behauptung.

Dies jedoch muß dann, was Anschauung betrifft, nicht erst für diese zweite, sondern schon für jene erste Stufe gelten, und das heißt, nicht erst für Anschauung, wie sie dann als deutbare *mit* deutfähigem Begriff auftritt, sondern bereits für Anschauung, wie sie als noch nicht deutbare zunächst noch *ohne* den deutfähigen Begriff entspringt. Und dementsprechend muß dies auch bezüglich ihrer Form zutreffen, und das heißt, nicht erst für Zeit, wie sie auf dieser zweiten Stufe schon *mit* Raum, sondern bereits für Zeit, wie sie noch *ohne* Raum auf jener ersten Stufe auftritt.

Und so hat dies insgesamt sogar in einem noch spezifischeren Sinn zu gelten, weil dann zwischen allen dreien dieser Stufen ebenso ein Unterschied wie ein Zusammenhang bestehen muß, die Sie jetzt

3 A 68 B 93.

sehen werden. Daß auch jene Anschauung in Form von bloßer Zeit auf erster Stufe nur gebildet werden kann, um sie auf dritter Stufe zu verwenden, muß dann nämlich heißen: Nur um sie auf zweiter Stufe auch in Form von Raum noch weiter auszubilden, muß auf jener ersten Stufe Anschauung zunächst einmal in Form von bloßer Zeit gebildet werden, weil sie auch allein als die in Form von Raum noch weiter ausgebildete auf dritter Stufe überhaupt verwendet werden kann, was dann entsprechend auch für ihre Form als solche selbst noch gelten muß: für Zeit bzw. Raum.

Sobald Sie dies im ganzen überblicken aber werden Sie sich nicht mehr wundern, daß die innere Struktur von Wahrnehmung oder Prädikation bis heute noch genauso wie für Kant und seine Interpreten unverständlich bleiben muß. Verständlich werden kann sie danach nämlich nur durch Einsicht dessen, daß Verwirklichung von Wahrnehmung oder Prädikation auf dritter Stufe letztlich überhaupt nichts anderes bedeuten kann, als das Ergebnis der Ermöglichung von Wahrnehmung oder Prädikation auf zweiter Stufe, dem dasjenige auf erster schon zugrunde liegt, in einer Weise zu verwenden, welche durch die Art dieser Ergebnisse schon immer vorgebildet ist. Dies nämlich heißt am Ende, daß bei allen Unterschieden zwischen diesen Stufen ein Zusammenhang besteht, weil sie bei aller ihrer Unterschiedlichkeit doch auch eine Gemeinsamkeit besitzen: Jede einzelne von ihnen wird allein in jenem Sinn von Subjektivität als Fremd- werdendem Selbstverhältnis oder als Intentionalität werdender Spontaneität begreiflich, die im Zuge einer Fremd- werdenden Selbstverwirklichung auf erster und auf zweiter Stufe sich zunächst ermöglicht und auf dritter schließlich vollständig verwirklicht.

Doch in eben diesem Sinn gerade bleibt die ganze innere Struktur von Wahrnehmung oder Prädikation für Kant und seine Interpreten unverständlich und vermag mithin verständlich auch allein durch systematisch-deduktive Herleitung von eben dieser ihrer inneren Struktur zu werden: Wahrnehmung oder Prädikation ist demgemäß als dasjenige zu erweisen, was zum Fremd- werdenden Selbstverhältnis überhaupt nur wird, indem es auf dem Weg von erster bis zu dritter Stufe zunehmend zur innerlichen Differenz einer Identität oder zur innerlichen Komplexion von Einfachheit als absoluter Einheit wird. Und danach wäre in genau demselben Sinne ferner herzuleiten, daß und wie zu solcher Wahrnehmung oder Prädikation nicht einfach bloß Begriff, sondern auch Anschauung verwendet wird, wenngleich grundsätzlich anders als Begriff, weil sie gerade nicht wie er im Urteil selbst auftreten kann – und das Entsprechende für Zeit und Raum als deren jeweilige Form. Und so kommt alles darauf an, daß Sie sich vor dem Hintergrund dieser Gemeinsamkeit von Synthesis auf allen dreien dieser Stufen dann vor allem ihre Unterschiedlichkeit vor Augen führen, und das heißt nunmehr: besonders die von dritter gegenüber zweiter.

Denn daß auch die dritte Stufe als ein Fall von apriorischer Synthese hergeleitet und begreiflich werden muß, wird Ihnen mittlerweile kaum noch zweifelhaft sein können. Doch nur um so dringlicher für Sie dann auch, erst einmal einzusehen, in welchem Sinn sie dies gerade nicht sein kann. Und dazu werfen Sie am besten nochmals einen Blick zurück auf jenen Sinn, in welchem erste wie auch zweite Stufe apriorische Synthese sind.

Dafür entscheidend nämlich ist, so haben Sie sich klargemacht, daß Synthesis hier keineswegs etwa wortwörtlich als »Zusammensetzung« auftritt, wie Kant immer wieder irreführend spricht[4], sondern im Gegenteil vielmehr als ursprüngliche *Ausdehnung*, nämlich zunächst als die von Zeit und gleichursprünglich dann auch noch als die von Raum aus Zeit heraus zum Gegensatz von Zeit. Und daß sie beide zu den Ausdehnungen, die sie jeweils sind, durch Synthesis auch in der Tat erst auszudehnen sind, heißt eben dies, daß Sinnlichkeit als das Vermögen oder als die Möglichkeit zu Ausdehnung auch in der Tat erst zu verwirklichen ist, nämlich durch Verstand als das Vermögen oder als die Möglichkeit zu absoluter Einheit oder Einfachheit. Und so ist dasjenige, *was* auf diese Art sich ausdehnt oder sich verwirklicht, auch nicht einfach Sinnlichkeit, sondern Verstand *mit* Sinnlichkeit *zusammen*, weil recht eigentlich Verstand *auf Grund von* Sinnlichkeit.

Entsprechend tritt denn auch schon Zeit als aktuale Ausdehnung gerade so auf, daß recht eigentlich ein Punkt auftritt, der aktual jedoch nur werden kann, indem er *sich selbst ausdehnt* oder *sich selbst äußert* oder *sich selbst anders* wird, nämlich zu einem mit sich *selbigen* sowohl wie zu sich *anderen*, weil dieser Punkt als Selbstverhältnis wirklich oder wirksam auch nur werden kann, indem er ein zum Fremd- werdendes Selbstverhältnis wird.

Entsprechendes gilt dann jedoch auch noch für Raum als aktuale

4 Vgl. oben *Teil 1*, S. 295 ff.

Ausdehnung im Gegensatz zu der von Zeit. Auch Raum tritt demgemäß als aktuale Ausdehnung gerade so auf, daß recht eigentlich ein Punkt auftritt, sprich, daß derselbe Punkt, der sich bereits als Zeit ausdehnt, noch einmal auftritt, nämlich sich noch einmal, und zwar gegensätzlich zu ihr ausdehnt: eben weil er als ein Selbstverhältnis aktual nur werden kann, indem er ein zum Fremd- werdendes Selbstverhältnis wird. Denn so gewiß er dazu auch als Zeit schon wird, so doch nicht auch schon hinreichend dazu, weil er als bloße Zeit ein zu sich anderer und mit sich selbiger ja noch ineinem ist und so gerade nicht auch schon ein zu sich anderer im Gegensatz zu einem mit sich selbigen und damit auch noch keine Ausdehnung im Gegensatz zu sich als Punkt. Sich in sich selbst zu einem Gegensatz in eben diesem Sinn zu werden aber ist für ihn Bedingung, um sich etwas Anderes als sich auch nur in sich entwerfen oder vorstellen zu können.

Dazu in sich gegensätzlich werden kann er denn auch erst, indem er sich nicht nur zu Zeit, sondern aus Zeit heraus auch noch zu Raum als Gegensatz zu Zeit ausdehnt und eben darin auch erst Ausdehnung im Gegensatz zu sich als Punkt wird oder Punkt als zu sich anderer im Gegensatz zu sich als mit sich selbigem. Denn Gegensätzlichkeit von etwas kann nun einmal nur als grundsätzliche Zweiheit von etwas bestehen. Und so vermag er dieses zueinander jeweils Gegensätzliche in sich auch nicht bereits als bloße Zeit ineinem, sondern eben erst als Zeit und Raum inzweien oder in sich selbst entzweit zu sein, doch ohne daß er damit in sich selbst auch widersprüchlich ist. Denn Gegensätze zueinander bilden Zeit und Raum dabei gerade in dem Sinn, daß sie genauso streng, wie sie einander *aus*schließen, auch *an*einander *an*schließen, im ganzen also unauflösbar *mit*einander auch *einher*gehen.

Dadurch nämlich, daß sich Punkt aus Zeit heraus auch noch hinaus zu Raum als Gegensatz zu Zeit ausdehnt, geht Raum aus Zeit gerade so hervor, daß Raum an Zeit sich eben immer wieder bruchlos anschließt, weil er dabei immer wieder ebenso mit ihr einher- wie über sie hinausgeht und mithin wie sie auch nur ein ebenso Entstehen wie Vergehen bildet. Aus ursprünglich-subjektiver Zeit heraus gebildeter ursprünglich-subjektiver Raum entspringt auf diese Weise eben immer wieder nur als das genauso Auf- wie Abtreten eines Zugleich aus Nacheinander und kommt so gerade unverkennbar als Entwerfen oder Vorstellen von etwas Anderem zu Punkt für Sie zum Vorschein.

Denn so sehr auch Raum nur eine Weise bilden kann, wie jener Punkt sich selbst, nämlich auch über seine Ausdehnung zu Zeit hinaus noch ausdehnt und mithin genau in diesem Sinn auch selbst noch solcher Raum ist, so kann jener Punkt doch eben deshalb nicht auch selbst *in* diesem Raum sein, sondern nur *in* jener Zeit. *In* diesem Raum vermag vielmehr, wenn überhaupt etwas, dann nur noch etwas *Anderes* als jener Punkt zu sein, das er in Form *von sich*, nämlich *als* diesem Raum, auch nur als etwas Anderes *für sich* noch *haben*, aber nicht mehr *sein* kann, während er durchaus auch dieser Raum als solcher selbst noch *ist*.

Denn schon allein sich selbst als bloßer *Form für* etwas Anderes, nämlich sich selbst als Raum tritt jener Punkt als Zeit so gegenüber, daß er gleichsam *vor* sich selbst als Nur noch-Ausdehnung zu diesem Raum sodann als jene Zeit auch *für* sich selbst zum Nur noch-Punkt wird. Denn mit solcher Ausdehnung zusammen bildet er die Form für etwas Anderes jeweils gerade so, daß er mit solcher Ausdehnung vereint auch etwas je und je bestimmt und so als Gegenstand entwirft bzw. vorstellt. Es vermag nämlich in Ausdehnung von Raumzugleich als Form nur dadurch etwas aufzutreten, daß sie nicht bloß etwas in sich jeweils einschließt, sondern eben damit etwas anderes auch jeweils aus sich ausschließt. Demgemäß muß jener Punkt als Nacheinander Zeit auf solche Ausdehnung, weil sie ja jeweils aus ihm selbst heraus gebildet wird, auch so unlösbar zugeordnet sein, daß er dadurch zu einer Form wird, die genau entsprechend etwas in sich einzuschließen nur vermag, indem sie eben damit etwas anderes auch aus sich ausschließt.

Nur muß, wie Sie wissen, solcher Ein- wie Ausschluß sich im Fall von Zeit eben grundsätzlich anders bilden als im Fall von Raum: Aus jenem Punkt, der als das *bloße* Nacheinander Zeit ja jeweils mit sich selbiger *sowohl wie* zu sich anderer bzw. Punkt und Ausdehnung *ineinem* ist, wird hiernach überhaupt erst dadurch, daß er nun gerade *nicht* mehr bloßes, sondern Nacheinander Zeit *mit* Raumzugleich *zusammen* ist, jeweils ein Nur noch-Punkt als nur noch mit sich selbiger. Was jener Punkt als bloßes Nacheinander Zeit mithin bloß *in* sich hat, nämlich die Ausdehnung von sich als zu sich anderem, hat er als das mit Nacheinander Zeit einhergehende Raumzugleich dann jeweils auch noch *außer* sich, jedoch gerade so, daß er es *von* sich *un*ablösbar *an* sich hat. Denn als Zugleich ist Raum dann auch nichts anderes als diejenige Ausdehnung, die Punkt gerade nicht mehr wie als Nacheinander Zeit nur *in* sich, sondern eben auch noch *an* sich und mithin auch grundsätzlich noch *außer* sich hat.

Zu sich anderer bzw. Ausdehnung ist er auf diese Weise nämlich nicht mehr nur als Zeit, sondern auch noch als Raum und so im Gegensatz zu sich als Zeit, dem zugeordnet er dann rückläufig auch jeweils Nur noch-Punkt als nur noch mit sich selbiger sein kann. Und etwas in sich ein wie eben damit etwas anderes auch aus sich aus schließt er infolgedessen dahingehend, daß er ebenso, wie er in sich als einen nur noch selbigen Punkt etwas einschließt, etwas anderes aus sich dann auch als einen andern nur noch selbigen Punkt ausschließt. Denn als grundsätzliche Zeit vermag ja jeder solche Punkt dann etwas in sich ein wie eben damit etwas anderes auch aus sich aus gerade nicht wie jene Ausdehnung als grundsätzlicher Raum jeweils in Form eines Zugleich zu schließen, sondern eben immer wieder nur in Form von Nacheinander. Und so kann denn auch auf *solche* Weise allererst aus *jenem* Nacheinander Zeit von jeweils mit sich selbigem sowohl wie zu sich anderem Punkt dann *dieses* Nacheinander Zeit von jeweils nur noch mit sich selbigem Punkt gegenüber anderem, doch gleichfalls nur noch mit sich selbigem Punkt überhaupt entspringen. Insgesamt entsprungen nämlich ist dadurch auch jeweils nichts als jene ebenso identische und einfache wie in sich differente und komplexe Form von jeweils auf den selbigen bestimmten Gegenstand hin deutbarer Anschauung *und* deutfähigem Begriff, da wesentlich zu jedem einzelnen empirischen Begriff die Zuordnung zu Anschauung im Unterschied zu Gegenanschauung gehört[5].

Denn lassen Sie nicht außer acht: Dem ersten Grund nach ist dies alles ja Verstand als das Prinzip für absolute Einheit oder Einfachheit und damit jener Punkt, wie er auf Grund von Sinnlichkeit als dem Prinzip für Ausdehnung *sich* ausdehnt und *sich* anders wird. Deswegen kann auch Raum, und zwar *obwohl* er, ja recht eigentlich *gerade weil* er als euklidisch-dreidimensionaler schlechthin Unpunkt, eben nichts als Ausdehnung ist, im genannten Sinn zuletzt nur *Punkt*, sprich, nur die Art und Weise sein, wie *Punkt* sich ausdehnt und sich anders wird. Nur tut und wird er das als dieser jeweils über sich als Zeit hinaus- wie auch mit sich als Zeit einhergehende Raum gerade nicht mehr, wie als bloße Zeit, nur einmal, sondern eben zweimal,

5 Vgl. dazu oben § 21.

und zwar gegensätzlich, so daß Raum genau in diesem Sinn auch selbst noch Punkt und letztlich auch nur darin überhaupt Subjekt ist, nämlich Punkt als nur noch zu sich anderer oder Punkt als Nur noch-Ausdehnung. Gerade als der dreidimensional-euklidische darf Raum sonach grundsätzlich nicht für sich allein betrachtet werden, sondern nur mit Punkt als Zeit zusammen. Denn gerade dreidimensional-euklidischer ist Raum als Gegensatz zu Zeit nur als Funktion von Zeit, das heißt, nur als Funktion von Punkt, wie er zu Zeit zum ersten Mal sich selbst verwirklicht, so daß er zu Raum als Gegensatz zu Zeit sodann zum zweiten Mal sich selbst verwirklicht.

Mit der Gegensätzlichkeit von Zeit und Raum, die uns bereits von Anbeginn der Reflexion auf sie als Systematik und Prinzip sich förmlich aufdrängt, leiten wir uns nunmehr also her: Genaues »Gegenteil« und Komplement zum recht begriffenen Verstand als Punkt ist Sinnlichkeit im vorgenannten Sinn nicht nur als Zeit, sondern auch noch als Raum und damit insgesamt. Denn auch erst Raum mit Zeit zusammen bildet Fremd- werdendes Selbstverhältnis jeweils soweit, daß der Punkt in Form von sich als Zeit und Raum ineinem etwas *für* sich selbst zum Gegenstand gewinnen und sich darin etwas Anderes als sich entwerfen oder vorstellen kann, nämlich in ursprünglichem Gegenüber *von* sich selbst als Nur noch-Ausdehnung oder als nur noch zu sich anderem Punkt einer Anschauung in Form des Raumes *zu* sich selbst als Nur noch-Punkt oder als nur noch mit sich selbigem eines Begriffs in Form der Zeit. Und damit hat sich uns auch endgültig als unmöglich erwiesen, bei der Sinnlichkeit, die wir nun einmal haben, könnten wir auch einen gänzlich anderen Verstand besitzen, oder umgekehrt. Denn schlechthin undenkbar ist es danach, daß Punkt sich im genannten Sinn auch anders zu verwirklichen vermöchte als durch seine Ausdehnung zu Zeit wie auch zu Raum als Gegensatz zu Zeit, womit er sich auch umgekehrt als Zeit erst durch die Zuordnung auf Raum hin selbst als Punkt im Gegensatz zu Ausdehnung noch bildet.

Dann aber haben wir uns auch genau in diesem Sinn nur einmal mehr ein weiteres Problem mithergeleitet, dessen Lösung sich aus dem Bisherigen nicht ohne weiteres ergibt. In eben diesem Sinn ist nämlich Sinnlichkeit und mit ihr auch Verstand bereits erschöpft, weil hinsichtlich von Zeit und Raum und deren Gegensätzlichkeit schon vollständig verwirklicht. Schlechterdings unmöglich bleibt es Ihnen jedenfalls, sich vorzustellen, Verstand und Sinnlichkeit vermöchten nicht allein zu Zeit und Raum, sondern auch noch zu Weiterem von dieser Art sich zu verwirklichen. Im ganzen aber heißt das: Nicht nur können Sie sich keine weitere Art von Ausdehnung, sondern auch keine weitere Art von Punkt vorstellen als diejenige, welche sich durch Selbstverwirklichung jenes Verstandes auf Grund jener Sinnlichkeit zu Zeit oder zu Zeit mit Raum zusammen bildet.

Mag jedoch Verstand und Sinnlichkeit in diesem Sinn auch noch so vollständig verwirklicht sein, – zu Fremd- werdendem Selbstverhältnis oder zu Intentionalität werdender Spontaneität hat Subjektivität sich mittels ihrer Selbstverwirklichung zu Zeit und Raum bzw. zu Begriff und Anschauung in Form von Zeit und Raum gerade nicht schon vollständig verwirklicht. Um sich über diese vorerst unvollständige Verwirklichung hinaus zu vollständiger vielmehr allererst noch zu vervollständigen, hat sich Subjektivität mithin durchaus noch weiter zu verwirklichen, so daß durchaus auch diese weitere Selbstverwirklichung noch eine von Verstand und Sinnlichkeit sein muß, jedoch gerade keine mehr im alten Sinn der beiden vorigen sein kann, sondern nur eine in grundsätzlich neuem. Denn als apriorische Synthese, in der solche Selbstverwirklichung auf jeden Fall bestehen muß, vermag sie dann auch nicht mehr einfach dadurch aufzutreten, daß Verstand auf Grund von Sinnlichkeit sich ausdehnt, nämlich sich als Zeit oder als Raum mit Zeit zusammen ebenso zu Ausdehnung wie auch zu Punkt und so zur Form für Anschauung wie für Begriff erstellt, sondern im Gegenteil: Auch selbst noch weitere Verwirklichung solchen Verstandes auf Grund solcher Sinnlichkeit vermag Synthesis a priori danach vielmehr nur zu sein, indem sie Zeit und Raum und so Begriff und Anschauung, die sie ja vorderhand bloß *bildet*, nun erst eigentlich *verwendet*, dann jedoch auch *nur* verwendet, nämlich *ohne* ihnen dadurch etwas Weiteres von dieser Art noch anzubilden. Und in welchem neuen Sinn sie dennoch gleichfalls a priori zu erfolgen hat, wird Ihnen aufgehen, wenn Sie sich verdeutlichen, daß von der Sache selbst her, deren Auftritt nunmehr seine Herleitung aus solcher Synthesis erfordert, dies auch überhaupt nicht anders sein kann.

Ganz und gar nicht zufällig ist nämlich Sinnlichkeit und damit auch Verstand durch Zeit und Raum in jenem Sinn bereits erschöpft, so daß sich Weiteres von deren Art auch nicht mehr bilden lassen kann. Denn nicht allein vermag ja nichts noch gegensätzlicher als gegensätzlich in sich selbst zu sein: wie Subjektivität dies durch das in sich selbst erzeugte Gegenüber zwischen Raum und Zeit ist. Auch sofern Sie davon absehen und mithin abstrakt die Möglichkeit zu Weiterem von deren Art erwägen wollten, könnte doch ein jedes davon immer wieder bloß ein Subjektives sein: wie nicht nur Zeit und so Begriff, sondern auch Raum und damit Anschauung, vor allem aber auch das dadurch vorgestellte und entworfene Andere als Gegenstand tatsächlich immer wieder nur ein Subjektives ist, nur eine Weise, wie ein Subjekt sich zu Fremd- werdendem Selbstverhältnis oder zu Intentionalität werdender Spontaneität verwirklicht, wenn auch eben nicht schon vollständig.

Nur daß es jetzt nicht mehr bloß darum geht, wie ein Subjekt sich etwas Anderes als sich zunächst einmal bloß vorstellt und entwirft, sondern wie ein Subjekt etwas durch sich entworfenes oder vorgestelltes Anderes auch noch als etwas Wirklich-Anderes durch sich gewinnen kann. Gerade darum also handelt es sich nunmehr: Wie hat ein Subjekt sich selbst auch noch bis dahin zu verwirklichen, daß ihm als vollständig zum Fremd- gewordenem Selbstverhältnis oder zur Intentionalität gewordener Spontaneität tatsächlich ein Objekt als Wirklich-Anderes gegenüberstehen kann und somit nicht mehr nur ein vorgestelltes und entworfenes Anderes, nämlich als selbst bloß Subjektives? Doch auch noch so vieles Weitere von dieser Art, verbürgte es wie Raum als Gegensatz zu Zeit auch noch so klar ein Gegenüber von entworfenem oder vorgestelltem Anderen, vermöchte dazu niemals auch nur das Geringste beizutragen, weil es eben aller seiner Gegensätzlichkeit zum Trotz auch immer wieder nur ein Subjektives bilden könnte.

Danach aber kann es Ihnen insbesondere im Hinblick auf Evolution der naturalen Grundlage für uns als Menschen, nämlich als Subjekte in der Welt auch nicht für Zufall gelten, daß wir von Natur her als Vermögen zu empirischer Erkenntnis von Objekten bloß Verstand und Sinnlichkeit besitzen, die sich im genannten Sinn so streng entsprechen, daß sie sich durch Zeit und Raum in eben diesem Sinn auch voll erschöpfen. Danach nämlich muß in Form von Zeit und Raum auch alles, was dazu erforderlich ist, schon verfügbar und mithin verwendbar sein, so daß empirische Erkenntnis von Objekten selbst auch nur noch als bestimmte Weise der *Verfügung* über Zeit und Raum entspringen kann bzw. der *Verwendung* von Begriff und Anschauung in Form von Zeit und Raum.

Nicht verdenken aber könnte ich es Ihnen, hätten Sie zunächst den

Eindruck, letztlich laufe dies doch lediglich auf das bekannte Unprinzip hinaus, am eigenen Schopf sich selber aus dem Sumpf zu ziehen. Denn wenn auch nicht mehr etwas Subjektives wie Begriff und Anschauung in Form von Zeit und Raum, so kann *Verwendung* von all dem doch jedenfalls auch selbst nur etwas Subjektives sein, so daß empirische Erkenntnis auch bereits von Anbeginn der Wahrnehmung allein durch *dieses* Subjektive über *jenes* Subjektive dann hinaus zu etwas Objektivem kommen könnte, also grundsätzlich nur mittels Subjektivem. So bedenklich Ihnen dies jedoch zunächst erscheinen mag, es kann gleichwohl nur so vonstatten gehen, wenn anders dies gerade Subjektivität ist, wie sie sich zu Fremd- werdendem Selbstverhältnis oder zu Intentionalität werdender Spontaneität vervollständigt.

Und wie sie das vollbringt, wird Ihnen deutlich werden, wenn Sie sich vor Augen führen: Begriff und Anschauung in Form von Zeit und Raum nicht bloß zu bilden, sondern auch noch zu verwenden, kann nur heißen, sie gerade dazu, wozu sie gebildet werden, zu verwenden. Denn nach allem, was Sie aus dem Vorigen schon wissen, muß dies dahin gehen, daß je und je genau das Etwas, das durch Bildung von Begriff und Anschauung in Form von Zeit und Raum als etwas Anderes bereits entworfen oder vorgestellt und damit Gegenstand wird, durch Verwendung von Begriff und Anschauung in Form von Zeit und Raum auch noch als wirklich hingestellt wird und mithin als etwas Wirklich-Anderes oder als ein Objekt der Außenwelt. Daß gegenüber Bildung von all dem Verwendung von all dem nicht Bildung eines Weiteren von dieser Art sein kann, muß demnach positiv bedeuten, daß Verwendung nur als Formung eines Materials noch vor sich gehen kann. Und zwar – weil dieses Material ja seinerseits schon Form besitzt – auch nur als seine Über- oder Weiterformung, die mithin Begriff und Anschauung sowohl wie Zeit und Raum als deren Form in ein Verhältnis zueinander setzt, das über ihr Verhältnis, das sie miteinander schon der Bildung nach besitzen, noch hinausgeht.

Letzteres besteht, so wissen Sie nunmehr, in unlösbarer Zuordnung eines Begriffs zu einer Anschauung, der Form nach also im Verhältnis einer unlösbaren Zuordnung von Zeit als Nur noch-Punkt zu Raum als Nur noch-Ausdehnung, was demnach klar die Vorordnung von beiden voreinander mit sich bringt. Denn je nach Hinsicht tritt in dieser Weise Ausdehnung vor Punkt auf oder Punkt vor

Ausdehnung wie auch in Form davon Begriff vor Anschauung oder Anschauung vor Begriff und so im ganzen eben *Vor*stellung von *Gegen*stand bzw. *Gegen*stand von *Vor*stellung, was demnach nur als eine solche unlösbare Einheit von Begriff *und* Anschauung entspringen kann.

Doch diesen Gegenstand nicht nur durch *Bildung* beider *vor*zustellen als etwas Anderes, sondern auch noch durch *Verwendung* beider *hin*zustellen als etwas *Wirklich*-Anderes, muß dann bedeuten: Zu verwenden ist Begriff sowohl wie Anschauung gerade so, daß er sowohl wie sie *auf* diesen Gegenstand auch allererst *zu richten* oder *zu beziehen* ist, *um* ihn als das durch sie zunächst bloß *vor*gestellte Andere dann auch als *Wirklich*-Anderes noch *hin*zustellen. Begriff und Anschauung als solche nämlich richten sich oder beziehen sich gerade nicht im Sinne dieses Hinstellens von ihm, sondern allein im Sinne jenes Vorstellens von ihm auf einen Gegenstand als etwas Anderes. Denn Begriff und Anschauung als solche, sprich, soweit sie bloß gebildet werden, stellen eben einen Gegenstand als etwas Anderes bloß *vor* und nur, soweit sie nicht allein gebildet, sondern auch verwendet werden, auch als etwas *Wirklich*-Anderes noch *hin*, wozwischen Sie mithin grundsätzlich unterscheiden müssen. Über jenes bloße *Vor*stellen von einem Gegenstand als etwas Anderem geht dieses *Hin*stellen von einem Gegenstand als etwas *Wirklich*-Anderem denn auch insoweit klar hinaus, als ersteres für letzteres gerade immer schon vorausgesetzt ist, weil nur ein schon immer vorgestelltes Anderes sich auch als Wirklich-Anderes noch hinstellen läßt.

Nur muß Verwendung von Begriff bzw. Anschauung infolge der Verschiedenheit von ihnen jeweils auch zu einem unterschiedlichen Ergebnis führen. Da Begriff nur Punkt in Form von Zeit und Anschauung nur Ausdehnung in Form von Raum ist, kann Verwendung von Begriff auch nur etwas ergeben, das desgleichen nichts als Punkt in Form von Zeit ist, und Verwendung von Anschauung auch nur etwas, das desgleichen nichts als Ausdehnung in Form von Raum ist: aber eben Punkt und Ausdehnung als jeweils ganz bestimmt verwendeter oder verwendete. In jedem dieser Fälle nämlich kann Verwendung nur etwas Formales im genannten Sinn bedeuten und infolgedessen auch in keinem dieser Fälle über solche grundsätzliche Form von Punkt bzw. Ausdehnung hinaus zu etwas Weiterem von dieser Art noch führen.

Und so hätten wir, sofern ursprüngliche Verwendung von Begriff nichts anderes als Urteil, Aussage oder Behauptung ist, schon hergeleitet, daß auch letztere nur jeweils Punkt in Form von Zeit sein können – wäre nicht vielmehr genauso notwendig für uns mitherzuleiten, worin Urteil, Aussage oder Behauptung als jeweilige Identität und absolute Einheit oder Einfachheit von Punkt dann auch noch ihre innere Komplexität und Differenz besitzen müssen. Schließlich soll es ja gerade Urteil, Aussage oder Behauptung sein, worin allein sich Subjektivität als Fremd- werdendes Selbstverhältnis oder als Intentionalität werdende Spontaneität vervollständigen kann. Genau in diesem Sinn hat solche Herleitung aus dem Begriff denn auch die innere Struktur von Urteil, Aussage oder Behauptung allererst noch herzuleiten. Und obwohl Begriff, nein, eigentlich gerade weil Begriff auf Anschauung schon immer unauflösbar zugeordnet ist, muß wegen jener Grundverschiedenheit der beiden diese innere Struktur von Urteil, Aussage oder Behauptung dabei auch als Folge der Verwendung von Begriff allein verständlich werden. Und obwohl, ja, eigentlich gerade weil mit derjenigen von Begriff auch diejenige von Anschauung immer schon einhergeht, hat sich unser Augenmerk zunächst einmal darauf zu richten, was Verwendung im genannten Sinne für Begriff allein bedeuten muß.

Wie Sie bereits gesehen haben, kann, Begriff nicht bloß zu bilden, sondern auch noch zu verwenden, nur bedeuten, ihn auf jenen Gegenstand nicht bloß im Sinn des *Vor*stellens von ihm als etwas Anderem zu richten oder zu beziehen, sondern auch noch in dem des *Hin*stellens von ihm als etwas *Wirklich*-Anderem. Doch schon allein im Sinn des Vorstellens bezieht sich oder richtet sich Begriff auf einen Gegenstand allein durch Anschauung, so daß er sich auf ihn auch noch im Sinn des Hinstellens zu richten oder zu beziehen desgleichen nur durch Anschauung vermag. Und das heißt letztlich: Auf dieselbe Anschauung, auf die Begriff bereits im Sinn des *Vor*stellens von einem Gegenstand als etwas Anderem sich richtet oder sich bezieht, muß er sich sozusagen noch einmal beziehen oder richten, um dies auch im Sinn des *Hin*stellens von einem Gegenstand als etwas *Wirklich*-Anderem noch zu tun.

Nur müssen Sie beachten: Was auf diese Weise noch einmal auf Anschauung sich richtet oder sich bezieht, ist bei genauerer Betrachtung gar nicht mehr Begriff, sondern recht eigentlich schon Urteil, Aussage oder Behauptung, eben schon verwendeter und nicht mehr bloß gebildeter Begriff. Die beiden Möglichkeiten, vom Begriff nicht nur als dem gebildeten, sondern auch noch als dem verwendeten zu sprechen, täuschen Ihnen nämlich vor, als seien dies nur zwei verschiedene Bezeichnungen für den Begriff als solchen selbst, wovon Sie sich jedoch nicht täuschen lassen dürfen, wenn Sie sich nicht selbst um ein entscheidendes Ergebnis unserer Herleitungen bringen wollen. Denn in Wahrheit gilt das nur für einen Ausdruck wie »gebildeter Begriff«, der eine *analytische* Bezeichnung des Begriffs als solchen selbst ist[6], weil nur ein im vorgeführten Sinn *gebildeter* auch überhaupt *Begriff* ist.

Dem entgegen gilt für einen Ausdruck wie »verwendeter Begriff« vielmehr, daß er eine *synthetische* Bezeichnung ist und so gerade keine für Begriff als solchen selbst, sondern für Urteil, Aussage oder Behauptung[7] und mithin Bezeichnung für genau die apriorische Synthese, die wir damit systematisch herzuleiten in der Lage sind: Um jenen Gegenstand, den er durch Anschauung schon immer vorstellt als ein Anderes, durch sie auch als ein Wirklich-Anderes noch hinzustellen, *muß* gebildeter Begriff auch noch *verwendet* werden, sprich: zu Urteil, Aussage oder Behauptung; und das heißt recht eigentlich, daß er zu Urteil, Aussage oder Behauptung nicht allein *verwendet* werden, sondern förmlich *werden* muß. Und dies, weil er als ein auch noch verwendeter gerade nicht mehr – denn das wäre *contradictio in adjecto* – bloß gebildeter und damit auch gerade nicht mehr bloß Begriff sein kann, sondern tatsächlich Urteil, Aussage oder Behauptung sein muß.

Umgekehrt jedoch muß Urteil, Aussage oder Behauptung als Verwendung von Begriff in diesem Sinn sich dann zu einer inneren Struktur entfalten, die sich nicht nur aus Begriff als jenem Materialen, sondern eben auch noch aus Verwendung von Begriff als jenem bloß Formalen aufbaut, und das heißt: auch noch aus dem Sich-Richten oder Sich-Beziehen von Begriff auf jenen Gegenstand, durch das Begriff ihn jetzt als etwas Anderes nicht mehr bloß *vor*stellt, sondern eben auch als etwas *Wirklich*-Anderes noch *hin*stellt. Und da er ihn derart vor- wie hinzustellen nur durch Anschauung vermag, muß dieses Sich-Beziehen oder -Richten von Begriff, woraus sich

6 So wie »weißer Schimmel« eine analytische Bezeichnung dieses Schimmels selbst ist.

7 So wie »weißes Pferd« eine synthetische Bezeichnung nicht etwa des Pferdes ist, sondern des Schimmels.

ihrer inneren Struktur nach Urteil, Aussage oder Behauptung über den Begriff hinaus noch aufzubauen haben, auch zunächst einmal als ein Sich-Richten und -Beziehen auf Anschauung erfolgen. Dieses aber muß dann wesentlich zur inneren Struktur von Urteil, Aussage oder Behauptung mit hinzugehören, weil es gegenüber bloßer Bildung die Verwendung von Begriff und so die Bildung eines Urteils, einer Aussage oder Behauptung förmlich auszumachen hat.

So brauchen Sie sich denn auch nur konkret vor Augen führen, daß Behauptung, Urteil oder Aussage sich demnach auf genau die Anschauung zu richten oder zu beziehen haben, auf die der Begriff, den sie enthalten müssen, seinerseits sich schon beziehen oder richten muß, um einzusehen, welche innere Struktur von Urteil, Aussage oder Behauptung damit systematisch hergeleitet wird. Den Gegenstand, der durch die auf ihn hin deutbare Anschauung und durch den auf ihn hin deutfähigen Begriff als etwas Anderes schon immer vorgestellt wird, auch als etwas Wirklich-Anderes noch hinzustellen, muß dahin gehen, die auf ihn hin deutbare Anschauung mittels des auf ihn hin deutfähigen Begriffs dann tatsächlich zu deuten. Solche Deutung von Anschauung durch Begriff kann somit in der Tat allein von solcher Anschauung ausgehen, weil diese Deutung auch nur ausgehend von solcher Anschauung noch über sie hinaus auf einen Gegenstand als etwas Wirklich-Anderes auszugehen vermag.

Und dieses Ausgehen von Anschauung, das ebensosehr Über sie-Hinausgehen und Ausgehen auf einen Gegenstand als etwas Wirklich-Anderes bedeutet, bildet sich zu Urteil, Aussage oder Behauptung dadurch, daß es eben nicht als bloß gebildeter Begriff wie »... rund« und »... rot« und »... Tisch« auftritt, sondern gerade als auch noch verwendeter Begriff wie »*Dies ist* rund« und »*Dies ist* rot« und »*Dies ist ein* Tisch«. Eben solches »Dies ist...« oder »Dies ist ein...«, mit dem *zusammen* erst Begriff wie »... rund« und »... rot« und »... Tisch« die Grundstruktur von Urteil, Aussage oder Behauptung ausmacht, ist es demnach, was als Sich-Beziehen oder -Richten des Begriffs auf Anschauung im Sinn von Deutung der deutbaren Anschauung durch den deutfähigen Begriff nun systematisch hergeleitet wird. Denn so gewiß es einerseits nur solche Anschauung sein kann, worauf solcher Begriff sich dadurch richtet und bezieht, so kann es anderseits jedoch nur der durch ihn mit solcher Anschauung vereint als etwas Anderes schon immer vorgestellte Gegenstand sein, worauf der Begriff sich dadurch über solche Anschauung hinweg im ganzen richtet und bezieht, weil er dies insgesamt eben als *Deutung* von Anschauung tut, das heißt, als *Überschreitung* von Anschauung *auf* den Gegenstand *als* etwas *Wirklich*-Anderes *hin*.

Wozu die Herleitung von Systematik uns auf diese Weise führt, ist somit nichts geringeres als die Erklärung, weshalb Urteil, Aussage oder Behauptung sich ursprünglich überhaupt nur bilden kann als unlösbare Einheit einer Zweiheit, nämlich von »Subjekt« und »Prädikat« oder des »Indikators« mit dem »Prädikator«. Und zwar einerlei, ob diese innerliche Grundstruktur sich überhaupt, und wenn ja, inwieweit sie auch noch äußerlich, nämlich auch sprachlich noch sich ausprägt. Jene Frage, warum ausgerechnet eine solche Zweiheit[8], findet damit ihre Antwort. Denn verbunden durch das »... ist ...« der »Kopula« tritt ein »Subjekt« oder ein »Indikator« mit dem »Prädikator« oder »Prädikat« nur als die Art und Weise auf, wie der gebildete Begriff auch noch verwendet werden muß, um ausgehend von Anschauung ursprünglich einen Gegenstand als etwas *Wirklich*-Anderes gewinnen überhaupt zu können.

Auf diesen Gegenstand als etwas Wirklich-Anderes richtet sich oder bezieht sich solch ein »Indikator« oder solch ein »Subjekt« also in der Tat nicht in dem Sinn, daß dieser Gegenstand als etwas Wirklich-Anderes dafür schon immer vorgegeben und vorausgesetzt sein müßte. Vielmehr tun sie das gerade umgekehrt in dem Sinn, daß ein Gegenstand *durch* Urteil, Aussage oder Behauptung *insgesamt*, nämlich durch *Einheit* dieser Zweiheit eines »Indikators« *mit* dem »Prädikator« oder eines »Subjekts« *mit* dem »Prädikat« dann allererst als etwas Wirklich-Anderes gewonnen werden muß. Und so bezieht sich oder richtet sich in diesem Sinn auch keineswegs der »Indikator« oder das »Subjekt« auf diesen Gegenstand als etwas Wirklich-Anderes, indes dem »Prädikat« oder dem »Prädikator« etwas davon ganz Verschiedenes obläge, sondern eigentlich das »Prädikat« oder der »Prädikator« selbst, nur eben *mit* dem »Indikator« oder *mit* dem »Subjekt«, und das heißt, als *Einheit* dieser Zweiheit in Gestalt von Urteil, Aussage oder Behauptung: Was wir oben nur durch Analyse faktisch festzustellen vermochten[9], das vermögen wir mithin auf diese Weise auch noch durch Synthese systematisch herzuleiten.

8 Vgl. oben *Teil 1*, S. 26.
9 Vgl. *Teil 1*, § 6.

Auf demselben Wege können Sie sich denn auch weiter noch erklären: Unternehmen wie die der »Formalen Logik«, »Semiotik«, »Syntax« und »Semantik« oder auch »Sprachanalytik« müssen kläglich scheitern, weil sie meinen, daß aus solcher Zweiheit solche Einheit sich erst aufzubauen habe und entsprechend auch erst daraus sich verstehen lassen müsse. Hat man nämlich Subjektivität erst einmal unterschlagen und beseitigt, kann man gar nicht anders als vertreten, so etwas wie Urteil, Aussage oder Behauptung sei mit Hilfe eines »Indikators« oder eines »Subjekts« und mit Hilfe eines »Prädikators« oder eines »Prädikats« durch »Kopula« auch erst noch zu bewerkstelligen: Schließlich habe man doch auch mit dem »Subjekt« oder dem »Indikator« wie mit einer Gabel etwas erst einmal gewissermaßen aufzuspießen, um auch mit dem »Prädikator« oder »Prädikat« dann wie mit einem Messer noch heranzugehen. Denn von aller Subjektivität verlassen, können Urteil, Aussage oder Behauptung auch von vornherein schon gar nicht mehr auf den Gedanken bringen, daß in Wahrheit dabei vielmehr das gerade Umgekehrte vor sich gehen muß: nicht die Zusammenstückelung von all dem, das ja nur auf die Zerstückelung der Subjektivität von Urteil, Aussage oder Behauptung in all dies zurückgeht, nein, die ursprüngliche Selbstverwirklichung von Subjektivität *zu* all dem. Keineswegs hat sich aus solcher Zweiheit, die dafür angeblich immer schon bestehe, solche Einheit aufzubauen und verstehen zu lassen; vielmehr hat sich umgekehrt aus einer Einheit, die dafür tatsächlich immer schon besteht, erst solche Zweiheit auszubilden und erklären zu lassen, nämlich als die Art, wie diese Einheit sich *zu* solcher Zweiheit überhaupt erst in sich selbst differenzieren oder komplizieren und mithin *zur* Einheit solcher innerlicher Zweiheit selbst auch überhaupt erst werden muß.

Denn *diese* Einheit *dieser* Zweiheit bildet nur die vorerst letzte einer ganzen Reihe davon, deren jede sich auf eine andere solche gründet, weil auch deren erste schon als Einheit einer Zweiheit auftritt, wie Sie sich erinnern werden: Schon von Anbeginn ist Subjektivität als Selbstverhältnis von Verstand die Einheit einer Zweiheit, nämlich die des Von sich- wie auch Auf sich-Ausgehens, die zu werden sie auch nur vermag, indem sie aus sich selbst als solchem Selbstverhältnis noch des weiteren zur Einheit einer Zweiheit wird, nämlich zum Fremd- werdenden Selbstverhältnis oder zum Von sich auf Anderes für sich-Ausgehen.

Als solches selbst sich zu verwirklichen vermag sie dementsprechend nur, indem sie sich nicht bloß als das Vermögen zu Verstand, sondern auch noch als das zu Sinnlichkeit und demgemäß zu jener Einheit einer Zweiheit von Verstand *und* Sinnlichkeit verwirklicht. Denn erst letztere ermöglicht ihr, auf Anderes für sich nicht allein von sich auszugehen, sondern derart von sich ausgehend auch bei sich anzukommen. Und so wird sie schon als das Ergebnis erster Stufe solcher Selbstverwirklichung zur Zeit als jener Einheit einer Zweiheit, nämlich von Kontinuum und Diskretion oder von Ausdehnung und Punkt ineinem; wie sie dann auch noch als das Ergebnis zweiter Stufe solcher Selbstverwirklichung aus sich als Zeit heraus zum Raum wird und auf diese Weise aus sich selbst heraus zu jener Einheit einer Zweiheit von Kontinuum und Diskretion oder von Ausdehnung und Punkt inzweien. Und als Raum im Gegensatz zu sich als Zeit, mithin als Form von sich als der deutbaren Anschauung im Gegensatz zu sich als dem deutfähigen Begriff, ist Subjektivität demnach so grundsätzlich gerade *Einheit* dieser Zweiheit, daß sie sich auch immer nur aus dieser immer schon bestehenden *Einheit* des gebildeten Begriffs mit der gebildeten Anschauung noch des weiteren zur Einheit einer neuen *Zweiheit* bilden kann: zu der des nicht allein gebildeten, sondern auch noch verwendeten Begriffs als der von Urteil, Aussage oder Behauptung.

Deren innere Struktur des durch die »Kopula« vereinten »Subjekts« oder »Indikators« und des »Prädikators« oder »Prädikats« kann demnach in der Tat nur als Differenzierung oder Komplizierung innerhalb der absoluten Einheit oder Einfachheit oder Identität entspringen, welche Subjektivität als der gebildete Begriff schon immer ist. Und so vermag Verwendung gegenüber Bildung von Begriff an dessen grundsätzlicher absoluter Einheit oder Einfachheit oder Identität auch nichts zu ändern, die vielmehr, *obwohl* sie, ja recht eigentlich, *indem* sie innerlich zu Urteil, Aussage oder Behauptung weiter kompliziert oder differenziert wird, auch zur absoluten Einheit oder Einfachheit oder Identität von Urteil, Aussage oder Behauptung selbst noch wird. Und über den Begriff als etwas gleichsam Materiales nur hinaus als etwas bloß Formales treten Urteil, Aussage oder Behauptung somit auch noch in dem Sinn auf, daß sie letztlich nichts grundsätzlich anderes als er, sondern im Grunde nur bestimmte Weiterbildung des Begriffes selbst sind. Schließlich ist ja nicht nur Bildung von Begriff wie »... rot« oder wie »... Tisch«, sondern auch

Bildung von Behauptung, Urteil oder Aussage wie »Dies ist rot« oder »Dies ist ein Tisch«, mithin auch Bildung von »Dies ist ...« oder »Dies ist ein ...« und so auch von »Dies ...« ein Fall von Denken des Verstandes[10].

Doch auch davon dürfen Sie sich nicht dazu verleiten lassen, kurzerhand zu schließen, auch all dies sei also *ausschließlich* die Sache des *Verstandes*, weil all dies vielmehr wie schon die Bildung des Begriffes selbst *genausosehr* die Angelegenheit der *Sinnlichkeit* ist, wenn auch eben *ausschließlich* der Sinnlichkeit als *Zeit*, zu welcher sich Verstand *genausosehr* wie Sinnlichkeit von Subjektivität verwirklicht. Wie bereits gebildeter Begriff sind demgemäß auch Urteil, Aussage oder Behauptung als verwendeter Begriff nur dadurch absolute Einheit oder Einfachheit oder Identität, daß wie Begriff auch Urteil, Aussage oder Behauptung jeweils Zeit und nichts als Zeit sind, eben Zeit im Sinn von Punkt als nur noch mit sich selbigem[11].

Nur tritt Zeit als der nicht bloß gebildete, sondern zu Urteil, Aussage oder Behauptung auch verwendete Begriff dann eben auch zu Raum und so zu Anschauung in Form von Raum noch in ein weiteres Verhältnis, welches über dasjenige, in dem Zeit schon als gebildeter Begriff zu Raum und so zu Anschauung in Form von Raum steht, noch hinausgeht. Und da Anschauung in Form von Raum nicht minder als Begriff in Form von Zeit nur Subjektivität ist, bildet dieses neue gegenüber jenem alten ein Verhältnis, in dem Subjektivität als Urteil, Aussage oder Behauptung auch nur zu sich selbst steht, und zwar nochmals zu sich selbst als jener Anschauung, zu der sie im Verhältnis auch schon als Begriff steht, jetzt jedoch auf neue Weise.

Und in dieses weitere Verhältnis zu sich selbst als Anschauung tritt Subjektivität gerade dadurch, daß sie sich über Begriff wie »... rot« und »... Tisch« hinaus auch noch zu »Dies ist rot« oder zu »Dies ist ein Tisch« und mithin zu Urteil, Aussage oder Behauptung eben weiterbildet. Doch grundsätzlich anders denn als bloß gebildeter Begriff tritt Subjektivität dann als verwendeter Begriff und so als

10 Vgl. dazu auch noch unten § 28, S. 854 ff.

11 Wie schon für Begriff sind auch für Urteil, Aussage oder Behauptung jeder Platonismus oder Empirismus schlechthin überflüssig. Unentbehrlich ist ihr Überfluß nur als Ersatz für preisgegebene Subjektivität, die denn auch erst durch radikale Ausmerzung von beiden als lebendige sowie leibhaftige zurückgewonnen werden kann.

Urteil, Aussage oder Behauptung ins Verhältnis zu sich selbst als Anschauung insofern, da sie durch sich selbst als solche Anschauung nun jenen Gegenstand als etwas Anderes nicht mehr bloß *vor*stellt, sondern eben auch als etwas *Wirklich*-Anderes und damit als Objekt der Außenwelt noch *hin*stellt.

Und so ist entscheidend dafür, *was* ein Subjekt je und je als ein Objekt in diesem Sinne hinstellt, auch ein »Indikator« oder ein »Subjekt« wie »Dies ...« nicht minder denn ein »Prädikator« oder »Prädikat« wie »... rot« oder wie »... Tisch«; dafür entscheidend ist mithin recht eigentlich von vornherein schon Urteil, Aussage oder Behauptung als die *Einheit* beider, die als »Kopula« wie »... ist ...« oder »... ist ein ...« zum Ausdruck kommen kann, jedoch nicht muß und so auch nicht das »Dies ...«, wie etwa die Ein Wort-Sätze der Kindersprache lehren[12]. Aber wenngleich nicht verlautbart oder gar verschriftlicht, muß doch jedes davon, das auf seine Weise jeweils zur Erstellung dieser inneren Struktur von Urteil, Aussage oder Behauptung beizutragen hat, in Urteil, Aussage oder Behauptung auch enthalten sein. Denn nur durch jedes davon kann sich *jene* absolute Einheit oder Einfachheit oder Identität von Subjektivität als dem *gebildeten* Begriff auch noch zu *dieser* absoluten Einheit oder Einfachheit oder Identität von Subjektivität als dem *verwendeten* Begriff, nämlich zu Urteil, Aussage oder Behauptung in sich selbst differenzieren oder komplizieren. Eben diese Einheit aber ist als Subjektivität auf Nimmerwiederleben hingeopfert, wenn sie platonistisch oder empiristisch erst einmal verdinglicht oder gar zerstückelt wird, weil daraus auch durch Rituale nimmerwiederzubeleben.

In ursprünglicher empirischer Erkenntnis, die als Wahrnehmung in Form von Urteil, Aussage oder Behauptung wie »Dies ist ein Tisch« oder wie »Dies ist rot« oder wie »Dies ist rund« entspringt, steht »Dies ...« als »Subjekt« oder »Indikator« somit in der Tat für Anschauung; und zwar jeweils genau für solche, mittels der ein Gegenstand als etwas Anderes nicht mehr durch bloß gebildeten Begriff bloß *vor*gestellt wird, sondern durch auch noch verwendeten Begriff und so durch Urteil, Aussage oder Behauptung eben auch als

12 Vgl. oben *Teil 1*, S. 25. Daran sehen Sie: Das Minimale, das zum Ausdruck kommen muß, ist nur das Materiale des Begriffs, weil hierbei das Formale der Verwendung des Begriffs zu Urteil, Aussage oder Behauptung nur der Kontext noch zum Ausdruck bringt.

etwas *Wirklich*-Anderes noch *hin*gestellt wird. Und nur deshalb, weil für solche Wahrnehmung als das »natürliche Bewußtsein« der *intentio recta* diese Anschauung als solche nicht thematisch werden kann, entspringt der Schein, als stünde solch ein »Dies ...« dabei von vornherein ausschließlich für ein Objekt in der Außenwelt, das als ein *Wirklich*-Anderes dafür schon immer vorgegeben und vorausgesetzt sein müßte. Doch in Wahrheit steht ein solches »Dies ...« dabei vielmehr gerade umgekehrt für ein Subjekt als die deutbare Anschauung, die ein Subjekt als der deutfähige Begriff dabei tatsächlich auch noch deutet, nämlich *auf* ein Objekt *hin*, und für dies dadurch als ein *Wirklich*-Anderes erst *hin*gestellte Objekt eben *nur*, wenn es ein Wirklich-Anderes auch *ist*, als das es somit eben deswegen gerade nicht schon immer dafür vorgegeben und vorausgesetzt sein kann.

Als wichtig festzuhalten gilt es denn für Sie: Gerade *dies* mithin, was demgemäß als Anschauung und so als Ausdehnung in Raum zunächst einmal allein bestimmten Inhalt in bestimmter Form darstellt, ist es, was mittels »Dies ...« dann hingestellt wird als ein wirklich-anderes Objekt der Außenwelt: durch »Dies ist rund« oder durch »Dies ist rot« oder durch »Dies ist ein Tisch«. Denn so sehen Sie des weiteren, daß Urteil, Aussage oder Behauptung in der Tat darin besteht, Begriff sowohl wie Anschauung nicht bloß zu bilden, sondern auch noch zu verwenden. Nur beschränken wir uns vorerst darauf, herzuleiten, was Verwendung gegenüber Bildung von *Begriff* besagt, und stellen das Entsprechende für *Anschauung* zunächst zurück, indem wir sie nur soweit mitbehandeln, wie Verwendung von Begriff sie mitbetrifft.

Denn eben soweit wird für Sie dann auch noch förmlich augenfällig: Wie sich Subjektivität durch Urteil, Aussage oder Behauptung als Verwendung von gebildetem Begriff zum zweiten Mal zu Anschauung in ein Verhältnis setzt, ist in der Tat nichts anderes als die Art und Weise, wie sie sich als Fremd- werdendes Selbstverhältnis oder als Intentionalität werdende Spontaneität vervollständigt. Genau die Anschauung, von der sie als gebildeter Begriff schon immer herkommt, ist es nämlich, auf die sie als auch verwendeter Begriff zurückkommt, um genau den Gegenstand, den sie aus dieser Anschauung heraus als etwas Anderes durch sich als den gebildeten Begriff schon immer *vor*stellt, dann durch sich als den verwendeten Begriff aus dieser Anschauung heraus als etwas *Wirklich*-Anderes auch *hin*zustellen. Denn behalten Sie im Blick, daß solche Anschauung ja selber nichts als Subjektivität ist, müßten Sie jetzt ohne weiteres auch sehen: Hinsichtlich von eben dieser Anschauung, nämlich als hinsichtlich von ihr zunächst gebildeter und hinsichtlich von ihr hernach verwendeter Begriff formt Subjektivität sich in der Tat zu einem Selbst- als Fremdverhältnis, das sowohl als Fremd- wie auch als Selbstverhältnis nunmehr vollständig geworden ist.

Von einer und derselben Anschauung als der gebildete Begriff nicht nur schon immer herzukommen, sondern auch auf eine und dieselbe Anschauung als der verwendete Begriff wieder zurückzukommen nämlich führt dazu, daß Subjektivität sich einerseits zu vollständigem Selbstverhältnis formt. Denn auch bereits als bloß gebildeter Begriff muß Subjektivität auf sich als Anschauung schon unlösbar bezogen sein, doch so, daß sie sich als die Anschauung in Form der Ausdehnung von Raum gerade außer sich als dem Begriff in Form von Punkt der Zeit hat. Daran aber kann sich durch das bloß Formale der Verwendung von gebildetem Begriff nichts ändern, so daß grundsätzlich auch Urteil, Aussage oder Behauptung als verwendeter Begriff die Anschauung, auf die auch sie dann unlösbar bezogen sind, außer sich haben müssen, weil auch sie dann gegenüber Ausdehnung der Anschauung in Form von Raum nur Punkt in Form von Zeit sein können.

Und so bleibt genau in diesem Sinn, in welchem Ausdehnung in Form von Raum und Punkt in Form von Zeit bei aller ihrer unlösbaren Einheit miteinander doch grundsätzlich zueinander äußerlich sein müssen, Subjektivität auch als verwendeter Begriff grundsätzlich diesseits von sich selbst als Anschauung. Und so kann Subjektivität, indem sie von ihr nicht nur als gebildeter Begriff schon immer herkommt, sondern auf sie auch noch als verwendeter Begriff wieder zurückkommt, denn auch einerseits nur dahin gehen, sich grundsätzlich diesseits von ihr auszubilden: dahin nämlich, sich als den Begriff nicht nur zu bilden, sondern sich als den gebildeten Begriff auch zu verwenden und als Urteil, Aussage oder Behauptung somit auch nicht *von* sich selbst als dem Begriff bloß *her*zukommen, sondern *auf* sich selbst als den Begriff auch noch *zurück*zukommen. Denn nur der gebildete Begriff läßt sich verwenden. Beides hinsichtlich von sich als *Anschauung* zu tun, vermag ein Subjekt also nur, indem es beides auch bezüglich seiner als *Begriff* tut, eben nur durch Urteil, Aussage oder Behauptung.

Jenes bloß Formale von Verwendung gegenüber Bildung des Begriffs ist Subjektivität als Urteil, Aussage oder Behauptung somit eigentlich als rein formales Selbstverhältnis, sprich, von sich als dem Begriff zu sich als dem Begriff und so von sich als Punkt zu sich als Punkt. Und förmlich in die Augen springen müßte Ihnen das Formale dieses nunmehr vollständigen Selbstverhältnisses, weil es wie Punkt als Kreis oder wie Kreis als Punkt sich letztlich nur noch als Verhältnis eines innerhalb von Punkt geschlossenen, also gleichsam kurzgeschlossenen Kreises bildet: sozusagen als ein Punkt in Punkt, worin es sich zu sich mithin auch nur formal noch wie als Punkt zu sich als Punkt verhält. Sich als bereits gebildeten Begriff wie »... rund« und »... rot« und »... Tisch« durch »Dies ist ...« oder »Dies ist ein ...« auch zu verwenden und mithin zu Urteil, Aussage oder Behauptung wie »Dies ist ein Tisch« und »Dies ist rot« und »Dies ist rund« noch weiter auszubilden, heißt für Subjektivität sonach, sich als Begriff formal auf sich rückzubeziehen, um als diese innere Struktur des Punkt in Punkt von Urteil, Aussage oder Behauptung dann auch vollständig als Selbstverhältnis aufzutreten. Punkt »in« Punkt bezeichnet denn auch überhaupt nichts anderes als die Art und Weise, wie Begriff »in« Urteil, Aussage oder Behauptung ist: Verwenden gegenüber Bilden von Begriff bedeutet eben nicht so etwas wie das Handhaben von Gabel oder Messer oder beidem, sondern ist im Zuge von sich selbst verwirklichender Subjektivität gerade Weiterbilden von sich selbst zum vollständigen Selbstverhältnis des Von sich auf sich-Ausgehens, das dann erst als solches auch zum vollständigen Fremdverhältnis des Von sich auf Anderes für sich-Ausgehens wird, wie Ihnen jetzt des weiteren vor Augen tritt.

Denn erst als diese in sich rückbezügliche Struktur von Urteil, Aussage oder Behauptung insgesamt tritt Subjektivität dann anderseits auch zu sich selbst als Anschauung noch dahingehend in Beziehung, daß sie aus sich selbst als Anschauung heraus sich etwas Anderes nicht mehr bloß *vor*stellt, sondern auch als etwas *Wirklich*-Anderes noch *hin*stellt. Und das heißt: Erst als dergleichen wie »Dies ist ein Tisch« und »Dies ist rot« und »Dies ist rund« im ganzen geht ein Subjekt anderseits dann soweit aus sich selbst heraus über sich selbst hinaus, daß es sich selbst als diese Anschauung auf etwas *Wirklich*-Anderes hin überschreitet und in solcher Weise denn als dieses nunmehr vollständige Selbstverhältnis selbst nunmehr auch vollständiges Fremdverhältnis wird. Nur daran nämlich liegt es, daß für Subjektivität in der Gestalt von »Dies ist rot« und »Dies ist rund« und

»Dies ist ein Tisch« schlechterdings nichts anderes als Objektivität und damit Außenwelt thematisch werden kann, mithin gerade niemals Innenwelt und damit Subjektivität für sich: weder als Urteil, Aussage oder Behauptung noch als Anschauung oder Begriff, als die sie ihnen nur zugrunde liegt, noch gar als jener Gegenstand, als der sie etwas Anderes zu sich durch sich als Anschauung und als Begriff sich nur entwirft und vorstellt.

Denn mit Vorigem zusammen sehen Sie daran: Erst als ursprüngliche empirische Erkenntnis, nämlich erst als Wahrnehmung in Form von Urteil, Aussage oder Behauptung wie »Dies ist ein Tisch« und »Dies ist rund« und »Dies ist rot« tritt Subjektivität als vollständiges Selbstverhältnis auf, weil auch erst so als vollständig zum Fremdgewordenes Selbstverhältnis. Erst als Urteil, Aussage oder Behauptung nämlich richtet sie sich dann auch nur noch auf ein Wirklich-Anderes zu sich, indem sie als die Deutung der deutbaren Anschauung durch den deutfähigen Begriff und somit als die Überschreitung ersterer durch letzteren den vorgestellten Gegenstand von beiden hinstellt als ein wirklich-anderes Objekt der Außenwelt. Und so vermag denn in der Tat auch immer erst als Korrelat zu solcher Wirklichkeit der Subjektivität von Urteil, Aussage oder Behauptung solche Wirklichkeit von etwas Anderem als ihr dann für sie aufzutreten: eben jeweils als die Wirklichkeit des Gegenstandes, der, gerade weil er dabei als ursprünglich vorgestellter selbst nur Subjektivität ist, als ein solcher selbst dabei für Subjektivität auch prinzipiell nicht Thema sein kann, sondern eben nur als derjenige wirklich-andere der Außenwelt, als den ihn solche Subjektivität dabei erst hinstellt.

Doch indem sonach auch umgekehrt als Korrelat zu solcher Wirklichkeit der Subjektivität von Urteil, Aussage oder Behauptung sich, wenn überhaupt etwas, nur etwas Wirklich-Anderes als sie einstellen kann, vermag sie sich als Fremd- werdendes Selbstverhältnis *vollständig* auch erst durch ihre Selbstverwirklichung zu eben solcher Wirklichkeit von Urteil, Aussage oder Behauptung zu verwirklichen. Als Fremd- werdendes Selbstverhältnis *unvollständig* bleibt ja ihre Selbstverwirklichung zu bloßer Bildung von Begriff und Anschauung gerade darin, daß der Gegenstand, auf den hin sie deutbar und er deutfähig ist, als etwas Anderes zu Subjektivität durch beides nur entworfen oder vorgestellt und dadurch eben nicht auch schon ein Wirklich-Anderes ist.

Ein Korrelat zu beidem bildet dieser Gegenstand mithin auch nur in dem Sinn, daß er als das Vorgestellte eines Vorstellens auch bloß das eine von zwei Gliedern eines Gegensatzes ist, den Subjektivität als Differenz oder Komplexität schon immer a priori *in* sich selbst als absoluter Einheit oder Einfachheit oder Identität besitzt. Und erst, indem sie diesen Gegenstand als etwas Anderes nicht mehr bloß vorstellt, sondern ihn auf Grund von dieser Vorstellung und ihres Vorgestellten auch als etwas Wirklich-Anderes noch hinstellt, bildet Subjektivität sich selber soweit, daß ein Gegensatz zu ihr als diesem Hinstellen sich auch nur noch herstellen kann, sofern zu ihr als diesem einen Glied desselben dann als anderes auch nur noch etwas *außer* ihr und somit etwas *Wirklich*-Anderes zu ihr sich einstellen kann.

Das heißt: Erst durch die *Deutung* von sich selbst als der deutbaren Anschauung vermittels von sich selbst als dem deutfähigen Begriff und damit erst durch letztliche *Selbst*überschreitung *auf* ein Wirklich-Anderes *hin* wird Subjektivität so *vollständig* zum Selbst- als Fremdverhältnis, daß sie sich im ganzen dadurch nur noch als das eine Glied zu einem Gegensatz erstellt, zu dem das andere dann auch nur noch als etwas Wirklich-Anderes zu ihr auftreten kann. Und so kann Subjektivität, indem sie dieses andere Glied nur als etwas Wirklich-Anderes noch außer sich als jenem einen Glied besitzen kann, auch insgesamt den Gegensatz dazwischen nicht mehr in sich selbst und damit a priori, sondern nur noch außer sich selbst und mithin a posteriori haben: eben nur, sofern sich dies als wirklich hingestellte Andere und damit Objektivität von Außenwelt tatsächlich, faktisch, kontingent als Korrelat zu solcher Innenwelt von Subjektivität auch einstellt. Und wenn überhaupt, tut es dies eben immer erst als Korrelat zu vollständiger Selbstverwirklichung von Subjektivität, nämlich zur Wahrnehmung als der ursprünglichen empirischen Erkenntnis mit der inneren Struktur von Urteil, Aussage oder Behauptung wie »Dies ist ein Tisch« und »Dies ist rot« und »Dies ist rund«.

Erst darin vollständig zu einem Selbst- als Fremdverhältnis wird sie nämlich deshalb, weil sie auch erst darin vollständig zu einem Von sich auf sich-Ausgehen als Von sich auf Anderes für sich-Ausgehen wird: dadurch, daß sie sich auch erst als absolute Einheit oder Einfachheit oder Identität von Urteil, Aussage oder Behauptung dann zu beidem vollständig differenziert und kompliziert. Und so ist Subjektivität auch erst in Urteil, Aussage oder Behauptung dann als Selbst- und Fremdverhältnis jeweils soweit ausgeprägt, daß Subjektivität, obwohl sie darin beides unlösbar ineinem ist, als jedes davon vollständig vom anderen verschieden und entsprechend vollständig auch von ihm unterscheidbar ist. Und zur Gewinnung des Kriteriums für Unterschied wie Unterscheidung beider brauchen Sie auch nur hinzuzunehmen, daß in Urteil, Aussage oder Behauptung Subjektivität sich nicht nur als zum Fremd- werdendes Selbstverhältnis, sondern eben damit auch als zur Intentionalität werdende Spontaneität vervollständigt.

Denn als ein Selbst- und Fremdverhältnis jeweils vollständig verschieden ist sie in Gestalt von Urteil, Aussage oder Behauptung auch genau in diesem Sinn der darin vollständigen Intention. Erfolgreich oder auch erfolglos nämlich kann sie darin immer nur als Fremdverhältnis sein und niemals etwa auch als Selbstverhältnis. Denn insofern Subjektivität als Urteil, Aussage oder Behauptung jenes Selbstverhältnis des Von sich auf sich-Ausgehens bildet, nämlich in Bezug auf sich als Anschauung gerade jene Rückbezüglichkeit von sich als dem gebildeten Begriff auf sich als den auch noch verwendeten Begriff, kann Wirklichkeit sich niemals als Erfolg für sie erst einstellen oder gar als Mißerfolg für sie auch ausbleiben, muß sie als Wirklich- oder Wirksamkeit des Intendierens selber vielmehr immer schon ergehen. Und das heißt: Allein insofern Subjektivität als Urteil, Aussage oder Behauptung auch noch jenes Fremdverhältnis, nämlich dieses Selbstverhältnis zu sich als Begriff und Anschauung gerade dahingehend ist, daß sie sich dadurch über sich als Anschauung hinaus zu Anderem als sich verhält und darin denn auch ebensosehr Fremdverhältnis ist, kann Wirklichkeit als die von solchem Anderen für Subjektivität dann als Erfolg für sie als Wirklich- oder Wirksamkeit der Intention sich einstellen oder als Mißerfolg für sie auch ausbleiben. Und das liegt in der Tat nur daran, daß sie erst in Urteil, Aussage oder Behauptung als dies Selbst- sowohl wie als dies Fremdverhältnis jeweils vollständig geworden ist, im ganzen nämlich nicht einfach zum Von sich auf sich-Ausgehen, sondern eben zum Von sich auf Anderes für sich-Ausgehen.

Denn blicken Sie von dieser dritten Stufe ihrer vollständigen Selbstverwirklichung nochmals zurück auf jene zweite ihrer unvollständigen, wird Ihnen das wohl kaum entgehen können. Auch als Selbstverwirklichung der bloßen Bildung zu Begriff und Anschauung ist Subjektivität nämlich schon Fremd- werdendes Selbstverhältnis, denn auch als Begriff und Anschauung stellt sie sich etwas Anderes als sich schon vor. Nur bleibt sie als dies Fremd- werdende Selbstverhältnis eben darin auch noch unvollständig, da dies Andere als das bloß Vorgestellte für sie als das bloße Vorstellen von ihm noch keineswegs als ein Erfolg für sie sich einstellen oder als ein Mißerfolg für sie auch ausbleiben kann. Und dies eben weil es als bloß Vorgestelltes eines bloßen Vorstellens noch keineswegs ein Wirklich-Anderes als sie sein kann, vielmehr auch selbst noch ganz die Wirklichkeit von Subjektivität als immer schon ergehender, wenngleich noch unvollständiger Intentionalität sein muß.

Und in der Tat liegt auch in Fällen vollständigen Intendierens, nämlich wenn dem *Hin*stellen von *Wirklich*-Anderem zum Trotz sich *Wirklich*-Anderes nicht einstellt, *Vor*stellen von Anderem und damit Anderes als *Vor*gestelltes durchaus vor, wie Sie von Sinnestäuschung, Halluzination und Traum her beispielsweise wissen. Denn, um etwas als ein *Wirklich*-Anderes ursprünglich *hin*zustellen, gilt es eben erst einmal, es als ein Anderes ursprünglich *vor*zustellen. Und so müßten Sie nun auch noch zur Gewißheit kommen: Als zum Fremd- werdendes Selbstverhältnis oder zur Intentionalität werdende Spontaneität verwirklicht Subjektivität sich vollständig tatsächlich erst in Urteil, Aussage oder Behauptung, und das heißt gerade dadurch erst, daß sie sich über bloßes *Vor*stellen von Anderem hinaus auch noch zum *Hin*stellen von diesem Anderen als *Wirklich*-Anderem verwirklicht.

Dann jedoch wird Ihnen schließlich ferner aufgehen, daß wir uns auf diese Weise nunmehr durch Synthese auch noch herleiten, was wir im vorigen[13] nur vorläufig durch Analyse uns verständlich machen konnten: Nicht schon durch Verstand und dessen Spontaneität allein kann Subjektivität als Fremd- werdendes Selbstverhältnis oder als Intentionalität werdende Spontaneität sich bilden und erklärbar werden, sondern erst mit Sinnlichkeit und deren Rezeptivität zusammen, was genau im vorgenannten Sinn der jeweiligen Vollständigkeit von all dem nämlich für all dies zwingend wird. Denn von sich auf sich aus geht Subjektivität als Spontaneität ja stets auf eine und dieselbe Weise, weil dies aus besagtem Grund[14] ja stets erst nach sich zieht, daß sie von sich auf sich ausgehen nur kann, indem sie insgesamt von sich auf Anderes für sich ausgeht, so daß sie immer erst aus

13 Vgl. oben *Teil 1*, S. 259 ff., S. 266 ff., S. 298 ff.
14 Vgl. a. a. O.

diesem Selbst- heraus auch noch zu diesem Fremdverhältnis werden muß, im ganzen also Fremd- werdendes Selbstverhältnis.

Doch kann aus demselben Grund dann auch noch dies, daß Subjektivität sich dazu derart in sich komplizieren und differenzieren nicht nur muß, sondern auch kann, nicht schon durch ihr Vermögen, von sich auf sich auszugehen, verbürgt sein, sondern wenn, dann erst durch ihr Vermögen, von sich auf sich ausgehend auch bei sich anzukommen: Als genau das Selbstverhältnis, als das sie nur möglich werden kann, indem sie als dies Selbst- zum Fremdverhältnis wird, kann Subjektivität als Spontaneität nur dadurch wirklich werden, daß sie auch als Rezeptivität für sich als solche Spontaneität noch wirklich wird, und das bedeutet eben: als Verstand mit Sinnlichkeit zusammen. Erst auf Grund auch noch von Sinnlichkeit vermag sie dann, nicht nur auf eine und dieselbe Weise von sich auf sich auszugehen, sondern auch noch auf zwei grundverschiedene Weisen bei sich anzukommen: eben nicht einfach als Selbst-, sondern gerade als zum Fremd- gewordenes Selbstverhältnis des Von sich auf Anderes für sich-Ausgehens. Und so läßt Sie Subjektivität denn auch gerade als das vollständig zum Selbst- sowohl wie Fremd- gewordene Verhältnis endgültig erkennen, daß sie sich zu beidem in der Tat nicht schon als Von sich auf sich-Ausgehen, sondern erst als so auch Bei sich-Ankommen verwirklichen kann.

Denn wie schon für jene ersten beiden Stufen ihrer Selbstverwirklichung als unvollständiger ist auch für diese dritte Stufe ihrer vollständigen Selbstverwirklichung in diesem Sinn entscheidend ihre Sinnlichkeit als Zeit und Raum. Wie schon gesagt, wird nämlich Subjektivität auf dritter Stufe ihrer Selbstverwirklichung als Urteil, Aussage oder Behauptung dann zu Selbst- sowohl wie Fremdverhältnis vollständig wie folgt. – Zu vollständigem Selbstverhältnis nach der einen Seite dadurch, daß sie als Begriff sich nicht nur bildet, wie auf jener zweiten Stufe, sondern auch verwendet, und als Urteil, Aussage oder Behauptung mithin rückbezüglich in sich selbst als jenem Nur noch-Punkt dann ihrer Form nach nur noch Zeit sein kann. – Zu vollständigem Fremdverhältnis nach der andern Seite aber dadurch, daß sich Subjektivität als eben dieses Selbstverhältnis dann auf sich als Anschauung bezieht, indem sie auch als Anschauung sich nicht nur bildet, wie auf jener zweiten Stufe, sondern auch verwendet: eben dahin, daß sie über sich als Anschauung hinaus das durch dieselbe vorgestellte Andere auch noch als Wirklich-Anderes hinstellt, das als solches selbst von eben daher, sprich, auf Grund von eben solcher Anschauung als jener Nur noch-Ausdehnung dann seiner Form nach nur noch Raum sein kann.

Und das Entscheidende für beider Vollständigkeit muß infolgedessen nunmehr offenkundig für Sie eben Sinnlichkeit von Subjektivität sein, nämlich daß sie auch als Zeit und Raum sich nicht nur bildet, wie auf jener zweiten Stufe, sondern auch verwendet, und zwar sich als Raum bezüglich sich als Zeit und damit umgekehrt auch sich als Zeit bezüglich sich als Raum verwendet, denn als etwas anderes ist sie sich nicht verfügbar. Vollständig zu Fremd- wie Selbstverhältnis werden kann sie nur, indem sie sich als den mit sich als Zeit einhergehend erzeugten Raum zu sich als Zeit auch noch in ein Verhältnis setzt, so daß in Form von Raum, wie er zu Zeit dann eben im Verhältnis steht, wenn überhaupt etwas, dann eben nur noch etwas Wirklich-Anderes für Subjektivität sich einstellen kann.

Und insgesamt, so sehen Sie, tritt Subjektivität denn auch gerade so auf, daß sie damit nicht nur sich als Raum auf sich als Zeit, sondern genausosehr auch sich als Zeit auf sich als Raum bezieht und darin dann im ganzen eben Urteil, Aussage oder Behauptung als das *in sich* vollständige Selbst- sowohl wie Fremdverhältnis ist, als das sie *durch sich* vorgestelltes Anderes auch noch als Wirklich-Anderes *durch sich* hinstellt. Auch nur a priori *aus sich selbst* als absoluter Einheit oder Einfachheit oder Identität heraus und damit auch nur a priori *in sich selbst* als Differenz und Komplexion *von sich als* absoluter Einheit oder Einfachheit oder Identität nämlich vermag sie beides vollständig zu werden. Und auch nur a posteriori dazu, sprich, zu sich als solcher Intention im ganzen kann sie solches Wirklich-Andere außer sich dann als Erfolg für sich erzielen.

b) Das erdeutete Ding

§ 25. Das Verhältnis von Substanz und Akzidens

Damit aber wird für Sie, verehrte Leserin, verehrter Leser, auch noch das bisher Zurückgestellte herleitbar, nämlich daß Subjektivität sich als Begriff und Zeit sowohl wie auch als Anschauung und Raum nicht bloß zu bilden, sondern auch noch zu verwenden hat, um im genannten Sinne vollständig zu werden, und worauf das eigentlich hinauszulaufen hat. Und daran tritt für Sie denn auch zutage: Insgesamt führt der Gedankengang, den wir nun schon zwei Paragraphen gehen, zur Herleitung von eben der Verstandesleistung, die Kant als »Verhältnis« von »Substanz und Akzidens« vorschwebte, die er aber weder als »Kategorie« noch gar als »Schema« herzuleiten je vermochte, von den Kant-Auslegern ganz zu schweigen. Auch für diesen Mangel aber liegt die Ursache nur darin, daß die Grundstruktur von Zeit bzw. Zeit und Raum, wie wir sie bis hierhin entfaltet haben, ihnen allen unbekannt geblieben ist. Erst die Entfaltung dieser inneren Struktur nämlich ergibt die Herleitung, daß es sich nur um eine einzige Verstandesleistung handeln kann, die sich als selbige nach einer Seite zum Verhältnis von »Subjekt« und »Prädikat« in Urteil, Aussage oder Behauptung bilden muß, nach anderer Seite aber zum Verhältnis von Substanz und Akzidens in demjenigen, was durch Urteil, Aussage oder Behauptung hingestellt wird als ein wirklich-anderes Objekt der Außenwelt: in einem Ding wie beispielsweise einem Tisch bzw. etwas Rotem oder Rundem.

Schon die Zweiheit innerhalb von Zeit auf jener ersten Stufe, wie auf jener zweiten auch die Zweiheit von Begriff und Anschauung als die des mit der Zeit einhergehenden Raumes, konnte jeweils nur Ergebnis einer einzigen Verstandesleistung sein, die wir als »Schema« und »Kategorie« der »Qualität« bzw. »Quantität« ermittelt hatten. Und entsprechend kann auch diese Doppel-Zweiheit von »Subjekt« und »Prädikat« sowie Substanz und Akzidens nur das Ergebnis einer einzigen Verstandesleistung sein, die wir nunmehr als »Schema« und »Kategorie« ermitteln. Wie seit jeher schon vermutet, kann es denn auch in der Tat kein Zufall sein, daß nicht nur diese beiden Zweiheiten, sondern auch deren Glieder sich jeweils genau entsprechen, was jedoch desgleichen erst aus dem Verhältnis, in das Zeit und Raum auf dieser dritten Stufe zueinander treten, sich ergeben kann.

Wie wenig davon bislang hergeleitet ist, ersehen Sie aus folgendem: Nicht einmal das, was Kant intuitiv-genial bereits vorweggenommen hat, vermochte er auch diskursiv-genial aus Zeit und Raum zu deduzieren, nämlich daß das »Schema« zur »Kategorie« dieses »Verhältnisses« zwischen »Substanz und Akzidens« nur die »Beharrlichkeit« sein kann. In diesem Mangel gründet es denn auch, daß Kant von seinen Interpreten darin nicht einmal verstanden wird. Falls überhaupt behandelt, wird »Beharrlichkeit« von ihnen nämlich dahingehend mißverstanden, als versuchte Kant durch Gegenüberstellung von Zugleich und Nacheinander, wie er sie zur Charakterisierung von »Beharrlichkeit« heranzieht, Akzidenzen gegenüber der Substanz zu unterscheiden[1], wenn er als beharrlich dasjenige definiert, »was mit dem Nacheinandersein zugleich ist«[2]. Aber nicht nur ist bei Kant mit keinem Wort davon die Rede, daß er mit dem Nacheinander hier die Akzidenzen meint. Er kann sie damit gar nicht meinen, weil sonst gelten müßte, daß nur Akzidenzen, welche wechseln, Akzidenzen seien, und Substanz auch nur als die von wechselnden etwas Beharrliches. Und das ist derart offenkundig falsch, daß es ihm schwerlich zuzutrauen ist.

Denn ohne Zweifel sind auch Akzidenzen, die nicht wechseln, Akzidenzen und so ist Substanz auch von nicht wechselnden etwas Beharrliches. Weil Akzidenzen demnach keineswegs als solche selbst und somit allgemein ein Nacheinander bilden, kann in dieser allgemeinen Charakterisierung von Beharrlichkeit mit Nacheinander auch nur das gemeint sein, was tatsächlich allgemein ein Nacheinander bildet. Dafür aber kann nur Subjektivität in Frage kommen, die von jener ersten bis zu dieser dritten Stufe immer wieder grundsätzlich als Nacheinander Zeit auftritt, wenngleich mit jeder weiteren als in sich reicheres.

Durch solches Wörtlichnehmen bahnen wir uns denn auch einen Weg zur Einsicht dessen, was sich hinter dieser äußerst knappen Charakterisierung von Beharrlichkeit recht eigentlich verbirgt, nämlich ein – wenn auch noch so zaghafter – Versuch von Kant, aus Subjektivität und nur aus Subjektivität heraus für Objektivität ein Wesensmerkmal anzugeben: Allgemein soll danach gelten, daß beharrlich und mithin ein Objekt dasjenige ist, »was mit dem Nacheinandersein« *eines Subjekts* »zugleich ist«. Und erst damit, daß wir diese Charakterisierung im genannten Sinn tatsächlich wörtlich nehmen, tritt hervor, daß ihre eigentliche Problematik nicht im »Nach-

1 So z.B. auch noch K. Cramer, *Nicht-reine synthetische Urteile a priori*, Heidelberg 1985, S. 53.

2 B 67, vgl. auch »Zugleichsein mit dem Wechselnden«, wodurch er mittelbar über »Veränderung« desgleichen das »Beharrliche« im Auge hat (B XLI), weil er vertritt: »nur das Beharrliche ... wird verändert« (A 187 B 230f.).

einandersein« liegt, sondern im »zugleich«, weil dessen Sinn dann alles andere als klar ist.

Im Zusammenhang mit diesem »Nacheinandersein« kann nämlich auch dieses »zugleich« nicht etwas auf der Seite des Objekts, sondern nur etwas auf der Seite des Subjekts bedeuten. Denn wie mit dem »Nacheinandersein« doch nicht das Akzidens bezeichnet sein kann, so mit dem »zugleich« dann auch nicht einfach die Substanz zum Akzidens, so daß Beharrlichkeit gerade nicht das Allgemeinkriterium für Substanz im Unterschied zum Akzidens sein kann, sondern wenn überhaupt, dann nur für das Objekt im ganzen und so für Substanz und Akzidens ineinem: Schließlich kann ja auch ein Akzidens beharrlich sein, wie umgekehrt ja auch beharrliche Substanz nicht ohne Akzidens beharren kann. Dies müßte somit ingesamt bedeuten: Weder »Nacheinandersein« noch auch »zugleich« kann etwas am Objekt bezeichnen, was Sie freilich widersinnig finden möchten, weil Beharrlichkeit, die dadurch charakterisiert wird, doch sehr wohl das Wesensmerkmal des Objekts darstellen soll.

Sobald Sie aber mitbeachten, daß Beharrlichkeit als Wesensmerkmal des Objekts nach Kant recht eigentlich *synthetisch* sein soll, werden Sie das nicht mehr unbegreiflich finden können. Soll Beharrlichkeit des Objekts nämlich erst durch *Synthesis* daraus zustande kommen, kann tatsächlich auch noch keines dieser ihrer bloßen Aufbaustücke je für sich allein schon etwas am Objekt bedeuten, weil es ja gerade die Bedeutung des Objekts vielmehr synthetisch mit dem anderen zusammen erst bekommen muß[3]. Und so verbirgt sich hinter ihrer äußerst knappen Kennzeichnung zuletzt auch noch ein zögerlicher Ansatz Kants zur *Synthesis* dieser Beharrlichkeit von Objektivität, nämlich aus Subjektivität und nur aus Subjektivität heraus.

Doch kann dies alles eben weder zur Entfaltung noch zur Herleitung gelangen, weil bisher auch jene Grundstruktur von Zeit bzw. Zeit und Raum noch nicht einmal entfaltet ist, geschweige daß sie hergeleitet wäre. Müssen nämlich beide diese bloßen Aufbaustücke von Beharrlichkeit je für sich selbst noch etwas auf der Seite des Subjekts bedeuten, so gedächten Sie vielleicht zu folgern, können damit eigentlich nur Zeit und Raum gemeint sein, und zwar in genau

3 Genau wie »weiß« und »Pferd« den Sinn von »Schimmel« erst zusammen, sprich, erst innerhalb von ihrer Synthesis zu »weißes Pferd« besitzen. Denn für sich allein bedeutet weder »weiß« noch »Pferd« schon »Schimmel«.

dem Sinn, den sie auf zweiter Stufe haben. Denn der Sinn der dritten Stufe, nunmehr nämlich nach der Seite des Objektes, sei als derjenige von Beharrlichkeit desselben ja gerade erst aus ihnen zu synthetisieren. Doch von vornherein steht dem entgegen, daß Kant niemals klärt, wie Ihnen noch erinnerlich sein wird[4], daß Raum als Gegensatz zu Zeit eben Zugleich als Gegensatz zu Nacheinander bildet. Schon von daher nämlich muß bei Kant auch unklar bleiben, daß und wie er hier in dieser Charakterisierung von Beharrlichkeit mit dem »zugleich« oder »Zugleichsein« solchen Raum bereits in Anspruch nimmt. Und so vermag auch unsere letzte Klärung noch nicht klarzustellen, was damit eigentlich gemeint sein könnte.

Denn auf zweiter Stufe ist Zugleich ja nur im Sinn von ursprünglichem subjektivem Raum verfügbar, wie er nämlich ebenso aus Zeit heraus wie über Zeit hinaus und so *mit* Zeit einhergehend erzeugt wird. Dieses »mit« jedoch kann keinesfalls gemeint sein, wenn Kant als beharrlich dasjenige definiert, »was *mit* dem Nacheinandersein zugleich ist« oder ein »Zugleichsein *mit* dem Wechselnden«. Denn selbst, wenn dies »zugleich« oder »Zugleichsein« dabei einfach als Zugleich von Raum auf zweiter Stufe sich verstehen ließe, könnte dieses »mit« nicht die Synthese von »Beharrlichkeit« ergeben, weil dieses Zugleich von Raum als das »mit« Nacheinander Zeit einhergehende selbst ein Nacheinander bildet und darum gerade nichts Beharrliches.

Im Gegenteil muß zwischen beiden »mit« vielmehr ein prinzipieller Unterschied bestehen, sonst würde nämlich das Zugleich als solches und mithin der Raum als solcher fälschlich zum Beharrlichen verdinglicht, was für Kant jedoch mit Sicherheit nicht in Betracht kommt, wie Sie sich vor Augen halten müssen. Denn auch wenn er ihn nicht als Zugleich versteht, zieht Kant den Raum als solchen doch zur Charakterisierung von Beharrlichkeit sehr wohl heran, indem er ihn sogar als das Entscheidende für sie herausstellt, »weil der Raum allein beharrlich bestimmt«[5].

Diese Formulierung nämlich ist nicht sprachlich[6], sondern sachlich

4 Vgl. oben *Teil 1*, § 7.
5 B 291.
6 Nicht weil hinter dem »bestimmt« etwa ein »ist« noch zu ergänzen wäre, wie die Konjektur von Erdmann lautet, die jedoch als sachlich-unhaltbar zurückzuweisen ist, weil sie tatsächlich eine fälschliche Verdinglichung von Raum zur Folge hätte.

schwierig zu verstehen, weil nicht ohne weiteres ersichtlich wird, in welchem Sinn denn eigentlich »bestimmend« für Beharrlichkeit »allein der Raum« sein soll, zumal sich darin letztlich eine Selbstkritik von Kant verbirgt: Erst nach der ersten Auflage seiner KRV macht er sich vollends klar[7], daß zur »Schematisierung« von »Kategorien« nicht nur Zeit, sondern auch Raum gehört, was dann am »Schema« der Beharrlichkeit, die er zunächst als reines Zeitverhältnis auffaßt[8], klar hervortritt. Denn von daher gilt ihm in der zweiten Auflage dann schon geradezu als ausgemacht, daß an Beharrlichkeit auch Zeit beteiligt sein, weil ihr recht eigentlich zugrunde liegen muß, wie Ihnen beide jene Charakterisierungen bezeugen, die denn auch nicht zufälligerweise beide erst in dieser zweiten Auflage hinzugefügt sind.

Unter sozusagen selbstverständlicher Voraussetzung von Nacheinander Zeit indessen wäre somit in der Tat »der Raum allein« das für Beharrlichkeit »Bestimmende«, sprich, das *mit* Zeit *zusammen* allererst Beharrlichkeit *Synthetisierende*. So aber könnte sich in diesen Charakterisierungen dann hinter dem, was »*mit* dem Nacheinandersein« von Zeit »zugleich« ist oder ein »Zugleichsein *mit* dem Wechselnden«, auch in der Tat nichts anderes als Raum verbergen. Nur daß er gerade nicht als solcher selbst schon *etwas von* Beharrlichkeit sein könnte, sondern umgekehrt vielmehr gerade das sein müßte, was Beharrlichkeit *von etwas* – und mithin von etwas *Anderem* als ihm – dann erst entspringen ließe: eben ursprünglich-synthetisch durch Vereinigung *mit* Zeit.

So vollständig jedoch ist Raum in diesen Charakterisierungen verborgen, daß darin tatsächlich aufweisbarerweise etwas fehlt. Sie brauchen nämlich nur zu fragen, *was* denn eigentlich »mit Nacheinandersein zugleich« sei, so daß dies ursprünglich und synthetisch die Bedeutung von Beharrlichkeit ergebe, und Sie sehen, daß keine dieser Charakterisierungen die Antwort darauf etwa einfach auswirft. Denn wie Kant zu sagen, daß es das Beharrliche sei, was »mit Nacheinandersein zugleich« sei, heißt ja nichts als analytisch so etwas wie, daß ein Schimmel weiß sei, zu behaupten. Fraglich aber ist nach Kant recht eigentlich synthetisch, *was* denn weiß ist, so daß dies ein Schim-

7 Vgl. besonders B 288–294. Vorboten dafür finden Sie auch in der ersten schon vereinzelt, wie etwa in A 224, A 371.

8 A 177 B 219.

mel ist, und dementsprechend, *was* denn eigentlich »mit Nacheinandersein zugleich« ist, so daß dies Beharrlichkeit bedeutet. Und synthetisch auch zu antworten, liefe darauf hinaus, das Fehlende in diesen Charakterisierungen mit Kant gerade dahingehend nachzutragen, daß dies eben nur der Raum sein könne, »weil der Raum allein beharrlich bestimmt«. Diesen Charakterisierungen zufolge liegt Beharrlichkeit mithin nur vor, wenn Raum es ist, »was *mit* dem Nacheinandersein zugleich ist« oder ein »Zugleichsein *mit* dem Wechselnden«, und das heißt kurz: wenn Raum mit Zeit zugleich ist.

Demnach brauchen Sie für Raum auch nur noch einzusetzen, was für ihn sich uns bereits ergeben hat, nämlich daß Raum nur in Zugleich bestehen kann, und Sie entdecken, welch ein Doppelsinn sich hinter dem »Zugleichsein« und »zugleich« in diesen Charakterisierungen verbirgt, nur weil sich Kant über Zugleich als Grundstruktur von Raum noch nicht im klaren ist. Denn dann ergibt sich Ihnen, daß Beharrlichkeit nur vorliegt, wenn Zugleich mit Zeit zugleich ist. Und an dieser kuriosen Formulierung sehen Sie sofort, weswegen Kants Synthese von Beharrlichkeit bis heute nicht recht überzeugen kann, nämlich weil mangels systematisch-deduktiver Ausarbeitung jener ersten beiden Stufen dann auch insbesondere der Unterschied von dritter gegenüber zweiter Stufe nicht verständlich werden kann. Denn höchstens auf den ersten Blick wird Ihnen unverständlich bleiben, was dann mindest auf den zweiten Blick verständlich wird, daß diese Formulierung nämlich kurios nur deshalb ist, weil sie, indem sie jenen Doppelsinn bereinigt, diesen Unterschied hervorhebt: Zur Synthese von Beharrlichkeit nimmt Kant zwar nicht der Sprache, wohl aber der Sache nach ein zweifaches und darum grundsätzlich zu unterscheidendes Zugleich in Anspruch, was auch sachlich-systematisch unausweichlich ist, weil schon auf jener zweiten Stufe Raum als solcher selbst bereits Zugleich ist.

Diesen Unterschied indessen können Sie sich leicht entwickeln: Ein Zugleich ist Raum auf zweiter Stufe nur in dem Sinn, daß Sie solchen Raum – wie weit auch immer Sie ihn ausgedehnt vorstellen mögen – nur in dem Sinn als geteilt vorstellen können, daß die Teile zueinander ein Zugleich sind. Stellen Sie ihn beispielsweise stellvertretend durch eine Ovalform vor, so läßt sich diese nur in dem Sinn als geteilt vorstellen, daß jeder Teil derselben auch mit jedem andern Teil von ihr zugleich ist. Und genau in solchem Sinn von Teil ist denn auch das Zugleich des Raums auf zweiter Stufe, kurz gesprochen, ein

Zugleich nach *innen*, so daß ein Zugleich nach *außen* hier auch noch nicht den geringsten Sinn besitzen kann.

Denn eben daher stellt sich Ihnen dann auch erst die Frage, was es eigentlich bedeuten könnte, daß der Raum als solcher selbst nicht nur nach *innen*, sondern auch nach *außen*, nämlich auch *mit Zeit* zugleich sein soll, die ja durchaus kein Teil von ihm sein kann, sondern nur etwas *außer* ihm. Und so entdecken Sie des weiteren, daß sich auch hinter diesem »mit« in jenen Charakterisierungen ein Doppelsinn verbirgt. In einem Sinn ist nämlich »mit« schon längst vergeben: zur Bezeichnung jener Art und Weise, wie Zugleich von Raum als solchem selbst *mit* Nacheinander Zeit *einher*gehend entspringt, und zwar bereits auf zweiter Stufe, so daß hier auf dritter dieses »mit« auf keinen Fall gemeint sein kann. Dies aber nicht – wie schon erwähnt – bloß negativ, nämlich weil sonst Zugleich von Raum als solchem selbst verdinglicht würde zu etwas Beharrlichem, sondern auch positiv, nämlich weil dieses »mit« vielmehr gerade das *Einher*gehen von Raum mit Zeit, sprich, von Zugleich mit Nacheinander formuliert und so gerade selbst noch Nacheinander und darum gerade nicht bereits Beharrlichkeit.

Daß Sie den Sinn von »mit« auf jener zweiten Stufe in der Hand behalten, ist nämlich Voraussetzung dafür, daß Sie den Sinn von »mit« auf dieser dritten Stufe in die Hand bekommen, den dies Wort dann auch durchaus noch hergibt. Denn von sich aus ist dies »mit« in keiner Weise schon auf jenen Sinn des *Miteinher*gehens von etwas mit dem Nacheinander festgelegt, wonach wie Zeit als Punkt ein ständig anderer auch Raum als Ausdehnung noch eine ständig andere sein muß, nämlich wie Zeit ein ebenso Entstehen wie Vergehen solcher Ausdehnung aus Punkt heraus: Allein als solches Auf- wie Abtreten von ihr aus ihm heraus ist sie ein immer neues Gegenüber *zu* ihm, weil auch immer wieder unablösbar *von* ihm. Keineswegs bedeutet »mit« von sich aus schon soviel wie »mit ... einher«, und zwar so wenig, daß es sich auch anderem als dem »einher« verbinden läßt: zum Beispiel dem »zugleich«. Ja innerhalb von »mit ... zugleich« gewinnt es sogar die zu »mit ... einher« gerade gegensätzliche Bedeutung, die allein denn auch auf dieser dritten Stufe der Synthese von Beharrlichkeit gemeint sein kann. Im Gegensatz zu »mit ... einher« nämlich bedeutet »mit ... zugleich« in jenen Charakterisierungen, beharrlich sei gerade das, was *nicht* mit Nacheinander Zeit *einhergehend* etwa *wie* sie als immer wieder *anderes* Zugleich sich bilde, sondern was mit Nacheinander Zeit *zugleichseiend* gerade *anders* als sie und so immer wieder als ein *selbiges* Zugleich auftrete.

Deshalb kommt für Sie auch alles darauf an, diese so unterschiedlichen, ja gegensätzlichen Bedeutungen der beiden »mit« nicht zu verwechseln, was am besten zu vermeiden ist, indem Sie künftig für die letztere Bedeutung statt des Wortes »mit« nur noch die Wörter »gegen« oder »zu« verwenden, die ihr deutlich näher kommen: Die Erzeugung der Bedeutung von Beharrlichkeit, wie diese dritte Stufe sie aus Zeit und Raum heraus synthetisiert, geht somit dahin, ursprünglich-synthetisch auf etwas Bezug zu nehmen, das als ein Zugleich von Raum recht eigentlich *zu* Nacheinander Zeit, ja *gegen* Nacheinander Zeit zugleich auftritt. Mag Zeit als Nacheinander aktualen Punktes auch ein ständig anderer sein, ja mag sogar Zugleich von Raum als aktuale Ausdehnung aus solchem aktualen Punkt heraus auch selbst noch eine ständig andere sein, so ist doch etwas, das zwar gleichfalls ein Zugleich, jedoch des weiteren ein solches bildet, welches als Zugleich auch *zu* bzw. *gegen* Nacheinander Zeit zugleich ist, keineswegs auch selber etwas ständig anderes, sondern bezüglich eben dieses ständig anderen gerade etwas ständig selbiges und so beharrliches. Und da wie Zeit als solche selbst auch Raum als solcher selbst ja etwas ständig anderes ist, kann als Korrelat zu der aus ihnen auf genannte Art synthetisierten und mithin ursprünglichen Bezugnahme im Sinne der Beharrlichkeit etwas Beharrliches als ihnen gegenüber Selbiges denn auch allein als ihnen gegenüber Anderes auftreten.

Mindest soviel aber müßte Ihnen daran hier schon deutlich werden: Doppelsinnig sind die Ausdrücke »zugleich« und »mit« in jenen Charakterisierungen genau entsprechend zueinander; und so treten sie durch unsere Klärung denn zu Unterschiedlichem, doch jeweils Eindeutigem auch genau entsprechend auseinander, was indessen bei »zugleich« besonders wichtig festzuhalten ist, weil es hier anders als bei »mit« darauf hinausläuft, zwei verschiedene Fälle von demselben Sinn zu unterscheiden. Denn worauf auch immer es bezogen werden mag, – »zugleich« bedeutet nun einmal im einen wie im andern Fall »zugleich«, vermag sonach gerade nicht je nach Beziehungswörtern unterschiedliche oder gar gegensätzliche Bedeutung anzunehmen: nicht wie »mit« etwa den Unterschied, ja Gegensatz von »mit ... einher« und »mit ... zugleich«.

Und daß »zugleich« als selbiges infolgedessen nur in zwei verschiedenen Fällen vorliegt, hängt damit zusammen, daß »zugleich« als selbiges auch nur auf zwei verschiedenen Stufen auftritt, auf der zweiten und der dritten, die zu unterscheiden für uns aber um so wichtiger ist, als die dritte dabei von der zweiten abhängt, nämlich von der zweiten als der ursprünglichen abgeleitet ist. Da nämlich auf der ersten Stufe ja noch keinerlei Bedeutung von »zugleich« verfügbar ist, kann für die von »zugleich« auf dritter Stufe auch tatsächlich nur die von »zugleich« auf zweiter Stufe zur Verfügung stehen, so daß deren unterschiedliche Bedeutung sich auch nur aus der Bedeutung solcher Ableitung des einen aus dem anderen ergeben kann. Denn die Bedeutung von »zugleich« entspringt auf jener zweiten Stufe nur, indem Zugleich von Raum aus Nacheinander Zeit heraus zunächst einmal *gebildet* wird, und das heißt eben *bloß* gebildet und mithin gerade *nicht* auch schon *verwendet* wird.

Die Unterscheidung zwischen Bildung und Verwendung, welche sich im vorigen schon für Begriff in Form von Zeit als notwendig erwiesen hat, erweist sich damit auch für Anschauung in Form von Raum noch als notwendig, wie Sie nunmehr sehen. Denn ist Begriff in Form von Zeit gebildet, so bloß dadurch doch nicht auch bereits verwendet, und ist Anschauung in Form von Raum gebildet, so bloß dadurch doch nicht auch bereits verwendet, was entsprechend für die jeweilige Form zu gelten hat und damit wie im vorigen für Nacheinander jetzt auch für Zugleich noch. Ist nämlich Zugleich von Raum gebildet, so bloß dadurch doch nicht auch bereits verwendet, so daß Bildung und Verwendung von Zugleich des Raumes in der Tat als zweite und als dritte Stufe unterschieden werden muß, zumal ja umgekehrt Verwendung von all dem auch Bildung von all dem bereits voraussetzt. Also kann es auch nur das Zugleich auf zweiter Stufe sein, was dann auf dritter Stufe durch »zugleich« in jenen Charakterisierungen verwendet wird und was auch in der Tat nur in Beziehung auf das Nacheinander Zeit verwendet werden kann, weil außer dem Zugleich von Raum auf dieser zweiten Stufe nur das Nacheinander Zeit zum Zweck einer Verwendung als Beziehung darauf zur Verfügung steht. Genau in dieser Hinsicht kann daher die dritte Stufe auch tatsächlich nur darin bestehen, das eine in Beziehung auf das andere zu verwenden.

Doch nur um so wichtiger für Sie, sich klarzumachen, was allein dann auch Verwendung von Zugleich mittels »zugleich« und so Beharrlichkeit in jenen Charakterisierungen bedeuten kann. Zugleich von Raum nicht nur *aus* Nacheinander Zeit heraus zu *bilden*, sondern auch *auf* Nacheinander Zeit noch zu *beziehen* und so zu *verwenden*, kann ja keinesfalls darin bestehen, dies Zugleich des Raumes etwa rückwärts in die Richtung dieses Nacheinander Zeit noch weiter auszudehnen. Denn da dies Zugleich auf zweiter Stufe schon in fugenlosem Anschluß an das Nacheinander Zeit gebildet werden muß, kann eine Fuge sozusagen, die dadurch auf dritter Stufe gleichsam noch geschlossen werden müßte, schon von vornherein auch gar nicht offenstehen. Verstand und Sinnlichkeit sind eben – wie Sie vorhin schon verstehen konnten, nunmehr aber förmlich augenfällig sehen können – auf der zweiten Stufe der Erzeugung von Zugleich als Raum aus Zeit als Nacheinander vollständig erschöpft. Infolgedessen kann es etwas Weiteres von deren Art auch quantitativ ebenso wie qualitativ nicht mehr zu erzeugen geben. Schon allein aus diesem Grunde kann Zugleich nicht dadurch die Bedeutung von Beharrlichkeit annehmen, daß es als Zugleich etwa noch größer würde, ganz zu schweigen, daß Zugleich auf diese Art dem Nacheinander auch noch näherrücken und als Folge davon erst sich ihm anschließen könnte.

Daran tritt mithin womöglich noch genauer als im vorigen für Sie zutage: Auch in diesem Fall vermag Verwendung gegenüber Bildung von Zugleich nur wie etwas Formales gegenüber etwas Materialem aufzutreten, wobei das Zugleich von zweiter Stufe her die Rolle dieses Materialen spielt. Zumal ja auch ein Ausdruck wie »gebildetes Zugleich« nur *analytische* Bezeichnung für Zugleich als solches auf der zweiten Stufe ist – denn bloß gebildetes ist überhaupt Zugleich –, wogegen auch ein Ausdruck wie »verwendetes Zugleich« vielmehr *synthetische* Bezeichnung ist und so gerade nicht Bezeichnung für Zugleich auf zweiter Stufe, sondern eben für die Synthesis von etwas *aus* Zugleich, will sagen, von Beharrlichkeit auf dritter Stufe, deren systematisch-deduktive Herleitung nun ansteht. Und für diese dritte Stufe grundlegend ist jene zweite darin, daß Zugleich von Raum auf ihr gerade Ausdehnung im Gegensatz zu Punkt von Zeit als Nacheinander ist und so bei aller unlösbaren Rückgebundenheit an ihn doch außerhalb von ihm, woran mithin auch diese dritte Stufe der Verwendung von gebildetem Zugleich als solcher Ausdehnung aus Punkt heraus nichts ändern kann.

Deswegen brauchen Sie auch nur hinzuzunehmen, daß wie Zeit als Nacheinander auch Zugleich als Raum auf zweiter Stufe überhaupt nichts anderes als Subjektivität ist, und Sie finden ferner, was allein es überhaupt bedeuten kann, daß Subjektivität auf dritter Stufe sich als beide auch noch zu verwenden hat, um im genannten Sinn sich zu vervollständigen. Unlösbar zusammen hängen beide nämlich derart, daß Verwendung beider auch gewissermaßen spiegelbildlich vor sich geht, indem zum Vorigen entsprechend gilt: Genau der Punkt von Zeit als Nacheinander, aus dem Subjektivität als das gebildete Zugleich der Ausdehnung von Raum jeweils schon immer herkommt, ist es, auf den Subjektivität als das auch noch verwendete Zugleich der Ausdehnung von Raum jeweils wieder zurückkommt, um in dieser Weise rückbezüglich in sich selbst zu jenem Punkt in Punkt zu werden, nämlich einerseits zu Urteil, Aussage oder Behauptung als dem vollständigen Selbstverhältnis.

Nur muß in genau dem Sinn, in dem Zugleich von Raum als Ausdehnung und Nacheinander Zeit als Punkt bei aller ihrer unlösbaren Einheit miteinander doch grundsätzlich zueinander äußerlich sein müssen, Subjektivität auch als verwendetes Zugleich grundsätzlich jenseits von sich selbst als Nacheinander bleiben. Demgemäß kann Subjektivität, indem sie von ihm nicht nur als gebildetes Zugleich schon immer herkommt, sondern auf es auch noch als verwendetes Zugleich wieder zurückkommt, denn auch anderseits nur dahin gehen, sich grundsätzlich jenseits dieses Nacheinander auszubilden: eben dahin, sich als das Zugleich von Raum nicht nur zu bilden, sondern sich als das gebildete Zugleich von Raum auch zu verwenden und sonach nicht *von* sich selbst als dem Zugleich bloß *her*zukommen, sondern *auf* sich selbst als das Zugleich auch noch *zurück*zukommen. Denn nur das gebildete Zugleich läßt sich verwenden. Beides in Beziehung auf sich selbst als Nacheinander Zeit zu tun, vermag ein Subjekt eben nur, indem es beides in Beziehung auf sich selbst als das Zugleich von Raum tut. Als Verwenden gegenüber Bilden seiner selbst als Ausdehnung des Raumzugleich wird ein Subjekt infolgedessen ebenso wie als Verwenden gegenüber Bilden seiner selbst als Punkt des Nacheinander Zeit zu vollständigem Selbstverhältnis: Beides ist ein Subjekt ja nur gleichsam spiegelbildlich als die beiden Kehrseiten *Desselben*. Denn, sich einerseits als Punkt des Nacheinander Zeit nicht nur zu bilden, sondern auch noch zu verwenden, *heißt*, sich anderseits als Ausdehnung des Raumzugleich nicht nur zu bilden, sondern auch noch zu verwenden, sowie umgekehrt.

Nur tritt an solcher Insgesamtheit dieser Subjektivität des weiteren für Sie zutage: Als ein solches Selbstverhältnis vollständig ist sie gerade darin, daß sie damit vollständig zum Fremd- gewordenes Selbstverhältnis oder zur Intentionalität gewordene Spontaneität ist. Denn *ineinem* bildet sie sich damit nicht nur einerseits zu Nacheinander Zeit als Punkt in Punkt, nämlich zu Urteil, Aussage oder Behauptung, sondern auch noch anderseits zu Raumzugleich als Ausdehnung in Ausdehnung, die Ihnen trotz der Unausweichlichkeit, mit der sie sich aus unserer Herleitung ergibt, zunächst vielleicht als schwerverständlich gelten wird, die Sie jedoch als Grundstruktur von jeglichem Objekt der Außenwelt sogleich erfassen werden.

Jedenfalls erhalten wir tatsächlich erst einmal das unausweichliche Ergebnis: Sich sowohl als Punkt des Nacheinander Zeit wie auch als Ausdehnung des Raumzugleich nicht bloß zu bilden, sondern auch noch zu verwenden, kann für Subjektivität nur heißen, sich sowohl als Punkt des Nacheinander Zeit wie auch als Ausdehnung des Raumzugleich von sich auf sich noch zu beziehen und in dieser Weise somit zweifach rückbezüglich in sich selbst sich auszubilden. Denn auch nur, indem sie *beider*seitig dieses Rückbezügliche einer synthetischen Verwendung gegenüber Bildung ihrer selbst als Punkt des Nacheinander Zeit und ihrer selbst als Ausdehnung des Raumzugleich je in Beziehung auf es selbst wird, kann sie *wechsel*seitig jenes Rückbezügliche einer synthetischen Verwendung gegenüber Bildung ihrer selbst als beider in Beziehung *aufeinander* werden: was allein sie nämlich als synthetische Verwendung gegenüber Bildung insgesamt bedeuten kann, da sie von zweiter Stufe her sich dafür ja auch nur als beides *füreinander* zur Verfügung stehen kann.[9]

Jenes bloß Formale nämlich ist synthetische Verwendung gegenüber Bildung von etwas gerade deshalb, weil, etwas synthetisch zu verwenden, nur bedeuten kann, etwas mit etwas anderem zusammen zu verwenden, nämlich es mit ihm zusammen zu synthetisieren zu etwas Neuem, so daß dabei eben auch dies andere betreffend

9 Zu Ihrer Vergewisserung, daß Sie all dies hier in der Tat als Aufbaustücke innerhalb von Subjektivität zu unterscheiden haben, eignet sich zum Beispiel folgendes: Nicht nur muß zum Schmieden eines Hufeisens sowohl der Hammer wie das Eisen grundsätzlich gebildet sein, damit der Schmied, darauf *zurück*greifend, das eine wie das andere dazu verwenden kann. Ein

jenes bloß Formale von synthetischer Verwendung gegenüber Bildung statthat. Also kann es auch nur eine einzige und selbige Synthese der Verwendung gegenüber Bildung des Zugleich von Raum als Ausdehnung sowie des Nacheinander Zeit als Punkt sein, in die einzugehen eben jedes davon nur vermag, indem bei jedem davon eben auch Verwendung gegenüber Bildung vor sich geht. Entsprechend kann es auch nur eine einzige und selbige Synthese sein, die einerseits den Punkt in Punkt des Nacheinander Zeit von Urteil, Aussage oder Behauptung wie auch anderseits die Ausdehnung in Ausdehnung des Raumzugleich von etwas als etwas Beharrlichem ergibt, und die uns deshalb auch nicht auseinanderfallen darf.

Etwas Beharrliches kann Raumzugleich sonach nur sein, wenn es bezüglich eben dieses Nacheinander, das dann nicht einfach bloß Punkt, sondern gerade Punkt in Punkt ist, auch nicht einfach bloß Zugleich, sondern Zugleich gerade in Zugleich ist und auf diese Weise eben unlösbare Einheit einer Zweiheit von Zugleich, das innerhalb von dieser Einheit unterschiedlich wie auch unterscheidbar ist und bleibt. Nur dann nämlich kann ein Zugleich etwas Beharrliches sein, wenn es nicht ein bloß gebildetes ist, das bloß ein Zugleich nach innen darstellt, sondern auch noch ein verwendetes ist, welches auch noch ein Zugleich nach außen darstellt: in dem Sinn, daß es genau so weit, wie es Zugleich nach innen ist, auch noch Zugleich nach außen ist, im ganzen also unlösbares Ineinander von verschiedenem und auch zu unterscheidendem.

Wenn ein Zugleich auf solche Weise in sich zweifach ist, daß es nicht nur nach *innen*, sondern auch nach *außen* noch Zugleich ist, kann das nämlich nur bedeuten, daß es dann auch *gegen* Nacheinander noch Zugleich ist. Denn das einzige, worauf es sich von zweiter Stufe her als das Zugleich nach *innen* dann auf dritter Stufe überhaupt noch zu beziehen vermag, um auch nach *außen* noch Zugleich zu sein, ist nun einmal allein das Nacheinander. Und das einzige Verhältnis, das Zugleich zu Nacheinander dann auf dritter Stufe überhaupt noch einzugehen vermag, ist nun einmal nur das des »gegen« im genannten Sinn von »mit ... zugleich«, weil es in dem des »mit ... einher« ja schon auf zweiter Stufe zu ihm steht, so daß die

jedes davon kann er dabei auch nur in Beziehung auf das jeweils andere davon verwenden: diesen Hammer nur bezüglieh dieses Eisens wie auch dieses Eisen nur bezüglich dieses Hammers.

beiden Möglichkeiten für Verhältnisse zu Nacheinander damit auch bereits erschöpft sind.

Zur Bezugnahme auf etwas als Beharrliches synthetisiert sich Subjektivität mithin gerade so, daß sie sich als Zugleich von Raum auf sich zurückbezieht, weil sie auch nur als solches in sich rückbezügliche Zugleich sich ferner noch auf sich als Nacheinander Zeit zurückbeziehen kann, und zwar desgleichen nur, indem sie sich auch noch als Nacheinander Zeit auf sich zurückbezieht, wodurch sie diese Art Bezugnahme gerade als Behauptung, Urteil oder Aussage wird, wie auch umgekehrt: Zu Behauptung, Urteil oder Aussage synthetisiert sich Subjektivität gerade dadurch, daß sie sich als Nacheinander Zeit auf sich zurückbezieht, weil sie auch nur als solche Rückbezüglichkeit von Nacheinander sich noch ferner auf sich als Zugleich von Raum zurückbeziehen kann, und zwar desgleichen nur, indem sie sich auch als Zugleich von Raum auf sich zurückbezieht, so daß sie zu Behauptung, Urteil oder Aussage gerade als einer Bezugnahme auf etwas als Beharrliches wird. Eine und dieselbe Synthesis von Zeit und Raum auf dritter Stufe ist es demnach, worin Nacheinander Zeit als Einheit einer Zweiheit jenes Punkt in Punkt von Urteil, Aussage oder Behauptung sich auf Raumzugleich als Einheit einer Zweiheit dieser Ausdehnung in Ausdehnung von etwas als Beharrlichem bezieht.

Und das bedeutet insgesamt, daß eine und dieselbe Synthesis es ist, wodurch sich Subjektivität auf Objektivität bezieht, weil Punkt und Ausdehnung dabei ja nur die Formen von Begriff und Anschauung darstellen: Sich als Begriff nicht nur zu bilden, sondern auch noch zu verwenden, sprich, sich auch zu Urteil, Aussage oder Behauptung noch zu bilden, heißt für Subjektivität ineinem, sich als Anschauung nicht nur zu bilden, sondern auch noch zu verwenden: dahingehend nämlich, jenen Gegenstand als das durch bloße Bildung von Begriff und Anschauung bloß vorgestellte Andere nunmehr durch sich auch hinzustellen als Wirklich-Anderes. Und das geschieht mithin gerade so, daß Urteil, Aussage oder Behauptung als nicht bloß gebildeter, sondern auch noch verwendeter Begriff sich dann auf Anschauung als ebenfalls nicht bloß gebildete, sondern auch noch verwendete beziehen: dahingehend nämlich, daß sie Anschauung als Ausdehnung in Form von Raum dazu benutzen, ihr Zugleich nach *innen* auch noch als Zugleich nach *außen* oder *gegen* Nacheinander hinzustellen, eben als etwas Beharrliches und darin zweifaches Zugleich, worin allein denn auch ein Wirklich-Anderes zu solchem Nacheinander und mithin ein Objekt für ein Subjekt überhaupt bestehen kann.[10]

Aus sich als solcher Anschauung heraus gerade etwas Anderes als sich durch sich als wirklich hinzustellen, dahin geht ein Subjekt somit nur, indem es sich nicht bloß zu so etwas wie »... rot« und »... rund« und »... Tisch«, sondern auch noch zu so etwas wie »Dies ist rot« und »Dies ist rund« und »Dies ist ein Tisch« bildet: Mit der Folge, daß der Einheit einer Zweiheit von nicht bloß gebildetem, sondern auch noch verwendetem Begriff und damit dem Verhältnis von »Subjekt« und »Prädikat« in Urteil, Aussage oder Behauptung auch in jeglichem Beharrlichen die Einheit einer Zweiheit von nicht bloß gebildeter, sondern auch noch verwendeter Anschauung zu entsprechen hat. Nur daß der Form nach jene Einheit einer Zweiheit eben nichts als Punkt in Punkt und diese Einheit einer Zweiheit eben nichts als Ausdehnung in Ausdehnung sein kann.

Und daß dies hergeleitete Ergebnis Ihnen nicht nur unausweichlich, sondern auch verständlich wird, scheint mir unzweifelhaft, wenn Sie gewärtigen: Mit solcher Ausdehnung in Ausdehnung von etwas als Beharrlichem, nämlich von etwas, das Zugleich nicht bloß nach innen, sondern *als* Zugleich nach innen *auch* Zugleich nach außen ist, ergibt sich Ihnen das, was längst schon wohl bekannt ist, doch bis heute nicht erklärt. Aus welchem Grund die offenbare Unausweichlichkeit, daß etwas als ein wirklich-anderes Objekt für ein Subjekt ursprünglich aufzutreten nur vermag, indem es auftritt als die ursprüngliche Einheit jener Zweiheit von Substanz und Akzidens oder von Ding und Eigenschaft? Denn auch auf diese Frage, warum ausgerechnet eine solche Zweiheit, kann es danach nur die eine Antwort geben: Aus dem Grund von Subjektivität. Sie brauchen nämlich bloß noch einzusetzen, daß mit dieser Einheit einer Zweiheit von Zugleich als Ausdehnung in Ausdehnung nur so etwas wie Raum in Raum gemeint sein kann, und solche Herleitung derselben sichert Ihnen dies als Grundstruktur für Objektivität sogar soweit, daß sie Sie auch noch gegen die Gefahr des Mißverstehens derselben sichert.

Was bislang nämlich von seinen bloßen Aufbaustücken her auch bloß abstrakt und dadurch schwer begreiflich bleiben mochte, wird

10 Vgl. B 233: »... als existierend, mithin als beharrend ...«.

durch deren Synthesis nunmehr konkret und daher leicht verständlich, weil mit solchem Raum in Raum nunmehr tatsächlich jene Grundstruktur von Außenwelt ermittelt wird. Denn in der Tat ist Außenwelt gerade dasjenige, von dem ebensosehr gilt, daß es in Raum, wie auch, daß Raum in ihm ist, was darum für sämtliche Objekte in ihr gelten muß, von denen wir auf Wahrnehmung beruhende Erfahrung haben: Was wir als Empiriker mit vollem Recht vertreten, nämlich daß der objektive Raum als Raum dieser Objekte keineswegs so etwas wie ein Sonderobjekt außerhalb dieser Objekte, sondern faktisch nur die Form derselben ist, das leiten wir als Nichtempiriker oder als Philosophen eben her, wonach er prinzipiell auch gar nichts anderes sein kann als der zwecks Empirie durch uns objektivierte subjektive Raum.

Denn ein wirklich-anderes Objekt für ein Subjekt als Nacheinander Zeit zu sein, vermag etwas nur, wenn es eine Form erfüllt, die dieses Subjekt für ein wirklich-anderes Objekt aus sich heraus erzeugt, sprich, wenn es ein Zugleich von Raum nicht nur nach *innen*, sondern auch nach *außen*, nämlich *gegen* Nacheinander Zeit noch ein Zugleich von Raum ist und als ein Beharrliches genau in diesem Sinn sonach auch außerhalb von diesem Nacheinander oder Subjekt. Und mit dieser unlösbaren Einheit einer Zweiheit von Zugleich nach innen und nach außen ist die Grundstruktur für jegliches Objekt als unlösbare Einheit einer Zweiheit von Substanz und Akzidens oder von Ding und Eigenschaft gerade deshalb systematisch deduziert, weil das Verhältnis zwischen Außenwelt und Raum im allgemeinen wiederkehrt als das Verhältnis zwischen Außenwelt und Raum im einzelnen, wie Ihnen nunmehr deutlich wird.

Denn auch im einzelnen vermag nur das ein wirklich-anderes Objekt für ein Subjekt zu sein, von dem genauso gilt, daß es in Raum, wie auch, daß Raum in ihm ist, nämlich gleichfalls in dem Sinn, daß Raum auch diesbezüglich nichts als Inbegriff der Einzelformen von Objekten selbst ist. Jede einzelne von diesen Formen aber kann dann auch nur etwas *innerhalb* der Einheit jener Zweiheit sein, das heißt, nur etwas *in* etwas oder nur etwas *an* etwas, das diese Form mithin auch umgekehrt nur *hat* oder *besitzt*, jedoch durchaus nicht etwa *ist*, sondern auch umgekehrt nur etwas *in* oder *von* dieser Form ist: eben Ding mit Eigenschaft oder Substanz mit Akzidens. So deutlich aber jeweils beide diese Etwas zueinander unterschiedlich und auch unterscheidbar voneinander sind und bleiben, wie Sie sehen, sind und bleiben sie genauso deutlich doch nur Differenz innerhalb von Identität bzw. innerhalb von absoluter Einheit oder Einfachheit nur Komplexion.

Was uns auf diese Art nunmehr als Grundstruktur von Objektivität entgegentritt, ist somit dasjenige, was im Zuge unserer Herleitung uns immer wieder neu als Grundstruktur von Subjektivität entgegentrat, weil demgemäß die Grundstruktur von Objektivität auch in der Tat der Grundstruktur von Subjektivität entstammt: Daß nur das ein wirklich-anderes Objekt für ein Subjekt sein kann, was die durch ein Subjekt aus sich heraus für ein Objekt erzeugte Form *erfüllt*, bedeutet eben, daß auch umgekehrt nur das, was diese Form, indem es sie *erfüllt*, mithin *erhält* und so *besitzt*, ein wirklich-anderes Objekt für ein Subjekt sein kann, nämlich indem sie umgekehrt gewissermaßen wie vom Prägenden auf das Geprägte *übergeht*. Und dabei handelt es sich um genau die Form, zu der sich ein Subjekt zuallerletzt noch aus sich selbst heraus erzeugt, und das ist eben die von etwas, das Zugleich nicht nur nach innen, sondern auch nach außen ist, und damit die eines Beharrlichen.

Denn wie schon auf der zweiten Stufe jene Form eines Zugleich nach innen, muß auch diese Form eines Zugleich nach innen *und* nach außen auf der dritten Stufe ein Subjekt aus sich heraus erzeugen, doch als eine Form von solcher Art, daß ebenso gewiß, wie nur ein Subjekt sie erzeugen kann, auch nur ein Objekt sie erfüllen kann: Nur ein Objekt nämlich kann etwas sein, das nicht nur ein Zugleich nach *innen*, sondern auch nach *außen*, nämlich *gegen* Nacheinander noch Zugleich ist und mithin beharrlich, auch wenn diese dritte Stufe, ein Zugleich nach innen auch nach *außen* als Zugleich und damit als *Objekt* noch hinzustellen, eine letzte Stufe jener Selbstverwirklichung des Subjekts ist.

Denn in der Tat bleibt dies das bloß Formale eines Hinstellens, da ein Zugleich, das nicht nur eins nach innen, sondern auch noch eins nach außen ist, sich gegenüber einem, das nur eins nach innen ist, *als* ein Zugleich nicht im geringsten unterscheiden kann, weil auch noch als Zugleich nach außen hingestellt gerade *das* wird, *was* von sich her nur Zugleich nach innen ist. Wird nämlich diese Form des in sich zweifachen Zugleich, zu der sich dieses Subjekt selbst verwirklicht, nicht erfüllt, so daß kein Objekt vorliegt – was als Irrtum, Sinnestäuschung oder Halluzination Ihnen bekannt ist –, bleibt es eben beim Versuch, beim Wollen oder Intendieren. Dieses aber ist als solches

Hinstellen dann auch schon vollständiges Intendieren, weil sich dazu auch, wenn überhaupt etwas, dann nur ein Objekt einstellen kann und in der Regel auch tatsächlich, faktisch, kontingent sich einstellt: als Erfolg dazu.

Was nämlich für ursprüngliche synthetische empirische Erkenntnis als elementare Wahrnehmung in Form elementarer Prädikation wie: Dies ist ein Tisch, und: Dies ist rot, und: Dies ist rund, als Wahrgenommenes sich in der Regel einstellt, etwas Rundes oder etwas Rotes oder auch ein Tisch, kann immer wieder nur Zugleich sein, das nicht bloß Zugleich nach innen, sondern auch nach außen ist und somit etwas, das aus Gründen jeglichen Subjekts dann jegliches Objekt für ein Subjekt auch sein muß: ein Beharrliches. Denn ein Beharrliches als ein Zugleich auch noch nach *außen* ist ein Objekt dabei eben nur im Sinn eines Zugleich auch *gegen* Nacheinander noch, wobei Sie unter letzterem auch nur noch das von immer neu sich auf sich selbst beziehendem Nur noch-Punkt der Wahrnehmung oder Prädikation in Form von Urteil, Aussage oder Behauptung selbst verstehen können. Jenes andere Nacheinander nämlich – das auf jener ersten oder das auf jener zweiten Stufe – kann auf dieser dritten nur noch als das innerliche Aufbaustück von diesem gelten und mithin auch nur noch innerhalb von ihm als Nacheinander solcher Wahrnehmung oder Prädikation auftreten: wie schon innerhalb von Nacheinander jener zweiten auch das Nacheinander jener ersten Stufe nur noch als ein innerliches Aufbaustück von ihm. Und so ist denn der Sinn von »außen«, wie wir ihn mit »*Außen*welt« verbinden, nunmehr auch gerade dahingehend hergeleitet, daß er nur zurückgehen kann auf das »Zugleich *nach* außen«, nämlich *gegen* solches Nacheinander. Ohne diesen Rückbezug auf solche Innenwelt läßt sich von Außenwelt mithin auch überhaupt nicht sinnvoll sprechen, weil sich deren Sinn von außen eben nicht etwa *von* außen *her*, wie jeder von uns erst einmal zu meinen pflegt, sondern *nach* außen *hin* ergibt, weil nur von *innen* her.

Gleiches aber gilt dann umgekehrt auch für das Wahrgenommene als ein Zugleich nach innen und nach außen, unter dem Sie auch nur das von immer wieder neu sich auf sich selbst beziehender Nur noch-Ausdehnung eines Beharrlichen verstehen können. Jenes andere Zugleich auf jener zweiten Stufe nämlich kann auf dieser dritten nur noch als das innerliche Aufbaustück von diesem gelten und mithin auch nur noch innerhalb von ihm als dem Zugleich oder Beharrlichen des Wahrgenommenen auftreten. Mithin können hier auf dieser dritten Stufe in Gestalt von: Dies ist rot, und etwas Rotem, oder: Dies ist rund, und etwas Rundem, oder auch: Dies ist ein Tisch, und einem Tisch nur Wahrnehmung und Wahrgenommenes einander gegenübertreten.

In genauester Entsprechung zueinander nehmen daher Wahrnehmung jeweils als Grundstruktur das innere Verhältnis von »Subjekt« und »Prädikat« an sowie Wahrgenommenes jeweils als Grundstruktur das innere Verhältnis von Substanz und Akzidens oder von Ding und Eigenschaft, Strukturen, welche demnach ebenso in Gegenüber zueinander wie in Einheit miteinander stehen. Und handelt es beim Wahrgenommenen sich jeweils auch im Gegensatz zur Wahrnehmung um Ausdehnung im Gegensatz zu Punkt, so ändert das doch überhaupt nichts daran, daß auch dieses innere Verhältnis innerhalb von Objektivität infolge seiner Abstammung von Subjektivität genau wie jenes innere Verhältnis innerhalb von Subjektivität nur einmal mehr und nun ein letztes Mal bloß Differenz innerhalb von Identität sein kann bzw. innerhalb von absoluter Einheit oder Einfachheit bloß Komplexion.

Und in der Tat ist, wie Sie längst schon wissen, das Verhältnis zwischen Ding und Eigenschaft oder Substanz und Akzidens in jedem Objekt ein Verhältnis von der Art, daß keines davon es vermag, ohne das andere aufzutreten, und von daher auch gerade das Verhältnis eines Differenten in einem Identischen bzw. einer Komplexion in einer absoluten Einheit oder Einfachheit. Von bisher ungelöster Problematik aber ist, wie Ihnen gleichfalls längst bereits bekannt, dieses Verhältnis deshalb, weil der Unterschied von Ding und Eigenschaft oder Substanz und Akzidens bislang nur negativ, nämlich nur dahingehend sich bestimmen läßt, daß eine Eigenschaft von einem Ding *nicht Teil* von diesem Ding, mithin auch selbst *nicht Ding* ist, und ein Akzidens einer Substanz *nicht Teil* dieser Substanz, mithin auch selber *nicht Substanz* ist. Und so könnte auch erst die entsprechend positive, nämlich die Bestimmung, was denn sonst ein Akzidens bzw. eine Eigenschaft sei, wenn nicht selbst Substanz bzw. Ding, die Lösung bringen: wie auch sie erst endgültig verhindern könnte, beides immer wieder fälschlich zu verdinglichen bzw. zu versubstanzialisieren und auf diese Weise das Objekt, das doch gerade *Einheit* von Substanz *und* Akzidens bzw. Ding *und* Eigenschaft ist, zu zerfällen.

Diese Lösung aber leiten wir uns jetzt tatsächlich her, und zwar gerade durch die Deduktion, daß ausgerechnet jene Ausdehnung als Gegensatz zu jenem Punkt es ist, die ein Objekt nur bilden kann, wenn sie als Ausdehnung *in* Ausdehnung, sprich, als Zugleich nach innen *und* nach außen auftritt: folglich als die unlösbare Einheit einer Zweiheit von Zugleich, in der ein Objekt als die Einheit von Substanz *und* Akzidens oder von Ding *und* Eigenschaft geradezu besteht. Entsprechend dürfte Sie auch nicht beirren, daß danach immer wieder ausgerechnet solche Ausdehnung ein Fall von Differentem in Identischem bzw. von Komplexem innerhalb von Einfachem sein soll, wo Ausdehnung doch umgekehrt gerade etwas ist, was teilbar ist, und so auch mindestens, soweit sie teilbar ist, gerade nichts, was einfach ist. Zu ihr nämlich verläuft die Grundstruktur von Ding und Eigenschaft oder Substanz und Akzidens als prinzipielle vielmehr quer, weil auch ein jeder Teil von solcher Ausdehnung ein wirklich-anderes Objekt der Außenwelt nur dann ist, wenn er gleichfalls diese Grundstruktur von Ding und Eigenschaft oder Substanz und Akzidens erfüllt.

Aus diesem Grund kann Teilung von Objekten – werde sie auch noch so weit ins Mikroskopisch-Kleine vorgetrieben – prinzipiell nicht dazu führen, daß im umgekehrten Sinne quer zu dieser Grundstruktur als Teile etwa Eigenschaften oder Akzidenzen für sich selbst aufträten oder auch Substanzen oder Dinge für sich selbst. Im Gegenteil: Was immer solche Teilung zum Ergebnis haben mag, – gleich dem Verhältnis von »Subjekt« und »Prädikat«, wie es zum Beispiel als die Grundstruktur des Fx in Prädikatenlogik sich nicht reduzieren läßt, muß in Physik auch das dem Fx entsprechende Verhältnis von Substanz und Akzidens als Grundstruktur irreduzibel bleiben, gleichviel was in ihr dann als ein wirklich-anderes Objekt der Außenwelt auftritt, wie Ihnen Physiker auf Anfrage bestätigen.

Dies deduzieren wir uns hier sonach durchaus nicht nur im Sinn von materieller Teilung oder materiellen Teilen, der im makroskopischen Bereich des unmittelbar Wahrgenommenen gelten mag, im mikroskopischen Bereich des nicht mehr unmittelbar Wahrgenommenen dagegen nicht mehr gelten muß. Was immer sich auch dort noch teilen lassen mag oder was immer dann auch dort noch als ein Teil auftreten kann, vermag dies keinesfalls etwa als Eigenschaft oder als Akzidens, nämlich im Unterschied zu dem, das eine Eigenschaft oder ein Akzidens besitzt bzw. hat, und so auch keinesfalls etwa als

»Zustand« gegenüber demjenigen, das »in« einem »Zustand« sich »befindet«, wie die Physiker dies häufig nennen.

Daran sehen Sie sofort: Mit dem Verhältnis zwischen Ding und Eigenschaft oder Substanz und Akzidens wird etwas derart Grundsätzliches hergeleitet, daß durchaus nicht nur Materie oder Stoff, sondern grundsätzlich alles ihm genügen muß, um wirklich-anderes Objekt der Außenwelt zu sein: auch dasjenige, was im mikroskopischen Bereich als Stoff oder Materie nicht mehr gelten kann. Ja derart Grundsätzliches wird auf diese Weise deduziert, daß es vor allem auch für Makroskopisches schon gelten muß: Ist es auch Materielles oder Stoffliches, was sich im makroskopischen Bereich der Wahrnehmung als Wahrgenommenes für uns ergibt, so kann das Wesen eines wirklich-anderen Objekts doch keinesfalls in Stofflichkeit oder in Materialität bestehen, deren wir uns etwa durch den »Widerstand«, den ihre »Undurchdringlichkeit« uns leistet, vergewissern könnten. Denn auch unsere Wahrnehmung des »Widerstandes« wirklich-anderer Objekte gründet letztlich nur in »Sinnesdaten«, die genausogut auch einem Traum zugrunde liegen können, dessen Gegenstand kein wirklich-anderes Objekt ist.

Allem solchen Inhaltlichen gegenüber ist das Wesen eines wirklich-anderen Objekts der Außenwelt vielmehr ausschließlich das Formale, daß es ein Zugleich nicht nur nach innen, sondern auch nach außen ist und damit eben jene Ausdehnung in Ausdehnung. Ausschließlich diese bildet denn auch das Verhältnis von Substanz und Akzidens oder von Ding und Eigenschaft als unlösbare Einheit einer Zweiheit, nämlich eines Differenten in einem Identischen bzw. einer Komplexion in einer absoluten Einheit oder Einfachheit, gleichviel, ob nun im makroskopischen oder im mikroskopischen Bereich. Und der Beweis dafür liegt darin, daß auch überhaupt nur diese Ausdehnung in Ausdehnung als Raum in Raum eines Zugleich nach innen und nach außen in der Lage ist, die Problematik des Verhältnisses von Ding und Eigenschaft oder Substanz und Akzidens zu lösen, ein Problem, das derart schwierig ist, daß man es in der Regel nicht einmal zu stellen pflegt, sondern gewissermaßen schweig fein still auf sich beruhen läßt.

Denn können Eigenschaften oder Akzidenzen prinzipiell nicht Teile von Substanzen oder Dingen sein, so müßte doch sofort von Grund auf problematisch werden, was es überhaupt bedeuten soll, daß trotzdem auch ein Akzidens bzw. eine Eigenschaft einer Substanz bzw. eines Dinges etwas ist, das letztere – gerade weil sie es nicht sind, sondern nur haben – auch verlieren und bekommen können. Daß etwas ein Tisch *ist* oder rund *ist* oder rot *ist,* heißt ja, daß es Rotgehalt bzw. Rundform oder Tischform *hat*, eben zur *Eigenschaft* oder zum *Akzidens*, und damit als *Substanz* oder als *Ding*, woran dergleichen eben wechseln, nämlich kommen oder gehen kann. Gerade dann jedoch, wenn feststeht, daß dergleichen dies nicht als ein Teil vermag, tut sich geradezu der Abgrund einer Problematik auf, nämlich, *wie* es dies überhaupt vermöge, damit, *daß* es dies vermöge, überhaupt verständlich werden kann, ein Abgrund, dem man sich denn auch so weit wie möglich fernhält.

Teile nämlich kann eine Substanz oder ein Ding gerade in dem Sinn verlieren oder auch bekommen, daß sie nicht nur wechseln, eben gehen oder kommen können, sondern daß von ihnen sich auch grundsätzlich noch feststellen läßt, *wohin* sie gehen, wenn sie gehen, und *woher* sie kommen, wenn sie kommen. Eigenschaften oder Akzidenzen aber gehen, wenn sie gehen, nirgends hin und kommen, wenn sie kommen, nirgends her, zumindest nicht im Sinn von Teilen irgendwo her oder irgendwo hin, wie Sie nunmehr finden werden. Wohin nämlich sollte wohl in diesem Sinn die Tischform oder Rundform gehen, wenn etwas, das ein Tisch ist oder rund ist, aufhört, Tisch bzw. rund zu sein, und Kleinholz oder eckig wird? Und woher sollte wohl in diesem Sinn die Tischform oder Rundform kommen, wenn zum Beispiel Großholz sie bekommt und so zu etwas Rundem oder einem Tisch wird – ganz zu schweigen von dem Rotgehalt, wenn etwas Rotes grün bzw. etwas Grünes rot wird?

Vor dieser Problematik aber brauchen Sie nicht mehr zurückzuscheuen, denn zum Abgrund kann sie Ihnen nicht mehr werden. Ganz im Gegenteil gereicht sie Ihnen vielmehr umgekehrt sogar zum Auf- und Einstieg in die Systematik, die wir uns nunmehr bis hierhin hergeleitet haben. Ohne Zweifel nämlich können Eigenschaften oder Akzidenzen gleichfalls kommen wie auch gehen, doch wenn nicht im Sinn von Teilen, dann nur noch in dem, daß Eigenschaften oder Akzidenzen dabei eben absolut entstehen oder absolut vergehen. Und in dieser Absolutheit von Entstehen und Vergehen liegt denn auch der eigentliche Grund dafür, daß ihr Problem bis heute ungelöst, ja letztlich ungestellt ist: Man vermochte sich nicht zu erklären, weshalb ausgerechnet im Bereich der Objektivität, wo jegliches Entstehen und Vergehen doch nur relatives ist, nämlich Entstehen *aus* oder Vergehen *in* etwas und somit letztlich auch nur Umformen von einem in ein anderes, dergleichen wie ein absolutes mit im Spiel sein könnte, eine Problematik, die zu stellen Ihnen aber um so leichter fallen wird, als damit wie so oft bereits der erste Schritt getan ist, sie zu lösen. Eben diese Absolutheit nämlich ist es, die Sie nunmehr deduzieren können.

Nehmen Sie, um jedes Mißverständnis auszuschließen, einen Fall von Ding oder Substanz zum Beispiel, in dem diese oder dieses in der Tat nur umgeformt wird: einen Fall mithin, wo etwas, wenn es beispielsweise rund ist, nur oval wird oder eckig. Welche Formen Sie dabei auch immer in Betracht zu ziehen versuchen, ob nur diese drei oder auch noch die Zwischenformen zwischen ihnen, – jede davon kann als eine ganz bestimmte dabei nur als absolut entstehend oder absolut vergehend gelten. Dies jedoch liegt überhaupt nur daran, daß Sie den Bereich der Objektivität, indem Sie solche Formen je für sich als ein Problem auch nur thematisieren, auch schon verlassen, eben weil es solche Formen je für sich dort überhaupt nicht geben kann, sondern nur dasjenige, was sie hat oder verliert oder bekommt, nämlich als Ding *mit* Eigenschaft bzw. als Substanz *mit* Akzidens. Deswegen können auch nicht solche Formen je für sich das Wahrgenommene zu einer Wahrnehmung sein, sondern ebenfalls nur dasjenige, was sie hat oder bekommt oder verliert, eben als Ding *mit* Eigenschaft bzw. als Substanz *mit* Akzidens. Und daß Sie solche Formen auch nur der Thematisierung unterwerfen, heißt demnach, daß Sie dadurch aus Empirie der Wahrnehmung von Wahrgenommenem als Objektivität auch schon *zurück* in Reflexion *auf* Objektivität als Wahrgenommenes von Wahrnehmung eintreten und so übergehen zu Nichtempirie oder Philosophie, für die dadurch gerade Subjektivität zum Thema wird.

Und in der Tat: Sobald sie je für sich betrachtet wird, kann jede solche Form auch nur ein Fall von Subjektivität noch sein, weil dies dann heißen muß, dergleichen Form auch nur noch als Zugleich nach innen zu betrachten. Denn, sie dabei trotzdem als Zugleich auch noch nach außen zu betrachten, hieße ja, sie neuerlich als Teil anstatt als Eigenschaft bzw. Akzidens zu denken und so zu verdinglichen bzw. zu versubstanzialisieren und mithin gerade Reflexionsverfehlung zu begehen, wie sie Platon auch tatsächlich unterlief. Von seiten solcher Objektivität in Reflexion zu treten, ohne sie auch gleich schon zu verfehlen, heißt für Sie mithin, sich klarzumachen: Damit treten Sie von dieser dritten Stufe her, nämlich von Objektivität als wahrgenommener für Subjektivität als wahrnehmende her, zurück auf jene zweite Stufe, wo der Raum als das Zugleich nach innen und infolgedessen jedes einzelne Zugleich nach innen als bestimmte Form in ihm nur so gebildet wird, daß es aus Zeit hervorgehend auch bloß mit Zeit einhergehend auftritt, wie Zeit mithin auch immer nur ein ebenso Entstehen wie Vergehen von Zugleich nach innen ist.

Von daher aber muß, was ohne solche Reflexion nur unverständlich bleiben kann, sofort verständlich werden, weil in einem Fall, in welchem solche Form nicht immer wieder von derselben, sondern einmal von verschiedener Art ist, auch nur manifest wird, was latent genausosehr in einem Fall im Gange ist, in welchem solche Form tatsächlich immer wieder von derselben Art ist. So nämlich wird manifest, daß solche Form in jedem Fall nur etwas ist, das dabei mit der Zeit bloß immer wieder absolut entsteht wie absolut vergeht und neuentsteht, indem hier eben je und je nur ein so Auf- wie Abtreten von solcher Form erfolgt: auch dann, wenn dabei zufälligerweise immer wieder eines und dasselbe auf- wie abtritt, also beispielsweise immer wieder Rundform, die auch dann vielmehr nur eine immer wieder neue sein kann. Und das heißt: Auch in dem Fall, in dem eine Substanz oder ein Ding sie nicht bekommt oder verliert, sondern besitzt, ist solche Form als Eigenschaft oder als Akzidens versubstanzialisiert oder verdinglicht, wenn sie je für sich betrachtet wird und trotzdem wegen Reflexionsverfehlung nicht nur als Zugleich nach innen, sondern auch nach außen und mithin als Teil gilt, wie bei Platon.[11]

Doch was dem, der von der Seite dieser Objektivität in Reflexion auf jene Subjektivität erst tritt, auch unvermeidlich sein mag, müßte Ihnen, die Sie von der Seite jener Subjektivität schon kommen und von daher auch in Reflexion schon stehen, leicht vermeidlich werden. Dazu nämlich brauchen Sie nur weiter sich vor Augen halten, daß es in der Tat ein systematisch folgenschwerer Fehler wäre, solchen Raum und mit ihm solche Form in ihm – nur weil sie dort auf zweiter Stufe als Zugleich und so als Gegensatz zu Nacheinander Zeit gebildet werden – sich sogleich gewissermaßen als die Ruhe selbst zu denken. Trotzdem nämlich sind sie dort vielmehr noch ganz wie Zeit gerade die Unruhe selbst, nur eben über Zeit hinaus auch noch

11 Vgl. oben *Teil 1*, S. 31ff.

Unruhe selbst von solcher Art, daß Ruhe selbst daraus gewonnen werden kann; wenngleich erst dadurch, daß Unruhe selbst von solcher Art nicht bloß gebildet, sondern auch verwendet und mithin zur Form wird für Beharrlichkeit von etwas, das, indem es dann zum Beispiel Rundform hat, auch etwas Rundes oder rund ist, darin aber in der Tat jeweils die Ruhe selbst: ein rundes Ding.

Schließlich heißt ja, ein Zugleich, das erst einmal nur ein Zugleich nach innen ist, auch noch als ein Zugleich nach außen hinzustellen, keineswegs, es als Zugleich nach innen etwa rückgängig zu machen, weil dies ja synthetisch vielmehr dahin geht, Zugleich nach innen selber als Zugleich auch noch nach außen hinzustellen, eben als Beharrliches. Und so muß jegliches Beharrliche auch zweifaches Zugleich sein, weil, Zugleich nicht bloß zu bilden, sondern auch noch zu verwenden, letztlich nur bedeuten kann, es als Zugleich auch in sich selbst noch zu verzweifachen, es nämlich hinzustellen als etwas, das genau so weit, wie es Zugleich nach innen ist, auch noch Zugleich nach außen ist und somit als Beharrliches auch beispielsweise etwas Rundes. Damit nämlich wird, was als Zugleich nach innen eine Form zunächst einmal gerade *ist*, zum Beispiel Rundform, gleichsam überführt in das, was als Zugleich nach außen eine Form, zum Beispiel Rundform, als Zugleich nach innen dann gerade *hat*, indem es eben etwas Rundes oder rund ist, weil Verwendung von gebildetem Zugleich gerade dahin geht, Zugleich nach innen nur formal von innen her nach außen hin zu übertragen, woraufhin es denn auch seiner Bildung nach schon immer angelegt ist.

Nur aus diesem Grund mithin wird zur Notwendigkeit, daß jegliches, was solche Form der unlösbaren Einheit einer Zweiheit von Zugleich *erfüllt*, dann umgekehrt auch eben solche Form der unlösbaren Einheit einer Zweiheit von Zugleich in sich *enthält*, indem es als beharrliches Objekt im Grundverhältnis von Substanz und Akzidens oder von Ding und Eigenschaft steht, so daß jeweils letzteres dabei auch nur etwas *in* jeweils ersterem sein kann wie jeweils ersteres auch nur etwas *in* jeweils letzterem: Ein Akzidens bzw. eine Eigenschaft vermag danach bloß Form als etwas *in* Substanz bzw. Ding zu sein, und umgekehrt eine Substanz oder ein Ding auch bloß etwas *in* Form von Akzidens oder von Eigenschaft.

Was wir uns damit deduzieren, ist mithin für Empirie so wesentlich, daß Empirie dadurch auch umgekehrt noch zum Beleg für diese Deduktion wird. Es besagt nämlich: In jedem Einzelfall kann Empirie erst dort zu ihrem Ziel gelangen, wo es ihr gelingt, etwas als Ding *mit* Eigenschaft oder Substanz *mit* Akzidens in dem Sinn zu ermitteln, daß es etwas *in* bestimmter Form von Raum ist. Und wie wesentlich das dann für Empirie tatsächlich ist, ersehen Sie sofort, wenn Sie als Beispiele für diese Grundstruktur nicht mehr bloß solche nehmen, die bereits im makroskopischen Bereich nur etwas *in* bestimmter Form von Raum darstellen, wie etwas Rundes, sondern auch noch solche wie zum Beispiel etwas Rotes, die empirisch erst im mikroskopischen Bereich erkennen lassen, daß sie ebenfalls nur etwas *in* bestimmter Form von Raum sind[12]. Daß auch solche Fälle gar nichts anderes sein *können*, steht nämlich nur *nichtempirisch* fest: nur durch die *Reflexion* darauf, daß diese Grundstruktur von Ding mit Eigenschaft oder Substanz mit Akzidens in jedem Fall von vornherein in gar nichts anderem bestehen *kann* denn in der Einheit innerlicher Zweiheit von Zugleich als etwas in bestimmter Form von Raum und damit letztlich in der Einheit innerlicher Zweiheit solchen Raumes selbst, wovon indessen Empirie von sich aus überhaupt nichts wissen kann.

Und in der Tat muß so etwas wie Rotgehalt im makroskopischen Bereich – in dem er ebenfalls nur absolut entstehen oder absolut vergehen kann, wenn er hier als die Eigenschaft oder das Akzidens an etwas kommt bzw. geht – von Grund auf unverständlich bleiben. Und dies eben weil er so nur als die bloße Raumform von etwas verständlich werden kann, was er indessen erst im mikroskopischen Bereich vermag, wo er durch Empirie tatsächlich auf die bloße Raumform von etwas zurückgeführt wird: auf die Oberflächenform desselben, die das Licht gerade so zerlegt, daß dies zu Rotempfindung führt. Und wie Sie an der *Allgemeinen Relativitätstheorie* Einsteins sehen können, die sogar Gravitation zuletzt nur durch empirisch-nichteuklidische Geometrie erklärt, gilt das nicht nur im mikroskopischen, sondern auch makroskopischen Bereich und damit insgesamt, weil a priori schon für jegliches, das wirklich-anderes Objekt der Außenwelt sein soll. In Geltung ist das darum auch bereits von

12 Und wie Empirie sich mittlerweile sicher ist, gilt dies tatsächlich auch für alle solchen Eigenschaften. Vgl. dazu etwa W. Heisenberg, *Ordnung der Wirklichkeit*, München 1989, S. 55, S. 60f., S. 75; ferner H.G. Dosch (Hg.), *Teilchen, Felder und Symmetrien*, Heidelberg 1986, S. 1, Sp. 3; S. 5, Sp. 3.

Anbeginn der Empirie als Wahrnehmung von Wahrgenommenem wie etwas Rundem, welche insbesondere als Ablesung der Meßergebnisse von solchem unentbehrlich bleibt, das sich im mikroskopischen Bereich der Raumform zu entziehen droht, wo Empirie sonach auf eine grundsätzliche Grenze stößt. Die ganze außerordentliche Vielfalt des Empirischen läuft danach jedenfalls auf nichts als diese jeweils außerordentliche Einfalt eines Etwas in bestimmter Form von Raum hinaus, wozu im folgenden noch eine wichtige Ergänzung treten wird.[13]

Nur bleibt das eben solange latent, wie beispielsweise etwas Rundes rund bleibt, und wird manifest erst dann, wenn beispielsweise etwas Rundes rund zu sein gerade aufhört und oval wird oder eckig. Denn solange etwas Rundes rund bleibt, stellt sich ja genau das ein, was Wahrnehmung oder Prädikation in Form von Urteil, Aussage oder Behauptung »Dies ist rund« gerade intendiert, indem sie dabei Rundform, die auf zweiter Stufe bloß Zugleich nach innen bildet, nun auf dritter auch noch als Zugleich nach außen hinstellt: als etwas Beharrliches. Und in der Tat steht in etwas Beharrlichem Zugleich nach innen mit Zugleich nach außen so in Einheit, daß als Wahrgenommenes für Wahrnehmung bloß letzteres thematisch werden kann, wenn auch nur als dasjenige, dem ersteres dann innewohnen muß, da letzteres auch bloß als etwas je und je bereits Bestimmtes überhaupt thematisch werden kann: als etwas Rundes beispielsweise. Und so kann dabei als Wahrgenommenes für Wahrnehmung gerade nicht Zugleich nach innen selbst, zum Beispiel Rundform selbst, thematisch werden, die vielmehr als Eigenschaft oder als Akzidens *in* Ding oder Substanz als etwas Rundem solange latent bleibt, wie dies Runde eben rund bleibt.

Manifest wird derlei vielmehr erst in solchen Fällen, in denen so etwas wie Rundes eben aufhört rund zu sein und eckig wird oder oval, weil dann auch am Empirischen als solchem dieses Nichtempirische seiner Struktur von Ding und Eigenschaft oder Substanz und Akzidens geradezu sich aufdrängt zur Nichtempirie oder Philosophie als Reflexion darauf, ja sie recht eigentlich erzwingt, notwendig macht, da Empirie hier prinzipiell am Ende ist. Nur daß Philosophie durch Reflexion hier fehlzugehen, wie Platon, erst vermeiden kann, nachdem sie eingesehen hat: Dadurch bewegt sie sich von vornherein

13 Vgl. dazu unten § 26, S. 817.

schon nicht mehr im Bereich von Objektivität, sondern bereits in dem von Subjektivität. Allein aus solcher Subjektivität stammt nämlich diese Grundstruktur, ist aber trotzdem, ja gerade deshalb Grundstruktur von solcher Objektivität: auch dann, wenn sie latent bleibt; doch auch dann, wenn sie zwar manifest wird, dadurch aber bloß bewirkt, daß Empirie nur noch entschiedener sie selbst wird, nämlich jede Reflexion – und sei es auch zunächst nur falsche – grundsätzlich verweigernd darauf pocht: Es handelt sich dabei um nichts als Umformen von einem in ein anderes Beharrliches und damit um Entstehen und Vergehen nur als relatives aus etwas Beharrlichem und in etwas Beharrliches.

Indem sie damit von Entstehen und Vergehen als dem absoluten einer je und je daran beteiligten Form selbst nichts wissen will, verleugnet nämlich Empirie gerade das, als was sie selbst schon immer vorgehen muß, um so etwas wie Objektivität auch nur thematisieren zu können, und verfällt mithin absurder Selbstverleugnung. Denn von Anbeginn muß Empirie dazu *als* Subjektivität *auf* Objektivität schon immer *ausgehen* und infolgedessen auch *als* Subjektivität *in* Objektivität schon immer *eingehen*: so weit jedenfalls, daß Objektivität um solcherart Verleugnung unbekümmert fortfährt, an sich selbst als jenem Relativen des Entstehens und Vergehens von Beharrlichem in einer oder anderer Form auch dieses Absolute des Entstehens und Vergehens solcher Form zu zeigen und sonach unübersehbar von sich selbst als Objektivität her auch noch hin auf Subjektivität zu weisen.

Objektivität als solche wird auf diese Weise zur beredten Zeugin dafür: Nicht einmal dieses Empirische der Außenwelt kann durch empirische Erkenntnis hinreichend verständlich werden, die mithin auch als umfassendste Naturwissenschaft zur Totalwissenschaft prinzipiell nicht taugen kann, weil sie gerade diese wesentliche Grundstruktur alles Empirischen der Außenwelt als Ding mit Eigenschaft oder Substanz mit Akzidens nicht zu erklären vermag. Dergleichen läßt sich eben ausschließlich auf Subjektivität zurückführen, die als jenes Nichtempirische von Innenwelt jedoch erst recht nicht der empirischen Erkenntnis zugänglich sein kann, sondern ausschließlich nichtempirischer Erkenntnis der Philosophie als Reflexion. Nur sie vermag denn auch durch Lösung jenes Doppel-Rätsels, warum ausgerechnet eine solche Zweiheit, nicht allein für jene Subjektivität, sondern aus ihr heraus dann auch für diese Objektivität erst die entscheidende Erklärung beizusteuern, die zur Einsicht führt: Was sich in solcher Wirklichkeit von Außenwelt auch immer abspielen mag, – bei diesem Spiel da draußen, innerhalb von dieser Objektivität, ist jenes Spiel dort drinnen, innerhalb von jener Subjektivität, schon immer mit im Spiel. Denn dabei handelt es sich eben immer schon um ein Zusammenspiel von beidem, und so kann sich so etwas wie Wirklichkeit von Objektivität der Außenwelt auch immer erst als das Ergebnis des Zusammenwirkens mit der Wirklichkeit von Subjektivität der Innenwelt einstellen, die eben immer schon als Wirklichkeit der Selbstverwirklichung ergeht.

Und die sind wir, verehrter Leser und verehrte Leserin, so daß sich vollständig und angemessen von der Wirklichkeit der Welt auch in der Tat nur handeln läßt im Sinne von »Die Welt und wir«, das heißt: durch Empirie nur in Vereinigung mit Nichtempirie der Philosophie als Reflexion[14]. Explikativ ist dieses »und« nämlich gerade dahingehend, daß es uns als diejenigen expliziert, die in der Tat in solcher Wirklichkeit von Welt schon immer impliziert sind, und zwar soweit, daß sich dieses »und« dabei recht eigentlich als Angelpunkt zur Umkehrung »Wir und die Welt« mitexpliziert. Denn wie von selbst führt angemessene und vollständige Analyse beider umgekehrt auch vollständig und angemessen zur Synthese beider, nämlich auf dem Wege dreistufiger Herleitung zu dem Ergebnis, daß von so etwas wie Welt als Wirklichkeit von Objektivität sich ohne uns als Wirklichkeit von Subjektivität nicht sinnvoll sprechen lassen kann. Der Sinn, den wir mit so etwas wie *Wirklichkeit* von Objektivität der Außenwelt verbinden und mit Gründen nachvollziehen können, ist ausschließlich der von Wirklichkeit als dem Erfolg durch uns als Innenwelt der Subjektivität, sprich, der Intentionalität im Sinn von Wirklichkeit der Selbstverwirklichung. Denn auch der Sinn, den wir mit so etwas wie *Empirie* der Wirklichkeit von Objektivität der Außenwelt verbinden und mit Gründen nachvollziehen können, ist ausschließlich der von reiner Kontingenz, Faktizität, Tatsächlichkeit dieses Erfolgs durch unsere Intentionalität, mit dem die Möglichkeit des Mißerfolgs stets miteinhergeht. Und so kann es hier auch in der Tat grundsätzlich

14 Doch mag daraus auch noch so klar erhellen, wie unentbehrlich-notwendig Philosophie als nichtempirisch-selbständige Wissenschaft ist, – der bekannte Zeitgeist empiristischer Verblendung schreitet mächtig fort…

niemals zu endgültiger Gewißheit kommen, was wir uns sonach desgleichen wie von selbst mitherzuleiten in der Lage sind.

Nur heißt dies eben umgekehrt, daß immer dann, *wenn* solche Wirklichkeit als der Erfolg durch unsere Intentionalität tatsächlich, faktisch, kontingent erzielt wird, solche Wirklichkeit genau insofern auch durch uns erwirkt ist. Und das ist sie eben schon von Anbeginn elementarer Wahrnehmung der Außenwelt im Alltag und auf ihr beruhend dann erst recht noch in komplexer Wissenschaft von ihr. Denn schon als solche Wahrnehmenden und von daher auch erst recht als solche Wissenschaftler sind wir nur in dem Sinne Empiriker, daß wir uns Wirklichkeit von solchem Anderen zu uns durch uns als jene absolute oder autonome Wirklichkeit der Selbstverwirklichung gerade erst erzielen müssen und auch nur erzielen können dadurch, daß wir es vermögen, uns als solche Selbst- zur Fremdverwirklichung zu bilden.

Doch zu beidem bilden wir uns eben vollständig auch erst als Wahrnehmung oder Prädikation auf dritter Stufe. Dieser nämlich liegen wir als erste und als zweite Stufe mit Gehalt wie Rot-Anschauung oder »rot«-Begriff bzw. Rund-Anschauung oder »rund«-Begriff, wozu wir uns hier je nach unterschiedlich affiziertem Sinnesorgan unterschiedlich bilden, unthematisch nur zugrunde. Und so sind wir als all dies denn auch gerade etwas Nichtempirisches, das als Intentionalität im ganzen eben immer schon ergehen muß, damit sich als Erfolg dazu etwas Empirisches überhaupt einzustellen vermag, so daß wir uns ein jedes andere Empirische, das nicht ein solches Wahrgenommenes darstellt, auch nur aus solchem Wahrgenommenen erschließen können: bis zurück zum Urknall oder Präquark.

An uns als diesem Nichtempirischen der Wahrnehmung von Wahrgenommenem als dem Empirischen zu ihr ermitteln wir als Nichtempiriker der Reflexion auf uns jedoch gerade, daß das Wesen solcher Empirie von Grund auf mißverstanden ist, wenn es so aufgefaßt wird, als bestünde sie in so etwas wie »Horch was kommt von draußen rein«. Verstanden ist sie danach vielmehr nur, wenn Empirie gerade umgekehrt im Sinn von ›Denk was geht von drinnen raus‹ erfaßt wird, weil sie eben wesentlich in Selbstverwirklichung besteht und in drei Stufen sich zur Fremd- werdenden Selbstverwirklichung entfaltet, der auch die zu »Sinnesdaten« immer schon zugrunde liegt. Als solche vollständig geworden ist sie aber eben erst als jener Punkt in Punkt der Zeit als Form von Urteil, Aussage oder Behauptung einerseits und anderseits als jene Ausdehnung in Ausdehnung von Raum als Form für ein Beharrliches. Auch nur in dieser Form der unlösbaren Einheit einer Zweiheit nämlich von Zugleich nach innen und nach außen oder von Substanz und Akzidens bzw. Ding und Eigenschaft kann etwas Wirklich-Anderes der Außenwelt sich einstellen, und das heißt: auch nur als ein Erfolg zu einer Intention in Form von Urteil, Aussage oder Behauptung als der gleichfalls unlösbaren Einheit einer Zweiheit nämlich von »Subjekt« und »Prädikat«.

Und jede dieser Formen ist sonach nichts anderes als eine jeweils ganz bestimmte Weise, wie sich Subjektivität genau als das, als was sie sich auf zweiter Stufe schon selbst bildet, dann auf dritter Stufe auch noch selbst verwendet und in eben diesem Sinne auch noch auf sich selbst zurückbezieht: als Zeit zurück auf sich als Zeit wie auch als Raum zurück auf sich als Raum. Denn überhaupt nur dadurch kann sich Subjektivität als Zeit auf sich als Raum und sich als Raum auf sich als Zeit auch soweit noch zurückbeziehen, um in sich vollständig als Fremd- gewordenes Selbstverhältnis aufzutreten. Und zu beidem in sich vollständig wird Subjektivität mithin gerade so, daß sie zu einheitlicher Rückbezüglichkeit von sich als Zeit auf sich als Raum, und umgekehrt, durch zweiheitliche Rückbezüglichkeit von sich als Zeit auf sich als Zeit sowie von sich als Raum auf sich als Raum wird.

Daraus geht für Sie hervor: Es wird auf dritter Stufe nicht nur Zeit zu Punkt in Punkt, sondern auch Raum zu Ausdehnung in Ausdehnung bloß dadurch, daß ein jedes davon als die Einheit, die es schon auf zweiter Stufe bildet, in sich selbst zur Zweiheit wird. Denn Einheit sind sie dort ja beide nur im Sinn von Subjektivität, das heißt, recht eigentlich im Sinn von Punkt: nicht bloß die Zeit als Nur noch-Punkt im Sinn von nur noch mit sich selbigem, nein auch der Raum als Nur noch-Ausdehnung im Sinn von nur noch zu sich anderem, und also ebenfalls recht eigentlich in dem von Punkt. Daher ist Raum als Zweiheit innerhalb von sich als Einheit, wie er dann auf dritter Stufe auftritt, letztlich gleichfalls überhaupt nichts anderes als bloße Differenz und Komplexion in sich als absoluter Einheit oder Einfachheit oder Identität. Und überhaupt nur darin liegt sonach der letzte Grund dafür, daß alles, was als Wirklich-Anderes der Außenwelt dann solche Form erfüllt, trotz seiner Ausgedehntheit, ja recht eigentlich gerade wegen seiner Ausgedehntheit in sich einfach ebenso wie auch komplex ist: eben bis in jeden Teil hinein Substanz *mit*

Akzidens bzw. Ding *mit* Eigenschaft im deduzierten Sinne, der auf den von »Stoff« oder »Materie« in keiner Weise festgelegt ist.

Wann und wo und wie auch immer unter solcher Form für Wahrnehmung ein Wahrgenommenes als ein Erfolg für solche Intention sich einstellt, ist es etwas Wirklich-Anderes der Außenwelt denn auch aus eben diesem Grunde und in eben diesem Sinne nur als etwas, das durch eben solche Form erst eigentlich erwirkt wird, weil durch sie erst eigentlich erformt und so durch sie verwirklicht wird. Was für die Empirie und die im Anschluß an sie fehlgehende Reflexion als bloße Rezeptivität eines Entgegennehmens von schon immer Vorgegebenem erscheint, die »Wahrnehmung« von »Wahrgenommenem«, enthüllt sich für die Nichtempirie eigentlicher Reflexion als Spontaneität eines Hervorbringens von eben dadurch allererst Hervorgebrachtem. Und ein Wirklich-Anderes der Außenwelt ist es als dieses allererst Hervorgebrachte um so mehr, da es als ein Erfolg für Wahrnehmung als Intention ja nie gewiß sein kann, sondern sich immer erst empirisch, eben faktisch, kontingent, tatsächlich einstellen muß und in der Tat auch erst in immer größerem Zusammenhang sich einstellt als ein immer größerer Erfolg; und darin wird er denn in Alltag wie in Wissenschaft auch stets erst nach und nach verläßlicher.

Auf diese Weise tritt für Sie dann auch der Sinn hervor, in welchem eine Einsicht, überliefert schon seit Aristoteles[15] und bis zu Kant[16], sich halten läßt: *Forma dat esse rei*, was danach recht eigentlich bedeutet: *Forma, non materia, dat esse rei.* Solche *forma* nämlich ist nichts anderes als Subjektivität, wie sie auf dritter Stufe sich zu letzter Selbst- als Fremdverwirklichung, das heißt, zu Raum als dieser Einheit einer Zweiheit von Zugleich nach innen und nach außen bildet, kurz: zur Grundstruktur von Ding *mit* Eigenschaft oder Substanz *mit* Akzidens, die jedem Wirklich-Anderen, das sie erfüllt, die Wirklichkeit erst überhaupt verleiht. Denn jegliche *materia*, sprich: jeglicher Gehalt wie Rot-Anschauung oder »rot«-Begriff bzw. Rund-Anschauung oder »rund«-Begriff ist ja tatsächlich immer schon auf zweiter Stufe wirklich, wo jedoch von etwas Wirklich-Anderem der Außenwelt noch keine Rede sein kann, weil Gehalt hier wirklich eben nur im Sinn der Wirklichkeit von Subjektivität sein kann. Die Wirklich-

15 Vgl. oben § 19, S. 518ff.
16 Wiederholt im *Opus postumum*, vgl. Bd. 21 und 22.

keit von Objektivität dagegen muß aus solcher Wirklichkeit von Subjektivität heraus auf dritter Stufe eben erst verwirklicht werden.

Und das wird sie hier gerade dadurch, daß sich Subjektivität als Selbst- wie Fremdverwirklichung auf dritter Stufe in sich selbst vervollständigt. Und dazu bringt sie es, indem sie sich nicht bloß als den Begriff in Form von Zeit zu vollständiger Selbstverwirklichung von sich in der Gestalt von Urteil, Aussage oder Behauptung als der Einheit jener Zweiheit von »Subjekt« und »Prädikat« verwendet, sondern sich *ineinem* damit auch noch als die Anschauung in Form von Raum zu vollständiger Fremdverwirklichung von Anderem als sich in der Gestalt von Ding und Eigenschaft oder Substanz und Akzidens verwendet als der Einheit jener Zweiheit von Zugleich nach innen und nach außen. Daß sich Urteil, Aussage oder Behauptung als Verwendung von gebildetem Begriff auf Anschauung beziehen, indem sie nicht nur wie Begriff mit Anschauung auf zweiter Stufe etwas Anderes bloß vorstellen, sondern auch als etwas Wirklich-Anderes der Außenwelt noch hinstellen, *heißt*, daß dadurch auch gebildete Anschauung noch verwendet wird, um aus ihr wie aus einem Material heraus durch eine Formung etwas Wirklich-Anderes der Außenwelt erst zu erformen, zu erwirken und auf diese Weise zu verwirklichen.

Das bloß Formale solcher Formung als Verwendung gegenüber Bildung solcher Anschauung betrifft infolgedessen auch nur deren Form, den Raum, indem es auch nur dahin geht, daß Subjektivität auf sich als diese Form, als die sie schon auf zweiter Stufe sich als Anschauung zugrunde liegt, gleichsam zurückgreift und als diese Form sich somit auf sich selbst zurückbezieht, wodurch sie eben unlösbares Ineinander dieses Raumes als Zugleich nach innen und nach außen wird: zur Form für ein Beharrliches als Ding mit Eigenschaft oder Substanz mit Akzidens. Und eben dadurch wird auch jeglicher Gehalt von Anschauung in jener Form auf zweiter Stufe, wie zum Beispiel Rot- bzw. Rundgehalt, auf dritter Stufe dann zu etwas, das gerade nicht solcher Gehalt mehr *ist* (wie Anschauung auf zweiter Stufe), sondern das ihn nur noch *hat* (nämlich in sich als Ding zur Eigenschaft bzw. als Substanz zum Akzidens) und damit eben etwas Rotes oder rot bzw. etwas Rundes oder rund ist. Und genau entsprechend wird dadurch auch umgekehrt noch ein Subjekt zu etwas, das gerade nicht solcher Gehalt mehr *ist* (wie als die Anschauung auf zweiter Stufe), sondern das ihn gleichfalls nur noch *hat*, indem es ihn als Ding mit Eigenschaft oder Substanz mit Akzidens zum wahrgenommenen Objekt für sich als wahrnehmendes Subjekt hat und so als Wirklichkeit von Außenwelt für sich als Wirklichkeit von Innenwelt, die ja in jedem Fall von Wahrnehmung auch wirklich in Unmittelbarkeit zueinander stehen.

Tatsächlich aber ist und bleibt dies etwas rein Formales, weil auch in der Tat einer Substanz bzw. einem Ding ihre Beharrlichkeit empirisch prinzipiell nicht angesehen werden kann, da ein Zugleich, das nicht nur ein Zugleich nach innen, sondern auch noch ein Zugleich nach außen ist, sich als Zugleich in keiner Weise unterscheiden kann. Wie Ihnen nicht entgehen wird, kommt darin aber wie von selbst Beharrlichkeit mit Wirklichkeit tatsächlich überein, wie Kant vertritt[17], weil in genau demselben Sinn auch Wirklichkeit einer Substanz bzw. eines Dings dieser Substanz bzw. diesem Ding gerade nicht empirisch angesehen werden kann. Denn »Sein« ist eben nichts »Reales«, sondern nur etwas »Formales«, nämlich nicht auch seinerseits noch ein »Gehalt« als Eigenschaft bzw. Akzidens wie Röte oder Rundheit an Substanz bzw. Ding, sondern gerade nur die »Form« dieses Verhältnisses *von* Ding *zu* Eigenschaft bzw. *von* Substanz *zu* Akzidens. Sie aber ist nur innere Komplexität und Differenz einer Identität und Einfachheit als absoluter Einheit von Zugleich nach innen und nach außen und mithin Beharrlichkeit.

Von Wirklichkeit verschieden ist Beharrlichkeit nur darin, daß sie deduzierte und so als Verwirklichtheit auch noch verstandene Wirklichkeit ist statt dogmatisch bloß vorausgesetzte angebliche Vorgegebenheit als mißverstandene Wirklichkeit, was Ihnen gleichfalls nicht entgehen kann. Als »Wahrnehmen« von »Wahrgenommenem« bleibt Subjektivität nicht passiv-rezeptiv bloß ein »Vernehmen« von schon immer »Vorgegebenem«, wird Subjektivität vielmehr erst recht spontan-aktiv, indem sie umgekehrt etwas schon immer durch sich vorgestelltes Anderes als sich durch sich auch zu verwirklichen versucht. Gerade *Deutung* von deutbarer Anschauung mittels deutfähigem Begriff ist Subjektivität als »Wahrnehmung« von »Wahrgenommenem« daher in *solchem* Sinn, daß sie *aus* sich als der deutbaren Anschauung heraus *durch* sich als den deutfähigen Begriff sich das vermittels beider stets schon vorgestellte Andere dann stets erst zu erdeuten sucht, nämlich als etwas Wirklich-Anderes sich stets erst zu

17 Vgl. oben S. 763, Anm. 10.

erformen, zu erwirken, und mithin auch stets erst zu verwirklichen versucht.

Zu dieser Intention jedoch verwirklicht Subjektivität sich vollständig, indem sie sich zuletzt zu jener absoluten Einheit einer Zweiheit von Zugleich nach innen und nach außen als dem in sich selbst komplexen oder differenten Raum und damit zu der Form verwirklicht, die, wenn überhaupt etwas, nur etwas Wirklich-Anderes als Subjektivität erfüllen kann, nämlich nur Objektivität als Ding mit Eigenschaft oder Substanz mit Akzidens, auf die sie damit übergeht. In allen Fällen kontingenter, faktischer, tatsächlicher Erfüllung solcher Form ist Subjektivität als solche Form denn auch nichts anderes als vollständig zur Fremdverwirklichung gewordene Selbstverwirklichung; und als Bewußtsein davon ist sie eben vollständig zum Fremd- gewordenes Selbstbewußtsein der empirischen Erkenntnis als der Wahrnehmung oder Prädikation von Wirklich-Anderem der Außenwelt wie etwas Rotem oder etwas Rundem oder einem Tisch durch Urteil, Aussage oder Behauptung wie »Dies ist ein Tisch« und »Dies ist rund« und »Dies ist rot«.

Genau aus diesem Grund kann Subjektivität als Wahrnehmung nur Deutung von Anschauung durch Begriff auf etwas Wirklich-Anderes hin sein und damit auch nur Überschreitung *von* sich selbst und *durch* sich selbst *auf* solche Außenwelt *hin*, so daß dabei auch nur Wirklich-Anderes der Außenwelt für sie als solche Wahrnehmung zum Thema werden kann, doch prinzipiell nicht etwa ihre Wahrnehmung oder gar ihre Anschauung und ihr Begriff als Innenwelt. Darum besteht für Subjektivität, solange solches Andere der Außenwelt als in sich stimmiger empirischer Zusammenhang sich einstellt, auch nicht der geringste Anlaß, zu bezweifeln, daß sie es dabei mit Wirklich-Anderem zu tun hat, so daß Subjektivität gar nicht umhin kann, es zunächst einmal für stets schon Vorgegebenes und damit auch für stets nur Hingenommenes zu halten. Und von daher kann sie auch sich selbst zunächst einmal nur als ein einzelnes darunter gelten, das von anderem darunter stets nur wie ein »Spiegel« seine »Abbilder« in sich »empfängt«.

Erst angemessene und durchgeführte Reflexion ergibt darum, daß zwischen Subjektivität und Objektivität vielmehr ein davon grundverschiedenes Verhältnis walten muß, woraus sich denn auch erst erklären lassen kann, was andersworaus unerklärbar bleiben muß: zum Beispiel jenes Grundverhältnis von Substanz und Akzidens oder von Ding und Eigenschaft, das sich dadurch als eine innere Struktur von Raum in sich erweist. Doch auch noch dafür liefert dies eine Erklärung, weshalb Empirie – und gleichfalls schon von Wahrnehmung an bis in Wissenschaft hinein – im Recht ist, zwischen Raum und Räumlichem empirisch nicht zu unterscheiden, weil empirisch zwischen Raum und Räumlichem ja in der Tat kein Unterschied bestehen und jede solche Unterscheidung somit nur zu jenem Unding eines absoluten Raumes als Behälter wie bei Newton führen kann. Auf Raum im Unterschied zum Räumlichen zu sprechen kommen, heißt vielmehr, schon nichtempirisch auf ihn reflektieren, was dann aber angemessen eben nur verlaufen kann, wenn solche Reflexion sich dabei voll im klaren ist, daß damit auch nicht mehr Empirisches, sondern gerade Nichtempirisches thematisiert wird, nämlich Subjektivität als subjektiver Raum. Von objektivem Raum als Inbegriff von räumlichen Objekten aber unterscheidet subjektiver Raum sich prinzipiell, indem er nicht wie objektiver Raum als immer wieder selbiger bestehen kann, sondern wie subjektive Zeit als immer wieder anderer gerade ebenso entstehen wie vergehen muß.

Aus solchem Raum läßt sich denn auch erklären, weswegen Empirie auf ihn als subjektiven überhaupt nicht kommen kann[18], und zwar, weil es, solange sie als solche selbst im Gang ist, Raum als subjektiven auch nicht geben kann, sondern allein als objektiven. Und dies deswegen, weil Empirie als solche selbst, nämlich als Wahrnehmung genauso wie als Wissenschaft gerade dahin geht, Objekte und als Inbegriff von ihnen eben objektiven Raum aus subjektivem immer wieder und auch immer weiter zu verwirklichen: Nur dadurch wird der Raum als der ursprünglich subjektive je und je zum objektiven, daß er im genannten Sinn verwendet eben selbst jeweils zum Objekt wird. Und zwar so prinzipiell, daß es in keinem Fall, in welchem dies gelingt – ob nun in Wahrnehmung oder in Wissenschaft –, noch irgendeinen Sinn besitzen kann, zu meinen: Außer diesem objektiven »gebe« es dabei »natürlich« auch noch jenen subjektiven, eben »im Subjekt«, genauso wie es dabei auch noch jene

18 Auch dann nicht, wenn sie ausnahmsweise selber darauf stößt, daß Raum im Unterschied zu Räumlichem auf Zeit bezogen als ein immer wieder neuer gelten muß, wie Penrose klarstellt (vgl. R. Penrose, *Computerdenken*, Heidelberg 1991, S. 159, S. 187, S. 316). Denn nicht im entferntesten kommt er dabei auf die Idee, daß eben darin Raum auch nur als subjektiver überhaupt verständlich werden kann. Vgl. dazu oben § 19, S. 526.

subjektive Anschauung, der subjektiver Raum zugrunde liege, »im Subjekt« noch »gebe«. Schließlich seien sie es doch, woraus ein Objekt jeweils allererst verwirklicht werde: wie in Wahrnehmung, so auch in Wissenschaft.

Doch sollten Sie beachten, daß gerade dies nur heißen kann: In jedem Fall gelingender Verwirklichung eines Objekts *aus* subjektiver Anschauung oder von objektivem Raum *aus* deren subjektivem Raum sind diese subjektive Anschauung und dieser subjektive Raum vielmehr verschwunden, weil sie dabei ganz und gar in ein Objekt oder in objektiven Raum »verwandelt«, nämlich umgewandelt sind[19], so daß dabei von ihnen als dem darein Umgewandelten auch nichts zurückbleibt. Denn das können Sie an jedem Fall der Formung von etwas zu etwas Anderem leicht überprüfen: Ist aus Marmor eine Statue erformt, so ist auch dieser Marmor gänzlich in die Statue umgewandelt, das heißt, gänzlich in sie eingegangen oder in ihr aufgegangen und in keinem Sinne etwa außerhalb von ihr zurückgeblieben[20]; und so ist, wie Aristoteles schon wußte, auch in keinem Sinne diese Statue etwa Marmor, sondern nur noch mar*morn.* In genauester Entsprechung dazu liegt denn auch im Fall von objektivem Raum als einem Objekt nur noch etwas Anschau*liches* vor und nicht mehr Anschauung, gerade weil auch Anschauung als subjektive wie mit ihr auch Raum als subjektiver dabei in den objektiven oder in das Objekt gänzlich eingegangen oder darin gänzlich aufgegangen und in keinem Sinne etwa außerhalb davon zurückgeblieben sind.

Das heißt dann aber weiter: Außerhalb davon zurück bleibt dabei nicht das Subjektive dieser Anschauung und ihres Raums, sondern ausschließlich das jenes Begriffs und seiner Zeit, wie beides sich zum Inhalt und zur Form von Urteil, Aussage oder Behauptung *über* ein Objekt verwirklicht, weil nach dieser Seite ein Objekt ja überhaupt

19 Vgl. Bd. 4, S. 297, S. 555. Auch wenn er dies nicht systematisch deduziert, weiß Kant doch offenbar genau, wovon er spricht, indem er hierfür ausgerechnet diesen Ausdruck mit dem Vollsinn der bekannten Überlieferung von »Transsubstantiation« heranzieht. Daß dies auch für das Objekt gilt, zeigen nämlich gleichbedeutende Aussagen (wie etwa A 197 B 242), wonach »die Beziehung auf einen Gegenstand«, indem wir »unseren Vorstellungen« jeweils »ein Objekt setzen«, diesen Vorstellungen »eine neue Beschaffenheit gebe«.

20 Denn aus Marmor ist die Statue ja nicht in dem Sinn, daß sie aus dem Marmor wäre, der zurückbleibt als der Abfall.

nur wirklich werden kann, indem nach jener Seite immer schon ein Subjekt wirklich wird. Und vollständig wird es das eben erst als Urteil, Aussage oder Behauptung, als die ein Subjekt dann im genannten Sinn von Punkt in Punkt der Zeit auch nur noch Zeit und nichts als Zeit ist, wie ein Objekt im genannten Sinn der Ausdehnung in Ausdehnung von Raum auch nur noch Raum und nichts als Raum ist. So etwas wie Rotgehalt oder auch Rundgehalt ist im Subjekt als Urteil, Aussage oder Behauptung eben nur noch als Begriff in Form von Punkt der Zeit enthalten, aber nicht etwa auch noch als Anschauung in Form von Ausdehnung des Raumes, als die so etwas wie Rotgehalt oder auch Rundgehalt dann vielmehr nur noch im Objekt enthalten ist: als Eigenschaft oder als Akzidens von ihm als Ding oder Substanz, sofern Verwirklichung desselben aus solchem Gehalt gelungen ist.

In Folge dessen, was wir uns auf diese Weise systematisch deduzieren, gilt nicht nur fürs Verhältnis von Subjekt und Zeit, sondern auch fürs Verhältnis von Objekt und Raum noch: »Das *continens* ist zugleich *contentum*«. Denn *im* Raum ist ein Objekt danach nur in dem Sinn, daß umgekehrt auch Raum nur *im* Objekt ist[21], und dies eben deswegen, weil Raum ja keineswegs ein Sonderobjekt außerhalb des Objekts ist, so wie auch Zeit kein Sondersubjekt außerhalb des Subjekts. Und das ist er eben deshalb nicht, weil Raum als subjektiver selbst zum objektiven wird, indem er als nicht nur gebildetes, sondern auch noch verwendetes Zugleich erfüllt und dadurch als Zugleich nach innen auch noch zum Zugleich nach außen wird und damit zum Beharrlichen als einem wirklich-anderen Objekt der Außenwelt.

Und so muß jedes einzelne Subjekt aus sich als subjektivem Raum

21 Das verstehen Sie sofort, wenn Sie beachten: Dieses »im« hat hier nicht die alltäglich-umgangssprachliche Bedeutung »in Umgebung«, wonach ein Objekt »im« Raum ist wie ein Tisch »im« Zimmer. Es besitzt vielmehr den prinzipiell davon verschiedenen Sinn, wonach ein Objekt »in« genau dem Raum ist, den es »einnimmt« oder »ausfüllt«, und mithin gerade nicht »in« dem, der »an« es »angrenzt«. Denn sonst träte es ja sozusagen »neben sich« auf, was ersichtlich Unsinn wäre. Darum ist dann auch stets nur im ersten Sinn empirisch festzustellen, daß ein Objekt »im« Raum ist, weil es dabei von ihm abgegrenzt ist. Denn im letzten Sinn ist dann auch stets nur nichtempirisch einzusehen, durch Reflexion oder Philosophie, daß ein Objekt »im« Raum ist, weil es dabei ja mit ihm zusammenfällt.

sich objektiven Raum als ein Objekt auch immer schon verwirklicht haben, um mit andern einzelnen Subjekten dann die Intersubjektivität gemeinsamer Erfahrung von ihm herstellen zu können. Wirklich-andere Objekte nämlich sind gerade das, worüber sich zu einigen den einzelnen Subjekten möglich sein muß, während das, worauf die einzelnen Subjekte sich zu einigen vermögen, keineswegs auch umgekehrt ein wirklich-anderes Objekt sein muß, mag ihr »Konsens« auch noch so ausnahmslos bestehen. Und ist Verwirklichung von objektivem Raum als wirklich-anderem Objekt aus subjektivem Raum heraus gelungen, stehen »Wahrnehmung« und »Wahrgenommenes« als Beharrliches, worauf dann alle weitere Empirie beruhen muß, sich denn auch nur als Zeit des Subjekts und als Raum des Objekts gegenüber. Und daß subjektiver Raum in objektiven Raum und damit ins Objekt gerade ein- und in ihm aufgegangen ist, wenn dies gelungen ist, genau darin »besteht« die wohlbekannte unauflösliche Unmittelbarkeit solcher »Wahrnehmung« zum »Wahrgenommenen«, die eigentlich als unauflösliche Unmittelbarkeit des verwirklichenden Subjekts zum verwirklichten Objekt *ergeht*.

Nur dann, wenn dies im Fall von Irrtum aller Art mißlungen ist, und auch nur dann, wenn solcher Irrtum nicht bloß korrigiert wird, sondern auch noch reflektiert wird, um statt Empirie bloß fortzuführen vielmehr auch noch Nichtempirie einzuführen, nämlich um herauszufinden, worin Empirie bestehen muß, wenn sie auch einmal Irrtum sein kann, – dann und nur dann läßt sich sinnvoll davon reden, dabei gebe es auch so etwas wie subjektive Anschauung und subjektiven Raum noch. Dann jedoch auch nur noch nichtempirisch: Nur auf diese Weise nämlich, und das heißt, nur nichtempirisch wird dadurch aus Wirklichkeit von Objektivität als Empirie heraus auch noch Nichtempirie der Wirklichkeit von Subjektivität als Wesen aller Empirie ermittelt; wohingegen in gelungener Verwirklichung von Objektivität als Wirklichkeit von objektivem Raum oder Objekten diese Wirklichkeit von Subjektivität als subjektivem Raum oder als subjektiver Anschauung verschwunden ist.

Und zwar so prinzipiell, daß diese Wirklichkeit auch dann verschwunden bleibt, wenn sie als subjektive in der objektiven sozusagen offensichtlich wird: wie beispielsweise in den Regelfällen, wo ein Objekt seinen objektiven Raum nicht ohne weiteres erkennen läßt, indem es etwa als oval erscheint, doch rund ist. Mögen solche Formen nämlich durch die Lage des Objekts zum Sinnesorgan des Subjekts bedingt und soweit objektiv sein, – als die Formen, unter denen ein Objekt einem Subjekt erst einmal nur erscheint, wie unter der Ovalform, sind sie jeweils nichts als subjektiver Raum, aus welchem objektiver Raum und damit ein Objekt durch ein Subjekt, nämlich durch Korrektur von Irrtum immer erst verwirklicht werden muß. Und dennoch wird für ein Subjekt, das bloß in Empirie begriffen und erfahren darin ist, daß immer nur aus einer ganz bestimmten »Perspektive« ein Objekt verwirklicht werden kann, die Form derselben derart grundsätzlich zur Form des Objekts selbst, daß sie als subjektiver Raum in ihm als objektivem Raum verschwindet: Bei berücksichtigter »Perspektive« ist auch solches, das, obwohl es Rundform hat, durch ein Subjekt unter Ovalform »wahrgenommen« wird, nicht minder ein Objekt, als wenn es durch ein Subjekt unter Rundform »wahrgenommen« wird. Denn jede Form, und somit Rundform auch nicht minder als Ovalform, ist dabei zunächst einmal nur subjektive Anschauung und subjektiver Raum, woraus ein objektiver Raum als ein Objekt auch immer wieder neu verwirklicht werden muß, was immer wieder neu mißlingen kann, weil subjektive Anschauung und subjektiver Raum ja selbst nur immer wieder neu entstehen wie vergehen kann. Und so ist umgekehrt, wenn dies gelingt, genausosehr wie Rundform eben auch Ovalform noch als subjektive Anschauung und subjektiver Raum in objektivem Raum als dem Objekt für Empirie verschwunden und für sie mithin zum Objekt selbst geworden.

Für Nichtempirie der Reflexion darauf hingegen tritt zuletzt daran zutage, daß ein solches Objekt etwas Wirklich-Anderes der Außenwelt nur ist, indem es das durch ein Bezeichnendes Bezeichnete ist, und mithin auch nur, indem als Zeichen für ein Objekt ein Subjekt als Innenwelt schon immer wirklich ist. Doch vollständig ist ein Subjekt dies eben immer erst als vollständig zum Fremd- gewordenes Selbstverhältnis oder zur Intentionalität gewordene Spontaneität, was ebenso für es als Zeichen gilt, wie Sie jetzt nachvollziehen können. Denn als Punkt in Punkt der Zeit von Urteil, Aussage oder Behauptung *über* ein Objekt steht ein Subjekt nach einer Seite als das Selbstverhältnis eines Zeichens *für* dies Objekt nur, indem dasselbe Subjekt nach der andern Seite als das Fremdverhältnis jener Ausdehnung in Ausdehnung von Raum bis *in* dies Objekt selbst *hinein*steht. Letzteres vermag nämlich nur dadurch überhaupt das durch dies insgesamt Bezeichnende Bezeichnete zu sein, daß beides eben voneinander unlösbar in der »Bezeichnung« heißenden Beziehung miteinander steht.

Und daraus geht für Sie hervor, daß so etwas wie Zeichen oder Sprache in der Tat auch »stillschweigend« schon immer »vorgehen« muß, weil Zeichen oder Sprache ja plausiblerweise immer nur als dies zunächst einmal gerade Unverlautbarte verlautbart und gerade Unverschriftlichte verschriftlicht werden kann: wenn anders nämlich die Verlautbarung oder Verschriftlichung davon etwas Synthetisch-Zusätzliches dazu ist, das jedes einzelne Subjekt auch immer erst erbringen muß, um Intersubjektivität mit andern einzelnen Subjekten zu erzielen. Zumal dies wegen deren Andersheit auch immer nur durch ein gemeinsames Objekt – durch solches Natural-Empirische wie Tinte, Druckerschwärze oder Laut – gelingen kann: so daß ein jedes einzelne Subjekt ein wirklich-anderes Objekt der Außenwelt dazu auch immer schon verwirklicht haben muß, zum »Wahrgenommenen« für sich als »Wahrnehmung« von ihm, doch nur verwirklicht haben kann, indem es dabei im genannten Sinn auch immer schon als Wirklichkeit von Zeichen oder Sprache unverlautbart oder unverschriftlicht für es steht.

In diesem Sinn jedoch steht ein Subjekt als Zeichen *für* ein Objekt eben nur, indem dies Subjekt auf genannte Art bis *in* dies Objekt selbst *hinein*steht. Und als Ursprungsfall dieses Verhältnisses eines Hineinstehens von etwas in ein anderes bildet jedes solche Objekt somit selbst bereits die Weise vor, wie ein Subjekt als Zeichen für ein solches Objekt sich dann auch noch selbst objektiviert, nämlich verlautbart oder gar verschriftlicht, und das heißt: sich selbst als ein leibhaftiges Subjekt auch dazu noch verleiblicht. Denn Verlautbarung oder Verschriftlichtung ist als Verleiblichung und sonach als Objektivierung von Subjekt als Zeichen letztlich nur die Umkehrung und so auch nur die Wiederholung dieses im Objekt schon vorgebildeten Verhältnisses, wonach dann umgekehrt gerade ein Objekt bis *in* ein Subjekt selbst *hinein*steht: so weit jedenfalls, daß ein Objekt, indem es als empirisch-naturales Material wie etwa Tinte, Druckerschwärze oder Laut dann »jedesmal« verwendet ist, auch »jedesmal« schon Sinn oder Bedeutung und mithin leibhaftiges Subjekt selbst *ist*. Genau entsprechend nämlich ist auch schon das Material von subjektiver Anschauung und subjektivem Raum, wie ein Subjekt es in der »Wahrnehmung« von »Wahrgenommenem« verwendet, um durch jene Formung oder Deutung *von* ihm jeweils *aus* ihm ein Beharrliches als objektiven Raum oder als Objekt zu erformen oder zu erdeuten, bei Erfolg von solcher Intention das Objekt selbst[22].

Und daß dabei von subjektiver Anschauung und subjektivem Raum sonach tatsächlich nichts zurückbleibt, heißt mithin, daß Subjektivität als Zeichen dabei in der Tat nur Zeit und nichts als Zeit ist, nämlich ständig nur ein ebenso Entstehen wie Vergehen jenes Punkt in Punkt der Zeit von Urteil, Aussage oder Behauptung als der Form von Wahrnehmung oder Prädikation. Und überhaupt nur darin liegt denn auch der Grund dafür, daß Subjektivität, wie sie als Zeichen immer wieder nur vorübergeht, der Objektivität auch immer wieder selbst bereits bedarf und damit eben der Objektivierung als Verleiblichung wie etwa durch Verlautbarung oder Verschriftlichung: Doch keineswegs nur, um mit anderer Subjektivität dann Intersubjektivität zu stiften, sondern auch schon für sich selbst, nämlich um sich als Selbstbewußtsein solchen Zeichens gleichsam vor sich selbst auch zu befestigen.

Denn zweifellos gilt anderseits, daß Subjektivität als eben diese immer wieder nur Vorübergehende von Zeit auch immer wieder Punkt in Punkt und so als absolute Einheit oder Einfachheit eben Bestimmtheit ist: Nur freilich nicht im Sinn von Invarianz, in dem Bestimmtheit vielmehr ausschließlich als die eines beharrlichen Objekts und damit außerhalb eines vorübergehenden Subjekts bestehen kann, nämlich empirisch in der Außenwelt, so daß ein Subjekt zur Befestigung von sich als der varianten immer nur mit der Bestimmtheit eines Objekts als der invarianten sich behelfen kann. Bloß *scheinbar* aber steht in solchen Fällen dann für Natural-Empirisches nur einfach Natural-Empirisches, so daß auch alles nichts als Empirie oder Natur zu sein bloß *scheint*, weil beidem vielmehr im genannten Sinn die Nichtnatur oder Nichtempirie der Spontaneität oder Intentionalität von Subjektivität als Selbst- wie Fremdverhältnis immer schon zugrunde liegt. Nur kann sie eben als die jeweilige Tiefendimension dieses Empirisch-Naturalen selbst gerade nicht durch Empirie, sondern ausschließlich durch Nichtempirie der Reflexion und sonach durch Philosophie ermittelt werden.

22 Genau in dieser Hinsicht unterläuft Kant ein verhängnisvoller Irrtum, wenn er meint, daß »Vorstellungen« als »Erscheinungen«, nämlich als Anschauungen »ein Objekt bezeichnen« (A 190 B 235). Unter »ein Objekt« kann er hier nämlich nur ein wirklich-anderes Objekt der Außenwelt

§ 26. Übergang von Dingen zu Ereignissen

Damit aber bringt, wie mehrfach schon, Philosophie als Reflexion sich selbst in die Bedrängnis, daß sie ein Problem nur löst, indem sie dadurch noch ein weiteres und noch weit schwierigeres stellt. Ist nämlich nunmehr hergeleitet, daß die *Wirklichkeit* eines Objekts der Außenwelt für Innenwelt eines Subjekts als Wirklichkeit der Zeit ursprünglich nur als die *Beharrlichkeit* dieses Objekts bestehen kann und damit nur als der objektivierte subjektive Raum jenes Zugleich nach innen und nach außen, so ist dadurch eben noch mithergeleitet: Die ursprüngliche Verwirklichung von solcher Wirklichkeit eines Objekts vermag ein Subjekt im genannten Sinn auch *nur* durch die Objektivierung dieses subjektiven *Raumes* zu erzielen, und das heißt, durchaus nicht auch genausogut durch die Objektivierung jener subjektiven Zeit. Denn in der Tat ist es nur jener subjektive Raum, zu welchem Subjektivität aus sich als subjektiver Zeit der ersten Stufe sich auf zweiter Stufe bildet, um ihn dann auf dritter Stufe in der vorgeführten Weise zu verwenden.

Demnach folgt, daß subjektive Zeit dabei im ganzen, nämlich nicht allein als die auf erster, sondern auch als die auf zweiter und als die auf dritter Stufe, also insgesamt zurück und damit subjektiv bleibt und sonach nicht objektiv wird, sondern eben nur der Raum: Daß ein Zugleich etwas Beharrliches und damit ein Objekt nur ist, indem es auch noch gegen jenes Nacheinander ein Zugleich und damit nicht bloß ein Zugleich nach innen, sondern auch noch ein Zugleich nach außen ist, – bloß dadurch ist ja nicht auch jenes Nacheinander subjektiver Zeit schon objektive, wie auch das als jene subjektive Zeit auftretende Subjekt dadurch noch nicht Objekt. Ja dies sogar so wenig, daß es sich als subjektive Zeit auf dritter Stufe zum Subjekt auch überhaupt erst eigentlich, sprich, vollständig verwirklicht. Objektiv und damit zum Objekt geworden ist dadurch vielmehr tatsächlich *nur* der subjektive *Raum*.

verstehen. Ein solches aber wird gerade nicht durch »Vorstellung« im Sinne von »Erscheinung« oder Anschauung »bezeichnet«, sondern ausschließlich durch »Vorstellung« im Sinne von *Begriff* als einem zu Behauptung, Urteil oder Aussage *verwendeten*. Denn die dabei desgleichen schon *verwendete* und dadurch ins Objekt »verwandelte« Erscheinung oder Anschauung tritt dann gerade nicht als das Bezeich*nende*, sondern als das Bezeich*nete* und damit eben als Objekt auf.

Schon deshalb aber ist das problematisch, weil bereits auf zweiter Stufe jeglicher Gehalt seine Bestimmtheit nur gewinnt, indem er je und je als Anschauung sowohl wie als Begriff und so in Form von Raum wie auch in Form von Zeit auftritt; entsprechend läßt sich jeder solche Inhalt auch durch »... hier und jetzt ... rot« oder »... hier und jetzt ... rund« oder »... hier und jetzt ... Tisch« angemessen charakterisieren, womit er aber eben nur für nachträgliche Reflexion als Nichtempirie der *intentio obliqua* Thema wird. Denn für ursprüngliche *intentio recta* als die Empirie der Wahrnehmung oder Prädikation wie »Dies ist rot« und »Dies ist rund« und »Dies ist ein Tisch« wird ja trotzdem so ausschließlich Raum als objektiver, eben ein Objekt als ein Beharrliches thematisch, daß dies gar nichts anderes als »Dies *hier* ist ein Tisch« oder »Dies *hier* ist rund« oder »Dies *hier* ist rot« bedeuten *könnte*, nicht jedoch genausosehr auch »Dies *jetzt* ist ein Tisch« oder »Dies *jetzt* ist rund« oder »Dies *jetzt* ist rot«. Nur daß es eigentlich genausosehr auch dies bedeuten *müßte*: nicht bloß, weil schon zur Bestimmtheit jeglichen Gehalts auf zweiter Stufe subjektive Zeit genausosehr wie subjektiver Raum gehört; vielmehr auch deshalb, weil dann zur Bestimmtheit jeglichen Gehalts auf dritter Stufe, nämlich jeglichen beharrlichen Objekts genausosehr wie Raum auch Zeit gehört, so daß, wie er als Raum eines Objekts dann objektiver ist, auch sie als Zeit eines Objekts dann objektive ist. Und in der Tat ist ein Objekt als ein Beharrliches auch nur bestimmt, indem es jeweils nicht bloß »hier«, sondern auch »jetzt« beharrt; entsprechend heißt so etwas wie »Dies ist ein Tisch« recht eigentlich »Dies hier und jetzt ist ein Tisch« und bedeutet seinem Vollsinn nach denn auch »Dies hier und jetzt beharrt als Tisch«, was ebenso für »... rot« und »... rund« gilt.

Doch nur um so problematischer wird dann, wie es zum Sinn von »... jetzt ...« als dem von *objektiver* Zeit und damit zur Objektivierung auch von subjektiver *Zeit* zu objektiver überhaupt soll kommen können. Ja dies wird, wenn das Entscheidende für Wirklich- als Beharrlichkeit der Raum und nur der Raum ist, sogar derart problematisch, daß es eine Konzeption zu sprengen droht, nach der wie objektiver Raum nur als objektivierter subjektiver so auch objektive Zeit nur als objektivierte subjektive gelten kann. Als diese nämlich könnte Zeit nur dann verständlich werden, wenn im Rahmen einer solchen Konzeption sich systematisch deduzieren ließe, daß ein Objekt als ein Wirklich-Anderes der Außenwelt und so als ein Beharrliches für ein Subjekt nur dann bestehen kann, wenn dieses Subjekt sich dazu nicht nur als subjektiver Raum, sondern auch noch als subjektive Zeit objektiviert, weil letzteres dazu nicht weniger notwendig ist als ersteres. Und problematisch bleibt das denn auch eben darin, daß diese Notwendigkeit nicht ohne weiteres ersichtlich wird: Gerade als Beharrlichkeit scheint Wirklichkeit schon durch Objektivierung dieses subjektiven Raums allein gewährleistet zu sein, weil Wirklichkeit gerade dies, nämlich Beharrlichkeit, auch stets nur jener Form nach, eben jenem in sich zweifachen Zugleich nach, sein kann.

Was nicht ohne weiteres ersichtlich wird, ist darum auch recht eigentlich der *Grund* für diese weitere Notwendigkeit, nämlich die Antwort auf die Frage: Welche *Schwierigkeit* denn könnte einem Subjekt dabei noch begegnen, durch Objektivierung von sich selbst als subjektivem Raum zu objektivem sich ein Objekt zu verwirklichen, die ein Subjekt nur dadurch zu bewältigen vermöchte, daß es sich dazu auch noch als subjektive *Zeit* zu objektiver *Zeit* objektivierte. Diese Schwierigkeit und damit dieser Grund für diese weitere Notwendigkeit indessen müßten sich danach tatsächlich systematisch deduzieren lassen, weil auch sie zuletzt nur jene innere Struktur von Subjektivität als Fremd- werdendem Selbstverhältnis oder als Intentionalität werdender Spontaneität betreffen könnten.

Und tatsächlich zieht die Art und Weise, wie sich Subjektivität zu dieser inneren Struktur erstellt, mit Notwendigkeit diese Schwierigkeit nach sich, so daß sie umgekehrt auch in der Tat zum Grund für die Notwendigkeit wird, Zeit als subjektive gleichfalls noch zu objektiver zu objektivieren. Und womöglich sind Sie dieser Schwierigkeit auch längst schon inne, weil sie sich als eine Problematik innerhalb von unserer Systematik längst schon meldet, aber ohne daß wir bisher weiter auf sie eingegangen wären: was infolgedessen nachgerade überfällig ist, weil sie recht eigentlich bereits die Problematik jener Subjektivität als solcher ist.

Denn daß es Objektivität als etwas Anderes zu ihr für sie nur geben kann, wenn Subjektivität imstande ist, sich selbst auch noch zum Raumzugleich als Form für Objektivität zu bilden, liegt ja daran, daß es aus genannten Gründen Subjektivität als solche selbst nur geben kann als jenes Nacheinander Zeit. Und zwar so grundsätzlich, daß Subjektivität wie schon als jenes Nacheinander Zeit auch noch als dieses Raumzugleich nur jenes ebenso Entstehen wie Vergehen beider sein kann. Darum bildet dieses Raumzugleich, obwohl den

Gegensatz zu diesem Nacheinander Zeit, auch keinen Widerspruch zu ihm, weil dieses Raumzugleich auch noch kein Wirklich-Anderes zu solcher Subjektivität ist, sondern eben nur ein so gerade erst durch sie entworfenes oder vorgestelltes Anderes.

Kann Subjektivität als dieses Raumzugleich indes genauso wie als jenes Nacheinander Zeit nur etwas sein, das ständig ebenso entsteht wie auch vergeht und neuentsteht, muß Subjektivität sich anderseits doch eben deshalb auch zu diesem Raumzugleich als Gegensatz zu sich als Nacheinander Zeit noch bilden, weil sie dann allein in ihm die Möglichkeit besitzen kann, um etwas Anderes als sich auch nur sich zu entwerfen oder vorzustellen als einen Gegenstand für sich. Denn Minimalbedingung dafür ist, daß Subjektivität ein Etwas gegenüber einem andern Etwas unterscheiden kann, was aber innerhalb von ihr als jenem bloßen Nacheinander Zeit auf erster Stufe noch unmöglich für sie bleiben muß, vielmehr erst innerhalb von ihr als nicht mehr bloßem, sondern solchem Nacheinander Zeit, mit welchem Raumzugleich bereits einhergeht, für sie möglich werden kann: auf zweiter Stufe.

Mag nämlich von daher so wie Nacheinander Zeit auch Raumzugleich nur immer wieder neu entstehen, geht dies anderseits doch dahin, daß auf diese Weise immer wieder neu gerade das entsteht, worin etwas ursprünglich eine ganz bestimmte Form im Unterschied zu einer ganz bestimmten Gegenform annehmen kann, so daß es eben darin auch ursprünglich als ein Etwas gegenüber einem andern Etwas und mithin als Gegenstand für Subjektivität sich unterscheiden kann. Denn erst in der Gestalt dieses Zugleich von Raum kann je und je etwas Bestimmtes in Erscheinung treten, nämlich erst, indem es je und je zum Beispiel als Ovalzugleich im Unterschied zu Nichtovalzugleich auftreten kann sowie in Form davon dann beispielsweise auch als Rotzugleich im Unterschied zu Nichtrotzugleich.

Und ausschließlich daran, daß in diesem Sinn bestimmte Form sowie bestimmter Inhalt je und je nur in Gestalt dieses Zugleich als vorgestelltes Anderes für solche Subjektivität entspringen kann, liegt es denn auch, daß als ein Wirklich-Anderes für solche Subjektivität dann ursprünglich nur das auftreten kann, was so grundsätzlich ein Zugleich ist, daß es nicht nur eins nach innen, sondern auch noch eins nach außen ist, nämlich auch gegen Nacheinander noch Zugleich ist und mithin etwas Beharrliches. Auf nichts als dieses letztere geht Subjektivität denn auch von vornherein schon aus, wenn sie als grundsätzliches Nacheinander dreier Stufen sich von erster Stufe her auf zweiter Stufe dann auch zum Zugleich noch bildet, nämlich darauf, sich als letzteres auf dritter Stufe auch noch zu verwenden, eben auch noch zu verzweifachen, um so in Form von sich als innerlicher Zweiheit von Zugleich Beharrlichkeit als Wirklichkeit von Anderem als sich verwirklichen zu können. Und auf nichts als solcherart Beharrlichkeit, das heißt zuletzt: auf solche Ruhe selbst, hat Subjektivität es als Unruhe selbst denn auch von vornherein schon abgesehen, nämlich für sich selbst als in sich dreistufiges Nacheinander etwas Anderes als sich selbst sich zu verwirklichen. Und so vermag es auch nur dann ein Wirklich-Anderes als sie zu sein, wenn es in keiner Hinsicht mehr ein Nacheinander ist, sondern in jeder Hinsicht vielmehr ein Zugleich und damit ein Beharrliches, das gegenüber der Unruhe selbst von Subjektivität als Innenwelt eben die Ruhe selbst von Objektivität als Außenwelt ist.

Spätestens daran aber müßte Ihnen auffallen, vor welch eine Problematik damit Subjektivität als solche selbst gestellt ist, weil gerade letzteres dann von einer Voraussetzung abhängt, deren Erfüllung Subjektivität nicht zu gewährleisten vermag. Daß solche in sich dreistufige Subjektivität auf dritter Stufe zu etwas Beharrlichem als etwas Wirklich-Anderem zu sich gelangen kann, hängt danach nämlich davon ab, daß es in ihr als dem Zugleich auf zweiter Stufe je und je zu einer ganz bestimmten Form, zu Rundform etwa, kommen kann, wie je und je auch noch zu einem ganz bestimmten Inhalt, beispielsweise Rotgehalt.

Nur daß es dazu kommen eben auch bloß *kann*, nicht etwa *muß*, und dies, obwohl sich Subjektivität dazu auf zweiter Stufe zum Zugleich dafür erzeugen sehr wohl *muß*. Denn so gewiß dann Subjektivität als dieses Raumzugleich dafür notwendig ist, so wird dadurch doch keineswegs des weiteren notwendig, daß sich in Gestalt von ihr als diesem Raumzugleich auch je und je schon eine ganz bestimmte Form im Unterschied zu einer ganz bestimmten Gegenform ergibt oder ein ganz bestimmter Inhalt sowie Gegeninhalt. Beides wird dadurch vielmehr bloß möglich, und das heißt: Genauso möglich wird dabei, daß in Gestalt von Subjektivität als diesem Raumzugleich sich je und je gerade nicht eine bestimmte Form und ein bestimmter Inhalt wie entsprechend auch gerade nicht im Unterschied zu ihnen ein bestimmter Gegeninhalt und eine bestimmte Gegenform ergeben.

Eben diese Möglichkeit für Unbestimmtheit, die wir uns schon hergeleitet haben,[1] dringt nun auf Miteinbeziehung. Und als Gegenmöglichkeit zu derjenigen für Bestimmtheit, der allein wir bisher nachgegangen sind, gewinnt sie nun auch Sinn: als Möglichkeit für Unbestimmtheit in der Grundform von Bestimmtheit, und das heißt: für Widersprüchlichkeit.

In welchem Sinn die Möglichkeit dafür tatsächlich je und je besteht, das sehen Sie denn auch sofort, wenn Sie im Blick behalten, daß sich Subjektivität zu diesem Raumzugleich auf zweiter Stufe ja nur je und je heraus aus sich als jenem Nacheinander Zeit auf erster Stufe bildet und als beide somit je und je auch nur substratlos-absoluten Wechsel eines ebenso Entstehens wie Vergehens beider darstellt. Dadurch nämlich kann sie zwar gewährleisten, daß alles, was sie je und je aus sich als Nacheinander Zeit heraus in sich als Raumzugleich hinein verbringt, hier je und je auch Form gewinnt, die als Zugleich im Unterschied zu Gegenform als anderem Zugleich auftritt, was für Gehalt in solcher Form entsprechend gilt. Doch keineswegs kann Subjektivität dadurch des weiteren verbürgen, daß hier je und je auch Form oder Gehalt derselben Art auftrete, ob nun qualitativ oder quantitativ, beispielsweise je und je *dieselbe* Eckform von *derselben* Größe mit *demselben* Inhalt: Subjektivität vermag dadurch nämlich in keiner Weise auszuschließen, daß hier je und je auch Form oder Gehalt *verschiedener* Art auftritt, ob nun der Qualität oder der Quantität nach, weil dies für das jeweilige Mitauftreten jeweiliger Gegenform und jeweiligen Gegeninhalts innerhalb von Raumzugleich genauso möglich bleibt.

Sie brauchen nämlich bloß im Auge zu behalten, daß es sich auch dann, wenn je und je hier Form oder Gehalt *derselben* Art auftritt, nur um substratlos-absoluten Wechsel eines ebenso Entstehens wie Vergehens solcher Form bzw. solchen Inhalts handeln kann, und Ihnen wird ersichtlich: In der Tat kann dies hier je und je ein ebenso Entstehen wie Vergehen als substratlos-absoluten Wechsel von Gehalt bzw. Form *verschiedener* Art genausogut wie von Gehalt bzw. Form *derselben* Art ergeben, einen Wechsel von *Verschiedenem* genausogut wie von *Demselben* mit sich bringen, eben weil es sich dabei grundsätzlich nur um Wechsel handeln kann. Und mag nun Selbiges oder Verschiedenes wechseln, – jedes davon ist dabei in

1 Vgl. oben § 21, S. 604ff.

jedem Fall Gehalt bzw. Form als Raumzugleich, durch das mithin auch keines davon aus substratlos-absolutem Wechsel auszuschließen ist.

Nur bei erstem Hinsehen nämlich werden Sie vielleicht versucht sein, einzuwenden, ausgeschlossen sei dies zwar nicht durch das Raumzugleich, wohl aber durch das Nacheinander Zeit, weil es sich dabei doch gerade unserem Modell zufolge nur um Nacheinander aktualen Punktes handeln könne. Und auf aktualen Punkt bezogen, nämlich je und je aus aktualem Punkt heraus vermöge doch auch je und je nur *entweder* das eine *oder* andere aufzutreten: *entweder* die eine *oder* andere bestimmte Form bzw. *entweder* der eine *oder* andere bestimmte Inhalt mit bestimmter Gegenform bzw. mit bestimmtem Gegeninhalt. Nicht jedoch vermöge je und je aus aktualem Punkt heraus genausogut auch beides aufzutreten, und so müsse Auftreten von Inhalt oder Form *verschiedener* Art dadurch auch ausgeschlossen sein, weil es in gar nichts anderem bestehen könne als in solchem Auftreten von ihnen je und je aus solchem aktualen Punkt heraus.

Bei näherer Betrachtung aber werden Sie gewiß entdecken, daß Sie dabei das Entscheidende an unserem Modell gerade wieder preisgegeben hätten.[2] Denn sobald Sie dieses Negative ins entsprechend Positive wenden, heißt es: Solches Auftreten von Form oder Gehalt *verschiedener* Art kann prinzipiell nicht je und je aus einem und demselben aktualen Punkt heraus erfolgen, sondern je und je nur aus auch seinerseits *verschiedenem* aktualen Punkt heraus; denn gegenüber einer ganz bestimmten Form mit Gegenform und einem ganz bestimmten Inhalt mit bestimmtem Gegeninhalt kann doch eine *andere* bestimmte Form mit Gegenform oder ein *anderer* bestimmter Inhalt mit bestimmtem Gegeninhalt je und je auch nur aus einem *andern* aktualen Punkt heraus auftreten.

Entscheidend nämlich ist gerade das Gesamtergebnis unseres Modells, welches besagt: Auf erster Stufe jenes ursprünglichen Nacheinander Zeit, woraus allein auf zweiter Stufe dieses ursprüngliche Raumzugleich zu bilden ist, vermag stets nur ein einziger, nie noch ein anderer Punkt aufzutreten, also auch gerade nicht so etwas wie ein Punkt im Unterschied zu einem andern Punkt und demnach mehr als einer. Denn auch nur, indem er als ein immer wieder einziger ein immer wieder anderer und darin eben *zu sich* anderer

2 Wie oben schon in § 21, S. 604 ff.

bzw. anderer *seiner selbst* ist, bildet er das ursprüngliche Nacheinander Zeit auf jener ersten Stufe. Und genau als solcher oder solches ist er auch ein ebenso Entstehen wie Vergehen und mithin substratlos-absoluter Wechsel als Vorübergehen oder Übergang schlechthin. Und liegt sonach ein Punkt im Unterschied zu einem andern Punkt auf erster Stufe noch nicht vor, so steht mithin auch noch nichts zur Verfügung, worauf Unterschiedliches auf zweiter Stufe sich verteilen ließe, ob nun Unterschiedliches der Form oder des Inhalts.

Folglich muß in jedem Fall, in welchem absoluter Wechsel von Gehalt bzw. Form auf zweiter Stufe einmal anstatt Wechsel von Gehalt bzw. Form *derselben* vielmehr Wechsel von Gehalt bzw. Form *verschiedener* Art ist, die *Verschiedenheit* dieses Gehalts bzw. dieser Form auch jedesmal aus *einem und demselben* aktualen Punkt des Nacheinander Zeit heraus auftreten. Und an Hand von Beispielen aufs äußerste verkürzt und zugespitzt bedeutet dies: In jedem solchen Fall muß beispielsweise Rotgehalt genauso wie Nichtrotgehalt und Rundform ebenso wie Nichtrundform auftreten, nämlich aus demselben aktualen Punkt des Nacheinander Zeit heraus ein absoluter Wechsel von dem einen zu dem andern: Aus dem aktualen Punkt heraus, der als das Nacheinander Zeit ja in sich selbst nur absoluten Wechsel bildet, kann auch Raumzugleich nur absoluten Wechsel bilden, einerlei, ob innerhalb von ihm dann absoluter Wechsel von Demselben zu Demselben oder von Verschiedenem zu Verschiedenem vor sich geht.

Wie zwingend dies tatsächlich folgt, wird Ihnen deutlich, wenn Sie nochmals jene Linie als das fälschliche Modell für Zeit heranziehen und es abermals, doch nunmehr auch noch unter dieser Hinsicht durch das richtige Modell für Zeit ersetzen, nämlich jene Linie auf jenen Punkt als mit sich selbigen sowohl wie zu sich anderen zurückführen. Daß aus Nacheinander Zeit heraus in Raumzugleich hinein sich je und je genausogut Gehalt bzw. Form *derselben* wie *verschiedener* Art einstellen könne, dieser Möglichkeit läßt sich dann beispielsweise dadurch Rechnung tragen, daß Sie einen Schnitt durch diese Linie legen. Und zwar in dem Sinn, daß *bis* zu diesem Punkt sich Form oder Gehalt *derselben* Art ergebe und *ab* diesem Punkt sodann davon *verschiedener* Art, daß also *bis* zu diesem Punkt sich etwa Rundform oder Rotgehalt ergebe und *ab* diesem Punkt sodann etwa Ovalform oder Grüngehalt – zusammen mit der jeweiligen Gegenform und mit dem jeweiligen Gegeninhalt. Damit nämlich wäre dieser Punkt auf dieser Linie ein Beispiel für den Wechsel von Verschiedenem zu Verschiedenem, während jeder andere Punkt auf dieser Linie wiederum ein Beispiel für den Wechsel von Demselben zu Demselben wäre, und die Linie mit allen ihren Punkten insgesamt mithin auch der Beweis dafür, daß beide diese Möglichkeiten zu berücksichtigen sind.

Denn reine Willkür wäre es, bei Rückführung von dieser Linie als fälschlichem Modell für Zeit auf jenen Punkt als richtiges Modell für Zeit vorauszusetzen, bei ihm handle es sich stets um einen Punkt des Wechsels von Demselben zu Demselben innerhalb des Raumes, weil es sich bei ihm vielmehr genausogut um einen Punkt des Wechsels von Verschiedenem zu Verschiedenem innerhalb des Raumes handeln kann. Für jeden jener falschen Punkte auf der falschen Linie nämlich haben Sie sich jene falsche Linie auf diesen richtigen Punkt rückgeführt zu denken. Und daß dieser Punkt modellgemäß ein mit sich selbiger sowohl wie zu sich anderer sein muß, – durch solche Differenz in ihm als der Identität von Zeit wird möglich, daß der je und je aus ihr hervorgehende Raum auch je und je verschiedenartig ebenso wie gleichartig besetzt sein kann. Und daran zeigt sich Ihnen nachträglich noch einmal: In der Tat stellt dieser Punkt der Zeit, den das Modell für sie ergibt, mit seiner einzigartigen Struktur die Minimalbedingung dafür dar, daß *in* ihr oder *in* ihm überhaupt etwas, und sei es auch nur *unbestimmt gegeben* sein kann[3]. Denn auch nur ein solcher Punkt, der Ausdehnung statt *außer* vielmehr *in* sich hat, kann überhaupt als Zeit und so als Form für etwas gelten, wenn auch eben nur für etwas *unbestimmt Gegebenes.* Ein Punkt im Sinn des bloßen Schnittpunkts einer Linie, sprich, im Sinn von ausschließendem Gegensatz zu ihr als Ausdehnung dagegen könnte dies in keiner Weise und vermöchte somit auch nicht einmal etwas *unbestimmt Gegebenes* noch in sich ein-, sondern nur aus sich auszuschließen.

Was für eine Problematik wir uns damit systematisch deduzieren, sehen Sie sofort, wenn Ihnen klar vor Augen steht, womit Sie diese Problematik nicht vermengen dürfen. Daß in jedem solchen Fall tatsächlich Rotgehalt genauso wie Nichtrotgehalt zum Beispiel oder Rundform ebenso wie Nichtrundform auftreten muß, ist nämlich prinzipiell zu unterscheiden davon, daß mit Form bzw. Inhalt innerhalb von Raumzugleich stets Gegenform bzw. Gegeninhalt mitein-

3 Vgl. dazu oben § 21, S. 610 ff.

hergehen muß: also mit Rundform Nichtrundform oder mit Rotgehalt Nichtrotgehalt. Denn diese Problematik gilt nicht nur für Form bzw. Inhalt, sondern ebenso für Gegenform bzw. Gegeninhalt, weil in jedem Fall des Wechsels von Verschiedenem statt von Demselben auch bezüglich Gegenform bzw. Gegeninhalt beispielsweise Nichtrundform dann ebenso wie Rundform oder Nichtrotgehalt ebenso wie Rotgehalt auftreten muß.

Diese Problematik aber ist um so fundamentaler, als sie auch tatsächlich eine Problematik jener Subjektivität als solcher ist, wie Ihnen nunmehr klar sein müßte. Sie bedeutet nämlich nichts geringeres, als daß im Fall des Wechsels von Verschiedenem es für Subjektivität als solche nicht so ohne weiteres wie im Fall des Wechsels von Demselben möglich wird, aus einem Raumzugleich auf zweiter Stufe dann auf dritter ein Beharrliches als etwas Wirklich-Anderes zu erzielen. Denn zum Beispiel dafür, daß etwas als etwas Rundes oder Rotes oder als ein Tisch auf dritter Stufe je und je beharrt, ist Minimalbedingung, daß auf zweiter Stufe eben je und je auch Wechsel von Demselben statthat, nämlich einer und derselben Art von Rotgehalt bzw. Rundform oder Tischform, weil hier auch nur dann trotz absoluten Wechsels je und je eine bestimmte Form bzw. ein bestimmter Inhalt vorliegt. Nur in solchen Fällen nämlich, wo in Subjektivität als Raumzugleich auf zweiter Stufe je und je eine bestimmte Form bzw. ein bestimmter Inhalt auftritt, kann für Subjektivität, die dann auf dritter Stufe sich als so besetztes Raumzugleich auch noch in sich verzweifacht, je und je auch ohne weiteres noch ein Beharrliches sich einstellen, indem es diese reine Raumgestalt eines Zugleich nach innen und nach außen als Substanz mit Akzidens oder als Ding mit Eigenschaft erfüllt.

In jedem andern Fall dagegen, wo in Subjektivität als Raumzugleich auf zweiter Stufe Wechsel von Verschiedenem statthat, eben von Gehalt bzw. Form verschiedener Art, kann sich auf dritter Stufe auch nicht ohne weiteres etwas Beharrliches für Subjektivität einstellen: auch dadurch, ja gerade dadurch nicht, daß Subjektivität sich hier desgleichen zur Intentionalität vervollständigt, indem sie auch als so besetztes Raumzugleich sich noch in sich verzweifacht zum Zugleich nach innen und nach außen. Denn die reine Raumgestalt, zu der sich Subjektivität auch dadurch bildet, läßt sich dann nicht ohne weiteres durch ein Beharrliches erfüllen. Wie nämlich vermöchte etwas als ein Tisch und Nichttisch oder auch als etwas Rundes und Nichtrundes oder auch als etwas Rotes und Nichtrotes zu beharren? Denn auf zweiter Stufe so besetzt zu sein, heißt ja tatsächlich nichts geringeres, als daß in Subjektivität als Raumzugleich hier je und je gerade nicht eine bestimmte Form bzw. ein bestimmter Inhalt auftritt, sondern je und je gerade mindest zwei bestimmte Inhalte bzw. mindest zwei bestimmte Formen, eben beispielsweise Rund- und Nichtrundform bzw. Tisch- und Nichttischform bzw. Rot- und Nichtrotinhalt, was genausosehr auch umgekehrt für Gegenform und Gegeninhalt gilt.

Und daran sehen Sie erneut, daß Sie dies Problematische von dem Problemlosen, wonach mit Form bzw. Inhalt immer Gegenform bzw. Gegeninhalt miteinhergehen muß, zu unterscheiden haben. Tritt auf zweiter Stufe nämlich Wechsel einer Form bzw. eines Inhalts sowie einer Gegenform bzw. eines Gegeninhalts von *derselben* Art auf[4], führt Verzweifachung von deren jeweiligem Raumzugleich auf dritter Stufe dann zu einer reinen Raumgestalt, welche Beharrliches in der Weise erfüllen kann, daß beispielsweise neben etwas Rundem etwas Nichtrundes beharrt bzw. neben etwas Rotem etwas Nichtrotes bzw. neben einem Tisch ein Nichttisch: eben jeweils eine andere Substanz mit einem anderen Akzidens oder ein anderes Ding mit einer anderen Eigenschaft und somit Außenwelt als Inbegriff von Ruhe selbst, wie Sie sie kennen. Tritt auf zweiter Stufe aber Wechsel einer Form bzw. eines Inhalts sowie einer Gegenform bzw. eines Gegeninhalts von *verschiedener* Art auf[5], führt Verzweifachung von deren jeweiligem Raumzugleich auf dritter Stufe dann zu einer reinen Raumgestalt, welche Beharrliches nur so erfüllen könnte, daß als Tisch und Nichttisch oder auch als Rundes und Nichtrundes oder auch als Rotes und Nichtrotes keineswegs ein jeweils anderes, sondern ein jeweils selbiges beharren müßte.

Doch wie könnte so etwas wohl möglich werden, fragen Sie gewiß mit Recht, weil es darauf hinauszulaufen scheint, als müßte dann in jedem solchen Fall der Gegenstand zu einem widersprüchlichen Begriff beharren und mithin auch wirklich sein als ein Objekt der Außenwelt, was aber eben schlechterdings unmöglich ist. Und in der Tat erreicht die Problematik, die wir uns auf diese Weise systematisch deduzieren, überhaupt erst damit ihre eigentliche Tiefe.

4 Solche Fälle könnten Sie der Kürze halber »implizite Wechselfälle« nennen.
5 Solche Fälle nenne ich im folgenden der Kürze halber »explizite Wechselfälle«.

Problematisch nämlich wird dies danach keineswegs nur nach der Seite dieses Gegenstandes, der als etwas Anderes durch Anschauung als Ausdehnung in Raumzugleich auf zweiter Stufe schon entworfen oder vorgestellt wird. Denn das wird er, wie Sie wissen, nur, indem der Anschauung als Ausdehnung in Raumzugleich auf zweiter Stufe der Begriff als Punkt in Nacheinander Zeit schon immer zugeordnet wird, so daß Begriff und Anschauung auch immer nur zusammen Vorstellung oder Entwurf von solchem Gegenstand als etwas Anderem bilden. Problematisch also wird dies damit ebenso wie nach der Seite dieser Anschauung auch noch nach der dieses Begriffs. Denn im Zusammenhang der Unauflöslichkeit von deren Zuordnung könnte das nur bedeuten, daß in jedem solchen Fall nicht bloß in Raumzugleich als Ausdehnung von Anschauung zum Beispiel so etwas wie Rot- und Nichtrot- oder Rund- und Nichtrundanschauung auftreten müßte, sondern auch in Nacheinander Zeit als Punkt noch so etwas wie »rund und nichtrund« oder »rot und nichtrot« und mithin ein in sich widersprüchlicher Begriff.

So aber greift dann diese Problematik in der Tat bis in den allerersten Grund von Subjektivität zurück, bis in das Nacheinander Zeit auf erster Stufe nämlich, so daß Subjektivität als solche selbst dadurch von Grund auf problematisch werden muß. Denn wie Sie sich erinnern, ist von erster Stufe her betrachtet Bildung des Begriffs auf zweiter Stufe überhaupt nichts anderes als ursprüngliche Vermeidung desjenigen Widerspruchs, zu dem es führen müßte, ausschließlich in Form von Nacheinander Zeit auf erster Stufe etwas zu vergegenständlichen. Denn Minimalbedingung dafür ist, daß ein bestimmtes Etwas sich von einem anderen bestimmten Etwas unterscheiden läßt, was hier jedoch unmöglich bleibt. Das Nacheinander Zeit auf erster Stufe nämlich ist als Punkt ein mit sich selbiger genauso wie ein zu sich anderer, der widerspruchsfrei gegenständlich nur für Reflexion oder *intentio obliqua* werden kann, der für *intentio recta* sich dagegen als ein Gegenstand durch Widersprüchlichkeit von vornherein zerschlagen muß. Vermieden wird das denn auf zweiter Stufe auch nur dadurch, daß hier nicht in Form von bloßem, sondern solchem Nacheinander Zeit, mit welchem Raumzugleich einhergeht, je und je etwas vergegenständlicht wird.

Erst dadurch nämlich wird hier ein bestimmtes Etwas gegenüber einem anderen bestimmten Etwas dahingehend unterschieden, daß dasselbe Affektionsergebnis nach der einen Seite beispielsweise je und je als Rot- im Unterschied zu Nichtrotanschauung oder als Rund- im Unterschied zu Nichtrundanschauung in Ausdehnung von Raumzugleich hinein verteilt wird wie auch nach der andern Seite als Begriff wie »rot« im Unterschied zu »nichtrot« oder »rund« im Unterschied zu »nichtrund« je und je in Punkt von Nacheinander Zeit. Und tritt in jenen expliziten Wechselfällen sonach jeweils im Zusammenhang mit Rot- und Nichtrot- oder Rund- und Nichtrundanschauung zum Beispiel unausweichlich auch Begriff wie »rot und nichtrot« oder »rund und nichtrund« auf, so tritt mithin entsprechend unvermeidlich auch genau der Widerspruch, der doch vermieden werden soll, tatsächlich ein, und zwar gerade dort, wo er vermieden werden soll, nämlich auf zweiter Stufe, weil auch nur durch zweite Stufe. Denn nur dadurch, daß heraus aus Nacheinander Zeit auf erster Raumzugleich auf zweiter überhaupt erzeugt wird, kann es dazu kommen, daß in jenen expliziten Wechselfällen jeweils innerhalb von Raumzugleich als Ausdehnung auf zweiter Stufe beispielsweise Rot- und Nichtrot- oder Rund- und Nichtrundanschauung sich bildet und ihr zugeordnet jeweils innerhalb von Nacheinander Zeit auf zweiter Stufe auch Begriff als Punkt wie »rot und nichtrot« oder »rund und nichtrund«.

Daran sehen Sie: Gerade die Bestimmtheit, die auf zweiter Stufe grundsätzlich erstellt wird, ist es also, die in jenen expliziten Wechselfällen hier jeweils zum Aufbaustück von Widersprüchlichkeit und damit Unbestimmtheit wird. Gerade die Verteilung einer Anschauung im Unterschied zu einer Gegenanschauung wie auch eines Begriffs im Unterschied zu einem Gegenbegriff in das Nacheinander Zeit bzw. in das Raumzugleich hinein, welche auf zweiter Stufe grundsätzlich zustande kommt, führt nämlich dazu, daß in jedem solchen expliziten Wechselfall hier trotzdem Widerspruch zwischen Begriff und Gegenbegriff im Zusammenhang mit Anschauung und Gegenanschauung zustande kommt. Denn um Bestimmtheit eines Gegenstandes für sich zu erstellen, hat Subjektivität aus sich heraus nun einmal nur die eine Möglichkeit, sich auch zu Raumzugleich als Gegensatz zu sich als Nacheinander Zeit noch zu erzeugen, um sich dadurch insgesamt zu Vorstellung oder Entwurf von etwas Anderem als sich zu bilden.

Freilich könnten Ihnen Zweifel an der Echtheit dieser Problematik kommen, weil sich diese Widersprüchlichkeit einstweilen nur abstrakt durch folgerichtige Synthese aus dem vorigen ergibt und erst im folgenden dann auch konkret durch Analyse noch beweisen läßt[6]. So möchten Sie vielleicht darauf bestehen, die Anerkennung ihrer Echtheit davon abhängig zu machen, daß ein solcher widersprüchlicher Gehalt Ihnen dann mindestens im Fall der Anschauung auch anschaulich vor Augen müßte stehen können, wobei mit »Gehalt« der Kürze wegen nun auch Form wie Rund- bzw. Nichtrundform bezeichnet sei, so daß mit »Form« jetzt anderes bezeichnet werden kann. Doch damit hätten Sie etwas Entscheidendes verfehlt, weil dies nur heißen könnte, daß Sie solchen widersprüchlichen Gehalt gewissermaßen wahrgenommen gleichsam vor sich müßten haben können, was jedoch unmöglich ist. Nur daß dies eben nicht allein bei widersprüchlichem, sondern genauso auch bei widerspruchsfreiem Gehalt unmöglich ist, da *nichts* von dem, was hier auf zweiter Stufe als ein bloßes »Sinnesdatum« auftritt, seinerseits schon wahrnehmbar sein kann. Und zwar, weil Wahrnehmung auch immer erst als dritte Stufe, nämlich immer erst auf Grund von zweiter, die für dritte eben immer schon zugrunde liegen muß, zustande kommen kann und so auch immer nur als Wahrnehmung von etwas Anderem: von etwas Objektivem statt von etwas Subjektivem wie dem »Sinnesdatum« selbst.

Vielmehr vermögen Sie dies letztere, ob es von widersprüchlichem oder von widerspruchsfreiem Gehalt ist, nur durch *Reflexion* darauf zu *denken*: nur durch die *intentio obliqua* der Philosophie als Nichtempirie, während es für Empirie der Wahrnehmung als der *intentio recta* unzugänglich bleiben muß. Denn auch, wenn es seinem Gehalt nach widerspruchsfrei ist, muß es für diese widersprüchlich bleiben, nämlich seiner Form nach als der absolute Wechsel jenes ebenso Entstehens wie Vergehens von Gehalt, als das er widerspruchsfrei nur durch unser Zeitmodell für unsere Reflexion zugänglich werden kann.

Und so vermittelt Ihnen beides eben weiter, daß in jedem Fall, in welchem sich auf zweiter Stufe widersprüchlicher statt widerspruchsfreier Gehalt ergibt, denn auch nur aufgedeckt wird, was in jedem Fall, in welchem sich hier widerspruchsfreier statt widersprüchlicher Gehalt ergibt, gerade zugedeckt wird: Was in absolutem Wechsel hier auf zweiter Stufe ständig ebenso entsteht wie auch vergeht, muß jeweils etwas sein, das seiner Form nach etwas mit sich selbiges

6 Vgl. unten § 27.

genauso wie auch etwas zu sich anderes ist. Nur daß dies manifest erst wird, wenn es dies auch seinem Gehalt nach ist, wenn aber nicht, latent bleibt, nämlich dann, wenn je und je Gehalt derselben statt verschiedener Art entsteht wie auch vergeht, mithin Gehalt derselben statt verschiedener Art jeweils als mit sich selbiger genauso wie als zu sich anderer entspringt. Entsprechend wäre es denn auch nichts als Dekret oder Dogmatik, wenn Sie einfach davon ausgehen wollten, daß sich stets Gehalt derselben Art einstellen müsse, daß sich nie Gehalt verschiedener Art und damit in sich widersprüchlicher Gehalt einstellen könne.

Doch auf den Gedanken, Ihre Anerkennung seiner Widersprüchlichkeit von seiner Anschaulichkeit oder Wahrnehmbarkeit abhängig zu machen, werden Sie erst gar nicht kommen, wenn Sie mitberücksichtigen, daß Gehalt auf zweiter Stufe nicht allein als Anschauung sich bilden muß, sondern auch als Begriff: Von diesem her wird Ihnen vollends, nämlich nachträglich auch noch für Anschauung verständlich, daß es hier nichts anzuschauen oder wahrzunehmen, sondern nur etwas zu denken geben kann. Denn spätestens an einem widersprüchlichen Begriff, der zweifellos sich denken läßt, muß Ihnen aufgehen, was mit solchem Nichts als-Denken eines widersprüchlichen Gehalts im Unterschied zu jeder Art von Anschauung oder von Wahrnehmung desselben eigentlich vonnöten ist, nämlich auch jede Art von Ordnung zwischen dem, worin er inwendig besteht, noch völlig von ihm fernzuhalten. Als Begriff macht solch ein widersprüchlicher Gehalt es nämlich offenkundig, daß die Art und Weise, wie Sie ihn zum Beispiel schreiben oder sprechen, mit ihm selbst als widersprüchlichem gerade nichts gemeinsam haben kann, will sagen, für ihn selbst als widersprüchlichen gerade schlechterdings gleichgültig bleiben muß. Denn ob Sie einen widersprüchlichen Begriff wie »rot und nichtrot« nun in dieser Ordnung schreiben, nämlich so, daß »... nichtrot« rechts von »rot ...« geschrieben steht, bzw. ob Sie ihn in einer Reihenfolge sprechen, in der »... nichtrot« später und »rot ...« früher auftritt, oder jeweils umgekehrt, vermag an seiner Widersprüchlichkeit grundsätzlich nichts zu ändern, weil dies vielmehr ausschließlich seine Verlautbarung oder Verschriftlichung betrifft.

Und mindestens von ihm als dem geschriebenen her, als der er inwendig auch nur in irgendeiner Art der Ordnung dieses »rechts von ...« oder »links von ...« stehen kann, muß Ihnen auch für Anschauung noch nachträglich begreiflich werden: Eine in sich widersprüchliche ist sie trotz ihrer Ausdehnung in Form von Raumzugleich gerade nicht als eine nach der Art des »rechts von ...« oder »links von ...« irgendwie in sich geordnete. Denn solche Ordnung ist gerade die von Anschauung im Unterschied zu Gegenanschauung, die Widersprüchlichkeit vielmehr vermeidet, so daß umgekehrt dann Anschauung auch ebenso wie Gegenanschauung von ihr betroffen wird, wenn Widersprüchlichkeit sich trotzdem einstellt. Eine in sich widersprüchliche ist Anschauung vielmehr genauso wie ein in sich widersprüchlicher Begriff, weil nämlich in Gestalt von ihnen jeweils nur in dem Sinn etwas vorliegt, daß es jeder Art von Ordnung noch vorausliegt. Was für jegliches auf erster Stufe gelten muß, sprich, daß es sich hier noch nicht als ein Etwas gegenüber einem andern Etwas unterscheiden kann, weil innerhalb von bloßem Nacheinander eine Ordnung zwischen beidem noch nicht möglich ist, das kann sonach auch noch auf zweiter Stufe für es gelten. Innerhalb des mit dem Nacheinander Zeit einhergehenden Raumzugleich ist nämlich eine Ordnung zwischen beidem dann zwar möglich, dadurch aber keineswegs auch schon notwendig, so daß jegliches sich hier zu einem Etwas gegenüber einem andern Etwas dann zwar unterscheiden kann, jedoch nicht muß. Und unterscheidet es sich nicht, so tritt denn auch sowohl in Form von Anschauung als Nur noch-Ausdehnung des Raumzugleich wie von Begriff als Nur noch-Punkt des Nacheinander Zeit ein widersprüchlicher Gehalt tatsächlich auf, weil innerhalb von solcher Doppelform eine Vermeidung solchen Widerspruchs zwar möglich wird, doch nicht notwendig.

Daraus aber folgt für Sie sofort, daß dieser Widerspruch, wenn überhaupt bewältigt werden kann, so keinenfalls auf zweiter Stufe, sondern allenfalls auf dritter. Denn gerade mittels dessen, wozu ein Subjekt auf zweiter Stufe a priori sich erzeugt, vermag es diesen Widerspruch nicht a priori auszuschließen. Daraus folgt für Sie jedoch sogleich noch weiter: Auch auf dritter läßt sich dieser Widerspruch dann keinenfalls bewältigen, indem ein Subjekt das, was es auf zweiter durch Begriff und Anschauung sich schon als etwas Anderes vorstellt, hier auf dritter Stufe kurzerhand als etwas Wirklich-Anderes hinstellt, nämlich kurzerhand als ein Beharrliches: nur statt als einen Tisch oder als etwas Rotes oder Rundes jetzt vielmehr als etwas Rot- und Nichtrotes bzw. Rund- und Nichtrundes oder als einen Tisch und Nichttisch.

Denn für ein Subjekt, das schon von seiner zweiten gegenüber seiner ersten Stufe, nämlich gegenüber sich als Nacheinander Zeit bereits von sich als Raumzugleich her auf nichts anderes aus sein kann denn auf Beharrliches als Ruhe selbst, muß jeder solche explizite Wechselfall dann auch geradezu als Probefall erstehen, ob ein Subjekt tatsächlich in der Lage ist, allein aus sich als Zeit und Raum heraus, wozu allein es sich ja zu verwirklichen vermag, auch etwas Anderes als sich noch zu verwirklichen. Denn daß etwas auch unter dem Gehalt von Tisch und Nichttisch oder auch von Rot- und Nichtrotem bzw. auch von Rund- und Nichtrundem beharren kann, – gerade dies ist dann nicht ohne weiteres, wie bemerkt, sondern wenn überhaupt, so nur mit weiterem möglich, das dann aber auch des weiteren herzuleiten ist.

Mit Aussicht auf Erfolg indessen können Sie das nur in Angriff nehmen, wenn Sie voll vor Augen haben, was auch damit immerhin schon hergeleitet ist. Daß die Bewältigung des Widerspruchs in jenen expliziten Wechselfällen nur mit weiterem möglich werden kann, bedeutet nämlich: nur mit weiterem auf der dritten Stufe selber, deren Leistung dann gerade diesbezüglich auch noch unvollständig sein muß. Und mit Kant gesprochen, heißt das nicht bloß: Dazu wird über Kategorie und Schema von Substanz und Akzidens hinaus noch eine weitere Leistung von Verstand und Sinnlichkeit notwendig, welcher Art auch immer. Es besagt vielmehr bereits im voraus: Dabei muß es sich um eine Notwendigkeit handeln, der auf einer und derselben dritten Stufe nur durch diese beiden Leistungen zusammen zu genügen ist. Denn in der Tat: Kann Subjektivität in *keinem* Fall auf zweiter Stufe diesen Widerspruch vermeiden, muß sie sich in *jedem* Fall auf dritter Stufe zur Bewältigung desselben rüsten, hat sie somit auch in *jedem* Fall auf dritter Stufe *beide* diese Leistungen *zusammen* zu erbringen. Demgemäß vermögen auch nur *beide* diese Leistungen *zusammen* diese dritte Stufe auszumachen.

Und was damit, wenn auch nur in erstem Ansatz, a priori hergeleitet wird, ist letztlich nichts geringeres als die Notwendigkeit: Um als Erfolg für sich als Intention die Wirklichkeit als die Beharrlichkeit von etwas in der Außenwelt auf dritter Stufe zu erzielen, muß Subjektivität sich nicht allein als Raum objektivieren, was wir im vorigen schon hergeleitet haben, sondern auch als Zeit, was uns jedoch nur Schritt für Schritt im folgenden erst herzuleiten möglich werden wird. Denn auch nur noch als Zeit steht Subjektivität sich dafür zur

Verfügung. Dementsprechend kann sie nur in Form von objektivem Raum und objektiver Zeit ineinem in der Lage sein, auch diesen Widerspruch von vornherein aus sich heraus und damit a priori auszuschließen. Denn was vorerst noch im allgemeinen und dadurch abstrakt bleibt, wird wie folgt dann Schritt für Schritt im einzelnen konkret: Um Wirklichkeit oder Beharrlichkeit von etwas in der Außenwelt als den Erfolg für sich als Intention erzielen zu können, wird die Bildung dieser Form von objektivem Raum und objektiver Zeit ineinem für ein Subjekt deswegen notwendig, weil es sich nur dadurch zu ermöglichen vermag, daß etwas, einerlei ob es als etwas Ruhendes oder Bewegtes in Erscheinung tritt, etwas Beharrliches und damit etwas Wirkliches der Außenwelt darstellt.

Welch eine Problematik Sie auf diese Weise in die Hand bekommen, sehen Sie zunächst an folgendem: Im Grunde tritt sie schon für Kant auf, aber ohne daß er sie auch nur als Problematik wirklich in die Hand bekäme; und dies abermals bloß, weil die innere Struktur von Zeit auf erster Stufe und infolgedessen auch die innere Struktur von Raum und Zeit auf zweiter Stufe ihm verborgen bleibt. Ein vorerst äußerlicher Hinweis darauf nämlich ist, daß zwei Probleme – bei ihm ungelöst – nur scheinbar zwei, in Wahrheit aber eines und dasselbe sind, das denn als solches eingesehen auch lösbar wird: zum einen das Problem, aus welchem Grunde und in welchem Sinne jene »mathematischen« Kategorien und Schemata der Qualität und Quantität jeweils »konstitutiv« sein sollen, jene »dynamischen« Kategorien und Schemata hingegen, wie zum Beispiel die oder das von Substanz und Akzidens, jeweils bloß »regulativ«[7]; und zum andern das Problem, wie ein Subjekt, das Zeit und Raum stets erst aus sich heraus erzeugen muß, es mit dergleichen wie Bewegung als dem Gegensatz zu Ruhe überhaupt zu tun bekommen kann.

Denn was das erstere betrifft, ergibt sich Ihnen aus dem vorigen tatsächlich wie von selbst, was Kant stets nur behauptet, doch nie auch begründet, und was darum seinen Interpreten noch bis heute unverständlich bleibt: »Konstitutiv« sind jene »mathematischen« Kategorien und Schemata gerade darin, daß von ihnen jede oder jedes ganz von sich aus eine jener ersten beiden Stufen schon »konstituiert«; dagegen sind jene »dynamischen« Kategorien und Schemata

7 Vgl. z.B. B 110, A 160 B 199, B 201 Anm., A 178ff. B 221ff., A 180 B 223; Bd. 4, S. 307ff.

bloß »regulativ«, weil von ihnen jede oder jedes ganz von sich aus diese dritte Stufe eben nicht bereits »konstituieren« kann, sondern nur »regulieren«, und »konstituieren« immer erst zusammen mit der »Regulierung« durch die oder durch das andere, wie Ihnen allgemein-abstrakt schon aufgegangen ist.

Was Kant an dieser Einsicht hindert, sehen Sie daran, daß er dabei von den »mathematischen« Kategorien und Schemata stets so spricht, als beträfen sie einfach nur eines und dasselbe, nämlich nur »Erscheinung« oder »Anschauung«[8], und zwar gerade in dem Sinn, als seien jene eigentlich »auf *Gegenstände* der Anschauung (der reinen sowohl als empirischen) . . . gerichtet«[9]. Davon aber kann, wie Sie erinnern werden, keine Rede sein. Auf jener ersten Stufe nämlich ist Kategorie und Schema jener »Qualität« jeweils *nur* für *Gegebenheit* von etwas zuständig sowie auf jener zweiten Stufe dann Kategorie und Schema jener »Quantität« auch *nur* für *Gegenständlichkeit* von etwas; und dies so grundsätzlich, daß Gegebenheit von etwas noch in keinem Sinn schon Gegenständlichkeit von etwas sein kann. Und so wird durch je Verschiedenes dabei auch je Verschiedenes ermöglicht: die Gegebenheit von etwas durch Erzeugung jener Zeit auf erster Stufe als der Form von Anschauung und dann die Gegenständlichkeit von etwas durch Erzeugung jenes Raumes wie auch jener Zeit auf zweiter Stufe als der Form von *deutbarer* Anschauung und deutfähigen *Begriffes*, die auf einen *Gegenstand* hin deutbar und deutfähig sind. Der Schein, als ginge es auf erster und auf zweiter Stufe um Dasselbe, während es in Wahrheit hier um je Verschiedenes geht, verdeckt jedoch des weiteren, daß es auf dritter Stufe dann tatsächlich umgekehrt nur um Dasselbe geht, nämlich nur um das »Dasein« eines solchen Gegenstands, worunter Kant die »Existenz«[10] im Sinn der Wirklichkeit von Außenwelt versteht. Gerade um Desselben willen also wird auf einer und derselben dritten Stufe dann Verschiedenes notwendig, so daß jedes davon je für sich denn auch gerade nicht »konstitutiv« sein kann, sondern bloß »regulativ«, und »konstitutiv« nur mit dem anderen zusammen.

Und im ganzen geht für Sie dann in der Tat daraus hervor: Sich einen Gegenstand als etwas Anderes zu sich nicht bloß auf zweiter

8 Vgl. z.B. A 160 B 199, A 179 B 221, B 201 Anm.; Bd. 4, S. 307, S. 309.
9 B 110, kursiv von mir.
10 Vgl. a.a.O. mit Bd. 4, S. 308, Z. 25.

Stufe vorzustellen, sondern auch auf dritter Stufe noch als etwas Wirklich-Anderes hinzustellen, kann einem Subjekt nur durch die verschiedenen »dynamischen« Kategorien und Schemata *zusammen* möglich werden. Nur indem es sich auf dritter Stufe nicht bloß zu Kategorie und Schema von Substanz und Akzidens, sondern zumindest noch zu einer oder einem weiteren dieser »dynamischen« Kategorien und Schemata verwirklicht, kann ein Subjekt sich zu Fremdwerdendem Selbstverhältnis oder zu Intentionalität werdender Spontaneität so vollständig verwirklichen, daß hier auf dieser dritten Stufe sich Erfolg für es als Intention in jedem Fall ergeben kann. Nämlich in jedem Fall der beiden Möglichkeiten, die es a priori aus sich selbst heraus auf jener zweiten Stufe sich eröffnet: nicht allein im einen Fall, in dem auf zweiter Stufe je und je Gehalt bzw. Form derselben Art sich einstellt, sondern auch im andern Fall, wo sich auf zweiter Stufe je und je Gehalt bzw. Form verschiedener Art ergibt, will sagen: auch in jenem expliziten Wechselfall. Und damit ist nach Kant zunächst Kategorie und Schema des Verhältnisses von Ursache und Wirkung eingebracht, die über das Verhältnis von Substanz und Akzidens oder von Ding und Eigenschaft hinaus den Fall einer Veränderung bzw. den eines Ereignisses betreffen, wo mithin auch über objektiven Raum hinaus noch objektive Zeit ins Spiel kommt, weil auch zusätzlich zu Ruhe noch Bewegung.

Nur daß Kant eben nicht klar wird, wie auf dritter Stufe Zeit und Raum zusammenspielen müssen, weil ihm schon von erster Stufe her nicht klar ist, wie auf zweiter Stufe ihr Zusammenspiel erfolgen muß, so daß es sich bei all dem in der Tat um eine und dieselbe Problematik handelt. Deshalb werden Sie es auch wohl kaum als Zufall ansehen wollen, wie wenig ausgeprägt bei Kant gerade diese notwendige Dreistufigkeit bleibt, wonach als erste Stufe Zeit allein auftritt, als zweite Stufe Zeit mit Raum einhergeht und als dritte Stufe schließlich die Verwendung dieser Zeit und dieses Raums erfolgt, wie vorhin hergeleitet. Und so sind die Folgen dieses Mangels bei ihm auch nicht unerheblich, wie Sie sich zunächst einmal im Rückblick deutlich machen sollten.

Nur aus diesem Grunde nämlich bleibt Kant außerstande einzusehen: Es kann der erste Fall einer Verbindung von Verstand und Sinnlichkeit auf dritter Stufe, was Kant als Versinnlichung einer Kategorie zu einem Schema zu begründen trachtet, keineswegs nur in Beharrlichkeit als Schema der Kategorie jenes Verhältnisses zwischen

Substanz und Akzidens bestehen. Es muß vielmehr genausosehr auch noch das Schema des Verhältnisses zwischen »Subjekt« und »Prädikat« in Urteil, Aussage oder Behauptung ein Ergebnis dieses ersten Falls auf dritter Stufe sein, ein Schema, das bei Kant jedoch nicht einmal einen Namen hat, so wenig faßt er es ins Auge. Es vermag nämlich auf dritter Stufe auch ein jedes davon nur zusammen mit dem andern aufzutreten, da sie auch nur in Beziehung aufeinander jene unlösbare Einheit von Objekt als dem Erfolg von Intention als dem Subjekt ergeben können. Und so sieht Kant wegen seiner Unklarheit bezüglich jener inneren Struktur von Zeit bzw. Zeit und Raum auch nicht: Es ist das Schema des Verhältnisses zwischen Substanz und Akzidens, nämlich Beharrlichkeit, als jene Ausdehnung in Ausdehnung dann eine reine Raumgestalt, wenngleich auf Zeit bezogen, und das Schema des Verhältnisses zwischen »Subjekt« und »Prädikat« als jener Punkt in Punkt dann eine reine Zeitgestalt, wenngleich auf Raum bezogen.

Und auch erst in dieser reinen Raumgestalt bzw. reinen Zeitgestalt hat das Verhältnis von Substanz und Akzidens bzw. das Verhältnis von »Subjekt« und »Prädikat« dann seinen Ursprung. Deren Sinn besteht sonach gerade nicht schon diesseits aller Schemata und damit diesseits aller Sinnlichkeit, das heißt, gerade nicht schon im Verstand allein in der Gestalt der einen oder anderen Kategorie als der noch unschematisierten, wie Kant meint. Für sich betrachtet ist Verstand vielmehr nichts anderes als immer wieder nur zum Fremd- werdendes Selbstverhältnis oder zur Intentionalität werdende Spontaneität, worin Verstand sich erst spezifiziert, indem er sich schematisiert, so daß Verstand auch nur auf jenen Stufen in Gestalt spezifischer Schemata als spezifische Kategorien entspringen kann.

Aus diesem Grund entgeht Kant ferner: Bilden und verwenden wir nicht nur Begriffe wie zum Beispiel »Tisch«, sondern gleich »Tisch« auch beispielsweise »Gott«, gebrauchen wir auf diese Weise keineswegs angeblich »unschematisierte« Kategorien »analog«, wie Kant behauptet[11], sondern machen vielmehr von *schematisierten* Kategorien einen *metaphorischen* Gebrauch. So nämlich *übertragen* wir einfach die Redeweise von Empirischem auf Nichtempirisches, als könnten wir durch sie von letzterem genauso sinnvoll reden wie von ersterem. Denn auch nur darum schweben wir in allen solchen Fällen

11 Vgl. z.B. Bd. 4, S. 357ff., A 566 B 594, B 166.

in Gefahr der fälschlichen Empirisierung dessen, was gerade nichts Empirisches ist. Deshalb müssen wir in jedem solchen Fall von etwas nicht unmittelbar durch Wahrnehmung Erzielbarem genauestens erläutern, wovon dabei eigentlich die Rede sei. Das gilt denn auch schon für Begriffe wie zum Beispiel »Magnetismus«, die in diesem Sinn für sich genommen nichtempirische Begriffe sind und als empirische nur durch geregelten Zusammenhang mit Wahrnehmung sich halten lassen[12]; und das gilt mithin erst recht für alle schlechthin nichtempirischen Begriffe, insbesondere auch diejenigen, die wir bilden und verwenden, um Philosophie als Reflexion zu treiben.

Doch vor allem sollten Sie sich dann auch noch im Vorblick deutlich machen, weshalb Kant die Art des Auftretens von objektiver Zeit auf dritter Stufe unklar bleiben muß. Indem er nämlich auf die reine Zeitgestalt des Schemas von »Subjekt« und »Prädikat« in Urteil, Aussage oder Behauptung überhaupt nicht reflektiert, vermag er nicht zu sehen: Sogar auf dritter Stufe noch hat Zeit zunächst einmal als subjektive aufzutreten; denn ausschließlich im Zusammenhang mit subjektiver Zeit als Punkt in Punkt von Urteil, Aussage oder Behauptung kann auf dritter Stufe auch das Schema von Substanz und Akzidens, nämlich Beharrlichkeit als reine Raumgestalt sich bilden. Dadurch aber bleibt Kant dann von vornherein schon außerstande, gegen subjektive Zeit hier so etwas wie objektive auch nur abzugrenzen. Ganz zu schweigen davon, daß er in der Lage wäre, herzuleiten, weshalb Zeit, die doch bis einschließlich der reinen Zeitgestalt von Urteil, Aussage oder Behauptung auf der dritten Stufe nichts als subjektive Zeit ist, auf derselben dritten Stufe auch noch objektive werden muß, geschweige, wie allein sie solche objektive werden kann.

Im Gegenteil führt dies zu einer systematischen Verlegenheit bei Kant, die so fundamental ist, daß er wie in einem Labyrinth geradezu herumirrt und nach Möglichkeiten sucht, wie er hier systematisch weiterkommen könnte: deren jede aber so untauglich wie die andere bleibt, so daß er dabei ständig in Gefahr ist, das, was er gerade erst noch herzuleiten hätte, immer schon vorauszusetzen. Denn genau in

12 Vgl. A 226 B 273. Was Kant hier schon richtig sieht, vertreten Physiker bis heute. Vgl. J. Audretsch, K. Mainzer (Hg.), *Philosophie und Physik der Raum-Zeit*, Mannheim 1988, S. 126 und S. 147.

diese Grundverlegenheit gerät Kant jedesmal, wenn er entscheiden soll, an welcher Stelle seiner Systematik eigentlich so etwas wie Bewegung als der Gegensatz zu Ruhe einzubringen sei, so daß er sie zuletzt einfach als eine Sache bloßer Empirie betrachten möchte, die vorauszusetzen anstatt herzuleiten sei. Und da der eine eigentliche Grund für all dies Schwanken und dann Fehlgehen seinen Auslegern genauso dunkel wie Kant selbst bleibt, tappen sie bis heute noch in diesem Dunkel weiter[13].

Denn wie unhaltbar dies alles ist, das sehen Sie allein schon an dem einen daraus Folgenden: Wäre Bewegung eine Sache bloßer Empirie, dann müßte dies genausosehr für Ruhe gelten, weil sie Gegensätze zueinander bilden, und zwar unbeschadet ihrer Kant schon wohlbekannten Relativität. Dies aber zöge ferner nach sich, daß dann auch Beharrlichkeit nur eine Sache bloßer Empirie sein könnte. Zwischen Ruhe und Beharrlichkeit von etwas nämlich kann gerade Kant zufolge überhaupt kein Unterschied bestehen, was Kant jedoch anscheinend niemals klar wird. Denn Beharrlichkeit von etwas liegt gerade darin, daß etwas als Ding bzw. als Substanz sein Akzidens bzw. seine Eigenschaft auch beibehält, nämlich als Tisch oder als rot oder als rund beharrt; wogegen Ruhe von etwas nur darin zu bestehen scheint, daß etwas seinen Ort im Raume beibehält, indem es als ein Tisch oder als etwas Rotes oder Rundes nur den Abstand oder die Entfernung gegenüber etwas anderem solchen beibehält.

Ein bloßer Schein ist dieser Unterschied der Ruhe gegenüber der Beharrlichkeit von etwas aber deshalb, weil er lediglich beinhaltet, daß etwas nicht allein als *Tisch* oder als *rot* oder als *rund* zum Beispiel, sondern auch noch als *entfernt* von etwas anderem beharrt. Denn auch Entfernung oder Ort, die es im Raum ja stets nur relativ zu etwas anderem hat, ist danach grundsätzlich nur Akzidens bzw. Eigenschaft von etwas als Substanz bzw. Ding. So sprechen denn mit vollem Recht auch Physiker zum Beispiel nicht nur vom Impuls, sondern in einem Atemzug auch noch vom Ort als einer Eigenschaft, die etwas habe, nämlich von der »Eigenschaft Ort« ebenso wie von

13 Einen Überblick darüber können Sie an Hand des vorerst letzten Zeugnisses davon gewinnen: K. Cramer, *Nicht-reine synthetische Urteile a priori*, Heidelberg 1985.

der »Eigenschaft Impuls«[14]. Empirisch nämlich ist, ob ein Objekt an diesem oder einem andern Ort ist, ebenso erheblich wie, ob ein Objekt von dieser oder jener Form bzw. Farbe ist. Und so ist Ruhe von etwas auch in der Tat nichts anderes als Beharrlichkeit von etwas, nur daß dieses Etwas dabei nicht zum Beispiel seine Form bzw. seine Farbe, sondern eben seinen Ort, das heißt, seine Entfernung oder seinen Abstand relativ zu einem andern Etwas beibehält: im dreidimensionalen Raum sonach seine drei Raumkoordinaten.

Wichtig nämlich wird für Sie, hier zu beachten, daß Sie solches Relative auch genausogut als Absolutes wiedergeben können: Nicht nur dieses eine oder dieses andere Etwas, sondern auch diese Entfernung oder dieser Abstand zwischen beiden Etwas ist ja etwas Objektives und Empirisches, womit auch immer dieser Zwischenraum erfüllt sein mag. Zumal auch zwischen Teilen innerhalb von jedem solchen Etwas, das allein wir makroskopisch erst einmal als dieses oder jenes Objekt anzusehen pflegen, immer wieder solcher Zwischenraum besteht, doch ohne daß es mikro- oder makroskopisch Raum als »Vakuum« im strengen Sinn des Wortes geben könnte. Und so muß Entfernung oder Abstand oder Zwischenraum von etwas gegenüber etwas anderem zuletzt desgleichen etwas, nämlich etwas in bestimmter Form von Raum sein, das durch eben diese seine Form in solchem Ruhefall desgleichen nur etwas Beharrliches sein kann. Entsprechend hat, was relativ als Beibehalten jenes Orts von etwas gegenüber etwas anderem gelten muß, dann absolut als Beibehalten dieser Form zu gelten.

So jedoch wird Ihnen ferner deutlich werden: Nicht allein ist Ruhe als Beharrlichkeit von etwas aufzufassen, sondern ebenso auch umgekehrt Beharrlichkeit als Ruhe von etwas[15], weil sogar solche Eigenschaften oder Akzidenzen, die sich dieser Auffassung zunächst einmal entschieden zu entziehen scheinen, wie etwa die Farben, mit darunter fallen. Denn versuchen Sie in dieser Hinsicht zu begreifen,

14 Vgl. z.B. J. Audretsch, K. Mainzer (Hg.), *Wieviele Leben hat Schrödingers Katze*, Mannheim 1990, S. 33.

15 Daß Ruhe und Beharrlichkeit mithin zusammenfallen, führt übrigens zu keinem Widersinn, wonach etwas Bewegtes dann nicht mehr etwas Beharrliches sein könnte. Denn wie selbst von Physikern vertreten wird (vgl. unten § 30, S. 925 Anm.), ist *jedes* physikalische Objekt – auch eines, das bezüglich eines anderen bewegt ist – mindestens bezüglich seiner selbst doch ruhend und sonach beharrlich.

was es beispielsweise heißen könne, daß etwas als rot beharrt, so stehen Ihnen nur zwei Möglichkeiten dafür offen: je nach dem, ob Farbe Ihnen dabei als Farb*eigenschaft* gilt (color, colour) oder als Farb*stoff* (pigmentum, paint).

Im letzten Fall besagt dies nämlich nur, daß die Substanz oder das Ding, womit die Eigenschaft oder das Akzidens der Röte miteinhergeht, als ein Teil von etwas, das als rot beharrt, den Ort in diesem Etwas beibehält und damit relativ zu ihm in Ruhe ist. Entsprechend handelt es sich dabei um den Fall, den Sie genausogut wie relativ auch absolut, nämlich als Beibehalten einer Form von Raum als Zwischenraum verstehen können, wie zuletzt erörtert.

Doch erst recht hat dies dann auch noch für den ersten Fall zu gelten. Denn im strengen Sinn einer Farb*eigenschaft* im Unterschied zu einem Farb*stoff* ist die Farbe von etwas ja nichts als *Oberflächen*form und sonach eben *Raum*form von etwas, die dieses Etwas beibehält und damit auch die Art, in der es Licht zerlegt. Im ganzen also zeigt sich Ihnen wie schon an Beharrlichkeit auch noch an Ruhe von etwas und somit abermals, wie grundsätzlich die ganze Vielfalt des Empirischen jeweils nur Einfalt eines Etwas in bestimmter Raumform sein kann[16]. Und so wenig kann dann Ruhe von Beharrlichkeit verschieden sein, daß, wenn tatsächlich Ruhe von etwas ein Fall von bloßer Empirie sein müßte, auch Beharrlichkeit von etwas nur ein Fall von bloßer Empirie sein könnte.

Aber so gewiß es je und je etwas Empirisches ist, was die Form eines Zugleich, das als Zugleich nach innen auch noch als Zugleich nach außen hingestellt wird, als Beharrliches erfüllt, so ist doch diese zu erfüllende Form als solche etwas Nichtempirisches, nämlich das darin Fremd- gewordene Selbstverhältnis eines nichtempirischen Subjekts: Damit Beharrendes sich als Empirisches tatsächlich einstelle, hat Subjektivität als dieses Nichtempirische von Form es immer schon sich a priori vorzuformen, weil es immer erst a posteriori dazu, eben immer erst empirisch darin aufzutreten überhaupt vermag, was demnach für Beharrendes als Ruhendes genauso gelten

16 Vgl. oben § 25, S. 774f. Derart allgemein-formal von einem bloßen »Etwas in bestimmter Raumform« müssen Sie hier durchwegs sprechen, weil dies alles im Bereich des Mikroskopischen sowohl wie Makroskopischen für »Ding« oder »Substanz« ja nicht allein im Sinn von »materiellem Teilchen« oder »stofflichem Objekt« gilt, sondern auch im Sinn von »nichtstofflichem Feld« oder »nichtmaterieller Welle«.

muß. Der Form nach also wird Beharrendes und damit Ruhendes sehr wohl schon immer a priori vorgestellt oder entworfen: Subjektivität vermag sich etwas Anderes als sich auf zweiter Stufe ja nur zu entwerfen oder vorzustellen, indem sie sich zu Raum als dem Zugleich nach innen bildet, das dann jeglichem, was nicht nur ein Zugleich nach innen, sondern auch noch ein Zugleich nach außen darstellt, eben jeglichem Beharrenden und damit Ruhenden auch immer schon zugrunde liegen muß. Sich etwas Anderes als sich auf zweiter Stufe durch sich als Zugleich nach innen vorzustellen, dient Subjektivität denn auch nur dazu, es auf dritter Stufe durch sich auch noch als Zugleich nach außen hinzustellen, so daß es etwas Wirklich-Anderes auch in der Tat nur als etwas Beharrendes und damit Ruhendes sein kann.

Und halten Sie Zusammenhang wie Unterschied als Systematik dieser Stufen fest, geht Ihnen sofort auf: Was Kant vergibt, wenn er vermeint, als eine Sache bloßer Empirie könne Bewegung und mithin auch Ruhe nie vorweggenommen, sondern stets nur hingenommen werden, ist geradezu das Kernstück jener Apriorität, die jeglicher Aposteriorität zugrunde liegen muß. Denn so gewiß auf die genannte Art etwas Beharrendes als ein Zugleich nach innen, das auch noch Zugleich nach außen ist, auf zweiter Stufe durch Zugleich nach innen immer schon vorweggenommen werden muß, so grundsätzlich muß eben dadurch auch schon immer etwas Ruhendes vorweggenommen werden, eben weil zwischen Beharrlichkeit und Ruhe von etwas kein Unterschied bestehen kann. Nur muß dann eben auch noch etwas Weiteres gelten, was die eigentliche Schwierigkeit bereitet, nämlich daß auch noch Bewegung von etwas auf zweiter Stufe immer schon vorweggenommen wird, und zwar durch eben das Zugleich nach innen, das schon immer Ruhe von etwas vorwegnimmt.

Widersinnig finden werden Sie das nämlich nur, solange Sie sich nicht vor Augen führen: Die Bewegung von etwas als Gegenteil zur Ruhe von etwas kann gleichfalls bloß in Raumform von etwas bestehen, nur daß im Bewegungsfall ein solches Etwas seine Raumform eben anders als im Ruhefall nicht beibehält, sondern gerade wechselt. Ob Sie nämlich die Bewegung von etwas nun relativ als Ortswechsel von etwas gegenüber etwas anderem betrachten wollen, der ja nichts als Wechsel von Entfernung oder Abstand beider voneinander darstellt, oder absolut als den der Raumform von etwas dazwischen, so ist doch Bewegung von etwas in jedem Fall nur Raumformwechsel von etwas: gleichviel, ob Sie ihn qualitativ auffassen, zum Beispiel als denjenigen von Rund- zu Nichtrundform von etwas, oder quantitativ als den Wechsel von entsprechenden reellen Zahlen, welche bei Bewegung von etwas im dreidimensionalen Raum den Wechsel dieser oder jener Raumkoordinate wiedergeben.

Das gilt nämlich auch in solchen Fällen, die zunächst einmal sich grundsätzlich davon zu unterscheiden scheinen, beispielsweise wenn etwas nur seine Farbe wechselt, ohne seinen Ort zu wechseln: einerlei, ob nun im Sinn von Farbe als Farb*stoff* oder Farb*eigenschaft*. Denn wie Sie aus dem Vorigen schon wissen, handelt es sich dabei gleichfalls nur um Raumform von etwas, bei Wechsel also auch allein um Raumformwechsel von etwas. Und dies erlaubt Ihnen des weiteren auch solche Eigenschaften oder Akzidenzen von etwas, die nur in der Bewegung von etwas bestehen, noch mit einzubringen, wie zum Beispiel Wärme von etwas. Und so ergibt sich Ihnen dazu, daß die ganze Vielfalt des Empirischen jeweils nur Einfalt eines Etwas in bestimmter Raumform sein kann, denn auch noch die angekündigte Ergänzung[17], nämlich daß es sich dabei natürlich nicht allein um Beibehalten, sondern auch um Wechsel solcher Raumform handeln kann.

Sobald Sie das vor Augen haben, sehen Sie jedoch sogleich noch weiter: In der Tat nimmt Subjektivität auf jener zweiten Stufe nicht nur Ruhe, sondern auch Bewegung immer schon vorweg, und zwar trotz beider, ja recht eigentlich gerade wegen beider Gegensätzlichkeit jeweils auch immer schon durch einen und denselben Raum als das Zugleich nach innen. Denn Bewegung gegenüber Ruhe eines Etwas in der Außenwelt als Objektivität auf dritter Stufe kann ja immer nur bestehen in Wechsel gegenüber Beibehalten einer Raumform eines Etwas. In der Innenwelt als Subjektivität auf zweiter Stufe aber, die ja durchwegs nur substratlos-absoluter Wechsel von Zugleich des Raumes ist, entspricht dem dann auch immer schon jener Problemfall eines Wechsels jeweils von Verschiedenem anstatt von Selbigem: Genau als dieser Fall tritt immer schon in Innenwelt von Subjektivität auf zweiter Stufe auf, was immer erst in Außenwelt von Objektivität auf dritter Stufe dann als jener Fall einer Bewegung eines Etwas auftritt, der auch nur genau als dieser Fall in Innenwelt von

17 Vgl. dazu oben § 25, S. 774f.

Subjektivität auf zweiter Stufe aufzutreten überhaupt vermag. Genau durch diesen Fall nimmt ein Subjekt als Innenwelt auf zweiter Stufe denn auch nichtempirisch oder a priori immer schon vorweg, was immer erst auf dritter Stufe sich a posteriori und empirisch als Bewegung eines Objekts in der Außenwelt ergeben kann, – oder auch nicht.

Jenes Negative nämlich, wonach Subjektivität auf zweiter Stufe *nicht* vermöge *aus*zuschließen, daß hier auch einmal ein Wechsel von Verschiedenem anstatt von Selbigem erfolgt, bedeutet ja recht eigentlich das Positive, daß sich Subjektivität durch ihre Selbstverwirklichung zu Raum oder Zugleich auf zweiter Stufe ersteres genausosehr wie letzteres ermöglicht. Denn es tritt jenes Verschiedene ja ebenso wie dieses Selbige, von denen jedes jeweils wechselt, grundsätzlich in Form von Raum als ein Zugleich auf, dessen Bildung somit auch Ermöglichung des ersteren nicht weniger ist als des letzteren: Was wir im vorigen uns nur im Allgemeinen und Abstrakten als jenen Problemfall hergeleitet haben, daß auf zweiter Stufe innerhalb von Raumzugleich auch einmal Wechsel einer Form bzw. eines Inhalts von verschiedener Art statt von derselben vor sich gehen kann, ergibt sich damit nunmehr im Konkreten und im Einzelnen genau als derjenige Fall, der jeglichem Bewegungsfall auf dritter Stufe immer schon zugrunde liegen muß. Denn wie Sie mittlerweile wissen, kann auch das, was dabei Inhalt gegenüber Form zu sein scheint, wie zum Beispiel Rotgehalt, ja nur als Form begreiflich werden, nämlich nur als Raumform, und mithin auch Wechsel davon eben nur als Raumformwechsel.

Doch gerade als Problemfall galt uns dies, weil es des weiteren bedeutet, daß in jedem solchen expliziten Wechselfall nicht nur in Form von Raumzugleich als Ausdehnung zum Beispiel eine Rot- und Nichtrot- oder eine Rund- und Nichtrund-Anschauung auftritt, sondern einhergehend mit ihr in Form von Nacheinander Zeit als Punkt auch ein Begriff wie »rot und nichtrot« oder »rund und nichtrund« als ein somit widersprüchlicher. Und was es unserer Herleitung entsprechend zu verstehen gilt, ist demnach nichts geringeres als folgendes: Durch eine und dieselbe Selbstverwirklichung zu Raumzugleich von Ausdehnung als Form für eine Anschauung sowie einhergehend mit ihr zu Nacheinander Zeit von Punkt als Form eines Begriffs ermöglicht Subjektivität auf zweiter Stufe sich die Bildung eines widersprüchlichen genauso wie die eines widerspruchsfreien Begriffs, womit die apriorische Ermöglichung der Ruhe ebenso wie der Bewegung von etwas erfolgt. Und das bedeutet eben ferner: Durch die Bildung von Begriff auf zweiter Stufe läßt sich dieser Widerspruch in keinem Fall vermeiden, weil er ja gerade durch die Bildung von Begriff auf zweiter Stufe überhaupt ermöglicht wird. Vielmehr läßt dieser Widerspruch, wenn überhaupt, sich allererst auf dritter Stufe dann durch die Verwendung von Begriff vermeiden, der mithin als solcher, eben als zunächst einmal gebildeter Begriff auch widersprüchlicher Begriff sein muß.

Als seines Widerspruchs Vermeidung aber kann dieses Begriffs Verwendung dann auch nur noch dahin gehen, daß schon von vornherein auf dritter Stufe nicht bloß Raum, sondern wie Raum auch Zeit verwendet wird. Aus Subjektivität heraus kann dafür nämlich überhaupt nichts anderes mehr zur Verfügung stehen als Zeit, da Raum hier schon von vornherein verwendet wird. Nur wird eben auch Zeit auf dritter Stufe schon von vornherein verwendet, dahingehend nämlich, daß in Form von Zeit als Punkt gebildeter Begriff zu Urteil, Aussage oder Behauptung als der reinen Zeitgestalt von Punkt in Punkt verwendet wird. Doch diese Art Verwendung muß in jedem Fall erfolgen, weil ja dieser widersprüchliche nicht weniger als jener widerspruchsfreie Begriff dabei zu Urteil, Aussage oder Behauptung als der reinen Zeitgestalt von Punkt in Punkt verwendet wird, und so kann diese Art Verwendung auch in keinem Fall gemeint sein.

Welche aber sonst?

Auf diese Weise, sprich, durch diese Unterscheidung dreier Stufen innerhalb von Subjektivität ergibt sich Ihnen denn auch überhaupt erst angemessen als Problem, was es wohl eigentlich bedeuten kann, daß Zeit auf dritter Stufe darüber hinaus auch noch wie Raum verwendet werden muß. Wo Raum als der verwendete auf dritter Stufe doch geradezu die Form des Objekts selbst ist, während Zeit als die verwendete auf dritter Stufe doch geradezu die Form des Subjekts selbst ist, eben *gegenüber* dem Objekt die Form von Urteil, Aussage oder Behauptung *über* ein Objekt. Denn, Raum auf dritter Stufe zu verwenden, geht ja dahin, Raum von zweiter Stufe her, wo er als subjektiver immer schon gebildet ist, auf dritter zu objektivieren, so daß er im Erfolgsfall solcher Intention geradezu das Objekt selbst darstellt.

Was aber könnte das Entsprechende für Zeit bedeuten? Wo sie

doch auf zweiter Stufe subjektive Zeit gerade als Begriff ist, der denn auch nicht das ist, *was* auf dritter Stufe, sondern das, *wodurch* auf dritter Stufe dann etwas objektiviert wird, nämlich Anschauung als Ausdehnung in Form des Raumes *durch* Verwendung von Begriff als Punkt in Form der Zeit zu Urteil, Aussage oder Behauptung als der reinen Zeitgestalt von Punkt in Punkt. Und darüber hinaus auch Zeit auf dritter Stufe so wie Raum noch zu verwenden, könnte demnach nur bedeuten, so wie Raum auch Zeit noch zu objektivieren, so daß auch Zeit noch Form des Objekts selbst wird und so im Erfolgsfall solcher Intention auch Zeit dann noch geradezu das Objekt selbst darstellt.

Nur daß es sich dabei in jenen expliziten Wechselfällen eben um Objektivierung durch Verwendung eines widersprüchlichen Begriffes handeln müßte, deren Problematik demgemäß durch ihn auch nicht nur nicht gelöst, sondern geradezu verdoppelt würde. Denn ganz abgesehen davon, was Objektivierung subjektiver Zeit dann eigentlich bedeuten könnte, – wie vermöchte wohl der Gegenstand zu einem in sich widersprüchlichen Begriff jemals ein Wirklich-Anderes der Außenwelt zu bilden? Schließlich muß die Widersprüchlichkeit dieses Begriffes dann auch eine derart explizite sein, daß er als widersprüchlicher nicht mehr nur einfacher Begriff sein kann wie »rot« bzw. »nichtrot« oder »rund« bzw. »nichtrund« oder »Tisch« bzw. »Nichttisch«, sondern *als* ein einfacher auch noch ein in sich selbst komplexer sein muß wie zum Beispiel »rot und nichtrot« oder »rund und nichtrund« oder »Tisch und Nichttisch«.

Und im ganzen sehen Sie daran: Jener Widerspruch, zu dem es führen müßte, etwas nur in Form von Zeit als Punkt *und* Ausdehnung auf erster Stufe zu bestimmen, läßt sich dann in Form von Raum als *Nur noch*-Ausdehnung und Zeit als *Nur noch*-Punkt auf zweiter Stufe zwar vermeiden, nämlich in Gestalt von Anschauung und von Begriff wie beispielsweise »rot«-Begriff und Rot-Anschauung oder »rund«-Begriff und Rund-Anschauung oder »Tisch«-Begriff und Tisch-Anschauung[18]. Doch nur so, daß eben dadurch eine neue Möglichkeit für Widerspruch auf zweiter Stufe selbst eröffnet wird, indem sich hier in Form von Raum als *Nur noch*-Ausdehnung und Zeit als *Nur noch*-Punkt genausogut auch Anschauung als Rot und

18 Was entsprechend auch für jeweilige Gegenanschauung und jeweiligen Gegenbegriff gilt.

nichtrot- oder Rund und nichtrund- oder Tisch und Nichttisch-Anschauung ergeben kann, wie auch Begriff genausogut als »rot und nichtrot« oder »rund und nichtrund« oder »Tisch und Nichttisch«[19]: eine Unbestimmtheit also, der Bestimmtheit immer schon zugrunde liegt, weil solcher Anschauung sowie solchem Begriff als dem bzw. der komplexen je und je auch zwei elementare immer schon zugrunde liegen. Und wie jene Möglichkeit für Widerspruch auf erster Stufe nur auf zweiter zu vermeiden ist, so ist auch diese Möglichkeit für Widerspruch auf zweiter Stufe eben nur auf dritter zu vermeiden: eben nicht durch Bildung von Begriff, sondern nur durch Verwendung von Begriff, will sagen, nur durch Bildung von Behauptung, Urteil oder Aussage in der Bedeutung, daß dadurch wie Raum auch Zeit auf dritter Stufe noch objektiviert wird.

Und so ist dies alles, was wir bis hierhin nur sehr abstrakt und allgemein uns hergeleitet haben, Ihnen denn auch sehr konkret im einzelnen geläufig, nämlich als Begriff bzw. als Behauptung, Urteil oder Aussage, mit deren Hilfe wir nicht einfach nur über Substanzen oder Dinge, sondern auch über Ereignisse oder Veränderungen noch zu sprechen pflegen, nämlich auch über Bewegtes noch und nicht nur über Ruhendes. Ja als Begriff dafür bzw. als Behauptung, Urteil oder Aussage darüber sind sie Ihnen sogar so geläufig, daß sie Ihnen erst durch Analyse zu erkennen geben, wie grundsätzlich sie tatsächlich der Bedeutung nach nur durch Synthese von all dem bis hierhin Hergeleiteten zustande kommen können.

19 Vgl. vorige Anm.

4. *Herleitung von Veränderung und ihres Grundes als den vierten beiden Formen*

a) Das erdeutete Ereignis

§ 27. Die notwendige Komplexität von Prädikaten der Bewegung

Spätestens an dieser Stelle werden Sie, verehrter Leser und verehrte Leserin, denn auch verlangen, Rechenschaft darüber abzulegen, weshalb wir empirische Erkenntnis bisher nur ganz einseitig an Hand von Beispielen wie »Dies ist rot« und »Dies ist rund« und »Dies ist ein Tisch« abgehandelt haben, nämlich nur an solchen, welche sich zuletzt als Beispiele empirischer Erkenntnis von Beharrlichem oder von Ruhendem erwiesen hatten. Zur Begründung dafür reicht jedoch der Hinweis darauf, daß die Aufklärung von Ursprung und Struktur empirischer Erkenntnis nur im Ausgang von elementaren Beispielen für sie gelingen kann[1], nicht aus. Denn ohne Frage sind auch Fälle wie »Dies rutscht« oder »Dies rollt« oder »Dies steigt« oder »Dies fällt« elementare Beispiele empirischer Erkenntnis, aber eben von Bewegtem statt von Ruhendem oder Beharrlichem.

Auch solche Fälle nämlich können so wie »Dies ist rot« und »Dies ist rund« und »Dies ist ein Tisch« nur auf eine Weise falsch sein, und mit Recht gibt deshalb »Prädikatenlogik« sie auch alle gleicherweise wieder durch die Grundstruktur des Fx. Ja hinsichtlich von bloßer Wahrheit oder Falschheit gilt bereits seit Aristoteles geradezu als selbstverständlich, daß auch Fälle wie »Dies rutscht« nur »Dies *ist* rutsch*end*« heißen können, weil auch sie – wenngleich bloß implizit – ein solches »... ist ...« enthalten müssen und in dieser Hinsicht somit einem Fall wie »Dies ist rund« auch gleichgestaltet sind[2].

1 Vgl. oben *Teil 1,* § 6.
2 Vgl. z.B. *De interpretatione* 21 b 5–10 mit 20 a 3ff. und 20 b 39ff.

Doch was in solcher bloß formaler Hinsicht richtig sein mag, nämlich für die bloß »Formale Logik« als den bloßen »Wahrheitswertkalkül«, das ist in inhaltlicher Hinsicht, nämlich schon allein für die »Semantik« dieser Art von Prädikaten und Prädikationen unrichtig: und so erst recht für jegliche Philosophie als Reflexion auf Ursprung und Struktur von deren eigentlichem Sinn, der dadurch auch geradezu verstellt wird und daher bis heute noch nicht aufgedeckt ist. Die Rechtfertigung für jene Einseitigkeit unserer Bevorzugung von Beispielen wie »Dies ist rund« und damit unserer Vernachlässigung solcher wie »Dies rutscht« ist darum auch nicht leicht, weil sie der Aufdeckung und Aufklärung des Sinns der letzteren gerade gleichkommt.

Den Ansatz dazu finden werden Sie denn auch nur dadurch, daß Sie sich vor Augen halten, wie grundsätzlich dasjenige, was durch Prädikate wie zum Beispiel »... rutscht« zum Ausdruck kommt, nämlich Bewegung, schlechterdings nichts anderes sein kann als eben Raumformwechsel des Bewegten. Mag eine Bewegung im Gesamtverlauf auch noch so kompliziert sein, ist sie doch im Einzelablauf – nämlich in der Grundgestalt, in der sie als Bewegung jeweils vor sich geht – verglichen damit einfach: eben Ablösung von einer Raumform an etwas durch eine andere und damit eben Wechsel dieser beiden Formen an etwas. Denn ob Sie solche Form nun relativ als Abstand oder als Entfernung von etwas zu etwas anderem betrachten, oder absolut als Form des Zwischenraums dazwischen, und ob Ihnen die Bestimmtheit solcher Formen nun als qualitativ oder quantitativ gilt, indem Sie beispielsweise sagen, Rundform werde durch Ovalform abgelöst oder 4m-Abstand werde durch 3m-Abstand oder durch 5m-Abstand abgelöst, – es handelt sich dabei in jedem Fall nur darum, daß die eine durch die andere Raumform abgelöst wird, deren jede eine ganz bestimmte ist und deren eine somit von der anderen verschieden ist. Nur darin nämlich kann Bewegung überhaupt bestehen, wie auch nur als solche überhaupt Bewegung von uns wahrgenommen werden kann. Denn nach wie vor muß gelten, daß die Vielfalt des Empirischen jeweils nur Einfalt eines Etwas in bestimmter Raumform sein kann, deren Wechsel darum auch nur Ablösung von einer durch die andere bestimmte Raumform sein kann. Und so sind denn davon ausgenommen auch nicht einmal Beispiele wie die der Röte oder Wärme von etwas.

Daraus aber geht sofort für Sie hervor: Sofern von einem Prädikat nur immer gilt, daß es das Prädikat einer Bewegung ist, so mag es äußerlich auch noch so einfach sein, es muß dann innerlich doch grundsätzlich komplex sein, weil es nur durch solche innere Komplexität das Prädikat einer Bewegung überhaupt zu sein vermag. Denn was es dann zum Ausdruck bringen muß, ist demnach eben mindestens ein solcher Raumformwechsel von etwas und sind mithin auch mindestens zwei solche Formen von etwas, welche an diesem Etwas jeweils wechseln.

Nichts geringeres als diese innere Komplexität ist es denn auch, was Prädikate der Bewegung, wenn sie einfach sind, verdecken, wie zum Beispiel »... rutscht«, weil sie durch ihre äußerliche Einfachheit von andern Beispielen wie »... steht« sich überhaupt nicht unterscheiden. Und geradezu Vollendung dieser Art Verdeckung stellt sich ein, sobald nach Aristoteles für selbstverständlich gilt, wie »Dies ist rund« enthalte auch »Dies rutscht« ein »... ist ...«, weil es soviel wie »Dies ist rutschend« heiße. Denn in Fällen wie »Dies steht« gilt das durchaus, weil sie als die der Ruhe oder der Beharrlichkeit von etwas sich auch in der Tat von Fällen wie »Dies ist rund« nicht unterscheiden. Als die der Bewegung von etwas hingegen unterscheiden Fälle wie »Dies rutscht« sich zweifellos von solchen wie »Dies steht« und »Dies ist rund«; und dieser Unterschied wird Ihnen daran deutlich, daß sie keineswegs wie diese selbst ein »... ist ...« enthalten und darum auch keineswegs soviel wie »Dies ist rutschend« heißen können. Dies jedoch steht damit im Zusammenhang, daß in genau dem Sinn, in dem ein Prädikat wie »... rund« und »... steht« gerade einfach ist, ein Prädikat wie »... rutscht« vielmehr komplex ist.

Dieser Einsicht können Sie in einem ersten Schritt sich nähern, wenn Sie eine Frage, die geradezu sich aufdrängt angesichts von Übergängen wie zum Beispiel von »Dies rutscht« zu »Dies ist rutschend«, auch tatsächlich stellen, was meines Wissens weder Aristoteles noch jemand nach ihm tut: Weswegen wird es eigentlich notwendig, solch ein Prädikat wie »... rutscht« zu »... rutschend« abzuwandeln, um das »... ist ...«, das »... rutscht« angeblich implizit enthält, zu explizieren? Denn es wäre schlechterdings unmöglich, diese Explizierung ohne solche Abwandlung von »... rutscht« zu »... rutschend« vorzunehmen, weil die Wiedergabe von »Dies rutscht« durch »Dies ist rutscht« nicht den geringsten Sinn besäße. Doch nicht einmal dies Unmögliche, das Aristoteles erkennt[3], veranlaßt ihn, sich nach dem Grund dafür zu fragen.

Ihnen aber, die Sie diese Frage stellen, müßte auffallen, daß dasselbe ebenso in Fällen wie »Dies steht« gilt: Auch das angeblich in solchen Fällen implizit enthaltene »... ist ...« läßt sich nur explizieren, indem in einem Zuge damit »... steht« zu »... stehend« abgewandelt wird, da »Dies ist steht« als Wiedergabe für »Dies steht« nicht weniger unmöglich wäre. Und das liegt denn auch gerade daran, daß es sich dabei in jedem Fall um Verben handelt, welche ihrem Verbsinn nach bekanntlich so gebildet sind, als ob sie alle Prädikate der Bewegung wären. Letztlich also ist es auch nur solcher Anspruch, dieses angeblich darin enthaltene »... ist ...« zu explizieren, dem ein Verb gleichsam bei Strafe seines Sinnverlusts sich beugen muß, nämlich zum Partizip als dem »verbalen Adjektiv«, weil dieses »... ist ...« eben ein Nomen als ein »Prädikatsnomen« erfordert.

Doch so hörbar für Sie auch tatsächlich alle Verben unter dieser Art gewaltsamer Verwendung mittels Beugung gleichermaßen stöhnen, – dem damit erhobenen Anspruch läßt sich doch in jedem Fall genügen, wenn es sich dabei, obwohl um einen Fall von Verb, um einen Fall von Prädikat der Ruhe handelt. Denn in jedem solchen Fall wie »... steht« muß sich im Anschluß an den Anspruch auf ein »... ist ...« das »... stehend« auch tatsächlich durch ein Prädikat ersetzen lassen, welches letztlich eine ganz bestimmte Raumform prädiziert: gleichviel wovon, und einerlei, ob sie dabei nun relativ bestimmt ist oder absolut bzw. qualitativ oder quantitativ wie zum Beispiel »... 4m entfernt« bzw. »... rund« oder gar »... rot«. So wird denn auch genau auf diese Weise etwa »... grünt« über »... ist grünend« zu »... ist grün«. Denn etwas Ruhendes oder Beharrliches ist etwas eben nur, indem es etwas in bestimmter Raumform ist, was ebenso für etwas gilt, das beispielsweise etwas Rundes oder rund bzw. etwas Grünes oder grün ist, wie für etwas, das zum Beispiel etwas 4m Entferntes oder 4m entfernt ist.

Mag dies aber auch für jedes Prädikat der Ruhe gelten, selbst wenn es als solch ein Verb zum Ausdruck kommt, so gilt für alle Prädikate der Bewegung, ob als solche Verben oder anders ausge-

3 Vgl. a.a.O. 20 a 3f.

drückt, doch das genaue Gegenteil: In keinem solchen Fall wie »... rutscht« kann sich im Anschluß an den Anspruch auf ein »... ist ...« das »... rutschend« durch ein Prädikat ersetzen lassen, welches letztlich eine ganz bestimmte Raumform prädizierte. Und das hängt auch in der Tat damit zusammen, daß in dem Sinn, in dem Prädikate wie zum Beispiel »... steht« und »... rund« und »... grün« gerade einfach sind, ein Prädikat wie »... rutscht« vielmehr komplex ist.

Dieser Einsicht können Sie in einem zweiten Schritt sich nähern, wenn Sie nicht nur derart einfache, sondern auch solche Beispiele für Prädikate der Bewegung in Betracht ziehen, welche ihre innere Komplexität trotz ihrer äußerlichen Einfachheit zumindest soweit explizieren, daß sie wenigstens die eine Hälfte dieser Art Komplexität erkennen lassen. Beispiele dafür sind etwa Verben für Bekommen einer Farbe, wie etwa »... ergrünt« oder »... vergilbt« als Prädikat von etwas, das die Farbe gelb bzw. grün bekommt. Denn zwar erzwingt auch hier die Explizierung des angeblich implizit darin enthaltenen »... ist ...« die Abwandlung des Verbs zum Partizip. Der Anspruch aber, der damit erhoben wird, ist hier in keiner Weise einlösbar: Es läßt sich schlechterdings kein Nomen finden, das in einem solchen Fall das Partizip ersetzen könnte.

Ist das aber für sich selbst schon merkwürdig genug, so wird es noch viel merkwürdiger dadurch, daß der Sinn von Verben wie »... ergrünt« oder »... vergilbt« doch zweifellos genau den Sinn enthalten muß und offensichtlich auch enthält, der außerhalb von einem solchen Verb in einem Nomen wie zum Beispiel »... grün« und »... gelb« zum Ausdruck kommt. Sonst müßte nämlich schlechthin unverständlich bleiben, wie der Sinn von solchen Verben überhaupt zustande kommen könnte, welche wie »... ergrünt« oder »... vergilbt« etwas bezeichnen, das die Farbe gelb bzw. grün bekommt. Und dennoch bleibt es schlechthin ausgeschlossen, auch in einem Fall wie »... ist ergrünend« oder »... ist vergilbend« noch für solch ein Partizip ein Nomen einzusetzen. Und das heißt: Nicht einmal dasjenige Nomen, das den Sinn besitzt, der in dem jeweiligen Partizip enthalten ist und sein muß, kann das jeweilige Partizip ersetzen.

Darin unterscheiden also beide sich fundamental von Fällen wie »Dies grünt«, die nach dem Übergang zu »Dies ist grünend« in der Tat durch »Dies ist grün« sich wiedergeben lassen, wie Sie schon gesehen haben. Denn es wäre schlechterdings unmöglich, wollten Sie den Sinn von »Dies ergrünt« im Zuge seiner Wiedergabe durch »Dies ist ergrünend« auch durch »Dies ist grün« noch wiedergeben oder den von »Dies vergilbt« im Zuge seiner Wiedergabe durch »Dies ist vergilbend« auch durch »Dies ist gelb« noch. Jener Anspruch, das angeblich implizit darin enthaltene ». . . ist . . .« zu explizieren, müßte damit nämlich nicht nur dazu führen, den tatsächlich implizit darin enthaltenen Sinn von ». . . grün« oder von ». . . gelb« desgleichen noch zu explizieren, sondern ihn ineinem damit auch zu prädizieren. Und so hätte denn von etwas, das ergrünt, zu gelten, daß es grün ist, und von etwas, das vergilbt, zu gelten, daß es gelb ist.

Dies jedoch auch nur in Anspruch nehmen, heißt, dem Sinn von Verben wie ». . . ergrünt« oder ». . . vergilbt« sogar gleich derart weit zu nahe treten, daß er wie von selbst versucht, sich gegen derlei Zumutung gleichsam zur Wehr zu setzen, nämlich wie von sich aus danach trachtet, eher den genauen Gegensinn dazu in Kraft zu setzen: Etwas, das ergrünt, kann grün so wenig sein, daß es vielmehr gerade nichtgrün sein muß, um ergrünen überhaupt zu können; etwas, das vergilbt, kann gelb so wenig sein, daß es vielmehr gerade nichtgelb sein muß, um vergilben überhaupt zu können.

So durch Sie herausgefordert, bringt der Sinn von Verben wie »ergrünen« und »vergilben« also aus sich selbst heraus zur Kenntnis, daß er ebenso wie den von »grün« bzw. »gelb« auch den von »nichtgrün« oder »nichtgelb« noch in sich enthält. Und in der Tat: Wenn grundsätzlich nur etwas Nichtgrünes ergrünen und nur etwas Nichtgelbes vergilben kann, so muß durch Prädikate wie ». . . ergrünt« oder ». . . vergilbt« gerade von etwas Nichtgrünem oder Nichtgelbem die Rede sein, so daß ein jedes solche Prädikat auch noch den Sinn von »nichtgrün« oder »nichtgelb« notwendig in sich enthalten muß. Nur läßt der Sinn von »Dies ergrünt« oder von »Dies vergilbt« im Zuge seiner Wiedergabe durch »Dies ist ergrünend« oder durch »Dies ist vergilbend« sich genausowenig wie durch »Dies ist grün« oder durch »Dies ist gelb« etwa durch »Dies ist nichtgrün« oder »Dies ist nichtgelb« wiedergeben. Ihn dadurch herauszufordern, könnte vielmehr umgekehrt nur dazu führen, daß er gegenüber diesem neuerlichen einseitigen Festlegungsversuch jetzt wiederum den Sinn von »grün« oder von »gelb« hervorkehrte: gleichsam noch expliziter, als er ohnehin schon in ». . . ergrünt« oder ». . . vergilbt« zum Ausdruck kommt.

Als erstes also geht daraus für Sie hervor, daß Prädikate wie ». . . ergrünt« oder ». . . vergilbt« den Sinn von »grün« genauso wie den Sinn von »nichtgrün« oder den von »gelb« genauso wie von »nichtgelb« jeweils in sich selbst enthalten und mithin auch jeweils in sich selbst als einem einheitlichen Prädikat vereinigen zum Sinn von »grün und nichtgrün« oder »gelb und nichtgelb«. Und so wird denn auch genau der Widerspruch, den wir im vorigen schon durch Synthese hergeleitet haben, uns durch Analyse solcher Prädikate der Bewegung als ihr Sinn bestätigt. Dann jedoch stellt sich auch dadurch wieder das Problem für uns, wie es zu einem in sich widersprüchlichen Begriff jemals ein Wirklich-Anderes der Außenwelt soll geben können, eine Problematik, deren Lösung wir jetzt aber näherkommen.

Denn mit dieser Widersprüchlichkeit ineinem geht daraus als zweites wiederum für Sie hervor, daß Prädikate wie ». . . ergrünt« oder ». . . vergilbt«, so sehr sie diesen Sinn von »grün« und »nichtgrün« oder »gelb« und »nichtgelb« implizieren, ihn doch keineswegs auch prädizieren, weder den von »grün« bzw. »gelb« noch den von »nichtgrün« oder »nichtgelb«. Und so gilt denn in genauester Entsprechung dazu, daß auch dann, ja eigentlich gerade wenn etwas ergrünt oder vergilbt, es weder grün noch nichtgrün *ist* bzw. weder gelb noch nichtgelb *ist*. Dies aber stellt Sie vor die Frage, was denn eigentlich in Fällen wie ». . . ergrünt« oder ». . . vergilbt« dann überhaupt noch prädiziert wird, wenn doch weder ». . . grün« bzw. ». . . gelb« noch ». . . nichtgrün« oder ». . . nichtgelb«, wo ». . . ergrünt« oder ». . . vergilbt« doch ohne Zweifel Prädikate sind, wie man vermeint, und »Dies ergrünt« wie »Dies vergilbt« doch ohne Zweifel auch Prädikationen. Und so stehen Sie dem genau entsprechend vor der Frage, was denn eigentlich ein Etwas, das ergrünt oder vergilbt, dann überhaupt noch *ist*, wenn es doch weder grün bzw. gelb noch nichtgrün oder nichtgelb *ist*.

Als Antwort darauf nämlich können Sie durchaus nicht etwa in Betracht ziehen, daß es beispielsweise Gras ist, was ergrünt oder vergilbt, weil der Gehalt von »Gras« im Inhalt von »ergrünt« oder »vergilbt« auf keinen Fall enthalten ist. Deswegen könnte auch »Dies Gras ergrünt« oder »Dies Gras vergilbt« nur »Dies ist Gras *und* dies ergrünt« bzw. »Dies ist Gras *und* dies vergilbt« bedeuten und mithin auch nicht mehr ein elementares, sondern nur noch ein komplexes Urteil sein. Ja ihrem Inhalt nach sind Prädikate wie »ergrünt« oder »vergilbt« durch »grün« und »nichtgrün« oder »gelb« und »nichtgelb« sogar schon so grundsätzlich erschöpft, daß weiterer Gehalt sich schlechterdings nicht darin finden lassen kann. Was sich stattdessen darin finden lassen muß, kann im Vergleich zu solchem Inhalt vielmehr nur noch eine Form sein. Und zwar diejenige Form, durch die aus solchem Inhalt wie etwa aus dem von »grün und nichtgrün«, welcher weder einzeln noch zusammen denjenigen von »ergrünt« ergeben kann, ein Inhalt wie der von »ergrünt« erst eigentlich gebildet wird: wie auch ein Inhalt wie der von »vergilbt« erst eigentlich aus dem von »gelb und nichtgelb« durch dieselbe Art von Form. Und eben diese Bildung mittels eben solcher Form muß dann zu einer Widerspruchsvermeidung führen, weil der Sinn von Prädikaten wie »ergrünt« oder »vergilbt«, obwohl er den von »grün und nichtgrün« oder »gelb und nichtgelb« in sich selbst enthält, ja gar nicht widersprüchlich ist.

Doch der Versuch, auch diese Form, die dann in Prädikaten wie »ergrünt« oder »vergilbt« tatsächlich implizit enthalten sein muß, noch zu explizieren, führt zu etwas gänzlich anderem als dem angeblich implizit darin enthaltenen ». . . ist . . .«: So wenig gilt, daß etwas, das ergrünt oder vergilbt, etwa grün *ist* oder gelb *ist*, daß es vielmehr grün *wird* oder gelb *wird*; und *grün* bzw. *gelb* wird es auch nur als etwas, das gerade *nichtgrün* oder *nichtgelb* ist, was aber solche Prädikate wie »ergrünt« oder »vergilbt« eben genausowenig prädizieren wie etwa, daß es *grün* bzw. *gelb* ist. Was recht eigentlich durch solche Prädikate prädiziert wird, ist vielmehr, daß etwas grün zu sein gerade *anfängt*, oder, daß etwas nichtgrün zu sein gerade *aufhört*, grün mithin genau in dem Sinn *wird*, daß es in eben diesem Sinn auch weder grün noch nichtgrün *ist*, und das Entsprechende bei gelb und nichtgelb.

Was in allen Prädikaten der Bewegung mindest implizit enthalten sein muß, ist sonach ein ». . . wird . . .« und keineswegs etwa ein ». . . ist . . .«. Bei jenen Verben der Bewegung dennoch auf ihm zu bestehen, heißt darum durchaus nicht, solch ein ». . . ist . . .« zu explizieren, sondern es zu oktroyieren: was denn auch in jedem Fall wie »Dies ist rutschend« für »Dies rutscht« durch die Beleidigung des Sprachgefühls zum Ausdruck kommt, die solche Vergewaltigung des Verbsinns mit sich bringt und die seit Aristoteles schon hätte fühlbar werden können[4]. Dadurch wäre dann vielleicht auch auffällig geworden, was daran von Grund auf widersinnig ist. Gehörte nämlich solch ein »... ist ...« zum Sinn von solchen Verben wesentlich hinzu, dann müßte sich am Sinn von jedem Verb auch etwas Wesentliches ändern, so daß nur ein wesentlich davon verschiedener Sinn noch übrig bleiben könnte, wenn ihm dieses »... ist ...« vorangestellt und so entzogen würde. Durch den Übergang von »... rutscht« zu »... rutschend« aber wird der grundsätzliche Verbsinn »rutschen« nicht nur nicht geändert, sondern eher noch verstärkt, indem er sich vor diesem vergewaltigenden »... ist ...« ins Partizip gleichsam zusammen- und zurückzieht, um sich so darin verschanzend auch erst einer freundlicheren Art des Zugriffs zu eröffnen.

Denn durch das nur angeblich in einem solchen Verb enthaltene »... ist ...« wird solch ein Nomen als ein Partizip auch nur erzwungen, so daß dieses Verb im Partizip auch gleichsam trotzig seinen Verbsinn gegen solche falsche Analyse abschirmt. Durch das eigentlich in einem solchen Verb enthaltene »... wird ...« ganz unerzwungen aber geht auch noch ein echtes Nomen, nämlich keineswegs ein nur »verbales« wie das Partizip aus diesem Verb hervor, so daß es solcher wahren Analyse gegenüber seinen Verbsinn dann auch preisgibt, das heißt aufschließt ebenso wie aufgibt: durch ein Nomen als ein Nichtverb nämlich zugibt, was es über jene Form des »... wird ...« hinaus noch an Gehalt besitzt. Und aus den Beispielen für Verben wie »... ergrünt« oder »... vergilbt« mit ihrem Sinn »... wird grün« oder »... wird gelb« ist das besonders klar ersichtlich, weil sie wenigstens die eine Hälfte dieses ihres Inhalts kenntlich machen. Und tatsächlich muß der Sinn von Verben wie »... ergrünt« oder »... vergilbt« sich durch Entziehung des ihm wesentlichen »... wird ...« auch wesentlich zum Sinn wie »... grün« bzw. »... gelb« als dem des Nomens ändern, das gerade nicht mehr wie das Partizip als das »verbale Nomen« jenen Verbsinn aufrecht hält,

4 Freilich nur in Sprachen wie etwa im Griechischen oder im Deutschen, wo »... ist rutschend« gegenüber »... rutscht« auch keine eigene Bedeutung hat. Denn in genau dem Maß, in dem es, wie etwa im Englischen, von eigener Bedeutung ist, vermag »... ist rutschend« dann für »... rutscht« auch gar nicht einzutreten.

der jetzt vielmehr im »... wird ...« als der vom Inhalt nunmehr abgehobenen Form enthalten ist.

Als solche Form hebt solches »... wird ...« sich aber nicht allein von dieser einen Hälfte ihres Inhalts ab, die Verben wie »... ergrünt« oder »... vergilbt« auch kenntlich machen, sondern ebenso von jener andern, die sie zwar unkenntlich lassen, doch genausosehr enthalten müssen: als Gehalt von »nichtgrün« oder »nichtgelb«, weil nur das, was nichtgrün ist, ergrünen kann, sowie vergilben auch nur das, was nichtgelb ist. Jedoch auch nicht zusammen mit dem Sinn des Nomens »nichtgrün« oder »nichtgelb« freilich kann der Sinn des Nomens »grün« bzw. »gelb« den Verbsinn von »ergrünen« oder von »vergilben« wiedergeben. Dieser kommt vielmehr gerade umgekehrt nur dadurch überhaupt zustande, daß ein Sinn wie der von »grün und nichtgrün« oder »gelb und nichtgelb« jeweils als Gehalt in Form des »... wird ...« den Sinn »... wird grün« oder »... wird gelb« und so den Sinn »... ergrünt« oder »... vergilbt« erst annimmt, der ja den von »nichtgrün« oder »nichtgelb« als Gehalt in Form desselben »... wird ...« desgleichen haben muß.

Denn was durch ein Prädikat von dieser Form – ob sie in Fällen wie »... wird grün« nun explizit oder in Fällen wie »... ergrünt« nur implizit ist – prädiziert wird, ist dann eben überhaupt nichts anderes als dies, daß etwas Nichtgrünes zu etwas Grünem *wird* und damit etwas Wirklich-Anderes der Außenwelt nicht dadurch darstellt, daß es etwas *ist* (weil es dabei ja weder grün noch nichtgrün *ist*), sondern gerade dadurch, daß es etwas *wird*. Und das Entsprechende muß auch für alle Prädikate gelten, welche nicht einmal die eine Hälfte dieses ihres in sich widersprüchlichen Gehaltes explizieren (wie »... ergrünt« doch immerhin den Sinn von »... grün«), sondern Gehalt und Form nur implizit enthalten (wie zum Beispiel »... rutscht«), – sofern es sich dabei nur immer um das Prädikat einer Bewegung handelt. Denn Prädikation durch solch ein Prädikat behauptet nichts geringeres als jenen Wechsel, der als Wechsel zwischen Eigenschaften oder Akzidenzen von etwas als Ding oder Substanz zuletzt nur Wechsel irgendeiner Raumbestimmtheit irgendeines Etwas sein kann und mithin auch nur Bewegung als Ereignis. Und so müssen auch tatsächlich alle Prädikate der Bewegung mindest implizit so aufgebaut sein, daß in Form von solchem »... wird ...« ein in sich widersprüchlicher Gehalt wie der von »grün und nichtgrün« jeweils auftritt, was auch immer sie ansonsten noch zum Ausdruck bringen mögen. Und das muß denn auch für alle Formelsprachen gelten, wenn sie, wie die der Physik zum Beispiel, Prädikate der Bewegung formulieren.

Darauf aber können Sie geradezu die Probe machen und versuchen, auch den Sinn von Verben, die nicht Verben der Bewegung sind, noch wie den Sinn von solchen der Bewegung zu analysieren. Denn obwohl auch jedes Verb der Ruhe seinem Verbsinn nach so klingt, als ob es gleichfalls das einer Bewegung wäre, läßt sein Sinn sich schlechterdings nicht dadurch explizieren, daß Sie ihm das »... wird ...«, das er danach angeblich implizit enthält, voranzustellen und damit zu entziehen versuchen. Daß in einem Fall wie »Dies ist stehend« für »Dies steht« der Anspruch auf ein »... ist ...« zurecht ergeht, in einem Fall wie »Dies ist rutschend« für »Dies rutscht« jedoch zuunrecht, liegt nur daran, daß der Anspruch auf ein »... wird ...« gerade umgekehrt in Fällen wie »Dies steht« zuunrecht und allein in Fällen wie »Dies rutscht« zurecht ergeht. Und unberechtigt ist ein solches »... wird ...« in Fällen wie »Dies steht« nur darum, weil aus »... steht« auch schlechterdings kein Nomen sich gewinnen lassen kann, das mit dem »... wird ...« vereinigt irgendeinen Sinn ergäbe, oder gar auch noch ein dazu widersprüchliches, mit dem zusammen es in Form des »... wird ...« dann einen Sinn wie den von »... steht« ergeben könnte.

Vielmehr sehen Sie daran umgekehrt und endgültig, daß jeder Fall wie »... rutscht« bei Analyse diese Form des »... wird ...« gerade deshalb fordert, weil er seinem wesentlichen Inhalt nach komplex, ja widersprüchlich sein muß, und verglichen damit wiederum, daß jeder Fall wie »... steht« bei Analyse jene Form des »... ist ...« gerade deshalb zuläßt, weil er seinem wesentlichen Inhalt nach nur einfach und so auch nur widerspruchsfrei sein kann. Und genau in dieser Hinsicht zeigen Ihnen Verben der Bewegung und der Ruhe auch bei aller ihrer äußerlichen Gleichheit eine innerliche Unterschiedlichkeit, von der trotz ihrer Wesentlichkeit noch bis heute nichts bekannt zu sein scheint, weil sie sich erst tiefergehender Philosophie als Reflexion auf jene dreistufige Grundstruktur von Subjektivität erschließt.

Und so bestätigt sich für uns durch Analyse dieser Verben auch noch etwas Weiteres, was wir uns durch Synthese solcher Subjektivität im vorigen schon hergeleitet hatten: Nicht allein, daß alle Prädikate der Bewegung jeweils einen widersprüchlichen Gehalt besitzen müssen, sondern auch, daß die Vermeidung solchen Widerspruchs, wenn überhaupt zustande kommen kann, dann eben erst durch die Verwendung dieses widersprüchlichen Gehalts. Und der Beleg dafür liegt darin, daß im Fall von Prädikaten der Bewegung die Verwendung ihres widersprüchlichen Gehalts nicht durch ein »... ist ...« erfolgen kann, sondern nur durch ein »... wird ...«, wie angemessene Analyse jener Verben der Bewegung Ihnen zeigt. Denn was durch diese Analyse aufgedeckt wird, ist ein Faktum, das erst durch jene Synthese überhaupt erklärlich wie auch eben damit erst verständlich werden kann und das darum vermutlich auch nur in Ermangelung dieser Synthese bisher unentdeckt geblieben ist: Bewegungsprädikate wie zum Beispiel »... rutscht« und »... steigt« und »... fällt« gleich Ruheprädikaten wie zum Beispiel »... rot« und »... rund« und »... Tisch« einfach als »Prädikate« hinzustellen, wie »Formale Logik« dies seit Aristoteles beständig tut, ist ein semantisch tiefreichender Fehler, weil dies eine fälschliche Entsprechung unterstellt.

Recht eigentlich entspricht nämlich ein Fall wie »... rutscht« und »... steigt« und »... fällt« nicht einem Fall wie »... rot« und »... rund « und »... Tisch«, sondern gerade einem Fall wie »... *ist* rot« oder »... *ist* rund« oder »... *ist ein* Tisch«. Durch dieses »... ist ...« oder »... ist ein ...« wird dabei nämlich die *Verwendung* von etwas, das hier sonach *tatsächlich* bloßes Prädikat ist, formuliert, wogegen das Entsprechende zu »... ist ...« oder »... ist ein ...« durch »... rutscht« und »... steigt« und »... fällt« ja immer schon *mit*formuliert ist. Demzufolge kann es sich dabei gerade *nicht* um *bloße* Prädikate handeln, sondern nur um schon *verwendete*. Und in der Tat muß unserer Analyse nach ein jeder solche Fall von angeblichen »Prädikaten« der Bewegung so etwas wie »... *wird* rot« oder »... *wird* rund« oder »... *wird ein* Tisch« bedeuten und mithin auch selbst bereits *Verwendung* von etwas, das dabei dann das eigentliche Prädikat ist[5].

Nur daß eben im Bewegungsfall das eigentliche Prädikat kein einfaches wie »... rot« und »... rund« und »... Tisch« sein kann, so

5 Und erst dadurch ist dann unsere bisherige Beschränkung auf die letzteren wie »... rot« und »... rund« und »... Tisch« gerechtfertigt. Denn Prädikate sind in diesem eigentlichen Sinn auch nur die letzteren, weil letztlich auch nur Ruheprädikate eigentliche Prädikate sind.

wie im Ruhefall, sondern gerade ein komplexes sein muß, nämlich jeweils das entsprechend widersprüchliche wie »rot und nichtrot« oder »rund und nichtrund« oder »Tisch und Nichttisch«. Und auch nur ein so besonderes Prädikat kann denn auch nur in so besonderer Verwendung durch ein »... wird ...« statt durch ein »... ist ...« den so besonderen Bewegungssinn ergeben, nämlich jene einzigartige Verdichtung von Gehalt, die jedem Fall von Verben der Bewegung dann zugrunde liegen muß.

Aus eben diesem Grunde ist es auch kein Zufall, daß im Unterschied zu einem eigentlichen Prädikat wie »... rot« ein angebliches Prädikat wie »... rutscht« dann sinngemäß *unmittelbar* im Anschluß an ein »Dies ...« auftreten muß, indes ein eigentliches Prädikat wie »... rot« entsprechend sinngemäß nur *mittelbar* im Anschluß an ein »Dies ...« auftreten kann: nur durch ein »... ist ...« bzw. »... wird ...« *vermittelt* wie in »Dies ist rot« bzw. »Dies wird rot«. Dagegen kann ein solches »... ist ...« bzw. »... wird ...« bei einem angeblichen Prädikat wie »... rutscht« bzw. »... steht« nur widersinnig sein, weil es ein solches »... ist ...« bzw. »... wird ...« bereits enthalten muß. Infolgedessen kann in Fällen wie »Dies rutscht« oder »Dies steht« auch nichts dazwischen fehlen: auch bei einem solchen Verb der Ruhe nicht, da es, wenn auch kein »... wird ...« enthalten kann, so doch ein »... ist ...« enthalten muß.

Für Sie erklärlich und dadurch verständlich aber wird dies alles eben erst aus jener dreistufigen Grundstruktur von Subjektivität heraus. Denn was durch Analyse von Bewegungsverben sich als deren eigentlicher Aufbau, sprich, als deren eigentlicher Inhalt einerseits und anderseits als deren eigentliche Form ergibt, ist überhaupt nichts anderes als jener Unterschied zwischen der zweiten und der dritten Stufe, der sich durch Synthese solcher Subjektivität bereits ergeben hat: der zwischen dem gebildeten und dem verwendeten Begriff als der Bestimmtheit von Gehalt. Denn ist das eigentliche Prädikat im Fall eines Bewegungsverbs desgleichen nur ein Prädikat wie »rot«, mit dem indessen wesentlich das zu ihm widersprüchliche wie »nichtrot« miteinhergeht, so verbirgt sich darin überhaupt nichts anderes als jener in sich widersprüchliche Begriff wie »rot und nichtrot«, dessen Bildung Subjektivität auf zweiter Stufe sich nicht weniger ermöglicht als die eines widerspruchsfreien wie »rot« allein. Und ist die eigentliche Form, durch die das eigentliche Prädikat wie »rot und nichtrot« in Gestalt eines Bewegungsverbs verwendet wird, nicht wie bei »rot« ein »...ist...«, sondern ein »...wird...«, so zeigt sich darin überhaupt nichts anderes, als daß Begriffe derartig verschiedenen Inhalts jeweils auch allein in derartig verschiedener Form verwendet werden können.

Wie Sie sich erinnern, geht ja nicht nur ein Begriff wie »rot«, sondern auch ein Begriff wie »rot und nichtrot« auf der zweiten Stufe je und je mit Anschauung genau entsprechenden Gehalts einher. Denn innerhalb der Nur noch-Ausdehnung von Raumzugleich, wie es heraus aus Punkt des Nacheinander Zeit auf erster Stufe je und je auf zweiter Stufe auftritt, nämlich als substratlos-absoluter Wechsel, kann Gehalt verschiedener Art genauso wechseln wie Gehalt derselben Art und damit Anschauung verschiedener Art genauso auftreten wie Anschauung derselben Art. In Zuordnung dazu kann dementsprechend innerhalb von Nur noch-Punkt des Nacheinander Zeit auf zweiter Stufe je und je Gehalt verschiedener Art genauso wechseln wie Gehalt derselben Art und so Begriff verschiedener Art genauso auftreten wie auch Begriff derselben Art. Und nur bezüglich irgendeiner Anschauung kann irgendein Begriff auf dritter Stufe überhaupt verwendet werden, wie auch umgekehrt.

Denn wie Sie gleichfalls sich erinnern, gilt des weiteren: Verwendung beider muß auf dritter Stufe auch gerade dahin gehen, daß Subjektivität dasjenige, was sie auf zweiter Stufe mittels Bildung beider als ein Anderes zu sich schon vorstellt, als ein Wirklich-Anderes zu sich auch hinstellt, eben in Gestalt von Wahrnehmung als Urteil, Aussage oder Behauptung. Und so kann sich an Verwendung in dem Sinn einer Behauptung auch in keinem Fall auf dritter Stufe irgendetwas ändern: Etwas zu behaupten, sprich, etwas als wirklich hinzustellen, muß vielmehr in jedem Fall auf dritter Stufe heißen, etwas als beharrlich hinzustellen.

Nur muß im Fall der Anschauung und des Begriffs mit Inhalt von verschiedener Art deren Verwendung in dem Sinn einer Behauptung dann auch eine andere Form annehmen als im Fall der Anschauung und des Begriffs mit Inhalt von derselben Art. Denn eben dies, daß, etwas zu behaupten, grundsätzlich, etwas als wirklich, nämlich als beharrlich hinzustellen, heißen muß, bedeutet dann, daß, etwas zu behaupten, grundsätzlich nur dahin gehen kann, etwas als rot oder als rund oder als Tisch zum Beispiel hinzustellen, weil etwas ja nicht *ohne*, sondern nur *mit* einer je bestimmten Form von Raum beharren oder wirklich sein kann, eben nur *in* dieser oder jener Raumform.

Eine solche aber ist im Fall der Anschauung mit Inhalt von verschiedener Art wie Rot- und Nichtrot-Anschauung gerade nicht verfügbar, und so steht denn dabei der Begriff mit Inhalt von verschiedener Art wie »rot und nichtrot« auch gerade nicht als ein bestimmter zur Verfügung, so daß beide auch nicht ohne weiteres zu so etwas wie »Dies ist rot« verwendet werden können.

Vielmehr muß aus eben diesem Grund in eben diesem Fall eine Verwendung beider, und das heißt, eine Behauptung mittels beider eine Form wie »Dies *wird* rot« statt »Dies *ist* rot« annehmen, da in solchem Fall aus solchem Grund auch überhaupt nur noch in solcher Form etwas behauptet werden kann, und zwar gerade weil auch dabei, etwas zu behaupten, nur bedeuten kann, etwas als wirklich, nämlich als beharrlich hinzustellen. Genau in dieser Hinsicht unterscheidet sich ein »... wird ...« von einem »... ist ...« mithin gerade nicht, weil es genausosehr den Sinn hat, etwas zu behaupten, und das heißt, etwas als wirklich oder als beharrlich hinzustellen. Nicht dadurch also, *daß* es, sondern nur noch dadurch, *wie* es etwas als beharrlich oder wirklich hinstellt, sprich, etwas behauptet, unterscheidet sich ein »... wird ...« von einem »... ist ...«.[6]

Und dieser Unterschied rührt letztlich auch nur daher, *was* es eigentlich behauptet, nämlich, *was* es eigentlich als wirklich oder als beharrlich hinstellt; und das ist gerade jenes *Etwas* oder jener *Gegenstand*, den ein Subjekt auf zweiter Stufe sich schon immer vorstellt und entwirft als etwas Anderes zu sich, nämlich durch seine Selbstverwirklichung zu Nur noch-Ausdehnung von Raum wie auch zu Nur noch-Punkt von Zeit als Form für Anschauung und für Begriff. Denn immer, wenn in solcher Form gerade Anschauung mit Inhalt von verschiedener Art sich einstellt und ihr zugeordnet somit auch Begriff mit Inhalt von verschiedener Art, tritt eben dieser Gegenstand für Subjektivität auch je und je gerade nicht als ein bestimmter auf. Und zwar obwohl, ja eigentlich gerade weil auch dabei je und je die Form zugrunde liegt, in der genausogut Begriff und Anschauung mit Inhalt von der-

6 Semantisch also ist nicht nur ein Fall wie »... ist ...«, nein auch ein Fall wie »... wird ...« in vollem Sinn ein Fall von »Kopula« und damit von »Prädikation«, der gänzlich eigenständig bleibt, weil er auf keine Art sich auf den ersteren zurückführen läßt, jedoch formallogisch gerade unterschlagen wird.

selben Art sich bilden könnte und mithin auch dieser Gegenstand als ein bestimmter.

Denn ob sich Begriff und Anschauung nun je und je mit Rotgehalt zum Beispiel einstellt oder je und je mit Rot- und Nichtrotinhalt, – beides bildet sich als Anschauung und als Begriff doch je und je in Form von Raumzugleich als Nur noch-Ausdehnung und Nacheinander Zeit als Nur noch-Punkt. Und eben weil dadurch ein jedes dieser Aufbaustücke je für sich bestimmt ist, machen sie im letzten Fall sich innerhalb von jedem solchen in sich widersprüchlichen Gehalt diese Bestimmtheit gegenseitig streitig und mithin erst recht auch dem dadurch entworfenen oder vorgestellten Gegenstand. In jedem solchen Fall bleibt demgemäß für ein Subjekt entsprechend *unbestimmt*, als *was* denn eigentlich ein solcher Gegenstand, das heißt, ein so entworfenes oder vorgestelltes Anderes ein *Wirklich*-Anderes der Außenwelt zu sein vermöchte, nämlich, *was* denn eigentlich ein Subjekt durch ein »... ist ...« behaupten und mithin als wirklich oder als beharrlich hinstellen könnte: So daß es in jedem solchen Fall auch *offenläßt*, als *was* denn eigentlich ein so entworfenes oder vorgestelltes Anderes ein Wirklich-Anderes der Außenwelt sein soll, indem ein Subjekt dabei eben *nicht* behauptet, daß es beispielsweise rot bzw. nichtrot *ist*, sondern gerade, daß es rot bzw. nichtrot *wird*.

Und dennoch stellt ein Subjekt auch in jedem solchen Fall, nämlich auch dadurch etwas Anderes nicht nur vor, sondern als Wirklich-Anderes und damit als Beharrliches auch hin, weil Wirklichkeit von Außenwelt für ein Subjekt, das grundsätzlich nur Nacheinander Zeit von Innenwelt sein kann, auch grundsätzlich nur als Beharrlichkeit auftreten kann. Um auch in allen solchen Fällen vorgestelltes Anderes als Wirklich-Anderes dann hinzustellen, muß ein Subjekt infolgedessen dieses vorgestellte Andere in jedem solchen Fall auch grundsätzlich als ein Beharrliches hinstellen. Und daraus folgt, daß ein Subjekt in allen solchen Fällen etwas Wirklich-Anderes der Außenwelt auch grundsätzlich nur als etwas Beharrliches erzielen kann, nämlich desgleichen nur als Ding oder Substanz, an der bzw. dem dann aber eine Eigenschaft oder ein Akzidens gerade wechseln muß, und dies bedeutet: grundsätzlich nur als Ereignis, nämlich als Bewegung oder als Veränderung einer Substanz bzw. eines Dings.

Auf diese Art synthetisch a priori herzuleiten aber ist das eben, wie Sie sich vor Augen führen sollten, nur als dieser notwendige Schritt von zweiter Stufe her zu dritter Stufe hin, wofür sonach zunächst einmal der Unterschied von beiden deutlich werden muß, weil erst aus ihm heraus dann auch noch der Zusammenhang von beiden deutlich werden kann. So liegt denn auch nur darin, daß er es von Anbeginn gerade daran fehlen läßt, der Grund dafür, daß Kant mit dieser apriorischen Synthese noch bis heute nicht recht überzeugen kann. Entscheidend dafür nämlich ist die Einsicht, daß tatsächlich jedem Prädikat einer Veränderung oder Bewegung – mag es noch so widerspruchsfrei sein – ein widersprüchlicher Begriff zugrunde liegen muß, der aber eben als *gebildeter* Begriff auch nur der zweiten Stufe angehören kann, ein solches Prädikat dagegen als *verwendeter* Begriff der dritten Stufe angehören muß. Bis hin zu dieser Einsicht aber, die geradezu der Ausgangspunkt für solche apriorische Synthese von Ereignis als Veränderung oder Bewegung ist, vermochte Kant anscheinend niemals vorzudringen und mithin den eigentlichen Weg dorthin auch schon von vornherein nicht zu gewinnen.

Das ersehen Sie bereits aus jener Standard-Formulierung Kants, wonach es sich in jedem Fall einer Veränderung oder Bewegung um den Fall »einer Verbindung kontradiktorisch entgegengesetzter Prädikate (z.B. das Sein an einem Orte und das Nichtsein eben desselben Dinges an demselben Orte)« handle[7]. Denn in Wahrheit kann dabei nur je und je ein einziges und einheitliches Prädikat auftreten, wie zum Beispiel jedes Verb einer Veränderung oder Bewegung ja tatsächlich nur ein einziges und einheitliches Prädikat sein kann. Auch der in ihm als dem *verwendeten* Begriff jeweils enthaltene *gebildete* Begriff muß dann jedoch ein einziger und einheitlicher sein, zumal er überhaupt nur als ein einziger und somit *in sich* einheitlicher auch ein in sich *widersprüchlicher* oder »kontradiktorischer« sein kann. Denn außerhalb von solcher Einheit eines einzigen Begriffes, nämlich innerhalb von einer Vielheit mehrerer Begriffe wie zum Beispiel »rot« und »nichtrot« kann ja schlechterdings nichts Widersprüchliches oder »Kontradiktorisches« bestehen.

Dieses auf den ersten Blick für Sie vielleicht befremdliche Ergebnis eines widersprüchlichen Begriffs in jedem Prädikat einer Veränderung oder Bewegung sollten Sie sich denn auch eigens sichern. Nicht einmal durch einen Einwand wie den folgenden, den Ihnen unsere Analyse jener Verben nahelegen könnte, ist ihm nämlich zu entkom-

7 B 48.

men: Zwar sei richtig, daß allein von etwas Nichtgrünem die Rede sein kann, wenn gesagt wird, es ergrüne oder werde grün. Doch folge daraus keineswegs, daß innerhalb von »Dies ergrünt« bzw. »Dies wird grün« im ganzen solch ein widersprüchlicher Begriff wie »grün und nichtgrün« stecken muß. Das heiße vielmehr nur, daß damit insgesamt soviel wie »Dieses Nichtgrüne ergrünt« bzw. »Dieses Nichtgrüne wird grün« gemeint sein muß, und darin liege überhaupt nichts Widersprüchliches.

Nur hätten Sie auf diese Weise stillschweigend eine Voraussetzung gemacht, die sich nicht halten läßt, nämlich daß jeder Fall von Urteil, Aussage oder Behauptung über ein Ereignis als Veränderung oder Bewegung stets nur ein komplexer, nie auch ein elementarer Fall von Urteil, Aussage oder Behauptung sein kann. Denn wie »Dieses Grüne ...« oder »Dieser Tisch ...« gerade »Dies ist grün ...« oder »Dies ist ein Tisch ...« bedeuten muß, so kann auch »Dieses Nichtgrüne ...« nur »Dies ist nichtgrün ...« heißen. Dementsprechend könnte »Dieses Nichtgrüne ergrünt« bzw. »Dieses Nichtgrüne wird grün« nur »Dies ist nichtgrün *und* ergrünt« bzw. »Dies ist nichtgrün *und* wird grün« bedeuten und mithin als Urteil, Aussage oder Behauptung nur komplex sein, nicht elementar. Und Gleiches hätte dann auch noch für »Dies ergrünt« bzw. »Dies wird grün« zu gelten, wenn es »Dieses Nichtgrüne ergrünt« bzw. »Dieses Nichtgrüne wird grün« bedeuten müßte, was indessen ausgeschlossen ist. Denn »Dies ergrünt« bzw. »Dies wird grün« kann nur auf eine Weise falsch sein und muß deshalb ebenso wie »Dies ist grün« elementar sein. Also kann auch nur der *in* diesem Elementaren steckende *Begriff* etwas Komplexes sein, indem er eben insgesamt soviel wie »grün und nichtgrün« in sich faßt und so gerade in sich widersprüchlich ist. Denn auch nur deshalb, weil in derlei Urteil, Aussage oder Behauptung über ein Ereignis als Bewegung oder als Veränderung durch den darin enthaltenen Begriff in Zuordnung zu Anschauung schon immer etwas »Grünes und Nichtgrünes« gegenständlich ist, kann derlei Urteil, Aussage oder Behauptung sich nicht durch ein »... ist ...« erstellen, weder zu »Dies ist grün« noch zu »Dies ist nichtgrün«, sondern nur zu »Dies wird grün« oder zu »Dies wird nichtgrün« durch ein »... wird ...«. Und daß komplex mithin nur dieser widersprüchliche Begriff sein kann, nicht aber derlei Urteil, Aussage oder Behauptung selbst, ist wichtig für Sie, um zuletzt noch einzusehen: Über ein Ereignis als Bewegung oder als Veränderung kann nur in Urteil, Aussage oder Behauptung, die in einem gänzlich andern Sinn komplex sind, überhaupt die Rede sein[8].

Denn haben Sie sich das gesichert, können Sie in einem ersten Schritt dorthin schon folgern, daß in Fällen von Ereignis als Veränderung oder Bewegung also keineswegs, wie Kant vermeint, »*Verbindung* kontradiktorisch entgegengesetzter Prädikate« vor sich gehen muß, sondern in Wahrheit das genaue Gegenteil, nämlich *Zerlegung* von etwas Kontradiktorischem *zu* Prädikaten, die *auf Grund* dieser Zerlegung dann gerade *nicht* kontradiktorisch sind. Denn eigentlich kontradiktorisch oder widersprüchlich ist ja immer nur der Inhalt des auf zweiter Stufe immer schon gebildeten Begriffs als eines einzigen und in sich einheitlichen, der jedoch als ein auf dritter Stufe dann auch noch verwendeter Begriff zu Prädikaten wird, die keineswegs kontradiktorisch oder widersprüchlich sind. Und in der Tat muß jeder Fall wie »Dies *wird* grün« nicht nur ein Prädikat wie »grün« enthalten, sondern auch ein Prädikat wie »nichtgrün« noch, und zwar als dieser selbige elementare Fall von Urteil, Aussage oder Behauptung; denn er drückt ja nur in äußerster Verkürzung wie auch Einseitigkeit aus, was seinem Vollsinn nach besagt, daß etwas *Nicht*grünes *zu* etwas Grünem wird, was aber eben nicht im mindesten kontradiktorisch oder widersprüchlich ist, obwohl es von demselben Etwas spricht. Und ebenso gewiß, wie jeglicher elementare Fall von Urteil, Aussage oder Behauptung nur in der Verwendung eines immer schon gebildeten Begriffs bestehen kann, muß er als dieser notwendige Schritt von zweiter Stufe her zu dritter Stufe hin dann auch in der Zerlegung eines immer schon gebildeten Begriffs bestehen, wenn dieser im genannten Sinn auf zweiter Stufe als ein in sich widersprüchlicher sich bildet.

Nur erfolgt Zerlegung dieses in sich widersprüchlichen Begriffs in Prädikate, die dann widerspruchsfrei sind, gerade durch ein ». . . wird . . .«, das dann auch schon Verwendung solcher Prädikate ist und so im ganzen auch schon Urteil, Aussage oder Behauptung. Denn dazwischentretend gleichsam nimmt es die Zerlegung auch schon als die Schaffung einer je und je bestimmten Ordnung zwischen ihnen vor: gerade dahingehend nämlich, daß *entweder* etwas Nichtgrünes zu etwas Grünem beispielsweise *oder* etwas Grünes zu

8 Vgl. dazu unten, § 29, S. 897ff.

etwas Nichtgrünem wird, wozwischen der Begriff als widersprüchlicher auf zweiter Stufe ja noch keinerlei Entscheidung trifft. Zumal sie auch nur Sache reiner Kontingenz, Faktizität oder Tatsächlichkeit auf dritter Stufe sein kann. Als ein widersprüchlicher ist er im Gegenteil vielmehr Begriff des einen ebenso wie auch des anderen und somit seiner Form nach apriorische Ermöglichung des einen ebenso wie auch des anderen, das heißt, die von Ereignis als Veränderung oder Bewegung überhaupt, worum es dabei seinem Inhalt nach auch immer gehen möge.

Und so folgt etwas, dessen Bedeutsamkeit im weiteren noch deutlicher für Sie zutage treten wird: Anders als von einem Ding, das kein Ereignis ist, weil keine Eigenschaften an ihm wechseln, können wir uns von einem Ereignis letztlich immer erst auf dritter Stufe dann ein Urteil bilden, aber prinzipiell nicht etwa immer schon einen Begriff auf zweiter Stufe, wenn darunter etwas Widerspruchsfreies verstanden werden soll, wie »grün« zum Beispiel. Denn genauso wie »... ist grün« ergeht »... ergrünt« oder »... wird grün« ja schon als Urteil, weil es »grün« mitsamt von implizitem »nichtgrün« durch ein »... wird ...« bezüglich eines »Dies ...« bereits verwendet: so wie bloßes »grün« auch durch ein »... ist ...« schon ebenfalls bezüglich eines solchen »Dies ...« verwendet wird. Was angeblich nur Prädikat eines Ereignisses ist, wie »ergrünt«, ist somit eigentlich bereits Prädikation desselben, weil ein eigentliches Prädikat, wie »grün«, den Sinn eines Ereignisses grundsätzlich nicht gewinnen kann; das kann vielmehr grundsätzlich nur Prädikation, die dazu auch stets mehr als eines dieser eigentlichen Prädikate, nämlich auch das zu ihm gegenteilige noch mit enthalten muß und so im Sinn von eigentlichem Prädikat gerade ein komplexes.

Zustande kommen kann sie denn auch nur, indem sie jenen widersprüchlichen zu einem widerspruchsfreien Begriff zerlegt-verwendet und mithin trotz dieser Art von innerer Komplexität desselben als elementarer Fall von Urteil, Aussage oder Behauptung auftritt. Also kann auch jene ganze bestimmte Ordnung, die sie zwischen seinen beiden Aufbaustücken schafft, indem sie jenen widersprüchlichen zu diesem widerspruchsfreien Begriff zerlegt-verwendet, prinzipiell nur etwas innerhalb des selbigen elementaren Falls von Urteil, Aussage oder Behauptung sein und so nur eine innere Differenzierung innerhalb von ihm als jener Rückbezüglichkeit von Punkt in Punkt der Zeit, in der sich dadurch jeweils punktuell der Sinn eines Ereignisses erstellt: *Nicht*grünes *wird zu* Grünem, oder umgekehrt.

Jene Bildung von Begriff in Form von Nur noch-Punkt der Zeit auf zweiter Stufe muß darum bei in sich widersprüchlichem Begriff im Zug dieser Verwendung als Zerlegung dieses widersprüchlichen Begriffs in seine Aufbaustücke durch ein »... wird ...« auf dritter Stufe zu noch weiterer Differenzierung führen als nur zu jener zwischen »Dies ...« und »... grün« durch »... ist ...« als Punkt in Punkt der Zeit wie »Dies *ist* grün«. Denn Punkt in Punkt der Zeit wie »Dies *wird* grün« muß dann zumindest implizit auch so etwas wie »nichtgrün« noch in sich enthalten, weil ja durch sein »... wird ...« auch beides noch zu ganz bestimmter Reihenfolge in sich ordnen; und zwar auch, wenn dieses »... wird ...« bzw. so etwas wie »nichtgrün« oder »grün« dabei nicht explizit zum Ausdruck kommt, wie bei »... ergrünt« bzw. »... rutscht« und »... rollt« und »... steigt« und »... fällt«, da jeder Sinn eines Ereignisses in solcherart Synthese überhaupt erst seinen Ursprung haben kann.

Und was »Formale Logik« mithin schon seit Aristoteles und noch bis heute unterschlägt, wenn sie als »Prädikatenlogik« alle Prädikate innerhalb von einer Form wie Fx einfach durch so etwas wie F zum Ausdruck bringt, das sollten Sie sich ebenso formal vor Augen stellen[9]. Denn allein im Fall von eigentlichen Prädikaten wie zum Beispiel »grün« und »rund« und »Tisch« ist diese Art der Wiedergabe angebracht, bei der es unerheblich bleibt, ob so etwas wie F nun links, wie üblich, oder rechts von einem x auftritt, weil dies in jedem Fall nur soviel heißen soll wie x ist F. Sofort belangvoll aber wird dies, wenn Sie auch noch angebliche Prädikate wie »ergrünt« bzw. »rutscht« und »rollt« und »steigt« und »fällt« im Sinn von eigentlichen Prädikaten angemessen wiedergeben wollen. Das grundsätzlich in jedem solchen Fall enthaltene »... wird ...« legt nämlich anders als ein »... ist ...« für die des weiteren darin enthaltenen eigentlichen Prädikate wie zum Beispiel »grün« und »nichtgrün« je und je eine bestimmte Ordnung fest. Denn zwischen dem, was grün, und dem, was nichtgrün wird, besteht doch wohl ein Unterschied, der sich auf dritter Stufe dann auch nur tatsächlich, faktisch, kontingent ergeben

9 Wie denn auch gerade die Beschränktheit der »Formalen Logik« sowie derer, die ihr blindlings folgen, nirgends derart augenfällig für Sie wird wie hier.

kann. Von diesen eigentlichen Prädikaten aber brauchen Sie dann nur das eine jeweils unterschiedlich zu bezeichnen, beispielsweise »grün« durch G, weil Sie das andere als dessen Negatives jeweils gleicherweise mittels N bezeichnen können, das in diesem Fall für »nichtgrün« steht. Und setzen Sie dem Sinn von »... wird ...« entsprechend fest, es stehe rechts von einem x stets das, was etwas wird, so bleibt die Stelle links von einem x für die notwendige Ergänzung frei. Nach vollständiger Analyse und Formalisierung nämlich lautet jeder solche Fall wie »Dies ergrünt« im Sinn von »Dies wird grün« dann NxG und »Dies wird nichtgrün« als das Umgekehrte dazu GxN: was grundsätzlich auch für »Dies rutscht« oder »Dies rollt« oder »Dies steigt« oder »Dies fällt« noch gelten muß sowie für alle Formelsprache, die Bewegung formuliert, wenngleich die eigentlichen Prädikate, die auch solche Fälle je und je enthalten müssen, sich nur sehr viel schwieriger bestimmen lassen.

Und in dieser Form steht Ihnen dann geradezu vor Augen, daß in jedem solchen Fall ein widersprüchlicher Begriff steckt und in jedem solchen Fall zu einem Urteil, welches widerspruchsfrei ist, zerlegt verwendet wird; vor allem aber auch, daß dabei jedesmal tatsächlich unbestimmt bleibt, *was* denn eigentlich das *ist*, was so in Rede steht, weil diese Unbestimmtheit jener Widersprüchlichkeit selbst noch in dieser Art Vermeidung jener Widersprüchlichkeit erhalten bleibt und damit sozusagen bleibender Beweis für sie. Denn so etwas wie NxG bzw. GxN behaupten, heißt, grundsätzlich nichts in jenem Sinn von x *ist* F behaupten – ob nun als Fx oder xF formalisiert –, bedeutet nämlich weder Gx oder xG noch auch Nx oder xN, also weder »Dies *ist* nichtgrün« noch auch »Dies *ist* grün«, sondern ausschließlich »Dies *wird* nichtgrün« oder »Dies *wird* grün«.

Aber wenn auch nicht behauptet, wird durch NxG doch Nx ebenso wie Gx sehr wohl impliziert. Denn die Veränderung oder Bewegung, von der ein durch NxG formalisiertes Urteil spricht, ist eben die von etwas Nichtgrünem zu etwas Grünem, also von etwas Bestimmtem zu etwas Bestimmtem. Deshalb müßte sich in allen Fällen von Veränderung oder Bewegung, wo deren Woher oder Wohin oder auch beides unbestimmt bleibt, wie im vorgenannten Fall bei Kant, an Stelle dieser einfachen Formalisierung eine kompliziertere ergeben. Doch die Grundform jeglicher Veränderung oder Bewegung müßte auch in ihr auf irgendeine Weise durch den Sinn von »... wird ...« zum Ausdruck kommen, und so gehen wir der

Kürze halber weiter von der einfachsten Formalisierung dieses »... wird ...« durch NxG bzw. GxN aus.

§ 28. Objektive als objektivierte subjektive Zeit

Dieselbe dritte Stufe aber, die wir uns bisher nur nach der Seite des verwendeten Begriffs synthetisch hergeleitet haben, müssen wir uns auch noch nach der Seite der verwendeten Anschauung systematisch deduzieren. Denn bereits von zweiter Stufe her hat ein Begriff seinen Gehalt ja nur in Zuordnung zum jeweils gleichartigen einer Anschauung, so daß Verwendung von Begriff auf dritter Stufe auch genausosehr Verwendung von Anschauung sein muß. Und bereits von zweiter Stufe her müssen Begriff und Anschauung in jenen expliziten Wechselfällen sonach gleicherweise widersprüchlichen Gehalts sein, so daß auch Verwendung beider hier auf dritter Stufe dann Vermeidung beider Widersprüchlichkeit bedeuten muß.

Nur tritt auf zweiter Stufe dieser widersprüchliche Gehalt im Fall von Anschauung gerade anders als in demjenigen von Begriff auf, nämlich nicht in Form von Nur noch-Punkt des Nacheinander Zeit, sondern in Form von Nur noch-Ausdehnung des Raumzugleich. Entsprechend muß Verwendung als Vermeidung seiner Widersprüchlichkeit im Fall von Anschauung auch eine andere Gestalt annehmen als in demjenigen von Begriff: nicht innerhalb des Punkt in Punkt von Urteil, Aussage oder Behauptung in der Innenwelt eines Subjektes die Gestalt der Ordnung eines NxG bzw. GxN, die darin jeweils jenes »... wird ...« schafft, sondern ihm gemäß die einer Ordnung innerhalb der Ausdehnung in Ausdehnung von Ding oder Substanz als dem Zugleich nach innen und nach außen eines wirklich-anderen Objektes in der Außenwelt.

Infolgedessen kann es sich bei letzterer grundsätzlich nur um eine Ordnung innerhalb von Ausdehnung des Raumes als Zugleich wie auch bei ersterer grundsätzlich nur um eine innerhalb von Punkt der Zeit als Nacheinander handeln. Und das heißt: Dieselbe Leistung von Verstand und Sinnlichkeit, die einerseits der Ordnung eines NxG bzw. GxN durch deren »... wird ...« jeweils in Form von Punkt in Punkt des Nacheinander Zeit zugrunde liegt, muß dann auch anderseits in Form von Ausdehnung in Ausdehnung des Raumzugleich noch eine Ordnung schaffen, die auf seiten des Objektes ebenso wie die durch »... wird ...« auf seiten des Subjektes jene Widersprüchlichkeit vermeidet. Und wie sich allein schon aus dem Sinn des »... wird ...« in NxG bzw. GxN ergibt, kann auch im Fall von Anschauung eine Verwendung widersprüchlichen Gehaltes als Vermeidung seiner Widersprüchlichkeit nur durch Zerlegung und Verteilung widersprüchlichen Gehaltes in bestimmte Ordnung vor sich gehen, die auf dritter Stufe dann auch nur in der des Nacheinander Zeit bestehen kann.

Denn innerhalb von Raumzugleich, wo in sich widersprüchlicher Gehalt von zweiter Stufe her schon immer auftritt, doch gerade ohne dadurch in sich auch schon immer in bestimmter Ordnung aufzutreten, läßt sich Ordnung zwischen ihm dann nur noch dadurch schaffen, daß auf dritter Stufe zusätzlich zu Raumzugleich auch Nacheinander Zeit schon immer auftritt: Schließlich kann einem Subjekt, das solche Ordnung doch allein aus sich heraus zu schaffen hat, dazu aus sich heraus ja auch nur letzteres bzw. letztere noch zur Verfügung stehen. Und seine Schaffung solcher Ordnung durch sie oder durch es muß infolgedessen dahin gehen, daß mit Raumzugleich ineinem auch noch Nacheinander Zeit objektiviert wird und auf diese Weise nicht nur subjektiver Raum zu objektivem, sondern auch noch subjektive Zeit zu objektiver wird: wie Raum zu dem eines Objekts auch Zeit zu der eines Objekts. Und erst die Einheit dieses Nacheinander Zeit *mit* diesem Raumzugleich auf dritter Stufe ist sonach die Form, in der Gehalt auch dann, wenn er von zweiter Stufe her noch in sich widersprüchlich ist, doch in sich widerspruchsfrei ist.

Und daran sehen Sie: Auf zweiter Stufe widersprüchlicher Gehalt von Anschauung wird erst auf dritter Stufe widerspruchsfreier Gehalt, erst dadurch nämlich, daß er hier in dieses immer schon geschaffene Nacheinander objektiver Zeit auch immer schon zerlegt und so verteilt wird. Denn in solchem Fall kommt ein Subjekt auch überhaupt erst dadurch, nämlich erst auf dritter Stufe dahin, einen Gegenstand als etwas Anderes vorzustellen ebenso wie auch als etwas Wirklich-Anderes hinzustellen, was in solchem Fall mithin derselben Stufe angehört. Nur dadurch, daß auf dritter Stufe ein Subjekt in *jedem* Fall wie Raumzugleich auch Nacheinander Zeit objektiviert, stellt es in *solchem* Fall, in welchem sich auf zweiter Stufe *widersprüchlicher* Gehalt ergibt, auf dritter Stufe dennoch *widerspruchsfreien* Gehalt und somit dennoch einen *ganz bestimmten* Gegenstand als etwas Anderes vor wie auch als etwas Wirklich-Anderes hin, will sagen: dennoch wie in *jenem* Fall, in welchem sich auf *zweiter* Stufe schon ein *ganz bestimmter* Gegenstand, weil *widerspruchsfreier* Gehalt ergibt.

Daraus ersehen Sie aber ferner: Was auf diese Weise dennoch ein Subjekt als etwas Anderes vor und hin als etwas Wirklich-Anderes stellt, mithin auch als etwas Beharrliches, ist darum ebenfalls eine Substanz oder ein Ding; nur eben eine, die dabei nicht etwas *ist*, sondern gerade *wird*, indem sie Akzidenzen *wechselt*, oder eines, das dabei nicht etwas *ist*, sondern gerade *wird*, indem es Eigenschaften *wechselt*, und das heißt: als ein Ereignis, nämlich als Bewegung oder als Veränderung. Und durch Objektivierung subjektiver Zeit zu objektiver dann in sie hinein zerlegt-verteilt wird widersprüchlicher Gehalt zu widerspruchsfreiem mithin gerade so, daß er zu Akzidenzen oder Eigenschaften an Substanz bzw. Ding wird, weil er sich auch erst als solche Eigenschaften oder Akzidenzen, die an Ding oder Substanz dann wechseln, ursprünglich als etwas Früheres bzw. Späteres daran dann unterscheiden und in seiner Widersprüchlichkeit vermeiden läßt. Denn was dabei aus subjektiver Zeit heraus in objektive Zeit hinein, die dadurch objektive überhaupt erst wird, recht eigentlich zerlegt-verteilt wird, ist ja letztlich immer wieder nichts als Raumform, nämlich Raumzugleich. Und als Zugleich nach innen und nach außen ist es dann Substanz mit Akzidenzen oder Ding mit Eigenschaften insgesamt gerade dadurch, daß ein solches Raumzugleich, obwohl es nicht in einer Raumform, sondern mindestens in zweien auftritt, dennoch eines und dasselbe ist, weil es nur nach und nach in ihnen auftritt oder weil sie umgekehrt nur nacheinander an ihm auftreten und damit an ihm wechseln.

Doch dergleichen als Ereignis auch nur wahrzunehmen, sprich, durch NxG bzw. GxN von Urteil, Aussage oder Behauptung auch nur hinzustellen als etwas Wirklich-Anderes, nämlich es auch nur zu intendieren, gleichviel, ob sich der Erfolg, der dadurch intendiert wird, einstellt oder nicht, – schon dazu wird Objektivierung subjektiver Zeit zu objektiver nötig. Und dies, weil gerade nicht schon innerhalb von subjektiver, sondern überhaupt erst innerhalb von objektiver für *intentio recta* als »natürliches Bewußtsein« der empirischen Erkenntnis zwischen etwas Früherem und etwas Späterem zu unterscheiden möglich werden kann[1].

1 Vgl. dazu unten § 30, S. 899 ff.

Beachten aber sollten Sie: Solche Objektivierung subjektiver Zeit zu objektiver wird sonach in *jedem* Fall auf dritter Stufe nötig, weil ein Subjekt ja in *keinem* Fall etwa von vornherein schon auszuschließen in der Lage sein kann, daß auf zweiter Stufe ein Gehalt als widersprüchlicher auftritt. Ja es vermag nicht einmal zu vermeiden, daß auf zweiter Stufe widersprüchlicher Gehalt auf dritter Stufe *trotz* Objektivierung subjektiver Zeit zu objektiver sich in diese nicht zerlegen und verteilen läßt, womit er widersprüchlich bleibt und damit ungeeignet, auch nur zum Versuch oder zur Intention der Wahrnehmung zu dienen, nämlich in Gestalt von NxG bzw. GxN dann etwas Anderes auch nur vor und hin als etwas Wirklich-Anderes zu stellen[2]. Bestehen bleibt sogar die Möglichkeit, daß ein Gehalt zwar im Subjekt, doch letztlich nur in seiner tiefsten Tiefendimension, nämlich allein auf jener ersten Stufe auftritt, weil ja nur von dem Gehalt, der wenigstens auf dritter Stufe widerspruchsfrei wird, gewährleistet sein kann, daß er auch über erste noch hinaus auf zweiter Stufe auftritt.

Dazu aber, daß Gehalt, wenn nicht auf zweiter, so doch wenigstens auf dritter Stufe widerspruchsfrei wird, vermag ihm ein Subjekt als allerletzte eben nur noch die Gelegenheit zu bieten, sich am Ende wenigstens dem Früher oder Später von objektivierter subjektiver Zeit zu fügen, sprich, *entweder* der Gestalt von GxN *oder* von NxG gemäß. Denn dies zu tun, ist überhaupt nichts anderes als die ganz bestimmte Art solchen Gehalts, sich, wenn auch nicht schon subjektivem Raum auf zweiter, so doch wenigstens objektiviertem subjektiven Raum auf dritter Stufe dann zu fügen: sich durch Wahrnehmung in der Gestalt von NxG bzw. GxN dann doch noch vor als etwas Anderes und hin als etwas Wirklich-Anderes stellen zu lassen, nämlich als Zugleich nach innen und nach außen und so als Beharrliches. Nur eben als Beharrliches von solcher Art, daß es dabei nicht etwas *ist*, sondern gerade *wird*, indem auch noch ein in sich unterschiedliches, ja in sich widersprüchliches Zugleich nach innen dennoch ein Zugleich nach außen ist: ein solches nämlich, das dieses Zugleich nach innen als den objektiven Wechsel objektiver Eigenschaften oder

2 Ganz von selbst ergibt sich damit, wie wir systematisch einzuordnen haben, was uns umgangssprachlich etwa als ein »widersprüchliches Gefühl« zu gelten pflegt; zumal »Gefühle« – ob nun »widersprüchlich« oder nicht – als Untergrund bei aller Wahrnehmung ja ständig mit im Spiel sind.

Akzidenzen an sich selbst als Ding oder Substanz in objektiver Zeit dann überdauert. Insgesamt ist denn auch diese *Doppel*form aus Raum *und* Zeit gerade eine Form von solcher Art, daß ebenso gewiß, wie nur ein Subjekt sie erzeugen kann, auch nur ein Objekt sie erfüllen kann: in diesem Fall ein Objekt als Ereignis, nämlich als Veränderung oder Bewegung.

Doch daraus, daß auf dritter Stufe ein Subjekt sonach Objektivierung subjektiver Zeit in *jedem* Fall vornehmen muß, weil es auf zweiter Stufe widersprüchlichen Gehalt in *keinem* Fall von vornherein vermeiden kann, ersehen Sie des weiteren: Auf dritter Stufe wird *auch* ein bereits auf zweiter Stufe widerspruchs*freier* Gehalt in objektive als objektivierte subjektive Zeit hinein zerlegt-verteilt. Und dies kann gleichfalls nur Zerlegung als Verteilung eines Raumzugleich, das als Zugleich nach innen hier dann auch noch als Zugleich nach außen hingestellt wird, in ein Nacheinander Zeit bedeuten, welches als *sein* Nacheinander Zeit infolgedessen *mit* ihm selbst als etwas Wirklich-Anderes und damit Objektives hingestellt wird. Nur tritt etwas, das als etwas Wirklich-Anderes und damit Objektives *solche* Form erfüllt, als ein Beharrliches dann nicht nur dahingehend auf, daß es gerade etwas *ist* statt wird, wie schon bemerkt, sondern auch dahingehend noch, daß es das, *was* es ist, dann nicht allein in objektivem Raum, sondern auch noch in objektiver Zeit ist. Davon aber konnte nicht bereits auf Grund jener alleinigen Objektivierung subjektiven Raumes[3], sondern kann erst auf Grund dieser mit ihr noch verbundenen Objektivierung subjektiver Zeit die Rede sein.

Auf solche Weise liefert Ihnen unsere Deduktion von Systematik wie von selbst zunächst einmal den Grund dafür, daß jedes »Dies ...« – gleichviel ob innerhalb von so etwas wie »Dies *ist* grün« oder wie »Dies *wird* grün« – nicht bloß »Dies hier ...« bedeutet, sondern auch »Dies jetzt ...« und damit insgesamt »Dies hier und jetzt ...«, was wir uns aus dem Vorigen noch nicht erklären konnten[4]: Zu gewährleisten, daß etwas Wirklich-Anderes auf dritter Stufe sich als ein Erfolg für uns als Intention desselben einstellen kann, vermögen wir nur dadurch, daß wir es von vornherein nicht bloß in Form von objektivem Raum, sondern auch noch in Form von objekti-

3 Vgl. oben § 26, S. 791 ff.
4 Vgl. vorige Anm.

ver Zeit als etwas Wirklich-Anderes hinstellen, also nur, indem wir uns nicht bloß als subjektiven Raum, sondern auch noch als subjektive Zeit dazu objektivieren.

Des weiteren liegt darin die Erklärung für ein wohlbekanntes und auch anerkanntes, aber bisher unerklärtes Faktum, nämlich daß zum Sinn von »hier und jetzt« in einem solchen Satz die »Zeichen-Reflexivität« gehört, die so genannt wird, weil man sie als einen Rückbezug auf die jeweilige Verlautbarung oder Verschriftlichung desselben auffaßt. Und tatsächlich läßt sich dieser Rückbezug von »hier und jetzt« auch explizieren, so meint man, nämlich als der Sinn von »hier und jetzt, *wo dies verlautbart oder auch verschriftlicht wird*«. Gerade dann jedoch bleibt unerklärlich, weshalb trotzdem jeder Satz der Form »Dies hier und jetzt ist grün« oder »Dies hier und jetzt wird grün« ausschließlich über *Anderes* als sich, nicht im geringsten etwa über *sich* spricht, wie er Ihnen auch geradezu von sich aus kundtut. Denn er spricht ausschließlich über etwas innerhalb von objektivem Raum und objektiver Zeit, das etwas *Anderes* als dasjenige innerhalb von objektivem Raum und objektiver Zeit ist, was an diesem Satz als dem verlautbarten oder verschriftlichten beteiligt ist. Kurzum: Nicht einmal über das empirisch-naturale Material seiner Verlautbarung oder Verschriftlichung spricht er. Und dies, obwohl gerade darauf doch durch »hier und jetzt« in »zeichen-reflexivem« Sinn angeblich Rückbezug genommen werden soll, denn »zeichen-reflexiv« entspricht dem englischen »token-reflexive« und nicht etwa »type-reflexive«.

Doch für Sie wird dies erklärlich, weil Sie wissen: Was in jedem solchen Satz zum Ausdruck kommt, ist jene dritte Stufe, welcher jene zweite und auch jene erste immer schon zugrunde liegen muß. Entsprechend ist Verlautbarung oder Verschriftlichung auch immer die von etwas, das noch *un*verlautbart oder *un*verschriftlicht ist und dennoch voll und ganz schon *Zeichen*, das denn durch Verlautbarung oder Verschriftlichung auch nur zum *wahrnehmbaren* Zeichen wird. Und das ist eben Subjektivität als zur Intentionalität werdende Spontaneität oder zum Fremd- werdendes Selbstverhältnis, nämlich als zum Fremd- werdendes Selbstbewußtsein der zur Fremd- werdenden Selbstverwirklichung in Form von Zeit bzw. Zeit und Raum. Deswegen ist es eben solche Subjektivität, die *sich* verlautbart oder *sich* verschriftlicht, dadurch nämlich, daß sie als leibhaftige ihre Leibhaftigkeit dabei gewissermaßen nur erweitert, um vorübergehend sich zum Beispiel auch in Tinte oder Laut noch zu verleiblichen. Und »zeichen«-reflexiv sind »hier« und »jetzt« denn auch gerade nicht im Sinn von »token«-reflexiv, das heißt, gerade nicht in jenem oberflächlichen, sondern in diesem sehr viel tiefergehenden Sinn: indem sie letztlich dieses Selbstbewußtsein solcher Subjektivität als ursprüngliches Zeit- und Raumbewußtsein voll zum Ausdruck bringen, wie es ihrer dritten Stufe immer schon von ihrer ersten und auch zweiten Stufe her zugrunde liegen muß. Entsprechend kann mit jenem »dies« in jenem »hier und jetzt, wo *dies* verlautbart oder auch verschriftlicht wird« denn auch nur Subjektivität als die noch *un*verlautbarte und *un*verschriftlichte gemeint sein, die man aber nicht zu kennen vorgibt, wenn auch freilich bloß, weil man von ihr nichts wissen will.

Als solches Selbstbewußtsein einer Selbstverwirklichung zu einem Selbstverhältnis *vollständig* wird Subjektivität auf dritter Stufe aber eben so gerade, daß sie vollständig zum Selbst- als *Fremd*bewußtsein einer Selbst- als *Fremd*verwirklichung zu einem Selbst- als *Fremd*verhältnis wird: das Selbstbewußtsein ihrer Selbstverwirklichung zum Selbstverhältnis der empirischen *Erkenntnis* nämlich nicht von *sich*, sondern von *Anderem* als sich. Von *sich* bleibt Subjektivität vielmehr auch als ein *vollständiges* nach wie vor ein *bloßes* Selbst*bewußtsein*, nämlich *ohne* dabei auch schon Selbst*erkenntnis* oder Selbst*vergegenständlichung* und damit *Thema* für sich selbst zu werden. *Thema* für sie selbst wird dabei vielmehr ausschließlich dies Andere, jedoch nur dadurch, daß sie sich dabei aus sich heraus auch vollständig zur *Form für* solches Andere verwirklicht, nämlich sich als subjektive Zeit und subjektiven Raum auf jener ersten und auf jener zweiten Stufe dann auf dieser dritten eben vollständig zu objektivem Raum und objektiver Zeit objektiviert. Und für Objektivierung dieser Art ist *richtig* aufgefaßte »Zeichen«-Reflexivität von »... hier und jetzt ...« in jedem Fall von »Dies ...« denn auch eine beredte Zeugin, die Sie schwerlich überhören werden.

Denn trotz dieses Rückbezugs auf Subjektivität als *subjektiven* Raum und *subjektive* Zeit, der ganz und gar im Rahmen ihres *Selbst*bewußtseins bleibt, führt »... hier und jetzt ...« in jedem Fall von »Dies ...« zum *Fremd*bewußtsein einer Intention von etwas innerhalb von *objektivem* Raum und *objektiver* Zeit und so von etwas *Objektivem für* und damit *Anderem zu* Subjektivität. Als diese Doppelform von solcher Zeit und solchem Raum ist sie sonach in sich ein vollständiges *Fremd*verhältnis *ebenso* wie als »Dies hier und jetzt ...«

in sich ein vollständiges *Selbst*verhältnis, wodurch Subjektivität auch nur zum Äußersten an Differenz oder Komplexität in sich als Einfachheit oder Identität wird. Und so steht sie in Gestalt von letzterem als *Zeichen für* ein Anderes denn auch gerade dahingehend, daß sie in Gestalt von ersterem, nämlich als diese Doppelform von objektivem Raum und objektiver Zeit dann bis in jedes Wirklich-Andere, das solche Form erfüllt, *hinein*steht.

Doch desgleichen wie von selbst führt unsere Deduktion von Systematik Sie des weiteren zur Einsicht, wie allein Objektivierung subjektiver Zeit zu objektiver überhaupt vollzogen werden kann, weil ihr Vollzug sich nämlich von dem der Objektivierung subjektiven Raums zu objektivem auch grundsätzlich unterscheiden muß. Denn letztere vollzieht ein Subjekt nur, indem es das auf zweiter Stufe als Zugleich nach innen immer schon erzeugte Raumzugleich auf dritter Stufe mittels Rückbezug auf Nacheinander Zeit von Urteil, Aussage oder Behauptung dann auch bloß noch als Zugleich nach außen hinstellt und mithin als jene Ausdehnung in Ausdehnung einer Substanz mit Akzidens bzw. eines Dings mit Eigenschaft. Als Ausdehnung im Sinn von Nur noch-Ausdehnung steht nämlich Raumzugleich von zweiter Stufe her schon immer dafür zur Verfügung, so daß ihm als solcher Nur noch-Ausdehnung dadurch auf dritter Stufe auch nicht das geringste etwa noch hinzuzusetzen sein kann. Ganz im Gegenteil: Gerade ohne daß es dadurch etwa hier erst ausgedehnt *wird*, nämlich als genau die Ausdehnung, zu der es immer schon auf zweiter Stufe ausgedehnt *ist*, wird es dann auf dritter nur noch in sich selbst verzweifacht, nämlich als Zugleich nach innen nur noch als Zugleich nach außen hingestellt, mithin als Ausdehnung in Ausdehnung von Ding mit Eigenschaft oder Substanz mit Akzidens eines Objekts der Außenwelt.

Von all dem aber kann im Fall von Zeit gar keine Rede sein. Denn keineswegs kann Zeit wie Raum als Ausdehnung auf zweiter Stufe immer schon verfügbar und mithin auch keineswegs auf dritter Stufe dann wie er objektivierbar sein, indem sie hier wie er als Ausdehnung etwa in sich verzweifacht werden könnte. Dementsprechend unerfindlich bleibt denn auch, was eigentlich Objektivierung als Verzweifachung von subjektiver Zeit zu objektiver am Objekt für ein Ergebnis haben sollte: Wo doch Eigenschaft bzw. Akzidens *an* Ding oder Substanz in jedem Fall – das heißt, auch dann, wenn sie an ihnen wechseln – nur als Ausdehnung *in* Ausdehnung bestehen, sprich, nur als Zugleich nach innen, welches *in* Zugleich nach außen auftritt und mithin grundsätzlich nur als Ausdehnung von *Raum*.

Daß im Fall von Zeit all dies nicht erst auf dritter Stufe, sondern schon auf zweiter ohne jeden Sinn bleibt, müßte Ihnen vollends aufgehen, da Sie wissen, daß bei Raum all dies nur deshalb sinnvoll ist, weil Ausdehnung in seinem Fall gerade Nur noch-Ausdehnung bedeutet, und zwar schon auf zweiter Stufe, doch erst recht auf dritter noch. Genau in dieser Hinsicht nämlich bildet Zeit sich schon auf zweiter und erst recht auf dritter Stufe vielmehr umgekehrt als Nur noch-Punkt, so daß sogar von Grund auf problematisch werden muß, was Ausdehnung im Sinn von Nur noch-Ausdehnung bei Zeit denn überhaupt bedeuten könnte, und das heißt zuletzt, wie Ausdehnung im Sinn von Nur noch-Ausdehnung bei Zeit denn überhaupt sich bilden ließe.

Keineswegs tritt nämlich Zeit als solche Nur noch-Ausdehnung etwa schon dadurch auf, daß sie als Nur noch-Punkt eines Begriffs auf zweiter Stufe wie auf dritter auch als solcher Punkt in Punkt von Urteil, Aussage oder Behauptung je und je ein *Nacheinander* dieses Punktes bildet. Denn das bildet sie ja nur, indem sie als das Nacheinander erster Stufe dann auf zweiter wie auch dritter jeweils zugeordnet ist dem Raumzugleich, und damit nur auf Grund von jenem Nacheinander. Auch als jenes aber bildet Zeit nicht Ausdehnung im Sinn von Nur noch-Ausdehnung, weil sie vielmehr gerade jenes Nacheinander überhaupt nur ist, indem sie unserem Modell zufolge eben Ausdehnung mit Punkt *ineinem* ist und noch in keinem Sinn etwa von ihm *gesondert*, was sie dann erst recht jedoch auch nicht als Punkt auf zweiter oder dritter Stufe ist. Als Nur noch-Ausdehnung *gesondert* von sich selbst als Nur noch-Punkt, wenn auch *in Einheit* mit sich selbst als Nur noch-Punkt, hat Nacheinander Zeit hier vielmehr nichts als subjektives oder objektives Raumzugleich; und dieses ist bisher sonach das Einzige, womit der Sinn von Ausdehnung als Nur noch-Ausdehnung sich überhaupt verbinden läßt wie dementsprechend auch der Sinn einer Verwendung davon zur Objektivierung als der inneren Verzweifachung davon auf dritter Stufe.

Doch nur um so problematischer wird damit, was denn das Entsprechende dazu im Fall der Zeit bedeuten könnte, als sie ja auch ihrerseits auf dritter Stufe schon verwendet wird, – jedoch als Nur noch-Punkt gerade zur Subjektivierung, nämlich zur Vervollständigung des Subjekts zu Urteil, Aussage oder Behauptung, worin Subjektivität als Fremd- werdendes Selbstverhältnis oder Fremd- werdendes Selbstbewußtsein von Intentionalität werdender Spontaneität als Fremd- werdender Selbstverwirklichung dann eben vollständig geworden ist. Als Problematik also tritt für Sie hervor: Um Zeit wie Raum auf dritter Stufe auch noch zu objektivieren, gilt es, Zeit wie Raum als Nur noch-Ausdehnung erst einmal zu erzeugen, und das heißt, zu Ausdehnung in diesem Sinn auch überhaupt erst einmal auszudehnen, sprich, ursprünglich zu synthetisieren. Problematisch aber muß dies bleiben, weil nicht ohne weiteres ersichtlich werden kann, wie das denn überhaupt gemeint bzw. zu ermöglichen sein könnte. Denn im Fall von Raum wird dies ja nur durch jene Negation von Zeit der ersten Stufe möglich, was auf zweiter eben nicht allein als Nur noch-Ausdehnung gerade Raum ergibt, sondern in Einheit mit ihm dann auch Zeit gerade umgekehrt als Nur noch-Punkt, was demnach heißt: Die Möglichkeit für Ausdehnung als Nur noch-Ausdehnung in diesem Sinn ist damit ein für alle Mal an Raum vergeben und sonach erschöpft.

Doch dies auch nur als Problematik zu gewinnen, ist, wenngleich wir deren Lösung vorerst noch verschieben müssen[5], schon Gewinn. Denn mag die Möglichkeit davon auch noch so problematisch bleiben, kann die Notwendigkeit dazu doch in keiner Weise zweifelhaft sein. Und zwar um so weniger, da Zeit als objektive von Veränderung oder Bewegung als Ereignis in der Außenwelt doch ohne Zweifel auftritt, ja sogar so selbstverständlich ist, daß es der schwierigsten Philosophie als Reflexion bedarf, um Zeit als ursprünglich gerade subjektive zu ermitteln. Schon allein mit der Notwendigkeit, daß Zeit als Ausdehnung im Sinn von Nur noch-Ausdehnung auf dritter Stufe also überhaupt erst auszudehnen, zu synthetisieren, und in diesem Sinn mithin auch überhaupt erst zu objektivieren ist, erzielen wir im Zug der Deduktion von Systematik denn auch ein Ergebnis, das für alles Weitere entscheidend ist, das Kant indessen schuldig bleibt, was seinen Interpreten aber offenbar noch gar nicht aufgefallen ist.

So ist mir jedenfalls nicht eine einzige Belegstelle bekannt, wo jemand einmal ausdrücklich und eindeutig verträte: Eben weil sie ursprünglich gerade subjektive ist, wie Kant unzweifelhaft vertritt, ist Zeit als objektive, ja recht eigentlich zu objektiver auch erst a priori

5 Vgl. dazu unten § 30, S. 899 ff.

zu synthetisieren, a priori auszudehnen, da sie Ausdehnung im Sinn von Nur noch-Ausdehnung als subjektive ja noch überhaupt nicht ist: weder auf erster Stufe, wo sie Punkt und Ausdehnung ineinem ist, noch gar auf zweiter oder dritter, wo sie Nur noch-Punkt bzw. solcher Punkt in Punkt ist, wenn auch ständig neuer. Ganz im Gegenteil erweckt Kant immer wieder den von Grund auf falschen Eindruck: Ebenso wie jenes Objektive von Veränderung oder Bewegung als Ereignis auch formal angeblich immer nur a posteriori hingenommen, niemals etwa a priori schon vorweggenommen werden könne[6], müsse Zeit als objektive, sprich, als Form von solchem Objektiven vielmehr wie es selbst auch immer schon a posteriori vorgegeben sein. Und beide diese Fehler gehen denn auch nur zurück auf einen und denselben Mangel, nämlich daß Kant eine Deduktion gerade jener dreistufigen Systematik schon von Anbeginn verfehlt.

Wie Ihnen nicht entgehen kann, führt dies dazu, daß Kant bei der Behandlung des Kausalprinzips, besonders in der zweiten der *Analogien der Erfahrung*, immer wieder so spricht, als ob es nur darum ginge, anzugeben, wie ein objektiv schon immer vorgegebenes Ereignis in der Außenwelt sich auch noch in Erfahrung bringen lasse: angeblich nur dadurch nämlich, daß es auch noch aufgefaßt wird als die Wirkung irgendeines anderen Ereignisses als seiner Ursache. Auf diese Weise aber stiftet Kant, besonders durch seine Vergleiche zwischen Haus und Schiff, eine so heillose Verwirrung[7], daß auch seine Interpreten noch bis heute ziemlich alles auf den Kopf zu stellen pflegen, was hier überhaupt nur auf den Kopf zu stellen möglich ist[8].

In Wahrheit nämlich kann es vielmehr umgekehrt nur darum gehen, herzuleiten, wie auf Grund des Subjektiven, das auf zweiter Stufe auftritt, sich auf dritter etwas Objektives überhaupt erzielen lassen kann: in jenem expliziten Wechselfall nur dadurch nämlich, daß es in Gestalt von Wahrnehmung auf dritter Stufe als Ereignis überhaupt erst vor- und hingestellt wird. Und das wird es eben nur, indem in solchem Wechselfall dies Vor- und Hinstellen von etwas Anderem als etwas Wirklich-Anderem oder Beharrlichem auf dritter

6 Vgl. dazu oben § 26, S. 812ff.

7 Vgl. A 189ff. B 232ff; dazu weiter unten § 29, S. 8ff., S. 25ff.

8 An Hand des vorerst letzten Zeugnisses davon vermögen Sie sich einen Überblick darüber zu verschaffen: B. Thöle, *Kant und das Problem der Gesetzmäßigkeit der Natur*, Berlin 1991, S. 128ff.

Stufe als das Wahrnehmen in Form von Urteil, Aussage oder Behauptung die Gestalt des NxG bzw. GxN anstatt des Gx annimmt. Und das tut es eben nur, indem ihm gegenüber jeweils *das*jenige, *was* von zweiter Stufe her auf dritter derart vor- und hingestellt wird, nämlich als Ereignis, hier auch schon von vornherein nicht nur die Form von objektivem Raum, sondern auch noch die Form von objektiver Zeit annimmt, die eben dafür denn auch schon von vornherein *zu* objektiver Zeit hier auszudehnen ist. Denn immer nur in immer schon zu solcher objektiver auszudehnende hinein kann Inhalt, der auf zweiter Stufe widersprüchlich ist, auf dritter Stufe sich zu widerspruchsfreiem zerlegen und verteilen, nämlich der Gestalt des NxG bzw. GxN jeweils entsprechend jene Ordnung eines früheren bzw. späteren Gehalts annehmen.

Darum sollten Sie sich diese Ordnung auch genau entsprechend noch formalisieren. Und am besten eignet sich dazu die Umkehrung der Groß- und Kleinschreibung von NxG bzw. GxN, wonach Sie nXg bzw. gXn als Form eines *Ereignisses* im Unterschied zu derjenigen eines *Urteils* über ein Ereignis jetzt im Sinn von n an X *vor* g an X bzw. g an X *vor* n an X verstehen mögen, nämlich dieses »vor« nunmehr im Sinn von »zeitlich vor«, das heißt, nicht mehr in dem des »links von«. Gleichbedeutend damit hätte Ihnen nXg bzw. gXn sonach auch noch im Sinn von g an X *nach* n an X bzw. n an X *nach* g an X zu gelten, nämlich dieses »nach« nunmehr im Sinn von »zeitlich nach«, das heißt, nicht mehr in dem des »rechts von«.[9] Und des weiteren geradezu vor Augen haben Sie auf diese Weise, was Kant insgesamt verfehlt, nämlich den eigentlichen Sinn von Synthesis als der ursprünglichen Erzeugung von etwas, weil er sie immer wieder fälschlich-wörtlich, nämlich bloß als die »Zusammensetzung« von etwas zu nehmen pflegt[10], und zwar bezüglich beidem.

9 Diese jeweils gegensätzliche Formalisierung mittels Umkehrung von Groß- und Kleinschreibung indessen sollten Sie nicht mißverstehen: Sie dient ausschließlich einer Angabe der jeweils innerlichen Form eines Ereignisses bzw. eines Urteils über ein Ereignis; sie stellt also keinesfalls etwa in Frage, ob *semantisch* ein Ereignis denn nun eigentlich durch eine Form wie NxG bzw. GxN oder durch eine Form wie nXg bzw. gXn *bezeichnet* werde. Denn *semantisch* zu *bezeichnen* ist ein Fall wie nXg bzw. gXn natürlich immer nur vermittels eines Falls wie NxG bzw. GxN, das heißt: der Fall eines Ereignisses natürlich immer nur vermittels eines Falls von Urteil über es.

10 Vgl. dazu *Teil 1*, § 13, S. 295 ff.

Denn in keinem Fall entspringt ein Urteil etwa durch »Zusammensetzung«, weder aus dergleichen wie dem »Dies« und »ist« und »grün« in einem Fall wie Gx, noch aus dergleichen wie dem »Dies« und »wird« und »grün« in einem Fall wie NxG, im letzteren sonach erst recht nicht etwa auch aus »nichtgrün« noch und damit auch nicht durch »*Verbindung* kontradiktorisch entgegengesetzter Prädikate«. Dazu nämlich müßte all dies irgendwie vom Objekt her schon immer vorgegeben sein, was aber nicht verständlich werden kann, und zwar am allerwenigsten nach Kant, weil ihm zufolge vielmehr umgekehrt gerade ein Objekt ja immer erst als Korrelat zu einem Urteil überhaupt gewonnen werden kann und so auch immer erst auf Grund von all dem, was ein Urteil immer schon in sich enthalten muß.

In jedem Fall entspringt ein Urteil vielmehr dadurch, daß ein immer schon gebildeter Begriff auch noch verwendet wird, indem ein Subjekt *von* sich selbst als dem gebildeten Begriff dann *auf* sich selbst als den gebildeten Begriff auch noch zurückkommt und als diese Rückbezüglichkeit solcher Verwendung in Gestalt des Urteils sonach vollständig zum Selbstverhältnis wird. Und nichts als das Formale solcher Rückbezüglichkeit gelangt in einem Fall wie »Dies ist grün« dann über »... grün« als Inhaltliches noch hinaus durch »Dies ...« und »... ist ...« zum Ausdruck.

Darum ist es auch durchaus nicht etwa diese Differenz von so etwas wie »Dies« und »ist« und »grün«, die jeweils zur Identität von so etwas wie »Dies ist grün«, mithin zur Einheit eines Urteils etwa allererst noch zu »verbinden« oder zu »vereinigen« oder »zusammenzusetzen« wäre. Vielmehr ist es umgekehrt gerade jene absolute Einheit und Identität des immer schon gebildeten Begriffs wie »grün«, die sich *zum* Urteil »Dies ist grün« und so *zur* inneren Struktur von »Dies« und »ist« und »grün« erst eigentlich differenziert und kompliziert, mithin *zur* Einheit und Identität *von* solcher Differenz und Komplexion sich auch *als* Einheit und Identität nur gleichsam weiter ausdehnt und auch nur in diesem Sinn synthetisch weiterbildet.[11] Denn was einerseits gerade vollständiges Selbstverhältnis die-

11 Sie umfaßt danach gerade mehr in sich als vorher und ist somit relativ darauf auch ausgedehnter als zuvor, will sagen: in genau dem Sinn, in dem so etwas wie Begriff bzw. Urteil überhaupt mehr oder weniger in sich umfassen und bezüglich dessen somit auch mehr oder minder ausgedehnt sein kann.

ses Urteils in sich selbst ist, eben über Bildung von Begriff hinaus auch noch Verwendung von Begriff, ist anderseits gerade vollständiges Fremdverhältnis: Auch bezüglich der mit dem Begriff einhergehenden Anschauung ist dieses Urteil nämlich über Bildung noch hinaus Verwendung, eben Deutung solcher Anschauung als deren Überschreitung, die das durch Begriff *und* Anschauung auf zweiter Stufe vorgestellte Andere als Beharrliches und so als Wirklich-Anderes hinstellt.

Dieser eigentliche Sinn von Synthesis indessen tritt an einem Fall wie NxG womöglich noch viel deutlicher für Sie zutage. Denn auch nur, weil ein Begriff auf zweiter Stufe immer schon ein in sich einheitlicher, eben absolute Einheit und Identität ist – wenn auch als ein ebenso Entstehen wie Vergehen jener Zeit als Nacheinander –, bildet er in jenem expliziten Wechselfall sich als ein in sich widersprüchlicher. Entsprechend ist es auch gerade diese absolute Einheit und Identität desselben, welche in sich kompliziert oder differenziert wird, wenn ein solcher widersprüchlicher Begriff zu einem Fall wie NxG verwendet wird. Und das Synthetisch-Neue daran, nämlich daß sich solche absolute Einheit und Identität *zu* der von solcher Differenz und Komplexion dann auch *als* absolute Einheit und Identität gerade *weiter*bildet, zeigt sich Ihnen vollends darin: Des Begriffs Verwendung als Zerlegung und Verteilung seines widersprüchlichen Gehalts durch »Dies« und »wird« führt hier zu Widerspruchs*vermeidung*, nämlich in Gestalt von so etwas wie NxG zu je und je bestimmter *Ordnung* innerhalb von absoluter Einheit und Identität, die damit auch gewissermaßen nur zu derjenigen eines Urteils weiter ausgedehnt wird.

Denn als Punkt in Punkt, nämlich indem es den in Form von Nur noch-Punkt gebildeten Begriff verwendet, bleibt auch solch ein Urteil grundsätzlich ein solcher Nur noch-Punkt. Und so ist das, was kurz gesagt zu einer Ordnung innerhalb von *Nur noch-Punkt* dann auch bloß *idealiter* sich ausdehnt, dann auch bloß der *Sinn von* etwas, das *realiter* sich ausdehnt: durch Verwendung als Zerlegung und Verteilung widersprüchlichen Gehalts der mit Begriff einhergehenden Anschauung hinein in *Nur noch-Ausdehnung* von *objektiver* Zeit mit *objektivem* Raum *zusammen* und sonach in eine Form, die eben nur ein *wirklich*-anderes Objekt der Außenwelt als ein *Ereignis* zu erfüllen vermag. Und in der Tat ist so etwas wie NxG bzw. GxN jeweils gerade *Sinn von* so etwas wie nXg bzw. gXn. Denn so etwas wie

»Dies wird grün« bzw. »Dies wird nichtgrün«, nämlich solche Zeit als Nur noch-Punkt bedeutet je und je gerade dasjenige, was, um nichtgrün oder grün zu werden, eben Zeit benötigt, und das heißt dann insgesamt: was jeweils *gegenüber* Zeit als Nur noch-Punkt gerade Zeit als Nur noch-Ausdehnung benötigt.

Denn allein, indem es Zeit als Nur noch-Ausdehnung erfüllt, vermag es dann auch überhaupt noch etwas Wirklich-Anderes zu Zeit als Nur noch-Punkt zu sein: bloß dadurch nämlich, daß es je und je gleichsam *vor* Zeit als Nur noch-Punkt *in* Zeit als Nur noch-Ausdehnung *hinein* sich *aus*zubreiten und mithin auch je und je *in* dieser Zeit als Nur noch-Ausdehnung gerade *über* jene Zeit als Nur noch-Punkt *hinaus*zugehen vermag. Nur so kann etwas, das auf diese Art aus Nur noch-Punkt der Zeit heraus, nämlich durch Wahrnehmung in Form von Urteil je und je als etwas Anderes schon immer *vor* und *hin* als etwas *Wirklich*-Anderes gestellt wird, dies tatsächlich *sein*: trotz Zeit benötigenden Wechsels seiner Eigenschaften oder Akzidenzen nämlich Ding oder Substanz als ein Beharrliches und so als ein Ereignis, eben etwas, das nicht etwas *ist*, sondern gerade *wird*.

Zwar tritt, wie Ihnen schon bekannt, auch das, was jeweils etwas *ist* statt wird, in dieser Zeit als Nur noch-Ausdehnung, nämlich als objektiver auf, weil aus bereits genanntem Grund auch letztere auf dritter Stufe durchwegs zu erzeugen ist. Doch es *benötigt* diese objektive Zeit als Nur noch-Ausdehnung in keiner Weise, um als ein Beharrliches und damit Wirklich-Anderes auftreten überhaupt zu können. Denn indem es etwas *ist* statt wird, ist es dies eben je und je auch schon allein zu jener subjektiven Zeit als Nur noch-Punkt, so daß es dazu diese objektive Zeit als Nur noch-Ausdehnung auch nicht *erfüllen* muß, das heißt, in sie hinein sich ausdehnen nicht *muß*, sondern nur *kann*. Denn freilich bleibt dann möglich, daß auch das, was etwas *ist* statt wird, dies nicht bloß jeweils *zu* der Zeit als Nur noch-Punkt von Wahrnehmung in Form des Urteils ist, sondern auch *über* sie *hinaus* noch *in* der Zeit als Nur noch-Ausdehnung: indem es eine Eigenschaft oder ein Akzidens nicht nur *zu* jener Zeit statt wechselt vielmehr beibehält, sondern auch noch *in* dieser Zeit und somit eben *eine Zeit lang* beibehält statt wechselt.

Aber wie gesagt: Dies *kann* es zwar, doch *muß* es nicht; und *tut* es dies, dann auch nur faktisch, kontingent, tatsächlich, eben als Erfolg. Als dieser aber muß es sich dann auch erst immer wieder neu ergeben, nämlich als ein anhaltender, überdauernder Erfolg zu einem

Intendieren, das als solches selbst gerade niemals Überdauern oder Anhalten, das vielmehr immer wieder ebenso Entstehen wie Vergehen ist und darin eben subjektive Zeit als Nacheinander immer wieder neuen Nur noch-Punktes. Denn genausogut kann das, was etwas *ist* statt wird, zu immer wieder neuem Nur noch-Punkt von subjektiver Zeit auch aufhören, dies zu sein, so daß es dies dann auch gerade *nicht* ist.

Wohingegen das, was etwas *wird* statt ist, dies *nicht* allein *zu* einem solchen Nur noch-Punkt der subjektiven Zeit von Wahrnehmung in Form des Urteils werden kann, dies vielmehr grundsätzlich auch *über* sie *hinaus* noch werden muß, nämlich auch noch *in* objektiver Zeit als Nur noch-Ausdehnung und somit eben *eine Zeit lang*, weil es dazu auch noch solche objektive Zeit benötigt. Und das geht besonders klar für Sie daraus hervor, daß jeder solche Wechsel einer Eigenschaft bzw. eines Akzidens, den es als Ding bzw. als Substanz dann übersteht, grundsätzlich nichts als Raumformwechsel sein kann, weil es nur aus einer Raumform jeweils in eine von ihr verschiedene Raumform übergeht, so daß dabei auch immer wieder eine Raumform als Entfernung oder Abstand zwischen beiden liegen muß.

Den Wechsel beider als den Austritt aus der einen und den Eintritt in die andere zu überstehen, kann für Ding oder Substanz als ein Ereignis denn auch nur bedeuten, je und je eine bestimmte Raumform als Entfernung oder Abstand zwischen zwei bestimmten Raumformen zu überbrücken. Nur daß dies *zu* einer Zeit als Punkt[12] eben nur möglich ist, indem es auch *in* einer Zeit als Spanne oder Ausdehnung[13] erfolgt, in die hinein der widersprüchliche Gehalt von dem, wozwischen solcher Abstand je und je bestimmter Abstand ist, sich je und je zerlegen und verteilen muß: wofür dann aber Zeit auch je und je erst aufzuspannen oder auszudehnen ist, das heißt, *zur* Spanne oder Ausdehnung auch je und je *aus* sich als Punkt *heraus* und damit je und je auch *über* sich als Punkt *hinaus* erst *werden* muß. Als in sich widersprüchlicher Begriff in Form von Zeit als Punkt ist nämlich dieser in sich widersprüchliche Gehalt zwar immer schon im Spiel, jedoch auch noch im Blick, nämlich der Wahrnehmung in Form von Zeit als Punkt in Punkt des Urteils immer erst, wenn er auch *vor*

12 So von jetzt an öfters kurz für Nur noch-Punkt.
13 So von jetzt an öfters kurz für Nur noch-Ausdehnung.

ihm *ausgebreitet* noch in Zeit als *Spanne* auftritt: eben *vor* dem *Punkt* von NxG bzw. GxN jeweils als *Ausdehnung* von nXg bzw. gXn.

Denn innerhalb von NxG bzw. GxN ist je und je gerade niemals etwas »zeitlich nach« bzw. »zeitlich vor« dem andern und so auch gerade niemals etwas »zeitlich ausgedehnt«, weil es hier je und je gerade immer wieder nur ein Etwas innerhalb von Punkt der subjektiven Zeit ist, wenn auch je und je durch »wird« geordnet. Doch obwohl erst innerhalb von nXg bzw. gXn und so erst innerhalb von Ausdehnung der objektiven Zeit dann etwas »zeitlich vor« bzw. »zeitlich nach« dem andern ist und damit »zeitlich ausgedehnt«, kann es dies je und je gerade immer wieder nur *vor* Punkt der subjektiven Zeit des NxG bzw. GxN sein, nämlich ein Ereignis als ein Objekt immer wieder nur *für* ein Subjekt, weil immer wieder auch nur ein Erfolg *zu* einer Intention.

Darum sollten Sie auch wohl beachten, daß infolgedessen beides – das, was etwas *ist*, genausosehr wie das, was etwas *wird* – dies je und je *zu* einem Zeit*punkt* ist bzw. wird. Und zwar weil immer wieder nur aus Punkt der subjektiven Zeit heraus, nämlich durch Wahrnehmung in Form von Urteil etwas sich als Wirklich-Anderes hinstellen läßt und so auch immer wieder nur bezüglich eines solchen Punktes sich als Wirklich-Anderes einstellen kann und damit in Bezug auf jeweiligen Punkt als Nacheinander subjektiver Zeit auch immer wieder nur als ein Beharrliches. Was wir im vorigen bereits uns hergeleitet haben, tritt sonach erst hier zu voller Deutlichkeit für Sie hervor: Beharrlichkeit als Wirklichkeit von etwas Anderem zu Subjektivität entspringt auch immer wieder nur bezüglich solcher Subjektivität, will sagen, immer wieder nur bezüglich subjektiver Zeit, wonach nur das jeweils beharrt, was auch noch gegen solches Nacheinander jeweiligen Punktes ein Zugleich ist, nämlich nicht bloß ein Zugleich nach innen, sondern auch noch ein Zugleich nach außen.

Also nicht nur das, was etwas *ist*, sondern auch das, was etwas *wird*, beharrt ausschließlich dadurch, daß es nicht bloß ein Zugleich nach innen, sondern auch noch ein Zugleich nach außen, nämlich auch noch gegen dieses Punktes Nacheinander jeweils ein Zugleich ist. Nur daß es als das, was jeweils etwas wird, und so als das, was jeweils mindest zweierlei Zugleich und damit zueinander widersprüchliches Zugleich in sich vereinigt, zu beharren eben nur vermag, indem es jeweils *über* dieses Nacheinander subjektiver Zeit als Punkt, bezüglich dessen es beharrt, auch noch *hinaus* in jenem Nacheinander objektiver Zeit als Ausdehnung beharrt und damit gleichfalls außerhalb von subjektiver Zeit der Innenwelt eines Subjekts als ein Objekt in Außenwelt. Gerade derlei nämlich wird in solchem Fall nicht schon durch bloßen objektiven Raum ermöglicht, sondern erst durch zusätzliche objektive Zeit, weil erst durch sie auch zweierlei und sonach zueinander widersprüchliches Zugleich ein objektiver Raum und damit ein Objekt als ein Ereignis sein kann: eben nur in Form der mit dem objektiven Raum einhergehenden objektiven Zeit, in welcher mindest zweierlei und zueinander widersprüchliches Zugleich dann an Beharrlichem gerade wechselt und als Nacheinander an ihm somit widerspruchsfrei wird. Jedoch vermag es dieses Eigenschaften oder Akzidenzen *wechselnde* Beharrliche eben genausosehr wie jenes Eigenschaften oder Akzidenzen *beibehaltende* Beharrliche auch immer wieder nur bezüglich eines Nacheinander solchen Punktes subjektiver Zeit zu sein.

Was unsere Herleitung auch noch von objektiver Zeit ergibt, ist demnach ein Gesamtgefüge, woraus keines seiner Aufbaustücke weggelassen werden kann: die subjektive Zeit als Punkt so wenig wie die objektive Zeit als Ausdehnung, weil je und je nur in Bezug auf solchen Punkt auch solche Ausdehnung auftritt, und umgekehrt, obwohl sie sich dabei als Innenwelt und Außenwelt gerade gegenüberstehen. Denn immer wieder nur *aus* solcher subjektiver Zeit als Punkt *heraus* und damit *über* sie als Punkt *hinaus* kann es auch objektive Zeit als Ausdehnung noch geben. Solche nämlich ist sie je und je nur als objektivierte subjektive Zeit, das heißt, als die eines erdeuteten Objektes gegenüber derjenigen eines deutenden Subjektes: eben jeweils gegenüber der von so etwas wie NxG bzw. GxN als die von so etwas wie nXg bzw. gXn. Und immer wieder miteinander jeweils streng einher gehen sie demgemäß gerade so, daß jeder neue Punkt von so etwas wie NxG bzw. GxN auch immer wieder neu die Ausdehnung von so etwas wie nXg bzw. gXn sich gegenüber ausgebreitet hat, weil dies die Minimalbedingung dafür ist, auch nur die einfachste und übersichtlichste Veränderung oder Bewegung wahrzunehmen, nämlich als Ereignis zu erdeuten oder zu erzielen als Erfolg für eine Intention. Erst solche objektive Zeit als Zeit solcher Objekte, die in sie als Ausdehnung hinein sich ausdehnen, ist denn als eindimensionale Ausdehnung auch meßbar, nämlich durch ein solches Objekt, das durch seine periodisch wiederkehrende Veränderung oder Bewegung ausgezeichnet, eben »Uhr« ist. Und so sind es denn auch letztlich immer zeitliche *Objekte*, und nicht etwa objektive Zeit *als solche*, was »gemessen« wird.

Daraus aber, daß es dabei immer wieder nur um solch ein Gegenüber zwischen objektiver Zeit als Ausdehnung und subjektiver Zeit als Punkt sich handeln kann, vermögen wir uns ferner herzuleiten, daß gerade solche objektive Zeit sich dann in Zukunft, Gegenwart, Vergangenheit auch gliedern muß, weil diese Gliederung und jene Ausdehnung letztlich dasselbe sind. Muß nämlich Ausdehnung von objektiver Zeit jeweils aus Punkt von subjektiver Zeit heraus erfolgen, muß bezüglich eben dieses Punktes jeweils Ausdehnung von objektiver Zeit auch jeweils Ausdehnung vergangener genausowie zukünftiger Zeit sein, weil dieser Punkt dann jeweilige Gegenwart dazwischen darstellt, nämlich jeweils rückwirkend zum jeweiligen *Jetzt*punkt wird. Und in der Tat muß gegenüber einem jeden Punkt von so etwas wie NxG dann so etwas wie nXg auch Ausdehnung, und zwar nicht nur in dem Sinn sein, daß n an X *vor* g an X bzw. g an X *nach* n an X ist, nämlich *früher* als das andere bzw. *später* als das andere an ihm ist, sondern eben dadurch ferner in dem Sinn, daß n an X *vergangen* ist und g an X *zukünftig* ist. Denn *gegenwärtig* ist an X dabei ja weder n noch g, weil X dabei auch weder n noch g *hat*, sondern n bloß *hatte* sowie g bloß *haben wird*, indem sie *gegenwärtig* an ihm ja gerade *wechseln*.

Noch viel weitergehend wird mithin, was bisher immer wieder nur als Faktum hingenommen werden konnte, nunmehr für uns herleitbar.

So erst einmal, daß Zeit als Zukunft und Vergangenheit stets nur aus Zeit als Gegenwart heraus bestehen kann, wie sich ja stets nur je und je aus solchem Punkt der Zeit als Gegenwart heraus dann sinnvoll auch von Ausdehnung der Zeit als Zukunft und Vergangenheit noch reden läßt. Denn schlechthin sinnlos wäre es, davon auszugehen, daß Zeit auch *über* diesen Punkt der Gegenwart *hinaus*, nämlich als Zukunft *schon* und als Vergangenheit auch *noch* bestehe: sozusagen rechts und links von solchem Punkt als eindimensionale Linie, indem sie sich von rechts nach links durch diesen Punkt hindurchbewege, aber eben *vorher* schon bestanden *habe* wie auch *nachher* noch bestehen *bleibe*. Ganz im Gegenteil: Nicht nur als subjektive, sondern auch als objektive, und das heißt, auch als Vergangenheit und Zukunft bildet Zeit statt ein Bestehen vielmehr immer wieder bloß ein ebenso Entstehen wie Vergehen, woran Sie geradezu mit Händen greifen können, daß sie objektive in der Tat bloß als objektivierte subjektive darstellt.

Nur daß objektive Zeit gerade nicht wie subjektive bloß ein ebenso Entstehen wie Vergehen jenes Punktes bildet, sondern je und je auch noch ein ebenso Entstehen wie Vergehen dieser Ausdehnung zu jeweiliger Zukunft und Vergangenheit[14]. Und damit fängt auch das Spezifische der Ausdehnung als Nur noch-Ausdehnung von objektiver Zeit im Unterschied zur Ausdehnung als Nur noch-Ausdehnung von objektivem Raum schon an, sich Ihnen abzuzeichnen: Wenngleich objektive gegenüber subjektiver eindimensionale gegenüber nulldimensionaler Zeit ist, so doch keineswegs auf solche Art, daß sie auch ihrerseits und somit überflüssig-zusätzlich ein objektiver Raum noch wäre, etwa einfach eine Linie obendrein, was wir in positiver Hinsicht, wie schon angekündigt, uns noch weiter werden herzuleiten haben.

Vorerst aber wird für uns als nächstes herleitbar, wie grundverfehlt es ist, zu meinen, als Vergangenheit sei Zeit die Sache eines »Retenierens« und als Zukunft diejenige eines »Protenierens«, nämlich eines »Nachhaltens« und eines »Vorhaltens«[15]. Wie wenig gründlich dies durchdacht ist, zeigt Ihnen die Frage, die sich dabei unausweichlich stellen müßte, nämlich: Eines »Nachhaltens« und eines »Vorhaltens« *wovon* denn eigentlich? Die Antwort darauf aber kann nicht fehlgehen, weil sie aus dem »Re-« und »Pro-« im Sinn von »Nach-« und »Vor-« als solchem selbst schon folgen muß: *Von Zeit*, und zwar von *ausgedehnter*, also *objektiver* Zeit, weil Sie durch »Re-« und »Pro-« im Sinn von »Nach-« und »Vor-« auch immer nur gleichsam verlängern könnten, was Sie dazu immer schon »-tenieren«, also »-halten« oder *haben* müßten, eben objektive Zeit als Ausdehnung *vor* sich, nämlich *vor* subjektiver Zeit als Punkt[16].

Dann aber ist es auch bereits ein Widersinn in sich, dies immer erst von Unterschiedlichem wie *Re*tenieren einerseits und anderseits von

14 Wie subjektive Zeit als Punkt hat demgemäß auch objektive Zeit als Ausdehnung ihre bereits erwähnte Anisotropie als ausschließliche Einseitiggerichtetheit hin zum Entstehen (vgl. oben *Teil 1*, § 16, S. 383 ff.).

15 Vgl. oben § 19, S. 538 f.

16 Die Zeit als Ausdehnung, die jene Theorie von »Retention« und »Protention« durch beides überhaupt erst herzuleiten vorgibt, setzt sie also eigentlich für beides immer schon voraus und wird auf diese Weise zirkelhaft.

*Pro*tenieren zu erwarten, weil dies vielmehr immer schon von Selbigem erbracht wird, nämlich von demselben *Ex*tendieren, das denn auch ein Ex*tend*ieren und nicht etwa nur ein Ex*ten*ieren ist, sprich, ein *ursprüngliches* Aus*dehnen* und nicht etwa nur ein *abgeleitetes* Aus*halten*. Und tatsächlich muß *dieselbe* Ausdehnung von Zeit als objektiver aus dem Punkt von Zeit als subjektiver dann die Ausdehnung von Zeit als Zukunft und Vergangenheit *ineinem* sein, weil jener Punkt der subjektiven Zeit gerade diese Ausdehnung der objektiven Zeit auch je und je nur vor sich haben kann, indem er dadurch rückläufig auch je und je zum Punkt der Gegenwart dazwischen wird und somit eben zwischen Zeit als Zukunft und Vergangenheit.

Nur bleibt er dennoch, ja gerade deshalb, nämlich als der Punkt von subjektiver Zeit, der Ausdehnung von objektiver Zeit dann *gegenüber*, wie sie umgekehrt auch ihm, wird also nicht etwa zu einem Punkt *in* ihr; denn trotzdem, ja gerade darum ist und bleibt sie Ausdehnung als *Nur noch*-Ausdehnung genauso wie er Punkt als *Nur noch*-Punkt. Und in der Tat ist Zeit als Gegenwart gerade nicht wie Zeit als Zukunft und Vergangenheit auch selbst noch Ausdehnung, sondern gerade Punkt, und Zeit als Ganzes also eigentlich ein *Gegenüber* zwischen Ausdehnung und Punkt, das deswegen auch nicht *realiter*, sondern nur *idealiter* zu einem *Zwischen* jenes Punktes *innerhalb* von dieser Ausdehnung als Zukunft und Vergangenheit zu führen vermag.

Genau in solche objektive Zeit hinein, welche genau zu solcher Art von Ausdehnung jeweils erst auszudehnen ist, hat sich mithin auch jener in sich widersprüchliche Gehalt jeweils noch auszudehnen – eben nicht einfach nur zu zerlegen und verteilen, sondern förmlich zu *verlegen*, nämlich jeweils in *Vergangenheit* und *Zukunft* solcher Ausdehnung von Zeit –, um je und je aus *Gegenwart* als Punkt von Zeit heraus dann auch nur widerspruchsfrei als ein Wirklich-Anderes vor- und hingestellt werden zu können: je und je aus Wahrnehmung wie NxG heraus als wahrgenommenes Ereignis in der Außenwelt wie nXg. Denn umgekehrt vermag für so etwas wie NxG auch so etwas wie nXg als ein Ereignis, nämlich als Bewegung oder als Veränderung jeweils nur dahingehend abzulaufen, daß dabei auch jeweils n an X vergangen ist und g an X zukünftig ist, weil gegenwärtig eben jeweils X als das, woran sie jeweils wechseln, was Sie nunmehr förmlich vor sich sehen müßten.

Darum läßt sich immer erst die *Wahrnehmung* von Ding oder Ereignis als Empirischem *in Form* von objektiver Zeit als Nichtempirischem, das sich zur Ausdehnung von Zukunft und Vergangenheit dafür auch immer schon zu *extendieren* hat, dann *insgesamt* noch »retenieren« oder »protenieren«. Demgemäß vermag dies immer nur zu derlei wie »Erwartung von« solchem Empirischen bzw. zu »Erinnerung an« solches Empirisches zu führen, welche ebenso wie Wahrnehmung von ihm auch immer nur *a posteriori* sein kann, während Nichtempirisches wie objektive Zeit als Ausdehnung von Zukunft und Vergangenheit dafür schon immer *a priori* sein muß. Denn so etwas wie Veränderung oder Bewegung als Ereignis auch nur zu vergegenständlichen – geschweige zu verwirklichen, sprich, als Erfolg für sich als Intention tatsächlich zu erzielen –, kann Subjektivität sich immer erst in Form von *sich als* solcher Zeit ermöglichen, und deshalb muß sie *sich als* diese Form dafür auch immer schon zugrunde legen. Sie anstatt auf *Extendieren* als etwas Ursprüngliches vielmehr allein auf »Retenieren« oder »Protenieren« als etwas bloß Abgeleitetes zurückzuführen, heißt denn auch tatsächlich, sie bereits vorauszusetzen statt erst herzuleiten: so als wäre Wirklichkeit wie Gegenständlichkeit von objektiver Zeit dafür schon immer fertig vorgegeben als das Unding einer Art Behälter für Objekte und mithin als zusätzliches Sonderobjekt. Wohingegen objektive Zeit in Wahrheit doch gerade nur die Form dieser Objekte selbst ist, weil sie auch recht eigentlich aus uns als den Subjekten stammt, die wir Objekte als Erfolge für uns selbst als Intendieren immer wieder erst erzielen können, eben erst erdeuten, erst erformen, erst erwirken: als die Wirklichkeit von Anderem zu uns durch Selbstverwirklichung von uns zu einer Form, die dabei ständig wie durch Prägen übergeht vom Prägenden auf das Geprägte und als solche somit auch den unauflöslichen Zusammenhang wie Unterschied von Welt und uns als innerliche Systematik eines Ganzen dartut.

So vermögen Sie sich denn auch abschließend noch herzuleiten, daß es zwangsläufig in einer Katastrophe enden muß, wenn diese heikle Systematik angetastet wird, nach der es Zeit nur geben kann als Ausdehnung von objektiver und als Punkt von subjektiver streng in Gegenüber *zu*einander ebenso wie *mit*einander. Denn dagegen zu verstoßen, führt notwendig zum Zusammenbruch dieser Struktur, will sagen, zum Zusammenfall von Zeit als Punkt und Zeit als Ausdehnung, wie er bereits in Zenons Zeit-Paradoxien vorliegt. Jede einzelne von ihnen nämlich hat zuletzt nur dies zum Grund, daß innerhalb von Zeit als Ausdehnung auf einmal Zeit als Punkt auftritt und damit das Problem: Wie kann sich innerhalb von Zeit als Punkt denn überhaupt etwas ereignen, nämlich sich bewegen oder sich verändern, wo es innerhalb von Zeit als Punkt gerade dafür, eben um sich zu ereignen, nämlich zu bewegen oder zu verändern, doch recht eigentlich gar keine Zeit hat – was entsprechend für den Raum gilt?[17]

Dieses Grundproblem der Zeit-Paradoxien Zenons aber ist nicht nur bis heute ungelöst, weswegen sie mit Recht noch immer ernst genommen werden, insbesondere von reflexionsbereiten Physikern[18], weil danach der Begriff eines Ereignisses zum Dunkelsten gehört, was in Philosophie wie Empirie herumspukt. Dieses Grundproblem derselben bleibt auch unlösbar, solange Zeit ganz selbstverständlich als ausschließlich objektive wie als solche auch ursprünglich vorgegebene aufgefaßt wird. Denn gerade dadurch muß jene Struktur von Zeit als jeweiligem Gegenüber zwischen Ausdehnung und Punkt dann notwendig zusammenbrechen und infolge davon Zeit als Punkt mit Zeit als Ausdehnung auch notwendig zusammenfallen. Zeit als Punkt kann danach nämlich nur in Zeit als Ausdehnung noch auftreten und muß mithin als Punkt dort auch genauso objektiv sein wie als Ausdehnung, womit das Grundproblem von Zenons Zeit-Paradoxien unausweichlich wird.

Deswegen sollten Sie sich auch nicht dazu überreden lassen, ihm nur sprachlich auszuweichen, nämlich dahingehend, dieses Grundproblem entstehe gar nicht, weil doch trotzdem ein Ereignis gar nicht »in«, sondern »zu« einem solchen Zeitpunkt sich ereigne[19]. Denn gerade dann, wenn dieser Zeitpunkt ein ausschließlich und ursprünglich objektiver sein soll, muß es Ihnen schlechthin unerfindlich bleiben, wie sich zwischen »zu« und »in« denn überhaupt ein Unterschied ermitteln ließe, ganz zu schweigen einer, der für dieses

17 Nicht zufällig schickt deshalb Aristoteles gerade dieses Grundproblem, das erst die dritte der Paradoxien, nämlich die vom *Flug des Pfeils* am reinsten darstellt, allen vier Paradoxien schon voraus als ihr Prinzip. Vgl. *Physik*, Buch 6, Kap. 9, 239 b 5–33.

18 Vgl. z.B. J. Audretsch, K. Mainzer (Hg.), *Philosophie und Physik der Raum-Zeit*, Mannheim 1988, S. 147f.

19 Vgl. P. Edwards (Hg.), *Encyclopedia of Philosophy*, New York 1967, Bd. 7/8, S. 375; ferner W.C. Salmon (Hg.), *Zeno's Paradoxes*, New York 1970, S. 160, S. 162.

Grundproblem die Lösung bringen könnte, so daß Sie ihm damit nicht auch sachlich beigekommen wären. Ganz im Gegenteil führt es vielmehr tatsächlich unausweichlich bis zu jenem Widerspruch, den Sie schon kennen: Ob nun »in« oder »zu« einem Zeitpunkt könnte etwas nur in dem Sinn sich ereignen, nämlich sich verändern oder sich bewegen, daß es dann im Raum an einem ganz bestimmten Ort *ist* ebenso wie *nicht* ist, einen ganz bestimmten Abstand gegenüber etwas anderem *hat* genausosehr wie *nicht* hat, was dann aber eben heißen müßte, daß es so etwas wie ein Ereignis als Veränderung oder Bewegung überhaupt nicht geben könnte.

Diesbezüglich aber unterläuft nun Aristoteles ein aufschlußreicher Fehler, der gleichwohl jedoch bisher anscheinend noch nicht aufgefallen ist, woran sich Ihnen zeigt, wie wenig Zenons Zeit-Paradoxien gelöst sind. Aristoteles meint nämlich, Zenon irre, wenn er folgert, daß im Zeitpunkt also etwas stets nur ruhen könne, weil er dabei übersehe, daß es hierzu gleichfalls Zeit benötige und damit eben Zeit als Spanne statt als Punkt[20]. Verfehlt ist das, weil keine Rede davon sein kann, daß genauso wie Veränderung oder Bewegung von etwas als ein Ereignis »in« oder »zu« einem Zeit*punkt* auch noch Ruhe von etwas »in« oder »zu« einem Zeit*punkt* unmöglich ist. Das wäre nämlich nur der Fall, wenn sich aus letzterem genauso wie aus ersterem ein Widerspruch ergäbe, was jedoch nicht zutrifft. Denn in Ruhe ist etwas, wenn es zu einem andern Etwas einen ganz bestimmten Abstand hat und damit letztlich eine ganz bestimmte Raumform, sei es nun in diesem relativen oder jenem absoluten Sinn, woran Sie sich erinnern werden. Eine solche ganz bestimmte Raumform aber kann es ohne jeden Widerspruch auch »in« oder »zu« einem bloßen Zeit*punkt* haben, muß es also keineswegs, um sie zu haben, auch noch »in« oder »zu« mehr als einem Zeitpunkt haben oder auch noch in Zeitspanne. Statt eine Notwendigkeit ist es darum vielmehr die reine Kontingenz, Faktizität, Tatsächlichkeit, wenn etwas eine ganz bestimmte Raumform, die es »in« oder »zu« einem Zeitpunkt hat, auch »in« oder »zu« einem andern Zeitpunkt hat oder auch in Zeitspanne.

Daraus geht für Sie mithin gerade umgekehrt hervor: Um diesen Unterschied zwischen der Ruhe und Bewegung von etwas auch nur als Problematik letzterer zu sehen, dafür ist entscheidend, *beides* in Beziehung auf den Zeitpunkt zu betrachten: womit Zenon also kri-

20 Vgl. *Physik* 239 a-b.

tisch voll im Recht ist und dogmatisch-unkritisch im Unrecht demnach jeder, der wie Aristoteles gleich beides schon von vornherein ausschließlich in Zeitspanne zuläßt. Und tatsächlich kann doch schlechterdings nicht fraglich sein, daß Ruhe *und* Bewegung von etwas, tritt sie nur immer auf, auch jeweils »in« oder »zu« einem Zeitpunkt auftritt. Nur ist Zeit als dieser Punkt gerade nicht ursprünglich objektiv, sondern ursprünglich subjektiv, nämlich das jeweilige Subjekt selbst, das immer erst als Punkt in Punkt des Urteils in der Wahrnehmung dergleichen zum Objekt besitzen kann. Denn objektiv ist Zeit vielmehr allein als Ausdehnung, als solche dann jedoch nie schon ursprünglich, sondern stets erst abgeleitet, weil sie stets erst dazu ausgedehnt wird, nämlich stets erst *aus* dem Punkt von Zeit des Subjekts *zu* der Ausdehnung von Zeit des Objekts, die Sie denn auch, eben weil sie unlösbar zusammenhängen müssen, strengstens auseinanderhalten müssen.

Und erst so vermögen darum auch erst Sie zu sichern, daß tatsächlich zwischen »zu« und »in« einem Zeit*punkt* nicht bloß der Sprache, sondern auch der Sache nach ein Unterschied besteht. Dann nämlich tritt zutage, daß Bewegung eines Objekts, die im Unterschied zu Ruhe eines Objekts keineswegs »in« Zeit als Punkt, sondern allein »in« Zeit als Ausdehnung auftreten kann, nicht nur nicht ausschließt, sondern sogar einschließt, daß sie jeweils auch »zu« einem Zeitpunkt auftritt. Denn durchaus nicht heißt dies dann noch länger, daß sie auch »in« einem Zeitpunkt auftritt. Dabei nämlich handelt es sich dann vielmehr auch umgekehrt um einen jeweiligen Zeitpunkt *zu* einer jeweiligen Zeitspanne, der sonach, wenn auch nicht *abgetrennt* von, so doch *außerhalb* von, eben *zusätzlich* zu ihr besteht, weil ihr auch immer schon *vorweggeht.*

Jener Punkt von Urteil als Subjekt ist diese subjektive Zeit jedoch gerade als der jeweilige Punkt von Wahrnehmung wie NxG, bezüglich dessen überhaupt nur in entsprechend jeweiliger Ausdehnung von Zeit auch etwas Wahrgenommenes wie nXg zum Objekt, nämlich zum Ereignis als Bewegung oder als Veränderung von etwas werden kann. Denn auch erst in Gestalt von Zeit als Punkt wie NxG und dementsprechend auch erst in Gestalt von Zeit als Ausdehnung wie nXg vermag sich jener Widerspruch zu lösen, der als jener in sich widersprüchliche Gehalt von Anschauung und von Begriff dabei nach beiden diesen Seiten immer schon zugrunde liegen muß. Und dies, weil so etwas wie nXg bzw. NxG seine *Be-*

stimmtheit zwischen n ... *und* ...g bzw. N ... *und* ...G ja überhaupt nur mittels des *Gehalts* von n ... *und* ...g bzw. N ... *und* ...G, mithin auch immer nur *ineinem* haben kann und so in Anschauung und in Begriff jeweils auch immer schon *ineinem* haben muß, wie oben hergeleitet.

Daß die Zeit-Paradoxien Zenons noch bis heute ungelöst sind, kann Sie danach nicht mehr wundern, weil Sie daran nunmehr sehen, daß ihr Grundproblem nichts als ein selbstgemachtes Scheinproblem ist. Und so kann Ihnen auch nicht entgehen, was Sie von ihren angeblichen Lösungen zu halten haben,[21] wenn Sie ferner sehen, daß man es dabei nicht einmal für fragenswert hält: Wie denn eigentlich soll innerhalb von Ausdehnung der Zeit, die man doch so, als ob dies selbstverständlich wäre, als ausschließlich objektive wie als solche auch ursprünglich vorgegebene ansieht, so etwas wie Punkt auftreten können?[22] Denn gerade innerhalb von derart, nämlich kurzerhand empirisch aufgefaßter objektiver Zeit doch ist und bleibt es schlechterdings unmöglich, demgemäß empirisch einen Punkt zu finden, – ganz zu schweigen außerhalb von ihr, weil gegenüber dieser Ausdehnung von objektiver jener Punkt von subjektiver Zeit erst recht nicht ein empirisch auffindbarer sein kann.

Daran nämlich sehen Sie zuletzt: Was Zenon – und mit ihm bis heute jeder seiner Interpreten – sich zuschulden kommen läßt, ist, daß er ohne jedes Recht, weil ohne jede Ahnung seiner Herkunft, jenen Punkt der subjektiven Zeit in diese Ausdehnung der objektiven Zeit einfach hineinträgt und sie damit problematisch, nämlich widersprüchlich überhaupt erst macht. Doch nicht nur das: Recht eigentlich stellt er damit die Sache auf den Kopf, indem er zum Problem macht, was vielmehr die Lösung ist, nämlich als Ausdehnung von objektiver Zeit die Lösung jenes Widerspruchs in jenem Punkt von subjektiver Zeit. Und in der Tat wird durch den Rückschritt aus der Ausdehnung von objektiver Zeit zu Punkt von objektiver Zeit und so aus der realen Ordnung innerhalb von so etwas wie

21 Auch von reflexionsbereiten Mathematikern wird eingestanden, daß es sich bei diesen angeblichen Lösungen um keine eigentlichen handeln kann. Vgl. z.B. R. Courant, H. Robbins, *Was ist Mathematik?*, 4. Aufl. Berlin 1992, S. 232 f.; ferner: D. Laugwitz, *Zahlen und Kontinuum*, Darmstadt 1986, S. 228 ff.

22 Vgl. dazu nochmals oben S. 866, Anm. 18 und 19.

nXg nicht weniger als aus der idealen Ordnung innerhalb von so etwas wie NxG die Rückkehr in den Widerspruch auch unausweichlich, der als einer innerhalb von Punkt der objektiven Zeit dann auch unlösbar wird und bleibt: solange jedenfalls, wie er als Inbegriff des zum Objekt verdinglichten Subjekts noch nicht durchschaut ist. Denn erschwert wird dies, weil es nur für *intentio obliqua* möglich werden kann, die in der Lage ist, jenem Modell gemäß auf nichtempirisch-subjektive Zeit als eigentlichen Ursprung und als eigentliches Wesen objektiver Zeit zu reflektieren. Wohingegen für *intentio recta*, die ausschließlich objektiv-empirische, das heißt, von ihrem eigentlichen Ursprung und von ihrem eigentlichen Wesen abgeschnittene Zeit kennt, dies auch weiterhin unmöglich bleiben muß.

Unübersehbar ist das für Sie dort, wo einmal ausnahmsweise explizit wird, was sonst in der Regel implizit bleibt: die als selbstverständlich angesehene Voraussetzung, wonach »no thing can possibly be different from itself«[23]. Gerade darin nämlich irrt dann auch *intentio obliqua*, die als bloße rückgewendete *intentio recta* auftritt, weil es mindestens ein »Ding« gibt, das sehr wohl seine Identität unmittelbar in seiner Differenz hat, wie unser Modell für Zeit bezeugt. Nur handelt es sich bei ihr eben deshalb um kein Ding, um kein Objekt, sondern um ein Subjekt, nämlich um jenes ursprüngliche Nacheinander subjektiver Zeit von aktualem Punkt als ständig mit sich selbigem wie zu sich anderem, als der es ständig ebenso entsteht wie auch vergeht. Gerade dieses ebenso Entstehen wie Vergehen aber überträgt sich voll und ganz auch noch auf aktuale Ausdehnung von objektiver Zeit, die als das Nacheinander von Vergangenheit und Zukunft jeweils aus dem ursprünglichen Nacheinander jenes Punktes, der dadurch zum jeweiligen Punkt der Gegenwart wird, abgeleitet ist, so daß sie auch, wie er ein immer wieder neuer, eine immer wieder neue wird. Nur daß sie dies, indem sie es gerade als die jeweilige *Aus*dehnung *aus* solchem Punkt *heraus* wird, jeweils auch gerade *über* diesen jeweiligen Punkt *hinaus* wird und mithin auch je und je als solche Ausdehnung *vor* solchem Punkt, den sie als aktuale Ausdehnung sonach gerade nicht als aktualen Punkt in sich hat. Denn auch nur, indem sie je und je als solche Ausdehnung gerade

23 B. Aune, *Metaphysics. The Elements*, Oxford 1986, S. 108.

gegenüber solchem Punkt auftritt, kann sie die Lösung *zu* ihm als Problem sein, nämlich *für* den Widerspruch, den er zunächst einmal enthalten muß.

Nur so, das heißt, allein durch solcherart *intentio obliqua* können Sie denn auch verstehen, was jeglicher *intentio recta* unverständlich bleiben muß, nämlich weswegen es der außerordentlichen Leistung des *Infinitesimalkalküls* bedurfte, um zum Beispiel ein Ereignis als Veränderung oder Bewegung von etwas auch noch der Quantität nach zu bestimmen, und das heißt, auch noch seiner Geschwindigkeit nach, die es als bestimmte jeweils nur *zu* einem Zeit*punkt* haben kann. Daß dies zunächst einmal auf größte Schwierigkeiten stößt, liegt nämlich nur daran, daß solch ein Zeitpunkt eben nicht bereits als objektiver vorgegeben ist, weil objektive Zeit vielmehr gerade Ausdehnung als Kontinuität ist und nicht Punkt als Diskretion, so daß es so etwas wie Punkt und Diskretion in ihr gerade erst von ihr als Kontinuität und Ausdehnung her festzulegen gilt. Denn daß Bewegung ein bestimmtes Quantum an Geschwindigkeit allein *zu* einem Zeit*punkt* haben kann, was man bisher desgleichen kurzerhand für selbstverständlich hält, rührt überhaupt nur daher, daß es sich bei diesem *Punkt* der Zeit zunächst einmal um keinen andern als den von Bestimmtheit selber handelt, von Begriff bzw. Urteil, worauf Empirie indessen als *intentio recta* überhaupt nicht reflektiert, weil überhaupt nicht reflektieren kann.

Und eben dieser jeweilige Zeitpunkt von Bestimmtheit selber ist es denn auch, der durch so etwas wie

$$\mathrm{NxG}$$

oder durch so etwas wie

$$v = \lim_{\Delta t \to 0} \frac{\Delta s}{\Delta t} = \frac{ds}{dt}$$

im wahrsten Sinn des Wortes je und je *re*-präsentiert oder *ver*-gegenwärtigt wird[24]. Und zwar auch dann, wenn dadurch ein Ereignis, das

24 Darum besteht, wie Sie beachten sollten, auch von vornherein nicht der geringste Anlaß, diesen Punkt der Zeit etwa als eine, wenn auch nur »unendlich kleine« Ausdehnung der Zeit sich vorzustellen, mit dessen oder deren Unsinn sich *Infinitesimalkalkül* bekanntlich bis ins 19. Jahrhundert noch herumgeplagt hat. Immer wieder nämlich handelt es sich sei-

als Ganzes schon in der Vergangenheit oder noch in der Zukunft liegt, vergegenständlicht werden sollte, weil dies ebenfalls nur *Re*präsentation oder *Ver*-gegenwärtigung einer zukünftigen oder vergangenen *Gegenwart* bedeuten könnte; denn bezüglich welcher Gegenwart auch immer, kann es doch *als solches*, nämlich *als Ereignis* eben prinzipiell nur in entsprechende Vergangenheit *und* Zukunft *ausgedehnt* auftreten. Prinzipiell nicht mehr zu helfen jedenfalls ist jedermann, der weiterhin den festen Glauben hegt, daß dergestalt verteilte Farbe auf Papier in einem Lehrbuch der Physik oder Mathematik auf einem Bücherbrett im Dunklen beispielsweise einen Fall von Sinn oder Bedeutung darstellt, – er muß eben weiterhin dran glauben. Denn das ist sie vielmehr immer wieder nur als jeweils jetzt verwendete, sei es zum Schreiben oder Lesen oder auch zu einer Praxis, die an solche Theorie sich anschließt und als nach ihr ausgelegte »Technik« jeweils »funktioniert« oder auch nicht, kurzum: als jeweils jetzt zu einer Intention verwendete, die dadurch zum Erfolg oder zum Mißerfolg führt.

Darum kann es auch kein Zufall sein, daß alles, was bereits in so etwas wie NxG enthalten ist, genausosehr in solchen Formeln der Physik zum Ausdruck kommt, nur eben auch noch quantitativ-explizit in Form von Δs und Δt, nämlich bestimmte Ausdehnung von Raum wie auch bestimmte Ausdehnung von Zeit. Denn so etwas wie NxG drückt ja desgleichen aus, daß etwas eine Ausdehnung von objektivem Raum in einer Ausdehnung von objektiver Zeit durchläuft, obzwar bloß qualitativ-implizit, weil darin offenbleibt, in *welcher* Ausdehnung von Zeit denn etwas *welche* Ausdehnung von Raum durchläuft, wenn beispielsweise etwas Nichtgrünes zu etwas Grünem wird.

Nur hat *intentio obliqua* auch noch zu beachten, was *intentio recta* außer Acht läßt, nämlich daß Verwendung solcher Formeln eben nicht wie Bildung solcher Formeln nur Bestimmung von etwas, sondern Behauptung von etwas bedeutet. Und das heißt, daß sie nicht

nem Ursprung wie auch seinem Wesen nach bei solchem Punkt vielmehr um Punkt im allerstrengsten Sinn (vgl. dazu oben S. 869 Anm. 21). Nur gilt es eben zu begreifen, daß er trotzdem als ein ständig zu sich anderer ebenso wie mit sich selbiger auftritt, was aber eben erst durch Reflexion als Nichtempirie *zusätzlich* zu Empirie gelingen kann.

einfach dabei stehen bleibt, etwas nur zu bestimmen, nämlich es nur vorzustellen oder es nur zu vergegenständlichen, daß sie vielmehr auch darüber hinaus noch dahin geht, das durch sie eben so Bestimmte, nämlich Vorgestellte und dadurch Vergegenständlichte auch noch als wirklich hinzustellen: als wirklich-anderes Objekt der Außenwelt. In diesem Sinn jedoch stellt die Verwendung solcher Formeln keineswegs etwas in Form von *Punkt* der objektiven Zeit, sondern etwas in Form von *Ausdehnung* der objektiven Zeit als wirklich-anderes Objekt der Außenwelt hin: eben ein Ereignis als Veränderung oder Bewegung eines Objekts, wie sie trotz der Festlegung von Punkt in ihr als Ausdehnung von Zeit verläuft und wie sie beispielsweise durch das Schaubild einer Kurve denn auch zusätzlich zu einer solchen Formel noch zum Ausdruck kommen kann. Entsprechend ist Geschwindigkeit einer Bewegung immer wieder nur die Eigenschaft von ihr als *Ausdehnung* von *objektiver* Zeit, so daß der *Punkt* von Zeit, *zu* dem allein sie je und je ihre Bestimmtheit haben kann, auch immer wieder nur der Punkt von *subjektiver* Zeit der Formel selbst und damit der des Subjekts selbst sein kann.

Und in der Tat bedeutet, wie Sie schon gesehen haben, etwas zu behaupten, sprich, etwas als wirklich hinzustellen, durchaus nicht, *sich* als wirklich hinzustellen, sondern *durch* sich etwas *Anderes* als sich, so daß genauso wie kein Zeichen jemals Zeichen seiner selbst auch keine Formel jemals Formel ihrer selbst sein kann[25]. Spätestens hier ist Empirie oder *intentio recta* denn auch schon als solche selbst geradezu gezwungen zur Nichtempirie oder *intentio obliqua* und infolgedessen, nämlich da sie ihr sich hartnäckig verweigert, auch geradezu gezwungen, diesen Punkt als Subjekt zu verdinglichen zum Punkt als Objekt, der das Grundproblem von Zenons Zeit-Paradoxien unauflösbar machen muß[26]. Spätestens daraus aber müßte Ihnen dann auch endgültig erhellen, daß ein angemessenes Weltverständnis für uns eben nur als Welt- *und* Selbstverständnis möglich werden kann, weil wirklich eben nur die Welt *und* wir sind, so daß

25 Auch nicht die berühmte »Gödel-Formel« (wie mit Recht zum Beispiel E. Nagel, J.R. Newman, *Gödel's Proof*, London 1958, S. 85, S. 90 mit Anm. 27 feststellen), die man immer wieder ungerechtfertigt so aufzufassen pflegt.

26 Vgl. oben S. 866, Anm. 18 und 19.

ohne unser Selbst- ein solches Weltverständnis letztlich auch unmöglich bleiben muß.

b) Das deutende komplexe Urteil

§ 29. Kausalität als Grund für Objektivität von Zeit

Trotz aller Einzelheiten aber, die bisher bereits in unserer Deduktion von Systematik – wie es scheint – nicht nur zusammenkommen, sondern auch zusammenstimmen, könnten Ihnen Zweifel bleiben, wie zuletzt zum Beispiel folgender: Ist es in Wirklichkeit nicht doch gerade umgekehrt, weil das, was wir in Form von so etwas wie nXg bei Wahrnehmung in Form von so etwas wie NxG uns gegenüber haben, auch durchaus nicht immer erst *durch* uns *erformt* wird, sondern immer schon mitsamt von objektiver Zeit als seiner Form vielmehr *für* uns gerade *vorgegeben* ist, wonach sich unsere Form der Wahrnehmung desselben denn auch streng zu richten hat? Nur deshalb nämlich, weil ein Objekt als Ereignis immer schon in Form von so etwas wie nXg auftritt, kann Wahrnehmung von solch einem Objekt dann immer erst in Form von so etwas wie NxG auftreten. Und führt nicht auch in der Tat nur die Verkehrung dieses wirklichen Verhältnisses zu jener anhaltenden Schwerverständlichkeit, daß unserer Wahrnehmung dabei zunächst einmal, nämlich von zweiter Stufe her als Anschauung und als Begriff ein in sich widersprüchlicher Gehalt zugrunde liegen muß, der allererst als nicht allein gebildeter, sondern auch noch verwendeter angeblich widerspruchsfrei werden kann, nämlich aus Anschauung heraus erst in Gestalt von so etwas wie nXg und aus Begriff heraus erst in Gestalt von so etwas wie NxG?

Auch Fragen dieser Art indessen könnten sich für Sie nur stellen, wenn Ihnen wieder aus dem Blick geraten wäre, was Sie sich im vorigen schon deutlich machen konnten und was nach wie vor in Geltung bleibt: Sobald wir erst einmal ein wirklich-anderes Objekt der Außenwelt uns gegenüber haben, ob nun als ein Ding oder

Ereignis, müssen wir auch immer schon vollzogen und mithin verwirklicht haben, worauf wir dann immer erst als Philosophen nachträglich noch reflektieren können, nämlich mindest Wahrnehmung desselben und mit ihr infolgedessen alles, was an ihr als jenem in sich dreistufigen Aufbau eines Selbst- wie Fremdverhältnisses auch immer schon beteiligt sein muß. Und für den Zusammenhang, in dem wir mittlerweile stehen, ist das sogar noch von besonderer Bedeutung. Denn das heißt, daß ein Subjekt sich immer wieder schon bis einschließlich der dritten Stufe, sprich, bis einschließlich jener Objektivierung von sich selbst als subjektivem Raum und subjektiver Zeit zu objektivem Raum und objektiver Zeit verwirklicht haben muß, damit für es als diese Wirklichkeit der Selbstverwirklichung sich so etwas wie ein Objekt als etwas Wirklich-Anderes der Außenwelt soll einstellen können, eben als Erfolg für ein Subjekt als Intention desselben. Demgemäß bedeutet das: Ins Spiel tritt ein Subjekt durch seine Selbstverwirklichung zur Wahrnehmung dabei grundsätzlich nicht in dem Sinn, daß es etwa immer schon *von* einem solchen Objekt *herkommt*, sondern eben immer erst *auf* solch ein Objekt *ausgeht*, also umgekehrt gerade ausschließlich von *sich* als *Subjekt* herkommt, weil es ganz aus *sich* als schlechthin *Innerem* von *Selbst*verhältnis, das zum *Fremd*verhältnis wird, auch immer erst *hervorgeht* und mithin zu einem Objekt als dem *Äußeren* und *Anderen* zu sich auch immer erst *hinausgeht*.

Daran nämlich ändert sich auch dadurch nichts, daß die »Vermögen« oder Möglichkeiten, die *zu* solcher Wirklichkeit der Selbstverwirklichung durch ein Subjekt ja immer erst verwirklicht werden, ihrerseits natürlich »angeborene« Vermögen oder Möglichkeiten sind und damit jeweils ein Objekt der Außenwelt als etwas Natural-Empirisches. Dies läßt vielmehr im Gegenteil erkennen, daß ein Subjekt als die Wirklichkeit der Selbstverwirklichung zu Wahrnehmung in Form von Urteil nicht nur dieser Form nach, sondern auch noch jenem Inhalt nach ausschließlich von *sich selbst* herkommt und aus *sich selbst* hervorgeht. Denn die »Affektion«, worauf die Wahrnehmung dem Inhalt nach zurückgeht, kann die Affektion *eines Subjekts* ja nur in dem Sinn sein, daß Selbstverwirklichung dieses Subjekts als die Verwirklichung solcher »Vermögen« oder Möglichkeiten zu sich selbst dann je und je nach dem, wie diese unterschiedlich affiziert sind, je und je dem Inhalt nach auch unterschiedlich ausfällt. Und so kann auf Grund von einem Affektionsergebnis, das von

Grund auf Selbstverwirklichungsergebnis ist, auch inhaltlich ein Subjekt immer erst aus *sich* heraus auf ein Objekt ausgehen, nämlich aus sich als dreistufiger Formung dieses Affektionsergebnisses zur *Intention* auf ein Objekt, das immer erst als ein *Erfolg* zu ihr sich einstellen kann: als Kontingenz, Faktizität, Tatsächlichkeit von etwas Natural-Empirischem. Und das gilt auch für jeglichen Zusammenhang von Natural-Empirischem mit anderem Natural-Empirischen, in welchem auch der Körper oder Leib eines Subjekts als Natural-Empirisches auftritt, und so auch für das »angeborene« Vermögen zur Verwirklichung von sich als Selbstverwirklichung, von dem ein solches Subjekt gleichfalls immer erst empirisch wissen kann. Das gilt jedoch erst recht noch davon, daß es je und je durch solches Natural-Empirische im vorgenannten Sinn auch affiziert sein muß, um es auf diese Art empirisch zu erkennen, was als fehlerhafter Zirkel nur erscheinen kann, wenn zwischen Empirie und Nichtempirie einer nachträglichen Reflexion auf Empirie nicht unterschieden wird.

Doch haben Sie das nach wie vor im Blick, so werden Sie des weiteren begreifen: Auch im Fall eines Objektes als eines Ereignisses kann schlechthin keine Rede davon sein, es müsse seinem Inhalt ebenso wie seiner Form nach für die Wahrnehmung von ihm schon immer vorgegeben sein, so daß sie ihrem Inhalt ebenso wie ihrer Form nach sich auch ihrerseits erst immer nach ihm richten könne. Denn gerade auch bezüglich solcher jeweiliger Form bleibt dann von Grund auf unerfindlich, was es eigentlich bedeuten sollte, daß die Form von Wahrnehmung wie NxG nach der eines Ereignisses wie nXg sich *richte*, nämlich ihr *gemäß* sei oder ihr *entspreche*.

Vielmehr wird für Sie auf diese Weise plötzlich eine weitere jener Voraussetzungen offenkundig, welche man zu machen pflegt, obwohl sie schlechthin unbegründet, weil auch unbegründbar sind. Man setzt voraus, daß Wahrnehmung eines Ereignisses, das zweifellos ein Nacheinander bildet, deswegen auch ihrerseits ein Nacheinander bilden müsse, welches ihm entspreche und worunter man wie selbstverständlich ebenfalls ein Nacheinander objektiver Zeit als Ausdehnung versteht[1]. Doch selbstverständlich scheinen kann dies eben nur solange, als man, um sich die Begründung dafür zu erspa-

1 Vgl. dazu nochmals oben § 28, S. 854, Anm. 8.

ren, die Bedeutung davon gar nicht erst erläutert. Soll das etwa heißen, so wie ein Ereignis eine Form wie nXg im Sinn von n an X *vor* g an X bzw. g an X *nach* n an X besitzt, so habe auch die Wahrnehmung desselben eine Form wie NxG im Sinn von N an x *vor* G an x bzw. G an x *nach* N an x?

Dies brauchen Sie denn auch nur einmal ausdrücklich zu fragen, um zu sehen, was man damit ahnungslos bis heute anzurichten pflegt. Denn trotz der durch das »wird« darin geschaffenen Ordnung ist ein Urteil als die Form von Wahrnehmung wie NxG ein Fall von Punkt als absoluter Einheit oder Einfachheit und nicht etwa von Ausdehnung, von zeitlicher so wenig wie von räumlicher, so daß es auch als Punkt gerade, und das heißt gerade nicht etwa als Ausdehnung, ein Nacheinander bildet: eben jenen Nur noch-Punkt als immer wieder neuen Punkt in Punkt. Dasselbe aber gilt entsprechend auch für alles, was von erster und von zweiter Stufe her dann jedem solchen Fall auf dritter Stufe immer schon zugrunde liegen muß. Denn nicht einmal die Anschauung auf zweiter, ganz zu schweigen die auf erster Stufe kann als etwas gelten, das in Form von Zeit als Ausdehnung im Sinn der Nur noch-Ausdehnung von objektiver Zeit aufträte. Selbst die Anschauung auf zweiter Stufe nämlich bildet Ausdehnung als Nur noch-Ausdehnung ja bloß im Sinn des subjektiven Raumes, der als solcher auch recht eigentlich bloß Form *für* das *durch* Anschauung hier schon entworfene oder vorgestellte *Objekt* ist.

Den Schein der Selbstverständlichkeit jener Voraussetzung von Ausdehnung der Zeit als objektivem Nacheinander für all dies vermag man aber auch nicht dadurch aufrechtzuerhalten, daß man dabei zwischen diesen drei verschiedenen Stufen niemals gründlich unterscheidet, weder zwischen Wahrnehmung und »Sinnesdaten«, noch gar zwischen letzteren auf erster und auf zweiter Stufe. Nur weil ein Subjekt mit allen diesen seinen innerlichen Aufbaustücken freilich immer wieder Nacheinander bildet, letzteres sogleich im Sinn von Nacheinander objektiver Zeit als Ausdehnung zu unterstellen, läuft offenkundig nämlich gleichfalls auf nichts anderes als die Verdinglichung dieses Subjektes zum Objekt hinaus. Nur eben auf dem umgekehrten Weg, indem jetzt nicht mehr *es in* objektive Zeit hineingetragen, sondern nunmehr objektive Zeit *in es* hineingetragen wird. Denn *Ausdehnung* ist objektive Zeit eben allein im Sinn von *Nur noch*-Ausdehnung, was ein Subjekt als subjektive Zeit doch nicht einmal auf erster Stufe ist, wo es vielmehr gerade Ausdehnung mit Punkt ineinem ist: geschweige denn auf zweiter, wo es als Begriff ja immer wieder neuer Nur noch-Punkt ist, oder gar auf dritter, wo es gleichfalls Nur noch-Punkt ist, doch als Urteil immer wieder neuer Punkt in Punkt.

Das Prinzipielle dieses Unterschiedes zwischen Zeit als objektiver und als subjektiver tritt denn auch sofort durch jenen Schein hindurch für Sie hervor, wenn Ihnen deutlich bleibt, daß dies für Wahrnehmung in Form von Urteil eben *allgemein* gilt, nämlich *einerlei*, ob solch ein Urteil in der Wahrnehmung nun eine Form wie Gx oder Nx annimmt und sonach ein Ding als wirklich hinstellt, das gerade etwas *ist* statt wird, – oder ob es in ihr eine Form wie NxG bzw. GxN gewinnt, mithin ein Ding als wirklich hinstellt, das gerade als Ereignis etwas *wird* statt ist. Das heißt: Auch wenn ein Fall wie nXg bzw. gXn in Form von Nacheinander objektiver Zeit als Ausdehnung, wonach sich Wahrnehmung in Form von Urteil angeblich zu *richten* habe, gar nicht vorliegt, tritt sie zweifellos als Nacheinander auf, so daß sie, wenn ein solcher Fall tatsächlich vorliegt, auch nicht deshalb Nacheinander sein kann, weil sie sich nach diesem etwa *richten* müßte. Und wie Wahrnehmung in Form von Urteil demgemäß in *jedem* Fall ein Nacheinander bildet, so in *jedem* Fall auch nur ein Nacheinander bloßen *Punktes*, gleichviel, ob er innerlich nun je und je von einer Form wie Gx oder Nx ist oder von einer Form wie GxN bzw. NxG.

In eben dieser Hinsicht geht die noch bis heute herrschende Verwirrung denn auch schon auf Kant und seine Beispiele von Haus und Schiff zurück. Weil ihm nicht klar wird, daß ein Subjekt immer wieder ganz und gar durch Selbstverwirklichung entspringen muß und so auch immer wieder ganz und gar nur aus sich selbst heraus sich ein Objekt erwirken kann, kommt selbst noch Kant nicht gänzlich davon los, daß ein Objekt, ob nun als Ding oder Ereignis, für ein Subjekt fertig vorgegeben sei. Aus eben diesem Grunde nämlich meint er, zwischen einem Haus als Ding und einem Schiff, das einen Fluß hinabfährt, als Ereignis lasse sich je danach unterscheiden, ob ein Subjekt bei der Wahrnehmung desselben im Verlauf der Zeit zu allem, was an Teilen oder Eigenschaften mit zu ihm gehört, zurückzukehren vermöge oder nicht. Das gelte nämlich nur in einem Fall wie dem des Hauses als dem eines bloßen Dinges, doch nicht auch in dem eines Ereignisses wie dem des Schiffes, das ja im Verlauf der

Zeit zumindest seine Abstände zu dieses Flusses Ufer oder Bett als seine Eigenschaften wechselt[2].

Im genannten Sinn verräterisch ist nämlich schon allein, daß Kant dabei nie klar zwischen der »Wahrnehmung« des Hauses oder Schiffes und der »Apprehension« von »Erscheinungen« des Hauses oder Schiffes unterscheidet; wo er doch mit ersterer als der von einem Schiff oder von einem Haus, »das vor mir steht«[3], nur Wahrnehmung als »Urteil«[4] dritter Stufe und mit letzterer nur »Aufnahme« von »Sinnesdaten« erster oder zweiter Stufe meinen kann: ganz so, als ob zumindest letztere ein Nacheinander objektiver Zeit als Ausdehnung sein müßte oder müßten. Doch das gilt für sie so wenig wie für eigentliche Wahrnehmung in Form von Urteil auf der dritten Stufe. Denn auch dieses ist zwar Nacheinander, doch nicht das von Ausdehnung der objektiven, sondern das von immer wieder neuem Punkt der subjektiven Zeit. Zu jedem neuen Punkt derselben handelt es sich daher immer wieder schon um Wahrnehmung im vollen Sinn des Urteils, einerlei, ob dabei nun in Form von ihm sogleich ein Haus als Ganzes oder nur ein Teil des Hauses wahrgenommen wird. Denn »Dies ist eine Tür« oder »Dies ist ein Fenster« und dergleichen stellt doch wohl nicht minder einen Fall von Urteil in der Wahrnehmung eines Objekts dar als »Dies ist ein Haus«. Aus dem Vergleich indes, daß ein Subjekt in einem Fall wie diesem Haus zu Wahrnehmung von Fenster oder Tür zurückzukehren vermöge, doch in einem Fall wie jenem Schiff zu Wahrnehmung seiner verschiedenen Abstände gerade nicht, ersehen Sie dann sofort: Wie jedem einzelnen dieser verschiedenen Teile eines Hauses ordnet Kant auch jedem einzelnen jener verschiedenen Abstände des Schiffes, die es als Ereignis wechselt, je und je entsprechend einzelne verschiedene Wahrnehmungen zu. Doch so begeht er nur auf seine Art noch einmal jenen Fehler Zenons. Ein Ereignis nämlich stellt er damit *als* Ereignis, *als* Bewegung oder *als* Veränderung gerade still. Was je und je *derselbe* Einzelfall von Wahrnehmung eines Ereignisses umfassen muß, nämlich zumindest zwei sich ausschließende Eigenschaften eines Dinges, die es je und je als ein Ereignis wechselt, das verteilt Kant auf *verschie-*

2 Vgl. A 189 ff. B 234 ff.; statt vom jeweiligen Abstand spricht Kant dabei von der jeweiligen »Stelle« dieses Schiffes (A 192 B 237).

3 A 190 B 235.

4 Vgl. A 201 B 246.

dene Einzelfälle und sonach auf *mehrere* Wahrnehmungen, so daß dann jede auch nur Wahrnehmung von einem Ding mit einer Eigenschaft noch sein kann und mithin gerade niemals Wahrnehmung eines Ereignisses. Denn wie ein jeder Teil von einem Ding auch selbst ein Ding ist, wie bei jenem Haus, so ist ein jeder Teil eines Ereignisses auch selber ein Ereignis, wie bei jenem Schiff. Infolgedessen muß er auch ein Fall von Form wie nXg bzw. gXn und Wahrnehmung desselben somit auch ein Fall von Form wie NxG bzw. GxN sein, einerlei, wie N und G bzw. n und g dabei dem Inhalt nach bestimmt sein mögen; und durchaus nicht etwa kann es sich, wie Kant vertritt, bei letzterer um einen Fall von Form wie Nx ... oder Gx ... handeln und bei ersterer auch nicht um einen Fall von Form wie nX ... oder gX ....

Auch noch nach der Seite des Objekts und somit vollends rächt sich hier, daß Kant vermeint, im Zuge seines allzu wörtlichen Verständnisses von »Synthesis« im Sinne von »Zusammensetzung« lasse nicht nur jenes Urteil in der Wahrnehmung eines Ereignisses als ein »Zusammengesetztes« sich verstehen, sondern letztlich auch dieses Ereignis selbst noch, wodurch ausgerechnet Kant jedoch gerade das Entscheidende verkennt. Denn zweifellos läßt sich im Lauf der Zeit nicht nur ein Ding wie jenes Haus, sondern wie jenes Schiff auch ein Ereignis durch »zusammengesetzte« Wahrnehmung sowie Erinnerung an Wahrnehmung »zusammensetzen«. Und unzweifelhaft läßt sich in den Zusammenhang der Empirie von solchen Dingen und Ereignissen als natural-empirischen Objekten innerhalb von objektiver Zeit auch noch der Körper oder Leib als das Vermögen des Subjekts für seine Selbstverwirklichung zu solcher Wahrnehmung oder Erinnerung miteinbeziehen, so daß sie als verlautbarte oder verschriftlichte sich dann von daher auch noch objektiv »datieren« läßt. All dies jedoch nur so, daß jegliches, *woraus* dergleichen nach und nach »zusammengesetzt« wird, dabei selbst schon immer *Ding* oder *Ereignis* ist wie auch schon immer *Wahrnehmung von* und *Erinnerung an* Ding oder Ereignis. Und so kann sich denn für einen größeren Zusammenhang von solcher Wahrnehmung oder Erinnerung auch nur ein größerer Zusammenhang von Dingen oder von Ereignissen ergeben, worin jedem Einzelfall davon die eigentliche Synthesis durch Selbstverwirklichung bis einschließlich der dritten Stufe immer schon zugrunde liegen muß.

Als Synthesis von Zeit jedoch ist diese hier durchaus nicht etwa abgeleitete »Zusammensetzung« objektiver Zeit aus objektiver, die von Kant sonach vorausgesetzt statt hergeleitet wird, sondern gerade ursprüngliche *Ausdehnung* von objektiver Zeit aus Punkt von subjektiver und mithin auch herzuleiten statt vorauszusetzen. Immer wieder nur durch solche ursprüngliche Synthesis *von* objektiver Zeit *aus* subjektiver kann es denn auch überhaupt erst je und je *vor* Punkt der subjektiven Zeit *zu* Ausdehnung der objektiven *kommen*. Und auch nur in sie als Form hinein vermag ein Subjekt jeweils ganz aus sich als Intention heraus ein Objekt als Erfolg für sich auch dann noch zu erzielen, wenn diesem Subjekt ganz aus sich heraus nur jener in sich widersprüchliche Gehalt dazu verfügbar ist, so daß es ganz aus sich *als* diesem widersprüchlichen Gehalt heraus, wenn überhaupt noch etwas zu erzielen vermag, dann nur noch ein Ereignis als ein Ding, das etwas *wird* statt ist.

Dies herzuleiten statt vorauszusetzen aber führt zuletzt tatsächlich zu dem Nachweis, wie grundsätzlich jene vorgefaßte Meinung auszuscheiden hat, daß subjektive Zeit der Wahrnehmung nach objektiver Zeit des Wahrgenommenen sich richten müsse, gleichviel, wie Sie beides nun verstehen wollen: ob »Wahrgenommenes« als Ding oder Ereignis und ob »Wahrnehmung« als Urteil oder Sinnesdatum. Vielmehr gilt genau das Umgekehrte: Objektive Zeit des Wahrgenommenen hat sich nach subjektiver Zeit der Wahrnehmung zu richten. Denn auch nur, wenn das, was einem Subjekt ganz aus sich heraus zunächst einmal nur als ein in sich widersprüchlicher Gehalt verfügbar ist, aus Punkt von subjektiver Zeit heraus in Ausdehnung von objektiver Zeit hinein sich ausdehnen läßt, kann es trotzdem noch als Wahrgenommenes für solche Wahrnehmung auftreten: für ein Subjekt eben trotzdem noch ein Objekt bilden, wenn auch nur noch ein Ereignis. Der daran beteiligte Gehalt von N und G bzw. n und g muß dabei nämlich je und je *ineinem* zur Verfügung stehen, weil auch nur dasjenige ein Ereignis oder eine Wahrnehmung eines Ereignisses sein kann, was ihn jeweils *ineinem* hat, so daß auch nur, indem er solcher Ausdehnung von objektiver Zeit als Form sich fügt, aus ihm ein wahrgenommenes Ereignis überhaupt erst werden kann.

Denn was auch immer im empirischen Zusammenhang der Außenwelt an Dingen und Ereignissen als den empirischen Objekten innerhalb von Ausdehnung der objektiven Zeit auftreten möge, – schlechthin nichts davon vermag etwa auch noch im nichtempirischen Zusammenhang der Innenwelt von subjektiver Zeit als Punkt des nichtempirischen Subjektes aufzutreten. Und zwar auch nicht auf dem Weg der Affektion, nämlich auch dadurch, ja recht eigentlich gerade dadurch nicht, daß dieses Subjekt sich auf Grund von solchen Dingen und Ereignissen wie etwa einer physisch-physiologischen Gehirnstruktur als »angeborenem« Vermögen zu sich selbst verwirklicht und mithin je danach, wie dasselbe jeweils unterschiedlich affiziert ist, auch sich selbst jeweils mit unterschiedlichem Gehalt verwirklicht: von der ersten bis zur dritten Stufe. Solcher Wirklichkeit der Selbstverwirklichung eines Subjektes gegenüber ist und bleibt all dies vielmehr gerade etwas, das als Ding sowohl wie als Ereignis sich erst nachträglich zu ihr ergeben kann: erst als empirischer Erfolg für sie als Intention. Als solche kann ein Subjekt deshalb auch bis einschließlich von dem, daß jeglicher Gehalt auf Affektion zurückgehen oder auch zurückgegangen sein muß, immer wieder erst empirisch wissen, und das heißt: bloß nachträglich zu immer wieder schon auf Grund von ihm vollzogener Selbstverwirklichung zu Wahrnehmung bzw. zu Erinnerung *des*jenigen, *das* ihn durch Affektion im vorgenannten Sinn hervorrufen oder hervorgerufen haben muß.

Und das zu diesem Negativen Positive kann nur lauten: Was in Außenwelt als dem empirischen Zusammenhang empirischer Objekte innerhalb von objektiver Zeit als Ausdehnung auch immer auftritt, ob nun Ding oder Ereignis, so vermag in Innenwelt als nichtempirischem Zusammenhang von subjektiver Zeit als Punkt des jeweiligen nichtempirischen Subjekts doch immer wieder nur etwas Spezifisch-Subjektives aufzutreten: von der ersten Stufe an bis einschließlich der dritten. Innerhalb von diesem gänzlich Subjektiv-Spezifischen jedoch vermag dann ein in dem Sinn unterschiedlicher Gehalt, daß nachträglich erst Unterschiedliches wie Ding oder Ereignis sich aus ihm ergeben kann, nur dadurch aufzutreten, daß Gehalt von erster Stufe her auf zweiter Stufe widerspruchsfrei oder widersprüchlich wird. In ein Subjekt, das innerlich nun einmal so gebaut ist, wie bis hierhin systematisch deduziert, vermag Gehalt nun einmal nur in Form von diesen beiden Möglichkeiten einzugehen. Und so erweist sich auch von objektiver Seite her die Möglichkeit der Widersprüchlichkeit eines Gehaltes als die einzige, die ein Subjekt besitzen kann, um ganz aus sich heraus ein Objekt auch noch als Ereignis zu gewinnen.

Diese Möglichkeit liegt eben in der Tat nur darin, daß von seiner ersten Stufe her ein Subjekt auch auf seiner zweiten Stufe noch als ebenso Entstehen wie Vergehen subjektiver Zeit seine Identität unmittelbar in seiner Differenz besitzen muß, und umgekehrt, so daß es ständig auch nur ebenso Identität wie Differenz von etwas sein kann: von der Anschauung in Form des Raums als Nur noch-Ausdehnung genausosehr wie vom Begriff in Form der Zeit als Nur noch-Punkt. Aus solcher Art des Auftretens von beidem aber folgt denn auch für beides, daß, was je und je *formal* als Differenz innerhalb von Identität auftreten muß, dann je und je auch *inhaltlich* als Differenz innerhalb von Identität auftreten *kann*, wenngleich nicht *muß*, mithin als Widersprüchlichkeit. Denn trotzdem gilt natürlich, daß es inhaltlich genausogut als Widerspruchsfreiheit auftreten *kann*, weil ins Formale solcher Differenz hinein sich nicht auch Inhaltliches jeweils seinerseits als Differentes einstellen *muß*, sondern genausogut auch jeweils als Identisches sich einstellen *kann*, so daß in jedem solchen Fall gerade Inhaltlich-Identisches jeweils ein ebenso Entstehen wie Vergehen bildet und mithin auch nur als dies Formale noch ein Differentes.

Schon allein der Möglichkeit für Widersprüchlichkeit auf seiner zweiten Stufe aber hat ein Subjekt dann auf seiner dritten sozusagen vorzubeugen, nämlich für den Fall der Wirklichkeit von Widersprüchlichkeit auf seiner zweiten mittels einer Wirklichkeit auf seiner dritten Stufe gleichsam vorzubauen, um in Form derselben dieser Widersprüchlichkeit dann doch noch eine Möglichkeit zu bieten, sich zu einer Widerspruchsfreiheit zu lösen. Und dies alles eben ganz aus sich heraus, nämlich als Wirklichkeit der Selbstverwirklichung von erster bis zu dritter Stufe, deren jede somit zur Vermeidung jener Widersprüchlichkeit, die ein Subjekt sonst bilden müßte[5], je auf ihre Weise eine Möglichkeit erstellt, die deren letzte dann vervollständigt. Genau in diesem Sinn wird ein Subjekt auf dritter Stufe vollständig denn auch erst dadurch, daß es sich hier nicht allein als subjektiver Raum zu objektivem, sondern auch als subjektive Zeit zu objektiver noch objektiviert. Und in der Tat muß alles, was auf dritter Stufe nicht allein in Form von Ausdehnung des Raumes als Zugleich nach innen und nach außen, sondern auch in Form von Ausdehnung der Zeit als Nacheinander auftritt, mindest in sich widerspruchsfrei sein: gleichviel, ob es ein Wirklich-Anderes, als das es innerhalb von diesem objektiven Raum und dieser objektiven Zeit ja vor- und hinge-

5 Vgl. dazu oben *Teil 1*, S. 260ff., S. 274, S. 374, S. 380ff., S. 389.

stellt wird, auch tatsächlich ist, und wenn, als was es dies dann ist, ob als ein Ding oder Ereignis.

Spätestens an dieser Stelle unserer Herleitung indessen müßte Ihnen aufgefallen sein, daß uns auch dann, wenn wir sie soweit als gesichert ansehen können, das Entscheidende für diese Herleitung noch fehlt, daß wir mithin den eigentlichen Schritt zu dieser Herleitung an eben dieser Stelle erst noch gehen müssen. Denn selbst dann, wenn etwas Ausgedehntes innerhalb von objektivem Raum und objektiver Zeit auf dritter Stufe nicht nur etwas Widerspruchsfreies darstellt, sondern tatsächlich auch noch etwas Wirklich-Anderes der Außenwelt, wird dadurch noch auf keine Art entschieden, daß es dann auch Ding oder Ereignis sei: wenn es darin von selbigem Gehalt ist, dann ein Ding, und wenn von unterschiedlichem, dann ein Ereignis. Vielmehr gilt das nur im ersten Fall, der dann den Fall eines Beharrlichen darstellt, das etwas *ist* statt wird, und dies sogar, indem es nicht allein in objektiven Raum hinein, sondern auch noch in objektive Zeit hinein sich ausdehnt, so daß es nicht nur *zu* einem *Punkt* von *subjektiver* Zeit, sondern auch noch *in* einer *Ausdehnung* von *objektiver* etwas *ist* statt wird: ein Ding mit diesem selbigen Gehalt als seiner Eigenschaft.

Im zweiten Fall dagegen gilt selbst dann, wenn er ein Fall von Wirklich-Anderem der Außenwelt ist, keineswegs, daß er dann ohne weiteres auch schon der Fall eines Beharrlichen wäre, das etwas *wird* statt ist, indem es diesen unterschiedlichen Gehalt als Eigenschaften an sich selbst als Ding in einer Ausdehnung von objektiver Zeit gerade wechselt, und mithin der Fall eines Ereignisses. Das bloße Auftreten in Form der bloßen Ausdehnung von objektiver Zeit nämlich vermag dies noch in keiner Weise zu gewährleisten, so daß dies auch nicht schon verbürgt sein kann, indem noch zusätzlich zu Ausdehnung von Raum auf zweiter Stufe dann auf dritter Stufe bloße Ausdehnung von Zeit erfolgt. Kein Zweifel, daß auf zweiter Stufe in sich widersprüchlicher und damit unterschiedlicher Gehalt auf dritter die Gelegenheit bekommt, sich wenigstens in Form der zusätzlichen Ausdehnung von Zeit als Nacheinander noch in Form von Ausdehnung des Raumes als Zugleich zu ordnen und sich damit wenigstens noch nach und nach jeweils in einer ganz bestimmten Raumform einzustellen. Kein Zweifel aber auch: Selbst wenn er die Gelegenheit dazu nicht nur ergreift, sondern, indem er sie ergreift, tatsächlich auch noch etwas Wirklich-Anderes der Außenwelt darstellt, muß solcherart Gehalt durchaus nicht eben damit auch schon ein Ereignis als ein ganz bestimmtes darstellen, nämlich nicht auch schon als einen Fall wie nXg bzw. gXn, der sich als Wahrgenommenes für Wahrnehmung wie NxG bzw. GxN ergeben müßte.

Wenn Sie nämlich in der Tat nichts anderes als bloße Ausdehnung von objektiver Zeit dafür zugrunde legen, werden Sie nicht übersehen: Genausogut könnte dabei ein Fall vorliegen, in dem unterschiedlicher Gehalt sich zwar durchaus in solche Zeit hinein verteilt und darin ausgedehnt mithin auch in der Tat zum Wahrgenommenen für Wahrnehmung wird, aber trotzdem nicht als ein bestimmtes wahrgenommenes Ereignis, weil er sich dabei vielmehr auf mindest zwei verschiedene wahrgenommene Ereignisse verteilt. Denn was dabei das Wahrgenommene für Wahrnehmung betrifft, so läßt sich zwischen diesen beiden Fällen schlechterdings nicht unterscheiden, weil dabei in jedem Fall ein unterschiedlicher Gehalt in Ausdehnung von objektiver Zeit hinein verteilt und damit ausgedehnt wird. Und so können Sie sich diese grundsätzliche *Möglichkeit für* beides als *Ununterscheidbarkeit von* beidem denn auch leicht vor Augen stellen, nämlich durch bestimmte Weiterführung unserer bisherigen Formalisierung.

Denn ein Fall wie nXg bedeutete danach bisher soviel wie n an X *vor* g an X bzw. g an X *nach* n an X. Dem Wahrgenommenen für Wahrnehmung nach aber kann er sich auf keine Art von diesem neuen unterscheiden, welchen Sie zwar ebenfalls im Sinn von n ... *vor* g ... bzw. g ... *nach* n ... verstehen müßten, doch im ganzen nur im Sinn von n an X *vor* g an Y bzw. g an Y *nach* n an X verstehen könnten. Diesen neuen Fall vermöchten Sie mithin auch nicht mehr wie den andern zu formalisieren, weder mittels X als nXg noch mittels Y als nYg. Denn n und g treten dabei gerade nicht zusammen an demselben auf, weder an X noch auch an Y, und bilden somit weder an dem einen noch auch an dem anderen jeweils zusammen ein Ereignis: nicht an X und nicht an Y. Indem sie nämlich nicht allein verteilt *in* Ausdehnung von objektiver Zeit auftreten, sondern darin auch verteilt *auf* Unterschiedliches wie X und Y, gehören vielmehr n mit X und g mit Y jeweils zusammen und mithin zu zwei verschiedenen Ereignissen. Und diese können Ihnen nur als Ablösung von etwas Nichtgrünem durch etwas Grünes gelten, wonach innerhalb von Ihrem Wahrnehmungsfeld etwas Grünes an die Stelle von etwas Nichtgrünem tritt und somit etwas Nichtgrünes verschwindet und an seiner Stelle etwas Grünes auftaucht, einerlei, in welcherart empirischem Zusammenhang. Denn jedes davon muß dann auch in irgendeinem Sinn der Fall einer Bewegung sein, und sei es auch nur in empirischem Zusammenhang von Relativbewegung wie zum Beispiel dadurch, daß Sie Ihre Augen bei der Wahrnehmung bewegen.

Dies Verschwinden von etwas Nichtgrünem und dies Auftauchen von etwas Grünem aber ist Ereignis keineswegs in dem Sinn, daß nichtgrün und grün als Eigenschaften an *Demselben* etwa *wechseln*, sondern daß nichtgrün und grün als Eigenschaften an *Verschiedenem* durchaus *bleiben*, weil als Eigenschaften an *Demselben*, sprich, an jedem *Einzelnen* dieses Verschiedenen dabei vielmehr die Raumkoordinaten wechseln. Nur muß eben auch ein jeder solche Fall von einer Form wie nXg sein, also ein Ereignis bilden, was dabei für n und g an objektivem Raumzugleich auch immer einzusetzen sein mag. Denn auch dann, wenn unterschiedlicher Gehalt in Form von Ausdehnung der objektiven Zeit als Nacheinander wechselt, kann er als Gehalt in Form von Ausdehnung in Ausdehnung dieses Zugleich nach innen und nach außen objektiven Raumes nur den Fall von Eigenschaft bzw. Akzidens an Ding bzw. an Substanz darstellen, wenn er als etwas Wirklich-Anderes der Außenwelt auftritt, weil die Erfüllung dieser Form die Grundbedingung dafür ist.

Nur kann es dann, wenn solcher unterschiedliche Gehalt dabei in objektivem Wechsel auftritt, nämlich jene Form des Nacheinander objektiver Zeit als Ausdehnung erfüllt, durch bloße letztere gerade nicht entscheidbar werden, welches die Substanz oder das Ding ist, welcher oder welchem er auch dann als Eigenschaft oder als Akzidens noch zugehören muß. Als ein in Ausdehnung von objektiver Zeit hinein verteilter unterschiedlicher Gehalt und so als Eigenschaften oder Akzidenzen unterschiedlichen Gehaltes nämlich kann er dann auch unterschiedlichen Substanzen oder Dingen zugehören, aber ohne daß sich aus der Unterschiedlichkeit der ersteren auch schon die Unterschiedlichkeit der letzteren ergeben müßte. Denn zum Wahrgenommenen für Wahrnehmung vermag ja jegliche Substanz und jegliches Ding immer wieder nur als etwas *mit* Gehalt, nämlich *mit* Eigenschaft oder *mit* Akzidens zu werden, und nicht etwa *ohne*.

Durch die bloße Ausdehnung von objektiver Zeit auf dritter Stufe schlechthin unentscheidbar bleiben muß denn auch, ob dabei nun eine Substanz oder ein Ding als selbige oder als selbiges verschiedene Eigenschaften oder Akzidenzen wechselt und mithin als solche oder solches *ein* Ereignis als *ein ganz bestimmtes* darstellt, wie wenn etwas Nichtgrünes zu etwas Grünem wird; oder ob dabei bloß verschiedene Substanzen oder Dinge, sprich, Substanzen oder Dinge mit verschiedenen Eigenschaften oder Akzidenzen wechseln, ohne daß sie dabei etwa diese ihre Eigenschaften oder Akzidenzen wechseln, und entsprechend *zwei* und *gänzlich andersartige* Ereignisse darstellen, wie wenn an Stelle von etwas Nichtgrünem etwas Grünes auftritt, ohne daß dies Nichtgrüne dabei zu diesem Grünen wird. Was dadurch unentscheidbar bleiben muß, ist somit nichts geringeres als, was denn dabei eigentlich das jeweilige einzelne Ereignis, sprich, das jeweilige einzelne Objekt ist, an dem Eigenschaften oder Akzidenzen wechseln und entsprechend *miteinander* ebenso wie auch *mit ihm zusammen* so etwas wie ein Ereignis als ein Objekt dabei überhaupt erst bilden.

Und das heißt im Zuge unserer systematisch-deduktiven Herleitung: Entscheidbar werden kann dies nur in einem ganz bestimmten Sinn, der mit der Ausdehnung von objektiver Zeit sonach von vornherein auch schon einhergehen muß, so daß sie keineswegs als bloße solche, sondern schon von vornherein auch nur als Ausdehnung von objektiver Zeit in diesem ganz bestimmten Sinn erfolgen kann. Aus eben diesem somit herleitbaren Grund muß sie dann vielmehr schon von vornherein als Ausdehnung von objektiver Zeit für etwas in dem Sinn erfolgen, daß dies Etwas ein Ereignis nur als »Wirkung« eines anderen Ereignisses als seiner »Ursache« sein kann. Denn nur in diesem Sinn wird jenes Unentscheidbare entscheidbar, wie Sie gleich noch sehen werden. Hergeleitet wird auf diese Weise sonach das Kausalprinzip als die Notwendigkeit einer »Kategorie« jenes Verstandes, der allein ja dieser Ausdehnung von objektiver Zeit zugrunde liegen kann. Als »Schema« nämlich ist sie überhaupt nichts anderes als weiteres Ergebnis von Verwirklichung der Sinnlichkeit durch den Verstand, der seine Selbstverwirklichung zu je bestimmten »Kategorien« nur bewerkstelligen kann als seine Selbstversinnlichung zu je bestimmten »Schemata«, so daß er sich auch nur, indem er sich in diesem oder jenem Sinn »schematisiert«, zu diesem oder jenem Sinn einer »Kategorie« spezifiziert.

Nur geht genau in dieser Hinsicht unsere Herleitung von Schema und Kategorie im Sinn von Ursache und Wirkung denn auch weiterhin mit der Berichtigung von Irrtümern einher, die Kant nur in Ermangelung der Einsicht unterlaufen sind, daß Systematik wie auch Deduktion von Subjektivität als Selbstverwirklichung ihres Verstandes mittels ihrer Sinnlichkeit sich in drei Stufen gliedern muß und somit nur gewonnen werden kann, wenn Unterschied genauso wie Zusammenhang derselben voll zur Geltung kommt. Denn Kant spricht immer wieder so, als wären Schema und Kategorie von Ursache und Wirkung deshalb notwendig, weil nur mit ihrer Hilfe gegenüber etwas Subjektivem wie der »Wahrnehmung« oder dem »Sinnesdatum« etwas Objektives wie Ereignisse zu unterscheiden seien[6].

Davon aber kann allein schon deshalb nicht die Rede sein, weil als *intentio recta* oder als »natürliches Bewußtsein« ein Subjekt sich selbst ursprünglich auch noch überhaupt nicht Thema werden kann: weder *als* das noch auch *für* das, was es auf erster oder zweiter oder dritter Stufe darstellt. Ursprünglich thematisch werden kann ihm als »natürlichem Bewußtsein« oder als *intentio recta* vielmehr immer erst ein Objekt, eben etwas Anderes als es, und zwar auch immer nur für es als dasjenige, was es immer erst auf dritter Stufe ist: für es als Urteil in der Wahrnehmung von diesem Objekt als dem Wahrgenommenen. Und schon allein aus diesem Grund kann die Notwendigkeit von Schema und Kategorie jenes Verhältnisses von Ursache und Wirkung sich, wenn überhaupt, dann auch nur dahingehend systematisch deduzieren lassen, daß als solches selbst ein Objekt für ein Subjekt nur in einer Form gewonnen werden kann, die dieses Subjekt aus sich selbst heraus erzeugen muß und nur durch Selbstverwirklichung zu Schema und Kategorie im Sinn von Ursache und Wirkung aus sich selbst heraus erzeugen kann.

Und in der Tat betrifft dies, wie Sie sich zuletzt verdeutlicht haben, schon von vornherein ausschließlich eine Unterscheidung innerhalb des Objektiven und mithin gerade keine Unterscheidung dieses Objektiven gegenüber Subjektivem: Was durch bloße Ausdehnung von objektiver Zeit zum Nacheinander unterschiedlichen Gehalts noch unentscheidbar bleiben muß, ist ja nur etwas innerhalb von Objektivem selbst, nämlich zu welchem Objektiven dieses Objektive unterschiedlichen Gehalts von Eigenschaften oder Akzidenzen denn nun eigentlich gehört. Und was noch nicht *in bloßer* Ausdehnung der objektiven Zeit, sondern was erst *in einem ganz bestimmten Sinn* von

6 Vgl. A 189ff. B 234ff., bes. A 195 B 240, A 197 B 242, A 201f. B 247.

Ausdehnung der objektiven Zeit entscheidbar werden kann, ist darum auch ausschließlich dieses Objektive: Welches ist denn dabei die Substanz oder das Ding, an welcher oder welchem Akzidenzen oder Eigenschaften unterschiedlichen Gehalts, der innerhalb von Ausdehnung der objektiven Zeit als Nacheinander sich verteilt, gerade wechseln? Und das heißt am Ende: Welches ist denn dabei das Ereignis und mithin das Objekt für ein Subjekt?

Und tatsächlich kann dies nur entscheidbar werden, wenn ein Subjekt sich zur Ausdehnung von objektiver Zeit für etwas schon von vornherein im Sinn der Ausdehnung von objektiver Zeit für etwas als die *Wirkung* einer *Ursache* erzeugt. Denn nur als *Wirkung* einer *Ursache* kann ein Ereignis und mithin ein Objekt für ein Subjekt sich auch dann noch als Erfolg für es als Intention erzielen lassen, wenn sich innerhalb von Ausdehnung der objektiven Zeit als Nacheinander jeweils unterschiedlicher Gehalt verteilt und so als objektiver wechselt. Dieser objektive Wechsel nämlich ist ein Wechsel von verschiedenen Eigenschaften oder Akzidenzen jeweils an Substanz oder an Ding als *selbigem* oder als *selbiger* und somit *ein Ereignis* als *ein ganz bestimmtes* überhaupt nur dort, wo er auch *Wirkung* eines *andern* Wechsels als der *Ursache* für ihn ist. Und dies derart prinzipiell, daß solcher Wechsel dort, wo er dies nicht ist, auch nicht Wechsel von verschiedenen Eigenschaften oder Akzidenzen an Substanz oder an Ding als *selbigem* oder als *selbiger* ist und so auch nicht *ein Ereignis* als *ein ganz bestimmtes.* Gleichermaßen prinzipiell kann solcher Wechsel dann vielmehr ein objektiver nur in dem Sinn sein, daß er statt *ein* Ereignis als *ein ganz bestimmtes* vielmehr mindest *zwei* Ereignisse darstellt, von denen *jedes* als *ein ganz bestimmtes* jeweils *Wirkung* eines *andern* solchen Wechsels als der *Ursache* für es sein muß. Denn nur etwas Bewegtes kann etwas bewegen.

Und in der Tat: Nur dahingehend läßt sich unterschiedlicher Gehalt in objektive Zeit hinein zur Einheit eines in sich differenten ebenso wie auch in sich identischen Ereignisses ausdehnen, wonach beispielsweise etwas Nichtgrünes zu etwas Grünem wird, daß eben solche Einheit insgesamt als Wirkung einer Ursache als anderer solcher Einheit sich verstehen läßt. Denn auch nur dahingehend läßt ein gleicher Wechsel unterschiedlicher Gehalte sich auch dann noch als ein objektiver sicherstellen, wenn er nicht in diesem Sinn als ein Ereignis sich verstehen läßt, weil beispielsweise etwas Grünes nur an Stelle von etwas Nichtgrünem auftritt. Und das heißt: Nur dahingehend läßt er sich verbürgen, daß sich wegen ihrer grundsätzlichen Relativbewegung zueinander dann auch jedes einzelne von diesen mindest zwei Ereignissen als Wirkung einer Ursache als eines anderen Ereignisses verstehen läßt, weil eben dies das einzige verfügbare Kriterium für ein Ereignis als ein ganz bestimmtes Objekt für ein Subjekt sein kann. Aufschlußreicherweise nämlich kann erst hierbei dann zum ersten Mal auch dieses eine davon Wirkung dieses anderen als Ursache sein, weil zum Beispiel dieses Nichtgrüne durch dieses Grüne weggeschoben anstatt nur verdeckt wird.

Was wir uns hiermit herzuleiten in der Lage sind, ist denn auch etwas, das man bisher offenbar, falls überhaupt gesehen, so doch nicht als herleitungsbedürftig angesehen, weil für trivial gehalten hat, das aber alles andere als trivial ist: Beide Fälle sind als Wahrgenommenes für Wahrnehmung, nämlich dem objektiven Wechsel unterschiedlichen Gehaltes nach nicht unterscheidbar, wie Sie sich erinnern werden, denn in beiden Fällen liegt Verschwinden des Gehaltes nichtgrün und Auftauchen des Gehaltes grün vor. Trotzdem aber kann dann nur in *einem* dieser gleichartigen Fälle das Auftauchen des Gehaltes grün die Ursache für das Verschwinden des Gehaltes nichtgrün als die Wirkung davon sein: nur dann, wenn es sich dabei nicht bloß um Verschwinden oder Auftauchen von Eigenschaften oder Akzidenzen handelt, welche an Substanz bzw. Ding als selbigem bzw. selbiger verschwinden oder auftauchen. Und das bedeutet allgemein: Obwohl sie ihrer Unterschiedlichkeit und ihres objektiven Wechsels wegen ganz wie Dinge oder wie Substanzen *zu*einander *Anderes* sein müssen, können solche Eigenschaften oder Akzidenzen an Substanz oder an Ding als selbigem oder als selbiger doch prinzipiell nicht Ursache bzw. Wirkung *von*einander sein. Gerade *mit*einander nämlich müssen sie dabei vielmehr ein einziges Ereignis als ein einziges Objekt sein, das als Wirkung nur ein anderes Ereignis als ein anderes Objekt zur Ursache besitzen kann. Und daraus geht zuletzt für Sie hervor: Kausalität ist danach zur Ermöglichung von Objektivität gerade in dem Sinn von Substanzialität notwendig, nämlich um auch dann, wenn unterschiedlicher Gehalt in Ausdehnung der objektiven Zeit hinein verteilt und so als objektiver Wechsel auftritt, noch *Beharrlichkeit* und damit *Substanzialität* als Objektivität von etwas zu ermöglichen, woran ein objektiver Wechsel nur Veränderung oder Bewegung eines Objekts als Ereignisses sein kann, wenn dieses Wirkung eines anderen als seiner Ursache sein kann. Und daran sehen Sie endgültig: Es können die »dynamischen« Kategorien und Schemata der Substanzialität und Kausalität auch tatsächlich nur zusammen die Beharrlichkeit als Wirklichkeit von etwas in der Außenwelt »konstituieren«, je für sich jedoch nur »regulieren«[7].

Nur könnte Ihnen dieser ganze Aufwand freilich leicht als unnötig erscheinen, nämlich angesichts der Leichtigkeit, mit der wir in der Wahrnehmung ein wahrgenommenes Ereignis als Objekt von einem andern wahrgenommenen Ereignis als Objekt zu unterscheiden pflegen. Deshalb sollten Sie sich ein Paradebeispiel dafür mit vor Augen stellen, wie nötig er tatsächlich ist; und zwar gerade weil wir ja von Ding oder Substanz bzw. von Ereignis nur in dem Sinn sprechen können, den wir uns bis hierhin für sie hergeleitet haben. Ding oder Substanz ist danach jedes natural-empirische Objekt, das als ein Selbiges verschiedene Eigenschaften oder Akzidenzen wechseln kann, zumindest seine Raumkoordinaten[8], und Ereignis danach jedes natural-empirische Objekt, das sie tatsächlich wechselt: also beispielsweise auch das Licht mit seiner Lichtgeschwindigkeit als Höchstgeschwindigkeit, die ein empirisch-naturales Objekt überhaupt erreichen kann, soweit die Physiker bis heute wissen.

Ohne weiteres ist es nun aber vorstellbar, daß Licht aus einer Lichtquelle, die sich zum Beispiel wie bei einem Leuchtturm dreht, auf ein Objekt trifft, das so weit entfernt ist, daß im Sinn von Licht als Gegensatz zu Dunkel sich auf diesem Objekt nicht nur Licht, sondern auch Dunkel mit weit höherer als der bekannten Lichtgeschwindigkeit bewegen[9]. Trotzdem liegt dabei kein Fall von Überlichtgeschwindigkeit vor, denn auch weder Licht noch Dunkel tritt dabei im Sinn von Ding oder Substanz als ein Objekt auf, das mit Überlichtgeschwindigkeit die Raumkoordinaten als die Eigenschaften oder Akzidenzen von sich wechselte, und so auch nicht als ein entsprechendes Ereignis, mag es als ein Wahrgenommenes für Wahrnehmung auch gänzlich danach aussehen. Was dabei als Objekt oder als Ereignis

7 Vgl. dazu oben § 26, S. 808 ff.

8 Nach wie vor ist Substanzialität in diesem Sinn mithin gerade nicht etwa an Materialität oder an Stofflichkeit gebunden.

9 Vgl. z. B. L. C. Epstein, *Relativitätstheorie anschaulich dargestellt*, 2. Aufl. Berlin 1988, S. 96.

auftritt, ist nicht quer bewegtes Licht im Sinn des Unterschieds zu Dunkel, sondern Licht als die Photonen, die sich ausschließlich radial von ihrer Quelle weg und lediglich mit Lichtgeschwindigkeit bewegen. Überlichtgeschwindigkeit hat dabei also nur die Abfolge der Ankünfte von individuell verschiedenen Photonen am dadurch beleuchteten Objekt und steht trotz ihrer eigenen vollen Objektivität mithin zur andern Objektivität von bloßer Lichtgeschwindigkeit der einzelnen Photonen nicht in Widerstreit. In beiden Fällen also handelt es sich durchaus um Objekte als Ereignisse, auch bei bewegtem Dunkel oder Licht als Gegensatz zu Dunkel quer zur Radialbewegung der Photonen. Eben darum aber läßt sich deren Objektivität in ihrem ursprünglichen Sinn, nämlich was dabei denn nun eigentlich als Selbiges verschiedene Eigenschaften oder Akzidenzen wie zum Beispiel seine Raumkoordinaten wechselt, dann auch nur als Objektivität im Sinn der Kausalität noch gewinnen: nur je danach, was dabei als jeweilige Einheit dieser Selbigkeit wie auch Verschiedenheit die Wirkung einer Ursache als einer andern solchen Einheit ist. Und das sind eben immer wieder nur die radial der Lichtquelle entströmenden Photonen, einerlei, ob nun im Sinn von Teilchen oder Wellen aufgefaßt.

Dies herzuleiten aber heißt für uns auch einen andern Irrtum Kants noch zu berichtigen. An vielen Stellen nämlich spricht er so[10], als sei die Ausdehnung von objektiver Zeit als Nacheinander unterschiedlichen Gehalts, wie sie im Sinn von Schema und Kategorie der Kausalität zur Gewinnung von Objekten als Ereignissen notwendig werde, als das Nacheinander zwischen Ursache und Wirkung zu verstehen, mithin als Nacheinander zwischen unterschiedlichen Ereignissen. Und so gerät er denn auch in die unlösbare Schwierigkeit, daß immer nur ein zeitlich späteres Ereignis Wirkung einer Ursache als eines zeitlich früheren Ereignisses sein könnte, was jedoch nicht zutrifft, weil auch ein Ereignis, das mit einem andern gleichzeitig auftritt, die Ursache für es oder die Wirkung von ihm sein kann[11]. Denn wie Kant bereits bekannt war, ist nur ausgeschlossen, daß ein zeitlich früheres Ereignis Wirkung einer Ursache als eines zeitlich späteren Ereignisses sein könnte. Und daß diese Schwierigkeit für Kant auch in der Tat unlösbar bleibt, ersehen Sie

10 Vgl. z.B. A 195ff. B 240ff.
11 A 202f. B 247f.

daraus, daß er sich vor ihr in einen reinen Verbalismus flüchtet. Denn gleich mir vergeblich werden Sie sich fragen, was es eigentlich bedeuten sollte, dabei komme es nur auf die »Ordnung« der Zeit an und nicht auf ihren »Ablauf«[12], wo die Ordnung objektiver Zeit, um die allein es dabei geht, in gar nichts anderem bestehen kann als in der Ausdehnung von Nacheinander.

Doch auch diese Schwierigkeit ist nur ein selbstgemachtes Scheinproblem: Es kann gar keine Rede davon sein, daß jene Ausdehnung von objektiver Zeit als Nacheinander unterschiedlichen Gehalts, wie sie im Sinn von Schema und Kategorie der Kausalität zur Gewinnung von Objekten als Ereignissen notwendig werde, dieses Nacheinander von verschiedenen Ereignissen sei. Und zwar einerlei, ob dieses nun ein bloßes Nacheinander oder eines zwischen Ursache und Wirkung ist, da jenes Nacheinander überhaupt nicht das verschiedener Ereignisse sein kann, weil es vielmehr das Nacheinander jeweils eines einzigen Ereignisses sein muß: das Nacheinander von verschiedenen Eigenschaften oder Akzidenzen, das als trotzdem selbiges Objekt und damit als ein einziges Ereignis nur gewonnen werden kann, wenn es auch noch als eine Wirkung eines anderen Ereignisses als seiner Ursache gewonnen werden kann.

Erst daran sehen Sie dann weiterhin: Es handelt sich dabei in vollem Sinn um Synthesis, weil sie auch in der Tat in keinem Sinn etwa nur abgeleitete »Zusammensetzung«, sondern eben ursprüngliche Ausdehnung von objektiver Zeit ist. Und als solche muß sie denn auch nicht nur so weit gehen, daß sie im Sinn von Schema und Kategorie der Kausalität jene Differenz von zwei verschiedenen Eigenschaften in sich als Identität der Ausdehnung eines Ereignisses umfasse, sondern so weit, daß sie auch noch diese Differenz von zwei verschiedenen Ereignissen als zwei verschiedenen Identitäten in sich als Identität der Ausdehnung eines Kausalgeschehens zwischen Ursache und Wirkung mitumfasse: Nur in Form von mindest soweitgehender ursprünglicher Ausdehnung der objektiven Zeit wird die Notwendigkeit eines Kausalzusammenhangs als jeweils ursprünglicher Einheit zwischen Ursache und Wirkung denn auch überhaupt erst einsichtig und herleitbar.

Zwar kommt es im Zusammenhang mit jener Schwierigkeit als jenem Scheinproblem bei Kant zu Formulierungen, wonach er selbst

12 A 203 B 248.

das Nacheinander objektiver Zeit im Sinn von Schema und Kategorie der Kausalität schon als das verschiedener Eigenschaften an Demselben zu erwägen scheint anstatt als das verschiedener Ereignisse[13]. Aus den bereits genannten Mängeln aber scheint er trotzdem nicht zu sehen, daß die eigentliche Schwierigkeit auch überhaupt nur darin liegt, weil auch nur darin überhaupt das eigentlich zu lösende Problem besteht. Was er sich damit aber insgesamt entgehen läßt, ist nichts geringeres als die Einsicht in den Ursprung und das Wesen von Kausalzusammenhang als solchem und so auch die Herleitung seiner Notwendigkeit im ganzen.

Durch die Einsicht nämlich, daß es sich bei diesem Nacheinander nur um das verschiedener Eigenschaften an Demselben handeln kann, löst nicht nur jene Schwierigkeit als jenes Scheinproblem sich wie von selbst, weil beides sich dadurch ganz einfach auflöst; denn gleichviel, ob zwischen Ursache und Wirkung nun ein Nacheinander vorliegt oder nicht, das heißt, ob eine Ursache nun gleichzeitig mit ihrer Wirkung oder zeitlich früher als sie ist, – in jedem Fall muß diese ihre Wirkung als Ereignis solch ein Nacheinander von verschiedenen Eigenschaften an Demselben sein. Durch diese Einsicht läßt sich ferner zeigen, daß zwei grundverschiedene Arten von Ereignissen dann auch je danach unterscheidbar werden, ob sie als die Wirkungen von Ursachen nun gleichzeitig mit diesen oder zeitlich später als sie sind.

Denn wie Sie weiterhin erinnern werden, konnten wir uns ein Ereignis, nämlich die Veränderung oder Bewegung eines Objekts nur als jenen relativen oder absoluten Raumformwechsel faßlich machen, der zuletzt bloß Raumkoordinatenwechsel sein kann, was mithin auch nach wie vor in Geltung bleibt. Dies aber müßte dann auch schon für die bekannte Idealisierung der geradlinig-gleichförmigen und damit unbeschleunigten Bewegung eines Objekts gelten, jene Idealisierung, wie sie etwa durch das *Erste Newtonsche Gesetz* erfolgt. Deswegen hat nicht erst beschleunigte Bewegung eines Objekts, wie sie in der Außenwelt tatsächlich vorkommt, sondern hätte auch schon unbeschleunigte Bewegung eines Objekts, käme sie dort vor, als Folge von Ereignissen in vollem Sinn zu gelten. Wohingegen Kant zumindest dazu neigt, nur die

13 Vgl. A 205–209 B 250–254.

beschleunigte Bewegung eines Objekts als Ereignis zu betrachten, weil auch nur beschleunigte Bewegung sich als Wirkung einer Ursache verstehen lasse, unbeschleunigte als gleichförmig-geradlinige aber nicht[14].

Auch dies jedoch ist – außer auf den Einfluß Newtons – nur darauf zurückzuführen, daß Kant die Herleitung von Schema und Kategorie der Kausalität schuldig bleibt, weil er sich aus den schon genannten Gründen niemals voll verdeutlicht, wie grundsätzlich sie gerade zur ursprünglichen Gewinnung jenes Nacheinander eines jeden einzelnen Ereignisses notwendig sind. Der Unterschied zwischen beschleunigter und unbeschleunigter Bewegung nämlich liegt durchaus nicht darin, daß nur erstere Ereignis wäre, weil nur erstere auch eine Ursache besäße, letztere dagegen nicht. Sie unterscheiden sich vielmehr bloß dadurch, daß nur erstere als Wirkung eine mit ihr gleichzeitige Ursache besitzt, weil letztere als Wirkung eine zu ihr zeitlich frühere besäße. Darin liegt denn auch geradezu der Wesensunterschied zwischen beschleunigten und unbeschleunigten Bewegungen, wenn anders so etwas wie Ausdehnung von objektiver Zeit als Nacheinander im genannten Sinn gerade herzuleiten statt vorauszusetzen ist. Ereignisse und damit Wirkungen sind danach nämlich ohne Zweifel beide gleichermaßen, denn sonst wäre unbeschleunigte Bewegung, die nicht auszuschließen ist, ein ursachloses und in diesem Sinne unerklärliches Geschehen. Und so ist auch unbeschleunigte Bewegung eines Objekts jeweils Wirkung einer Ursache, nur daß dieselbe eben in der objektiven Zeit *zurück*liegt, so daß man auch in der objektiven Zeit *zurück*fragt, wenn man zur Erklärung unbeschleunigter Bewegung eines Objekts nach der Ursache für sie als Wirkung fragt[15]. Zwar trifft es zu, daß diese in der objektiven Zeit *zurück*liegende Ursache für sie dann nur eine *beschleunigte* Bewegung eines anderen Objekts sein kann. Das heißt jedoch in keiner Weise, daß infolgedessen auch nur die mit dieser *gleichzeitige* Wirkung als dann *ebenfalls* beschleunigte Bewegung eines Objekts ein Ereignis sein kann. Vielmehr wäre das auch die sich an sie anschließende

14 Wie Sie zum Beispiel seiner Anmerkung zu A 207 B 252 entnehmen können.

15 Genau in diesem Sinn ist folglich jede Wirkung *eo ipso* Wechselwirkung. Und so ist ein eigenes Schema oder eine eigene Kategorie für letztere auch nicht notwendig und aus diesem Grunde auch nicht herleitbar.

unbeschleunigte Bewegung dieses Objekts, die dann eben zeitlich später als sie wäre.

Und so schließt sich denn auch erst durch unsere bis hierhin vorgetragene Herleitung ein Kreis, der gar nicht offenbleiben dürfte, weil in unserem System sonst eine schlimme Lücke klaffte, nämlich jener Fall der Ruhe eines Objekts darin fehlte. Zwischen Ruhe und geradlinig-gleichförmiger Bewegung nämlich läßt sich, insofern sie *beide* relativ und *beide* unbeschleunigt sind, nicht unterscheiden. Deshalb müßte wie geradlinig-gleichförmige Bewegung auch noch Ruhe eines Objekts sich als Wirkung einer Ursache verstehen lassen, die desgleichen in der objektiven Zeit zurückzuliegen hätte, und so im Zusammenhang mit dieser Ursache auch sozusagen noch als Grenzfall von Ereignis[16].

Und tatsächlich läßt sich auch im Fall der Ruhe eines Objekts sinnvoll nach der Ursache für diese Ruhe fragen, nämlich dafür, daß es etwas *ist*, indem es eine ganz bestimmte Raumform oder Raumkoordinate *hat*, und nicht nur dafür, daß es etwas *wird*, indem es sie *bekommt* oder *verliert*. Und in der Tat hat demgemäß nicht bloß die Frage, warum etwas grün *wird*, sondern auch die Frage, warum etwas grün *ist*, durchaus Sinn, so daß er auch den Sinn des »ist« als solchen selbst noch weiter expliziert. Denn diese Frage, *warum* etwas grün *ist*, kann doch wohl nichts anderes bedeuten als zu fragen, *warum* etwas grün *geworden* ist, und nicht etwa, *warum* es grün *seit je her* ist. Auf diese Weise aber macht sie explizit, wie grundsätzlich auch dies, *daß* etwas grün *ist*, nur bedeuten kann, *daß* etwas grün *geworden* ist, und nicht etwa, *daß* etwas grün *seit je her* ist. Und dies, weil eben jedes solche Etwas grundsätzlich nur im Kausalzusammenhang als Wirkung einer Ursache in objektiver Zeit auftreten kann, gleichviel, ob es gerade etwas *wird* oder gerade etwas *ist*, nämlich *geworden* ist.

Doch so gewiß die Herstellung dieses Kausalzusammenhangs grundsätzlich möglich sein muß, so gewiß ist sie notwendig eben nur für die ursprüngliche Gewinnung dessen, was gerade etwas *wird* statt ist: eines Objekts als eines jeweils hier und jetzt stattfindenden Ereignisses, wie vorhin hergeleitet. Denn im Fall von jenem objektiven Wechsel unterschiedlichen Gehalts kann etwas als ein trotzdem

16 Wenn auch freilich nicht in dem Sinn, den wir unten noch zu kritisieren haben werden. Vgl. dazu § 30 S. 900 ff.

in sich einheitliches Objekt, nämlich als ein einziges Ereignis eben nur ermöglicht werden, wenn es sich auch noch als Wirkung, und das heißt, als Wirkung einer Ursache als eines anderen Ereignisses oder Objekts ermöglichen läßt. Nur in diesem Sinn kann nämlich innerhalb von solchem objektiven Wechsel unterschiedlichen Gehalts für Wahrnehmung ein wahrgenommenes Objekt im Unterschied zu einem andern wahrgenommenen bzw. wahrnehmbaren Objekt dann auch unterscheidbar werden.

Doch einhergehend mit dieser Notwendigkeit für das Objekt haben wir uns schließlich auch noch eine Notwendigkeit für das Subjekt hergeleitet, nämlich auch noch eine für das Urteil in der Wahrnehmung von solchem Wahrgenommenen. Denn aus demselben Grund muß dieses Urteil dann auch notwendig ein ursprünglich-komplexes sein, weil so etwas wie »Dies wird grün« dann insgesamt auch nur »Dies wird grün, weil ...« bedeuten kann, gleichviel, ob dieses »..., weil ...« dabei tatsächlich explizit wird oder implizit bleibt. Immer gleicher objektiver Wechsel zwischen unterschiedlichem Gehalt wie grün und nichtgrün nämlich läßt sich als ein einziges Ereignis (etwas Nichtgrünes *wird* etwas Grünes) gegenüber zweien (etwas Grünes *tritt an Stelle von* etwas Nichtgrünem), wie auch umgekehrt, ja nur je danach unterscheiden, was dabei als eine in sich einheitliche Wirkung einer in sich einheitlichen Ursache auftreten kann und so auch als das in sich Einheitliche eines einzigen bzw. mehr als eines einzigen Ereignisses. Sich auch aus solchem objektiven Wechsel unterschiedlichen Gehalts heraus jeweils ein in sich einheitliches Objekt zu erdeuten – einerlei, ob als das in sich Einheitliche eines einzigen bzw. mehr als eines einzigen Ereignisses –, setzt für ein Subjekt also notwendig voraus, Gehalt in Form von Ausdehnung der objektiven Zeit auf dritter Stufe auch von vornherein schon grundsätzlich umfassender zu deuten: eben schon von vornherein im größeren Zusammenhang von »..., weil ...«.

Nur dadurch können Sie sich überhaupt erklären, daß auch dann, wenn faktisch, kontingent, tatsächlich sich kein objektiver Wechsel unterschiedlichen Gehalts ergibt und diese dritte Stufe dann entsprechend faktisch, kontingent, tatsächlich anstatt eine Form wie NxG nur eine Form wie Gx annimmt, letztere desgleichen grundsätzlich im größeren Zusammenhang von »..., weil ...« steht. Wie Sie nämlich nach wie vor nicht aus dem Blick verlieren dürfen, geht doch diese dritte Stufe grundsätzlich nur dahin, etwas als ein wirklich-anderes Objekt der Außenwelt gerade dadurch hinzustellen, daß sie dieses Etwas als beharrlich hinstellt, mag es nun als das, was etwas *ist*, oder als das, was etwas *wird*, beharren. Nur muß diese dritte Stufe, um für beide diese Möglichkeiten, die bereits von zweiter her bestehen, gleichsam vorzusorgen, auch von vornherein bereits genau im Sinn von Schema wie Kategorie der Substanzialität *und* Kausalität in sich different wie auch identisch sein, in sich komplex genauso wie auch in sich einfach.

Und genau entsprechend muß denn auch das Urteil dritter Stufe in sich different wie auch identisch sein, in sich komplex genauso wie auch in sich einfach: Nämlich dadurch, daß es seine Differenz oder Komplexität in sich als Einfachheit oder Identität nun auch noch als Verschiedenheit von ganzen Urteilen besitzt und nicht nur als Verschiedenheit von Indikator oder Prädikator, deren keiner ja für sich allein schon Urteil ist. Und demgemäß tritt, wenngleich nicht notwendig, so doch faktisch, kontingent, tatsächlich auch schon jegliches elementare Urteil wie Gx im größeren Zusammenhang von »..., weil...« auf, einerlei, ob dieses »..., weil...« nun explizit wird oder implizit bleibt. Und dies, eben weil er grundsätzlich notwendig sein muß, da nicht schon von vornherein gewährleistet sein kann, ob diese dritte Stufe faktisch, kontingent, tatsächlich nun die Form von so etwas wie Gx oder NxG annimmt. Denn beide sind ja gleich elementar.

Und hat sonach zumindest so etwas wie NxG notwendig im Zusammenhang von »..., weil...« zu stehen, so hat mithin auch in der Tat ein jedes solche Urteil schon von vornherein im Rahmen eines ursprünglich-komplexen Urteils aufzutreten, da durch »..., weil...« von vornherein schon die ursprüngliche Synthese eines Urteils, das aus Urteilen besteht, erfolgt. Wie nämlich mittlerweile hinreichend bekannt, entspringt der Sinn von »..., weil...« als Einheit eines »..., wenn...« mit einem »..., und...«, von denen jedes einem vollständigen und dem andern inhaltsgleichen Urteil vorsteht, ohne daß durch eines dieser Urteile bereits etwas behauptet wird. Denn »..., *weil* es regnet« heißt soviel wie »..., *wenn* es regnet, *und* es regnet«. Was durch ein Gesamturteil wie »..., weil...« zum Ausdruck kommt, ist demnach nichts geringeres als der Ursprung des bekannten *modus ponens* und mithin der Ursprung der »wenn/dann«-Verbindung ebenso wie auch der »und«-Verbindung, die dem *modus ponens* notwendig zugrunde liegen. Und wie spätestens seit

Frege klar ist[17], müßte sich, zusammen mit der Negation, aus diesen beiden Arten von Verbindung die »Aussagenlogik« insgesamt ableiten lassen. Und auf diese Weise hätte die »Formale Logik«, die bis heute bodenlos ist, dann auch Boden unter sich, »transzendentallogischen« nämlich, weil »formallogischer« für sie prinzipiell nicht möglich sein kann. Denn erst dadurch wäre systematisch deduziert, aus welchem Grund sowie in welchem Sinn es Urteile nicht nur als ursprünglich elementare geben muß, sondern auch noch als ursprünglich komplexe.

§ 30. Subjektivität und Intersubjektivität

Nach all dem, was wir uns bis hierhin hergeleitet haben, werden Sie wohl kaum in Zweifel sein, daß all dies nur auf Grund von Zeit als objektiver, und das heißt, auf Grund von Zeit als Ausdehnung entspringen kann: ob ein Ereignis als Bewegung oder als Veränderung in Form von Ausdehnung der objektiven Zeit als solcher selbst, oder in Form von Punkt der subjektiven Zeit ein Urteil in der Wahrnehmung eines Ereignisses als wahrgenommener Bewegung oder wahrgenommener Veränderung. Denn nur bezüglich Ausdehnung von objektiver Zeit kann Punkt von subjektiver Zeit als Urteil einen Sinn wie NxG annehmen anstatt einen wie Gx. Und eben dazu hat ursprünglich subjektive Zeit als Punkt sich je und je zu objektiver Zeit als Ausdehnung auch überhaupt erst auszudehnen. Doch als vollends hergeleitet gelten kann dies freilich erst, wenn auch verständlich wird, was Ausdehnung von objektiver Zeit als Nur noch-Ausdehnung denn eigentlich bedeuten könnte, weil ja schon von jener zweiten Stufe her der Sinn von Ausdehnung als Nur noch-Ausdehnung an Raum vergeben ist. Und diese Frage fordert denn auch nur noch dringlicher nach ihrer erst einmal zurückgestellten Antwort. Wegen ihrer Schwierigkeit sei sie jedoch zunächst nur vorbereitet mittels der bloß negativen Teilantwort, was dies gerade nicht bedeuten kann.

Doch wird Ihnen nicht einmal diese leicht fallen, weil Sie dazu gegen eine Überzeugung angehen müssen, wie sie fester kaum noch

17 Vgl. z.B. *Kleine Schriften* (hg. I. Angelelli), Darmstadt 1967, S. 391ff. mit *Begriffsschrift*, Darmstadt 1964, S. 5–13.

vorzustellen ist, weil wir alle sie zunächst einmal wie selbstverständlich hegen. Dafür ziehen Sie am besten nochmals jenen Fall der Ruhe eines Objekts in Betracht, den wir zuletzt als Grenzfall von Ereignis einzubringen hatten, weil es sinnvoll ist, in diesem Fall genauso wie im Fall geradlinig-gleichförmiger Bewegung eines Objekts nach der Ursache dafür zu fragen. Und als bloßer Grenzfall von Ereignis mußte uns der Fall der Ruhe eines Objekts deshalb gelten, weil er anders als der Fall geradlinig-gleichförmiger Bewegung eines Objekts nicht mehr einen Fall von Raumkoordinatenwechsel darstellt.

Diesbezüglich aber könnten Sie, besonders wenn Sie die Physik vor Augen haben, zu bedenken geben wollen, damit liege noch kein Grund vor, diesen Ruhefall als bloßen Grenzfall von Ereignis aufzufassen. Denn auch Ruhe eines Objekts sei in vollem Sinn Ereignis, weil ein Objekt auch in diesem Fall, wenngleich nicht Raumkoordinaten, so doch Zeitkoordinaten wechsle. Ja geradezu berufen könnten Sie sich auf die Physiker, die insbesondere im Anschluß an die *Relativitätstheorie* Einsteins ohne jede Scheu vertreten, daß auch ruhende Objekte sich bewegen: zwar nicht durch den Raum, doch sehr wohl durch die Zeit[1]. Auch wenn nur einige sie ausnahmsweise einmal offen zu vertreten pflegen, scheinen alle Physiker von dieser Auffassung doch derart überzeugt zu sein, daß sie trotz deren Folgen, die zumindest einige von ihnen ahnen[2], diese Auffassung zugrunde legen.

Sie dagegen müßten dadurch förmlich alarmiert sein – jedenfalls nach allem, was Sie sich bisher begreiflich machen konnten, weil Sie danach nicht mehr übersehen könnten, was hier eigentlich geschieht, da dies am kürzesten mit den berühmten Worten zu bezeichnen ist: »Zum Raum wird hier die Zeit«. Dies nämlich führt zwar nicht in Richard Wagners Parsifal[3], sehr wohl jedoch in jedes Physikers Physik zu einer grundsätzlichen Schwierigkeit, weil der Begriff einer Bewegung eines Objekts, der geradezu der Grundbegriff aller Physik ist, dadurch nur um einen allzu hohen Preis gerettet wird. Bewegung nämlich ist und bleibt notwendig definiert als Raumkoordinaten-

1 Vgl. z. B. L. C. Epstein, *Relativitätstheorie anschaulich dargestellt*, 2. Aufl. Berlin 1988, S. 101, S. 231, S. 235; ders., *Epsteins Physikstunde*, 2. Aufl. 1988, S. 517; G. Kahan, *Einsteins Relativitiätstheorie*, 5. Aufl. Köln 1990, S. 141.

2 Vgl. dazu Anm. 4.

3 Vgl. *Erster Akt*, Erwählungsszene: »Vom Bade kehrt der König heim ...«.

wechsel eines Objekts, so daß auch der Gegensatz von Ruhe und Bewegung eines Objekts trotz, ja eigentlich gerade wegen der bekannten Relativität von beiden notwendig erhalten bleiben muß. Genau in diesem Sinn jedoch kann Ruhe eines Objekts als Bewegung eines Objekts dann nur unverständlich bleiben und verständlich auch nicht dadurch werden, daß es sich zwar nicht durch Raum, sehr wohl jedoch durch Zeit als zusätzlichen Sonderraum bewege, weil auf diese Art zum Raum gewordene Zeit erst recht nur unverständlich bleiben kann. Denn wörtlich müßte das bedeuten: Jedes ruhende Objekt bewege sich durch Zeit anstatt durch Raum in dem Sinn, daß die Zeit als eindimensionale eine Linie sei, durch die es sich hindurch oder an der es sich entlang bewege.

Daran aber sehen Sie geradezu vor sich, was hier geschieht und was durch jene Kennzeichnung »Zum Raum wird hier die Zeit« noch ziemlich milde charakterisiert ist: Nicht allein zum Raum, sondern zum objektiven Raum und damit letztlich zum Objekt wird hier die Zeit, weil sie auf diese Weise ihrerseits zu etwas Ruhendem wird, relativ zu welchem angeblich sich etwas anderes Ruhendes bewege. Dabei aber wird es auch den Physikern schon um so unheimlicher, als dies innerphysikalisch ohne jede Schwierigkeit ist, weil im Gegenteil sich damit bestens messen oder rechnen läßt: bis hin zur Durchführung von Einsteins *Relativitätstheorie*. Nur heißt Messen- oder Rechnenkönnen eben nicht auch schon Verstehenkönnen, weil dies vielmehr mit der prinzipiellen Unverständlichkeit von Zeit und dadurch schließlich auch von Raum erkauft wird[4], die sich dabei nicht mehr trennen lassen.

Darum sollten Sie sich stellvertretend für die Physiker darauf besinnen, was mit dieser letztlichen Verdinglichung von Zeit und Raum recht eigentlich geschieht. Indem sie nämlich hier gerade unausweichlich wird, ist sie hier auch im höchsten Maße aufschlußreich. Denn ausgerechnet dadurch, daß Physik in dieser Weise nun aufs Ganze geht, stößt sie auf prinzipielle Grenzen, weil als solches selbst das Ganze für Physik gerade nicht zu haben ist: Zur Welt gehört nicht nur Natur, zur Welt gehören vielmehr auch noch wir, die wir nicht nur Natur sind. Und genau entsprechend gibt es zwar eine

4 Wie die Physiker gelegentlich bekennen, so z.B. H. Fritzsch, *Eine Formel verändert die Welt*, 2. Aufl. München 1988, passim. Ferner R. Penrose, *Computerdenken*, Heidelberg 1991, S. 433.

Physik solcher Natur, doch nicht auch noch eine Physik dieser Physik, weil nicht auch noch eine Physik von uns, sondern nur noch eine Philosophie dieser Physik, weil auch nur noch eine Philosophie von uns. Physik als solche selbst ist nämlich nur ein Fall von uns als Selbstverwirklichung, als die wir eben nicht auch unsererseits noch etwas Empirisches für Empirie sind, sondern eben nur noch etwas Nichtempirisches für Nichtempirie der Philosophie als Reflexion. Und so ist vor der eigentlichen Ganzheit dieser *Welt und uns* denn auch die vollständigste Empirie nur eine prinzipielle Halbheit, weil sie immer erst mit Nichtempirie der Philosophie als Reflexion zusammen dieser eigentlichen Ganzheit innewerden kann.

Auf prinzipielle Grenzen trifft aufs Ganze gehende Physik als Empirie sonach nicht zufällig gerade dort, wo sie um jeden Preis versucht, wie alles andere Empirische auch Zeit und Raum nur als Empirisches unter Empirischem noch aufzufassen: als ursprünglich Objektives unter Objektivem. Wie zunächst einmal wir alle jedenfalls will auch der Physiker nichts davon wissen, daß es sich dabei vielleicht um etwas handeln könnte, das wie jeder von uns auch ein jeder Physiker bereits zu allerursprünglichster Wahrnehmung von Wahrgenommenem aus sich heraus als etwas Subjektives beizutragen hat, in dessen Form es wie für uns so auch für ihn dann etwas Objektives überhaupt erst geben kann. Und so verkennt er denn auch schon von vornherein, daß Zeit und Raum als ein ursprünglich vielmehr Subjektives etwas Nichtempirisches sein könnten und etwas Empirisches sowohl wie Objektives nur, indem sie nicht bloß Form *für* Objektives und Empirisches sind, sondern auch noch Form *von* Objektivem und Empirischem, nämlich sofern sich Objektives und Empirisches *in* solcher Form auch faktisch, kontingent, tatsächlich einstellt. Denn das kann durchaus nicht immer schon vorweg verbürgt sein, wie die grundsätzliche Irrtumsmöglichkeit bezeugt, die schon für allerursprünglichste Wahrnehmung besteht und daher auch für alles, was als Empirie auf Wahrnehmung beruht.

Daß dies nicht von der Hand zu weisen ist, wird Ihnen aber noch viel deutlicher, weil eben darin zwischen Zeit und Raum auch noch ein aufschlußreicher Unterschied besteht. Kein Zufall nämlich ist es, daß der Physiker mit seiner Auffassung von Zeit und Raum in diesem Sinne erst mit Zeit in jene Schwierigkeit gerät, die für ihn selbst schon Zeit und in Vereinigung mit ihr auch Raum zum Rätsel werden läßt. Im Fall von Raum bleibt nämlich die Verdinglichung desselben zu etwas Empirischem und Objektivem unauffällig, weil zumindest von der Wahrnehmung her jegliches Empirische und Objektive diesen Raum gewissermaßen an sich trägt. Von daher kann etwas Empirisches und Objektives eben grundsätzlich nur unter irgendeiner Form von Raum auftreten: nur als ein Zugleich nach innen und nach außen, sprich, als ein Beharrliches, das ein Zugleich als Eigenschaft oder als Akzidens an sich als Ding oder Substanz jeweils gerade wechselt oder beibehält, indem es in Bewegung oder Ruhe ist.

Für Zeit dagegen gilt Entsprechendes gerade nicht, und zwar auch dann nicht, wenn sich Objektives und Empirisches in Form von objektivem Raum und objektiver Zeit bewegt, weil es auch dann nicht diese objektive Zeit etwa genauso an sich trägt wie jenen objektiven Raum. Denn objektive Zeit wird dabei nicht etwa wie objektiver Raum als irgendein Zugleich an solchem Objektiven und Empirischen selbst sichtbar: nicht einmal als eindimensionale Linie. Was vielmehr auch dann, wenn es bewegt ist, an Empirischem und Objektivem sichtbar wird, ist immer wieder ausschließlich Zugleich als objektiver Raum, nämlich auch dann, wenn dieses dabei in Vergrößerung oder Verkleinerung begriffen ist, indem es etwa als der *Abstand zwischen* oder als die *Ausdehnung von* etwas Objektivem und Empirischem gerade zunimmt oder abnimmt. In Bewegung nämlich ist Zugleich von objektivem Raum in objektiver Zeit als Nacheinander ja nicht etwa so, als ob es dabei gleichsam Fäden zöge, und das heißt, nicht etwa so, als ob auch objektive Zeit als Nacheinander dabei noch wie objektiver Raum als ein Zugleich aufträte und auf diese Weise sichtbar würde.

Doch was nicht einmal im Fall dieser Bewegung gilt, kann dann erst recht auch nicht in jenem Fall der Ruhe gelten, wie Sie nunmehr sehen müßten. Objektive Zeit wie eine Linie und so wie ein Zugleich von objektivem Raum sich vorzustellen, an dem entlang oder durch das hindurch sich ein im Raume ruhendes Objekt bewege, ist danach bei Strafe ihres Sinnverlusts und damit ihrer Unverständlichkeit unmöglich. Was dem Physiker nicht in den Kopf will, weil es ihm nur in den Kopf kann, wenn der Physiker in Personalunion auch noch zum Philosophen wird, ist, daß sich dabei eben nicht ein Objekt – weder ein im Raum bewegtes noch ein im Raum ruhendes – etwa an Zeit als ruhender entlang bewegt, sondern gerade umgekehrt: daß sich entlang an einem im Raum ruhenden sowohl wie an einem im Raum bewegten Objekt vielmehr Zeit bewegt. Und nur weil dies nicht sichtbar werden kann, für Physiker indessen sichtbar werden muß, damit es ihnen in den Kopf kann, kehren sie dies einfach um, so daß dies Unsichtbare dadurch sozusagen mit Gewalt zum Sichtbaren gemacht wird.

Deshalb kann auch schlechthin keine Rede davon sein, daß gilt: »Zum Raum wird hier die Zeit«. Vielmehr wird sie zu ihm gerade nirgendwo und nirgendwann und nirgendwie. Nur müssen die des öfteren bereits erhobenen Einwände dagegen freilich müßig bleiben, wenn mit ihnen keine Einsichten darüber mit einhergehen, daß es sich bei dieser vielmehr umgekehrt gerade am Objekt entlang bewegten Zeit um überhaupt nichts anderes als jenes am Objekt entlang bewegte Subjekt handelt. Schließlich gibt es auch Physik nicht ohne Physiker, weil auch Bedeutung oder Sinn als Zeichen und so als Koordinate oder Formel nur für den sie je und je Verstehenden, ob nun als Sprechenden bzw. Schreibenden oder als Hörenden bzw. Lesenden. Denn alles andere können Sie getrost den Liebhabern des falschen Mythos überlassen, die vor bloßer Farbverteilung auf Papier, nur weil sie hochkomplex gestaltet ist, schon in Subjektverehrung fallen und auf diese Weise noch bis heute letztlich Animismus treiben.

Mag jedoch die Richtigkeit der damit nun gegebenen negativen Teilantwort für Sie auch offenkundig sein, so hat die positive als die eigentliche Antwort auf die Frage nach dem Ursprung und dem Wesen objektiver Zeit dadurch noch nicht das mindeste von ihrer Schwierigkeit verloren. Denn objektive Zeit bedeutet Zeit als Ausdehnung im Sinn von Nur noch-Ausdehnung, die nach wie vor bereits von jener zweiten Stufe her als das Zugleich des Raumes auftritt, so daß Ausdehnung in jenem Sinn von Nur noch-Ausdehnung auch ein für alle Mal an Raum vergeben ist. Wenn aber die gesuchte positive Antwort auch nicht gleich aus der gegebenen negativen folgt, so führt Sie letztere doch wenigstens noch einen Schritt in Richtung ersterer, nämlich zur angemessenen Erklärung dafür, daß wir alle immer wieder dazu neigen, uns auch objektive Zeit noch ihrerseits als objektiven Raum, nämlich wie eine Linie vorzustellen.

Denn behalten Sie dabei im Blick, daß Ausdehnung im Sinn von Nur noch-Ausdehnung nun einmal ganz und gar an Raum vergeben ist, so sehen Sie förmlich vor sich: Überhaupt nur deswegen vermag auf dritter Stufe auch noch Zeit zu Ausdehnung im Sinn von Nur noch-Ausdehnung sich auszudehnen, weil auf dritter Stufe Raum als

Ausdehnung im Sinn von Nur noch-Ausdehnung schon immer ausgedehnt ist. Nur *auf Grund* von ihm, ja eigentlich nur *auf dem Grund* von solchem Raum als *Hintergrund* gewissermaßen, nämlich nur, indem sie es vermag, *auf* Raum als Ausdehnung im Sinn von Nur noch-Ausdehnung sich gleichsam *aufzutragen* oder *abzubilden* und mithin *an ihm entlang* sich auszudehnen, kann auch Zeit auf dritter Stufe noch als Ausdehnung im Sinn von Nur noch-Ausdehnung entspringen.

Eben daher jene für uns alle erst einmal unwiderstehliche Verleitung, uns von diesem objektiven Raum her auch noch diese objektive Zeit als objektiven Raum, nämlich als Linie vorzustellen: eine Verleitung, der wir immer erst durch Reflexion und damit durch Philosophie uns zu erwehren vermögen. Und tatsächlich kann doch keine Rede davon sein, als würde die auf objektiven Raum sich auftragende oder abbildende Zeit zu objektiver so, daß sie auf ihm als Ausdehnung jenes Zugleich auch ihrerseits zur Ausdehnung eines Zugleich noch würde und mithin auch noch als Linie zumindest sichtbar. Wie Sie schon gesehen haben nämlich wird sie dies nicht einmal, wenn in Form von Raum sich irgendein Zugleich bewegt, indem es in Vergrößerung oder Verkleinerung begriffen ist, geschweige wenn es ruht.

Was vielmehr sichtbar wird, ist ausschließlich diese Bewegung selbst, weil Ausdehnung der objektiven Zeit als bloße Form von ihr auch nur mit ihr einherläuft, nämlich ohne etwa außer ihr und damit neben ihr noch eine Zusatzform zu bilden. Und tatsächlich ist Bewegungsablauf seiner Form nach nichts als Zeitablauf und fällt formal sonach mit ihm zusammen. Denn auch nur in Ausdehnung von objektiver Zeit hinein vermag Bewegung eines Objekts überhaupt zum Wahrgenommenen für Wahrnehmung zu werden, wohingegen Ruhe eines Objekts dies auch ohne Ausdehnung von objektiver Zeit vermag. Da Ausdehnung von objektiver Zeit auf dritter Stufe aber durchgehend erfolgt, weil durchgehend erfolgen muß, um auch Bewegung eines Objekts zu ermöglichen, ist Ausdehnung von objektiver Zeit bei Ruhe eines Objekts dann auch überflüssig-zusätzliche Form. Entsprechend sehen Sie spätestens an dieser überflüssig-zusätzlichen Form der Ausdehnung von objektiver Zeit im Fall der Ruhe eines Objekts auch mit letzter Deutlichkeit, daß sie durchaus nicht etwa eine zusätzliche Raumform wie zum Beispiel eine Linie bildet.

Sind Sie darauf nämlich soweit nunmehr aufmerksam geworden,

sehen Sie des weiteren, daß Ausdehnung von objektiver Zeit, wenn sie tatsächlich eine solche zusätzliche Raumform würde, gar nicht eine bloße Linie werden könnte, sondern mindest eine Fläche werden müßte. Denn zum Wahrgenommenen für Wahrnehmung wird ein Objekt in Form von dreidimensionalem Raum ja mindest unter einer Fläche, nämlich seiner Oberfläche, wie Sie sich erinnern werden, so daß auch der Abstand von Objekten unter ihren Flächen immer wieder Fläche ist. Bewegung von Objekten unter ihren Flächen, und das heißt zuletzt, Vergrößerung oder Verkleinerung von dieser oder jener Fläche aber müßte dann auch dazu führen, daß solche Flächen nicht bloß gleichsam Fäden zögen, nämlich Linien, sondern ganze Flächen zögen, würde Ausdehnung von objektiver Zeit dabei auch ihrerseits noch eine zusätzliche Raumform und als solche sichtbar.

Daß dies vielmehr offensichtlich ausbleibt, macht im Gegenteil für Sie auch offensichtlich deutlich, daß sie dies gerade nicht wird: weder Linie noch gar Fläche. Denn was dabei ursprünglich-empirisch sichtbar für uns wird, ist eben wie beim ruhenden auch beim bewegten Objekt immer wieder nichts als Ausdehnung von objektivem Raum – wenngleich sie dabei freilich in Bewegung als Vergrößerung oder Verkleinerung begriffen ist – und Ausdehnung von objektiver Zeit gerade nur als das, was erstere ermöglichend begleitet. Und so lautet die Erklärung dafür, daß wir alle immer wieder dazu neigen, uns auch Ausdehnung von objektiver Zeit wie Ausdehnung von objektivem Raum noch vorzustellen, wie folgt. Daß wir uns immer erst auf Grund der immer schon erfolgten Ausdehnung von Raum auch Zeit als Ausdehnung noch ursprünglich-empirisch vorstellen können, eben immer erst als Form dieser Bewegung eines in Vergrößerung oder Verkleinerung begriffenen Raums, verleitet uns dazu, daß wir uns diesen Raum, an dem entlang sie dabei abläuft, *statt* der Zeit vorstellen.

Nur ist das eben wörtlich gar nicht möglich: Zwar vermag uns dabei immer nur der Raum, der dabei immer nur der Weg solcher Bewegung ist, zum Gegenstand zu werden, so daß er uns stellvertretend auch die Zeit solcher Bewegung gegenständlich machen muß. Doch ebenso gewiß ist, daß er sie uns überhaupt nur gegenständlich machen kann, soweit wir selbst vermögend sind, von ihm als solchem, nämlich als Zugleich gerade abzusehen und nur noch hinzusehen auf das an ihm entlang bloß ablaufende Nacheinander. – Dies zu unterlassen nämlich führt am Ende unausweichlich dazu, solchen Raum in voller Wörtlichkeit für solche Zeit zu nehmen, wonach selbst ein im Raum ruhendes Objekt sich wie durch Raum auch noch durch Zeit hindurch bewegt, womit sich Empirie auf Kosten der Verständlichkeit von Zeit und Raum ihre Erfolge sichert. – Dies zu tun dagegen führt am Ende, und zwar ohne diese Empirie als solche auch nur im geringsten anzutasten, nämlich zusätzlich zu ihr auch noch in jene Nichtempirie der Philosophie als Reflexion auf sie.

Denn vollständig und angemessen angestellt, führt solche Reflexion auch noch Verständlichkeit von Zeit und dann von Raum herbei, indem sie nämlich auch noch darauf reflektiert, wodurch es ein bewegtes oder ruhendes Objekt als Wahrgenommenes für Wahrnehmung dann überhaupt erst geben kann: durch ein Subjekt, das Wahrnehmung von Wahrgenommenem nur werden kann, indem es sich zu Zeit und dann zu Raum ganz aus sich selbst heraus verwirklicht, weil es nur in Form von beiden sich die durchgängige Möglichkeit dafür eröffnen kann. Erst diese bis ins Letzte durchgeführte Reflexion ergibt denn auch zum Negativen, wonach Ausdehnung von objektiver Zeit gerade nicht als zusätzliche Ausdehnung von objektivem Raum ergeht, zuletzt das Positive, worauf sie recht eigentlich hinauszulaufen hat. Nur aus der inneren Struktur von Subjektivität als Thema solcher Reflexion wird Ihnen nämlich ferner klar, daß Ausdehnung von objektiver Zeit als zusätzliche Ausdehnung von objektivem Raum auch gar nicht zu ergehen vermag, weil objektive Zeit trotz ihrer Ausdehnung entlang der Ausdehnung von objektivem Raum im Sinne solchen Raumes selber etwas Objektives überhaupt nicht sein kann[5]. Objektiver nämlich ist er ja nur als objektivierter subjektiver Raum, der als Zugleich nach innen immer schon auf zweiter Stufe auftritt und auf dritter nur noch als Zugleich nach außen hingestellt wird: eben als ein wirklich-anderes, nämlich beharrliches Objekt der Außenwelt, das als Substanz bzw. Ding dann ein Zugleich nach innen als die objektive Eigenschaft bzw. als das objektive Akzidens an sich gerade wechselt oder beibehält.

Genau in dieser Hinsicht aber kann sich objektive Zeit, auch wenn sie ebenso wie objektiver Raum als Ausdehnung auftritt, gerade nicht wie solcher objektive Raum am Objekt selbst gewissermaßen

5 Vgl. z.B. R. Sexl/H.K. Schmidt, *Raum Zeit Relativität*, 3. Aufl. Braunschweig 1991, S. 184ff.

niederschlagen, weil sie ja in keinem Sinne ein Zugleich ist – nicht auf zweiter Stufe eins nach innen noch auf dritter eins nach innen und nach außen –, sondern eben Nacheinander. Dieser Niederschlag geht nämlich nur zurück auf die Verzweifachung von Raum als dem Zugleich nach innen zum Zugleich auch noch nach außen, die ein wirklich-anderes Objekt der Außenwelt gerade als das innere Verhältnis von Substanz zu Akzidens oder von Ding zu Eigenschaft formal begründet und erklärt. In dieser Weise aber kann sich eben keineswegs auch Zeit als Nacheinander noch am Objekt selber niederschlagen, weil durchaus nicht wie Zugleich als Raum auch Zeit als Nacheinander schon von zweiter Stufe her dafür verfügbar ist und damit auch nicht ihrerseits dann durch entsprechende Verzweifachung zum zeitlich-zusätzlichen Akzidens oder zur zeitlich-zusätzlichen Eigenschaft an Ding oder Substanz noch werden kann.

Daß so, wie ein bewegtes Objekt seine Raumkoordinaten wechselt, auch ein ruhendes Objekt zumindest seine Zeitkoordinaten wechsle, muß entsprechend unverständlich bleiben, weil auch nicht ersichtlich werden kann, als was denn seine Zeitkoordinaten an ihm selbst noch wechseln könnten. Und dies um so weniger, als am bewegten Objekt seine Zeitkoordinaten auch noch zusätzlich zu seinen Raumkoordinaten wechseln müßten, – es sei denn, daß man weiterhin vermeint: »Zum Raum wird hier die Zeit«. Denn Raumkoordinaten hat ein Objekt grundsätzlich durch irgendein Zugleich von Raum als Ausdehnung an sich bzw. zwischen sich und anderen Objekten, gleichviel, ob es solche grundsätzliche Raumform nun gerade wechselt oder beibehält.

Im Gegenteil tritt jenes Nacheinander Zeit bereits auf zweiter Stufe diesem Raumzugleich gerade gegenüber, und das heißt, ihm als der Nur noch-Ausdehnung von Anschauung vielmehr entgegen als der Nur noch-Punkt eines Begriffs. Deswegen nimmt bereits von zweiter Stufe her jene Verzweifachung, worin der Schritt zur dritten Stufe hin auf jeden Fall bestehen muß, im Fall von solcher Zeit auch eine völlig andere Form an als im Fall von solchem Raum. Im Fall des letzteren als Nur noch-Ausdehnung von Anschauung führt dieser Schritt zu jener Ausdehnung in Ausdehnung eines Zugleich nach innen und nach außen und mithin zum Grundverhältnis von Substanz mit Akzidens oder von Ding mit Eigenschaft als Einheit des Objekts. Im Fall der ersteren als Nur noch-Punkt eines Begriffs dagegen hat jene Verzweifachung gerade jenen Punkt in Punkt des Urteils zum Ergebnis, das als Grundverhältnis von »Subjekt« und »Prädikat« nur *Zeichen für* das Grundverhältnis von Substanz und Akzidens ist und gerade nicht auch selbst ein *Objekt in* diesem Verhältnis, sondern ihm als Einheit des Objekts gerade gegenüber vielmehr Einheit des Subjekts.

Genau in diesem Sinne hatten Sie sich denn auch klarzumachen: Subjektiver Raum mit subjektivem Inhalt, wie wir sie auf zweiter Stufe nur durch Reflexion ermittelt haben, gehen auf dritter gänzlich *über* aufs erdeutete Objekt als objektiven Raum mit objektivem Inhalt, nämlich gänzlich in es *ein* und in ihm *auf*, indem sie *in* Substanz mit Akzidens oder *in* Ding mit Eigenschaft hier auch durch Deutung selbst »verwandelt« werden, wie Kant treffend sagt[6]. Das heißt jedoch: Es wäre gänzlich sinnlos, davon auszugehen, als blieben dabei subjektiver Raum mit subjektivem Inhalt zusätzlich zu dieser Objektivität auch noch als eigene Wirklichkeit auf seiten jener Subjektivität zurück; denn da sie dabei vielmehr umgekehrt gerade dieser Objektivität zugrunde liegen, würden sie auf solche Weise unsinnig verdoppelt. Sinnvoll lassen sie als solche selbst sich eben nur durch Reflexion gewinnen, die als Nichtempirie aber prinzipiell nicht gleichzeitig mit solcher Empirie erfolgen kann, sondern nur abwechselnd mit ihr.

Zurück bleibt dabei vielmehr nichts als subjektive Zeit mit subjektivem Inhalt, eben Subjektivität, wie sie von erster bis zu dritter Stufe sich zu immer wieder neuem Punkt gestaltet, und das heißt: ausschließlich zeithaft. Denn bereits auf erster Stufe ist sie Nacheinander ja gerade darin, daß sie immer wieder neuer Punkt ist, nämlich Punkt, wie er als ständig mit sich selbiger sowohl wie zu sich anderer gerade durchwegs Punkt und Ausdehnung *ineinem* ist: genau nach unserem Modell dafür. Als Nacheinander solchen Punktes aber liegt sich Subjektivität auf zweiter Stufe dann auch immer schon zugrunde. Und so gilt zwar, daß sie hier auch noch zu Punkt und Ausdehnung *gesondert* wird, wobei sie trotzdem beides nach wie vor *vereinigt* ist; hier nämlich hat sie Ausdehnung nicht mehr bloß *in* sich, sondern auch noch *außer* sich und damit als die Nur noch-Ausdehnung des Raumes auch noch *an* sich ebenso wie *vor* sich, so daß sie durch ihre Zuordnung zu solcher Nur noch-Ausdehnung von Raum

6 Vgl. oben § 25, S. 783 ff.

auch umgekehrt als Zeit sodann zum Nur noch-Punkt wird. Doch es gilt auch, daß sie hier sogar als dieser dann ein immer wieder neuer Nur noch-Punkt von Zeit ist wie ja auch als Nur noch-Ausdehnung von Raum hier eine immer wieder neue. Und so wird sie auch auf dritter Stufe – wo sich Subjektivität zu solchem Nur noch-Punkt nicht mehr bloß bildet, wie auf zweiter, sondern sich als solchen Nur noch-Punkt dann schon verwendet – rückbezüglich in sich selbst zu jenem Punkt in Punkt desgleichen nur als immer wieder neuem: eben zeithaft.

Daß infolgedessen nichts als subjektive Zeit dabei zurückbleibt, heißt dann aber weiter, daß auch nichts als objektive Zeit dabei aufs Objekt übergeht: indem sich nämlich Zeit als subjektive dann auf dritter Stufe auch noch gleichsam überträgt auf Raum als objektiven, um *an* ihm *entlang* sonach auch ihrerseits noch Ausdehnung im Sinn von Nur noch-Ausdehnung zu werden und auf diese Art *mit* ihm *vereint* sonach auch ihrerseits noch Form des Objekts selbst. Nur wird es eben nicht so ohne weiteres verständlich, was im Fall von Zeit als subjektiver eine Ausdehnung zu Nur noch-Ausdehnung von Zeit als objektiver überhaupt bedeuten kann: nicht einmal dann, ja eigentlich gerade wenn sie in Vereinigung mit Ausdehnung als Nur noch-Ausdehnung von objektivem Raum erfolgen soll.

Denn diesem liegt ja Ausdehnung als Nur noch-Ausdehnung von subjektivem Raum bereits von zweiter Stufe her zugrunde, die jedoch gerade als Erzeugung des genauen Gegenteils zur Zeit der ersten Stufe vor sich geht. Entsprechend ist die Möglichkeit für Ausdehnung als Nur noch-Ausdehnung durch die von subjektivem Raum nicht nur bereits erschöpft, wie Sie schon wissen, sondern bleibt durch ihre Gegenteiligkeit zu Zeit als Möglichkeit für Zeit zunächst einmal auch unbegreiflich. Und tatsächlich tritt ja, wie Sie sich bereits verdeutlicht haben, Zeit in keinem Fall wie Raum als Ausdehnung im Sinn von Nur noch-Ausdehnung eines Zugleich auf: auch nicht dann, wenn sie wie er zum objektiven auch noch selbst zur objektiven wird, sondern auch dann gerade nur als Ausdehnung im Sinn der Nur noch-Ausdehnung von Nacheinander.

Daß dies nicht bedeuten könne, wie durch Raum bewege sich ein ruhendes Objekt durch Zeit, daß dies vielmehr bedeuten müsse, umgekehrt bewege Zeit gerade sich an einem ruhenden Objekt entlang und werde nur aus diesem Grund an einem seinerseits bewegten Objekt als Bewegung auch noch sichtbar, wird dann nämlich abermals zum Rätsel Zeit und bleibt es trotz der Lösung jenes ersten. Jedenfalls solange nicht des weiteren verständlich wird, wie Zeit als solche selbst, das heißt, als subjektive selbst auch noch zu objektiver werden kann, will sagen, wie es Zeit als solche selbst auch noch vermag, zu Ausdehnung als Nur noch-Ausdehnung sich auszudehnen, nämlich *ohne* selbst »zum Raum« zu werden. Und tatsächlich wird sie dadurch nicht zu dieser raum-spezifischen, sondern zu Ausdehnung als Nur noch-Ausdehnung von einer Eigentümlichkeit, ja Einzigartigkeit, wie sie als zeit-spezifische in ihrer Schwierigkeit kaum überbietbar ist.

Denn *daß* sie dies vermögen *muß*, steht fest, weil objektive Zeit als Ausdehnung im Sinn von Nur noch-Ausdehnung ja ohne Zweifel auftritt, nämlich so gewiß Bewegung eines Objekts je und je den sichtbaren Beleg dafür erbringt. Doch *wie* sie das vermögen *kann*, läuft dann im Zuge unserer Deduktion von Systematik in der Tat auf eine Möglichkeit hinaus, die sich als einzige noch übrigbleibende sogar als eine derart eigentümliche und einzigartige ergibt, daß sie mit allen ihren Folgen auf den ersten Blick wie eine schlechthin abenteuerliche auf Sie wirken wird.

Denn war nicht jene subjektive Zeit als Punkt und Ausdehnung ineinem, nämlich als ein ständig mit sich selbiger wie zu sich anderer Punkt schon geisterhaft genug, als daß sie derart geisterhaft nicht nur als Innenwelt eines Subjekts, sondern auch noch als Außenwelt eines Objekts für ein Subjekt auftreten könnte und mithin geradezu leibhaftig geisterhaft? Und doch bleibt Ihnen, wollen Sie nur immer folgerichtig weiterdenken, keine andere Wahl, als sich auf dieses Abenteuer einzulassen; denn so abenteuerlich dadurch das Objekt selbst auf Sie auch wirken mag, – der eigentliche Abenteurer ist dabei das Subjekt selbst, weil es zu objektiver Zeit womöglich noch viel geisterhafter als zu subjektiver wird. Gemäß der Möglichkeit, die dafür dann als einzige noch übrigbleiben kann, muß ein Subjekt nämlich geradezu das Abenteuerlichste an Spagat vollführen, um aus sich selbst als subjektiver Zeit heraus auch noch zu objektiver Zeit zu werden.

Denn zum einen hat es, um auch noch zu Zeit als Ausdehnung im Sinn von Nur noch-Ausdehnung sich auszudehnen, bloß die eine Möglichkeit: Von seiner dritten Stufe her hat ein Subjekt dazu auf seine erste Stufe hin zurück- und damit sich als Zeit bis auf den

Grund zu gehen, da es als Zeit auch überhaupt nur dort den Grund hat, nämlich nur von dort her ursprüngliche Zeit als Ausdehnung von Punkt ist, weil es dann auf zweiter wie auf dritter eben Nur noch-Punkt bzw. solcher Punkt in Punkt ist, wenn auch immer wieder neuer. Und zum andern hat es, um sich selbst als diese subjektive Zeit der Ausdehnung von Punkt auf erster Stufe dann auf dritter auch zur Ausdehnung im Sinn der Nur noch-Ausdehnung von objektiver Zeit noch zu objektivieren, auch bloß die eine Möglichkeit: Den Ausdehnungsanteil an sich als dieser subjektiven Zeit hat ein Subjekt auf dritter Stufe *von* sich *her* sodann *auf* Anderes als sich *hin* zu übertragen.

Denn der Punktanteil an sich als dieser subjektiven Zeit kann dafür ja auf keinen Fall in Frage kommen. – Schon allein, weil er gerade das ist, was von erster Stufe her auf zweiter dann vielmehr zum Nur noch-Punkt wird, zum Begriff, und so auf dritter dann zum Punkt in Punkt des Urteils. – Doch erst recht, weil er als dieser Nur noch-Punkt bzw. Punkt in Punkt gerade das ist, was dabei zurückbleibt, nämlich das Subjekt als dasjenige, *was* dabei sich selbst als Ausdehnung von subjektiver Zeit zu Ausdehnung von objektiver *macht*. Denn *durch* und *für* sich selbst gerade stellt es Ausdehnung von subjektiver Zeit und somit *sich* dabei als Ausdehnung von *objektiver* vor und damit *sich* als Zeit von *Anderem* als sich *für* sich: was denn auch nur auf Grund von Raum als jenem Hintergrund dafür erfolgen kann. Und dies führt dazu, daß dadurch ein Subjekt als ein Objekt ebenso wie auch ein Objekt als ein Subjekt vorgestellt wird, weil auf diese Weise ein Subjekt sich selbst bis *dahingehend* förmlich *grätscht*, daß es *sich selbst* in ein Objekt geradezu *hinein*grätscht. Und daß ein Subjekt auch nur als jener Ausdehnungsanteil an sich als subjektiver Zeit es überhaupt vermögen kann, sich selbst im Zuge solcher Grätsche ins Objekt zu übertragen, während ein Subjekt als jener Punktanteil an sich als subjektiver Zeit dabei zurückzubleiben hat, erklärt mithin, daß ebenso wie objektiver Raum auch objektive Zeit gerade ohne jeden Punkt auftritt, was bisher bloß als unerklärtes Faktum hingenommen werden konnte.

Nur daß Zeit, um auch noch ihrerseits als objektive, nämlich auch noch ihrerseits als Ausdehnung im Sinn der Nur noch-Ausdehnung, sprich, auch noch ihrerseits von Punkt gesondert aufzutreten, eben notwendig einer Vereinigung mit objektivem Raum bedarf. Denn keineswegs liegt objektiver Zeit als der objektivierten subjektiven diese subjektive etwa ebenso wie objektivem Raum als dem objektivierten subjektiven dieser subjektive immer schon als Ausdehnung im Sinn der Nur noch-Ausdehnung zugrunde, sondern immer nur als Ausdehnung *mit* Punkt *ineinem*. Und so gilt, daß ebenso wie subjektiver Raum auch objektive Zeit aus subjektiver Zeit heraus zu Ausdehnung *von* Punkt *gesondert* und mithin zu Nur noch-Ausdehnung dann immer erst noch *werden* muß. Doch mit dem prinzipiellen Unterschied, daß objektive Zeit gerade nicht wie subjektiver Raum dies immer schon auf zweiter, sondern immer erst auf dritter Stufe werden kann. Und so vermag sie eben immer erst mit immer schon als Nur noch-Ausdehnung erzeugtem *Raum* ineinem auch noch selbst zu Ausdehnung als Nur noch-Ausdehnung sich auszudehnen.

Genau in dieser Hinsicht der Notwendigkeit einer Vereinigung von objektiver Zeit mit objektivem Raum jedoch vermögen wir uns nicht nur das Intuitive jener Bilder von Spagat und Grätsche in das Diskursive von Begriffen einzulösen, sondern schließlich auch das Nichtgeheuer-Geisterhafte dessen, was sie uns vermitteln, noch zu bannen. Unserem Modell gemäß wirkt jene subjektive Zeit auf erster Stufe nämlich geisterhaft gerade dadurch, daß sie immer wieder nur als absolute oder innere Bewegung auftritt, weil sie schlechterdings substratlos bleibt. Denn dies bedeutet, daß es für *intentio recta* als »natürliches Bewußtsein« auf die Frage, *was* denn eigentlich da in Bewegung sei und *was* denn eigentlich da vor sich gehe, eine Antwort prinzipiell nicht geben kann.

Vielmehr ist eine Antwort darauf prinzipiell nur für *intentio obliqua* als ein »unnatürliches Bewußtsein« möglich, das als Reflexion von Subjektivität auf sich in Gang nur kommt, indem sich Subjektivität jenes Modell für sich erstellt. Und dieses geht gerade dahin, absolute oder innere aus relativer oder äußerer Bewegung zu gewinnen, nämlich jegliches Substrat, sprich, jegliches Zugleich von Raum, das sie zu relativer oder äußerer ja überhaupt erst macht, so restlos aus ihr auszutilgen, daß als Rest von ihr nur Nacheinander Zeit als absolute oder innere Bewegung noch zurückbleibt. Und als das, als was dies Nacheinander Zeit dabei noch übrigbleibt – nämlich als Ausdehnung von Punkt, der ständig mit sich selbiger genausosehr wie zu sich anderer ist –, bleibt es auch nur um so geisterhafter, als bei dieser nur noch absoluten oder inneren gerade nicht mehr wie bei jener relativen oder äußeren Bewegung etwas *gegen* etwas sich bewegt, sondern nur *etwas*, eben *eines* und nicht etwa *mehr* als eines, das infolgedessen auch als dieses *eine* mit sich selbiges genausosehr wie zu sich anderes ist.[7]

Deswegen kann auch immer erst und immer nur in solcher Reflexion auf sich begriffene Subjektivität dann wissen, *was* denn eigentlich da in Bewegung ist und *was* denn eigentlich da vor sich geht. Wogegen Subjektivität, die als *intentio recta* und »natürliches Bewußtsein« reflexionslos nur auf Objektivität sich richtet, hier vor einem Rätsel stehen muß, das sich in seiner Rätselhaftigkeit auch nur vollenden kann, wenn solche Subjektivität zuletzt auch Reflexion oder *intentio obliqua* noch als bloße rückgewendete *intentio recta* meint vollziehen zu können. Jene Geisterhaftigkeit von subjektiver nämlich überträgt sich voll und ganz auch noch auf objektive Zeit, wenn ein Subjekt den Ausdehnungsanteil an sich als subjektiver Zeit mit sich als objektivem Raum vereinigt, um in jedem Fall auf dritter Stufe ein Objekt sich zu ermöglichen.

Denn durch Vereinigung von diesem Ausdehnungsanteil an subjektiver Zeit mit objektivem Raum wird subjektive Zeit zwar selbst auch noch zu objektiver Zeit, und nulldimensionale subjektive Zeit mithin auch noch zu eindimensionaler objektiver Zeit; doch keineswegs in dem Sinn, daß sie dadurch etwa auch zu eindimensionalem objektivem Raum als Linie noch würde, wie Sie wissen. Diese Eindimensionalität von objektiver ist und bleibt vielmehr genau wie jene Nulldimensionalität von subjektiver Zeit, aus der sie allererst hervorgeht, eine gänzlich zeit-spezifische, weil objektive Zeit aus subjektiver ja nur dadurch überhaupt hervorgeht, daß sie objektivem Raum entlanggeht und zu Ausdehnung mithin auch immer nur entlang der Ausdehnung von objektivem Raum sich ausdehnt. Trotzdem näm-

7 Bis in Einzelheiten unseres Modells hinein läßt sich verfolgen, daß es keineswegs noch einen Rest von Raum enthält. Nicht nur hat auszuscheiden, daß es noch ein restliches Zugleich enthielte, weil es ja in gar nichts anderem besteht als darin, dieses ohne Rest auf Punkt zurückzuführen. Vielmehr muß des weiteren entfallen, daß die Bewegung, die es zum Ergebnis hat, in irgendeinem Sinn Bewegung *gegen etwas* wäre. Nicht im mindesten gilt nämlich, daß sie etwa einen Hintergrund besitzen müßte, weil sie etwa nur *vor ihm* oder nur *gegen ihn* entstehen könnte. Wie denn auch nichts von der Kreide, die bei jener Zeichnung des Modells sich auf die Tafel aufträgt (vgl. oben *Teil 1*, S. 365, Anm. 5), dabei etwa *gegen diese Tafel* sich bewegen müßte, um als Zeichnung des Modells besondere Bewe-

lich handelt es sich dabei nach wie vor ja nur um Übertragung jenes Ausdehnungsanteils an subjektiver Zeit als Ausdehnung von Punkt auf objektiven Raum, auf dem dann dieser Ausdehnungsanteil vor jenem Punktanteil, der dadurch je und je zum Punkt von Gegenwart wird, je und je auch noch zur Ausdehnung von Zukunft und Vergangenheit wird. Nur entsteht eben genau so weit, wie objektiver Raum als ein Zugleich dafür schon zur Verfügung steht, der Schein, als ob auch Ausdehnung der Zukunft und Vergangenheit von objektiver Zeit dabei wie objektiver Raum als ein Zugleich noch gegenwärtig wäre, nämlich sozusagen »links von« oder »rechts von« Gegenwart. Wogegen Ausdehnung von Nacheinander objektiver Zeit als Zukunft und Vergangenheit dabei in Wahrheit vielmehr als die reine Geisterhaftigkeit mitgegenwärtig ist, als die sie fortlaufend dem Schein ihres Zugleich zuwiderläuft und damit lebhaft, doch vergeblich gegen ihn sich wehrt, indem sie sozusagen unter ihm lebendig eben abläuft.

Denn wie geisterhaft sie trotzdem ist und bleibt, das sehen Sie geradezu vor sich, wenn Ihnen deutlich ist und bleibt: Daß solche Ausdehnung von objektiver Zeit aus subjektiver Zeit, wie hergeleitet, immer schon im vorhinein erfolgen muß, bedeutet dann, daß solche Ausdehnung von objektiver Zeit auch jedes ruhende Objekt im vorhinein schon immer mitumgeben muß. Nur läßt es als ein ruhendes Objekt dann diese seine Mitumgebung auch gerade leer, so daß sie keineswegs etwa wie seine räumliche Umgebung dann als seine zeitliche Umgebung auch noch sichtbar werden kann. Was sichtbar wird, ist vielmehr immer wieder nichts als etwas *gegen* etwas, nämlich nichts als objektiver Raum, will sagen: irgendein Objekt; und zwar auch dann, wenn dieses Etwas *gegen* Etwas sich bewegt anstatt zu ruhen und damit als Ereignis seine zeitliche Umgebung ausfüllt anstatt leerläßt. Denn auch das, was dabei als Veränderung oder Bewegung sichtbar wird, ist nichts als Übergang *von* objektivem Raum *zu* objektivem Raum *in* objektivem Raum, den objektive Zeit bloß unsichtbar und darin eben geisterhaft begleitet, weil sie sich, wenn auch an ihm entlang,

gung vorstellen zu können: Nur das Kreide-Stück in meiner Hand bewegt sich dabei *gegen diese Tafel*, das jedoch als solches auch gerade nicht zur Zeichnung des Modells gehört.

so doch auch nur mit ihm einher und so auch nur spezifisch zeithaft ausdehnt[8].

Daß auf Grund von all dem ein Objekt für ein Subjekt von Grund auf als ein geisterhaftes Objekt in Erscheinung treten muß, kann Sie dann aber nicht mehr wundern, wenn ein Subjekt jenen Ausdehnungsanteil an sich als subjektiver Zeit auf sich als objektiven Raum zu übertragen hat, da es allein in Form von diesem objektiven Raum *mit* dieser durch ihn auch noch objektiven Zeit *ineinem* ein Objekt gewinnen kann. Denn solche notwendige Übertragung geht dann dahin, daß ein Subjekt überhaupt nichts anderes als sich selbst auf ein Objekt hin überträgt, weil übertragen muß, nämlich sich selbst als Subjekt, wenn auch eben nur als jenen Ausdehnungsanteil an sich als jener subjektiven Zeit. Infolgedessen kann ihm ein Objekt in Form von so erzeugter objektiver Zeit dann auch nur als ein objektives Subjekt überhaupt erscheinen, sprich, unreflektiert-ursprünglich nur in dem Sinn: Dort ist etwas, das bewegt ist, auch wenn dies nicht sichtbar wird, und damit eben geisterhaft bewegt, nämlich auch dann schon, wenn es im Raum ruht, und so erst recht auch dann noch, wenn es sich im Raum bewegt; und dies muß ein Objekt sein, das ein objektives Subjekt ist, das immer in Bewegung ist, nämlich in innerer Bewegung ist, auch wenn es nicht in äußerer Bewegung ist. Genau in diesem Sinn ist jene Zeitkoordinate, nämlich jene Linie von Zeit als Raum, durch den hindurch sich angeblich auch noch ein im Raum ruhendes Objekt bewege, letztlich auch nur Darstellung dieser Bewegung eines Ruhenden als eines geisterhaft Bewegten. Denn »zum Raum wird hier die Zeit« für jenen Physiker ja nur, weil sie es ursprünglich-unreflektiert bereits von vornherein für jedes solche

8 Weshalb für Sie auch alles darauf ankommt, nach wie vor hier jeden Empirismus zu vermeiden, nämlich an der Einsicht festzuhalten: Ausdehnung von objektiver Zeit kann nur die Sache eines einheitlichen Extendierens sein und nicht etwa die eines zweiheitlichen »Retenierens« *und auch* »Protenierens«, weil ein jedes davon ersteres bereits voraussetzt. Und so ist als je und je ursprünglich ausgedehnte diese objektive Zeit denn je und je genauso ursprünglich auch als vergangene und als zukünftige schon immer gegenwärtige, weil auch nur je und je in Form von solcher objektiver Zeit sich je und je ein gegenwärtiges Ereignis als ein Wahrgenommenes für Wahrnehmung gewinnen läßt. Und weil all dies ihm immer schon zugrunde liegen muß, kann jenes »Retenieren« *und auch* »Protenieren« gegenüber diesem Extendieren dann auch immer erst ein Fall von Empirie sein, nämlich der *Erinnerung an* oder der *Erwartung von* dergleichen.

Subjekt werden muß, ob nun mit oder ohne solche Darstellung, da es zunächst einmal zu gar nichts anderem als zu *intentio recta* als »natürlichem Bewußtsein« werden kann.

Davon nämlich, daß das eigentlich Bewegte dabei nur das Subjekt selbst als jene subjektive Zeit ist, deren Ausdehnungsanteil es dabei bloß auf objektiven Raum hin überträgt, hat dieses Subjekt als *intentio recta* oder als »natürliches Bewußtsein« dabei eben noch nicht die geringste Selbsterkenntnis. Und zwar deshalb nicht, weil dieses Subjekt von sich selbst als subjektiver Zeit und subjektivem Raum dabei nur jenes Selbst*bewußtsein* hat, das keineswegs schon Selbst*erkenntnis* ist, weil es zum *Selbst*bewußtsein von sich *vollständig* gerade wird, indem es gleichermaßen vollständig zum *Fremd*bewußtsein der *Erkenntnis* eines *Anderen* als sich wird: eines *Objekts.*

Dazu vollständig wird ein Subjekt jedoch gerade dadurch, daß es nicht nur sich als jenen subjektiven Raum zu objektivem, sondern auf Grund dessen auch noch sich als jene subjektive Zeit zu objektiver selbst objektiviert, wodurch es folglich als ein Selbstbewußtsein von sich selbst als innerer Bewegung jener subjektiven Zeit dann dieser objektiven auch zugrunde liegt. Und so ist das in solcher objektiver Zeit für ein Subjekt erscheinende Objekt auf Grund von solchem objektiven Raum dann zwar ein Anderes, auf Grund von dadurch auch noch objektiver Zeit jedoch ein Anderes gerade als ein anderes Subjekt und damit als ein objektives Subjekt. Denn als grundsätzlich in objektiver Zeit bewegtes kann ein Objekt – einerlei, ob es in objektivem Raum nun ruhen oder gleichfalls sich bewegen mag – für ein Subjekt aus sich als Selbstbewußtsein innerer Bewegung subjektiver Zeit heraus nur wie ein anderer Fall von sich erscheinen: nur wie andere innere Bewegung und sonach als objektive Zeit und damit objektives Subjekt, dem es selbst als subjektives Subjekt seines vollständig zum Fremd- gewordenen Selbstbewußtseins der Erkenntnis von ihm eben gegenübersteht[9].

Kein Wunder also, daß ein solches Abenteurertum dann überall und immerfort zunächst einmal auf Geisterhaftes, ja auf Geister stößt. Entsprechend sollten Sie auch beides, mag es Ihnen seiner Herleitung nach auf den ersten Blick auch noch so ungeheuerlich

9 Mit subjektiver Subjektivität, die sich auf solche Weise wie von selbst ergibt, ist somit die gemeint, die jeweils ich für mich bin oder Sie für sich sind, nämlich je als Selbstbewußtsein.

erscheinen, deshalb nicht sogleich als unglaubwürdig abtun. Diese Herleitung ist nämlich wieder einmal nichts geringeres als die Erklärung für ein bisher unerklärtes Faktum, die wir ernstzunehmen haben, weil sie grundlegend für uns ist. Denn nach allem, was wir bisher wissen, gilt nicht nur phylogenetisch, sondern auch ontogenetisch und sonach in aufschlußreicher Weise übereinstimmend: Ob als phylogenetisch frühes oder als ontogenetisch junges, – jedes Subjekt nimmt zunächst einmal von jedem Objekt innerhalb eines magischen Weltbilds Kenntnis, oder, jedes Subjekt treibt zunächst einmal mit jedem Objekt Animismus.

Dies jedoch heißt überhaupt nichts anderes, als daß jedem Subjekt jedes Objekt auch zunächst einmal als objektives oder anderes Subjekt erscheint, was bisher um so rätselhafter ist und bleibt, als doch durchaus nicht jedes Objekt auch tatsächlich, faktisch, kontingent, will sagen, auch empirisch solch ein Subjekt ist. Vor einem Rätsel stehen hier denn auch gerade überzeugte Empiristen, weil die Lösung dieses Rätsels eben nur ein nichtempirischer Apriorismus sein kann, den sie desto weniger wahrhaben wollen, da er noch viel grundsätzlicher gelten muß, als sie für möglich halten können. Denn aus jenen Gründen, die wir hergeleitet haben, kann nur gelten: Wann und wo auch immer in Phylogenese oder in Ontogenese erstmals ein Subjekt sich bilden mag, – als solches selbst tritt ein Subjekt dabei von vornherein gerade so auf, daß es ein Objekt für sich von vornherein schon immer für ein anderes und damit für ein objektives Subjekt hält. Weil, als ein Subjekt aufzutreten, und, ein Objekt als ein Subjekt aufzufassen, unserer Herleitung nach ursprünglich und notwendig dasselbe ist, tritt ein Subjekt an ein Objekt heran und so als ein Subjekt hervor gerade dadurch, daß es immer schon mit Animismus oder mit magischem Weltbild gleichsam vorprescht.

Daraus nämlich können Sie sich weiterhin erklären, daß es für ein solches Subjekt dann auch in der Tat zum Drama werden muß, als Subjekt nicht nur anzufangen, sondern auch noch aufzuwachsen, nämlich auch noch fortzufahren damit, jegliches Objekt zunächst einmal als anderes oder als objektives Subjekt anzusehen: phylogenetisch ebenso wie auch ontogenetisch. Denn je danach, ob ihm solch ein Objekt auch tatsächlich, faktisch, kontingent, will sagen, auch empirisch als ein objektives oder anderes Subjekt *begegnet*, und wenn ja, *wie* ihm ein solches Subjekt dann begegnet, wird dies Drama zur Tragödie oder zur Groteske oder zur Komödie oder zur

Idylle und so weiter, wie aus eigenster Erfahrung jeder von uns zur Genüge weiß, soweit er sich zurückerinnern kann.

Das ursprüngliche Drama nämlich ist und bleibt hier immer schon das so hervor- wie auch herantretende einzelne Subjekt als solches, und das heißt, als jenes Selbst- wie Fremdverhältnis eines Intendierens von etwas für sich, von solchem also, das dann *etwas für* es nur sein kann, wenn es auch etwas *Anderes als* es ist, mithin ein *Objekt* für es. Und mag dann phylo- wie ontogenetisch solches Intendieren zunächst einmal auch noch so »primitiv« beginnen oder weitergehen, – als grundsätzliches Subjekt hält es ein Objekt zunächst einmal desgleichen für ein Subjekt und sonach desgleichen für ein Intendieren, wenn auch nur für ein entsprechend »primitives«, so daß sich das Drama solchen Intendierens auch von vornherein schon immer mindestens als Drama zwischen zweien abspielt.[10]

Aber wohlgemerkt: genausosehr, wie immer *schon* von vornherein, zunächst einmal auch immer *nur* von vornherein, will sagen, *ohne* daß bloß dadurch etwa diese zwei sich auch bereits empirisch voneinander unterscheiden würden und sonach bloß dadurch etwa auch empirisch immer schon entschieden wäre, daß es sich dabei auch faktisch, kontingent, tatsächlich um das Gegenüber von Objekt als Subjekt für ein Subjekt handelt. Denn als solches ist dies Gegenüber vielmehr umgekehrt gerade dasjenige, was sich immer erst tatsächlich, faktisch, kontingent ergibt, – oder auch nicht, was sich in diesem Sinn empirisch aber eben nur ergeben kann, soweit es nicht-empirisch immer schon zugrunde liegt, so daß es dann auch immer erst Aposteriorität auf Grund von Apriorität ist. Denn genausogut kann sich auf Grund derselben Apriorität auch eine gänzlich andere Aposteriorität ergeben, nämlich daß es sich dabei tatsächlich, faktisch, kontingent und so empirisch zwar durchaus um etwas Anderes und damit um ein Objekt handelt, doch gerade nicht um ein Objekt als objektives oder anderes Subjekt für ein Subjekt, sondern als bloßes Objekt.

Auch als solches aber wird es für ein Subjekt dann zunächst einmal zum Subjekt und mithin zum Partner für es als das Drama jenes Intendierens, der es dann jedoch zunächst einmal gerade zur Tragödie für ein Subjekt als den ursprünglichen Partner dieses Dramas werden läßt. Denn einem Subjekt wird ein solches Objekt dann zu

10 Vgl. hier schon unten S. 935, Anm. 19.

einem Partner, der ihm so begegnet, daß er seinem Intendieren nicht nur nicht entgegenkommt, sondern geradezu entgegentritt: weil dieses Subjekt eben umgekehrt als Intendieren immer schon mit Ansprüchen an ihn herantritt und mithin auch deren absichtslose Nichterfüllung durch ihn dann nur als absichtliche Versagung von Erfüllung durch ihn noch erleiden kann, so daß es sich als Drama der Absichtlichkeit seine Tragödie selber zuziehen muß.

Alle diese auffälligen und beachtenswerten Fakten aber werden Sie sich schlechterdings nicht anders zu erklären vermögen als aus jener Tiefendimension von Subjektivität, wie wir sie uns bis hierhin hergeleitet haben. Denn hervor tritt Subjektivität aus ihr heraus danach nur so, daß Subjektivität zum Fremd- werdenden Selbstverhältnis wird, das heißt: zum Fremd- werdenden Selbstbewußtsein der zur Fremd- werdenden Selbstverwirklichung, wodurch sie insgesamt mithin gerade zur Intentionalität werdenden Spontaneität wird. Kann sie dazu nämlich vollständig nur dadurch werden, daß sie sich zuletzt auch noch als subjektive *Zeit* zu objektiver *Zeit* objektiviert, weil sie nur dadurch sich in jedem Fall ein Objekt zu ermöglichen vermag, so kann sie eben darum auch ein jedes solche Objekt nur als etwas ansehen, das in seiner objektiven Zeit genau wie sie in ihrer subjektiven Zeit bewegt ist, nämlich als Intentionalität und damit seinerseits als Subjektivität, wenn freilich auch noch ohne Reflexion auf sie. Schon jedes im Raum ruhende Objekt muß dann, weil es sich in der Zeit bewegt, *für* solche Subjektivität auch seinerseits *als* solche Subjektivität erscheinen, und erst recht dann jedes, das sich nicht nur in der Zeit, sondern sogar auch noch im Raum bewegt, weil es dann nicht mehr nur latent, sondern sogar auch manifest für solche Subjektivität noch als Intentionalität erscheinen muß. Denn schlechterdings undenkbar müßte Ihnen bleiben, daß es auch nur auf die »primitivste« Weise zur Erfahrung oder zum Erlebnis von etwas wie »Dieses hier und jetzt bereitet Lust« bzw. »Dieses hier und jetzt bereitet Unlust« für ein Subjekt kommen könnte, ohne daß es dabei als zum Fremd- gewordenes Selbstbewußtsein der empirischen Erkenntnis eines Objekts für es immer schon zugrunde läge: folglich als ein ursprüngliches Zeit- und Raumbewußtsein im genannten Sinn, gleichviel, wann es phylogenetisch erstmals aufgetreten sein oder ontogenetisch erstmals aufzutreten pflegen mag.

Nur müssen Sie beachten: Dieses ursprüngliche Zeit- und Raumbewußtsein bildet dabei eben Selbst- als *Fremd*bewußtsein der empirischen *Erkenntnis* eines *Objekts* für ein Subjekt, das als Selbst*bewußtsein* dabei also auch gerade nicht etwa schon Selbst*erkenntnis* oder Selbst*vergegenständlichung* von sich ist. Deshalb kann dabei auch Zeit als solche selbst und Raum als solcher selbst noch überhaupt nicht Thema werden: nicht einmal als objektive Zeit bzw. objektiver Raum, geschweige denn als subjektive oder subjektiver, sondern eben nur *in Form von* objektiver Zeit und objektivem Raum ein *Objekt* für ein Subjekt als ein Fremd- gewordenes Selbstbewußtsein der empirischen Erkenntnis von ihm. Thema werden können Zeit und Raum deswegen grundsätzlich nur durch den Austritt solcher Subjektivität aus diesem bloß »natürlichen Bewußtsein« der *intentio recta* und den Eintritt in das zusätzliche »unnatürliche Bewußtsein« der *intentio obliqua* als der Reflexion auf jene; und zwar auch, wenn diese Reflexion zunächst einmal mißlingt, weil Subjektivität zunächst einmal *intentio obliqua* als bloß rückgewendete *intentio recta* vornimmt und auf diese Art zunächst einmal die fälschliche Verdinglichung von Zeit und Raum.

Nur wenn Sie dies beachten nämlich werden Sie dann auch verstehen, daß es gerade nicht mehr einfach nur *intentio recta*, sondern schon mißlingende *intentio obliqua* ist, wenn ein Subjekt ein ruhendes Objekt zum ersten Mal *als* ruhendes *erkennt*. Denn dies erreicht ein Subjekt erst, wenn es entdeckt: Was sich in diesem Fall bewegt, ist keineswegs das Objekt als ein objektives Subjekt, sondern ist die Zeit als solche selbst, die »kommt und geht«, nämlich »wie ein bewegtes Objekt«, nur daß diese Auffassung eben bereits verfehlt ist. An ihr festzuhalten, muß ein solches Subjekt denn auch früher oder später dahin führen, aus ihr fortzuschließen, daß im Fall eines bewegten Objekts dann recht eigentlich auch zwei Objekte sich bewegen müßten, und mithin Philosophie als Reflexion auf dieses Widersinnige erst recht in Gang zu setzen, ob geschichtlich überliefert oder nicht.

Doch so weit auch immer ein Subjekt mit ihr erst einmal fehlgehen mag, – mit seiner grundsätzlichen Einsicht, daß im Fall des ruhenden Objekts bewegt nicht das Objekt als objektives Subjekt ist, sondern die Zeit als solche, sieht es ohne Zweifel richtig. Und so schließt es denn auch alle weitere geschichtlich aufgebotene Philosophie als Reflexion auf das entsprechend Sinnvolle an dieses grundsätzliche Wissen an und schreitet daraus endlich auch zur Einsicht in die Zeit als Subjektivität noch fort. Mit diesem grundsätzlichen Wissen nämlich ist ein, wenn auch noch so frühes oder junges Subjekt gegenüber jedem Physiker bei weitem aufgeklärter, weil bei weitem philosophisch-reflektierterter. Denn genau so weit, wie dieser dem Prinzip »Zum Raum wird hier die Zeit« entsprechend wider besseres Wissen ruhende Objekte als bewegte auffaßt, hält er letztlich nur auf seine Weise immer noch das magische Weltbild des Animismus aufrecht.

Dieser nämlich bleibt in jener – letztlich falschen – Darstellung durch jene Zeitkoordinate, und das heißt, durch jene Linie von Zeit als Raum gerade implizit und wird erst explizit, wenn solche Darstellung zurückgenommen wird. Dann nämlich könnte auch der aufs Objekt beschränkte Physiker nur noch vertreten, daß es sich dabei um eine unsichtbare, geisterhafte, innere Bewegung eines Objekts handle, die als Newtons »absolute« objektive Zeit sogar noch Eigenständigkeit als Sonderobjekt hätte.

Und so werden Sie denn spätestens an ihm auch nicht mehr übersehen, wie weit gerade durchgeführte Empirie auf diese Weise in ein unauflösliches Dilemma zwischen Empirie und Nichtempirie der Philosophie als Reflexion gerät, nämlich bis zum Verlust der eigentlichen Aufklärung von uns durch uns, weil eine Theorie des Ganzen eben nur unter Miteinbringung von uns als Nichtempirischem zum Naturalen als Empirischem gelingen kann, kurz: nur im Sinn von Welt und uns. Denn dieser eigentlichen Aufklärung von uns durch uns gemäß, die prinzipiell nicht Angelegenheit der Empirie, sondern ausschließlich der Nichtempirie als Reflexion auf Empirie und damit der Philosophie sein kann, sind wir gerade nicht nur einfach etwas Naturales unter anderem Naturalen. Angebliche Aufklärung, die sich und uns dergleichen einzureden trachtet, war und ist und bleibt auch weiter vielmehr das Verhängnisvollste, was der Mensch an Irrtum über sich gebracht hat und noch immer bringt. Verglichen damit steht uns eigentliche Aufklärung als Wahrheit über uns denn auch erst noch bevor, wenn anders sie desgleichen nur als eine Angelegenheit des Wissens und nicht etwa bloß des Glaubens in Betracht kommt, weil sie sich als unsere nichtempirische Erkenntnis von uns selbst als jenem Nichtempirischen der Subjektivität nur mittels zureichender Argumentation erstellen kann, die uns noch immer aufgegeben ist.

Und zur Erfüllung dieser Aufgabe gelangen werden wir auch nur, indem wir weiterhin an jene argumentative Herleitung uns halten, die unzweifelhaft ergibt: Aus seinem tiefsten Grund, nämlich aus sich als subjektiver Zeit heraus, kann jedes Subjekt jedes Objekt ursprünglich auch nur als objektives, nämlich anderes Subjekt ansehen, – als ursprünglicher Geisterseher also auch nur ursprüngliches Geistersehen mit ihm treiben. Mag es aber phylo- wie ontogenetisch sich auch noch so anfänglich gestalten, – selbst als anfänglichstes führt dies ursprüngliche Geistersehen ein Subjekt als ursprünglichen Geisterseher zum Objekt als etwas Geisterhaftem und mithin als etwas Magisch-Animistischem nur dann, wenn solch ein Objekt sich als solch ein Subjekt, als das es schon immer a priori angesehen wird, nicht auch a posteriori einstellt, nämlich wenn es einem Subjekt, das es nichtempirisch als ein objektives oder anderes Subjekt ansieht, nicht auch empirisch als ein objektives oder anderes Subjekt begegnet: Nur in solchen Fällen, wo ein Subjekt fortfährt, ein Objekt als objektives oder anderes Subjekt anzusehen, obwohl es keineswegs gleich einem wirklich-anderen Subjekt mit ihm in Kommunikation oder Interaktion tritt, wird ein Objekt etwas Geisterhaftes für ein Subjekt als den Magier oder Animisten zu ihm.

Denn in allen andern Fällen, wo ein Objekt als ein objektives oder anderes Subjekt, als das es a priori oder nichtempirisch durch ein Subjekt angesehen wird, sich auch a posteriori und empirisch für ein Subjekt einstellt, nämlich auch tatsächlich, faktisch, kontingent mit ihm kommuniziert oder interagiert, wird ein Objekt für ein Subjekt dabei auch schlechterdings nicht etwas Geisterhaftes, ist es für es vielmehr etwas Geisthaftes, kurzum: ein Geist. Und den hat ein Subjekt dabei auch schlechterdings nicht etwa als ein Magier oder Animist vor sich, sondern auch seinerseits gerade als ein Geist. Nur kann es eben ein Objekt als etwas Anderes für sich auch dann, wenn dieses Objekt objektives Subjekt oder objektiver Geist ist, immer erst a posteriori vor sich haben, so daß etwas Anderes dadurch auch immer erst a posteriori Geist für Geist und Subjekt für Subjekt sein kann, wogegen ein Subjekt oder ein Geist je für sich selbst, nämlich als Selbstbewußtsein von sich selbst als subjektivem Subjekt oder subjektivem Geist vielmehr schon immer a priori Subjekt oder Geist sein muß[11]. Und daran ändert sich auch dadurch nichts, daß solch ein Subjekt oder solch ein Geist als Intention schon immer a priori darauf ausgehen muß, Erfolg und damit ein Objekt als etwas Anderes für sich gerade zu erzielen als ein objektives oder anderes Subjekt

11 Vgl. dazu oben S. 917, Anm. 9.

für sich und so als objektiven oder andern Geist für sich und so zuletzt als objektive oder andere Intention für sich.

Im Rahmen unserer Deduktion von Systematik finden dadurch denn auch zwei Probleme gleich auf einmal ihre Lösung, welche überdies den inneren Zusammenhang derselben aufdeckt: Was denn kann es für ein solches Subjekt eigentlich bedeuten, ein *empirisches* Objekt bzw. ein *empirisches* Subjekt für sich als die *empirische* Erkenntnis von ihm zu gewinnen? Immer erst empirisch lernen nämlich müssen wir danach durchaus nicht etwa, daß ein Objekt oder etwas Anderes für uns auch einmal als ein objektives oder anderes *Subjekt* für uns auftreten kann. Denn dies ist vielmehr umgekehrt gerade dasjenige, was wir, um ein Objekt überhaupt erzielen zu können, einem Objekt für uns auch schon immer aus uns selbst heraus zugrunde legen müssen, so daß es bezüglich dieses Grundsätzlichen am Objekt für uns dann überhaupt nichts Neues mehr zu lernen geben kann. Entsprechend gilt vielmehr genau das Umgekehrte: Immer erst empirisch lernen müssen wir danach gerade, daß ein Objekt oder etwas Anderes für uns auch einmal als ein objektives oder anderes *Objekt* für uns auftreten kann und damit als ein *bloßes* Objekt sozusagen auch ein *objektives* Objekt für uns ist, da wir ihm derlei keineswegs schon immer aus uns selbst heraus zugrunde legen können. Denn auf keine Art vermögen wir uns von dergleichen etwa aus uns selbst heraus schon immer eine Vorstellung zu machen, eben weil wir nicht nur subjektiven Raum, sondern auch subjektive Zeit dabei aus uns heraus schon immer zu objektivieren haben. Und so ist denn auch von aller bitteren Erfahrung, die wir in Gestalt empirischer Erkenntnis machen müssen, letztere die bitterste und darum späteste: Ein objektives Objekt ist als prinzipielle Unbekümmertheit um ein Subjekt, ja Gleichgültigkeit gegen ein Subjekt die Regungslosigkeit schlechthin, ob nun als Ruhe oder als Bewegung, weil es eben nach Naturgesetzlichkeit und nicht nach Geistgesetzlichkeit in Ruhe oder in Bewegung ist. Selbst allerspäteste Erfahrung davon aber ist noch immer nicht als diese allerbitterste gemacht, was sich denn auch sogar an heutiger als vorerst spätester Physik noch immer zeigt, wie Sie gesehen haben.

Und warum?

Nur weil die Ahnungslosigkeit und damit die Verlegenheit bezüglich Zeit noch immer fortbesteht: Zum wahrhaft objektiven Objekt wäre man erst durchgedrungen, wenn man eingesehen hätte, daß ein ruhendes Objekt sich schlechterdings nicht mehr bewegt[12], weil sich in seinem Fall nur Zeit als Subjekt noch bewegt. Erst dadurch also, daß man damit nach der einen Seite bis zum wahrhaft subjektiven Subjekt vorgestoßen wäre, wäre man auch nach der andern Seite bis zum wahrhaft objektiven Objekt vorgedrungen, was dem Physiker als dem Empiriker jedoch verwehrt bleibt, weil es vorbehalten ist dem Philosophen als dem Nichtempiriker der Reflexion. Nur die Zusammenarbeit zwischen ihnen kann denn auch nach beiden diesen Seiten voll zu jenem Ganzen führen, zu Welt und uns, indes der Physiker für sich allein nach jeder dieser Seiten dann auf halbem Weg zu diesem Ganzen stecken bleiben muß, wie dies an seiner Auffassung des ruhenden Objektes offenkundig wird. Statt als das schlechthin objektive, eben schlechthin unbewegte Objekt, faßt er es vielmehr noch immer magisch-animistisch als ein subjektives Objekt oder (was sich aber gleichbleibt) als ein objektives Subjekt auf, das sich, auch wenn es im Raum ruht, bewege, nämlich in der Zeit als objektiver, die er aber eben als objektivierte subjektive nicht mehr einzusehen vermag. Und so verhält es sich denn ganz wie ein tatsächlich subjektives Objekt oder objektives Subjekt, das sich in der Tat auch dann noch, wenn es seinem Körper oder Leib nach ruht, bewegt, nur eben bloß als subjektive Zeit des Intendierens, welche es zur objektiven Zeit des Intendierten denn auch bloß objektiviert, indem es sie auf objektiven Raum des Intendierten überträgt.

Da dies dann aber wechselseitig gelten muß, vom subjektiven Subjekt ebenso wie auch vom objektiven Subjekt oder subjektiven Objekt, muß aus diesem seinem tiefsten Grund heraus auch jedes davon jedes Andere als sich dann immer schon als anderes Subjekt oder anderen Geist und so als objektives Subjekt oder objektiven Geist für sich zugrunde legen. Und genau in diesem Sinn muß denn auch keines davon etwa immer erst empirisch lernen, daß ein Objekt oder etwas Anderes für es auch einmal als ein anderes oder objektives Subjekt oder als ein anderer oder objektiver Geist für es auftreten kann, weil es gerade umgekehrt aus seinem tiefsten Grund heraus

12 Und mindestens bezüglich seiner selbst ist *jedes* physikalische Objekt in Ruhe, was von Physikern jedoch nur ausnahmsweise einmal ausgesprochen wird. Vgl. etwa L.W. Epstein, *Relativitätstheorie anschaulich dargestellt*, 2. Aufl. Basel 1988, S. 103; ders., *Epsteins Physikstunde*, 2. Aufl. 1989, S. 525.

genau in diesem Sinn schon immer auf ein Objekt als ein Subjekt auszugehen hat. Immer erst empirisch lernen muß dann jedes davon vielmehr nur, wie ein Objekt tatsächlich, faktisch, kontingent als solch ein Subjekt oder solch ein Geist auftritt, will sagen: wie es sich tatsächlich, faktisch, kontingent als Subjekt oder Geist verhält. Als solche selbst muß Subjektivität infolgedessen a priori immer schon auf *Inter*subjektivität ausgehen, nämlich recht eigentlich auf Inter*subjektivität* und nicht etwa auf Inter*objektivität*, die sie vielmehr gerade umgekehrt dann immer erst a posteriori hinzunehmen hat.

Im Zuge unserer Deduktion von Systematik aber wird auf diese Weise nachweisbar, daß es kein Wunder ist, wenn das Problem der Intersubjektivität, wie es bisher, falls überhaupt, gestellt zu werden pflegt, bisher auch ohne Lösung bleiben muß: Wie es für ein Subjekt ein anderes Subjekt denn überhaupt soll geben können, da empirisch-wahrnehmbar für ein Subjekt doch immer nur ein Objekt ist, wogegen ein Subjekt für ein Subjekt gerade nicht empirisch-wahrnehmbar ist, und zwar einerlei, ob nun es selbst oder ein anderes als es selbst – dergleichen als Problem auch nur zu stellen, heißt nämlich schon, die Sache auf den Kopf zu stellen. Und ganz danach ist denn auch nichts absurd genug, als daß man ihm nicht aufsäße, um hier zu »Lösungen« zu kommen: ob nun positiv, wie beispielsweise Husserl,[13] oder negativ, wie mittlerweile überwiegend üblich, wonach so etwas wie ein Subjekt als eine eigene nichtempirische wie auch nichtnaturale Wirklichkeit zu leugnen sei. Denn darüber, ob etwas wirklich ist, entscheide doch unzweifelhaft, ob etwas natural-empirisch wirklich, nämlich wahrnehmbar ist: jene grundverfehlte Aufklärung im Sinn von Empirismus als Naturalismus und Physikalismus. Nur daß dies Absurde bloß die Kehrseite zu jenem ist, weil beides bloß auf jenem selbstgemachten Scheinproblem, nämlich auf jener fälschlichen Voraussetzung beruht: Es trete etwas Anderes für ein Subjekt zunächst einmal als bloßes natural-empirisches Objekt auf, so daß problematisch werden muß, wie etwas Anderes für ein Subjekt denn jemals auch noch als ein anderes Subjekt und damit auch noch als etwas Nichtnaturales oder Nichtempirisches auftreten könne. Wohingegen doch in Wahrheit das gerade Umgekehrte gilt, was sich

13 Was primär und sekundär hier an Absurdität sich abspielt, geht für Sie hervor aus M. Kozlowski, *Die Aporien der Intersubjektivität*, Würzburg 1991.

denn auch an jenem Animismus in Phylogenese und Ontogenese zeigt, daß nämlich etwas Anderes für ein Subjekt zunächst einmal nur als ein anderes Subjekt auftreten kann und so als etwas Nichtempirisches oder Nichtnaturales. Eben daher kann sich immer erst *auf Grund* von ihm als immer schon *Zugrundeliegendem* dann auch noch etwas Naturales und Empirisches für ein Subjekt ergeben: sei es als ein objektives Subjekt oder subjektives Objekt, nämlich als ein anderes Subjekt, sei es zuletzt auch nur als bloßes oder objektives Objekt, was indes noch immer nicht begriffen ist, wie Sie jetzt sehen müßten.

Und warum?

Nur weil die Ahnungslosigkeit und damit die Verlegenheit bezüglich Zeit noch immer nicht behoben ist: Bis heute unbegriffene Zeit ist überhaupt nichts anderes als bis heute unbegriffene Subjektivität, im Fall der objektiven ganz genauso wie im Fall der subjektiven, weil doch objektive Zeit im Grunde nichts als objektive Subjektivität ist, wie auch subjektive Zeit im Grunde nichts als subjektive Subjektivität, die sich zu objektiver eben zu objektivieren hat, um ein Objekt als etwas Anderes für sich gewinnen überhaupt zu können. Und objektiviert sie somit zum Objekt zuletzt nichts anderes als sich, die subjektive Zeit als subjektive Subjektivität und subjektiven Geist, so kann sie zum Objekt zunächst auch überhaupt nichts anderes als objektive Zeit gewinnen, nämlich objektive Subjektivität als objektiven Geist. Dies aber auch nur so, daß solchem Objektiven eben objektiver Raum zugrunde liegt, weil subjektive Zeit sich überhaupt nur dadurch, daß sie sich auf Ausdehnung von objektivem Raum hin übertragen läßt, auch selbst zu Ausdehnung von objektiver Zeit objektivieren läßt.

So aber ist es dann auch stets nur objektiver *Raum*, was gegen objektiven *Raum* durch objektive Zeit hindurch in demnach *äußerer* Bewegung oder Ruhe ist. Infolgedessen wird dabei gerade nicht empirisch-wahrnehmbar, ob dabei dann tatsächlich, faktisch, kontingent auch *subjektive* Zeit noch *innerhalb* von objektiver, nämlich *innere* Bewegung *innerhalb* von äußerer Bewegung oder Ruhe mit im Spiel ist, eben Intention, die für ein Subjekt ja genausowenig wie an einem solchen Anderen als sich auch nicht an sich empirisch-wahrnehmbar wird.

Und so bleibt in jedem Fall, wo ein Subjekt dies vielmehr nichtempirisch-a priori aus sich selbst heraus schon immer Unterstellte am Objekt empirisch und a posteriori immer erst zurückzunehmen hat, dann auch tatsächlich, faktisch, kontingent bloß objektive Zeit des bloßen objektiven Objekts noch zurück, so daß es dabei auch zu bloßer Inter*objektivität* als bloßer Zweisamkeit zwischen Subjekt und *Objekt* kommt. Dagegen tritt in jedem Fall, wo ein Subjekt dies nichtempirisch-a priori aus sich selbst heraus schon immer Unterstellte am Objekt empirisch und a posteriori keineswegs zurückzunehmen hat, sondern gerade aufrechtzuerhalten in der Lage ist, dann auch tatsächlich, faktisch, kontingent in objektiver Zeit vielmehr noch subjektive Zeit als Objekt für ein Subjekt auf und damit eben als ein anderes Subjekt für es, indem es mit ihm in Kommunikation oder Interaktion tritt, so daß sich für es auch einstellt, worauf es schon immer ausgeht: *Inter*subjektivität als Inter*subjektivität* und damit Zweisamkeit zwischen Subjekt und *Subjekt.*

Auf der Grundlage von ihr jedoch wird jene bloße Inter*objektivität* als bloße Zweisamkeit zwischen Subjekt und *Objekt* auch noch zur *begründeten*, nämlich zur Drei- und Mehrsamkeit von inter*subjektiver* Inter*objektivität*, sofern sich ein Subjekt mit anderen Subjekten in empirischer Erkenntnis solcher Objektivität auf sie zu *einigen* vermag bis hin zur Wissenschaft von ihr: zuletzt mit Einstein auf die radikale Relativität von objektiver Zeit, – wenn auch noch immer nicht ganz ohne jeden Überrest von magisch-animistischem Objekt als subjektivem Objekt oder objektivem Subjekt innerhalb von objektiver Zeit. Zu ihr vermag ein jedes Subjekt eben immer wieder nur aus sich als subjektiver Zeit heraus zu kommen und mithin zu einem nur noch objektiven Objekt innerhalb von ihr auch nur noch mittels zusätzlicher nichtempirischer Erkenntnis der Philosophie als Reflexion auf sich als subjektives Subjekt.

Und so ist denn auch ein jeder Fall, wo Subjektivität zu dieser Inter*subjektivität* gelangt, dann immer wieder nur ein solcher Fall, in welchem Subjektivität als jener ursprüngliche Geisterseher sozusagen Recht bekommt mit ihrem ursprünglichen Geistersehen, indem sie dabei objektiven oder anderen Geist als objektive oder andere Subjektivität auch faktisch, kontingent, tatsächlich vor sich hat. Und zugespitzt bedeutet das: Ein jeder Fall, in dem Sie einen anderen Geist als anderes Subjekt vor sich haben, weil Sie mit ihm auch tatsächlich, faktisch, kontingent in Kommunikation oder Interaktion stehen, ist danach ein Fall, in dem Sie dieses Subjekt oder dieser Geist auch nur tatsächlich, faktisch, kontingent davor bewahrt, in Animismus oder in magisches Weltbild zu verfallen. Denn auch nur, weil Ihnen dieses Subjekt oder dieser Geist dabei mit Geistersehen als Geisterseher immer schon entgegenkommt, sind Sie mit Geistersehen als Geisterseher gegenüber ihm im Recht, und umgekehrt.

An solcher objektiver oder anderer Subjektivität als solchem objektiven oder anderen Geist jedoch ist dann auch überhaupt nichts geisterhaft, daran ist vielmehr alles geisthaft, eben zeithaft: ganz genauso wie bereits an subjektivem Geist als subjektiver Subjektivität, weil hier wie dort auch beides nichts als subjektive Zeit des Intendierens ist. So wahr es Zeit gibt also gibt es Geist als Subjektivität, und umgekehrt. Ja geisterhaft ist solcher Geist als solche Subjektivität sogar so wenig, daß sie vielmehr umgekehrt geradezu wahrhaftig geisthaft oder zeithaft ist, indem sie nämlich auch leibhaftig geisthaft oder zeithaft ist: als die Leibhaftigkeit solcher Geisthaftigkeit oder Zeithaftigkeit mithin auch Subjektivität als die Lebendigkeit schlechthin. Denn da sich subjektive Zeit zu objektiver Zeit ja immer wieder nur auf Grund von objektivem Raum objektivieren läßt, kann so etwas wie Geist und Subjektivität für andern Geist und andere Subjektivität als etwas Nichtempirisches oder Nichtnaturales dann auch immer wieder nur ineinem mit etwas Empirischem und Naturalem überhaupt zu etwas Wahrnehmbarem werden, eben immer wieder nur als Körper oder Leib von Geist oder von Subjektivität. Und dies so sehr, daß Natural-Empirisches zum nur noch objektiven Objekt für ein Subjekt oder einen Geist auch immer wieder erst noch werden kann, nämlich soweit sich solch ein Subjekt oder solch ein Geist dazu verstehen muß, den immer schon darin gesehenen Geist und damit sich als Geisterseher und als Geistersehen zurückzunehmen.

Bis zum Ärgernis absurd ist es denn auch, zu meinen: Als leibhaftiges, nämlich als objektives Subjekt oder subjektives Objekt trete Geist für Geist gerade umgekehrt nur dadurch auf, daß er durch einen Geist oder durch ein Subjekt »in« solch ein objektives Objekt immer wieder erst noch »eingefühlt« bzw. »auf« solch einem objektiven Objekt immer wieder erst noch »aufgebaut« wird[14]. Denn bloß dadurch, daß er vielmehr *abgebaut* bzw. *ausgefühlt* wird, tritt für ein Subjekt oder für einen Geist so etwas wie ein nur noch objektives Objekt überhaupt erst auf, weil umgekehrt gerade Geist als Zeit schon immer in der Welt ist.

14 Vgl. dazu oben S. 926, Anm. 13.

Und so wird es auch womöglich noch absurder, angesichts von Natural-Empirischem, das angeblich doch nichts als objektives Objekt innerhalb von nichts als objektiver Zeit ist, objektiven Geist zu leugnen, nämlich sich ganz einfach dumm zu stellen: auch beim besten Willen habe man dergleichen nie gesehen. Wo doch jeder solche Leugner ohne objektive Zeit als objektiven Geist dies Natural-Empirische nicht einmal als dies objektive Objekt zu Gesicht bekommen könnte, ganz zu schweigen von ihm selbst als subjektivem Geist der subjektiven Zeit des Leugnens, weil er dabei überhaupt nichts anderes als sich zu objektivem selbst objektiviert.

Erst recht absurd ist es denn auch, sich angesichts von solcher Geistesnot auf das empirisch-faktische Bestehen einer »Kommunikationsgemeinschaft« zu berufen oder es sogar zum »Apriori« auszurufen[15], mag es dann als eine »apriorische Aposteriorität« auch an Absurdität sich kaum noch überbieten lassen: So als habe man noch nie etwas davon gehört, daß jedes solche »Frühere für uns« gerade nicht auch schon das »Frühere der Sache nach« ist, sondern etwas anderes, aus dem es als das vielmehr »Spätere der Sache nach« gerade erst noch herzuleiten ist[16]. Doch taub dagegen stellt man sich nur allzu gern, um dafür desto lauter mit den Wölfen der sozialen Ideologien zu heulen. Eben daher denn auch die Verrufung von Philosophie der Subjektivität als der des einzelnen Subjekts, das dadurch angeblich zum »einsamen« verfälscht wird; während doch in Wahrheit erst aus ihm als »Früherem der Sache nach« sich jene Intersubjektivität, die ebenfalls nur die der einzelnen Subjekte ist, als dieses »Frühere für uns«, doch »Spätere der Sache nach« erklären läßt. Und einzelnes ist jedes davon immer schon aus sich heraus, nämlich indem es subjektive Zeit gerade dadurch ist, daß es zu ihr sich selbst verzeitlicht und mithin sich selbst vereinzelt.

Denn finden wir uns auch tatsächlich, faktisch, kontingent in Kommunikation oder Interaktion mit anderen Subjekten vor, so doch auch nur, weil jeder von uns aus sich selbst als einzelnem Subjekt heraus schon immer a priori ausgeht auf ein anderes einzelnes Subjekt. Und so ist aus sich selbst als einzelnem Subjekt heraus gerade keiner von uns etwa a priori einsames Subjekt, sondern gerade jeder von uns a priori mindest zweisames Subjekt, nämlich allein schon

15 Vgl. dazu oben *Teil 1*, S. 17ff., S. 70ff.
16 Vgl. Aristoteles, z.B. *Zweite Analytiken* 71 b 33ff.

seiner vollständigen Intention nach. Nur vermag sich eben der Erfolg genauso wie der Mißerfolg zu solcher Intention dann immer erst a posteriori und empirisch einzustellen, so daß dies alles auch nur nichtempirisch-a priori sich verständlich machen läßt: aus jener Tiefendimension der Wirklichkeit von Subjektivität als Zeit heraus, nämlich durch Reflexion auf sie, die niemals wahrzunehmen ist, die vielmehr immer nur zu denken gibt.

Von derlei aber will man heutzutage nichts mehr wissen, derlei meint man mittlerweile vielmehr ein für alle Male hinter sich zu haben. Und so läßt man »trans«- und »post«- und »nach«-Präfixe sich auch nur so jagen, um mit ihnen sich moderner als modern zu geben, nämlich alles, nur nicht zuzugeben, daß man damit dann auch nichts mehr vor sich hat, oder auch nur zu schweigen, wie es eigentlich geboten wäre. Denn die Zeiten, da man ehrlich schweigen mochte, wenn man nichts zu sagen hatte, sind nach solchen Spiegelfechtereien allerdings vorbei. Im Gegenteil – so sucht man sich und andern vorzugaukeln: Daß man nichts zu sagen hat, dies liege doch nur daran, daß es nichts zu sagen gibt, und dies läßt sich natürlich munter weiter sagen.

Davor sollten Sie denn auch die Ohren und die Augen nicht verschließen: Was für ein Theater – inszeniert von wem auch immer, Geist als Schau-Spieler der eigenen Unwirklichkeit zu erleben, der für Wirklichkeit ausschließlich die Natur als Nichtgeist ausgibt und sich selbst mithin als Ungeist aufführt, dem Gedankenlosigkeit für Aufgeklärtheit gilt: nur wegen seiner Ahnungslosigkeit, daß er mit all der Zeit, die er dazu verschwendet, ständig den Beleg fürs Gegenteil davon verschleudert – Zeit-Geist oder Geist der Zeit des folgenschwersten Selbstverlustes.

Doch in Wahrheit hätten wir die eigentliche Aufklärung von uns durch uns noch immer vor uns, stünden wir vielmehr als Zeit des Geistes oder Geist-Zeit uns noch immer erst bevor, weil wir als solche uns gewinnen eben überhaupt erst könnten, wenn wir uns als Geist der Zeit oder als Zeit-Geist hinter uns gelassen hätten. Denn so wenig sind auch wir nur Naturales unter Naturalem, das bloß leibt und lebt wie anderes auch, daß wir vielmehr sogar Natur als solche selbst nicht einfach nur als Nichtgeist fassen können. So gewiß wir nämlich phylo- und ontogenetisch aus Natur entstanden sind und immer wieder aus Natur entstehen – wenn auch als Geist nicht einfach nur heteronom, sondern gerade autonom, indem wir uns auf

Grund von ihr als dem Vermögen zu uns selbst verwirklichen –, so sicher muß auch gelten, daß Natur aus sich heraus genau in diesem Sinn zu Geist als dem Verhältnis zu sich selbst befähigt war und ist und bleibt.

Als dieser nämlich sind wir dann gerade nicht einfach nur gleichfalls naturale Wirklichkeit, sondern als Wirklichkeit der Selbstverwirklichung vielmehr auch noch Erfahrung als empirische Erkenntnis naturaler Wirklichkeit und damit Geist. Denn der bekannte Schluß von Wirklichkeit auf Möglichkeit gilt auch für Wirklichkeit der Selbstverwirklichung. Infolgedessen muß Natur für uns, die wir aus ihr hervorgegangen sind, zumindest dieser Möglichkeit nach auch noch Geist sein, der gerade dann auch nicht einfach auf uns beschränkt sein kann, der vielmehr eben danach weit umfassender sein muß. Und so ist eben daher wohlbegründet, daß wir unsererseits dann aus uns selbst heraus auch eines Gottes fähig werden. Mochte dieser sich zwar phylo- und ontogenetisch anfänglich von jenem subjektiven Objekt oder objektiven Subjekt für uns gleichfalls noch nicht unterscheiden, so daß sich auch Mythos oder Religion als unser Umgang mit ihm von Magie und Animismus dabei noch nicht unterscheiden konnte, so vermochten wir mit Gott zuletzt doch immerhin als reinem Geist noch umzugehen. Denn zumindest eine Strecke weit nach einer Seite bis zum *objektiven* Objekt und nach anderer Seite bis zum *subjektiven* Subjekt vorzudringen, führt zuletzt notwendig bis zur Reflexionserkenntnis: Letzteres hat auch noch für das objektivste Objekt dessen objektiven Raum und objektive Zeit aus sich als subjektivem Raum und subjektiver Zeit her beizusteuern. Diese Einsicht aber muß am Ende so weit gehen, als Grund für Subjekt und Objekt im Ganzen dann auch etwas Überzeitliches und Überräumliches und somit etwas Überkörperliches oder Überleibliches und darin Überlebendes noch mindestens im Geist der Reflexion zu denken.[17]

Auch als Abschaffung von Mythos oder Religion ist Aufklärung sonach zuletzt nur Niedertracht, Naturalismus nämlich, der durch Anschaffung von Ideologien nur erbärmlich-dürftig seinen Nihilis-

17 Diesbezüglich sollten Sie jedoch beherzigen, daß heutzutage Physiker es sind, die aus Physik heraus dergleichen in Erwägung ziehen und damit stellvertretend für die müd gewordenen Philosophen auch noch das Philosophieren übernehmen. So z.B. B. d'Espagnat, *Auf der Suche nach dem Wirklichen*, Berlin 1983, S. 100f., S. 132f., S. 169f.

mus zu bemänteln trachtet. Mögen Religion und Mythos nämlich wie auch immer mit Gott umgegangen sein – und dem entsprechend mit dem Menschen, worin jene Ideologien sich von ihnen aber alles andere als unterscheiden –, waren sie im Unterschied zu jenen Ideologien doch gewiß nicht Religionen oder Mythen ohne Grund. Und dieser weiterhin vorhandene Grund für sie liegt eben darin, daß zumindest wir gerade nicht einfach Natur sind, sondern eben Geist in ihr als Körper oder Leib von einzelnen Subjekten. Und so ist ein jeder von uns auch gerade nicht einfach nur Naturales unter Naturalem, das bloß leibt und lebt wie anderes auch (denn das Organische daran ist Gegenstand von Biologie oder Physiologie), sondern er leibt und lebt vielmehr als Geist, nämlich als Zeit der ursprünglichen Wirklichkeit von Selbstverwirklichung zum Intendieren wie am Ende eben auch zum Intendieren eines Gottes noch. Und da für uns als diese Wirklichkeit der Selbstverwirklichung sich alle Wirklichkeit von Anderem doch immer erst als ein Erfolg durch uns ergeben kann, durch Intendieren eines Intendierten, so ist darüber, daß auch ein Gott im wohlverstandenen Sinn von jener Möglichkeit zu dieser Wirklichkeit für uns allein durch uns gelangen kann, das letzte Wort noch lange nicht gesprochen. Denn solange nicht einmal verstanden ist, daß eigentlich zusammen eben *Geist* und Zeit gehört anstatt berauntes Neutrum, das sich vielmehr gleichfalls immer erst ergeben kann, steht uns die eigentliche Aufklärung auch diesbezüglich noch bevor.

Nur kann, wenn er so weitermacht, der Zeit-Geist freilich diese eigentliche Aufklärung auch leicht versäumen.

Wielange sie jedoch auf sich auch warten lassen mag, – solange Zeit nur immer noch entsteht genausowie vergeht, solange fordert Zeit auch weiterhin noch diese eigentliche Aufklärung geradezu heraus. Denn als Subjekt oder als Geist drängt Zeit sich förmlich auf, sobald sie durch ein Subjekt am Objekt als solche selbst, eben als objektive Zeit nicht nur entdeckt, sondern nach Wesen und nach Ursprung dann auch noch befragt wird, wie seit Zenon. Dadurch nämlich gibt sie sich als Subjekt oder Geist im Grunde auch schon zu erkennen, pflege man gerade darin sie auch noch so lange zu verkennen, wie bis heute. Denn befragt danach, schlägt objektive Zeit als objektive Ausdehnung seit Zenon jedesmal mit einer Inständigkeit, die an Auffälligkeit nichts zu wünschen übrigläßt, sofort zu objektivem Punkt um, wie Sie wissen.

Damit aber führt sie selbst geradezu den Nachweis dafür, was wir uns zuletzt noch systematisch deduzieren konnten: Objektive Zeit als objektive Ausdehnung vermag für ein Subjekt nur dadurch aufzutreten, daß es jenen Ausdehnungsanteil von subjektiver Zeit auf objektive Ausdehnung von objektivem Raum hin überträgt, indem es damit letztlich sich als Subjekt ins Objekt hineinträgt. Deshalb muß ein Subjekt ein Objekt zunächst einmal auch für ein anderes Subjekt halten, nämlich für ein subjektives Objekt oder objektives Subjekt, das als Intention sich wie es selbst in Zeit bewege, einerlei, ob es in Raum nun in Bewegung oder Ruhe sei. Indem ein Subjekt nämlich nur den Ausdehnungsanteil, das heißt, gerade nicht auch noch den Punktanteil an sich als subjektiver Zeit auf objektiven Raum hin übertragen kann, vermag es sich dabei auch immer bloß zur einen Hälfte ins Objekt hineinzutragen, denn zur andern Hälfte hat es dabei ja als Punkt in Punkt des *Urteils über* das Objekt zurückzubleiben und im ganzen somit jenes abenteuerliche Wagnis von Spagat und Grätsche einzugehen.

Was an objektiver Zeit, sobald befragt, als objektiver Punkt in Gegensatz zu objektiver Ausdehnung tritt, so daß objektive Zeit in Punkt und Ausdehnung sich zu zersetzen droht und so zum Rätsel wird, ist denn auch eben diese zweite Hälfte seiner selbst, als die ein Subjekt für sich unwissentlich erst einmal im Hintergrund bleibt und von daher dann genauso unwissentlich für sich auch noch zusätzlich zu seiner ersten Hälfte in den Vordergrund tritt, wenn es nach dem Wesen und dem Ursprung objektiver Zeit fragt. Und so ist es letztlich auch nichts anderes als dieses Subjekt selbst, das Grätsche und Spagat am Ende bis zur Selbstzerreißung treiben muß: zumindest soweit jedenfalls, daß dieses Subjekt dadurch für sich selbst, nämlich als das, wonach es damit selber fragt, nicht mehr erkennbar werden kann.[18]

Dies aber hat des weiteren zur Folge, daß wie objektive Zeit auch jeder objektive Geist und jedes objektive Subjekt freilich Rätsel über Rätsel für ein Subjekt bleiben muß, solange dieses sich als subjektives Subjekt, und das heißt, als subjektive Zeit des Intendierens nicht auch noch erkennen kann. Denn immer schon zu *unterstellen*, *daß* etwas ein anderer Geist oder ein anderes Subjekt, eben eine andere Intention sei, wie man selbst, heißt ja durchaus nicht auch schon

18 Vgl. dazu oben *Teil 1*, §§ 15–16.

immer zu *erkennen*, *was* es als ein anderer Geist oder ein anderes Subjekt oder eine andere Intention ist, wie man selbst. Ein Fall von Selbst*bewußtsein* nämlich ist gerade nicht auch immer schon ein Fall von Selbst*erkenntnis*, die vielmehr durch Reflexion erst immer zu gewinnen ist.[19] Und so kann immer erst heraus aus *Selbst*erkenntnis mittels Reflexion dann auch noch *Fremd*erkenntnis zur *Erkenntnis* eines anderen Subjekts als eines anderen *Selbst*bewußtseins werden, nämlich immer erst, indem ein Subjekt eben nicht nur Selbst*bewußtsein*, sondern auch noch Selbst*erkenntnis* aus sich selbst heraus in Anderes als sich selbst hineinträgt.

Tritt indessen Reflexion nur auf, indem sie als *intentio obliqua* bloß zur rückgewendeten *intentio recta* wird, geht Reflexion denn auch von vornherein schon fehl. Als solche nämlich geht sie dann gerade dahin, daß es so wie Raum auch Zeit als Objekt unter anderen Objekten einfach gibt, bis hin zu Newtons absolutem Raum und absoluter Zeit, womit recht eigentlich jedoch ursprünglich objektiver Raum und objektive Zeit gemeint ist: Raum und Zeit als etwas Eigenständig-Objektives. Denn auch dann, wenn schließlich gegen Newton eingesehen wird, daß Zeit und Raum gerade nicht ursprünglich objektiv, sondern ursprünglich subjektiv sind, bleiben beide durchaus etwas Absolutes, nämlich autonome und als solche absolute Wirklichkeit der Selbstverwirklichung von Subjektivität als Geist, der jeglicher Natur als der heteronomen Wirklichkeit des Wahrgenommenen für Wahrnehmung auch immer schon zugrunde liege, wie nach Kant. Und in der Tat kann die Entdeckung Einsteins als informativ-synthetische empirische Erkenntnis ihrer Relativität ja keineswegs besagen, relativer Raum sei relativ und relative Zeit sei relativ, weil dies doch analytisch-uninformativ sein müßte. Vielmehr kann sie nur bedeuten, daß von sich her subjektiver und als solcher absoluter Raum wie auch von sich her subjektive und als solche absolute Zeit zum relativen und zur relativen werden muß, wenn subjektiver Raum zum objektiven und wenn subjektive Zeit zur

19 Von grundlegender Wichtigkeit ist es für Sie sonach, sich klarzuhalten: Unterstellung anderer Subjektivität erfolgt bereits aus *bloßem* Selbst*bewußtsein* und durchaus nicht etwa erst aus *zusätzlicher* Selbst*erkenntnis*, die dazu mithin auch nicht erforderlich ist. Und so kann denn solche Unterstellung, was im folgenden noch wichtig werden wird, auch dort bereits erfolgen, wo ein *bloßes* Selbst*bewußtsein* und noch *keine* Selbst*erkenntnis* auftritt (vgl. §§ 31–33).

objektiven wird, nämlich objektiviert zur Form von wahrgenommenen Objekten durch und für das jeweils wahrnehmende Subjekt.

Nur kann dieses eben nicht mehr eine Angelegenheit der Empirie sein, sondern nur noch die der Nichtempirie von Philosophie als Reflexion. Und diese steht und fällt gerade damit, daß sie als *intentio obliqua* nicht zu bloßer rückgewendeter *intentio recta* fehlschlägt, was jedoch erst durch den Rückgang in den tiefsten Grund von Subjektivität als subjektiver Zeit gelingen kann, den das Modell für sie ermöglicht. Denn auch umgekehrt wird erst aus subjektiver Zeit als tiefstem Grund von Subjektivität heraus am Ende herleitbar, daß objektive Zeit nichts anderes als das Ergebnis jener Übertragung subjektiver Zeit auf objektiven Raum hin sein kann. Daraus aber folgt des weiteren, daß jede Art von *relativer*, nämlich *äußerer* Bewegung oder Ruhe von Objekten innerhalb von objektivem Raum *und* objektiver Zeit dann auch nur schwacher Abglanz *absoluter*, nämlich *innerer* Bewegung von Subjekten innerhalb von *bloßer* subjektiver Zeit sein kann. Und *absolute* ist sie unter anderem gerade in dem Sinn, daß ein Subjekt als subjektive Zeit des Intendierens eben jederzeit nur in Bewegung ist und keinerzeit etwa in Ruhe – jedenfalls solange es als solcher Geist am Leben ist –, gleichviel, ob dieses Subjekt seinem Körper oder Leib nach als Objekt in objektivem Raum und objektiver Zeit nun in Bewegung ist oder in Ruhe. Als Leibhaftigkeit solcher Zeithaftigkeit ist Subjektivität nämlich ursprünglichste Lebendigkeit von Geist, der seinen Körper oder Leib als Objekt innerhalb von objektivem Raum und objektiver Zeit in äußere Bewegung oder Ruhe setzt, indem er ihn als das Vermögen zu sich selbst verwirklicht, um als solche Intention durch ihn auch andere Objekte innerhalb von objektivem Raum und objektiver Zeit in äußere Bewegung oder Ruhe noch zu setzen.

Und so kann auch immer erst auf Grund von solcher autonom-intentionaler innerer Bewegung, nämlich immer erst durch Rücknahme von ihr als der dem Objekt auch schon immer unterstellten, schließlich eine bloße natural-heteronome äußere Bewegung oder Ruhe für ein Subjekt noch erkennbar werden: ein Kausalverhältnis zwischen einem bloßen objektiven Objekt als der Ursache bzw. Wirkung eines andern bloßen objektiven Objekts innerhalb von bloßer objektiver Zeit. Und diese ist denn auch nur Grenzfall äußerster Entäußerung von Subjektivität als subjektiver Zeit hinein in Objektivität als objektive Zeit zur Intention auf Empirie, für die dann Subjektivität als subjektive Zeit auch unerkennbar werden muß – als subjektives Subjekt ebenso wie auch als unterstelltes objektives Subjekt oder subjektives Objekt – und erst für Nichtempirie der Reflexion erkennbar werden kann: mithin als objektives Subjekt oder subjektives Objekt auch allein vom subjektiven Subjekt her.

Denn auch schon dem zuvor, nämlich zunächst einmal noch reflexionslos-unerkannt, sind wir doch Intersubjektivität der Kommunikation und Interaktion miteinander immer nur, indem ein jeder von uns immer schon von sich her subjektives Subjekt ist, als das er immer schon auf subjektives Objekt oder objektives Subjekt aus ist: eben als leibhaftiges Subjekt auf anderes leibhaftiges Subjekt. Begegnen nämlich können wir uns als das schlechthin Innere von subjektiver Zeit des Intendierens immer nur im schlechthin Äußeren von Körper oder Leib als Objekt innerhalb von objektivem Raum und objektiver Zeit, indem wir uns als solches Innere in solchem Äußeren selbst äußern: Geist für Geist in Leib für Leib als dem durch Geist beseelten Körper, dadurch nämlich, daß er als Objekt in objektivem Raum und objektiver Zeit gerade nicht heteronom-naturgesetzlich, sondern eben geistgesetzlich-autonom in Ruhe oder in Bewegung ist und so als dieses Innere in diesem Äußeren sich äußert. Denn zu meinen, daß ein Geist auch ohne Körper oder Leib sich äußern könnte, wäre Spiritismus.

Und so kann dies jeder von uns denn auch immer nur vorübergehend, eben immer nur als schlechthin innere Bewegung subjektiver Zeit von Geist. Denn trotz der Spuren, die er als ein Intendieren nicht allein am eigenen Körper, sondern auch an andern Körpern jeweils hinterläßt, ist solcher Geist dann etwas, das in jedem solchen Körper als dem trotz aller Veränderungen Bleibenden oder Beharrlichen gerade niemals bleibt oder beharrt, sondern entsteht genausowie vergeht und neuentsteht und damit eben radikal vorübergeht als schlechthin Flüssig-Flüchtiges von Geistesleben. Dieses nämlich ist von solcher Art, daß es als Intention gerade immer wieder neu ergeht und so auch immer wieder neu von absoluter ebenso wie autonomer Individualität der Subjektivität als immer wieder neuer subjektiver Zeit ist, welche sie zu immer wieder neuer objektiver Zeit auf objektiven Raum hin auch nur aus sich selbst her überträgt. Hat so etwas wie Geistesleben doch auch nur in solcherart Ergehen seine unteilbare Einfachheit im Sinn von autonomer ebenso wie absoluter Einheit.

Das können Sie, verehrte Leserin, verehrter Leser, nirgends deutlicher verfolgen denn an Sprache als verschriftlichter. So habe ich zum Beispiel bei der Niederschrift des Ihnen vorliegenden Objekts, das ein Buch genannt wird, als ein Geist gelebt, will sagen, mich als Inneres in Äußerem bewegt, indem ich Tinte auf Papier in ganz bestimmter Form verteilte und mit ihr die Intention verfolgte, Ihnen als *intentio obliqua* etwas zu verstehen zu geben. Davon aber konnte damals schon und kann darum erst recht auch weiterhin nichts bleiben; dieses Leben meiner selbst als eines Geistes war vielmehr schon damals etwas schlechterdings Vorübergehendes und ist darum erst recht auch weiterhin schlechthin vorüber. Bleiben konnte davon vielmehr nur das Objekt, das dabei als Form von Tinte auf Papier zurückblieb und zuletzt als Vorlage für die Vervielfältigung durch die J. B. Metzlersche Verlagsbuchhandlung Stuttgart diente. Bleiben kann davon mithin erst recht auch weiterhin nur allenfalls ein solches Objekt, das ein Exemplar von diesem Buch genannt wird, wie Sie es in Händen halten.

Dieses Objekt aber werden Sie nach allem, was Sie darin mittlerweile schon gelesen haben, doch wohl kaum als objektives Subjekt oder subjektives Objekt ansehen wollen, also kurzerhand als mich. Das war ich nämlich nur, solange ich als innere Bewegung subjektiver Zeit von ganz bestimmtem Intendieren mich in äußerer Bewegung meines Leibes äußerte, indem ich durch ihn als Objekt in objektivem Raum und objektiver Zeit auch noch ein anderes Objekt in objektivem Raum und objektiver Zeit bewegte, nämlich durch die Finger meiner Hand die Tinte eines Schreibzeugs auf Papier in ganz bestimmte Form verteilte und auf solche Weise dieses Buches erstes Exemplar herstellte, das es nicht mehr gibt. Nur war ich dabei objektives Subjekt oder subjektives Objekt immer nur für mich allein, vor allem aber dem zuvor schon immer subjektives Subjekt, das als solches dabei ständig zwischen bloßem und nicht bloßem, sondern mittels Reflexion auch nichtempirisch noch erkanntem Selbst- als Fremdbewußtsein der empirischen Erkenntnis wechselte. Als solches hätten Sie mich darum nur erleben können, wenn wir jener Intersubjektivität des Spiritismus fähig wären.

Vielmehr war ich als ein solches subjektives Subjekt außer für mich selbst auch noch für andere Subjekte objektives Subjekt oder subjektives Objekt immer nur, wenn ich mich äußerte wie in den Vorlesungen vor Studenten und Studentinnen: sei es als Sprechender am Pult oder als Schreibender auch an der Tafel. Doch der eine wie der andere war ich dabei desgleichen immer nur als ein vorüber Gehender und sonach mit der Zeit vorüber auch Gegangener, eben als Geist. Von diesem aber ist in Druckerschwärze auf Papier genausowenig übrig wie in Kreideweiße an der Tafel nach der Vorlesung. Zu diesem können Sie vielmehr nur nachträglich noch gleichartigen zu erzeugen trachten, nämlich immer nur, indem Sie durch sich selbst als innere Bewegung Ihren Leib in äußere Bewegung setzen, um nicht weniger vorübergehend solche Farbform auf Papier ganz so, als würde sie dabei von Ihnen allererst gestaltet, zu durchlaufen, wozu Sie in erster Linie Ihre Augen oder Ihren Kopf bewegen. Und genau das tun Sie denn auch jedesmal, wenn Sie als subjektive Zeit des Intendierens sich in objektiver Zeit entlang von objektivem Raum der Farbform auf Papier bewegen, um das durch sie zu verstehen Gegebene auch tatsächlich zu verstehen. Und so kann eben immer nur im Leben Ihres Geistes noch etwas vom Leben meines Geistes neu lebendig werden, wie zum Beispiel auch etwas vom Geistesleben Kants schon immer nur in meinem oder dem von anderen Subjekten neu lebendig werden konnte. Dadurch nämlich läßt sich innerhalb von individuell verschiedenem, wenn auch gleichgestaltetem Empirisch-Naturalen wie der Farbform auf Papier dann wenigstens im Nachvollzug durch Lesen zeitversetzt noch nachholen, was im Urvollzug durch Zuhören oder Zusehen jeweils zeitgleich statthat: Intersubjektivität als Austausch zwischen Geist und Geist durch die Begegnung beider innerhalb von individuell demselben Natural-Empirischen als ihrem Medium.

Und bloß, weil solcher Geist ursprünglich nichts Empirisch-Naturales und so auch nichts Wahrnehmbares sein kann, für sich selbst so wenig wie für andern, müßten wir den Geist aufgeben, also letztlich wir uns selbst: der Geist den Geist durch Geist, um geistlos-geistreich, nämlich reflexionslos-empiriebesessen so zu tun, als wüßten wir von nichts denn von Natur, als ginge uns von etwas Anderem denn von Natur jegliches Wissen ab? – Ausgerechnet uns, die wir von ihr doch überhaupt nur innerhalb der Welt, die wir uns selbst eröffnen, wissen können, nämlich überhaupt nur innerhalb von objektivem Raum und objektiver Zeit, zu denen wir uns selbst als subjektiven Raum und subjektive Zeit objektivieren müssen? Denn wir können überhaupt nur aus uns selbst, nämlich aus *nichtempirischem* Bewußtsein von uns selbst als solcher Zeit und solchem Raum heraus dann zum *empirischen* Bewußtsein der *empirischen* Erkenntnis von Natur als etwas Anderem für uns selbst noch werden.

Nur bedürfen wir, um auch von uns als diesem *Nichtempirischen* von Selbstbewußtsein, das zum Fremdbewußtsein der *empirischen* Erkenntnis von *Empirischem* als *Anderem* zu uns wird, noch zu wissen, eben auch noch einer *nichtempirischen* Erkenntnis, nämlich auch noch einer *Reflexion* von uns auf uns *als* solches Selbstbewußtsein und mithin auch noch einer *Philosophie* von uns und Welt, weil wir als solches Selbst*bewußtsein* ja durchaus nicht auch schon Selbst*erkenntnis* sind. Und philosophisch wissen wir denn außer von Natur sehr wohl auch noch von uns und Welt, wenngleich gerade nichtempirisch, weil empirisch in der Tat von nichts als von Natur.

Nur daß wir freilich mit der Reflexion von uns auf uns und Welt auch fehlgehen können, weil zunächst einmal nichts näher für uns liegt, als auch *intentio obliqua* lediglich als auf uns selbst zurückgewendete *intentio recta* zu vollziehen und somit bloß als auf uns selbst zurückgewandte Empirie: Ganz so, als ob wir auch uns selbst wie etwas Anderes als uns selbst gewinnen müßten, uns in keiner Weise als uns selbst gewinnen könnten. Und so scheuen wir denn auch vor nichts zurück, selbst davor nicht, daß wir dann Geist gerade dahingehend sind, uns selbst als Geist zu leugnen, nämlich auch uns selbst nur als Natur noch hinzustellen.

Uns endlich davon zu befreien, sehe ich nur eine Möglichkeit, nämlich die ursprüngliche Einsicht in uns selbst als Zeit, die das Modell für sie uns bietet, zu bewahren. Denn durch sie sind wir dann zu uns selbst als Geist auch schon zumindest unterwegs, weil wir durch sie uns einen Weg dahin, so oft wir ihn auch danach noch verfehlen mögen, wenigstens eröffnet haben.

IV. WIR ALS VON UNS AUF UNS REFLEKTIERENDE

§ 31. Mutmaßungen über Tiere

Wir nähern uns dem Abschluß dieses ersten Bandes, der den Untertitel tragen könnte: Subjekt und Objekt der Theorie. Die Deduktion der Systematik jedenfalls, in der dies alles seine ganz bestimmte Stelle hat, ist damit abgeschlossen. Nur die Folgen, die sie nach sich zieht, gilt es in Form von Folgerungen eigens noch herauszustellen, weil sie, wenn auch auf den ersten Blick vielleicht befremdlich, so doch zwingend sind.

Zu folgern nämlich wäre, daß wie wir auch alle andern Lebewesen, die gleich uns mit Dingen und Ereignissen in Raum und Zeit auf irgendeine Weise umgehen können, dann empirische Erkenntnis solcher Dinge und Ereignisse besitzen müssen und mithin auch alles, was daran beteiligt ist und was wir uns von erster bis zu dritter Stufe systematisch deduzieren konnten: zur Intentionalität werdende Spontaneität als Fremd- werdendes Selbstbewußtsein einer Fremd-werdenden Selbstverwirklichung, die darin autonom und absolut und damit Subjektivität ist. Denn dies alles haben wir uns, kurz gesprochen, doch ausschließlich als die jeweils ganz bestimmten Weisen systematisch deduzieren können, wie sich Zeit und Raum und das Zusammenspiel von ihnen bildet. Und zumindest, was die höchstentwickelten Primaten anbetrifft, spricht mittlerweile ohnehin sehr viel dafür, daß ihnen derlei zukommt, wie zum Beispiel die Versuche mit verschiedenen Affen zeigen, auch wenn wir dabei auf Mutmaßungen angewiesen bleiben, weil wir uns mit ihnen eben nicht wie unter uns darüber zu verständigen vermögen.

Spielt all dies jedoch sich grundsätzlich in Form von Zeit und Raum ab, hätten wir auch allen Grund zu mutmaßen, daß es im Tierreich keineswegs beschränkt ist auf die höchstentwickelten Primaten, sondern auch bei Tieren niedrigerer Stufe der Entwicklung auftritt, insoweit sie – vorsichtig gesprochen – einer Orientierung innerhalb von Zeit und Raum – der unseren vergleichbar – fähig sind, die als ein Zeit- und Raum*bewußtsein* eben grundsätzlich ein Selbst- als Fremd*bewußtsein* der empirischen *Erkenntnis* ist. Und aus verschiedenen Gründen tun wir gut daran, uns gegen diese Möglichkeit nicht schon von vornherein zu sperren, weil wir etwa fürchten, unsere Sonderstellung solchen Tieren gegenüber aufzugeben. Vielmehr sollten wir versuchen, uns auf diese Möglichkeit gerade einzulassen, um sie als Herausforderung anzunehmen, unsere Sonderstellung – wenn wir sie den Tieren gegenüber denn besitzen – einer Überprüfung auszusetzen, um von ihr kein falsches Vorurteil zu hegen.

Diese Möglichkeit genau und ernst zu nehmen nämlich heißt sofort, die landläufige Auffassung in Frage stellen, daß wir uns durch unser Selbstbewußtsein von den Tieren unterscheiden, was nach neuesten Beobachtungen des Verhaltens von verschiedenen Affen, das sie zeigen, wenn sie sich in Spiegeln sehen, ohnehin bereits in Frage steht. Und zwar so gründlich, daß verständlich wird, wenn vielen sogar Zweifel kommen, ob denn überhaupt ein wesentlicher Unterschied von Tier und Mensch bestehe. Denn dem Wesentlichen eines solchen Selbstbewußtseins gegenüber bleibe die Befähigung, es mittels »Ich ...« zum Beispiel auch noch auszudrücken, doch etwas bloß Unwesentliches, so daß wir jenes Wesentliche mindestens mit einigen der Tiere dann durchaus gemeinsam hätten. Und so können Sie denn auch nur, wenn Sie wenigstens bis hierhin mitgehen, noch zur Einsicht kommen, daß aus unserer Deduktion von Systematik sich für uns als Menschen gegenüber Tieren eine Sonderstellung gänzlich anderer Art ergibt.

Dann nämlich sehen Sie sofort, wie grundverfehlt es ist, zu meinen, was durch solch ein »Ich ...« zum Ausdruck komme, sei nichts anderes als solch ein Selbstbewußtsein, oder umgekehrt, ein solches Selbstbewußtsein komme durch ein solches »Ich ...« nur noch zum Ausdruck. Vielmehr ist, was solch ein »Ich ...« zum Ausdruck bringt, gerade nicht nur einfach Selbst*bewußtsein*, sondern Selbst*erkenntnis.* Und wie systematisch deduziert, besteht der wesentliche Unterschied von beiden auch zumindest darin, daß als solcher selbst ein Fall von Selbst*bewußtsein* eben nicht auch schon ein Fall von Selbst*erkenntnis* ist. Als solcher selbst ist er vielmehr ein Fall der *Fremd*erkenntnis als empirischer von etwas *Anderem* als sich selbst statt von sich selbst, so daß auch umgekehrt ein Fall der *Selbst*erkenntnis statt der Fremderkenntnis nur ein Fall der *nichtempirischen* Erkenntnis von sich selbst als etwas *Nichtempirischem* sein kann statt von etwas *Empirischem* oder von etwas *Anderem* als sich selbst.

Und darum folgt selbst dann, wenn solch ein Fall *empirischer* Erkenntnis eines *Anderen* als sich selbst ein Fall von »Wahrheit« oder von Erfolg ist – nämlich wenn dies Andere dabei nicht ein bloß intendiertes, sondern auch erzieltes, und das heißt: ein wirklich-anderes Objekt ist –, daraus doch nicht das Geringste dafür, daß dabei auch *nichtempirische* Erkenntnis von sich selbst als etwas *Nichtempirischem* noch vorliegt, nämlich auch noch Selbst*erkenntnis* von sich selbst *als* der empirischen Erkenntnis eines Anderen als sich selbst. Auch dann liegt diese nämlich nur als Selbst*bewußtsein* vor, das nur als *Fremd*- gewordenes Selbstbewußtsein und mithin auch nur von *Anderem* als sich *Erkenntnis* ist und so auch nur *empirische*. Und das heißt kurz: Selbst wenn empirische Erkenntnis vorliegt als das Wissen über etwas Wirklich-Anderes als sich selbst, folgt daraus nicht das Mindeste dafür, daß dabei auch noch Wissen von sich selbst im Unterschied zu diesem Anderen und somit auch noch nichtempirische Erkenntnis vorliegt. Und so folgt daraus auch umgekehrt noch nicht das Mindeste darüber, daß empirische Erkenntnis über Anderes als sich dies Andere auch schon *als* etwas Anderes, will sagen, als *etwas im Unterschied zu* sich erkännte, eben weil dazu gehörte, daß sie auch noch *sich im Unterschied zu* etwas Anderem erkännte.

Wie auf einen Schlag geht Ihnen daran denn auch auf: Wenn wir uns systematisch deduzieren, daß ein Subjekt erst frühestens auf jener dritten Stufe ein Objekt für sich gewinnen kann, so heißt das keineswegs, daß ein Subjekt *dann wenn* es ein Objekt gewinnt, nämlich *dann wenn* es sich dabei um etwas Wirklich-Anderes handelt, dieses auch *als* Wirklich-Anderes bereits *erkennt*. Vielmehr erkennt ein Subjekt solch ein Objekt eben bloß empirisch, nämlich bloß als einen Tisch oder als etwas Grünes beispielsweise, und berichtigt darum, wenn es Grund dazu hat, dies auch bloß empirisch, während solch ein Objekt für ein Subjekt, ob es ihm empirisch nun als dieses oder jenes gilt, *als* etwas Wirklich-Anderes dabei ganz *unthematisch* bleibt.

Erst wir, die Systematisch-Deduzierenden, sind es, für die ein solches Objekt auch noch *als* ein Wirklich-Anderes zum *Thema*, sprich, zum *Gegenstand* einer *Erkenntnis* wird. Und dies, weil auch erst wir, die dabei Reflektierenden und so Philosophierenden, es sind, die dabei *sich* als solch ein Subjekt *selbst* zum Thema, und das heißt, zum Gegenstand einer Erkenntnis machen: eben einer *Selbst*erkenntnis eines Subjekts von sich selbst, aus der heraus erst solch ein Subjekt dann auch noch Erkenntnis von einem Objekt *als* einem Wirklich-Anderen *für* sich besitzen kann. Und in der Tat eröffnen wir Philosophie als Reflexion gerade dadurch, daß wir unsere empirische Erkenntnis von empirischen Objekten nicht allein vollziehen, sondern auch noch ihrerseits einer Erkenntnis unterziehen, die als nicht-empirische darum auch nur im Wechsel mit empirischer erfolgen kann.

Infolgedessen sind wir als das jeweilige Subjekt dieses *bloßen* Selbst*bewußtseins* der empirischen Erkenntnis von empirischen Objekten, nämlich *ohne* daß wir auch noch Selbst*erkenntnis* davon wären, so ausschließlich auf das jeweilige Objekt hin gerichtet, daß wir gänzlich an es hingegeben oder in ihm aufgegangen, nämlich selbstentäußert ins Objekt geradezu versunken sind, weil ein Subjekt dabei als solches selbst gerade nicht bei sich, sondern bei ihm ist. Und zwar unbeschadet dessen, daß ein Subjekt dabei als empirische Erkenntnis über dieses Objekt sehr wohl Selbstbewußtsein ist, weil es als solches ja gerade Fremd- gewordenes Selbstbewußtsein ist: Intentionalität gewordene Spontaneität. Um dies zu sein, bedarf ein Subjekt darum auch so wenig der Thematisierung seiner selbst, daß es als *bloßes* Selbst*bewußtsein* vielmehr umgekehrt gerade durch Thematisierung aufhört, weil es dadurch *zusätzlich* zur Selbst*erkenntnis* wird.

Daß »Ich...« infolgedessen nicht der Ausdruck eines bloßen Selbst*bewußtseins* sein kann, sondern einer Selbst*erkenntnis* sein muß, nämlich eines Selbstbewußtseins, das als solches auch erkannt ist, dadurch lassen unsere Mutmaßungen über Tiere sich mit den Beobachtungen an verschiedenen Affen gut in Einklang bringen. Systematisch-deduktiv nämlich ergibt sich daraus, daß wir an uns selber zwischen Selbsterkenntnis gegenüber Selbstbewußtsein unterscheiden müssen. Damit aber stehen wir uns als von Selbsterkenntnis unterschiedenes Selbstbewußtsein zur Verfügung, um uns vorstellig zu machen, was es diesbezüglich mit den Tieren auf sich haben könnte. Denn tatsächlich könnten Tiere demgemäß in vollem Sinn des Wortes Selbstbewußtsein haben, ohne dadurch auch schon Selbsterkenntnis zu besitzen.

Wichtig aber wäre dies allein schon deshalb, weil wir dadurch die

Bedeutung von »Bewußtsein«, die bis heute unklar ist, als eine einheitliche klären könnten: für die Tiere wie für uns. Denn keinen Zweifel kann es daran geben, daß wie wir auch Tiere von Objekten ein Bewußtsein haben müssen, eben das Bewußtsein der empirischen Erkenntnis von empirischen Objekten, da sie doch gleich uns mit ihnen umgehen können, also mindest Wahrnehmung von ihnen haben müssen. Doch auch nur Bewußtsein solcher Wahrnehmung von etwas Anderem als sich zu haben, heißt für jeden von uns, daß ein Objekt *ihm* bewußt nur ist, indem *er sich* eines Objekts bewußt ist, daß er also nur, indem *er sich* bewußt ist, nämlich nur als *Selbst*bewußtsein überhaupt *Bewußtsein* ist, wenn auch gerade das eines Objektes, eben die empirische *Erkenntnis* als das *Fremd*bewußtsein eines *Anderen* als sich. Und dies bedeutet letztlich: Nur indem *ich mir* bewußt bin, folglich nur als *Selbst*bewußtsein bin ich überhaupt *Bewußtsein*, so daß ich auch dann, wenn ich zunächst einmal Bewußtsein vom Objekt und so von etwas Anderem als mir bin, nämlich *Fremd*bewußtsein der empirischen *Erkenntnis* von ihm, ein *Bewußtsein* von ihm nur als *Selbst*bewußtsein bin. Und in der Tat tritt unserer Deduktion von Systematik nach ein solches *Fremd*bewußtsein ursprünglich als ein zum Fremd- gewordenes *Selbst*bewußtsein auf.

Um dies zu sein, braucht aber eben keiner von uns sich *als* dieses auch noch zu *erkennen*, wie durch »Ich ...«; und somit könnte auch schon jedes Tier, sofern es ein Bewußtsein von Objekten hat, ein solches Selbst- als Fremdbewußtsein haben, ohne daß es dazu auch noch Selbsterkenntnis davon haben müßte. Und soweit dies überhaupt beobachtbar sein kann, scheint Tieren die Befähigung zu solcher Selbsterkenntnis, wie durch »Ich ...«, tatsächlich abzugehen, denn papageienhafte Lautnachahmung werden Sie wohl kaum als Nachweis dafür gelten lassen wollen. Daraus aber folgt dann nicht im mindesten, daß Tieren etwa auch das Selbstbewußtsein fehlte.

Im Gegenteil ergibt sich daraus vielmehr umgekehrt die Folgerung für uns: Genau so weit, wie wir ein *bloßes* Selbst*bewußtsein*, eben *ohne* Selbst*erkenntnis* sind (wie mittels »Ich ...«), verhalten wir auch unsererseits uns noch den Tieren gleich. In keiner Weise nämlich unterscheiden wir uns im Verhalten von den Tieren, wenn wir uns mit einer solchen Ausschließlichkeit auf Objekte hin zu richten pflegen, daß wir bis zur Selbstentäußerung uns an sie hinzugeben, ja in ihnen aufzugehen drohen. Und genau das tun wir auch tatsächlich immer dann, wenn wir in Wahrnehmung wie »Dies ist grün« oder »Dies ist ein Tisch« begriffen sind, weil keine Rede davon sein kann, daß wir darin auch im selben Sinn noch bei uns selbst als jeweiligem Subjekt wären. Denn das könnten wir nur mittels »Ich ...« oder dergleichen sein, wovon jedoch in »Dies ist grün« oder »Dies ist ein Tisch« so wenig zu entdecken ist wie umgekehrt in »Ich ...« etwas von »Dies ist grün« oder »Dies ist ein Tisch«. Worauf dabei durch »Ich ...« oder durch »Dies ...« jeweils Bezug genommen wird, Subjekt oder Objekt, sind dadurch nämlich als ein Anderes zueinander derart klar geschieden voneinander, daß durch keinen solchen Indikator dabei etwa auch noch eine Mitbezugnahme auf das jeweilig Andere dazu erfolgen kann.

Durch so etwas wie »Ich ...« jeweils bei uns als dem Subjekt anstatt durch so etwas wie »Dies ist grün« oder »Dies ist ein Tisch« jeweils bei einem Objekt für uns sind wir denn auch immer nur gelegentlich, je danach nämlich, wie die Situation, in der wir uns befinden, dies erfordert: So zum Beispiel, wenn ein anderes Subjekt etwa bezweifelt, daß ein Tisch vorliege oder etwas Grünes, und wir uns dadurch veranlaßt finden, darauf zu bestehen: »Ich sehe aber einen Tisch« oder »Ich sehe aber etwas Grünes«. Ob wir dies indessen häufig oder selten sind, so müssen wir dazu doch grundsätzlich und so auch durchgängig befähigt sein, was demnach mindest mit zu unserer Wesenheit gehört.

Wodurch wir uns von Tieren unterscheiden, wäre demgemäß gerade nicht bereits die Fähigkeit zum Selbstbewußtsein, die wir vielmehr mit ihnen gemeinsam hätten, sondern erst die Fähigkeit zur Selbsterkenntnis, und das heißt: die Fähigkeit zur Reflexion *von* uns *auf* uns, sprich, *von* uns selbst *als* diesem Selbstbewußtsein *auf* uns selbst *als* dieses Selbstbewußtsein. Dadurch sind wir nämlich nicht nur der empirischen Erkenntnis von empirischen Objekten fähig, wie die Tiere, sondern auch noch der Erkenntnis von uns selbst *als* der empirischen Erkenntnis von empirischen Objekten, eben einer Selbsterkenntnis von uns als jeweiligem *Subjekt, für das* ein solches Objekt überhaupt erst auftritt.

Und so kommt für uns auch alles darauf an, uns klarzumachen: Solch ein Fall von Selbstbewußtsein als empirischer Erkenntnis von empirischen Objekten, wie es auch bei Tieren vorkommt, bildet keineswegs schon einen Fall von Selbsterkenntnis. – Weder so, als sei *mit* jedem Fall von solchem Selbstbewußtsein auch ein Fall von Selbsterkenntnis immer schon *verbunden*, für die solch ein Selbstbewußtsein auch zum Thema oder Gegenstand noch würde, eben weil es dazu allererst der Reflexion auf solch ein Selbstbewußtsein wie durch »Ich...« bedürfte, die mit ihm jedoch durchaus nicht immer schon einhergeht. – Noch gar so, als sei *in* jedem Fall von solchem Selbstbewußtsein auch ein Fall von Selbsterkenntnis immer schon *enthalten*: Gleich als wäre jedes solche Selbstbewußtsein innerhalb von sich schon Selbsterkenntnis, worin ein Subjekt sich schon durch Reflexion wie »Ich...« zum Thema oder Gegenstand gewänne, während es in Wahrheit doch als dieses Selbstbewußtsein insgesamt erst vollständig zum Subjekt wird und so auch grundsätzlich erst nachträglich dazu als dieses Subjekt selbst zum Thema oder Gegenstand noch werden kann. Denn um durch Reflexion von sich auf sich, wie mittels »Ich...«, zur Selbsterkenntnis von sich als dem Selbstbewußtsein zu gelangen, hat ein Subjekt als dies Selbstbewußtsein eben grundsätzlich schon immer vorzuliegen. Und tatsächlich liegt es doch als solches vollständig erst dann vor, wenn es vollständig zum *Fremd*-gewordenes Selbstbewußtsein als empirische *Erkenntnis* von empirischen *Objekten* ist, also gerade *Fremd*erkenntnis und nicht etwa *Selbst*erkenntnis; auch aus diesem Grund kann ein Subjekt sonach *Erkenntnis* von sich selbst *als* dieser Fremderkenntnis, eben *Selbst*erkenntnis in der Tat bloß nachträglich noch werden.

Daß jedoch auch *nur* in dieser unserer Fähigkeit zur Selbsterkenntnis unsere Wesenheit und damit unsere Besonderheit den Tieren gegenüber liegt, muß freilich solange verborgen bleiben, wie die Meinung herrscht: Was jeder von uns mittels »Ich...« zum Ausdruck bringt, sei bloßes Selbstbewußtsein, weil es vielmehr Selbsterkenntnis ist. Denn Selbstbewußtsein bringt er ursprünglich durch »Dies ist grün« oder »Dies ist ein Tisch« zum Ausdruck, eben weil es so etwas wie Selbstbewußtsein ursprünglich auch nur als ein zum Fremd- gewordenes Selbstbewußtsein geben kann. Deswegen kann auch niemals schon bezüglich eines Selbstbewußtseins wie »Dies ist ein Tisch« und »Dies ist grün« – das auch, wenn sie es sprachlich nicht zum Ausdruck bringen können, Tiere haben müssen –, sondern immer erst bezüglich einer Selbsterkenntnis wie »Ich sehe etwas Grünes« und »Ich sehe einen Tisch« – zu der nur wir befähigt sind – ein Tisch bzw. etwas Grünes dann auch noch den Sinn von »etwas Anderes als ich« bekommen.

Was dabei Verwirrung stiftet, ist, daß Selbsterkenntnis, wie durch »Ich ...«, als solche freilich ebenfalls ein Selbstbewußtsein ist: Nur bildet sie gerade nicht das Selbstbewußtsein, das für sie als solche Selbsterkenntnis Thema oder Gegenstand wird, nämlich jenes ursprüngliche Selbstbewußtsein einer Wahrnehmung wie »Dies ist grün« oder »Dies ist ein Tisch«, dem gegenüber dieses nachträgliche Selbstbewußtsein einer Selbsterkenntnis wie »Ich sehe einen Tisch« oder »Ich sehe etwas Grünes« vielmehr immer nur ein abgeleitetes sein kann. Denn jedes und mithin auch dieses Selbstbewußtsein kann nur Fremd- gewordenes Selbstbewußtsein bilden und Erkenntnis mithin auch grundsätzlich nur von etwas Anderem als sich sein, auch wenn dieses Andere ein anderes Selbstbewußtsein, ja sogar ein anderes eigenes Selbstbewußtsein darstellt.[1] Schließlich ist empirische Erkenntnis von empirischen Objekten wie »Dies ist ein Tisch« und »Dies ist grün« zwar Selbstbewußtsein, doch nicht Selbsterkenntnis, sondern Fremderkenntnis, wozu Selbsterkenntnis denn auch umgekehrt nur als ein anderes eigenes Selbstbewußtsein dann hinzu noch kommen kann, jedoch nicht muß.

So ist denn auch ein Fall wie »Dies ist grün« doch zweifellos ein anderer Fall von Selbstbewußtsein als »Ich sehe, dies ist grün«, wiewohl es sich genauso zweifellos in beiden Fällen um mein eigenes Selbstbewußtsein handeln muß, weil überhaupt nur so verständlich werden kann, daß ich als eines davon eben Selbsterkenntnis von mir als dem andern davon bin. Denn während mir als einem solchen »Dies ist grün« gerade etwas Grünes gegenständlich wird, nämlich als etwas Wahrgenommenes für mich als Wahrnehmung von ihm, wird mir als solch einem »Ich sehe, dies ist grün« vielmehr die Wahrnehmung als solche selbst zum Thema oder Gegenstand und damit ich mir selbst: Nur eben nicht auch ihrerseits bzw. meinerseits als etwas Wahrgenommenes für Wahrnehmung, vielmehr nur als etwas Gedachtes noch für Denken, sprich, für nichtempirische Erkenntnis

1 Wie von selbst ergibt sich Ihnen damit die Notwendigkeit der Unterscheidung zwischen einem anderen *eigenen* und einem anderen *fremden* Selbstbewußtsein, weil ein *jedes* davon für das Selbstbewußtsein der *Erkenntnis* von ihm eben grundsätzlich ein *anderes* als es sein muß. Und so kann auch nur Selbstbewußtsein der Erkenntnis eines anderen *eigenen* Selbstbewußtseins *Selbst*erkenntnis sein, wogegen Selbstbewußtsein der Erkenntnis eines anderen *fremden* Selbstbewußtseins eben gleichfalls *Fremd*erkenntnis ist.

mittels Reflexion *von* mir als der empirischen Erkenntnis *her* sowie *auf* mich als die empirische Erkenntnis *hin.*

Und daran ist auch überhaupt nichts schwierig, weder *daß* dies möglich ist, noch *wie* dies möglich ist. Denn was das erstere betrifft, so bin ich Selbstbewußtsein doch schon als empirische Erkenntnis von empirischen Objekten, brauche mich mithin auch nur auf mich als dieses Selbstbewußtsein noch zurückzurichten, um von mir als diesem Selbstbewußtsein auch noch Selbsterkenntnis zu erlangen. Doch auch was das zweitere betrifft, entstehen Schwierigkeiten bloß für solche, die da meinen, Selbsterkenntnis eines Selbstbewußtseins könne nur entspringen, wenn ein Selbstbewußtsein es gewissermaßen fertigbringe, gleichsam hinter sich zu kommen oder sich vor sich zu bringen, um *sowohl* Subjekt *als auch* Objekt für sich zu werden, eben sich als solches selbst zum Thema oder Gegenstand zu machen, was jedoch unmöglich ist: wie schon beim Selbstbewußtsein der empirischen Erkenntnis auch bei dem der nichtempirischen Erkenntnis *von* empirischer Erkenntnis. Denn wie schon als jenes kann es auch als dieses Selbstbewußtsein ursprünglich zum Thema oder Gegenstand nun einmal nur für Selbsterkenntnis als ein *anderes*, wenn auch als ein anderes *eigenes* Selbstbewußtsein werden.[2]

Statt einer höheren Unmöglichkeit das Wort zu reden und auf diese Weise eine unnötige Schwierigkeit herbeizuführen, sollten Sie hier vielmehr Nüchternheit und Sachlichkeit bewahren, weil Sie auch nur so noch einzusehen vermögen: Selbsterkenntnis eines Selbstbewußtseins wie zum Beispiel nichtempirische Erkenntnis *von* empirischer vermag ersichtlich immer nur im Wechsel mit empirischer Erkenntnis aufzutreten. Zwischen einem Fall wie »Dies ist grün« und einem wie »Ich sehe, dies ist grün« besteht denn auch genau in diesem Sinn ein wesentlicher Unterschied. Das heißt: Liegt letztere als *nichtempirische* Erkenntnis *von* empirischer Erkenntnis vor, vermag im selben Sinn durchaus nicht etwa auch noch erstere, nämlich *empirische* Erkenntnis vorzuliegen, weil im selben Sinn doch wohl nur entweder die eine oder andere zustande kommen kann. Liegt nichtempirische Erkenntnis *von* empirischer Erkenntnis vor, so liegt mithin durchaus nicht einfach außerhalb der nichtempirischen auch noch empirische mit vor. Dann liegt vielmehr gerade innerhalb der

2 Und so liegt denn eben darin auch der letzte Grund, weshalb ein Zeichen niemals Zeichen seiner selbst zu sein vermag.

nichtempirischen Erkenntnis noch empirische mit vor, so daß die nichtempirische eben Erkenntnis ist, *für die* gerade die empirische zum Thema oder Objekt oder Gegenstand wird.

Was hier schwierig bleibt, ist denn auch nur, wie Selbsterkenntnis eines Selbstbewußtseins möglich ist, obwohl das Selbstbewußtsein solcher Selbsterkenntnis gegenüber *dem*, das sie bzw. es zum *Gegenstand* hat, immer nur ein *anderes* eigenes Selbstbewußtsein bilden kann, weil Selbstbewußtsein eben, einerlei ob nun als dieses oder jenes, außerstande ist, als solches hinter sich zu kommen oder sich vor sich zu bringen, um *sowohl* Subjekt *als auch* Objekt für sich zu werden[3]. Schwierig daran bleibt mithin gerade nicht der Sinn von Selbsterkenntnis oder Selbstvergegenständlichung, sondern ausschließlich der von Selbstbewußtsein, weil man sich bis heute immer wieder höchstens *negativ* verständlich machen kann, was Selbstbewußtsein *nicht* ist, nämlich *keine* Selbst*erkenntnis* oder *keine* Selbst*vergegenständlichung*, doch niemals auch noch *positiv*, was Selbstbewußtsein *ist*.

An keiner andern Stelle ist denn auch das Labyrinth von Subjektivität so sehr zur Ausweglosigkeit geworden wie gerade hier, wo man im Negativen auf der Stelle tritt, weil zum entsprechend Positiven keinen Schritt vorankommt[4]. Ja im Gegenteil vermag man in die innere Struktur von Selbstbewußtsein nach wie vor sogar so wenig einzudringen, daß man vielmehr umgekehrt gerade immer wieder in Gefahr gerät, sich dessen innere Struktur trotz besserem, weil bloßem negativem Wissen doch als die der Selbsterkenntnis oder Selbstvergegenständlichung zurechtzulegen, was zu unlösbaren Schwierigkeiten führen muß. Zumindest sind genau in diesem Sinn seit Fichte und bis heute alle solchen Schwierigkeiten nichts als selbstgemacht. Woran es fehlt, ist eben jede Einsicht, daß dies Negative, Selbstbewußtsein sei gerade keine Selbsterkenntnis oder Selbstvergegenständlichung, zu seinem Grund das durchaus Positive hat, das wir uns systematisch deduzieren konnten: Seinem Ursprung wie auch seinem Wesen nach *muß* Selbstbewußtsein sich zum Fremd- werden-

3 Wie selbst Kant noch irreführend formuliert, vgl. z. B. Bd. 20, S. 270.

4 Diesen Stand statt Gang der Dinge finden Sie denn mittlerweile auch schon bis zum Überdruß bezeugt bei M. Frank in *Selbstbewußtseinstheorien von Fichte bis Sartre*, Frankfurt a. M. 1991, und in *Selbstbewußtsein und Selbsterkenntnis*, Stuttgart 1991.

den Selbstbewußtsein bilden, das mithin auch als zum Fremdbewußtsein werdendes gerade Selbstbewußtsein ist und bleibt, so daß es dann als vollständig zum Fremd- gewordenes auch vollständig zum Selbst- gewordenes Bewußtsein ist: empirische Erkenntnis von der Art, daß *als ein* Selbstbewußtsein eben *ich mir* des empirischen Objekts bewußt bin und mithin gerade *Fremd*bewußtsein der *Erkenntnis* und *Vergegenständlichung* von etwas *Anderem* als mir *für mich.*

Das scheinbar Negative, daß dabei anstatt oder anstelle von mir etwas Anderes als ich zum Objekt wird, bedeutet also eigentlich das durchaus Positive, daß gerade an der Stelle oder an der Stätte von mir als dem Selbstbewußtsein der empirischen Erkenntnis eben etwas Anderes als ich zum ersten Mal für mich empirisches Objekt wird: an genau der Stelle oder Stätte also, die ich dazu erst einmal aus mir heraus zu bilden habe, um hier etwas für mich haben überhaupt zu können. An der Stelle oder Stätte eben dieses meines Fremd- gewordenen Selbstbewußtseins hat empirische Erkenntnis von empirischen Objekten demnach überhaupt erst Statt, so daß dabei gerade nicht ich selbst als dieses Fremd- gewordene Selbstbewußtsein das Objekt sein kann, sondern nur für mich selbst gerade etwas Anderes als ich selbst.

Dränge aber solches Selbst- als Fremdbewußtsein der empirischen Erkenntnis von empirischen Objekten sich auch noch so unabweisbar als ein Faktum auf, so kann es doch, solange man es immer wieder bloß abstrakt erwägt, nur unverständlich bleiben und verständlich werden erst, wenn man es auch konkret als das behandelt, was es ist: ein ursprüngliches Zeit- und Raumbewußtsein. Denn auch nur die *Selbst*verwirklichung von Subjektivität *zu* Zeit und Raum, die ohne ein *Bewußtsein* von sich selbst *als* dieser Selbstverwirklichung zustande gar nicht kommen könnte, läßt dergleichen wie ein *Selbst*bewußtsein überhaupt erst faßlich werden: Selbstverwirklichung hat Selbstbewußtsein danach zur notwendigen Begleiterscheinung. Und so kann *in* Form von jener Art und Weise, wie sich ein Subjekt *zu* Zeit und Raum erst *bildet* und *als* Zeit und Raum sodann *verwendet*, nämlich sich *als* subjektiven Raum und subjektive Zeit *zu* objektivem Raum und objektiver Zeit *objektiviert*, wenn überhaupt etwas, auch in der Tat nur etwas Anderes als ein Subjekt zum Objekt für ein Subjekt werden. Folglich kann es *Selbst*bewußtsein seiner *Selbst*verwirklichung *zur* Form von dieser Art und Weise, nämlich wie es sich *zu* solchem Raum und solcher Zeit verwirklicht, auch tatsächlich nur als *Fremd-* werdendes Selbstbewußtsein der empirischen *Erkenntnis* von empirischen *Objekten* sein: von *Anderem* als sich.

Kann solches Selbstbewußtsein also noch in keiner Weise Selbsterkenntnis sein, weil so etwas wie »Ich...« auch weder *mit* ihm selbst *verbunden* noch gar *in* ihm selbst *enthalten* sein kann, wie sich uns ergeben hat, so kann jedoch auch ein empirisches Objekt für solches bloßes Selbstbewußtsein der empirischen Erkenntnis von ihm nicht bereits den Sinn von »Anderes als ich« besitzen. Den besitzt es dabei vielmehr nur für uns, die darauf nichtempirisch-philosophisch Reflektierenden, so daß das bloße Selbstbewußtsein der empirischen Erkenntnis von empirischen Objekten uns auch noch in keiner Weise von den Tieren unterscheidet. Dies jedoch ergibt für unseren eigentlichen Unterschied zu ihnen, und das heißt: für unsere Selbsterkenntnis gegenüber unserem bloßen Selbstbewußtsein, dann noch etwas Weiteres und Weiterführendes. Denn daraus folgt, daß unsere Selbsterkenntnis keineswegs nur dort, wo so etwas wie »Ich...« zum Ausdruck kommt, sondern auch dort, wo es noch unausdrücklich bleibt, erfolgen kann, ja muß: zum Beispiel schon beim Schritt *von* Sprache als noch unverlautbarter und unverschriftlichter *zu* Sprache als verlautbarter oder verschriftlichter.

Denn Sprache zu verlautbaren oder zu verschriftlichen, heißt ja, empirische Objekte für empirische Erkenntnis nicht nur zu besitzen, sondern auch noch zu benutzen, nämlich um empirische Erkenntnis dann auch ihrerseits noch zum empirischen Objekt, will sagen, wahrnehmbar zu machen, und das heißt eben zuletzt: um *sich als* die empirische Erkenntnis von empirischen Objekten, also *sich als* subjektives Subjekt wahrnehmbar zu machen. Derlei aber müßte, *ohne* daß empirische Objekte jenen Sinn von »Anderes als ich« gewännen, der den Sinn von »... ich« voraussetzt, also *ohne* den Gewinn der Selbsterkenntnis dieses subjektiven Subjekts von sich selbst *als* Selbstbewußtsein der empirischen Erkenntnis von empirischen Objekten, schlechthin unverständlich bleiben[5]. Denn dazu gehört ein, wenn auch noch so anfängliches, so doch grundsätzliches Wissen davon, daß, obwohl ein Objekt etwas Anderes als ich ist, ich doch

5 Vgl. dazu unten § 33, S. 1008 f.

nur durch eben solch ein Objekt für ein anderes Subjekt sowohl wie für mich selbst zu etwas Wahrnehmbarem werden kann.

Und in der Tat ist doch Verlautbarung oder Verschriftlichung von Sprache, wann und wo und wie auch immer sie sich jeweils hier und jetzt ereignet, grundsätzlich nichts anderes als Verkörperung von Sprache: ob nun, wie bei sogenannter »Körpersprache«, nur im Leib als eigenem Körper, oder über ihn hinaus auch noch in anderem Körper, der durch diese letztliche Verlängerung solcher Verkörperung als der Verleiblichung vorübergehend so bewegt wird, daß er dabei wie der eigene Körper oder Leib wirkt. Selbst*erkenntnis* oder Selbst*vergegenständlichung* von Selbstbewußtsein muß mithin auch generell schon mit Verkörperung von Sprache überhaupt zustande kommen, kann sonach gerade nicht etwa speziell erst mit Verkörperung von Sprache wie zum Beispiel »Ich ...« auftreten. Und so ist denn phylo- wie ontogenetisch auch Verkörperung von Sprache längst bereits im Gange, ehe innerhalb solcher Verkörperung von Sprache auch noch so etwas wie »Ich ...« verkörpert wird.

Und dies heißt umgekehrt, daß Sprache, wie sie jeglicher Verkörperung gerade unverkörpert schon zugrunde liegen muß, weil sinnvoll nur von ihr als der noch unverkörperten solche Verkörperung erfolgen kann, auch Tiere schon besitzen könnten und besitzen müßten, insoweit sie jenes Selbstbewußtsein der empirischen Erkenntnis von empirischen Objekten haben, ohne dadurch auch schon Selbsterkenntnis zu besitzen. Denn die innere Struktur des Zeichens als des Stehens für etwas muß Selbstbewußtsein als empirische Erkenntnis von empirischen Objekten grundsätzlich besitzen, ohne daß ein solches Objekt dadurch auch bereits den Sinn von »Anderes als ich« für sie oder für es im Sinn von »... ich« besitzen müßte. Und so würden wir uns keineswegs schon durch die Sprache von den Tieren unterscheiden, wie Gedankenlose immer wieder meinen, sondern erst durch die Verkörperung von Sprache, was gerade nicht dasselbe wäre.

Denn auch erst durch sie vermöchten wir uns von empirischen Objekten, denen wir zunächst einmal wie Tiere hingegeben wären, abzuwenden und uns selber zuzukehren; dadurch nämlich, daß wir einen Teil solcher empirischer Objekte plötzlich für uns selbst benutzten, um uns selbst für andere empirische Objekte, die wir als Subjekte für Subjekte halten, *als* Subjekte auch noch eigens darzustellen, eben auch noch eigens wahrnehmbar zu machen: sei es auch zunächst nur mittels des besonderen empirischen Objektes, das wir *als* den eigenen Körper oder Leib dann ebenfalls bereits erkännten. Und nur solche eigene Selbstdarstellung könnte somit das Kriterium dafür sein, ob wie bei uns auch schon bei Tieren Sprache vorliegt, denn das heißt recht eigentlich: ob auch bei Tieren schon Verkörperung von Sprache als die eigene Selbstdarstellung einer Selbsterkenntnis eines Selbstbewußtseins statthat, oder ob nicht vielmehr bloßes Selbstbewußtsein ohne Selbsterkenntnis und infolgedessen ohne eigene Selbstdarstellung vorliegt, das ja auch als bloßes solches mannigfach zum Ausdruck kommen kann. Denn auch bei uns kommt mancherlei zum Ausdruck, was zum bloßen Selbstbewußtsein, und das heißt, gerade nicht zur Selbsterkenntnis oder Selbstvergegenständlichung gehört: das sogenannte »Unbewußte«, das in Wahrheit nur das durch uns jeweils Unerkannte oder Unvergegenständlichte an uns bedeuten kann.

Dann aber folgte schließlich auch für uns noch etwas Wichtiges: Eine Verkörperung von Sprache wie zum Beispiel »Ich ...« ist keineswegs nur meine Selbstdarstellung meiner Selbsterkenntnis meines Selbstbewußtseins, denn das ist Verkörperung von Sprache generell und ohne daß darin speziell auch »Ich ...« verkörpert werden müßte. Beispiel dafür ist denn auch schon jeder Fall, wo so etwas wie »Dies ist grün« verlautbart oder gar verschriftlicht, nämlich eigens noch verkörpert wird, was Tiere offenbar nicht tun, obwohl zu solcher Selbstdarstellung einer Selbsterkenntnis eines Selbstbewußtseins der empirischen Erkenntnis wie zum Beispiel »Dies ist grün« durchaus nicht auch noch »Ich ...« verkörpert werden muß. *Wird* auch noch »Ich ...« verkörpert, liegt infolgedessen *über* bloße Selbstdarstellung einer Selbsterkenntnis eines Selbstbewußtseins noch hinaus auch eine Selbstdarstellung solcher Selbstdarstellung vor, und diese tritt beim Sprechen oder Schreiben denn auch in »Ich spreche, dies ist grün« oder »Ich schreibe, dies ist grün« noch voll zutage. Gegenüber genereller ist spezifische Verkörperung von Sprache wie durch »Ich ...« mithin ein Fall, worin ich Selbstdarstellung nicht einfach vollziehe, sondern auch *als* solche selbst noch einer Selbstdarstellung unterziehe, letztlich also durch spezifische *auf Grund von* genereller Selbstverkörperung schon Selbstdarstellung meiner Selbstdarstellung übe, so daß erstere auch letztere schon notwendig voraussetzt.

Da nun aber Sprache mit Verlautbarung oder Verschriftlichung, kurz, mit Verkörperung von Sprache keineswegs zusammenfallen kann, was für den Unterschied von uns und Tieren wichtig ist, vermag ein Fall wie »Ich ...« nicht minder als ein Fall wie »Dies ist grün« genausogut auch unverlautbart oder unverschriftlicht, eben unverkörpert aufzutreten. Und zwar deswegen, weil wir die Selbsterkenntnis unseres Selbstbewußtseins, deren wir als Menschen fähig sind, durchaus nicht immer, wenn wir sie besitzen, auch bereits verkörpern müssen: weder zur Verlautbarung oder Verschriftlichung von Sprache generell wie »Dies ist grün« noch gar zu der von so etwas wie »Ich ...« speziell. Doch keineswegs vermag dasjenige, worauf ein Fall wie »Ich ...« – ob nun verkörpert oder unverkörpert – sich bezieht, genausogut auch unverkörpert aufzutreten, sprich, so wenig wie dasjenige, worauf ein Fall wie »Dies ist grün« – ob nun verkörpert oder unverkörpert – sich bezieht. Und zwar gleichviel, ob solch ein Fall wie »Ich ...« nun als »Ich spreche ...« und »Ich schreibe ...« auftritt – als ein Fall mithin, der Sprechen oder Schreiben als Verkörperung von Sprache oder Zeichen schon voraussetzt – oder nicht, sondern als ein beliebig anderer Fall von »Ich ...«, und einerlei, ob selbst verkörpert oder nicht. Denn so wie »Dies ...« recht eigentlich »Dies hier und jetzt ...« bedeutet und intentional mithin auf etwas innerhalb von objektivem Raum und objektiver Zeit als ein empirisches Objekt Bezug nimmt, so besagt auch »Ich ...« recht eigentlich »Ich hier und jetzt ...« und nimmt intentional infolgedessen ebenfalls auf ein empirisches Objekt Bezug.

Auch diesbezüglich aber stehen jene Selbstbewußtseinstheoretiker bis heute noch vor einem für sie unlösbaren Rätsel: Wie soll es verständlich werden, daß durch »Ich ...« auf ein empirisches Objekt Bezug genommen wird, obwohl mit »Ich ...« doch eigentlich etwas grundsätzlich anderes als ein empirisches Objekt, nämlich ein nichtempirisches Subjekt gemeint ist, das als Selbstbewußtsein Selbsterkenntnis von sich selbst gewinnt? Und wie läßt sich das eine mit dem anderen vereinbaren, wo doch empirische Erkenntnis von empirischen Objekten beispielsweise einem Irrtum unterliegen kann, indes bei nichtempirischer Erkenntnis eines nichtempirischen Subjekts von sich – wie dieser Selbsterkenntnis seines Selbstbewußtseins – jeder Irrtum ausgeschlossen bleiben muß?[6]

Auch diesbezüglich aber liegt das letztlich nur daran, daß man bis heute unvermögend ist, des Subjekts Subjektivität als jene Selbstver-

6 Vgl. oben S. 950, Anm. 4.

wirklichung zu Zeit und Raum zu denken, die ihr Selbstbewußtsein als Voraussetzung für ihre Selbsterkenntnis zu erklären vermag. Ist jene Selbstverwirklichung als solche systematisch deduziert, wird nämlich einsichtig, daß ein Subjekt zur Selbsterkenntnis von sich selbst als Selbstbewußtsein gar nicht anders kommen kann als von empirischen Objekten her. Denn solche Selbstverwirklichung ist es ja nur als Fremd- werdende Selbstverwirklichung und so auch deren Selbstbewußtsein nur als Fremd- werdendes Selbstbewußtsein der empirischen Erkenntnis von empirischen Objekten. Folglich kann ein Subjekt auch nur unter den empirischen Objekten schließlich das empirische Objekt empirisch noch erkennen, an das es als Selbstbewußtsein der empirischen Erkenntnis von empirischen Objekten sich gebunden findet: seinen Körper.

Auch sich selbst mithin vermag auf diese Weise ein Subjekt zunächst einmal nur als ein *objektives* Subjekt oder subjektives *Objekt* zu erkennen, weil es als das *subjektive* Subjekt, nämlich als das Selbst*bewußtsein* der empirischen Erkenntnis von empirischen Objekten dabei ja gerade *nicht* schon Selbst*erkenntnis* sein kann. Also nur von seinem Körper oder Leib her, der für es grundsätzlich nur empirisches Objekt sein kann, vermag das Selbstbewußtsein der empirischen Erkenntnis dieses Objekts zur Erkenntnis von sich selbst als somit *objektivem* Subjekt oder subjektivem *Objekt* zu gelangen, die darum insofern auch zunächst einmal *empirische* Erkenntnis sein muß.

Nur daß dieses Subjekt dabei keineswegs auch stehen bleiben muß, sondern von daher kommend eben auch zu nichtempirischer Erkenntnis von sich selbst noch übergehen kann, ja muß, um sich als das, als was es dabei eigentlich im Spiel ist, angemessen zu erkennen. Auf die Dauer nämlich kann ihm dabei nicht verborgen bleiben, daß es in dem Körper oder Leib, an den es unlösbar gebunden ist, bloß deswegen nicht auch schon einfach aufgeht, sondern sich von ihm als dem Empirischen an sich vielmehr gerade unterscheidet als das Nichtempirische, das Körper oder Leib nur hat, nicht ist. Und in der Tat kann keine Rede davon sein, als ob genauso wie mein Körper oder Leib als das Empirische für mich als die empirische Erkenntnis von ihm etwa auch ich selbst *als* die empirische Erkenntnis von ihm noch etwas Empirisches für mich sein könnte: auch ich selbst *als* Wahrnehmung von ihm für mich noch etwas Wahrnehmbares. Ganz zu schweigen von all dem, als das ich schon von erster bis zu dritter

Stufe jeder Wahrnehmung wie »Dies ist grün« bereits zugrunde liegen muß. Und das gilt somit generell für alles, was aus eben diesem Grund an mir als »Psychisches« von »Physischem« oder als »Seelisches« von »Körperlichem« oder als »Mentales« von »Somatischem« oder als »Geistiges« von »Naturalem« eben unterschieden werden muß, weil nichts davon auch seinerseits an mir empirisch-wahrnehmbar sein kann, für mich so wenig wie für andere Subjekte.

Trotzdem aber nehme ich im vorgenannten Sinn durch »Ich ...« – ob nun verkörpert oder nicht – in jedem Fall auf mich Bezug, gleichviel, was diesem »Ich ...« dann folgen mag. Denn ob nun durch »Ich bin 2 m groß« oder »Ich schlage Nägel ein« oder »Ich sehe, dies ist grün« oder »Ich denke, dies ist grün« oder »Ich habe Schmerzen«, – Gegenstand bin mittels »Ich ...« dabei in jedem Fall doch ich. Und eben das ist es, was jene Theoretiker von Selbstbewußtsein ohne Selbstverwirklichung sich noch bis heute nicht erklären können. Erst auf Grund der Einsicht nämlich, daß ein Subjekt mittels »Ich ...« in jedem Fall auf sich als Selbstbewußtsein seiner Selbstverwirklichung Bezug nimmt, schwinden alle Schwierigkeiten wie von selbst. Denn solche Selbstverwirklichung kann grundsätzlich nur die Verwirklichung jenes Vermögens zu mir selbst sein, das als etwas »Angeborenes« auch etwas *Körperliches* ist, so daß ich mich genau in diesem Sinn bereits von vornherein verkörpere, indem ich mich als Intention in meinem Körper oder Leib in jedem Fall bewege – einerlei, ob er in Ruhe oder in Bewegung ist – und nicht erst dadurch, daß ich auch noch ihn bzw. durch ihn anderen bewege.

Das Entscheidende, was jenen Theoretikern von Selbstbewußtsein ohne Selbstverwirklichung entgeht, ist somit das Gemeinsame sowohl wie Unterscheidende von Mensch und Tier, weil beides eben allererst auf Grund von Selbstverwirklichung als ursprünglicher Selbstverkörperung begreiflich wird. Ursprünglich nämlich tun wir das bereits, indem wir einen Körper als Vermögen zu uns selbst verwirklichen, zu Zeit und Raum im vorgenannten Sinn, wodurch wir Selbstbewußtsein als empirische Erkenntnis von empirischen Objekten werden und so Zeichen oder Sprache als das Stehen für sie. Denn gleich Tieren werden wir das, einerlei, ob wir im Unterschied zu ihnen dann als Menschen auch noch Selbsterkenntnis dieses Selbstbewußtseins von sich selbst als Zeichen oder Sprache werden, oder ferner auch noch Selbstdarstellung solcher Selbsterkenntnis durch Verkörperung von uns als Zeichen oder Sprache generell bzw.

auch speziell noch Selbstdarstellung solcher Selbstdarstellung durch Verkörperung von Zeichen oder Sprache wie zum Beispiel »Ich ...«. Denn all dies, das in grundsätzlicher Selbsterkenntnis jenes Selbstbewußtseins gründet, kann zunächst einmal sich immer wieder nur auf das empirische Objekt zurückbeziehen, worin sich Selbstbewußtsein auf genannte Weise immer schon verkörpert haben muß, so daß es dann auch immer erst in der Gestalt solcher Verkörperung noch Gegenstand einer Erkenntnis werden kann.

Infolgedessen kann durch »Ich ...« – ob seinerseits verkörpert oder unverkörpert – so etwas wie Selbsterkenntnis eines Selbstbewußtseins dann auch nur im Sinn von »Ich, der hier und jetzt sich selbst verwirklicht und mithin sich selbst verkörpert, ...« noch zum Ausdruck kommen, einerlei, was jemand mittels eines »Ich ...« in diesem Sinn von sich behauptet, nämlich ob er sich nun etwas Körperliches oder Seelisches, etwas Somatisches oder Mentales, etwas Naturales oder Geistiges zuschreiben mag. Das heißt: In jedem Fall muß über diese seine Selbstverwirklichung als diese seine Selbstverkörperung der Körper oder Leib eines Subjektes mit im Spiel sein, wenn es durch ein »Ich ...« als grundlegenden Ausdruck seiner Selbsterkenntnis seines Selbstbewußtseins seiner Selbstverwirklichung auf sich Bezug nimmt.

Noch viel radikaler, als man bisher angenommen hat, folgt hieraus also: Keineswegs ist so etwas wie »Ich ...« erst dann, wenn es verkörpert wird, nämlich verlautbart oder gar verschriftlicht wird, ein Fall von Körper-Reflexivität als »Zeichen«- oder »token«-Reflexivität im Sinn von »Ich, der ich dies hier und jetzt gerade spreche oder schreibe, ...«, die ja letztlich überhaupt nichts anderes bedeutet als die Rückbezüglichkeit auf dasjenige Körperliche, das dabei zum Sprechen oder Schreiben je und je benutzt wird. Körper-reflexiv ist so etwas wie »Ich ...« vielmehr auch dann schon, wenn es bloß gedacht wird und mithin noch unverkörpert, nämlich unverlautbart oder unverschriftlicht bleibt, dann aber eben körper-reflexiv gerade nicht im Sinn von »zeichen«- oder »token«-reflexiv. Nur daß auch dies für alle jene Theoretiker von Selbstbewußtsein, die noch zusätzlich der Gleichsetzung von Sprache mit ihrer Verlautbarung oder Verschriftlichung verfallen sind, erst recht nicht einzusehen ist, weil dies erst recht nur jene ursprüngliche Selbstverwirklichung als ursprüngliche Selbstverkörperung eines Subjekts verständlich machen kann.

Und so bleibt Theorie von Selbstbewußtsein ohne solche Selbstverwirklichung bis heute letztlich bodenlos. Denn immerhin ist die Befähigung zur Reflexion und damit auch die Reflexivität von so etwas wie »Ich...« im Fall von uns, den Menschen, derart grundlegend, daß jedes »Dies...« bekanntlich von ihr abhängt, weil ja dessen Sinn »Dies hier und jetzt...« am Ende nur zum Beispiel als der Sinn »Dies, was *ich* hier und jetzt gerade sehe,...« sich begründen läßt. Mit dieser Möglichkeit einher geht dann jedoch auch noch die weitere, daß etwas, wovon mittels eines solchen »Dies...« empirische Erkenntnis vorliegt wie zum Beispiel »Dies ist grün«, den Sinn von »etwas Anderes als ich« gewinnen kann. Infolgedessen sind und bleiben wir auf Mutmaßungen angewiesen, welchen Sinn empirische Erkenntnis von empirischen Objekten hat, wenn nicht einmal der Möglichkeit nach solcher Sinn von »ich« bzw. »etwas Anderes als ich« damit verbunden sein kann, wie bei Tieren, denen die Befähigung zu solcher Reflexion anscheinend abgeht. Denn gerade uns fällt es danach von Grund auf schwer, uns vorzustellen, was es bedeuten könnte, Selbstbewußtsein als empirische Erkenntnis von empirischen Objekten – das auch Tiere haben müssen – zu besitzen, ohne auch noch die Befähigung zur Selbsterkenntnis dieses Selbstbewußtseins von sich selbst – die Tiere offenbar nicht haben können – zu besitzen.

§ 32. Wir als Philosophinnen und Philosophen

Keineswegs jedoch sind wir verurteilt, bloß zu mutmaßen, was es für uns, die Menschen, zu bedeuten hat, daß wir die Fähigkeit zur Reflexion von uns auf uns besitzen, unser Selbstbewußtsein also auch zur Selbsterkenntnis noch gestalten können. Das vermögen wir vielmehr von Grund auf einzusehen, und zwar in einem Sinn, der jenen Theoretikern von Selbstbewußtsein ohne Selbstverwirklichung erst recht verschlossen bleiben muß. Nicht zufälligerweise nämlich zieht die Einsicht in die grundsätzliche Körper-Reflexivität von so etwas wie »Ich...« nach sich, daß dabei eben Reflexion zugrunde liegen und mithin Philosophie vonstatten gehen muß. Und dies genau insoweit, als ein Fall wie »Ich...« gerade niemals in empirischer Erkenntnis von empirischen Objekten aufgehen kann, der vielmehr immer auch zumindest zusätzlich noch nichtempirische Erkenntnis eines nichtempirischen Subjekts von sich enthalten muß, weil Selbstbewußtsein jener Selbstverwirklichung als Selbstverkörperung, auf das durch so etwas wie »Ich ...« Bezug genommen wird, grundsätzlich nichts Empirisches sein kann.

Das sehen Sie, sobald Sie es an Fällen überprüfen, die durch »Ich ...« etwas unzweifelhaft Empirisches behaupten wie etwa »Ich bin 2 m groß«, weil dies nur heißen kann »Ich habe einen Körper, der 2 m groß ist«, was nichts anderes bedeutet als »Ich habe einen Körper *und* er ist 2 m groß«. Behauptungen von dieser Art sind folglich schon komplex, und so gewiß in ihnen jeweils letzteres etwas Empirisches bedeutet, so gewiß doch nicht auch ersteres. Denn schwerlich kann »Ich habe einen Körper« so etwas bedeuten wie »Ich habe einen Hammer«, weil ich ihn, selbst wenn ich ihn in Händen halte, nicht so habe, wie ich einen Körper habe. Letzteres bezeichnet nämlich ein Verhältnis zwischen zweierlei Empirischem, wogegen ersteres gerade ein Verhältnis von etwas Empirischem zu etwas Nichtempirischem bedeutet.

Schlechterdings unmöglich nämlich wäre es, empirisch zu ermitteln, ob auch ich zu meinem Körper mich noch so verhalte, wie die Hand zum Hammer sich verhält, um festzustellen, daß ich einen Körper habe. Denn im Unterschied zu meinem Körper bin ich eben nicht etwas Empirisch-Wahrnehmbares wie die Hand im Unterschied zum Hammer, die von ihm bzw. der von ihr sich als Empirisch-Wahrnehmbares sehr wohl unterscheiden läßt. Und daraus folgt, daß mit »Ich habe einen Körper« auch nur etwas Nichtempirisches behauptet sein kann, eine Folgerung, die aber um so mehr befremden muß, als jegliche empirische Behauptung mittels »Ich ...« doch immer wieder nur im Sinn »Ich habe einen Körper ...« aufgebaut sein kann – mag dieser Sinn in ihr auch noch so tief verborgen liegen –, weil sie überhaupt nur dadurch, daß sie auch Behauptung über meinen Körper ist, empirische sein kann. Und ist nicht, daß ich einen Körper habe, in der Tat etwas Empirisches, weil ich doch, daß ich einen Körper habe, auch tatsächlich immer wieder nur empirisch festzustellen vermag?

Gerade weil dies zutrifft aber sollten Sie sich auch genauestens verdeutlichen, in welchem Sinn es zutrifft, und das heißt zugleich: in welchem Sinn gerade nicht. Der Ausdruck »... einen Körper ...« nämlich ist hier doppeldeutig, weil er einerseits soviel wie »... diesen Körper ...«, anderseits jedoch auch »... einen Körper überhaupt ...« bedeuten kann. Und bloß im ersten Sinn vermag ich immer wieder nur empirisch festzustellen, daß ich *einen* Körper habe, eben daß ich *diesen* Körper habe, und das heißt ursprünglich: *welchen* Körper von den vielen Körpern ich besitze, und im Anschluß daran: *was für einen* Körper ich besitze. Keineswegs jedoch vermag ich immer wieder erst empirisch festzustellen, daß ich einen Körper *überhaupt* besitze, weil gerade dieses, nämlich daß ich einen Körper *überhaupt* besitze, vielmehr immer schon Voraussetzung dafür ist, daß ich *überhaupt* etwas empirisch festzustellen vermag.[1]

Daß dieser Doppelsinn und damit dieser Sinn, in dem allein dies gelten kann, verborgen bleibt, ist aber nicht verwunderlich, solange nicht verstanden wird, daß dabei eben ursprüngliche Selbstverwirklichung als ursprüngliche Selbstverkörperung zugrunde liegen muß. Und dies, weil ich mich dazu als empirische Erkenntnis von empirischen Objekten eben immer schon verwirklicht haben muß, doch nur verwirklicht haben kann, indem ich *irgendeinen* Körper, nämlich *ohne* ihn empirisch schon zu kennen, als Vermögen zu mir selbst verwirkliche und nur in diesem Sinn auch überhaupt besitze. Und so kann »*Ich habe* einen Körper ...« denn auch schlechterdings nichts anderes als eben dies bedeuten, weil es *mich* ja überhaupt nur *gibt*, *indem* ich mich auf solche Weise selbst *verwirkliche* und überhaupt nur dadurch dann auch einen Körper *habe*.

Doch auch daß sie letztlich solche Selbstverkörperung ist, ändert nichts daran, daß diese Selbstverwirklichung von Grund auf etwas Nichtempirisches sein muß. Und als Kriterium dafür können Sie heranziehen, daß ich mit »Ich habe einen Körper« auch tatsächlich nie im Irrtum sein kann, sondern stets erst mit so etwas wie »Ich habe einen Körper, der 2 m groß ist«. Und auch dies vermochte man bisher sich noch nicht klarzumachen, weil es gleichfalls nur aus Selbstverwirklichung als Selbstverkörperung heraus erklärlich ist: Ein Subjekt kann sich irrtumsfrei durchaus nicht bloß Mentales, Geistiges und Psychisches zuschreiben, sondern auch noch einen Körper überhaupt, weil es sich darin, daß es einen Körper hat, aus dem

1 Seit Descartes' *Meditationen* (I 4, 6; II 2, 3, 6; VI 3 f., 9) scheint dies alles noch bis heute undurchschaut zu sein (vgl. z.B. K. Cramer, *Aporien der cartesischen Auffassung des Verhältnisses zwischen Körper und Geist*, in: F. Cramer (Hg.), *Erkennen als geistiger und molekularer Prozeß*, Weinheim 1991, S. 8 ff.).

genannten Grund nicht irren kann, sondern bloß darin, welchen oder was für einen Körper es besitzt.[2]

Daß jeder Fall von »Ich ...« ein Fall von Körper-Reflexivität sein muß, schließt somit nicht allein nicht aus, sondern gerade ein, daß jeder Fall von »Ich ...« zunächst einmal ein Fall von nichtempirischer Erkenntnis ist, nämlich durch Reflexion ein Fall der Selbsterkenntnis eines Selbstbewußtseins von sich selbst als etwas Nichtempirischem: als Selbstverwirklichung der Selbstverkörperung. Was folgt, ist also nichts geringeres, als daß ein jeder Fall von »Ich ...« bereits ein Fall von Reflexion und damit von Philosophie ist, einerlei, ob wir uns dessen nun bewußt sind oder nicht.

Das könnten Sie befremdlich finden, weil Philosophie doch eine Wissenschaft ist, während dies durchaus nicht auch von jedem Fall wie »Ich ...« schon gelten kann, was freilich richtig ist. Indes vermag genausowenig jeder Fall von Wahrnehmung wie »Dies ist grün« oder »Dies ist ein Tisch« auch schon als Wissenschaft zu gelten, nämlich als empirische, und doch ist diese nichts grundsätzlich anderes als jene, weil sie eben beide grundsätzlich empirische Erkenntnis sind. Denn was auch immer diese über jene noch hinaus enthalten mag, – empirische ist Wissenschaft nur insoweit sie grundsätzlich auf Wahrnehmung beruht. Und dies Gemeinsame ist eben das Entscheidende.

Doch das Entsprechende gilt auch für nichtempirische Erkenntnis, ob als anfängliche wie durch »Ich ...« oder als fortgeschrittene im Sinn von Wissenschaft, weil beides eben immer nur durch Reflexion auf etwas Nichtempirisches erfolgen kann und dennoch dadurch oder darin etwas Eigentümliches zum Gegenstand gewinnt: statt ein empirisches Objekt eben ein nichtempirisches Subjekt. Nur kann ein nichtempirisches Subjekt als das in ein empirisches Objekt verkörperte Subjekt zum Gegenstand für nichtempirische Erkenntnis eben immer erst von einem solchen Objekt her gewonnen werden: ich für mich genauso wie ein anderes Subjekt für sich, erst recht jedoch ein anderes Subjekt für mich oder ich für ein anderes Subjekt. Schon dadurch also, daß Sie auch nur anfänglichste Reflexion auf sich vollziehen wie mittels »Ich ...« oder auf uns wie mittels »Wir ...«, verehrte Leserin, verehrter Leser, sind Sie Philosophin oder Philosoph, nämlich in nichtempirischer Erkenntnis von sich selbst oder von uns begriffen, einerlei, wofür Sie sich bzw. uns in solcher nichtempiri-

2 Vgl. vorige Anm.

scher Erkenntnis halten mögen und wieweit Sie solche nichtempirische Erkenntnis von sich selbst oder von uns noch fortführen wollen.

Nur bedarf es dann auch keines sonderlichen Scharfsinns, um sich vorzustellen, wofür wir alle uns erst einmal halten und wieweit wir alle uns zunächst einmal verirren müssen, wenn wir Selbsterkenntnis von uns selbst als nichtempirischen Subjekten grundsätzlich nur von empirischen Objekten her gewinnen können: Müssen wir zum Selbstbewußtsein als empirischer Erkenntnis von empirischen Objekten immer schon geworden sein, um Selbsterkenntnis, nämlich nichtempirische Erkenntnis von uns selbst *als* diesem Selbstbewußtsein der empirischen Erkenntnis von empirischen Objekten werden überhaupt zu können, müssen wir zunächst einmal auch diese unsere Selbsterkenntnis für nichts anderes als empirische Erkenntnis halten und uns selbst mithin zunächst einmal auch für nichts anderes als empirische Objekte. Und zwar um so mehr, als wir empirische Objekte doch auch umgekehrt zunächst einmal für überhaupt nichts anderes als für empirische Subjekte halten können, worauf unsere Intersubjektivität beruht, wie wir uns hergeleitet haben. Und ist nicht auch in der Tat ein jedes davon überhaupt nichts anderes als etwas Wahrgenommenes für Wahrnehmung, die umgekehrt auch überhaupt nichts anderes als so etwas wie »Spiegel« oder »Abbild« dieses Wahrgenommenen und damit gleichfalls etwas Wahrnehmbares ist?

Genau das ist es jedenfalls, was jeder oder jede von uns phylo- wie ontogenetisch anfänglich zunächst einmal für richtig hält und was in jedem Fall Philosophie ist, wenn auch freilich falsche, über welche sogar heute noch die allermeisten von uns nie hinausgelangen. Ja selbst jene allerwenigsten von uns, die phylo- wie ontogenetisch anfänglich oder auch fortschrittlich, nämlich mit Argumenten fanden oder finden, daß es damit seine Richtigkeit nicht haben könne, sondern eigentlich mit etwas davon Grundverschiedenem haben müsse, fielen oder fallen immer wieder ohne es zu merken auf die eine oder andere Weise in die grundsätzliche Falschheit dieser Auffassung zurück. Der Möglichkeiten nämlich, uns als jeweiliges Subjekt zu verfehlen, indem wir uns auf irgendeine Art doch wieder zum Objekt verdinglichen, ist gar kein Ende. Ganz zu schweigen von der ständigen Gefahr, daß jeder solche Fehlschlag sich zum Rückfall auswächst, weil, wenn zur Begründung jenes Richtigen die Argumente wieder einmal nicht genügen, dieses Falsche leicht den Schein des Richtigen gewinnt und damit zur Verzweiflung an dem eigentlichen Richtigen verführt. Und übermächtig wird dann die Versuchung, daß Verfehlung davon und Verzweiflung daran, um als solche nicht geständig sein zu müssen, sich als Einsicht ins Unmögliche desselben aufspielt und für Fortschritt ausgibt, während sie in Wahrheit doch gerade Rückschritt in das Allerprimitivste ist, worauf sie aber stolz ist und worin sie heutzutage wieder einmal ihren Tiefststand hat. Zumal sie sich mit derlei auch noch interessant zu machen trachtet. Und dies alles letztlich nur, weil Subjektivität als Selbstverwirklichung im Sinn der Selbstverkörperung noch immer nicht durchschaut ist.

Damit nämlich ist im wesentlichen jenes Auf und Ab und Hin und Her gekennzeichnet, das wir als unsere abendländische Philosophiegeschichte zu bezeichnen pflegen. Denn tatsächlich folgt als weiteres Ergebnis unserer Deduktion, daß Systematik und Historie unserer abendländischen Philosophie genau in dieser Hinsicht miteinander eng zusammenhängen. Nicht verwunderlich ist es denn auch, daß unsere Reflexion als Selbsterkenntnis von uns selbst als den Subjekten auf der Stelle tritt, wie jene Theorien von Selbstbewußtsein ohne Selbstverwirklichung bezeugen, wenn auch unsere Reflexion auf Fremderkenntnis von Objekten als dem Andern zu uns selbst nicht von der Stelle kommt. Denn innerhalb von Reflexion oder Philosophie gehören beide eben unlösbar zusammen. Doch man meint, man könne sich dem einen widmen und das andere vernachlässigen oder beides gar empirischer Erkenntnis überlassen, die für beides aber prinzipiell nicht zuständig sein kann: nicht für das Wesen von uns selbst als den Subjekten noch für das des Andern zu uns selbst, das der Objekte, weil die Welt und wir von einer Einheit sind, die eben nur der Reflexion oder Philosophie als nichtempirischer Erkenntnis zugänglich sein kann.

Systematisch wie historisch grundverfehlt ist es denn auch zu meinen, eine Theorie von uns als Selbstbewußtsein nicht nur ohne uns als Selbstverwirklichung, sondern erst recht auch ohne Welt als Anderes zu uns erstellen zu können, etwa ohne jede Frage danach: Warum ausgerechnet eine solche Zweiheit wie zum Beispiel die von Zeit und Raum oder Substanz und Akzidens bzw. Ursache und Wirkung? Oder gar: Warum gerade jene Gegensätzlichkeit von Raum zu Zeit und warum Raum als Gegensatz zu Zeit gerade dreidimensional-euklidisch? Und so ist es gleichfalls nicht verwunderlich, daß man auch allen solchen Fragen noch bis heute ohne Antwort gegenübersteht: Man meint, man brauche nicht mehr ernstzunehmen, daß man einem Ganzen angehören könnte, worin alles auch *mit* allem irgendwie zusammenhängen müßte, weil *vor* allem eben auch von Grund auf schon die Welt mit uns, da Form von Welt als Objekt oder Anderem zu uns mit Form von uns als Subjekt letztlich eine einzige, wiewohl in sich komplexe Form zu bilden hätte, die zuletzt auf uns zurückzuführen wäre. Und so läßt man vielmehr alles auseinanderfallen und jedes mithin auch geradezu verfallen, weil es bestehen eben nur mit jedem anderen zusammen kann.

Wie ausschließlich dies tatsächlich auf den Mangel jeder Einsicht ins Subjekt als Selbstbewußtsein seiner Selbstverwirklichung durch Selbstverkörperung zurückgeht, sehen Sie darum erst, wenn Sie beachten, wie grundsätzlich dieser Mangel sich im Ganzen auswirkt und nicht bloß im Einzelnen wie diesem Rätsel Selbstbewußtsein. Denn trotz allem, wozu abendländische Philosophie schon vorgestoßen ist, – zum letzten ist sie immer noch nicht durchgedrungen, nämlich bis zu einem angemessenen, weil auch hinreichend begründeten Verständnis dessen, was die Wirklichkeit von etwas innerhalb des Ganzen für uns überhaupt bedeuten kann. Noch immer nicht hat nämlich abendländische Philosophie von unser aller Kinderglauben abgelassen, daß die Wirklichkeit von Außenwelt, wie sie uns immer wieder als das Wahrgenommene für Wahrnehmung vor Augen steht, mitsamt von Zeit und Raum als ihrer Form etwas schon immer fix und fertig für uns Vorgegebenes sei und deshalb umgekehrt von uns dabei auch immer wieder nur noch hingenommen werde, – jenem Glauben, den zunächst einmal wir alle phylo- wie ontogenetisch fraglos hegen, weil aus jenem Grund auch hegen müssen.

Fraglich finden können wir das nämlich erst, wenn wir der Tatsache Beachtung schenken, daß die Wahrnehmung von etwas Wahrgenommenem auch einmal Irrtum sein kann, weil dann fraglich werden muß, was denn in diesem Fall an Vorgegebenem angeblich nur noch hingenommen worden sei. In dieser Hinsicht aber öffnet solche Irrtumsmöglichkeit der Wahrnehmung dann auch geradezu das Eingangstor zu Subjektivität als innerer Struktur und letztem Grund empirischer Erkenntnis, einerlei, wann oder wo man es benutzt, um in sie ein- und zu ihm vorzudringen, und wohin man dabei kommt: ob nun am Mittelmeer ab etwa 600 vor Christus oder dann in Amsterdam ab 1628 oder Königsberg ab 1770. Denn wie oft oder wie weit auch immer man sich durch dies Eingangstor hindurch in Subjektivität als jenem Labyrinth zunächst einmal verlaufen mag, –

zuletzt muß diese Irrtumsmöglichkeit zu dem Ergebnis führen: Mit Wirklichkeit von Außenwelt eines Objekts als Wahrgenommenem für Wahrnehmung kann keineswegs die Wirklichkeit im Sinne dieses fix und fertig Vorgegebenen für uns gemeint sein, sondern umgekehrt gerade nur die Wirklichkeit im Sinne jenes immer wieder erst durch uns Verwirklichten; und dies aus keinem andern Grund als jenem, daß mit Wirklichkeit von Innenwelt eines Subjekts als Wahrnehmung im Unterschied zum Wahrgenommenen dabei nur die der Selbstverwirklichung als Selbstverkörperung gemeint sein kann.

Nur darin liegt die Schwierigkeit, doch auch Ergiebigkeit, »sich nach und nach in ein System hinein zu denken, was noch nichts als gegeben zum Grunde legt außer die Vernunft selbst«[3]: das Subjekt als solches. Und tatsächlich sind wir durch das Eingangstor der Irrtumsmöglichkeit von Wahrnehmung zunächst einmal allein in dieses Subjekt selber eingedrungen. Daran nämlich ändert sich auch dadurch nichts, daß solch ein Subjekt überhaupt nur wirklich ist, indem es einen Körper als Vermögen zu sich selbst verwirklicht, so daß dies den Anschein haben kann, als sei damit zumindest auch noch dieser Körper selbst als etwas Vorgegebenes dafür vorausgesetzt, was aber gar nicht zutrifft. Denn auch diesen Körper kann ein Subjekt immer erst empirisch kennenlernen, nämlich immer erst, indem es sich auf Grund von eben diesem Körper immer schon zu Wahrnehmung verwirklicht, weil ein jeder solche Körper immer nur als Wahrgenommenes für Wahrnehmung gewonnen werden kann. Und in der Tat muß Außenwelt als Inbegriff von solchen naturalen Körpern längst gewonnen sein, bevor wir – spät genug – auf den Gedanken kommen können: Als Besonderheit von Subjektivität, als die wir ohne Zweifel aus Natur entstanden sein oder entstehen müssen, können wir uns auch nur als Entstehen wie Vergehen jener Selbstverwirklichung zu Zeit erklären und mit Zeit einhergehend zu Raum und schließlich auf Grund solcher Bildung beider auch noch zu Verwendung beider in Gestalt des Urteils in der Wahrnehmung von etwas Wahrgenommenem.

Und weil wir dazu all dies eben immer schon vollzogen und dadurch auch solche Außenwelt bereits gewonnen haben müssen, können wir uns dann auch immer erst im nachhinein, will sagen, immer nur von ihr her rückgewendet, eben nur durch Reflexion verständi-

3 Bd. 4, S. 274.

gen: Es kann auch jeglicher empirische Gehalt in uns als Innenwelt, aus dem wir dadurch solche Außenwelt in ihrem ganzen Reichtum immer erst gewinnen können, nur als ein Gehalt in Form von uns als solcher Selbstverwirklichung entsprungen sein, je danach nämlich, wie der Körper, den wir dabei als Vermögen zu uns selbst verwirklichten, jeweils beschaffen war.[4] Und das ist weder zirkelhaft noch widersprüchlich, weil es als empirische Erkenntnis einerseits und anderseits als nichtempirische Erkenntnis grundverschieden und entsprechend auch zu unterscheiden ist, so daß statt eines unlösbaren »Affektionsproblems« vielmehr in Wahrheit nur das lösbare Problem der Selbstverwirklichung besteht: Durchaus nicht ist ein Subjekt etwas, das schon immer wirklich wäre, so daß etwas Anderes einfach heteronom auf es hinüberwirken und dadurch Gehalt in ihm einfach bewirken könnte. Subjektivität ist vielmehr etwas, das erst immer wirklich wird und auch erst immer wieder neu, indem sie immer wieder autonom sich selbst verwirklicht, wenn auch nur auf Grund von etwas seinerseits heteronom Bewirktem, nämlich ihrem Körper. Folglich ist es auch recht eigentlich sie selbst, die seine Heteronomie dann je und je gerade umsetzt und so überführt in ihre Autonomie. Denn auch umgekehrt tritt autonom sich selbst verwirklichende Subjektivität gerade so auf, daß sie diesen Körper, den sie als Vermögen zu sich selbst verwirklicht, dadurch autonom-unmittelbar in Ruhe oder in Bewegung setzt, das heißt, nicht etwa mittelbar-heteronom, indem sie auf ihn einwirkte wie etwas außerhalb von ihm: wie mittels ihrer Hand etwa auf einen Hammer.[5]

Dementsprechend streng genommen wird ein autonomes Subjekt also überhaupt nicht »affiziert«, sondern ausschließlich ein heteronomes Objekt. Und nur dadurch, daß ein solches Subjekt solch ein Objekt, seinen Körper, als Vermögen zu sich selbst, nämlich zu Wahrnehmung verwirklicht, handelt es sich dabei diesen oder jenen

4 Vgl. dazu oben § 19, S. 504 ff.

5 Auch über dieses Negative aber, daß ein Subjekt seinen Körper, nämlich seine Hand zum Beispiel *nicht* wie mittels seiner Hand den Hammer in Bewegung oder Ruhe setzt, kommt man bis heute nicht hinaus. Denn zum entsprechend Positiven vorzudringen, daß ein Subjekt vielmehr nur als autonom-unmittelbare Selbstverwirklichung der Selbstverkörperung in einem Körper diesen in Bewegung oder Ruhe setzen kann, ist man aus Mangel jeder Einsicht in den Ursprung und das Wesen jener hochkomplexen Form von Zeit und Raum nicht in der Lage.

Inhalt für sich selbst als Wahrnehmung auch überhaupt erst selber ein, indem es sich auf Grund von dieser oder jener Art der »Affiziertheit« seines Körpers freilich auch zu dieser oder jener Art von Wahrnehmung verwirklicht: So etwas wie Rot- im Unterschied zu Grünempfindung beispielsweise ist etwas, das Subjektivität sich dadurch also immer erst selbst zuzieht. Und so kann denn immer erst infolge solcher Selbstverwirklichung zu Wahrnehmung als Form mit diesem oder jenem Inhalt ein Subjekt auch seinen Körper noch als etwas Wahrgenommenes und damit als empirisches Objekt gewinnen, aber auch verfehlen, wie im Fall des Irrtums. Kann ein Subjekt nämlich nur als autonome Wirklichkeit der Selbstverwirklichung erstehen, muß es gerade dann, wenn diese Selbstverwirklichung als jene Selbstverkörperung ergeht, von jeglicher heteronomen Wirklichkeit so grundsätzlich verschieden sein, daß diese dadurch grundsätzlich zum Andern für es werden muß, das ein Subjekt dann eben immer erst als ein Objekt erzielen, als Wirklichkeit von Außenwelt mithin auch immer erst verwirklichen oder erwirken kann[6]. Und das gilt eben auch für seinen Körper, den ein solches Subjekt ebenfalls nur als ein solches Objekt zu erzielen vermag. Denn auch des Körpers Wirklichkeit, den es als das Vermögen zu sich selbst verwirklicht, kann nur gelten als Verwirklichtheit durch eben diese Selbstverwirklichung, so daß dem Sinn von Wirklichkeit als der empirischen von Außenwelt ein Sinn von Wirklichkeit als einer nichtempirischen der Innenwelt dann immer schon zugrunde liegen muß – und ohne Zirkel oder Widerspruch auch kann, wenn zwischen derart Grundverschiedenem nur immer auch entsprechend unterschieden wird[7].

Genau in diesem Sinn kann nämlich solche Wirklichkeit von Außenwelt dann allgemein nur als Verwirklichtheit durch uns verständlich werden, während sie als Vorgegebenheit für uns und Hingenommenheit durch uns nur unverständlich bleiben kann, weil unsere Innenwelt als Wirklichkeit der Selbstverwirklichung an solcher Wirklichkeit von Außenwelt dann auch verwirklichend schon immer mit-

6 Vgl. dazu oben *Teil 1*, § 12.

7 Denn auch erst dann wird vollauf deutlich, wie allein es längst vergangene Wirklichkeit, die wir nicht wahrgenommen haben und mithin auch nicht erinnern können, für uns geben kann, nämlich desgleichen nur aus jeweils hier und jetzt durch uns verwirklichter heraus, das heißt, nur als aus hier und jetzt verwirklichten »Belegen« oder »Zeugnissen« erschlossene, die hier und jetzt gerade nicht mehr wirklich ist.

beteiligt sein muß. Denn genau aus diesem Grund kann auch empirische »Erkenntnis« solcher Außenwelt als »Wahrnehmung« von ihr als »Wahrgenommenem« nur dann verständlich werden, wenn sie gegen die Bedeutung ihrer eigenen Bezeichnung nicht heteronom in Rezeptivität besteht, sondern gerade autonom als Spontaneität ergeht[8]. Und zwar als jene zur Intentionalität werdende Spontaneität, weil diese grundsätzlich nur auf Erfolg und damit auf Verwirklichung von Anderem als sich ausgehen kann, so daß sie auch als Selbstverwirklichung sich zu erstellen nur vermag, wenn sie vermögend ist, sich als zur Fremdverwirklichung werdende Selbstverwirklichung zu bilden.

Wie Sie nämlich nicht vergessen sollten, kann sie so etwas wie Wirklichkeit für sich dann nur noch in Gestalt der Wirklichkeit von Anderem als sich für sich gewinnen und nicht etwa einfach in Gestalt der Wirklichkeit von sich. Denn Selbstverwirklichung als solche wird dann eben zwangsläufig zu bloßem Wirklichwerdenwollen, doch nicht -können, eben notwendig zu bloßem Intendieren von Wirklichkeit, welches gerade als ein autonom-spontanes bloß ein ständiges Entstehen wie Vergehen und mithin Vorübergehen von Subjektivität als jener Form aus Zeit und Raum ist. Wirklichkeit für uns läßt sich sonach tatsächlich immer erst als Wirklichkeit von Außenwelt, eben von Anderem als uns durch uns verwirklichen oder erwirken und als die Verwirklichtheit durch uns mithin entsprechend immer erst im Sinn eines Erfolgs von uns als Intendieren auch verstehen.

Dann jedoch verbürgt auch immer nur die Tatsache der Möglichkeit des Mißerfolgs, der wie »Erkenntnis« oder »Wahrnehmung« gerade fälschlich-rezeptiv bloß »Irrtum« oder »Sinnestäuschung« heißt, daß gleichwohl keiner von uns als ein Gott der autonome oder

8 Nur heißt, dies einzusehen, eben, jenen Kinderglauben abzulegen, was uns freilich um so schwerer fällt, als wir von ihm geradezu benommen sind, wie die Bedeutungen solcher Bezeichnungen erweisen. Denn als wirklich gelten kann grundsätzlich nur das jeweils hier und jetzt als »Wahrgenommenes« durch »Wahrnehmung« jeweils Erwirkte, nämlich als Erfolg durch sie als Intention jeweils Erzielte. Etwas auch noch dann für wirklich halten, wenn es hier und jetzt gerade nicht als »Wahrgenommenes« durch »Wahrnehmung« erwirkt wird, nämlich nicht als ein Erfolg durch sie als Intention erzielt wird, ist und bleibt darum eine durch nichts gerechtfertigte oder zu rechtfertigende Kühnheit. Nur erklären läßt sie sich, nämlich weil wir, verwöhnt durch überwiegenden Erfolg und damit blind vor soviel Wirklichkeit, der Wesenheit von ihr als dem Erfolg durch uns auch überwiegend unansichtig sind und bleiben.

absolute Schöpfer solcher Wirklichkeit sein kann, auch dann nicht, wenn er autonom und absolut an der Verwirklichung von ihr beteiligt sein muß. Solche Fremdverwirklichung durch Selbstverwirklichung als Selbstverkörperung erzwingt dann nämlich eine Unterscheidung, die vor jeder Selbstvergöttlichung bewahrt. Denn danach muß zwar jeder von uns *causa sui* sein, *wie* Gott, kann aber *causa sui* nicht *ex nihilo* sein, nicht *als* Gott; dies kann er vielmehr nur *ex aliquo* sein, nur als Mensch, wozwischen demnach so grundsätzlich unterschieden werden muß, daß *causa sui* nur als Gattung gelten kann, worunter, durch *ex nihilo* und durch *ex aliquo* bestimmt, zwei grundverschiedene Arten fallen. Und so muß und kann es dabei bleiben, daß wir, wenn auch autonom und absolut als *causa sui* einer Selbstverwirklichung, so doch *ex aliquo* entstanden sind oder entstehen, eben aus Natur als diesem oder jenem Körper. Danach nämlich läuft, indem sie Selbstverkörperung ist, solche Selbstverwirklichung auch keineswegs auf Selbstvergöttlichung hinaus. Im Gegenteil wird dadurch, daß gerade wir als aus Natur jeweils Entstandene oder Entstehende am Ende auch noch einen Gott als reinen Geist zu denken fähig werden, das Problem der Unterschiede von Natur und Gott und Mensch und Tier auch nur noch dringlicher.

Doch auch nur angemessen stellen könnten wir es freilich erst, wenn wir zumindest über uns schon Klarheit hätten, wovon aber keine Rede sein kann. Weit entfernt sind wir von jeder Einsicht, daß danach ein jeder von uns letztlich nur die Spitze eines Eisbergs, nämlich der Natur ist, weil die Spitzen dieses Eisbergs eben sehr viel schärfer werden können, als Empiriker zu sehen vermögen. Nur der Philosoph als Nichtempiriker der Reflexion vielmehr vermag sich einsichtig zu machen, daß die schärfsten dieser Spitzen dann sogar so scharf sein müssen, daß sie schlechterdings nicht mehr Natur sein können und Empirikern mithin entgehen müssen, weil sie nur Natur erblicken können: Von den schärfsten dieser Spitzen muß dann jede einzelne sogar ein idealer, nämlich autonomer ebenso wie absoluter Punkt von Zeit als immer wieder neuer sein, womit auch Ausdehnung von Raum als immer wieder neue miteinherzugehen hat, um zur Bildung einer Form zu führen, deren Verwendung in der Tat geradenwegs auf Intention der Fremdverwirklichung durch Selbstverwirklichung hinausläuft. Denn aus jenem Nacheinander subjektiver Zeit heraus jenes Zugleich von subjektivem Raum nicht nur zu bilden, sondern auch noch zu verwenden, und das heißt: jenes Zugleich nach innen auch noch als Zugleich nach außen hinzustellen, das bedeutet, etwas Anderes nicht nur vorzustellen, sondern auch noch als ein Wirklich-Anderes hinzustellen und genau in diesem Sinn seine Verwirklichung sonach zu intendieren.

Auch noch Zugleich nach außen nämlich kann jenes Zugleich nach innen nur in dem Sinn sein, daß es auch gegen jenes Nacheinander Zeit noch ein Zugleich von Raum ist und mithin etwas Beharrliches als objektiver Raum eines Objekts für ein Subjekt. Entsprechend ist ein Objekt als Erfolg zu solcher Intention eines Subjekts dann auch tatsächlich unlösbares Ineinander von Zugleich nach außen mit Zugleich nach innen, nämlich Ding mit Eigenschaft oder Substanz mit Akzidens, ob nun das jeweils erstere das jeweils letztere gerade *beibehält* und damit etwas *ist*, oder gerade *wechselt* und mithin als ein Ereignis etwas *wird*. Nicht zufällig ist es denn auch gerade dies, was umgekehrt im Fall des Mißerfolgs nicht zutrifft und als »Sinnestäuschung« oder »Irrtum« zu »berichtigen«, das heißt, von Grund auf rückgängig zu machen wäre: eben daß es dabei um Substanz mit Akzidens oder um Ding mit Eigenschaft sich handle, nämlich um Zugleich nach innen, das auch noch Zugleich nach außen sei. Und in der Tat ist *dasjenige, was* dabei – wenngleich erfolglos – als ein Wirklich-Anderes, und das heißt, auch noch als ein Zugleich nach außen *hingestellt* wird, nämlich Anschauung in Form dieses Zugleich nach innen selber durchaus wirklich, nur gerade nicht auch seinerseits schon als Substanz mit Akzidens oder als Ding mit Eigenschaft wie ein Objekt.

Denn das Zugleich nach innen als das durch Begriff und Anschauung dabei schon immer *vorgestellte* Andere, nämlich als der *Gegenstand, der* allererst als etwas Wirklich-Anderes hingestellt wird, bleibt dabei doch gänzlich unbetroffen davon, daß dies letztere auch einmal Mißerfolg sein kann. Ja unbetroffen davon bleibt sogar bis einschließlich von diesem Hinstellen als solchem alles außer diesem Wirklich-Anderen, weil alles dies dabei auf seine Art jeweils schon immer wirkliches Subjekt als Intention auf ein Objekt ist, während ein Objekt dabei gerade nicht auch selbst schon immer wirklich *ist*, sondern erst immer wirklich *wird*, nämlich als der Erfolg dazu – bzw. als der Mißerfolg davon auch nicht. Dies geht sonach in jedem Fall – auch dem des Mißerfolgs – auf ursprüngliche Wirklichkeitsintentionalität als eine Wirklichkeit der Wirksamkeit zurück, von deren Mächtigkeit sich dem Empiriker, der nur Objekte als angeblich Vorgegebenes kennt und als Erfolge, die er selbst erzielt, mithin verkennt, nichts mitzuteilen vermag. So wenig jedenfalls, daß er auch sich nur als ein solches Objekt kennt und als ein Subjekt, das dergleichen nur erzielt, weil es dergleichen intendiert, erst recht verkennt.

Wie weit das geht – bis dahin nämlich, unbedacht sich selbst und andern etwas vorzumachen –, das ersehen Sie daraus, daß Empiriker selbst heute noch Empirisches geradezu erfinden müssen, um so tun zu können, als vermöchten sie auch etwas Nichtempirisches wie Wahrnehmung noch als etwas Empirisches zu sichern. Keine Frage nämlich ist es, daß etwa beim Sehen jeweils Lichtstrahlen, von einem Objekt reflektiert, in unsere Augen fallen und auf deren Netzhaut etwas »projizieren«. Derlei aber wird gedankenlos mißbraucht, um so zu sprechen, als ob umgekehrt auch unser Sehen noch darin bestünde, daß wir so etwas wie Lichtstrahlen auch unsererseits noch auf ein Objekt richten und in diesem Sinne etwas auf es »projizieren«, was auf ihm dann auch noch »konvergieren« muß, damit wir es, wenn wir zwei Augen haben, »scharf« zu sehen bekommen[9]. Ja dies geht so weit, daß man in Fällen, die auch für die *Allgemeine Relativitätstheorie* Einsteins von entscheidender Bedeutung sind, nämlich für Lichtablenkung in der Nähe massereicher Körper, sogar davon spricht, daß wir die Lichtstrahlen dabei »geradlinig verlängern« und die Lichtquelle dadurch an abweichender Stelle sehen.[10] Doch die »Sehbahn« oder »Blickrichtung«[11] ist dabei eben nicht auch ihrerseits noch Richtung oder Bahn von so etwas wie Licht, das etwa umgekehrt aus unseren Augen strahlte, so daß man auch noch das Sehen sehen könnte: Gegenüber dem Empirischen, das *bei* der Wahrnehmung »von draußen rein« kommt, ist, was *als* die Wahrnehmung »von drinnen raus« geht, eben etwas Nichtempirisches, das dem Empiriker wie schon seit jeher auch auf immer nur verborgen bleiben kann.

Ja selbst dem Philosophen als dem Nichtempiriker der Reflexion muß dies entgehen, solang ihm nicht bewußt wird, daß auch er

9 Vgl. z.B. I. Rock, *Wahrnehmung*, Heidelberg 1985, S. 19, S. 21, S. 23, S. 25; ferner L.C. Epstein, *Epsteins Physikstunde*, 2. Aufl. Berlin 1988, S. 373.

10 Vgl. I. Rock, a.a.O., S. 23.

11 A.a.O., S. 19.

zunächst einmal Empiriker ist und von daher durchwegs in Versuchung steht, auch Reflexion auf sich als etwas Nichtempirisches wie Quasi-Empirie zu treiben. Denn anheim fällt er ihr nicht allein, solang er sich bloß als Objekt unter Objekten, nämlich als Empirisch-Naturales unter anderem Empirisch-Naturalen auffaßt und als Subjekt somit ganz verfehlt, so daß er ihr, sobald er sich als ein von jeglichem empirischen Objekt verschiedenes, nämlich nichtempirisches Subjekt nur trifft, etwa bereits entgangen wäre. Nein auch dann erliegt er ihr erst recht, solang er nämlich sich als dieses nichtempirische Subjekt im ganzen wie im einzelnen erneut verdinglicht zum quasi-empirischen Objekt, sobald er etwas über seinen Ursprung und sein Wesen auszumachen trachtet. Dazu nämlich hat er in sich einzudringen und zu seinen inneren Strukturen vorzustoßen, was jedoch, da er zunächst einmal nur Dinge kennt, zunächst einmal nur dahin führt, daß er auch sich als Subjekt gleichsam nur wie ein möbliertes Zimmer auffaßt, was im Lauf der abendländischen Philosophiegeschichte dann auch einem Kant sogar noch unterläuft.

Denn daß selbst er bis heute nicht recht überzeugen kann, das liegt im wesentlichen daran, daß auch er das Subjekt überwiegend noch so darzustellen pflegt, als sei es mit Kategorien oder Zeit und Raum so ausgestattet wie mit Schrank und Bett und Tisch und Stuhl ein Zimmer als vier Wände, die auch ohne solche Möbel wirklich sind, und umgekehrt, weil eben jedes davon nichts als Ding ist. So vermochten wir denn auch erst durch Entfaltung kleinster Ansätze bei Kant zu zeigen, daß es so gerade nicht sein kann, weil ein Subjekt vielmehr nur *dadurch* wirklich ist, *daß* Zeit und Raum oder Kategorien wirklich sind, da diese eben überhaupt nichts anderes als die Weisen sind, wie ein Subjekt sich selbst verwirklicht: was von Möbeln eines Zimmers eben nicht gilt, weil ein Zimmer keineswegs erst dadurch wirklich ist, daß Möbel in ihm wirklich sind, geschweige daß ein Zimmer allererst sich selbst verwirklichte, indem es Möbel in sich selbst verwirklichte. Die Schwierigkeit, gerade diesen Unterschied zwischen Subjekten und Objekten einzusehen, ist demnach die Notwendigkeit, durch Reflexionsbegriffe ohne Widerspruch und ohne Dialektik folgendes zu denken: Während jedes Möbel gegenüber jeder Wand des Zimmers ein Objekt als eigene Identität ist, das zu jedem anderen Objekt als eigener Identität in Differenz steht, also *außerhalb* von ihm, sind Zeit und Raum oder Kategorien gerade Differenzen *innerhalb* von einer *einzigen* Identität im Sinne einer *in sich selbst* komplexen *Einfachheit* von Subjektivität als Selbstverwirklichung.

Und daß dies widerspruchs- und dialektikfrei zu denken möglich ist, bezeugt denn auch allein schon das Modell für jene subjektive Zeit als unlösbare Einheit von Identität und Differenz oder von Einfachheit und Komplexion, die jeglichem Subjekt als innere Struktur von erster bis zu dritter Stufe durchgehend zugrunde liegt. Danach ist Subjektivität als Selbstverwirklichung gerade Fremd- werdende Selbstverwirklichung nur *deshalb*, *weil* sie als Identität in sich zur Differenz oder als Einfachheit in sich zur Komplexion wird. Und das wird sie eben *dadurch*, *daß* sie je und je aus sich heraus sich anders wird, ja sich in Form von subjektivem Raum aus sich als subjektiver Zeit heraus sogar noch anders anders wird als nur in Form von subjektiver Zeit, nämlich bis hin zum Gegensatz in sich als Gegenstand für sich, um ihn als das dadurch entworfene oder vorgestellte Andere zuletzt auch noch als Wirklich-Anderes hinzustellen und zum Erfolg für sich als diese Intention auf ihn gerade zu verwirklichen.

Da sich für Subjektivität als Intention von dieser ganzen inneren Struktur indes genausogut ein Mißerfolg ergeben kann, ist jenes Zeitmodell genausosehr wie diese Möglichkeit von »Sinnestäuschung« oder »Irrtum« als dem Mißerfolg ein Tor in diese ganze innere Struktur. Doch mit dem einen, aber wesentlichen Unterschied, daß letzteres den Zugang zu ihr sozusagen nur von unten aufwärts öffnet, nämlich nur zu ihrer Analyse, ersteres jedoch gerade denjenigen zur Synthese dieser inneren Struktur von oben abwärts. Und nur deshalb irrt die abendländische Philosophie in diesem Labyrinth von Subjektivität und Objektivität wie schon seit Tausenden von Jahren so auch heute noch umher, weil sie es sich, wenn überhaupt erschließt, dann immer nur von unten aufwärts, nämlich immer nur durch dieses Eingangstor der Irrtumsmöglichkeit, da sie es sich durch jenes andere des Zeitmodells noch immer nicht erschlossen hat. Allein durch dieses nämlich, das zu bloßer Analyse führen kann, läßt sich der Weg durch solch ein Labyrinth nicht finden, sondern erst, wenn er auch noch durch jenes eingeschlagen wird, weil auch nur beide Tore miteinander auf ihn führen, indem am Ende auch nur sie auf ihm zusammenführen. Mag nämlich Analyse der Bestandstücke von Subjektivität und Objektivität auch noch so vollständig gelingen, – wie sie unter sich zusammenhängen müssen, kann durch bloße Analyse prinzipiell nicht aufgewiesen werden, weil dies nur aus obersten Prinzipien, eben nur von oben abwärts durch Synthese möglich ist: nur auf dem einen Weg der Deduktion von Subjektivität und Objektivität als Systematik, eben als Zusammenhang von uns und Welt.

Entscheidend dafür, daß er demnach nur von uns aus, eben nur durch angemessene Selbsterkenntnis unseres Selbstbewußtseins unserer Selbstverwirklichung gewonnen werden kann, ist aber, vollends einzusehen, daß diese Selbstverwirklichung, gerade weil sie nur in jener Selbstverkörperung bestehen kann, auch nur als Fremdverwirklichung werdende Selbstverwirklichung ergehen kann: als Intention. Denn daraus folgt zuguterletzt, daß Fremderkenntnis als »empirische« von Anderem zu uns und »nichtempirische« von uns als Selbsterkenntnis sich genau in dieser Hinsicht zueinander umgekehrt verhalten müssen, nämlich hinsichtlich der *Wirklichkeit, von der* sie jeweils die »Erkenntnis« sind, so daß sie sich von daher auch in ihrem Wesen jeweils nur gerade umgekehrt verhalten können, als man nach wie vor zu meinen pflegt. Schon immer vorgegeben sein und so erst immer hingenommen werden kann nicht, wie man meint, die Wirklichkeit von Außenwelt als Anderem zu uns; denn sie muß vielmehr immer wieder erst als ein Erfolg für uns als Intention durch uns verwirklicht werden, nämlich in »empirischer Erkenntnis« als der Fremdverwirklichung werdenden Selbstverwirklichung. Sondern gerade umgekehrt: Schon immer vorgegeben sein und so erst immer hingenommen werden muß vielmehr, wie man durchaus nicht meint, die Wirklichkeit von uns als Innenwelt; denn sie als Wirklichkeit der Fremdverwirklichung werdenden Selbstverwirklichung »empirischer Erkenntnis« kann dabei gerade nicht auch ihrerseits erst immer als Erfolg durch eine Intention verwirklicht *werden*, sondern muß vielmehr schon immer als die Intention auf den Erfolg verwirklicht *sein*.

»Empirische« Erkenntnis ist die Fremderkenntnis solcher Außenwelt mithin gerade darin, daß sie dieses Andere zu uns als Wirklich-Anderes faktisch, kontingent, tatsächlich als Erfolg erzielen muß und damit auch als Mißerfolg verfehlen kann. Und »nichtempirische« Erkenntnis ist die Selbsterkenntnis von uns selbst als Innenwelt solcher »empirischer« Erkenntnis denn auch umgekehrt gerade darin, daß wir uns als diese Wirklichkeit der immer schon zur Fremdverwirklichung werdenden Selbstverwirklichung durchaus nicht faktisch, kontingent, tatsächlich als Erfolg erzielen müssen und in diesem Sinn sonach auch nicht als Mißerfolg verfehlen können. Denn nur das, was immer erst verwirklicht *werden* muß, nämlich durch uns als Intendieren, kann in diesem Sinn Erfolg oder auch Mißerfolg sein, eben nur das Andere, doch nicht das, was dazu immer schon verwirklicht *sein* muß, nämlich wir als jeweiliges Intendieren. Und als dieses immer wieder schon Verwirklichte sind wir infolgedessen gegenüber jenem immer wieder erst noch zu Verwirklichenden als Empirischem gerade etwas Nichtempirisches, das eben weil es jeglichem Empirischen vorweg verwirklicht sein muß, nicht auch selbst etwas Empirisches sein kann: Erkenntnis, die »empirische« nur heißt, weil sie Erkenntnis *von* etwas Empirischem als etwas *Anderem* ist, eben Fremderkenntnis, und nicht etwa, weil sie *selbst* etwas Empirisches sein könnte.

Demgemäß vermögen wir auch immer erst *von* uns *als* diesem Nichtempirischen, nämlich schon immer Wirklichen, *zu* uns *als* diesem Nichtempirischen, nämlich schon immer Wirklichen, zu *kommen*. Und das heißt: Erst immer *nachträglich* durch *Reflexion* jeweils *von* uns *auf* uns vermögen wir zu einer *Selbst*erkenntnis von uns zu gelangen, die als nichtempirische von uns als diesem Nichtempirischen, weil ja schon immer Wirklichen, dann auch gerade umgekehrt nicht mehr in Selbst*verwirklichung* bestehen kann, sondern nur noch in Selbst*vergegenständlichung*. Wogegen unsere *Fremd*erkenntnis von *Empirischem* als *Anderem* zu uns sehr wohl in Fremd*verwirklichung* bestehen muß, sprich, keineswegs nur noch in Fremd*vergegenständlichung* bestehen kann, weil dieses Andere für sie auch umgekehrt gerade nicht etwas schon immer Wirkliches, nämlich schon immer Vorgegebenes für sie sein kann, das nur noch der Vergegenständlichung bedürfte.

Dieser Wesensunterschied zwischen empirischer als Fremd- und nichtempirischer als Selbsterkenntnis also liegt gerade darin, daß sie sich bezüglich des Verhältnisses zwischen Vergegenständlichung von etwas und Verwirklichung von etwas zueinander umgekehrt verhalten. Um in Fremderkenntnis als empirischer von etwas Anderem zu uns dies Andere verwirklichen zu können, müssen wir es immer schon vergegenständlicht haben: durch uns selbst als jene zweite Stufe, die uns selbst als jener dritten Stufe immer schon zugrunde liegt; und weil wir uns infolgedessen umgekehrt gerade immer schon verwirklicht haben müssen, können wir in nichtempirischer als

Selbsterkenntnis dann uns selbst auch nur vergegenständlichen: nur rückbeziehen auf uns selbst *als* die empirische Erkenntnis, nämlich *als* das Selbstbewußtsein unserer Selbstverwirklichung zu ausschließlicher *Fremd*verwirklichung durch ausschließliche *Fremd*vergegenständlichung. Und in der Tat sind wir als Selbst*bewußtsein* unserer empirischen Erkenntnis, nämlich unserer zur Fremdvergegenständlichung und Fremdverwirklichung werdenden Selbstverwirklichung durchaus nicht etwa auch schon Selbst*erkenntnis*, sondern eben nichts als *Fremd*erkenntnis. Und so können wir zur *Selbst*erkenntnis denn auch erst durch Reflexion *von* diesem Selbstbewußtsein dieser Fremderkenntnis *her* jeweils *auf* dieses Selbstbewußtsein dieser Fremderkenntnis *hin* gelangen, so daß unsere Selbst*erkenntnis* davon auch nicht Selbst*verwirklichung* davon, sondern nur Selbst*vergegenständlichung* davon sein kann: nicht Selbstverwirklichung auf Grund von Selbstvergegenständlichung, sondern gerade umgekehrt nur Selbstvergegenständlichung auf Grund von Selbstverwirklichung.

Und wie von selbst folgt daraus die Erklärung für das wohlbekannte und auch anerkannte, doch bis heute unerklärte Faktum, daß ich mich nicht »irren« oder »täuschen« kann, wenn ich mich mittels »Ich ...« auf mich beziehe und von mir als Subjekt etwas Geistiges oder Mentales oder Psychisches behaupte, nämlich statt von einem Objekt etwa »Dies ist grün« vielmehr von mir etwa »Ich sehe, dies ist grün« oder »Ich denke, dies ist grün«. Denn da ich mich als ersteres, nämlich als Sehen oder Denken »Dies ist grün«, durch letzteres, will sagen durch »Ich sehe, dies ist grün« oder »Ich denke, dies ist grün«, gerade nicht verwirkliche, sondern vergegenständliche, kann ich als letzteres bezüglich ersterem auch nicht erfolglos und mithin auch nicht erfolgreich sein, weil ich als ersteres bezüglich letzterem mich auch nicht als Erfolg erst einstellen kann und damit auch nicht ausbleiben als Mißerfolg.

Doch stellt sich damit dann sogleich ein weiteres Problem, nämlich *in welchem Sinn* denn auch noch nichtempirische als Selbsterkenntnis ein Erfolg bzw. Mißerfolg sein kann, wenn nicht in solchem Sinn einer Verwirklichung bzw. Nichtverwirklichung von etwas immer schon Vergegenständlichtem. Denn *daß* sie dies sein kann, bestätigt die Geschichte unserer abendländischen Philosophie ja zur Genüge. Und so müßte sich zur Lösung dieser Problematik zwischen dem Erfolg bzw. Mißerfolg empirischer und nichtempirischer Erkenntnis denn auch eine Sinngemeinsamkeit noch finden lassen.

Jene Sonderstellung nämlich, die ein Subjekt zu sich selbst einnimmt, indem es für sich selbst nur als schon immer wirkliches noch gegenständlich werden kann, erstreckt sich noch viel weiter: bis in alle Einzelheiten dieser nichtempirischen Erkenntnis von sich selbst als etwas Nichtempirischem, die grundsätzlich ja Reflexion und so Philosophie ist, wie ich Ihnen schon verdeutlicht hatte. Denn zu wissen, *daß* ich dieses oder jenes sehe oder denke, heißt ja keineswegs auch schon zu wissen, *was* ich tue, wenn ich dieses oder jenes sehe oder denke, so daß sich bezüglich letzterem die »Irrtümer« und »Täuschungen« auch nur so häufen: Wie Sie der Geschichte unserer abendländischen Philosophie entnehmen können, weiß sie noch bis heute nicht, was alles jeder von uns jedesmal zu tun pflegt, wenn er so etwas wie »Dies ist grün« sieht oder denkt. Und dennoch müssen alle diese »Irrtümer« und »Täuschungen« sich grundsätzlich von denen der empirischen Erkenntnis von empirischen Objekten unterscheiden, weil sie nur die nichtempirische Erkenntnis nichtempirischer Subjekte von sich selbst betreffen können. Und da diese grundsätzlich nur in Vergegenständlichung von etwas immer schon Verwirklichtem bestehen kann, scheint sie als »Irrtum« oder »Täuschung« auch nur in so etwas wie der »fälschlichen Vergegenständlichung« davon bestehen zu können: was hier aber nur die vorläufige Formulierung einer noch viel weiter gehenden Folgerung ist, die sich Ihnen gleich ergeben wird.

Denn geht die Suche einer Antwort auf die Frage, *was* ein jeder von uns tut, wenn er so etwas sieht bzw. denkt wie »Dies ist grün«, von unten aufwärts, können alle »Irrtümer« und »Täuschungen« nur analytisch-a priori sein, indem sie Aufbau wie auch Aufbaustücke solchen Sehens oder Denkens eben in sich unstimmig analysieren und es als schon immer Wirkliches sonach bloß »falsch vergegenständlichen«; wogegen die empirische Erkenntnis von empirischen Objekten vielmehr umgekehrt gerade nur als Synthesis a posteriori »Irrtum« oder »Täuschung« sein kann, nämlich keineswegs, indem sie etwas Wirkliches bloß »falsch vergegenständlicht«, sondern nur, indem sie etwas Gegenständliches gerade nicht verwirklicht. Doch auch dann, wenn jene Suche ihrerseits als Synthesis erfolgt, nämlich von oben abwärts geht, muß sie von solcher Synthesis a posteriori grundsätzlich verschieden bleiben. Denn als der Versuch, Synthesis a priori solchen Sehens oder Denkens mittels Reflexion auf oberste Prinzipien desselben herzuleiten, kann sie dann auch ihrerseits nichts als Synthesis a priori sein und damit »Irrtum« oder »Täuschung« nur als »fälschliche Vergegenständlichung« durch in sich unstimmiges Folgern oder Schließen, weil ihr Gegenstand, das Subjekt, auch für sie schon immer wirklich *sein* muß und nicht etwa durch sie erst noch wirklich *werden* kann.

Und halten Sie nur immer weiter fest, daß oberstes Prinzip dafür die Zeit als das Ergebnis der Synthese von Verstand und Sinnlichkeit zu Punkt und Ausdehnung in unlösbarer Einheit jenes Nacheinander ist, das von der ersten bis zur dritten Stufe dem Subjekt zugrunde liegt, so sehen Sie zuletzt auch vollends ein, daß dessen innere Struktur der unlösbaren Einheit von Identität und Differenz oder von Einfachheit und Komplexion dann auch noch die der Selbsterkenntnis seines Selbstbewußtseins von sich selbst ist. Denn es bleibt zwar richtig, daß ein Fall wie »Dies ist grün« als Selbstbewußtsein einer Fremderkenntnis und ein Fall von Selbsterkenntnis solchen Selbstbewußtseins wie »Ich sehe, dies ist grün« oder »Ich denke, dies ist grün« der Zeit nach stets nur abwechselnd auftreten können, weil sie sich ja auch auf Grundverschiedenes beziehen müssen, wie bereits erwähnt[12].

Doch bei der Frage, worin Selbsterkenntnis eines Selbstbewußtseins eigentlich besteht, kann es ja nicht um das Verhältnis solcher grundverschiedener Fälle zueinander gehen, sondern nur um den innerlichen Aufbau eines und desselben Falles wie »Ich sehe, dies ist grün« oder »Ich denke, dies ist grün« für sich allein, weil überhaupt nur er als in sich einheitlicher auch ein Fall von Selbsterkenntnis eines Selbstbewußtseins ist. Und innerhalb von einem und demselben solchen Fall ist das Verhältnis dieser beiden zueinander denn auch in der Tat nichts anderes als ein weiterer Fall der Einheit von Identität und Differenz oder von Einfachheit und Komplexion in sich als Zeit, wie sie zuletzt auf dritter Stufe als Begriff in Urteil auftrat, nunmehr aber eben auch als Urteil innerhalb von Urteil auftritt. Und so muß in einem solchen Fall denn jedes einzelne von diesen Urteilen auch in der Tat behauptet sein und nicht etwa nur eine durch formallogisches »und« oder »wenn/dann« gestiftete Zusammensetzung beider, die hier gar nicht vorliegt. Und tatsächlich wird in Fällen wie »Ich sehe, dies ist grün« oder »Ich denke, dies ist grün« die Wahrnehmung als Urteil ». . . dies ist grün« durchaus nicht etwa unterbrochen dadurch,

12 Vgl. oben § 31, S. 948 ff.

daß hier auch »Ich sehe, ...« und »Ich denke, ...« noch als Urteil mithinzutritt.

Dieser Eigentümlichkeit von zwei Behauptungen in einer einzigen zum Trotz jedoch kann keine Rede davon sein, daß Selbstbewußtsein oder Selbsterkenntnis irgendein Problem darstellte, wie es mittlerweile bis zum Überdruß vertreten wird, doch nichts als selbstgemacht ist, weil man immer wieder der Versuchung unterliegt, sich Selbstbewußtsein irgendwie als Selbsterkenntnis oder Selbstvergegenständlichung zurechtzumachen. Denn in Wahrheit ist es eben nichts als Selbstverwirklichung, die zum Bewußtsein von sich selbst nur als der Fremderkenntnis oder Fremdvergegenständlichung und Fremdverwirklichung von etwas Anderem als sich selbst wird, eben zum Bewußtsein der empirischen Erkenntnis. Und nur dann, wenn man in dies Bewußtsein von sich selbst schon Züge der Vergegenständlichung oder Erkenntnis von sich selbst hineinträgt, schafft man selbst sich das Problem des unlösbaren fehlerhaften Zirkels, wonach widersinnig jeweils immer erst ein immer schon bestehendes Selbstbewußtsein von sich selbst erstehen könnte, weil, was zur Erkenntnis und Vergegenständlichung von sich auf sich Bezug soll nehmen können, mit sich immer schon vertraut sein müßte.

Nur daß Selbstbewußtsein eben Selbsterkenntnis oder Selbstvergegenständlichung gerade nicht sein kann, in keinem Sinn, sondern nur Fremderkenntnis oder Fremdvergegenständlichung, weil auch nur Fremdverwirklichung werdende Selbstverwirklichung. Und zwar so grundsätzlich, daß Selbsterkenntnis oder Selbstvergegenständlichung von Selbstbewußtsein solcher Selbstverwirklichung auch immer erst noch zusätzlich entspringen muß und in der Tat auch immer nur entspringen kann, weil Selbstbewußtsein solcher Selbstverwirklichung von sich mit sich auch immer schon vertraut ist, und dies ohne jeden fehlerhaften Zirkel. Daß ein Subjekt in Gestalt der Selbsterkenntnis oder Selbstvergegenständlichung von sich als Selbstbewußtsein solcher Selbstverwirklichung mithin tatsächlich *in* sich selbst auch *für* sich selbst »Objekt« noch sein kann, wie sogar ein Kant sich irreführend auszudrücken pflegt[13], stellt somit keinerlei Problem mehr dar: sobald Sie deren Unterschied als Differenz und Komplexion eines Subjekts in sich als Einfachheit oder Identität nur auseinanderhalten ebenso wie auch zusammendenken innerhalb der

13 Vgl. z.B. oben § 31, S. 950.

Grundstruktur von Subjektivität als Zeit, wie ihr Modell sie Ihnen aufschließt. Im Verhältnis dieser Selbsterkenntnis gegenüber diesem Selbstbewußtsein nämlich prägt sich diese Grundstruktur am Ende sogar soweit aus, daß es geradezu den offenbaren Nachweis für sie führt. Denn darin nimmt sie dann die letzte äußerste Gestalt noch an, die ein Subjekt gewinnen kann, indem es in drei Stufen aus sich selbst als Zeit heraus *sich anders* wird, bis es auf dritter Stufe schließlich zu der Form wird, die nur Wirklich-Anderes als es erfüllen kann.

Wie nämlich schon gezeigt, tritt ein Subjekt dabei als Urteil innerhalb von Urteil auf, von denen jedes auch behauptet ist, so daß dies Subjekt dadurch auch zu beiden sozusagen auseinandertritt, indem es als das eine davon sich selbst als dem andern davon eben gegenständlich wird: als »... dies ist grün« zum Beispiel gegenständlich für »Ich sehe, ...« und »Ich denke, ...«. Nur daß es als beides eben Zeit und nichts als Zeit ist, so daß ein Subjekt als diese Zeit dabei zum ersten Mal auch *für* sich selbst, mithin auch *in* sich selbst zum Gegenstand wird und sonach gerade nicht nur ein *Objekt* für es *als* diese Zeit, zum Beispiel etwas Grünes für es in Gestalt von »Dies ist grün«. Und statt der angeblichen Problematik jenes Selbstbewußtseins ist die eigentliche Problematik eben diese Selbsterkenntnis: das Problem, *wie* ein Subjekt als solche Zeit wie »Dies ist grün«, als welche es sich selbst zunächst einmal ungegenständlich bleiben *muß*, sich selbst zum ersten Mal auch gegenständlich werden *kann.*

Und das ist ein Problem, zu dessen Lösung ich Sie hier nur nochmals auf den Weg verweisen kann, auf dem wir Subjektivität als Zeit durch das Modell für sie von erster bis zu dritter Stufe uns erschlossen haben: Eben dadurch *sind* wir als Subjekte *faktisch* uns zum Gegenstand *geworden.* Dieser Frage eine *prinzipielle* Antwort zu erteilen, hieße nämlich, zu versuchen, nicht nur Theorie der Empirie und so Nichtempirie als Reflexion auf Empirie, kurzum Philosophie zu treiben, sondern auch noch Theorie und so Philosophie dieser Philosophie als solcher, in dem Sinne: Wie ist eigentlich Philosophie als solche möglich? Dies jedoch ist eine Aufgabe für sich, die wir uns auch erst stellen sollten, wenn wir uns gewiß sein können, daß Philosophie als solche – durch die Tat gewissermaßen – soweit wenigstens schon wirklich ist, daß Theorie derselben nicht von vornherein schon gegenstandslos bleibt.

Von vordringlicher Wichtigkeit ist denn auch vorerst deren Sicherung durch Unterscheidung zwischen Empirie und Nichtempirie der Philosophie als Reflexion auf Empirie, das heißt zuletzt: durch Unterscheidung von *intentio recta* und *intentio obliqua.* Diese nämlich kann nicht einfach rückgewendete *intentio recta* sein, mit der sie aber leicht verwechselt werden kann, weil sie auf jeden Fall *intentio* sein muß und als grundsätzliche Intention mithin auch grundsätzlich nur etwas Anderes als sich zu intendieren vermag. Infolgedessen sind *intentio obliqua* und *intentio recta* auch grundsätzlich nicht von sich als Intention her, sondern letztlich nur von diesem Anderen als sich, von ihrem Intendierten her zu unterscheiden. Und tatsächlich ist das Selbstbewußtsein der empirischen als Fremderkenntnis, das für nichtempirische als Selbsterkenntnis jeweils Gegenstand wird, dann grundsätzlich etwas Anderes als sie, weil ja nur es für sie und nicht etwa auch sie für sich dabei zum Gegenstand wird. Denn auch sie ist dabei nichts als Selbstbewußtsein, das als solches eben Selbst- als Fremdbewußtsein der Erkenntnis eines Anderen als sich ist, wenn auch freilich eines solchen Anderen als sich, das dabei anderes Selbstbewußtsein, und zwar anderes *eigenes* Selbstbewußtsein ist.[14] Infolgedessen bildet sie als ersteres von sich als letzterem gerade Selbsterkenntnis und so umgekehrt auch ihrerseits ein anderes Selbstbewußtsein als dies andere: mit ihm zusammen also auch nur innerhalb der Einfachheit oder Identität eines Subjekts die innerliche Differenz und Komplexion der Reflexion dieses Subjekts auf sich: *intentio obliqua* auf sich als *intentio recta.*

Trotzdem aber, ja recht eigentlich gerade deshalb ist *intentio obliqua* nicht einfach nur rückgewendete *intentio recta*, sondern wie die letztere vielmehr auch ihrerseits von einer Eigentümlichkeit, ja Einzigartigkeit, die sich allein von ihrem jeweiligen Intendierten her bestimmen läßt: *obliqua* ist diejenige *intentio*, die etwas, das schon immer wirklich ist, erst immer zu vergegenständlichen versucht, und *recta* ist diejenige *intentio*, die etwas, das schon immer gegenständlich ist, erst immer zu verwirklichen versucht. Und was dabei als einziges schon immer wirklich ist, bin eben jeweils ich, sind eben jeweils wir, denn alles Andere, die Welt, muß einschließlich des jeweils eigenen Körpers, auf Grund dessen sich ein jeder von uns immer schon verwirklicht, eben immer erst durch uns verwirklicht werden. Kann ein jeder von uns als ein immer schon Verwirklichtes

14 Vgl. dazu oben § 31, S. 948.

sich also immer erst vergegenständlichen, um nichtempirische als Selbsterkenntnis von sich zu gewinnen, so vermag er sich als solches darum auch nur entweder zu treffen oder zu verfehlen. Denn zunächst einmal vermag ein jeder von uns nur empirische als Fremderkenntnis zu gewinnen, nämlich von Empirischem als Anderem zu sich; und daher muß er sich mit demjenigen Anderen oder Empirischen, an das er unlösbar gebunden ist, mit einem Körper, auch zunächst einmal verwechseln und mithin verfehlen, nämlich sich auch dann, wenn er sich grundsätzlich als etwas Anderes denn Körper schon entdeckt hat, noch verdinglichen. Und diesen Fehler immer wieder zu begehen wie auch immer wieder zu bekämpfen, war für unsere abendländische Philosophiegeschichte denn auch immer wieder kennzeichnend gewesen.

Kann ein jeder von uns als etwas schon immer Wirkliches sich demnach immer erst vergegenständlichen, weil er sich auch nur entweder auf solche Art verfehlen oder sich auf andere Art dann treffen kann, um nichtempirische als Selbsterkenntnis von sich zu gewinnen, so vermag er sich darum, wenn er sich trifft, gerade nicht etwa auch »falsch« zu treffen und mithin »wahr« oder »falsch« zu treffen, sondern nur zu *treffen* oder *nicht* zu treffen, eben zu *verfehlen*. Und das gilt für ihn im ganzen ebenso wie auch im einzelnen, nämlich für seinen Aufbau ebenso wie auch für seine Aufbaustücke, weil ihm in Bezug auf jegliches an ihm als dem schon immer Wirklichen und so erst immer zu Vergegenständlichenden auch nur entweder Verfehlen oder Treffen möglich ist, so daß bezüglich letzterem »wahr« oder »falsch« nicht den geringsten Sinn besitzen kann.[15]

Was daraus folgt, ist aber nicht allein, daß es im Fall der nichtempirischen als Selbsterkenntnis also keine »Wahrheit« oder »Falschheit« gibt. Was daraus folgt, ist vielmehr, daß es »Wahrheit« ebenso wie »Falschheit« im Normalsinn dieser Wörter überhaupt nicht gibt, weil überhaupt nicht geben kann, und zwar nicht nur im Fall der Selbsterkenntnis als der nichtempirischen von etwas Nichtempirischem, sondern vor allem auch im Fall der Fremderkenntnis als empirischer Erkenntnis von Empirischem. Und diese eigentliche Folgerung dar-

15 Die Formulierung »fälschliches Vergegenständlichen« war sonach in der Tat nur vorläufige für Verfehlen, das kein Treffen und mithin auch kein »Vergegenständlichen« sein kann und damit auch kein »fälschliches«. Vgl. oben S. 978.

aus ist demnach nichts geringeres als die Erklärung dafür, weshalb unsere abendländische Philosophie es schon seit jeher und bis heute nicht vermag, den Sinn von »Wahrheit« oder »Falschheit« zu verstehen, und zwar bereits im Fall empirischer Erkenntnis von Empirischem. Denn schon in deren Fall liegt dies nur daran, daß es so etwas wie Wahrheit oder Falschheit überhaupt nicht gibt, weil überhaupt nicht geben kann, und so auch nichts dergleichen zu verstehen. Wahrheit oder Falschheit der empirischen Erkenntnis ist vielmehr von allen Illusionen, die wir uns zu machen pflegen, die vollkommenste und so verborgenste, zu deren Aufklärung es darum einer letzten, größten Anstrengung der Reflexion bedarf.

Denn in empirische Erkenntnis förmlich eingenistet, nämlich als das Merkmal oder als die Eigenschaft solcher Erkenntnis selbst, hat diese Illusion der Wahrheit oder Falschheit sich für uns nur deshalb, weil wir selbst seit jeher schon und auch bis heute noch die fälschliche Voraussetzung zu machen pflegen, daß die Wirklichkeit der Außenwelt als das Empirische schon immer vorgegeben sein muß: so daß die empirische Erkenntnis von ihm dann auch nur noch das sein kann, was wie ein rezeptives »Abbild« von ihm mit ihm »übereinstimmt« oder auch »nicht übereinstimmt« und in diesem Sinn »wahr« oder »falsch« von ihm ist. Nur daß eben spätestens aus dem Platonischen *Parmenides*, *Theaitetos* und *Sophistes* bereits hervorgeht, daß dann unverständlich bleiben muß, wie derlei überhaupt zustande kommen kann. Verständlich werden kann bezüglich vorgegebener Wirklichkeit vielmehr nur entweder ein Treffen oder ein Verfehlen, aber nicht etwa ein »wahres« oder »falsches« Treffen.

Daran aber sehen Sie sofort, worin der eigentliche Fehler liegt. Weil es zunächst einmal nichts anderes als das empirische Objekt kennt, stellt das nichtempirische Subjekt der abendländischen Philosophie aus Unbekanntschaft mit sich selbst zunächst einmal die Sache auf den Kopf: Schon immer vorgegeben und darum erst immer zu vergegenständlichen ist nicht die Wirklichkeit des Objekts, sondern ist gerade umgekehrt nur die des Subjekts; denn die Wirklichkeit des Objekts ist vielmehr die immer erst durch die des Subjekts zu verwirklichende, die als immer schon verwirklichte mithin auch die erst immer zu vergegenständlichende ist. Und so ergeht die Wirklichkeit des Subjekts dabei nicht allein als Selbstverwirklichung, sondern auch noch als Selbstvergegenständlichung, nämlich auch noch als Selbsterkenntnis, worin dieses Subjekt erstmals die Bekanntschaft mit der Wirklichkeit von sich macht, die der Wirklichkeit von Anderem als sich zugrunde liegt.

Und daran sehen Sie zuletzt, in welchem Sinn das nichtempirische Subjekt der abendländischen Philosophie all dies zunächst einmal verkehrt, weil es zunächst einmal sich unbekannt bleibt: Da die Wirklichkeit des Objekts nicht schon immer vorgegeben und mithin auch in Erkenntnis als der Wirklichkeit des Subjekts nicht erst immer hingenommen sein kann, muß die Wirklichkeit des Objekts vielmehr durch Erkenntnis als die Wirklichkeit des Subjekts immer erst verwirklicht werden. Dann jedoch kann letztere auch nicht in bloßer Rezeptivität bestehen, sondern muß recht eigentlich als Spontaneität ergehen, die als zur Intentionalität werdende Spontaneität auf die Verwirklichung von etwas überhaupt erst ausgeht, eben auf Erfolg, so daß sie auch zu einem Mißerfolg gelangen kann. Nur hat sie beides eben nicht etwa als »Wahrheit« oder »Falschheit« innerhalb von sich, sondern als Wirklichkeit oder Unwirklichkeit gerade außerhalb von sich, nämlich als Wirklichkeit oder Unwirklichkeit von etwas Anderem zu sich für sich, das sie als Gegenstand für sich in jedem Fall schon immer vorstellt und entwirft. Gerade weil es immer erst durch sie als Intention verwirklicht werden kann und deshalb eben dazu immer schon durch sie als Intention vergegenständlicht werden muß, besitzt sie solches Andere als sich mithin auch dann zum Gegenstand für sich, wenn die Verwirklichung desselben ihr mißlingt, da es auch dann bei der Vergegenständlichung desselben bleibt. Denn Raum als Form für dieses Andere, nämlich als Gegensatz zu sich und so als Gegenstand für sich als Zeit, hat sie aus sich als Zeit heraus auch dann vor sich.

Nicht erst *intentio obliqua*, sondern schon *intentio recta* kann sonach nur entweder ein Treffen oder ein Verfehlen sein, doch prinzipiell nicht so etwas wie »wahres« oder »falsches« Treffen, weil sie Zielen auf Erfolg als etwas Anderes zu sich sein muß und damit auch nur entweder Erzielen oder Verfehlen desselben sein kann. Als »Erzielen« oder »Treffen« einerseits und als »Verfehlen« anderseits indessen muß »Erfolg« und »Mißerfolg« dann zwangsläufig zur *Gattung* werden, unter der sich *Arten* von »Erfolg« und »Mißerfolg« als »Treffen« oder als »Erzielen« einerseits und als »Verfehlen« anderseits noch unterscheiden lassen müssen, so daß dies tatsächlich ihre Sinngemeinsamkeit ergibt. Und in der Tat ist bei *intentio recta* als empirischer Erkenntnis von Empirischem jeweils Erfolg und Mißerfolg ein *ursprüngliches* Treffen und Verfehlen, weil, was dabei allererst erzielt oder verfehlt wird, ja gerade *Wirklichkeit* von etwas stets schon Gegenständlichem ist. Bei *intentio obliqua* als der nichtempirischen Erkenntnis eines Nichtempirischen dagegen ist Erfolg bzw. Mißerfolg jeweils nur *abgeleitetes* Verfehlen oder Treffen, weil, was dabei allererst verfehlt oder erzielt wird, auch nur *Gegenständlichkeit* von etwas stets schon Wirklichem ist. Und so bilden »ursprünglich« und »abgeleitet« auch das je Spezifische der Differenz von Arten des »Erfolgs« und »Mißerfolgs« bzw. »Treffens« und »Verfehlens« als der Gattung.

Umgekehrt muß also nicht nur für *intentio recta*, sondern auch noch für *intentio obliqua* gelten, daß sie zum Erfolg oder zum Mißerfolg gelangen kann, auch wenn sie nicht auf die Verwirklichung von etwas immer schon Vergegenständlichtem ausgeht, sondern gerade umgekehrt auf die Vergegenständlichung von etwas immer schon Verwirklichtem. Denn grundsätzlich nur im Verhältnis zu Erfolg bzw. Mißerfolg derselben kann das Wesen von *intentio* als solcher und mithin als Gattung liegen, die zu Arten eben *recta* und *obliqua* hat, so daß sie auch zur Gattung der zwei Arten von Erfolg bzw. Mißerfolg als ursprünglichem oder abgeleitetem Verfehlen bzw. Treffen in genauester Entsprechung steht. Erst damit nämlich können wir nicht bloß empirische als Fremderkenntnis von Objekten, worauf Intention bisher beschränkt war, sondern auch noch nichtempirische als Selbsterkenntnis von Subjekten selbst als Intention begreifen, was uns schließlich unerläßlich aufgegeben ist, wenn anders Subjektivität als solche selbst gerade zur Intentionalität werdende Spontaneität sein muß. Denn muß sie dies bereits als Fremderkenntnis in Bezug auf Anderes als sich sein, so erst recht auch noch als Selbsterkenntnis in Bezug auf sich, weil sie zu sich ja immer erst von Anderem als sich her kommen kann: durch Intention als Reflexion.

Vermag Intentionalität sonach in jedem Fall nur zum Erfolg oder zum Mißerfolg zu führen – nicht bloß als *intentio recta*, sondern auch noch als *intentio obliqua* –, so in jedem Fall doch auch nur in gerade umgekehrtem Sinne als im andern. Denn im letzten Fall zielt sie ja nicht im Anschluß an Vergegenständlichung von etwas auf Verwirklichung desselben, wie im ersten Fall, sondern gerade umgekehrt im Anschluß an Verwirklichung von etwas auf Vergegenständlichung desselben, nämlich jeweils *von* sich als *intentio recta* auch noch *durch* sich als *intentio obliqua* jeweils *auf* sich als *intentio recta*. Und so tritt sie dabei eben statt als »Dies ist grün« zum Beispiel als »Ich sehe, dies ist grün« bzw. als »Ich denke, dies ist grün« auf. Schlägt sie somit als *intentio recta* oder Fremderkenntnis fehl, so hat sie dadurch, wenn auch nichts verwirklicht, so doch immerhin etwas vergegenständlicht, nämlich etwas Anderes als sich in Form von sich als Raum, so daß sie dann auch mindest eine Vorstellung von diesem Etwas als dem Gegenstand für sich besitzt. Schlägt sie dagegen als *intentio obliqua* oder Selbsterkenntnis fehl, so hat sie dadurch nicht nur nichts verwirklicht, weil es dabei um Verwirklichung von sich als dem schon immer Wirklichen auch gar nicht gehen kann, sondern nicht einmal etwas vergegenständlicht, weil es dabei ja auch überhaupt nur um Vergegenständlichung von sich als dem schon immer Wirklichen zu tun sein kann.

Im Fall des Fehlschlags zielt sie als *intentio obliqua* an sich als *intentio recta* somit auch schlechthin vorbei, bringt sie sonach auch schlechthin nichts vor sich, weil sie von sich als der *intentio recta* dabei auch nicht einmal eine Vorstellung besitzt. Und in der Tat: Wie sollte jemand auch nur irgendeine Vorstellung von sich besitzen, wenn er als »Ich sehe, dies ist grün« bzw. als »Ich denke, dies ist grün« sich empiristisch für Empirisch-Naturales unter anderem Empirisch-Naturalen hält oder sich platonistisch bei »Ideen« oder »Sachverhalten« oder »Tatsachen« oder »Gedanken« wähnt? Und so muß umgekehrt *intentio recta* als die Wirklichkeit, die sie dabei schon immer ist, für fehlgeschlagene *intentio obliqua* denn auch schlechterdings verborgen bleiben und vermag nur für gelingende *intentio obliqua* offenbar zu werden, welche sie im ganzen wie im einzelnen gerade trifft anstatt verfehlt.

Daß ein Subjekt als letztere, wenn sie mißlungen ist, von sich als ersterer nicht einmal eine Vorstellung besitzen kann, liegt aber eben nur daran, daß ein Subjekt sich selbst gerade nicht wie etwas Anderes als sich selbst zum Gegenstand gewinnen kann, nämlich sich selbst als Zeit gerade nicht wie etwas Anderes als sich selbst durch Raum, durch den es etwas Anderes als sich selbst jeweils vorweg schon immer vorstellt und entwirft und so vergegenständlicht. Überhaupt nur deswegen, weil ein Subjekt aus sich als Zeit heraus auch Raum zur Form für Anderes als sich erzeugt, besitzt es nämlich Anderes als sich auch immer schon zum Gegenstand für sich als Vorstellung von ihm. Infolgedessen kann es sich als Zeit durch sich als Raum gerade nicht zum Gegenstand für sich als Vorstellung von sich gewinnen, sondern nur, indem es sich als Zeit gerade ohne Raum begreift, wozu ihm erst jenes Modell für sie verhilft. Zu sich vermag ein Subjekt eben nicht so wie zu Anderem als sich zu kommen, und das heißt: nicht dadurch, daß es nur von außen her als Anderes zu sich als Anderem gelangen könnte, wie als Selbstbewußtsein der empirischen Erkenntnis von empirischen Objekten. Es vermag dies vielmehr nur, indem es sich als dieses Selbstbewußtsein der empirischen Erkenntnis von empirischen Objekten selber in sich reflektiert und so in sich differenziert zum Selbstbewußtsein auch noch nichtempirischer Erkenntnis von sich selbst als der empirischen.

Genau in diesem Sinn ist Reflexion oder *intentio obliqua* auf *intentio recta* nicht einfach nur andere und rückgewendete *intentio recta*, die auf immer schon ergangene *intentio recta* dann auch immer erst von außen her erginge, wie auf andere *fremde*, sondern Reflexion ergeht im Gegenteil vielmehr von innen her sowohl wie auch nach innen hin. Denn Reflexion ersteht gerade dadurch, daß *intentio* nicht einfach als *recta* nur ergeht, indem sie nur auf Anderes zu sich selbst ausgeht, wie als empirische Erkenntnis, sondern daß *intentio* als *obliqua* eben auch noch auf sich selbst als die ergehende *recta* ausgeht und mithin auch auf sich selbst als diese andere *eigene* noch zurück- und damit letztlich in sich geht. Und dahin geht sie eben dadurch, daß sie insgesamt nicht bloß als »Dies ist grün« zum Beispiel, sondern als »Ich sehe, dies ist grün« oder »Ich denke, dies ist grün« ergeht: Doch nur, sofern sie sich als Selbstbewußtsein ihrer Selbstverwirklichung dabei auch aufgeht und nicht zugeht, wie bisher. Zu dieser Einsicht in sich selbst vermag ein Subjekt nämlich nur durch jenen Einstieg in sich selbst zu kommen, der durch beide jene Eingänge zusammen führt: von unten aufwärts analytisch durch die Möglichkeit von »Irrtum« oder »Täuschung« wie von oben abwärts auch synthetisch durch das Zeitmodell, die nur zusammen jene innere Struktur von so etwas wie »Dies ist grün« erschließen, weil nur miteinander auch vor jedem Empirismus oder Platonismus noch bewahren. Denn erst dann, wenn beide diese Wege durch das Labyrinth von Subjektivität sich schließlich treffen, hat ein Subjekt sich im ganzen wie im einzelnen am Ende selbst getroffen und auf diese Weise ursprünglich zum Gegenstand für sich als Vorstellung von sich gewonnen: ist es ursprünglich sich offenbar oder bekannt geworden, nämlich aus Verdecktheit in Entdecktheit für sich selbst hervorgetreten.

Deren Sinn indessen wird im Fall von Selbsterkenntnis durch den

Unsinn jener »Wahrheit« oder »Falschheit« ebenso verkannt wie der von Wirklichkeit oder Unwirklichkeit im Fall von Fremderkenntnis: und bloß, weil dem nichtempirischen Subjekt der abendländischen Philosophie noch immer nicht bekannt ist, daß es beidenfalls nur Intention ist, die Erfolg bzw. Mißerfolg auch beidenfalls nur außerhalb von sich besitzen kann und keinenfalls etwa als »Wahrheit« oder »Falschheit« innerhalb von sich. Entsprechend kann Erfolg bzw. Mißerfolg für es als Fremderkenntnis auch nur in Verwirklichtheit bzw. Unverwirklichtheit von etwas immer schon Vergegenständlichtem bestehen, in Form von Raum, sowie Erfolg bzw. Mißerfolg für es als Selbsterkenntnis dann auch umgekehrt nur in Vergegenständlichtheit bzw. Unvergegenständlichtheit von etwas immer schon Verwirklichtem, in Form von Zeit.

Von solcher Einsicht aber ist das nichtempirische Subjekt der abendländischen Philosophie noch immer weit entfernt, ja droht es sich noch immer weiter zu entfernen, weil, je länger solche Einsicht ausbleibt, die Verzweiflung an ihr desto weiter vordringt. Was als Geist in Zeit sein Wesen hat, entgeht sich damit jedenfalls so gründlich, daß mit ihm auch abendländische Philosophie verkommt und Barbarei an Stelle von Kultur im Abendland ersteht, indem es, mehr und mehr darüber »aufgeklärt«, daß es mit seinem Geist nichts ist, auch mehr und mehr zur Geisteswüste wird, wo nur noch objektive Zeit verläuft. Zur Geist- und Zeit-Oase nämlich könnte es nur werden, wenn im Abendland daniederliegende Philosophie am Ende doch noch einmal aufzukommen in der Lage wäre. Dazu aber hätte ihr Subjekt sich soweit zu erheben, daß es schließlich über seinen Schatten springen müßte – über einen Schatten nämlich, den es selbst seit jeher und noch immer wirft –, damit es ebenso wie sich zuletzt auch Anderes als sich noch schattenfrei in reinem Licht erblikken könnte.

Denn bloß der durch seine fälschliche Voraussetzung der Vorgegebenheit von Wirklichkeit geworfene Schatten jener »Wahrheit« oder »Falschheit« von »Erkenntnis« über solche Wirklichkeit ist es, der ihm den Blick auf sich genausowie auf Anderes als sich verstellt und so verdeckt, was es mit beidem auf sich hat: Durchaus nicht gibt es etwa zwischen Welt und uns auch »Wahrheit« oder »Falschheit« und mithin auch »Wahres« oder »Falsches« noch, was vielmehr nur Ergebnis unserer Selbstverkennung ebenso wie Fremdverkennung ist. Es gibt recht eigentlich nur Welt und uns sowie auch beides nur im Sinn von

Wirklichkeit und Wirklichem, und nichts dergleichen läßt sich auch nur im geringsten Sinn als »wahre« oder »falsche« Wirklichkeit oder als »wahres« oder »falsches« Wirkliches verstehen, so daß es als ein »drittes Reich« dazu erfunden werden muß: seit Platon und bis Frege und noch heute.

Was damit gemeint ist, doch dadurch verkannt wird, ist vielmehr die Wirklichkeit von uns als Intention, weil sie gerade keine »wahre« oder »falsche«, sondern nur eine erfolgreiche oder erfolglose sein kann, so daß auch ihr Erfolg, wenn sie ihn hat, dann eben Wirklichkeit von Welt als Anderem zu uns sein muß, sofern Sie folgerichtig bleiben wollen. Und so kann Wirklichkeit von Welt als Anderem zu uns auch nur den Sinn einer Verwirklichtheit durch uns besitzen, die jedoch durch angebliche Wirklichkeit von »Wahrem« oder »Falschem« dann erst recht verdeckt und so verkannt wird. Denn indem wir jene eigentliche Wirklichkeit von uns als Intention zu einer angeblichen »wahren« oder »falschen« Wirklichkeit von angeblichem »Anderen« als uns verdinglichen, verstellen wir uns nicht nur jene eigentliche Wirklichkeit von uns, sondern ineinem damit auch noch diese eigentliche Wirklichkeit von Anderem zu uns als dem Erfolg durch uns als Intention.

Statt dieser angeblichen Wirklichkeit gibt es als eigentliche Wirklichkeit sonach nur die von Welt und uns, weil die von *Welt* nicht ohne die von *uns*, und damit letztlich auch nur *eine*, die als in sich *einheitliche* aber eben gleicherweise in sich *zweiheitliche* Wirklichkeit von Welt *und* uns, Natur *und* Geist ist: Als Verwirklichtheit kann Wirklichkeit in jedem Fall nur aus Verwirklichung hervorgehen, die zuletzt auf Selbstverwirklichung zurückgehen muß, weil nur aus ihr auch Fremdverwirklichung hervorgehen kann. Und so muß Wirklichkeit denn auch den Sinn des Ganzen, nämlich den des unlösbaren Gegenüber beider haben: den von uns *und* Welt, Geist *und* Natur als einem einzigen, wenn auch in sich gegliedertem, weil auch in sich begründetem Verwirklichungszusammenhang von Selbst- mit Fremdverwirklichung, der eben auch das angeblich schon immer vorgegebene Wirkliche der Außenwelt noch mitumfaßt. Und was es gibt, ist demnach nur, was sich als Wirklichkeit von Welt und uns gerade gegenübersteht. Infolgedessen ist auch das, was wir für bloße »Wahrnehmung« oder »Erkenntnis« als die bloße Hinnehmung von angeblich schon immer vorgegebenem Wirklichen zu halten pflegen, eigentlich Verwirklichung von eben dadurch überhaupt erst Wirklichem, nämlich Erwirkung als Erdeutung oder als Erformung seiner durch uns selbst als Form von Zeit und Raum für es.[16] Und so begännen wir mit eigentlicher Selbsterkenntnis sowie Fremderkenntnis als der eigentlichen Aufklärung von uns und Welt auch in der Tat erst, wenn wir über unseren langen Schatten jener »Wahrheit« oder »Falschheit« sprängen, der wie magisch unseren Blick auf sich zieht und vom Licht der eigentlichen Wirklichkeit als Ganzheit dieser Einheit wie auch Zweiheit ablenkt.

§ 33. Wir als Erkennende und Handelnde

Doch werden Sie mit Recht erwarten, daß Philosophie auf Grund von Selbsterkenntnis, die zu derart weitgehenden Folgerungen für die Welt und uns führt, nicht allein an Hand von Beispielen entwickelt wird, wie sie zuletzt im Vordergrund gestanden haben. Denn in Fällen wie »Ich sehe, dies ist grün« oder »Ich denke, dies ist grün« liegt freilich auf der Hand, daß Subjektivität Intentionalität ist und mithin zur Selbsterkenntnis oder Selbstvergegenständlichung von sich als Intention auch nur gelangen kann, indem sie nicht bloß als *intentio recta* auftritt, sondern auch noch als *intentio obliqua* oder Reflexion auf sie.

Wie aber steht es damit eigentlich in Fällen wie »Ich habe Schmerzen«? Darin nämlich läßt sich weder »... Schmerzen« noch auch nur »Ich habe ...« etwa wie »Ich sehe ...« und »Ich denke ...« oder »... dies ist grün« als eigene Behauptung fassen, so daß Ihnen fraglich bleiben muß, ob solche Fälle gleichfalls dahin gehen können, daß *intentio obliqua* oder Reflexion sich darin auf *intentio recta* richtet, – wie ein Schmerz denn auch wohl schwerlich eine Intention ist. Demzufolge muß im ganzen für Sie fraglich werden, ob es dabei bleiben kann, daß Subjektivität Intentionalität sei und mithin auch nur als Intention zum Gegenstand einer Erkenntnis von sich werden könne, weil ein Schmerz geradezu beweise: Ein Subjekt vermag auch noch als etwas anderes zum Gegenstand einer Erkenntnis von sich selbst zu werden und so auch nicht einfach darin aufzugehen, Intention zu sein. Denn daß ein Schmerz tatsächlich etwas anderes als eine Inten-

16 Wozu Sie auch von jenen ganz und gar nicht müden Physikern etwas zu hören bekommen. Vgl. oben § 30, S. 932, Anm. 17.

tion sein muß, erhelle schließlich daraus, daß es auch nur sinnvoll sein kann, ihn als etwas hinzustellen, das man *habe*, und das heißt, gerade nicht als etwas, das man *sei*.

Nur müßte Ihnen damit freilich ferner fraglich werden, was dann eigentlich noch übrig bleiben und als etwas gelten könnte, das man *nicht* bloß *hat*, sondern gerade *ist*. Die Antwort nämlich kann nur lauten: nichts. Denn alles, was ein Subjekt an sich namhaft machen kann, auch seine Seele oder seinen Geist, kann es wie seinen Körper ohne weiteres als etwas hinstellen, das es *hat*, nicht *ist*, und so erst recht auch jedes bloße Aufbaustück davon. Was nämlich wäre selbstverständlicher, als daß es nicht nur Seele oder Geist, sondern auch Schmerz, Empfindung, Anschauung bzw. auch Begriff oder Gedanke, ja sogar Bewußtsein, Absicht oder Intention nur *hat*, nicht *ist*: genauso wie auch Körper oder Hand und Fuß und Kopf? In Wahrheit aber ist es eben alles andere als selbstverständlich, daß nur deshalb, weil ein Subjekt etwas an sich namhaft machen und auf diese Weise von sich unterscheiden kann, ein jedes solche Etwas auch gleich etwas Anderes als dieses Subjekt wäre, das es in der Tat nur haben, doch nicht sein kann.

Bis in solchen Alltagssprachgebrauch hinein bezeugt sich Ihnen damit vielmehr nur noch einmal und noch deutlicher die Selbstverdinglichung, der ein Subjekt bei seiner Selbsterkenntnis oder Selbstvergegenständlichung auch dann, ja eigentlich gerade dann verfällt, wenn es versucht, sich nicht einfach mit einem Körper unter andern Körpern gleichzusetzen. Problematisch nämlich wird dies in genau dem Maß, in dem ein Subjekt phylo- wie ontogenetisch aufhört, Anderes als sich sogleich als anderes Subjekt, das heißt, als objektives Subjekt oder subjektives Objekt aufzufassen. Denn empirisch eben kennt ein Subjekt dann auch erst einmal nur Körper als Objekte oder Dinge, die es einschließlich des eigenen nur haben, doch nicht sein kann. Dementsprechend bildet es auch seine Alltagssprache erst einmal als Sprache zur Bezeichnung solcher Dinge, und so scheinen dann auch Wörter wie »Begriff«, »Gedanke«, »Schmerz« und »Anschauung« erst einmal so etwas wie Dinge zu bezeichnen, die ein Subjekt hat, jedoch nicht ist. Ja wird dergleichen mittels solcher Substantive erst einmal verselbständigt und so verdinglicht, *muß* es auch geradezu als etwas gelten, das ein Subjekt nicht mehr sein *kann*, sondern nur noch haben *kann*. So ist es auch kein Wunder, daß ein Subjekt sich auf diese Weise letztlich nur noch als ein großes X zurückbleibt, das selbst Zeit nur hat, nicht ist, weil danach etwas, das ein Subjekt ist und nicht nur hat, auch gar nicht übrigbleiben *kann*. Vielmehr erweist sich damit bis in Einzelheiten unseres Sprachgebrauchs im Alltag, wo wir über unsere »Schmerzen« und dergleichen sprechen, daß schon hier nichts anderes als verfehlte Reflexion und damit letztlich fälschliche Philosophie im Gange ist.

Sie zu berichtigen, verhilft Ihnen sonach noch einmal zu der Einsicht, die Sie schon gewonnen haben: So wie alles, was wir von der ersten bis zur dritten Stufe innerhalb von Subjektivität an Aufbaustücken unterscheiden konnten, lassen sich auch Schmerzen nur als etwas innerhalb von solcher Subjektivität verstehen, das wie Anschauung oder Begriff nur eine Differenz und Komplexion in ihr als einer Einfachheit oder Identität ist, und das heißt: in ihr als der Intentionalität werdenden Spontaneität. Das ganze Ausmaß an Berichtigung, das jenes nichtempirische Subjekt der abendländischen Philosophie zu seiner eigentlichen Aufklärung wird vorzunehmen haben, überblicken Sie nämlich sofort, wenn Ihnen klar wird, daß mit jener grundverfehlten Reflexion auf so etwas wie Schmerzen auch noch eine andere einhergeht, die nicht weniger verfehlt ist.

Denn es kann auch davon keine Rede sein, daß so etwas wie Schmerzen als »Gefühle« und mithin das sogenannte »Psychische« genauso wie das Physische etwas Empirisches ist, mag dies auch zunächst einmal ein jeder von uns noch so sehr für selbstverständlich halten. Vielmehr ist das sogenannte »Psychische«, zu dem auch die der Wahrnehmung von Außenwelt zugrunde liegende Empfindung oder Anschauung gehören muß, etwas Empirisches genausowenig wie das sogenannte »Geistige«, zum Beispiel ein Begriff oder ein Urteil als Gedanke, die der Wahrnehmung von Außenwelt nicht weniger zugrunde liegen. Schlechthin nichts davon ist nämlich etwas Wahrnehmbares, auch kein Schmerz, denn schlechthin nichts davon kann Objekt eines Sehens oder Hörens oder Riechens oder Schmeckens oder Tastens sein[1], weil auch nicht etwas dadurch allererst Erdeutetes und so auch allererst Erzieltes

1 Entsprechend falsch ist es denn auch, die Autos beispielsweise, die wir hören, wenn sie tönen, als das eigentlich Gehörte fallen zu lassen und durch »Tönen« oder »Töne« als das angeblich Gehörte zu ersetzen. Denn gerade dann, wenn damit etwas Anderes als diese Autos selbst bezeichnet sein soll, kann es sich dabei nur um die Tonempfindung handeln. Sie

und Erformtes und Erwirktes. Etwas Wahrnehmbares ist vielmehr ausschließlich Physisches der Außenwelt, das sich von sogenanntem »Psychischen« genauso wie von sogenanntem »Geistigen« der Innenwelt gerade dadurch unterscheidet, daß nur ersteres als etwas Anderes zu letzterem erst immer als Erfolg durch eine Intention erzielt, erformt, erwirkt, eben aus Innenwelt heraus erdeutet werden muß. Etwas Empirisches ist solches Wahrgenommene deswegen auch allein im Sinn dieses Erfolgs, nämlich als etwas Kontingentes, Faktisches, Tatsächliches, und das heißt eben: als tatsächlich, faktisch, kontingent Gelingendes.

Und daran sehen Sie noch deutlicher, wie weitgehend sich jeder von uns selbst verkennt, wenn er vermeint, auch Schmerzen »haben« heiße so etwas wie, Schmerzen zum Objekt zu »haben«, nämlich Schmerzen »wahrzunehmen«: so als sei »Empfinden« oder »Fühlen« eines Schmerzes gleichfalls so etwas wie »Wahrnehmen« eines Objektes, nämlich eines Anderen; wogegen dies »Empfinden« oder »Fühlen« eines Schmerzes doch recht eigentlich bloß dieser Schmerz noch einmal ist, nur eben unsinnig verdoppelt. Und genau in diesem Sinn ist unsere Gedankenlosigkeit beim Reden über »Schmerz- Wahrnehmung« schwerlich noch zu überbieten, sondern umgekehrt gerade ein für alle Male zu bereinigen: »Empfinden« oder »Fühlen« eines Schmerzes kann so wenig »Wahrnehmen« von etwas sein – nämlich von etwas Anderem, das man nur »hat« –, daß es vielmehr recht eigentlich *Sich*-Fühlen oder *Sich*-Empfinden sein muß. Und so kann ein Schmerz mithin durchaus nicht etwas Anderes als der sein, der ihn angeblich bloß »wahrnimmt« oder »hat«, sondern nur dieser selbst, *wie* er sich fühlt.

Was ein Subjekt als »Schmerz« wie auch als »Lust« der Sprache nach verselbständigt und so verdinglicht, ist mithin nur dies, daß es als solches selbst sich *wohl* oder sich *unwohl* fühlen kann, und dazu muß es als *Sich*-Fühlen eben immer schon zugrunde liegen, weil dies andernfalls nicht im geringsten zu verstehen wäre. Doch sich wohl oder sich unwohl fühlt es dann auch immer nur als das, was es dem Wesen nach gerade ist: als Intention. Und einzig diese bietet denn auch eine Möglichkeit, nichttautologisch zu bestimmen, wie es ist,

jedoch vermag als solche selbst durchaus nicht auch noch ihrerseits zu tönen und darum nicht auch noch ihrerseits gehört zu werden. Denn sie kann durchaus nicht auch noch ihrerseits so etwas wie ein Auto sein.

sich unwohl oder wohl zu fühlen, nämlich sich als Intention jeweils gestört oder auch ungestört zu fühlen: beeinträchtigt oder auch unbeeinträchtigt. Nur als das Auftreten von Intention eröffnet ein Subjekt sich somit selbst jeweils als den Bereich, worin es selbst sich jeweils wohl oder auch unwohl, und das heißt, als Intention befördert oder auch behindert fühlen kann, nämlich als grundsätzliches Selbstverhältnis eines Selbstbewußtseins seiner Selbstverwirklichung durch seine Selbstverkörperung. Als dieses aber ist es auch bezüglich jedes einzelnen von seinen Aufbaustücken eben etwas Nichtempirisches: als das von Schmerz oder von Anschauung als angeblichem »Psychischen« nicht weniger als das von angeblichem »Geistigen« wie von Begriff oder von Urteil als dem Denken des Gedanken einer Wahrnehmung.

Von Grund auf unerfindlich wird mithin, worin sich »Psychisches« und »Geistiges« dann überhaupt noch unterscheiden könnte. Denn worin auch immer man seit jeher deren Unterschied zu sehen vermeinte, wonach ersteres von letzterem zum Beispiel wie Empirisches von Nichtempirischem sich unterscheide, – alles fällt danach dahin. Als etwas, das grundsätzlich nur im Rahmen von Intentionalität als Subjektivität auftreten kann, muß sogenanntes »Psychisches« genausosehr wie sogenanntes »Geistiges« ein innerliches Aufbaustück von deren Wirklichkeit ausmachen, die durch Selbstverwirklichung sich insgesamt zu etwas Nichtempirischem erstellt. Infolgedessen können alle Unterschiede zwischen sogenanntem »Psychischen« und »Geistigen« sich auch nur innerhalb von diesem Nichtempirischen ergeben, wie gezeigt, und so erst recht auch alles, worin sogenanntes »Psychisches« und »Geistiges« jeweils als solches sich noch unterscheiden möge, wie Begriff und Urteil beispielsweise. Denn auch darin, daß ein Schmerz zum Beispiel gegenüber einer Anschauung bloß ein Gefühl bleibt, ist er von ihr überhaupt nur dadurch unterschieden, daß er nicht wie sie aus Zeit heraus auch noch in Raum eingeht. So nämlich trägt er auch nicht zur ursprünglichen Bestimmung eines Gegenstandes bei und wird mithin auch nicht zur Vorstellung von ihm als etwas Anderem, sondern bleibt in bloßer Zeit zurück und ihr als seiner Form entsprechend etwas Unbestimmtes.

Deshalb brauchten wir bei unserer Deduktion von Systematik auch in keiner Weise zu befürchten, daß uns ein »Psychologismus« unterlaufen könnte, weil wir »Geistiges« von »Psychischem« nicht unterscheiden mochten, auch nicht »Noema« von »Noesis«. Denn da es »Psychisches« im Unterschied zu »Geistigem« bzw. »Geistiges« im Unterschied zu »Psychischem« im hergebrachten Sinne gar nicht geben kann, bestand zu einer solchen Unterscheidung auch nicht der geringste Anlaß. Darum war es auch ein Kampf mit einem nichtvorhandenen Gegner, als man einst – wie Frege oder Husserl – gegen den »Psychologismus« antrat, der das »Geistige« angeblich mit dem »Psychischen« verwechselte, vor dem es sonach dieses »Geistige« zum Beispiel als das »Wahre« oder »Falsche« eines »idealen Seins« von »Geltendem« oder von »Gültigem« zu retten galt. Anstatt zur Rettung eines eigentlichen führte solcher Kampf denn auch nur zur Erfindung eines angeblichen Geistigen, zum Platonismus nämlich, der das eigentliche Geistige genausoweit verfehlt wie jeder Empirismus, ob nun als »Psychologismus« oder als Physikalismus, der zum Beispiel Zeichen oder Sprache mit ihrer Verlautbarung oder Verschriftlichung verwechselt, wie die »Analytische Philosophie«.

Denn da es »Wahres« oder »Falsches« als das »Geistige« im Unterschied zum »Psychischen« als dem *nicht* »Wahren« oder »Falschen« gar nicht gibt, und umgekehrt, gilt es auch nichts zu retten noch auch nur zu unterscheiden. Was es sehr wohl gibt und auch zu retten gilt, was als dies eigentlich zu Rettende jedoch bisher noch nicht einmal erfaßt wird, ist vielmehr das Nichtempirische von Subjektivität, die als Intentionalität gerade weder Psychisches im Unterschied zu Geistigem noch Geistiges im Unterschied zu Psychischem sein kann, weil jedes davon als erfundenes Empirisches oder Quasi-Empirisches an ihr als Nichtempirischem vielmehr vorbeigehen muß. Statt in zwei grundverschiedene Wirklichkeiten zu zerfallen, weil sie als das »Wahre« oder »Falsche« und *nicht* »Wahre« oder »Falsche« auseinanderfallen müssen, bildet Subjektivität als Intention vielmehr nur eine Wirklichkeit. Und zwar, weil sie als das vielmehr Erfolgreiche oder Erfolglose auch das gerade Einheitliche sein muß, das jeweils das Zweiheitliche von Erfolg bzw. Mißerfolg auch nicht als »Wahrheit« oder »Falschheit« in sich haben kann, sondern als Wirklichkeit oder Unwirklichkeit von etwas Anderem für sich nur außer sich, doch wohlgemerkt: vor sich als Nichtempirischem der Innenwelt von Wahrnehmung desselben auch nur als das Wahrgenommene oder Empirische der Außenwelt, und nicht etwa als das Quasi-Empirische von Platons oder Freges oder Husserls Sonderwelt.

Im ganzen wie im einzelnen von jedem seiner Aufbaustücke, von

Gefühl genauso wie von Anschauung, ist ein Subjekt als Intention mithin das einheitliche Nichtempirische von Selbstbewußtsein seiner Selbstverwirklichung, das nur als das zum Fremdbewußtsein einer Fremdverwirklichung werdende Selbstbewußtsein etwas Anderes zu sich als das Empirische für sich gewinnen kann, von dem es dann gerade Selbstbewußtsein der empirischen Erkenntnis sein muß, eben ursprünglich der Wahrnehmung von ihm als Wahrgenommenem. Und so vermag ein solches Subjekt auch im einzelnen so wenig wie im ganzen etwa selbst das Wahrgenommene für sich als Wahrnehmung zu sein und damit auch nicht selbst etwas Empirisches für sich, da es als vielmehr Nichtempirisches von Selbstbewußtsein eben auch nur etwas Nichtempirisches für sich als Selbstbewußtsein bilden kann: als das der Wahrnehmung oder der Intention genauso wie als das der Anschauung, die ihr zugrunde liegt, wie auch als das eines Gefühls, das ihr zwar nicht *als* Anschauung *zugrundeliegt*, jedoch *wie* Anschauung mit ihr *einhergeht.* Denn indem es letztlich immer nur die Art sein kann, wie ein Subjekt als Intention sich fühlt, vermag so etwas wie Gefühl auch immer nur mit ihr oder mit ihm in unlösbarer Einheit eines Selbstbewußtseins von sich aufzutreten.

Und tatsächlich kann gar keine Rede davon sein, daß ein Subjekt Gefühle haben könnte, deren es sich nicht bewußt ist. Ohne jeden Sinn bleibt nämlich jegliche Behauptung wie etwa »Ich habe Schmerzen, derzeit aber spüre ich sie nicht«. Denn überhaupt nur dadurch, daß ein Subjekt sie auch spürt, sich ihrer auch bewußt ist, nämlich als ein Selbstbewußtsein irgendwie sich fühlt, sind Schmerzen überhaupt vorhanden. Und das gilt für jedes andere Gefühl genauso, weil es letztlich nur das falsch verselbständigte, ja verdinglichte Sich-Fühlen selbst ist. Recht verstanden ist Gefühl deswegen auch geradezu das Musterbeispiel für das Nichtempirische von Selbstbewußtsein, das gerade nicht in Selbsterkenntnis oder Selbstvergegenständlichung besteht und dennoch voll und ganz Bewußtsein eines Subjekts von sich selbst ist.

Denn als Intention fühlt ein Subjekt sich danach immer irgendwie, so daß es auch bei aller seiner Wahrnehmung von Wahrgenommenem immer irgendein Gefühl hat, das als solches selbst dabei jedoch gerade nicht das Wahrgenommene der Wahrnehmung, ja nicht einmal wie Anschauung etwas der Wahrnehmung als solcher selbst Zugrundeliegendes ist. Dennoch ist ein Subjekt solches *Fremd*bewußtsein der empirischen Erkenntnis von Empirischem als Anderem zu sich gerade nur als Fremd- werdendes *Selbst*bewußtsein, worin es sich als der Wahrnehmung nicht nur im ganzen, sondern auch im einzelnen bewußt ist, nämlich auch noch eines jeden ihrer Aufbaustücke, aber ohne damit etwa auch schon Selbst*erkenntnis* oder Selbst*vergegenständlichung* davon zu sein, was insbesondere von Zeit und Raum gilt. Eben dafür aber ist geradezu Beweis, daß es sich darin auch noch als Gefühl, als das es keineswegs ein Aufbaustück von Wahrnehmung als solcher ist, gleichwohl bewußt ist. Und so wird an ihm als dem Gefühl auch förmlich hieb- und stichfest, daß ein Subjekt alles dies gerade nur als Selbstbewußtsein seiner Selbstverwirklichung als jener Selbstverkörperung ist.

Überhaupt nur so kann Ihnen auch erklärlich werden: Je nach dem, in welchem Zustand sich ein Körper oder Leib befindet, den ein Subjekt als Vermögen zu sich selbst verwirklicht, fällt nicht nur die Anschauung, wie sie der Wahrnehmung zugrundeliegt, sondern auch das Gefühl, das bloß mit ihr einhergeht, jeweils unterschiedlich aus. Und handelt es sich bei dem Körper, den ein Subjekt als Vermögen zu sich selbst verwirklicht, um einen verletzten oder kranken Körper, so führt diese Selbstverwirklichung zu einem *solchen* Subjekt, das als Selbstbewußtsein seiner Selbstverwirklichung sich eben unwohl fühlt oder gar »Schmerzen hat«. Wie sonst vermöchten Sie sich auch noch das bekannte Faktum zu erklären: Je danach, wie der Leib oder der Körper, den ein Subjekt als Vermögen zu sich selbst verwirklicht, sich verändert, kann die Anschauung, die einer Wahrnehmung zugrunde liegt, als solche selber schmerzlich werden; etwa wenn auf Grund von übermäßig affiziertem Körper oder Leib auch »Sinneseindruck« innerhalb von Selbstbewußtsein solcher Selbstverwirklichung ein Übermaß erreicht, indem er überstark wird: als Gesichtseindruck zum Beispiel überhell und als Gehörseindruck zum Beispiel überlaut.

Ja dies kann soweit gehen, daß Anschauung auf solche Weise nicht nur schmerzlich, nämlich nur mit Schmerz verbunden ist, sondern daß Anschauung zum Schmerz geradezu selbst wird und damit als Gefühl auch unvermögend wird, zur Wahrnehmung von Außenwelt noch länger etwas beizutragen. Dies bedeutet freilich nicht, daß Wahrnehmung von Außenwelt dann einfach aufhören müßte: Zu entschieden tritt ein Subjekt dazu als *intentio recta* auf, als die es auch auf nichts als auf Erfolg aus ist und so auf Anderes als sich. Wohl aber ist sie dadurch als die Intention eines Subjekts eben gestört oder beeinträchtigt, auch dann, wenn ihr als Wahrnehmung, wie in der Regel, auch noch Anschauung aus anderem als jenem übermäßig affizierten Sinnesorgan zur Verfügung steht.

Doch sogar soweit kann dies gehen, nämlich bis zum Anlaß für ein Subjekt, daß es als das Selbstbewußtsein davon auch noch in sich geht und damit auch noch Selbsterkenntnis oder Selbstvergegenständlichung davon wird, Schmerzen also nicht nur hat, sondern auch noch erkennt oder vergegenständlicht, was mithin gerade nicht dasselbe ist. Und das gilt eben generell für alle Schmerzen, ja für sämtliche Gefühle. Ohne Zweifel nämlich kann ein Subjekt Schmerzen oder überhaupt Gefühle haben, ohne sie dabei *als* Schmerzen oder *als* Gefühle auch zum Gegenstand einer Erkenntnis schon zu haben. Sie jedoch tatsächlich auch zum Gegenstand einer Erkenntnis noch zu haben, geht zuletzt dann dahin, auch sich selbst als Intention zum Gegenstand einer Erkenntnis noch zu haben, weil ja nur als Intention ein Subjekt überhaupt Gefühle haben kann.

Sich selbst als Intention zum Gegenstand einer Erkenntnis haben kann es dabei aber eben gleichfalls nur als Intention, so daß ein Subjekt sich als der *intentio recta* dann auch dabei selbst als die *intentio obliqua* gegenübersteht. Zur Selbsterkenntnis oder Selbstvergegenständlichung von sich als Selbstbewußtsein kommt es dabei also gleichfalls nur, indem ein Subjekt sich *als* Selbstbewußtsein in sich reflektiert und damit auch *als* Selbstbewußtsein noch in sich differenziert, so daß es auch als Selbstbewußtsein noch zum *Gegenstand* für Selbstbewußtsein als *Erkenntnis* von ihm wird. Und Reflexion von ihm auf es als etwas Nichtempirisches ist diese somit auch als nichtempirische Erkenntnis.

Zwingend also tritt daran für Sie zutage: Auch in Fällen wie »Ich habe Schmerzen« und dergleichen kann es sich um überhaupt nichts anderes handeln als das innere Verhältnis von *intentio obliqua* zu *intentio recta*, das als nichtempirische Erkenntnis eines Subjekts von sich selbst sonach im Ansatz auch bereits Philosophie ist. Jeder oder jede von uns, der oder die über seine oder ihre Schmerzen spricht, ist eben darin folglich faktisch auch schon Philosophin oder Philosoph, auch wenn er oder sie sich darüber noch nicht im klaren ist. Genauso zwingend nämlich geht daraus des weiteren für Sie hervor, woher der Eindruck rührt, als ob es sich dabei sehr wohl um etwas anderes handle, weil ein Schmerz als solcher selbst doch keine Intention sei. Daher nämlich, daß in solchen Fällen ein Subjekt bei nichtempirischer Erkenntnis von sich selbst als Intention nicht stehenbleibt, wie bei »Ich denke, dies ist grün« oder »Ich sehe, dies ist grün«, sondern mit nichtempirischer Erkenntnis in sich selbst als Intention auch ein- und dazu vordringt, festzustellen, was im Zuge seines Auftretens als Intention im einzelnen mitauftritt. Schließlich treten Schmerzen als Gefühle doch in jedem Fall in Form von Zeit der ersten Stufe auf und so in jedem Fall im Ganzen einer Intention, wenngleich sie nicht wie eine Grünempfindung oder Grünanschauung auch auf zweiter Stufe noch in Form von Raum auftreten.[2]

Eben darin nämlich ist »Ich habe Schmerzen« und dergleichen von so etwas wie »Ich habe eine Grünempfindung« überhaupt nicht unterscheidbar, und so ist mit beidem denn auch in der Tat nichts anderes als Reflexion oder Philosophie im Gange. Ob durch Irrtum zu »Ich habe eine Grünempfindung« oder ob durch Schmerzen zu »Ich habe Schmerzen«, – durch ein jedes dieser Eingangstore ist ein Subjekt damit in sich gehend unterwegs zu nichtempirischer Erkenntnis von sich selbst als Intention, wohin auch immer es in sich als diesem Labyrinth verschlagen werden mag. Auf solche Weise bloß von unten aufwärts nämlich ist zuallererst einmal dem Empirismus wie auch Platonismus seiner Selbstverdinglichung als seiner Selbstverkennung Tür und Tor geöffnet, jedenfalls solange ein Subjekt sich nicht auch noch von oben abwärts seine grundsätzliche Zeitstruktur erschlossen hat. In welchem Maß es seine eigentliche Selbstaufklärung noch zu leisten hat, wird Ihnen denn auch daran offenbar, mit welcher Selbstverständlichkeit das nichtempirische Subjekt der abendländischen Philosophie auch heute noch »Empirische Psychologie« für möglich hält, wo doch als Wissenschaft von sogenanntem »Psychischen« genauso wie von sogenanntem »Geistigen« nur nichtempirische Philosophie in Frage kommen kann. Denn beides ist als solches selbst nun einmal nichts Empirisches. Noch immer hat dieses Subjekt nicht die geringste Ahnung davon, daß zusammen mit »Formaler Logik«, »Semiotik«, »Syntax« und »Semantik« oder »Wissenschaftstheorie« auch »Empirische Psychologie« viel-

2 Zu Gefühl gibt es deswegen zwar den Reflexionsbegriff »Gefühl«, genauso wie zu Grünempfindung oder Grünanschauung auch die Reflexionsbegriffe »Grünanschauung« oder »Grünempfindung«. Zu Gefühl gibt es jedoch durchaus nicht auch noch den Begriff von etwas in der Außenwelt wie »grün« bei Grünempfindung oder Grünanschauung auf der zweiten Stufe, der kein Reflexionsbegriff ist, sondern eben ein »empirischer« Begriff.

mehr die wohl gigantischste Maschinerie der Selbstverdinglichung durch Selbstverkennung seiner Subjektivität in fälschlicher Philosophie ist. Sie jedoch hat dieses Subjekt mittlerweile derart liebgewonnen, daß es auch, wenn überhaupt, nur unter Heulen und Zähneknirschen von ihr lassen wird. Denn wer auch unternimmt schon gern die dazu notwendige Anstrengung der Reflexion, um ausgerechnet das ihm liebgewordene, wenn auch falsche Welt- und Selbstverständnis zu berichtigen.

Sich empiristisch überzeugt zu halten, man sei auch bloß Naturales unter Naturalem oder allenfalls noch etwas »Psychisches«, und wenn es damit schwierig wird, sich platonistisch etwas vorzumachen, ist ja auch bequemer als in sich zu gehen, um aus sich heraus zur eigentlichen, nämlich einheitlichen ebenso wie zweiheitlichen Wirklichkeit zu finden als dem einzigen Verwirklichungszusammenhang von sich und Anderem als sich: von uns und Welt. Doch kann erst dann für uns auch noch die Frage nach dem Grund von Wirklichkeit im Ganzen sinnvoll werden, nämlich was da eigentlich zugrunde liegen muß, wenn Wirklichkeit von uns als Intention tatsächlich zum Erfolg als Wirklichkeit von Anderem als uns gelangt, und dies auch noch so überwiegend, wie sie sich als der Erfolg für uns als Intention tatsächlich einstellt.

Keine Frage ist es jedenfalls für uns, die Reflektierenden, daß wir auch angesichts von solchen Fällen unserer Selbsterkenntnis wie »Ich habe Schmerzen« zum Ergebnis kommen: Einen Sinn, der für uns faßlich ist, kann Wirklichkeit allein als in sich zweifache Verwirklichtheit, nämlich als Wirklichkeit der Selbst- wie Fremdverwirklichtheit besitzen, einen Sinn mithin, der ursprünglich aus uns als den Verwirklichern hervorgeht.[3] Wirklichkeit ist eben Inbegriff von Wirklich-Anderem zu uns als dem Erfolg durch uns und damit ohne uns als Wirklichkeit der Intention durch uns nicht nachvollziehbar. Statt der angeblichen Problematik, ob wir nicht vielleicht doch auch noch etwas Anderes als Intention sind, etwa wenn wir »Schmerzen haben«, tritt deswegen als die eigentliche Problematik hier vielmehr die Frage auf, ob wir mit uns als den Verwirklichern, den Selbst- wie Fremdverwirklichern, hier nicht vielleicht zuviel bewiesen haben: Mag empirische als Fremderkenntnis auch wie nichtempirische als

3 Dazu sollten Sie noch einmal jenen alles andere als müden Physikern Beachtung schenken. Vgl. oben § 30, S. 932, Anm. 17.

Selbsterkenntnis Intention sein, – ist es nicht gleichwohl verfehlt, den Gegensatz von beiden darin zu erblicken, daß empirische als Intention auf die Verwirklichung von etwas immer schon Vergegenständlichtem ausgehe, nichtempirische als Intention dagegen umgekehrt auf die Vergegenständlichung von etwas immer schon Verwirklichtem?

Denn ist nicht eine Intention auf die Verwirklichung von etwas immer schon Vergegenständlichtem vielmehr ein Fall von Handlung oder Praxis, und das heißt: ein Fall, der über den von Theorie oder Erkenntnis wesentlich hinausgeht? Schließlich liegt der wesentliche Unterschied von Theorie und Praxis oder Handlung und Erkenntnis doch gerade darin, daß erst anschließend an Theorie oder Erkenntnis Praxis oder Handlung etwas zu *verwirklichen* versucht, nämlich *aus* Wirklichem, wie es durch Theorie oder Erkenntnis bloß *vergegenständlicht* wird, gerade etwas *anderes* Wirkliches. Und geht nicht Praxis oder Handlung über Theorie oder Erkenntnis auch tatsächlich dadurch wesentlich hinaus, daß gegenüber Theorie oder Erkenntnis überhaupt erst Praxis oder Handlung eine Intention ist, etwas Wirkliches zu etwas anderem Wirklichen gerade zu ver-andern, sprich, gerade zu verändern?

Schließlich ist Erkenntnis oder Theorie doch eine Intention, die keineswegs auf die Veränderung von Wirklichem, sondern gerade nur auf Wirkliches als solches ausgeht, nämlich es als dasjenige, was es jeweils ist, auch läßt. Bedeutet dies jedoch nicht auch tatsächlich, daß Erkenntnis oder Theorie nur Intention auf die Vergegenständlichung von Wirklichem sein kann, weil sonst ihr offenbarer Unterschied zu Handlung oder Praxis hinfällig sein muß? Nicht minder offenbar scheint demnach weiterhin zu gelten, daß nur etwas, das schon immer wirklich ist, auch noch vergegenständlicht werden kann. Und müssen wir nicht spätestens an dieser Stelle, nämlich im Vergleich zu Handeln oder Praxis uns dann eingestehen, daß wir mit unserem Ergebnis, wonach nicht erst Praxis oder Handlung, sondern auch schon Theorie oder Erkenntnis vielmehr als die Intention einer Verwirklichung von etwas immer schon Vergegenständlichtem ergehe, viel zu weit gegangen sind, ja uns im Labyrinth von Subjektivität erneut und nur noch gründlicher verlaufen haben?

Doch gerade diesbezüglich sollten Sie auch weiterhin in Reflexion verbleiben. Auch nur sie nämlich kann Ihnen dann zur Einsicht noch verhelfen: Dies Ergebnis über Theorie oder Erkenntnis wird von

Praxis oder Handlung her nicht nur nicht widerlegt, sondern sogar gestützt. Denn Praxis oder Handlung sind geradezu Beweis dafür, daß die Voraussetzung, wonach nur etwas, das schon immer wirklich ist, auch noch vergegenständlicht werden könne, sich nicht halten läßt, weil umgekehrt gerade immer schon vergegenständlicht sein muß, was durch Handlung oder Praxis immer erst verwirklicht werden kann: Der Tisch, dessen Verwirklichung ein Tischler beispielsweise intendiert, muß ihm schon immer gegenständlich sein, doch ohne dazu auch schon immer wirklich sein zu müssen, ja auch nur zu können, da er doch erst immer wirklich werden soll. Ja dazu braucht der Tischler nicht einmal schon immer irgendeinen Tisch gesehen zu haben, denn unendlichen Regresses wegen hätte sonst ein Tisch nie erstmalig entstehen können, was absurd ist. Und Vergegenständlichung von etwas, das dabei gerade nicht schon immer etwas Wirkliches sein kann, liegt aller Praxis oder Handlung dann so prinzipiell zugrunde, daß sie darin auch geradezu der Nachweis dafür sind, wie unhaltbar es ist, vorauszusetzen, daß etwas schon immer etwas Wirkliches sein muß, um sich vergegenständlichen zu lassen.

Dies erbringt Ihnen vielmehr noch weitergehend den Beweis dafür, daß jene fälschliche Voraussetzung der Vorgegebenheit von Wirklichkeit der Außenwelt nicht nur die Einsicht in das Wesen von Erkenntnis oder Theorie verhindert, sondern auch noch die in das von Handlung oder Praxis und erst recht dann auch noch jede Einsicht in das Wesen des Verhältnisses von beiden zueinander. Deshalb ist es ganz und gar nicht zufällig, daß auch all dies noch immer unbegriffen bleibt, weil auch all dem noch immer jene Illusion des abendländischen Subjekts im Wege steht, wonach Erkenntnis oder Theorie, als bloße »Wahrheit« oder »Falschheit« über vorgegebene Wirklichkeit, von Handlung oder Praxis grundverschieden sei. Denn statt des Unterschiedes zwischen Praxis oder Handlung und Erkenntnis oder Theorie tritt danach vielmehr die Gemeinsamkeit von beiden in den Vordergrund, so daß ihr Unterschied gerade zum Problem wird.

Erst einmal gemeinsam nämlich haben sie, daß Praxis oder Handlung ebenso wie Theorie oder Erkenntnis sich als Intention auf die Verwirklichung von etwas richten, also das, was wir im Fall von Theorie oder Erkenntnis uns als deren dritte Stufe hergeleitet haben. Erst einmal gemeinsam aber haben sie darum auch das, was wir im Fall von Theorie oder Erkenntnis uns als deren zweite Stufe hergeleitet haben, nämlich die Vergegenständlichung von etwas zu Verwirklichendem, die als innere Ermöglichung der dritten Stufe immer schon zugrunde liegen muß, weil Praxis oder Handlung ebenso wie Theorie oder Erkenntnis nur verwirklichen kann, was sie immer schon vergegenständlicht hat, so daß dies eben nicht schon immer wirklich sein kann. Und am Beispiel jenes Tisches für den Tischler wird dies auch unübersehbar. Darum kann sich Praxis oder Handlung gegenüber Theorie oder Erkenntnis auch durch keine dieser beiden Stufen unterscheiden, weder durch die dritte noch auch durch die zweite, sondern wenn, dann höchstens durch die erste, die der zweiten und der dritten auch im Fall von Praxis oder Handlung noch zugrunde liegen muß.

Denn in der Tat kann auch im Fall von Praxis oder Handlung der Entwurf oder die Vorstellung als das Bestimmen eines zu verwirklichenden Gegenstandes nicht aus nichts heraus erfolgen, sondern nur aus etwas, das auch dafür noch zugrunde liegen muß. Und zwar vergleichbar, wie im Fall von Theorie oder Erkenntnis jenes Unbestimmte auf der ersten Stufe in der Form von bloßer Zeit gegeben sein muß und etwas Bestimmtes daraus gegenständlich erst durch den Bestimmungsschritt von erster hin zu zweiter Stufe werden kann, sofern es nämlich auch noch in der Form von Raum auftritt. Und nur durch diese ihre erste Stufe unterscheiden Praxis oder Handlung sich von Theorie oder Erkenntnis so grundsätzlich, daß auch nur von dieser ihrer ersten Stufe her sich Praxis oder Handlung auch durch ihre zweite sowie dritte Stufe noch von Theorie oder Erkenntnis unterscheiden. Denn das Unbestimmte auf der ersten Stufe, woraus das Bestimmte auf der zweiten Stufe immer erst bestimmt, sprich, zu dem auf der dritten Stufe zu verwirklichenden Gegenstand erst immer vorgestellt oder entworfen werden muß, ist hier im Fall von Praxis oder Handlung nichts geringeres als jenes Wirkliche, woraus dann auf der dritten Stufe etwas anderes Wirkliches verwirklicht werden soll: ist Holz zum Beispiel, das als solches selbst im Hinblick auf den Tisch, den jener Tischler aus ihm zu verwirklichen gedenkt, so unbestimmt ist, daß er ihn daraus durch Vorstellung oder Entwurf von ihm erst einmal zu bestimmen hat, um ihn daraus verwirklichen zu können. Und allein durch solches Wirkliche, das demgemäß von erster Stufe her auch zweiter sowie dritter Stufe dieser Praxis oder Handlung noch zugrunde liegen muß, kann diese Praxis oder Handlung sich auch noch durch ihre zweite sowie dritte Stufe gegenüber zweiter sowie dritter Stufe jener Theorie oder Erkenntnis unterscheiden.

Doch allein die erste Stufe solcher Praxis oder Handlung ist noch Thema dieses ersten Bandes über Subjekt und Objekt der Theorie oder Erkenntnis, während ihre zweite wie auch dritte Stufe vielmehr Thema des geplanten zweiten Bandes über Subjekt und Objekt der Praxis oder Handlung ist. Denn diese erste Stufe dieser Praxis oder Handlung ist ja überhaupt nichts anderes als jene dritte Stufe jener Theorie oder Erkenntnis, wie wir sie uns hergeleitet haben, weil auch dieses Wirkliche, woraus allein sich anderes Wirkliches verwirklichen läßt, nur das Korrelat zu jener Theorie oder Erkenntnis sein kann, eben der Erfolg zu ihr als Intention. Erst recht jedoch ist dann auch Praxis oder Handlung nichts als Intention, die ihrerseits auf nichts als auf Erfolg ausgeht, worin auch immer sie bzw. er bestehen mag, was erst das Thema jenes zweiten Bandes ist.

Was aber gleichwohl noch als Thema dieses ersten Bandes daraus folgt, ist, daß Intentionalität als solche selbst sich auch zu etwas gänzlich anderem noch in sich selbst differenziert als zu der Einheit einer innerlichen Zweiheit von *intentio recta* und *intentio obliqua*, die wir als das Nichtempirische von Selbsterkenntnis oder Selbstvergegenständlichung uns hergeleitet haben. Damit nämlich, daß in letzterer sich Intention bereits auf Intention bezieht, ist sie auch ohne Zweifel eine Differenz von Intention in sich, jedoch nur dadurch, daß in ihr *intentio* als *obliqua* auf *intentio* als *recta* sich bezieht. Deswegen ist sie auch nur Intention auf die Vergegenständlichung von etwas immer schon Verwirklichtem und darin eben nichtempirische Erkenntnis oder Theorie. Dagegen ist empirische Erkenntnis oder Theorie gerade Intention auf die Verwirklichung von etwas immer schon Vergegenständlichtem.

Demgegenüber ist jedoch, wozu Intentionalität im Fall von Praxis oder Handlung sich in sich differenziert, etwas grundsätzlich anderes, nämlich die Einheit einer innerlichen Zweiheit von *intentio recta* und *intentio recta*, deren jede auf Erfolg als die Verwirklichung von etwas immer schon Vergegenständlichtem ausgeht. Nur freilich so, daß deren erste dabei deren zweiter immer schon zugrunde liegen muß bzw. deren zweite dabei deren erster immer erst aufruhen kann, indem *intentio recta* dabei nicht allein als deren erste auftritt, sondern auch als deren zweite noch, und zwar gerade so, daß sie dabei auch über deren erste noch hinausgeht, nämlich anschließend an sie auch noch zu deren zweiter übergeht. Entsprechend hängen der Erfolg bzw. Mißerfolg der zweiten auch von dem Erfolg bzw. Mißerfolg der ersten ab. Und deren zweite hängt mit deren erster darum auch durchaus nicht so zusammen, daß sie etwa wie *intentio obliqua* auf sie als *intentio recta* sich bezöge, um sie als das immer schon Verwirklichte zum Gegenstand für sich als nichtempirische Erkenntnis von ihr zu gewinnen. Ein Zusammenhang sind beide vielmehr so, daß deren zweite deren erste, ohne Reflexion auf sie zu sein, gerade fortsetzt, nämlich dahin geht, daß sie gleich ihr gerade Intention auf die Verwirklichung von etwas immer schon Vergegenständlichtem ist statt Vergegenständlichung von etwas immer schon Verwirklichtem. Und eben darin ist *intentio recta* nicht allein als Theorie oder Erkenntnis, sondern auch als an sie anschließende Praxis oder Handlung nichts als Empirie, des Sinnes nämlich, daß Erfolg für sie sich immer nur tatsächlich, faktisch, kontingent ergeben kann.

Damit aber stellt sich Ihnen innerhalb von diesem ersten Band zuletzt im Rückblick noch die Frage: Tritt empirische Erkenntnis oder Theorie, wie wir sie hier behandelt haben, überhaupt als etwas Selbständiges auf oder nicht vielmehr nur als etwas Unselbständiges? Denn daß *intentio recta* als empirische Erkenntnis oder Theorie schon etwas Vollständiges ist, weil sie als solche selbst bereits Erfolg für sich erzielen kann, heißt ja durchaus nicht, daß sie damit auch schon etwas Selbständiges ist. Tritt als das eigentliche Selbständige nicht vielmehr nur Praxis oder Handlung auf, weil Theorie oder Erkenntnis als *intentio recta* zwar schon etwas Vollständiges ist, doch trotzdem etwas Unselbständiges, nämlich ein bloßes Aufbaustück von solcher Praxis oder Handlung selbst? Denn mindestens insofern jene dritte Stufe von empirischer Erkenntnis oder Theorie und damit solche Theorie oder Erkenntnis insgesamt gerade jene erste Stufe innerhalb von dieser Praxis oder Handlung bildet, hat Erkenntnis oder Theorie im Rahmen dieser Praxis oder Handlung doch genau dieselbe Art von Stellung, wie im Rahmen von Erkenntnis oder Theorie als solcher jene Anschauung auf jener ersten Stufe dieser Theorie oder Erkenntnis selbst, und darin eben die von etwas Unselbständigem. Und wie Erkenntnis oder Theorie nicht ohne jene Anschauung auftreten kann, so Praxis oder Handlung auch nicht ohne diese Theorie oder Erkenntnis.

Umgekehrt kann aber jene Anschauung auch nur im Rahmen jener Intention auftreten, deren bloßes Aufbaustück sie ist, und so auch nur im Rahmen jener Intention, die auf Erfolg ausgeht, nämlich als Theorie oder Erkenntnis insgesamt auf die Verwirklichung von etwas immer schon Vergegenständlichtem. Kann also nicht vielleicht auch solche Theorie oder Erkenntnis nur im Rahmen dieser Intention auftreten, deren bloßes Aufbaustück sie ist, und so auch nur im Rahmen dieser Intention, die auf Erfolg ausgeht, nämlich als Praxis oder Handlung insgesamt auf die Verwirklichung von etwas immer schon Vergegenständlichtem, wenngleich auf Grund von etwas durch Erkenntnis oder Theorie auch immer schon Verwirklichtem? Oder vermag Erkenntnis oder Theorie auch außerhalb von Praxis oder Handlung aufzutreten und mithin auch selbständig, zumal sie sich als vollständige Intention von Anschauung als unvollständiger ja auch grundsätzlich unterscheidet?

Diese Frage aber werden Sie ersichtlich nur zusammen mit der andern zu beantworten vermögen: Woran liegt es eigentlich, daß Intention nicht nur als Theorie oder Erkenntnis, sondern auch noch über sie hinaus als Praxis oder Handlung auftritt? Schließlich zielt sie doch nicht erst als Praxis oder Handlung, sondern auch bereits als Theorie oder Erkenntnis auf Verwirklichung von etwas immer schon Vergegenständlichtem, so daß sie eben darin auch sich als die eine von sich als der andern überhaupt nicht unterscheidet. Worin also liegt der Grund für diese Einheit einer Differenz von Praxis oder Handlung gegenüber Theorie oder Erkenntnis, und das heißt, der Grund dafür, daß Intention sich auch noch als *intentio recta* selbst in sich dazu differenziert? Denn danach kann er prinzipiell nicht darin liegen, daß sie sich aus sich heraus dazu etwa differenzieren *müßte*, nämlich um zu einer in sich vollständigen Intention zu werden, wie sie sich zu jenen hergeleiteten drei Stufen in der Tat aus sich heraus differenzieren *mußte*, um zur Intention als Theorie oder Erkenntnis vollständig zu werden.

Genausowenig nämlich muß sie sich zu jener Einheit von *intentio recta* und *intentio obliqua* als der Einheit ihrer Selbsterkenntnis ihres Selbstbewußtseins etwa aus sich selbst heraus differenzieren, um als Intention auch vollständig zu werden. Ganz im Gegenteil ist sie als solche vollständig auch schon als bloßes Selbstbewußtsein der empirischen Erkenntnis von empirischen Objekten, nämlich ohne auch noch jenes Nichtempirische der Selbsterkenntnis solchen Selbstbewußtseins selbst zu sein. Und mit dem Selbstbewußtsein der empirischen Erkenntnis von empirischen Objekten, das zumindest auch schon einige der Tiere haben müßten, könnten diese Tiere auch schon vollständige Intentionen haben, wie wir mutmaßten, doch ohne daß sie deshalb auch noch Selbsterkenntnis davon haben müßten.

Nicht bloß dafür also, daß Intentionalität aus sich heraus zur Einheit einer Differenz von Theorie oder Erkenntnis und von Praxis oder Handlung wird, sondern auch dafür, daß Intentionalität aus sich heraus zur Einheit einer Differenz von Selbsterkenntnis gegenüber Selbstbewußtsein wird, kann der gesuchte Grund nur außerhalb derselben liegen, und das heißt zuletzt: nur im Erfolg als etwas Anderem zu ihr und damit nur im Wirklichen der Außenwelt, das sie sich als *intentio recta* jener Theorie oder Erkenntnis immer erst erformt, erwirkt, und so auch immer erst verwirklicht. Dann jedoch stellt sich für Sie auch mindestens die Frage, ob nicht dieser Grund, wenn er für beides nur in diesem Wirklichen als Anderen zu beidem liegen kann, für beides auch derselbe sein muß. Denn nur daran, daß Intentionalität aus irgendeinem Grund an Wirklichem als Anderem, wie es für sie als Theorie oder Erkenntnis auftritt, nicht genug hat, kann es liegen, daß Intentionalität auch noch zu Praxis oder Handlung übergeht, um solches Wirkliche als Anderes dann auch noch zu ver-andern, eben zu verändern, und das heißt: um solches Wirkliche sich auch zu einem andern Wirklichen als einem andern Anderen noch umzuformen, umzuwirken, und so auch zu einem andern Anderen noch zu verwirklichen.

Dann aber fragt es sich, ob dies mit der Bewußtheit, wie es jedenfalls bei uns, den Menschen, mindestens zum Teil geschieht, denn überhaupt geschehen könnte, ohne daß bereits das Andere, von dem allein dergleichen seinen Ausgang nehmen kann, dabei auch schon *als* Anderes *bewußt*, nämlich *als* solches Andere auch schon *erkannt* oder *vergegenständlicht* wäre und mithin auch schon den Sinn von »Anderes als ich« besäße. Folglich ist das gleichbedeutend mit der Frage, ob wir über uns als die Erkennenden hinauszugehen und auch als die Handelnden noch aufzutreten überhaupt vermöchten, ohne daß wir dabei auch von uns als Selbstbewußtsein noch zu uns als Selbsterkenntnis von uns übergingen: weil ja überhaupt nur in Bezug auf »Ich ...« – gleichviel ob auch verlautbart oder gar verschriftlicht – dieser Sinn von »Anderes als ich« entspringen kann, und weil in Form von »Ich ...« gerade nicht einfach nur Selbstbewußtsein, sondern Selbsterkenntnis oder Selbstvergegenständlichung von Selbstbewußtsein auftritt. Fraglich also wäre, ob wir uns zur Einheit einer Differenz zwischen *intentio recta* und *intentio recta*, nämlich über Theorie oder Erkenntnis noch hinaus zu Praxis oder Handlung bilden könnten, ohne daß wir uns dabei auch noch zur Einheit einer Differenz zwischen *intentio recta* und *intentio obliqua*, und das heißt, auch über Selbstbewußtsein noch hinaus zu Selbsterkenntnis bildeten[4].

Daß Mensch und Tier sich nicht bereits durch Selbstbewußtsein, sondern erst durch Selbsterkenntnis unterscheiden, wäre dann jedoch nicht nur von theoretischer, sondern auch noch von praktischer Bedeutung. Denn die Art und Weise, wie die Tiere ihre Körper in Bewegung oder Ruhe setzen, wäre dann nicht deshalb keine Praxis oder Handlung, weil sie etwa nicht auf Selbstbewußtsein ihrer Selbstverwirklichung zu einer Intention beruhte. Dieses nämlich müssen Tiere haben, weil sie ohne Zweifel auch empirische Erkenntnis von empirischen Objekten haben. Keine Praxis oder Handlung wäre ihre Art und Weise, wie sie ihre Körper in Bewegung oder Ruhe setzen, vielmehr nur, weil sie nicht auch auf Selbsterkenntnis noch beruht. Daß Tiere dabei trotzdem eine oft erstaunliche Geschicklichkeit beweisen, um zu ihren Zwecken zu gelangen, weil schon sie dazu nicht nur den eigenen, sondern durch ihn auch noch andere Körper in Bewegung oder Ruhe setzen, wäre darum wohl verständlich, weil sie danach Selbstbewußtsein ihrer Selbstverwirklichung zu Intendieren auch durchaus besäßen.

Schließlich setzen oft genug auch wir, die Menschen, unsere Körper »unbewußt«, das heißt recht eigentlich: aus bloßem Selbstbewußtsein unserer Selbstverwirklichung zu Intendieren in Bewegung oder Ruhe. Dennoch keine Praxis oder Handlung wäre dies infolgedessen nur, weil dabei nicht auch Selbsterkenntnis solchen Selbstbewußtseins noch zugrunde läge wie durch »Ich ...«, die mutmaßlich bei Tieren überhaupt nicht und bei uns, den Menschen, auch nur in

4 Dies steht denn auch in auffälliger Übereinstimmung damit, daß zur Verlautbarung oder Verschriftlichung von Zeichen oder Sprache ein Objekt als etwas Anderes als ich und so auch ich schon immer Thema oder Gegenstand für mich als Selbsterkenntnis meines Selbstbewußtseins sein muß. Als Veränderung eines Objekts und damit eines Anderen zu einem andern Anderen muß nämlich die Verlautbarung oder Verschriftlichung von Zeichen oder Sprache auch schon immer Praxis oder Handlung sein. Vgl. oben § 31, S. 952f.

gewissem Umfang auftritt. Und bloß innerhalb von diesem Umfang, nämlich nur auf Grund von Selbsterkenntnis solchen Selbstbewußtseins (»Ich bin es, der dies verursacht«) könnte dann von Praxis oder Handlung überhaupt die Rede sein: im Sinn der Zurechenbarkeit.

Wenn es zu Praxis oder Handlung also nur aus Selbsterkenntnis solchen Selbstbewußtseins kommen kann, muß es für Praxis oder Handlung aber auch belangvoll sein, auf welcher Art von Selbsterkenntnis solchen Selbstbewußtseins sie beruht, ob auf gelingender oder mißlingender, und ob auf vollständiger oder unvollständiger, und damit folgt zuallerletzt auch noch für uns etwas Bedeutsames. Wir alle nämlich wären danach zwar noch nicht als die Erkennenden, wohl aber als die Handelnden schon immer Philosophinnen und Philosophen. Denn beim Handeln wären wir dann immer schon in jenem Nichtempirischen von Selbsterkenntnis oder Selbstvergegenständlichung von uns als Selbstbewußtsein unserer Selbstverwirklichung durch Selbstverkörperung begriffen, kurz: in Reflexion von uns auf uns. Und für die Art des Handelns wäre es fürwahr bestimmend, welche Art der Selbsterkenntnis wir dafür zugrunde legen. Ja geradezu entscheidend dafür wäre es, ob wir uns dabei etwa nur für Naturales unter Naturalem halten, oder zwar auch noch für etwas Anderes als Naturales, das jedoch nur leibt und lebt wie Tiere auch, oder für das, was wir tatsächlich sind: für Subjektivität, die eben als Intentionalität werdende Spontaneität der absoluten ebenso wie autonomen Selbstverwirklichung durch Selbstverkörperung ergeht, nämlich als Zeit entsteht genausowie vergeht und davon eben auch schon immer Selbstbewußtsein, doch nicht auch schon immer zutreffende noch gar vollständige Selbsterkenntnis ist. Und nicht nur dafür, *was* wir tun bzw. lassen, sondern auch dafür, *wie* wir es tun bzw. lassen, wäre somit ausschlaggebend, ob wir wissen, daß wir jeweils *dieses* oder *jenes* tun bzw. lassen können und daß wir es jeweils *so* oder auch *anders* tun bzw. lassen können, oder ob wir meinen, daß wir uns dem, was uns überkommt, nur überlassen können.

Eigentlich entscheidend nämlich wäre dann nicht, daß wir jeweils autonom und absolut, das heißt, Subjekt von Selbstbewußtsein unserer Selbstverwirklichung zu Intendieren sind. Denn das sind Tiere auch schon, die infolgedessen auch schon Geist und Freiheit sind, wenngleich nur »unbewußterweise«, was in Wirklichkeit nur unerkannterweise heißt, nämlich nur selbstbewußterweise und nicht auch schon selbsterkannterweise. Eigentlich entscheidend wäre dann vielmehr, ob wir auch *Selbsterkenntnis* davon haben, *daß* wir jeweils autonom und absolut, nämlich Subjekt von Selbstbewußtsein unserer Selbstverwirklichung zu Intendieren sind. Denn *Selbsterkenntnis* davon haben Tiere mutmaßlich gerade nicht, so daß wir Geist und Freiheit eben nicht nur »unbewußterweise«, nämlich nicht nur unerkannterweise, weil auch nicht nur selbstbewußterweise, sondern auch noch selbsterkannterweise sind. Ob solche Selbsterkenntnis, sei es auch nur in gewissem Umfang, überhaupt besteht, und wenn ja, ob als zutreffende oder unzutreffende, – je danach nämlich ist auch unsere Fremderkenntnis unzutreffend oder zutreffend. So etwa darin, was im Spiel ist und mithin auch auf dem Spiel steht, wenn ein Objekt in der Tat nicht als ein bloßes solches, sondern als ein anderes Subjekt von Selbstbewußtsein seiner Selbstverwirklichung zu Intendieren auftritt, das auch Schmerzen haben kann, wie schon im Fall von Tieren, oder auch noch wie im Fall von Menschen gar ein Objekt als ein anderes Subjekt von Selbsterkenntnis seines Selbstbewußtseins seiner Selbstverwirklichung zu Intendieren.

Denn da unser Intendieren dann auch wissentlich noch auf Ver-andern ausgeht, sprich, auch wissentlich noch auf Verändern eines Anderen zu einem andern Anderen, geht es genauso wissentlich auch immer dahin, jenes Andere aufs Spiel zu setzen. Und so ist, ob Wissen über dieses Andere als solches selbst nun zutrifft oder nicht, entscheidend dafür, *was* aufs Spiel gesetzt wird als auch *wie* aufs Spiel gesetzt wird, und zwar nicht nur, ob erfolgreich oder nicht, sondern vor allem, ob der Eigenwirklichkeit des mitbetroffenen Anderen auch Rechnung tragend oder nicht. Denn grundsätzlich beruht dies alles dann gerade auf der Selbsterkenntnis oder Selbstvergegenständlichung als Wissen: »Der bzw. die dergleichen jeweils tut bzw. läßt, bin jeweils ich«.

Von dem, was dieser erste Band über Subjekt und Objekt der Erkenntnis oder Theorie behandelt hat, wird das, was jener zweite über Subjekt und Objekt der Handlung oder Praxis zu behandeln haben wird, sich sonach unterscheiden, und zwar grundsätzlich wie folgt: In Selbsterkenntnis oder Selbstvergegenständlichung begriffen waren während dieses ersten Bandes nur wir selbst als die Subjekte nichtempirischer Erkenntnis der Philosophie als Reflexion und nicht etwa auch die Subjekte der empirischen als Fremderkenntnis, die wir untersuchten, auch nicht dann, wenn wir uns selbst dazu herangezogen haben, weil das ja nur abwechselnd erfolgen konnte. Diese nämlich waren während dieses ersten Bandes über Subjekt und Objekt der Theorie nur in empirischer Erkenntnis als der Fremderkenntnis oder Fremdverwirklichung begriffen, mit der nichtempirische als Selbsterkenntnis oder Selbstvergegenständlichung noch nicht einhergehen muß. Denn wie wir anläßlich von Tieren mindestens vermuten müssen, muß das Nichtempirische von Selbstbewußtsein der empirischen als Fremderkenntnis zwar zugrundeliegen, doch nicht auch schon in das Nichtempirische von Selbsterkenntnis solchen Selbstbewußtseins übergehen. Das tut es vielmehr erst, wenn das Subjekt der Theorie auch noch zu Praxis übergeht, wofür der Grund erst noch zu finden ist, so daß auch erst das Subjekt solcher Praxis über jenes Nichtempirische von bloßem Selbstbewußtsein noch zu diesem Nichtempirischen von Selbsterkenntnis oder Selbstvergegenständlichung hinausgeht, wie wir daher weiter zu vermuten haben. Erst im größeren Ganzen solcher Praxis oder Handlung also läge dann auch von empirischer Erkenntnis oder Theorie noch Selbsterkenntnis oder Selbstvergegenständlichung als nichtempirische Erkenntnis dieses Subjekts selbst mit vor.

Und das bedeutet eben letztlich, daß im zweiten Band nicht nur wir selbst, die untersuchenden Subjekte, sondern auch die untersuchten schon als Philosophinnen und Philosophen werden aufzutreten haben, so daß wir als Philosophinnen und Philosophen hier dann auch schon unter uns in Auseinandersetzung werden treten müssen. Denn im Unterschied zu Theorie oder Erkenntnis wird sich Praxis oder Handlung demgemäß nur innerhalb von grundsätzlicher Selbsterkenntnis oder Selbstvergegenständlichung erörtern lassen, nämlich nur, indem Philosophie als Reflexion sonach auch noch in Reflexion auf sich tritt und Intentionalität sich somit auch noch zu *intentio obliqua* und *intentio obliqua* in sich selbst differenziert.

Auf diese Weise werden wir mithin zu untersuchen haben, was sich abspielt, wenn wir über Theorie oder Erkenntnis noch hinaus zu Praxis oder Handlung übergehen, obwohl die Selbsterkenntnis unseres Selbstbewußtseins, worin Praxis oder Handlung gründen muß, nicht *eo ipso* zutreffende, und selbst wenn, nicht *eo ipso* vollständige Selbsterkenntnis unseres Selbstbewußtseins ist, jedoch von uns dafür gehalten wird. Was sich bei jeder oder jedem einzelnen von uns dann abspielt nämlich ist, daß von Beginn der Theorie oder Erkenntnis an wie bei den Tieren unser Intendieren auch zunächst einmal nur

»unbewußt« erfolgt, das heißt recht eigentlich: nur unerkannt, nämlich zwar selbstbewußt, doch nicht auch selbsterkannt; denn wäre es nicht einmal selbstbewußt und damit schlechthin nichtbewußt, so wäre es auch weder jeweils unseres noch überhaupt ein Intendieren. Unsere Selbsterkenntnis unseres Selbstbewußtseins schließlich ist zunächst einmal, wenn überhaupt gelingende, so doch nur unvollständige, so daß wir dabei auch zunächst einmal durchaus nicht wissen, sondern nur zu wissen meinen, woher unsere Intentionen kommen wie auch wohin unsere Intentionen gehen. Tun sie beides doch zunächst einmal aus bloßem Selbstbewußtsein, das genau so weit, wie Selbsterkenntnis von ihm unvollständig ist, gemessen am Bewußtsein dieser Selbsterkenntnis eben Unbewußtsein ist. Und so ist jede Intention aus ihm heraus und über es hinaus mithin zunächst einmal auch unbewußte Intention, wodurch wir uns von Tieren auch zunächst einmal nicht unterscheiden.

Ab spielt bei jedem oder jeder einzelnen von uns sich somit nichts geringeres, als daß wir unserer Intentionen jeweils keineswegs schon immer inne sind, uns ihrer vielmehr immer erst noch inne werden müssen, doch nur inne werden können, falls wir uns zur Reflexion auf uns erheben, – und wenn nicht gleich zur Synthese, so doch wenigstens zur Analyse von uns, jedenfalls zu nichtempirischer Erkenntnis als Philosophie von uns. Im eigentlichen Sinne Menschen nämlich werden wir nur, insoweit wir Philosophinnen und Philosophen werden, so daß unsere eigentliche Menschwerdung denn auch erst durch Philosophie – die freilich schon mit jedem »Ich ...« beginnt – und so erst durch uns selbst jeweils vollzogen werden kann[5]. Not tut bei jeder oder jedem einzelnen von uns infolgedessen Einsicht in uns, die zur Aufklärung von uns durch uns gerade nicht als Quasi-Empirie gelangen kann, wie etwa falsch verstandene »Psycho-Analyse«, da es »Psychisches« als angeblich »Empirisches« auch gar nicht geben kann. Doch recht verstanden und darum bis heute nicht verstanden, ist auch Freud gerade nicht etwa Empiriker, wiewohl er sogar »Psycho-Analytikern« noch immer dafür gilt, sondern als Nichtempiriker gerade Philosoph. Als diesen aber trachten Empiri-

5 Wie Ihnen nicht entgehen wird, wenn Sie hiermit etwa S. 387 aus dem *Ersten Teil* vergleichen, hat sich dies als eigentlich spezifische Differenzierung zwischen Mensch und Tier desgleichen erst im Lauf des *Zweiten Teils* ergeben.

sten unter den Empirikern ihn auch nicht zufällig noch immer zu verrufen und auf diese Weise loszuwerden, während wir ihn in die Auseinandersetzung unter uns, den Philosophinnen und Philosophen, werden einbeziehen müssen.

Schließlich ist es einfach rührend anzusehen, wenn Kant zum Beispiel kurzerhand als »Neigung« oder »Trieb« bezeichnet, wofür Freud die ganze Tiefentheorie der Tiefendimension von Subjektivität entwickelt. »Neigung« oder »Trieb« sind danach nämlich bloße Platzhalter bei Kant, an deren Stelle diese ganze Freudsche Theorie des »Unbewußten«, und das heißt, des Unerkannten einzutreten hätte. – Umgekehrt jedoch ist es nicht minder rührend anzusehen, wenn bei Freud zum Beispiel kurzerhand »Realitätsprinzip« heißt, was bei Kant durch eine ganze Theorie empirischer Erkenntnis angegangen wird. »Realitätsprinzip« ist danach nämlich gleichfalls bloßer Platzhalter bei Freud, an dessen Stelle diese ganze Kantische Erkenntnistheorie zu treten hätte. Und erst eine Theorie der Subjektivität in vollem Umfang, welche beides nämlich voll in sich umfaßte, könnten wir mithin als volle Aufklärung von uns und Welt auch anerkennen.

Verehrte Leserin, verehrter Leser!

Jener *Zweite Band*, von dem ich Ihnen vorhin schon gesprochen habe, wird noch etwas auf sich warten lassen. Aber jetzt bereits, nach Abschluß dieses *Ersten Bandes*, gibt es Grund zum Dank für Hilfe aller Art, die mir zuteil geworden ist. Zu danken habe ich Herrn Dr. Hans-Ulrich Baumgarten und Herrn Dr. Edmund Heller, meinen Assistenten, für die gründliche Lektüre und Kritik, die mich auf manche Schwäche dieses Textes hingewiesen hat. Mein Dank gilt ferner unseren Sekretärinnen, Frau Ilse Dammschneider, Frau Christel Foerster-Rofkar und Frau Käthe Rottberger, die sorgfältig und unermüdlich bei der Arbeit waren, um diesen Text von seiner Anfangs- bis zu seiner Endform zu betreuen. Und so vermag ich ihn auch nur dank Unterstützung durch sie alle Ihnen nunmehr vorzulegen.

Oberbirken, Februar 1993 Gerold Prauss

Inhalt

Erster Teil: Sprache – Subjekt – Zeit

Zweiter Teil: Raum – Substanz – Kausalität

Die vorgesehenen Register sollen als Gesamtregister beider Bände erst im zweiten Band erscheinen.

Texte Kants zitiert nach der *Akademieausgabe*, im Fall der *Kritik der reinen Vernunft* (= KRV) jedoch nach erster (= A) oder zweiter (= B) Auflage.